KB065059

독일외교문서
한 국 편

1874~1910

7

이 저서는 2017년 대한민국 교육부와 한국학중앙연구원(한국학진흥사업단)의 한국학 분야 토대연구지원사업의 지원을 받아 수행된 연구임 (AKS-2017-KFR-1230002)

This work was supported by Korean Studies Foundation Research through the Ministry of Education of the Republic of Korea and Korean Studies Promotion Service of the Academy of Korean Studies (AKS-2017-KFR-1230002)

▌독일학총서 Bibliothek der Germanistik ▌

독일외교문서 한국편

1874~1910

7

고려대학교 독일어권문화연구소 편

개항기 한국 관련 독일외교문서 번역총서 발간에 부쳐

1. 본 총서에 대하여

본 총서는 고려대학교 독일어권문화연구소가 한국학중앙연구원에서 시행하는 토대사업(2017년)의 지원을 받아 3년에 걸쳐 출간하는 작업의 두 번째 결과물이다. 해당 프로젝트 〈개항기 한국 관련 독일외교문서 탈초·번역·DB 구축〉은 1866년을 전후한 한-독 간 교섭 초기부터 1910년까지의 한국 관련 독일 측 외교문서 9,902면을 탈초, 번역, 한국사 감교 후 출판하고, 동시에 체계적인 목록화, DB 구축을 통해 온라인 서비스 토대를 마련함으로써 관련 연구자 및 관심 있는 일반인에게 제공하기 위한 것이다. 본 프로젝트의 의의는 개항기 한국에서의 독일의 역할과 객관적인 역사의 복원, 한국사 연구토대의 심화·확대, 그리고 소외분야 연구 접근성 및 개방성 확대라는 측면에서 찾을 수 있다.

이번 우리 연구소가 국역하여 공개하는 독일외교문서 자료는 한국근대사 연구는 물론이고 외교사, 한독 교섭사를 한 단계 끌어올릴 수 있는 중요한 일차 사료들이다. 그러나 이 시기의 해당 문서는 모두 전문가가 아닌 경우 접근하기 힘든 옛 독일어 필기체로 작성되어 있어 미발굴 문서는 차치하고 국내에 기수집된 자료들조차 일반인은 물론이고 국내 전문연구자의 접근성이 극히 제한되어 있는 상황이다. 이런 상황에서 우리의 프로젝트가 성공적으로 마무리된다면 절대적으로 부족한 독일어권 연구 사료를 구축하여, 균형 잡힌 개항기 연구 토대를 마련하고, 연구 접근성과 개방성, 자료 이용의 효율성을 제고함과 동시에 한국사, 독일학, 번역학, 언어학 전문가들의 학제 간 협동 연구를 촉진하는 중요한 계기가 될 것이다.

2. 정치적 상황

오늘날 우리는 전 지구적 세계화가 가속화되고 있는 상황 속에 살고 있다. '물결'만으로는 세계화의 속도를 따라잡을 수 없게 되었다. 초연결 사회의 출현으로 공간과 시간,

그리고 이념이 지배하던 지역, 국가 간 간극은 점차 줄어들고 있다. 그렇다고 국가의 개념이 사라지는 것은 아니다. 오히려 국가는 국민을 안전하게 보호하고 대외적으로 이익을 대변해야 하는 역할을 이런 혼란스러운 상황 속에서 더욱 성실히 이행해야 하는 사명을 갖는다.

한국을 둘러싼 동아시아 국제정세는 빠르게 변화하고 있다. 지난 2년 사이에 남북한 정상은 두 번의 만남을 가졌고, 영원히 만나지 않을 것 같았던 북한과 미국의 정상 역시 싱가포르에 이어 하노이에서 역사적 회담을 진행하였다. 한반도를 둘러싼 오랜 적대적 긴장 관계가 완화되고 화해와 평화의 분위기가 조성된 것이다.

하지만 한반도에 완전한 평화가 정착되었다고 단언하기란 쉽지 않다. 휴전선을 둘러싼 남북한의 군사적 대치 상황은 여전히 변한 것이 없다. 동아시아에서의 주변 강대국의 패권 경쟁 또한 현재 진행형이다. 즉 한반도 평화 정착을 위해서는 한국, 북한, 미국을 비롯해서 중국, 러시아, 일본 등 동아시아 정세에 관여하는 국가들의 다양하고 때로는 상충하는 이해관계들을 외교적으로 세밀하게 조정할 필요가 있다.

한국은 다양한 국가의 복잡한 이해관계를 어떻게 조정할 것인가? 우리 프로젝트 팀은 세계화의 기원이라 할 수 있는 19세기 말에서 20세기 초 한반도의 시공간에 주목하였다. 이 시기는 통상 개항기, 개화기, 구한말, 근대 초기로 불린다. 증기기관과 증기선 도입, 철도 부설, 그 밖의 교통 운송 수단의 발달로 인해서 전 세계가 예전에 상상할 수 없을 정도로 가까워지기 시작하던 때였다. 서구 문물의 도입을 통해서 한국에서는 서구식 근대적 발전이 모색되고 있었다.

또 한편으로는 일본뿐만 아니라 청국, 그리고 서구 열강의 제국주의적 침탈이 진행되었던 시기였다. 한국 문제에 관여한 국가들은 동아시아에서 자국의 이익을 유지, 확대하려는 목적에서 끊임없이 경쟁 혹은 협력하였다. 한국 역시 세계화에 따른 근대적 변화에 공감하면서도 외세의 침략을 막고 독립을 유지하려는 데에 전력을 기울였다. 오늘날 세계화와 한국 관련 국제 정세를 이해하기 위해서는 무엇보다 그 역사적 근원인 19세기 후반에서 20세기 초반의 상황을 알아야 한다. 이에 본 연구소에서는 개항기 독일외교문서에 주목하였다.

3. 한국과 독일의 관계와 그 중요성

오늘날 한국인에게 독일은 친숙한 국가이다. 1960~70년대 약 18,000여 명의 한국인은 낯선 땅 독일에서 광부와 간호사로 삶을 보냈다. 한국인들이 과거사 반성에 미흡한 일본을 비판할 때마다 내세우는 반면교사의 대상은 독일이다. 한때는 분단의 아픔을 공유하기도 했으며, 통일을 준비하는 한국에 타산지석의 대상이 되는 국가가 바로 독일이다. 독일은 2017년 기준으로 중국과 미국에 이어 한국의 세 번째로 큰 교역 국가이기도 하다.

한국인에게 독일은 이웃과도 같은 국가이지만, 정작 한국인들은 독일 쪽에서는 한국을 어떻게 인식하고 정책을 추진하는지 잘 알지 못한다. 그 이유는 독일이 한반도 국제정세에 결정적인 역할을 끼쳐온 국가가 아니기 때문이다. 오늘날 한국인에게는 미국, 중국, 일본, 러시아가 현실적으로 중요하기에, 정서상으로는 가까운 독일을 간과하는 것이 아닐까 하는 생각이 든다.

그렇다면 우리는 독일을 몰라도 될까? 그렇지 않다. 독일은 EU를 좌우하는 핵심 국가이자, 세계의 정치, 경제, 사회, 문화를 주도하는 선진국이자 강대국이다. 독일은 유럽뿐만 아니라 동아시아를 비롯한 전 세계의 동향을 종합적으로 고려하는 가운데 한국을 인식하고 정책을 시행한다. 독일의 대한정책(對韓政策)은 전 지구적 세계화 속에서 한국의 위상을 보여주는 시금석과 같다.

세계화의 기원인 근대 초기도 지금과 상황이 유사하였다. 미국, 영국에 이어서 한국과 조약을 체결한 서구 열강은 독일이었다. 청일전쟁 직후에는 삼국간섭을 통해서 동아시아 진출을 본격화하기도 했다. 하지만 당시 동아시아에서는 영국, 러시아, 일본, 청국, 그리고 미국의 존재감이 컸다. 19세기 말에서 20세기 초 한반도를 둘러싼 국제정세에서 독일이 차지하는 위상은 상대적으로 높지 않았다.

하지만 당시 독일은 동아시아 정세의 주요 당사국인 영국, 러시아, 일본, 청국, 미국 등의 인식과 정책 관련 정보를 집중적으로 수집하고 종합적으로 분석하였다. 세계 각국의 동향을 종합적으로 판단한 과정에서 독일은 한국을 평가하고 이를 정책으로 구현하고자 했다.

그렇기 때문에 개항기 한국 관련 독일외교문서는 의미가 남다르다. 독일외교문서에는 독일의 한국 인식 및 정책뿐만 아니라, 한국 문제에 관여한 주요 국가들의 인식과 대응들이 담겨 있는 보고서들로 가득하다. 독일은 자국 내 동향뿐만 아니라 세계 각국의 동향을 고려하는 과정에서 한국을 인식, 평가하고 정책화하였다. 그렇기에 독일외교문서는 유럽 중심에 위치한 독일의 독특한 위상과 전 지구적 세계화 속에서 세계 각국이 한국을 이해한 방식의 역사적 기원을 입체적으로 추적하기에 더할 나위 없이 좋은 자료인 것이다.

4. 이번 번역총서 작업과정에 대해

1973년 4월 4일, 독일과의 본격적인 교류를 위하여 〈독일문화연구소〉라는 이름으로 탄생을 알리며 활동을 시작한 본 연구소는 2003년 5월 15일 자로 〈독일어권문화연구소〉

로 명칭을 바꾸고 보다 폭넓은 학술 및 연구를 지향하여 연구원들의 많은 활동을 통해, 특히 독일어권 번역학 연구와 실제 번역작업에 심혈을 기울여 왔다. 이번에 본 연구소에서 세상에 내놓는 4권의 책은 모두(冒頭)에서 밝힌 대로 2017년 9월부터 시작한, 3년에 걸친 한국학중앙연구원 프로젝트의 1년 차 연구의 결과물이다. 여기까지 오기까지 작업의 역사는 상당히 길고 또한 거기에 참여했던 인원도 적지 않다. 이 작업은 독일어권연구소장을 맡았던 한봉흠 교수로부터 시작된다. 한봉흠 교수는 연구소소장으로서 개항기 때 독일 외교관이 조선에서 본국으로 보낸 보고 자료들을 직접 독일에서 복사하여 가져옴으로써 자료 축적의 기본을 구축하였다. 그 뒤 김승옥 교수가 연구소 소장으로 재직하면서 그 자료의 일부를 번역하여 소개한 바 있다(고려대 독일문화연구소 편, 『(朝鮮駐在)獨逸外交文書 資料集』, 우삼, 1993). 당시는 여건이 만만치 않아 선별적으로 번역을 했고 한국사 쪽의 감교를 받지도 못하는 상태였다. 그러나 당시로써 옛 독일어 필기체로 작성된 보고문을 정자의 독일어로 탈초하고 이를 우리말로 옮기는 것은 생면부지의 거친 황야를 걷는 것과 같은 것이었다.

우리 연구팀은 저간의 사정을 감안하여 이번 프로젝트를 위해 보다 철저하게 다양한 팀을 구성하고 연구 진행에 차질이 없도록 하였다. 연구팀은 탈초, 번역, 한국사 감교팀으로 나뉘어 먼저 원문의 자료를 시대별로 정리하고 원문 중 옛 독일어 필기체인 쿠렌트체와 쥐털린체로 작성된 문서들을 독일어 정자로 탈초하고 이를 타이핑하여 입력한 뒤 번역팀이 우리말로 옮기고 이후 번역된 원고를 감교팀에서 역사적으로 고증하여 맞는 용어를 선택하고 필요에 따라 각주를 다는 등 다양한 협력을 수행하였다. 이번에 출간된 4권의 책은 데이터베이스화하여 많은 연구자들이 널리 이용할 수 있을 것이다. 총서는 전체 15권으로 구성될 예정이다.

2018년 9월부터 2019년 8월까지 작업한 2차분 6권을 드디어 출간하게 된 것을 연구책임자로서 기쁘게 생각한다. 무엇보다 긴밀하게 조직화된 팀워크를 보여준 팀원들(번역자, 탈초자, 번역탈초 감수 책임자, 한국사 내용 감수 책임자, 데이터베이스팀 책임자)과 연구보조원 한 분 한 분에게 감사드린다. 그리고 프로젝트의 준비단계에서 활발한 역할을 한 김용현 교수와 실무를 맡아 프로젝트가 순항하도록 치밀하게 꾸려온 이정린 박사와 한승훈 박사에게 감사의 뜻을 전한다. 본 연구에 참여한 모든 연구원의 해당 작업과 명단은 각 책의 말미에 작성하여 실어놓았다.

2020년 봄날에

고려대학교 독일어권문화연구소장

김재혁

일러두기

1. 『독일외교문서 한국편 1874~1910』은 독일연방 외무부 정치문서보관소(Archives des Auswärtigen Amts)에서 소장하고 있는 근대 시기 한국 관련 독일외교문서를 번역한 것이다. 구체적으로는 1874년부터 1910년에 이르는 시기 독일 외무부에서 생산한 한국 관련 사료군에 해당하는 I. B. 16 (Korea)과 I. B. 22 Korea 1에 포함된 문서철을 대상으로 한다. ※ Peking II 127, 128에 수록된 한국 관련 기사(시기 : 1866~1881)는 별도 권호를 지정해서 출판할 예정임을 알려둔다.

2. 당시 독일외무부는 문서의 외무부 도착일, 즉 수신일을 기준으로 문서를 편집하였다. 이에 본 문서집에서는 독일외무부가 문서철 편집과정에서 취했던 수신일 기준 방식을 따랐다.

3. 본 문서집은 한국어 번역본과 독일어 원문 탈초본으로 구성되어 있다.
   1) 한국어 번역본에는 독일어 원문의 쪽수를 기입함으로써, 교차 검토를 용의하게 했다.
   2) 독일어 이외의 언어로 작성된 문서는 한국어로 번역하지 않되, 전문을 탈초해서 문서집에 수록하였다. 해당 문서가 주 보고서인 경우는 한국어 번역본과 독일어 원문 탈초본에 함께 수록하였으며, 첨부문서에 해당할 경우에는 한국어 번역본에 수록하지 않고, 독일어 탈초본에 수록하였다. ※ 주 보고서에 첨부문서로 표기되지 않은 상태에서 추가된 문서(언론보도, 각 국 공문서 등)들은 [첨부문서]로 표기하였다.

4. 당대 독일에서는 쿠렌트체(Kurrentschrift)로 불리는 옛 독일어 필기체와 프로이센의 쥐털린체(Sütterlinschrift)가 부가된 형태의 외교문서를 작성하였다. 이에 본 연구팀은 쿠렌트체와 쥐털린체로 되어 있는 독일외교문서 전문을 현대 독일어로 탈초함으로써 문자 해독 및 번역을 용이하게 했다.
   1) 독일어 탈초본은 작성 당시의 원문을 그대로 현대 독일어로 옮기는 것을 원칙으로 했다. 그 때문에 독일어 탈초본에는 문서 작성 당시의 철자법과 개인의 문서 작성 상의 특성이 드러나 있다. 최종적으로 해독하지 못한 단어나 철자는 [*sic.*]로 표기했다.

2) 문서 본문 내용에 대한 다양한 종류의 제3자의 메모는 각주에 [Randbemerkung]을 설정하여 최대한 수록하고 있다.

3) 원문서 일부에 있는 제3자의 취소 표시(취소선)는 취소선 맨 뒤에 별도의 각주를 만들어 제3자의 취소 영역을 표시했다. 편집자의 추가 각주 부분은 모두 대괄호를 통해 원주와 구분하고 있다.

4) 독일어 탈초본에서는 연구자들의 편의를 돕기 위해서 각 문건 상단에 원문출처, 문서수발신 정보, 문서의 수신 과정에서 추가된 문구 등을 알아볼 수 있도록 표를 작성하였다.

예) Die Rückkehr Li hung chang's nach Tientsin. —❶

PAAA_RZ201-018901_162 —❷			
Empfänger	Bismarck —❸	Absender	Brandt —❹
A. 6624. pr. 30 Oktober 1882. —❺		Peking, den 7. September 1882. —❻	
Memo	Orig. 1. 11. nach Hamburg —❼		

① 문서 제목 : 원문서에 제목(문서 앞 또는 뒤에 Inhalt 또는 제목만 표기됨)이 있는 경우 제목을 따르되, 제목이 없는 경우는 "[ ]"로 표기해 원문서에 제목이 없음을 나타냄.

② 원문출처 : 베를린 문서고에서 부여한 해당 문서 번호에 대한 출처 표기. 문서번호-권수_페이지 수로 구성

③ 문서 수신자

④ 문서 발신자

⑤ 문서 번호, 수신일

⑥ 문서 발신지, 발신일

⑦ 문서 수신·전달 과정에서 추가적으로 작성된 문구

이 같은 표가 작성되지 않은 문서는 베를린 자체 생성 문서이거나 정식 문서 형태를 갖추지 않은 문서들이다.

5. 본 연구팀은 독일외교문서의 독일어 전문을 한국어로 번역·감교하였다. 이를 통해 독일어 본래의 특성과 당대 역사적 맥락을 함께 담고자 했다. 독일외교문서 원문의 번역 과정에서 뜻이 분명하지 않은 경우에는 [번역 주석]을 부기하였으며, [감교 주석]을 통해서 당대사적 맥락을 보완하였다. 아울러 독일외교문서 원문에 수록된 주석의 경우는 [원문 주석]으로 별도로 표기하였다.

6. 한국어 번역본에서는 중국, 일본, 한국의 지명, 인명은 모두 원음으로 표기하되, 관직과 관청명의 경우는 한국 학계에서 일반적으로 통용되는 한문의 한국어 발음을 적용하였다. 각 국가의 군함 이름 등 기타 사항은 외교문서에 수록된 단어를 그대로 병기하였다. 독일외교관이 현지어 발음을 독일어로 변환되는 과정에서 실체가 불분명해진 고유명사의 경우, 독일외교문서 원문에 수록된 단어 그대로 표기하였다.

7. 한국어 번역본에서는 연구자들의 편의를 돕기 위해서 각 문건 상단에 문서제목, 문서 수발신 정보(날짜, 번호), 문서의 수신 과정에서 추가된 문구 등을 알아볼 수 있도록 표를 작성하였다.

예)

01

조선의 현황 관련 —❶

발신(생산)일	1889. 1. 5 —❷	수신(접수)일	1889. 3. 3 —❸
발신(생산)자	브란트 —❹	수신(접수)자	비스마르크 —❺
발신지 정보	베이징 주재 독일 공사관 —❻	수신지 정보	베를린 정부 —❼
	No. 17 —❽		A. 3294 —❾
메모	3월 7일 런던 221, 페테르부르크 89 전달 —❿		

① 문서 제목, 번호 : 독일어로 서술된 제목을 따르되, 별도 제목이 없을 경우는 문서 내용을 확인 후 "[ ]"로 구별하여 문서 제목을 부여하였음. 제목 위의 번호는 본 자료집에서 부여하였음.
② 문서 발신일 : 문서 작성자가 문서를 발송한 날짜
③ 문서 수신일 : 문서 수신자가 문서를 받은 날짜
④ 문서 발신자 : 문서 작성자 이름
⑤ 문서 수신자 : 문서 수신자 이름
⑥ 문서 발신 담당 기관
⑦ 문서 수신 담당 기관
⑧ 문서 발신 번호 : 문서 작성 기관에서 부여한 고유 번호
⑨ 문서 수신 번호 : 독일외무부에서 문서 수신 순서에 따라 부여한 번호
⑩ 메모 : 독일외교문서의 수신·전달 과정에서 추가적으로 작성된 문구

8. 문서의 수발신 관련 정보를 특정하기 어려운 문서(예를 들어 신문 스크랩)의 경우는 독일외무부에서 편집한 날짜, 문서 수신 번호, 그리고 문서 내용을 토대로 문서 제목

을 표기하였다.

9. 각 권의 원문 출처는 다음과 같다.

자료집 권 (발간 연도)	독일외무부 정치문서고 문서 분류 방식			
	문서분류 기호	일련번호	자료명	대상시기
1 (2019)	I. B. 16 (Korea)	R18900	Akten betr. die Verhältnisse Koreas (1878년 이전) 조선 상황	1874.1~1878.12
	I. B. 22 Korea 1	R18901	Allgemiene Angelegenheiten 1 일반상황 보고서 1	1879.1~1882.6
	I. B. 22 Korea 1	R18902	Allgemiene Angelegenheiten 2 일반상황 보고서 2	1882.7~1882.11
2 (2019)	I. B. 22 Korea 1	R18903	Allgemiene Angelegenheiten 3 일반상황 보고서 3	1882.11~1885.1.19
	I. B. 22 Korea 1	R18904	Allgemiene Angelegenheiten 4 일반상황 보고서 4	1885.1.20~1885.4.23
	I. B. 22 Korea 1	R18905	Allgemiene Angelegenheiten 5 일반상황 보고서 5	1885.4.24~1885.7.23
3 (2019)	I. B. 22 Korea 1	R18906	Allgemiene Angelegenheiten 6 일반상황 보고서 6	1885.7.24~1885.12.15
	I. B. 22 Korea 1	R18907	Allgemiene Angelegenheiten 7 일반상황 보고서 7	1885.12.16~1886.12.31
	I. B. 22 Korea 1	R18908	Allgemiene Angelegenheiten 8 일반상황 보고서 8	1887.1.1~1887.11.14
4 (2019)	I. B. 22 Korea 1	R18909	Allgemiene Angelegenheiten 9 일반상황 보고서 9	1887.11.15~1888.10.3
	I. B. 22 Korea 1	R18910	Allgemiene Angelegenheiten 10 일반상황 보고서 10	1888.10.4~1889.2.28
	I. B. 22 Korea 1	R18911	Allgemiene Angelegenheiten 11 일반상황 보고서 11	1889.3.1~1890.12.13
	I. B. 22 Korea 1	R18912	Allgemiene Angelegenheiten 12 일반상황 보고서 12	1890.12.14~1893.1.11

5 (2020)	I. B. 22 Korea 1	R18913	Allgemiene Angelegenheiten 13 일반상황 보고서 13	1893.1.12~1893.12.31
	I. B. 22 Korea 1	R18914	Allgemiene Angelegenheiten 14 일반상황 보고서 14	1894.1.1~1894.7.14
	I. B. 22 Korea 1	R18915	Allgemiene Angelegenheiten 15 일반상황 보고서 15	1894.7.15~1894.8.12
	I. B. 22 Korea 1	R18916	Allgemiene Angelegenheiten 16 일반상황 보고서 16	1894.8.13~1894.8.25
6 (2020)	I. B. 22 Korea 1	R18917	Allgemiene Angelegenheiten 17 일반상황 보고서 17	1894.8.26~1894.12.31
	I. B. 22 Korea 1	R18918	Allgemiene Angelegenheiten 18 일반상황 보고서 18	1895.1.19~1895.10.18
	I. B. 22 Korea 1	R18919	Allgemiene Angelegenheiten 19 일반상황 보고서 19	1895.10.19~1895.12.31
	I. B. 22 Korea 1	R18920	Allgemiene Angelegenheiten 20 일반상황 보고서 20	1896.1.1~1896.2.29
7 (2020)	I. B. 22 Korea 1	R18921	Allgemiene Angelegenheiten 21 일반상황 보고서 21	1896.3.1~1896.5.6
	I. B. 22 Korea 1	R18922	Allgemiene Angelegenheiten 22 일반상황 보고서 22	1896.5.7~1896.8.10
	I. B. 22 Korea 1	R18923	Allgemiene Angelegenheiten 23 일반상황 보고서 23	1896.8.11~1896.12.31
	I. B. 22 Korea 1	R18924	Allgemiene Angelegenheiten 24 일반상황 보고서 24	1897.1.1~1897.10.31
8 (2020)	I. B. 22 Korea 1	R18925	Allgemiene Angelegenheiten 25 일반상황 보고서 25	1897.11.1~1898.3.15
	I. B. 22 Korea 1	R18926	Allgemiene Angelegenheiten 26 일반상황 보고서 26	1898.3.16~1898.9.30
	I. B. 22 Korea 1	R18927	Allgemiene Angelegenheiten 27 일반상황 보고서 27	1898.10.1~1899.12.31

<table>
<tr><td rowspan="6">9
(2020)</td><td rowspan="2">I. B. 22
Korea 1</td><td rowspan="2">R18928</td><td>Allgemiene Angelegenheiten 28</td><td rowspan="2">1900.1.1~1900.6.1</td></tr>
<tr><td>일반상황 보고서 28</td></tr>
<tr><td rowspan="2">I. B. 22
Korea 1</td><td rowspan="2">R18929</td><td>Allgemiene Angelegenheiten 29</td><td rowspan="2">1900.6.2~1900.10.31</td></tr>
<tr><td>일반상황 보고서 29</td></tr>
<tr><td rowspan="2">I. B. 22
Korea 1</td><td rowspan="2">R18930</td><td>Allgemiene Angelegenheiten 30</td><td rowspan="2">1900.11.1~1901.2.28</td></tr>
<tr><td>일반상황 보고서 30</td></tr>
<tr><td rowspan="6">10
(2020)</td><td rowspan="2">I. B. 22
Korea 1</td><td rowspan="2">R18931</td><td>Allgemiene Angelegenheiten 31</td><td rowspan="2">1901.3.1~1901.7.15</td></tr>
<tr><td>일반상황 보고서 31</td></tr>
<tr><td rowspan="2">I. B. 22
Korea 1</td><td rowspan="2">R18932</td><td>Allgemiene Angelegenheiten 32</td><td rowspan="2">1901.7.16~1902.3.31</td></tr>
<tr><td>일반상황 보고서 32</td></tr>
<tr><td rowspan="2">I. B. 22
Korea 1</td><td rowspan="2">R18933</td><td>Allgemiene Angelegenheiten 33</td><td rowspan="2">1902.4.1~1902.10.31</td></tr>
<tr><td>일반상황 보고서 33</td></tr>
</table>

10. 본 문서집은 조선과 대한제국을 아우르는 국가 명의 경우는 한국으로 통칭하되, 대한제국 이전 시기를 다루는 문서의 경우는 조선, 대한제국 선포 이후를 다루는 문서의 경우는 대한제국으로 표기하였다.

11. 사료군 해제

I. B. 16 (Korea)와 I. B. 22 Korea 1은 개항기 전시기라 할 수 있는 1874년부터 1910년까지 한국 관련 독일외교문서를 연, 월, 일에 중심으로 분류하여 정리한 사료군이다. 개항기 한국과 독일의 거의 전 분야에 걸친 다양한 관계를 확인할 수 있는 기초적인 사료라 할 수 있다. 한국과 독일의 관계 전반을 확인할 수 있는 편년체식 사료군은 독일이 동아시아정책에 기반을 둔 한국정책을 수립하는 데 기본이 되었다.

• **I. B. 16 (Korea) :** 1859년 오일렌부르크의 동아시아 원정 이후 베이징과 도쿄에 주재한 독일 공사들이 조선과 독일의 수교 이전인 1874~1878년간 조선 관련하여 보고한 문서들이 수록되어 있다. 이 시기는 조선이 최초 외세를 향해서 문호를 개방하고 후속 조치가 모색되었던 시기였다. 특히 쇄국정책을 주도하였던 흥선대원군이 하야하고 고종이 친정을 단행함으로써, 국내외에서는 조선의 대외정책 기조가 변화할 것이라는 전망이 나오던 시절이었다. 이러한 역사적 배경 속에서 I. B. 16 (Korea)에는 1876년 이전 서계문제로 촉발되었던 조선과 일본의 갈등과 강화도조약 체결,

그리고 조선의 대서구 문호개방에 관련해서 청국, 일본을 비롯해서 조선의 문호개방에 관여한 국가에 주재한 외교관의 보고서 및 언론기사를 비롯한 참고문서들이 수록되어 있다.

- **I. B. 22 Korea 1 :** 독일 외무부는 조선과 조약 체결을 본격화하기 시작한 1879년부터 별도로 "Korea"로 분류해서 한국 관련 문서를 보관하기 시작하였다. 영국외무부가 한국 관련 문서를 "China"와 "Japan"의 하위 목록에 분류한 것과 비교해보면, 독일외무부는 일찍부터 한국에 대한 중요성을 인식하고 대응했던 것으로 볼 수도 있다.

그 중에서 I. B. 22 Korea 1은 1879년부터 1910년까지 한국에 주재한 독일외교관을 비롯해서 한국 관련 각종 문서들이 연, 월, 일의 순서로 편집되어 있다. 개항기 전시기 독일의 대한정책 및 한국과 독일관계를 조망하는 본 연구의 취지에 부합한 사료군이라 할 수 있다. 그러기에 I. B. 22 Korea 1에는 한국의 국내외 정세 관련해서 한국에 주재한 독일외교관을 비롯해서 청국, 일본, 영국, 러시아 등 한국 문제에 관여한 국가에 관한 보고서 및 언론 기사를 비롯한 참고문서들이 수록되어 있다.

차례

외무부 정치 문서고 조선 관계 문서
1896.3.1~1896.5.6

외무부 정치 문서고 조선 관계 문서

1896.5.7~1896.8.10

외무부 정치 문서고 조선 관계 문서

1896.8.11~1896.12.31

외무부 정치 문서고 조선 관계 문서

1897.1.1~1897.10.31

외무부
A편

외무부 정치 문서고
조선 관계 문서

1896년 3월 1일부터
1896년 5월 6일까지

제21권
참조: 제22권

조선 No. 1

1896년 목록	수신정보
런던 2월 28일 No. 165 조선의 사건들 및 러시아가 조선에서 의도하는 바에 대한 영국 하원의 대정부질의 답변.	2236 3월 1일
페테르부르크 2월 29일 No. 93 "Birschewyje Wedomosti"지는 조선의 소요사태가 계속되는 경우, 영국인들이 이집트를 점령한 것과 유사하게 러시아가 조선을 일시적으로 점령할 것을 권유한다.	2274 3월 2일
페테르부르크 3월 1일 No. 99 "St. PetersburgskijA. Wedomosti"지는 조선의 독립 및 일본해 바깥에서 러시아의 부동항 획득을 요구한다.	2372 3월 5일
페테르부르크 3월 3일 No. 100 조선 문제와 일본의 태도에 대한 러시아 언론의 견해.	2422 3월 6일
3월 6일 "Politische Correspondenz" 일본이 러시아와 일본의 조선 보호통치를 러시아 정부에 제안했다는 Times지의 보도 내용 부인. 러시아는 조선의 독립이 유지되기를 바란다고 한다.	2448 3월 6일
3월 8일 "Berliner Tageblatt" 작년 10월 서울의 궁중혁명에 가담한 일본 관리와 장교들에 대한 재판	2540 3월 8일
도쿄 1월 24일 보고서 A. 23 북부 조선과 북만주로 러시아 국민들의 이주	2359 3월 4일
도쿄 2월 5일 보고서 A. 27 러시아와 일본의 관계가 특히 조선과 관련해 개선되었다. 양국의 내각은 러시아인들이 일본인들에게 조선과의 문제를 해결할 수 있는 시간을 주는 것에 합의한다. 조선 주재 러시아 공사 슈뻬이예르의 활동.	2734 3월 13일
도쿄 2월 17일 보고서 A. 40 조선과 관련해 러시아와 일본의 정책 일치에 대한 일본 반관반민 신문의 논평.	3008 3월 20일
도쿄 2월 17일 보고서 A. 41 2월 11일 사건에 대한 일본 정부의 기별. 조선 왕은 러시아 공사관으로 피신. 두 조선 대신의 처형과 10월 8일 쿠데타 관련자들 사면.	3009 3월 20일

도쿄 2월 14일 보고서 A. 36 히트로보가 최근의 11월 11일 쿠데타를 도모했다고 가정하기는 어렵다. 히트로보는 러시아가 조선의 보호통치를 바라지 않는다고 말한다. 나중에 조선이 저절로 러시아의 수중에 들어올 것이고 그러면 조선을 합병할 수 있기 때문이라고 한다. 일본은 조선에서 상업적인 이익을 추구하지만, 러시아는 조선에 정치적인 관심이 있다고 한다.	3004 3월 20일
도쿄 2월 16일 보고서 A. 37 이토는 일본 정부가 11월 11일 서울 혁명으로 인해 몹시 놀랐다고 주장한다. 그러나 일본 군대를 조선에서 다만 천천히 철수할 수 있을 것이라고 말한다. 일본 대표와 러시아 대표는 서로 알게 된 내용과 특히 조선 왕의발언을 공유하기로 했다고 한다. 조선 왕이 상대에 따라 말을 바꾸는 바람에 러시아와 일본 사이에 긴장이 고조되고 있다는 것이다. 일본은 조선에 개입하지 않을 것이라고 한다.	3005 3월 20일
도쿄 2월 18일 보고서 A. 42 서울의 최근 쿠데타에 직면해 히트로보는 러시아와 일본이 조선에 대해 보다 쉽게 합의에 이르기를 바란다. 히트로보의 휴가 동안 슈뻬이예르가 그의 직무를 대행한다.	3524 4월 2일
4월 7일 쾰른신문 조선의 상황이라는 표제의 기사 – 이 기사는 조선 왕의 아관파천을 일본 정책에 대한 러시아 정책의 승리라고 선언한다. 그리고 이제 러시아인들이 조선의 주인이라는 결론을 도출한다.	3708 4월 7일
서울 1월 31일 No. 8 조선 왕의 처지, 조선 왕세자를 교육 목적으로 일본에 보내려는 계획, 단발령으로 인한 조선 국민들의 흥분, 서울의 외국 군대들.	2996 3월 20일
서울 1월 13일 No. 5 러시아 신임 대리공사 슈뻬이예르가 공사관 업무를 인계받았다. 10월 8일과 11월 28일 왕궁 쿠데타에 가담한 조선인들에 대한 판결. 조선 왕의 단발령 공표. 조선 정부는 일본군을 당분간 이대로 조선에 주둔시킬 것을 일본에 요청했다.	3350 3월 29일
서울 2월 11일 No. 12 조선 왕 러시아 공사관으로 피신. 조선 왕은 러시아 공사관에서 외국 대표들을 접견했다. 러시아 해병 150명과 카자흐 기병 몇 명이 서울에 있다. 조선 내각의 새로운 구성과 서울의 상황.	3351 3월 29일

도쿄 2월 20일 보고서 A. 43 현재 조선과 관련해 러시아와 일본 사이에서 전혀 회담이 개최되지 않고 있다. 이토는 유럽 여행길에 로바노프와 논의하려는 듯 보인다. 히트로보는 2월 11일 쿠데타의 원인이 단발령에 있다고 본다.	3525 4월 2일
도쿄 2월 24일 No. 46 조선 왕은 만일 어려운 일이 생기면 러시아의 도움을 받으라는 지시를 도쿄 주재 조선 공사관에 내렸다.	3538 4월 2일
4월 10일 "The Daily News" 조선 주재 독일제국 대표가 조선 왕의 러시아 공사관 체류에 반대하는 영국과 미국 대표의 항의에 가담했다는 보도의 정정기사.	3842 4월 10일
서울 3월 2일 No. 20 슈뻬이예르가 서울을 떠난 후, 베베르 공사가 다시 러시아 공사관 업무를 맡았다. 러시아와 일본은 조선과 관련해 합의에 이른 듯 보인다. 그러나 러시아는 일본이 지나치게 많은 영향력을 행사하는 것을 용인하지 않을 것이다. 조선 반란군의 진격.	3921 4월 13일
4월 15일 빈 통신 일본 정부는 조선에서 러시아 정부와 협력하겠다고 러시아 정부에 선언했다. 민영환이 조선의 대관식 대사로 페테르부르크에 파견된다.	3993 4월 15일
페테르부르크 4월 14일 No. 175 조선 주재 러시아 공사는 일본인들에게 적대적인 음모를 꾸민다고 비난받을 빌미를 주지 않기 위해 조선 정부에 대해 신중한 태도를 취하고 있다.	4006 4월 16일
도쿄 2월 27일 보고서 A. 50 조선 정책 때문에 발의된 일본 정부 불신임안이 의회에서 부결됨.	3529 4월 2일
서울 2월 16일 No. 13 조선 왕이 러시아 공사관으로 피신한 이유를 알리는 조선 왕과 총리대신의 포고문. 또한 포고문은 국민들에게 조선 왕을 배신한 자들을 응징할 것을 촉구하고 평온을 유지할 것을 경고한다. - 새로운 내각 구성원들의 명단.	3512 4월 2일
페테르부르크 4월 19일 No. 194 일본이 조선과 관련해 러시아와 합의하기 위한 조건에 대한 "Novoye Vremya"지의 보도.	4250 4월 22일
페테르부르크 4월 25일 No. 202 조선을 휩쓸고 있는 불안과 소요사태에 대한 "Novoye Vremya"지 기사.	4448 4월 27일

도쿄 3월 20일 보고서 A. 62 일본 정부는 원산에서 다수의 일본인을 살해한 조선 반란자들에 대해 조치를 취하지 않을 계획이다. 그러나 그 돌발사건을 계기로 일본군을 계속 조선에 주둔시킬 것이다. – 로바노프는 청러비밀협약의 존재를 부인했다.	4515 4월 28일
4월 29일 "Lokal-Anzeiger" 조선 왕의 명령으로 민영환이 모스크바의 대관식에 참석한다.	4549 4월 29일
5월 3일 "베저 차이퉁" 조선의 상황. 일본인들이 내린 변복령과 단발령 때문에 조선인들은 일본인들을 증오한다.	4684 5월 3일
도쿄 2월 25일 보고서 A. 48 이토는 올해 유럽으로 휴가 여행을 떠나는 기회를 이용해 로바노프와 조선에 대한 합의를 이끌어내고자 한다.	3528 4월 2일
도쿄 4월 25일 전보문 No. 10 조선 주재 러시아 대표와 일본 대표 사이에서 타협안에 대한 회담이 진행되고 있다. 그 결과는 문서로 확정될 것이다. (4월 27일 서울에 발송한 전보문 No. 1 참조)	4426 4월 27일 4426 I
서울 5월 4일 전보문 No. 2 서울 주재 러시아 대표와 일본 대표는 조선 왕의 왕궁 귀환과 일본군 철수에 대해 협상한다.	4728 5월 5일
서울 2월 27일 No. 16 조선 왕은 러시아 공사관을 떠날 것을 거부함. 조선의 소요사태 및 모반자들의 목표 선언. 신임 법부대신 겸 경무사 임명. 조선 왕이 자신의 행위를 해명하는 포고문 공표.	3920 4월 13일
도쿄 3월 4일 보고서 A. 54 러시아 정부는 조선 왕의 아관파천에 대해 미리 알고 있었던 듯 보인다. 히트로보 공사에 대한 일본 정부의 불신. 모스크바 대관식 사절로 야마가타 원수가 내정됨.	3915 4월 13일
도쿄 3월 11일 보고서 A. 57 러시아와 일본은 서울 주재 양국 대표가 일체의 대립을 피하고 조선의 안정과 독립을 위해서 바람직한 조처에 대해 논의하기로 합의했다. 조선에서 러시아의 영향력 증대에 일본은 곤혹스러워하고 있다.	3916 4월 13일

01

원문 p.438

조선

발신(생산)일	1896. 2. 28	수신(접수)일	1896. 3. 1
발신(생산)자	하츠펠트	수신(접수)자	호엔로에-실링스퓌르스트
발신지 정보	런던 주재 독일 대사관	수신지 정보	베를린 정부
	No. 165		A. 2236

A. 2236 1896년 3월 1일 오전 수신

런던, 1896년 2월 28일

No. 165

독일제국 수상 호엔로에-실링스퓌르스트 각하 귀하

어제 영국 하원 의회의 대정부질의에 대한 답변에서, 외무부 차관보는 영국 정부가 알고 있는 한 러시아는 서울이나 조선의 다른 일부 지역을 점령하지 않았고 앞으로도 점령할 가능성도 없다고 알렸습니다. 외무부 차관보는 러시아 병사 백오십 명이 서울 주재 러시아 공사관을 경비하고 있다고 말했습니다. 반란으로 인해 생명의 위협을 받는 조선 왕이 서울 주재 러시아 공사관으로 피신했다고 합니다.[1] 또한 조선의 수도에는 일본 병사 오백 명도 주둔하고 있다고 전해집니다.

하츠펠트[2]

내용: 조선

1 [감교 주석] 아관파천(俄館播遷)

2 [감교 주석] 하츠펠트(Hatzfeldt)

02

원문 p.439

조선 문제에 대한 "Birschewyje Wedomosti"지의 견해

발신(생산)일	1896. 2. 29	수신(접수)일	1896. 3. 2
발신(생산)자	라돌린	수신(접수)자	호엔로에-실링스퓌르스트
발신지 정보	페테르부르크 주재 독일 대사관	수신지 정보	베를린 정부
	No. 93		A. 2274
메모	3월 6일 London 221에 전달		

A. 2274 1896년 3월 2일 오전 수신

상트페테르부르크, 1896년 2월 29일

No. 93

독일제국 수상 호엔로에-실링스퓌르스트 각하 귀하

조선 문제와 관련해, "Birschewyje Wedomosti"지는 일본을 끌어들이려는 영국의 책략이 성공하지 않는 한 특별히 조선의 안정을 회복하기 위해 노력할 필요가 없다는 견해를 표명합니다. 그리고 독일과 러시아와 프랑스의 공동작전을 통해 일본이 개입하는 위험을 사전에 예방하는 것이 최선이라고 말합니다. 이미 작년에도 독일과 러시아와 프랑스는 공동작전을 펼침으로서 일본과의 분규를 저지한 적이 있다는 것입니다. 그러나 이 세 국가의 단결이 예상되는데도 조선의 소요사태가 계속되는 경우에는 러시아가 조선을 점령해야 할 것이라고 합니다. 러시아는 조선의 무정부상태를 용인할 수 없기 때문이라는 것입니다. 그렇게 되면 영국은 러시아의 조선 보호통치가 영국의 이집트 보호통치와 유사하게 일시적인 것이라는 사실로 위안을 삼아야 할 것이라고 "Birschewyje Wedomosti"지는 말합니다.

라돌린[1]

내용: 조선 문제에 대한 "Birschewyje Wedomosti"지의 견해

---

1 [감교 주석] 라돌린(H. F. von Radolin)

03

원문 p.440

러시아인들의 청국과 조선 이주

발신(생산)일	1896. 1. 24	수신(접수)일	1896. 3. 4
발신(생산)자	구트슈미트	수신(접수)자	호엔로에-실링스퓌르스트
발신지 정보	도쿄 주재 독일 공사관	수신지 정보	베를린 정부
	A. 23		A. 2359
메모	2월 22일 런던 178, 페테르부르크 126에 전달		

A. 2359 1896년 3월 4일 오후 수신

도쿄, 1896년 1월 24일

A. 23

독일제국 수상 호엔로에-실링스퓌르스트 각하 귀하

본인의 오스트리아 동료는 많은 러시아 국민들이 북만주와 북조선으로 이주한다는 말을 사이온지[1]에게 들었다고 말했습니다. 확실한 정보에 의하면, 상당히 오래 전부터 러시아 국민들이 북만주와 북조선으로 이주하고 있다고 합니다.

일본 외무대신은 만주를 고려하면 은행가와 채권자들을 친절하게 맞아주어야 할 것이라고 웃으며 덧붙였다고 합니다.

구트슈미트[2]

내용: 러시아인들의 청국과 조선 이주

1 [감교 주석] 사이온지 긴모치(西園寺公望)

2 [감교 주석] 구트슈미트(F. Gudtschmid)

04

원문 p.441

조선의 상황에 대한 러시아 언론의 견해

발신(생산)일	1896. 3. 1	수신(접수)일	1896. 3. 5
발신(생산)자	라돌린	수신(접수)자	호엔로에-실링스퓌르스트
발신지 정보	페테르부르크 주재 독일 대사관	수신지 정보	베를린 정부
	No. 99		A. 2372

A. 2372 1896년 3월 5일 오전 수신

상트페테르부르크, 1896년 3월 1일

No. 99

독일제국 수상 호엔로에-실링스퓌르스트 각하 귀하

조선의 상황과 관련해 "St. Petersburgskija Wedomosti"는 일본군의 오랜 점령으로 인해 황폐화된 한반도를 지금 상태 그대로 두면 앞으로 계속 평화를 위협할 것이라고 주장합니다. 그러니 조선의 상황을 종결지어야 한다는 것입니다. 그러나 이를 위해서는 반드시 "조선이 실제로 독립을 유지해야 하고 러시아가 극동지방에서 일본해 바깥에 부동항을 획득해야" 한다는 것입니다.

"St. Petersburgskija Wedomosti"는 이것이 러시아의 주요 과업이라고 말합니다. 청일 평화조약[1]의 최종안이 주로 러시아의 주도하에 결정되었기 때문에, 그 지역들에서의 평화 유지 역시 러시아 황제의 임무라는 것입니다. 러시아 해병이 서울에 상륙했을 때 영국인들은 러시아가 조선을 합병하려는 의도라도 품고 있는 듯 불평을 늘어놓았다고 "St. Petersburgskija Wedomosti"는 말합니다. 그러나 페테르부르크에서는 오직 조선 왕국의 독립을 보장하려고 하는 까닭에, 그런 불평은 부당하다는 것입니다. 그러나 조선 왕국의 독립을 위해서는 러시아에게 반드시 태평양 연안의 부동항이 필요하고 또 러시아가 그런 부동항을 획득할 것이라는 사실에는 의심의 여지가 없다고 합니다.

상하이에서 런던에 발송한 전보문은 그와는 반대로 러시아가 블라디보스토크까지 철도를 연결한 후 조선에 대한 보호통치를 선포할 것이라고 보고했습니다. 이에 대해

1 [감교 주석] 시모노세키 조약

"Moskowskija Wedomosti"지는 러시아에 적대적인 이런 황당한 소식이 도대체 어디에서 유래하는지 묵과해서는 안 된다고 말합니다.

라돌린

내용: 조선의 상황에 대한 러시아 언론의 견해

베를린, 1896년 3월 6일

A. 2274

주재 외교관 귀중
런던 No. 221

연도번호 No. 1418

본인은 조선의 상황에 대한 "Birschewija Wjedomosti"의 견해와 관련해 삼가 귀하께 정보를 알려드리고자, 지난 달 29일 자 상트 페테르부르크 주재 독일제국 공사의 보고서 사본을 전달하는 바입니다.

05

원문 p.443

조선의 상황에 대한 러시아 언론의 견해

발신(생산)일	1896. 3. 3	수신(접수)일	1896. 3. 6
발신(생산)자	라돌린	수신(접수)자	호엔로에-실링스퓌르스트
발신지 정보	페테르부르크 주재 독일 대사관	수신지 정보	베를린 정부
	No. 100		A. 2422

A. 2422 1896년 3월 6일 오전 수신

상트페테르부르크, 1896년 3월 3일

No. 100

독일제국 수상 호엔로에-실링스퓌르스트 각하 귀하

조선 문제는 러시아 언론에서 여전히 활발하게 논의되고 있습니다.

"Russkoje Slowo"는 상당히 긴 논설에서, 러시아가 현 상황에서 조선 왕을 다만 도덕적으로 지원할 것을 조언합니다. 영국과 일본이 지금 조선의 상황에 개입할 의향이 없기 때문에 아직은 결단을 촉구할 때가 아니라고 합니다. 영국은 그렇지 않아도 충분히 많은 난제에 직면해 있고, 일본은 조선에 대해 적극적으로 나서면 다시금 압도적인 연합전선에 부딪치게 될 것을 두려워한다는 것입니다. 그러니 한반도에서 일본의 음모를 저지하기 위해서는 러시아가 조선 왕을 도덕적으로 지원하는 것으로 충분하다고 "Russkoje Slowo"는 말합니다. 먼저 유사시에 공격적으로 대처할 수 있도록 시베리아 철도를 완성하고 태평양의 러시아 함대를 충분히 강화해야 한다는 것입니다. 그런 다음 비로소 조선 문제를 해결할 수밖에 없을 때가 올 것이라고 합니다. 그리고 일본은 러시아와의 우호관계를 유지하고 영국의 순종적인 도구로 이용되지 않는 편이 이득이라는 사실을 스스로 깨달을 것이라고 합니다.

"Novoye Vremya"[1]는 독일제국 정부가 일본을 불신하고 있으며 일본의 평화보장을 믿지 않는다고 주장합니다. 그 때문에 독일제국 정부는 독일 함대를 일본해로 파견했고, 독일 함대는 여름까지 일본해에 머물 것이라고 말합니다. 또한 태평양에 주둔하는 프랑

1 [감교 주석] 노보예 브레먀(Novoye Vremya)

스 함대의 군함이 여러 척 증강된다는 소문이 들리는 것으로 보아 파리에서도 일본인들을 신뢰하지 않는 듯하다고 합니다.

라돌린

내용: 조선 문제에 대한 러시아 언론의 견해

06

원문 p.444

[오스트리아 통신사를 통한 러시아의 조선 보호통치 소문의 진상 확인]

발신(생산)일		수신(접수)일	1896. 3. 6
발신(생산)자		수신(접수)자	
발신지 정보		수신지 정보	베를린 외무부
			A. 2448

A. 2448 1896년 3월 6일 오후 수신

"비너 폴리티셔 코레스폰덴츠"[1]

1896년 3월 6일

우리가 상트페테르부르크에서 받은 소식에 의하면, 일본 정부가 일본과 러시아의 조선 공동보호통치를 상트페테르부르크 내각에 제안했다는 "Times"지 기사는 전혀 근거 없는 것이라고 한다. 상트페테르부르크의 유력 인물들은 러시아가 조선의 보호통치를 추구하기보다는 오히려 조선의 독립이 유지되기를 원한다고 강조한다는 것이다. 일본 정부가 상트페테르부르크 내각의 이런 관점을 충분히 알고 있으므로, 위에서 언급한 것과 같은 제안으로 러시아에 접근하려는 의도를 품기는 어렵다고 한다.

1 [감교 주석] 비너 폴리티셔 코레스폰덴츠(Wiener Politische Correspondenz). 오스트리아 내각이 1874년 창설한 통신사.

07

원문 p.445

[명성황후 시해사건 가담 일본인의 재판]

발신(생산)일	1896. 2. 3	수신(접수)일	1896. 3. 8
발신(생산)자		수신(접수)자	
발신지 정보		수신지 정보	베를린 외무부
			A. 2448

A. 2540 1896년 3월 8일 오후 수신

"베를리너 타게블라트"[1]

1896년 3월 8일

법정에 선 조선 왕비[2]의 살인범들

(우리 통신원의 보도)

도쿄, 2월 3일

정치적인 소송에서는 종종 기이한 판결이 내린다. 그러나 일반 대중들이 그런 판결에 많은 관심을 보이기 때문에, 소송을 주재하는 재판관은 범죄 구성요건을 확인하고 최종 결론을 입증하는 과정에서 모든 부실한 부분을 보완하거나 은폐하기 위해 특별히 노력을 기울인다. 48명의 일본 관료와 신문기자, 모험가들이 국가 반역 및 조선 왕비 살해에 가담한 죄목으로 기소된 히로시마 지방법원은 더 졸렬한 조처를 취했다. 재판관은 범죄 구성요건을 상세히 확인한 후, "그러므로"를 완전히 배제하기 위해 "그럼에도 불구하고"에 의존했다. 일본 재판관들의 신뢰도와 능력의 문제는 현재 계류 중인 조약 개정에 매우 중요하거나 아니면 적어도 매우 중요해야 할 것이다. 그 때문에 독자들이 실제 재판 과정과 재판관의 숙련도에 대해 스스로 판단할 수 있도록 우리는 이 주목할 만한 문서의 주요 부분을 독일어로 번역한다.

1 [감교 주석] 베를리너 타게블라트(Berliner Tageblatt). 1872년에서 1939년까지 독일제국에서 간행된 일간지.

2 [감교 주석] 명성황후(明成皇后)

"1895년 9월 1일 피고 미우라 고로[3]는 천황 폐하의 서울 주재 특명전권공사로서의 임무를 인계받았습니다. 피고가 관찰한 바에 의하면, 조선의 상황은 그릇된 길로 나가고 있었습니다. 조선 왕실은 날이 갈수록 방자해져서 국사에 관여하려 했습니다. 그래서 일본 정부에 의해 재편성된 행정체계가 도입되었습니다. 일본 장교들에게 훈련받은 조선 친위대는 직접 왕실을 해산하고 친위대 장교들을 처벌하려는 계획을 세웠습니다. 또한 미우라 고로가 알아낸 바에 의하면, 조선 왕실은 모든 정치권력을 독점하려 했습니다. 왕실은 이 목적을 위해 조선의 발전과 독립에 헌신한 몇몇 대신들을 파면하고 또 다른 몇몇 대신들을 죽이려는 계획을 세웠다고 합니다. 피고는 이에 대해 무척 분개했습니다. 조선 왕실의 이런 태도는 조선을 위해 금전과 노력을 아끼지 않은 일본에 대한 다시없는 배은망덕이라고 판단했기 때문입니다. 그 뿐만 아니라 조선 왕실의 태도는 국정개혁을 방해했고 조선 왕국의 독립을 위태롭게 했습니다. 이런 이유에서 피고는 조선 왕실이 추구하는 정책이 조선 자체에 해로운 동시에 일본의 이익에도 매우 방해된다고 생각했습니다.

피고 미우라 고로는 조선 왕국의 독립 및 조선에서 일본의 명망을 유지하기 위해서는 이러한 상황을 반드시 근본적으로 절실하게 바로잡을 필요가 있다고 생각했습니다. 마침 이런 생각에 골몰해 있을 무렵, 피고는 대원군으로부터 도움을 요청받았습니다. 부원군은 바람직하지 않은 사태 변화에 분노했으며, 왕에게 충언해야 하는 의무를 다하고자 궁중 개혁을 계획했습니다.

그에 이어 피고는 10월 3일 조선 주재 일본 공사관에서 공사관 서기관 스기무라[4]와 조선 군부대신 고문 오카모토[5]와 상의했습니다. 그 자리에서, 대원군이 왕궁에 진입할 수 있도록 왕궁 친위대 – 불만을 품은 젊은 사람들 – 를 이용하는 동시에 서울에 주둔하는 일본 군대의 지원을 받아야 한다는 결론이 나왔습니다. 또한 그 기회를 이용해 왕실에 결정적인 영향력을 행사하는 조선 왕비를 제거하기로 결의했습니다."

판결문은 원래 10월 15일로 약속된 쿠데타 일정을 앞당기게 만든 일련의 돌발 사건들을 열거한 후 다음과 같이 계속된다.

"미우라 고로와 스기무라 후가시(일본 공사관 서기관)는 그날(10월 7일) 밤에 거사를 실행에 옮기기로 결정했습니다. 한편으로는 공동피고인 오카모토에게 즉시 서울로 돌아오라는 속달우편을 보냈으며, 다른 한편으로는 공동피고인 호리구치[6]에게 대원군의 왕

---

3 [감교 주석] 미우라 고로(三浦梧樓)

4 [감교 주석] 스기무라 후카시(衫村濬)

5 [감교 주석] 오카모토 류노스케(岡本 柳之助)

궁 침입 계획을 정확하게 기록한 종이를 넘겨주었습니다. 그리고 호리구치로 하여금 약속 장소에서 오카모토를 만나 함께 왕궁에 들어가도록 조치했습니다. 나아가 미우라 고로는 서울에 주둔하는 일본군 지휘관에게 대원군이 조선 친위대를 뚫고 쉽게 왕궁에 진입할 수 있도록 일본군을 동원하라는 지시를 내렸습니다. 미우라는 다른 공동피고인(한명은 기자이고 다른 한명은 모험가입니다) 두 명에게는 친구들을 모아 대원군을 경호하는 임무를 맡겼습니다. 그리고 20년 전부터 지속된 조선의 불투명한 상황을 근절하는 것은 이 모험의 성공 여부에 달려 있다고 두 공동피고인에게 말했습니다. 미우라는 그들이 왕궁에 진입하면 조선 왕비를 처치할 것을 요구했습니다."

재판관은 일본 공사가 10월 8일의 유혈쿠데타에 관여한 범죄 구성요건을 직접 확인했다. 그리고 이 사실을 토대로 나머지 피고들에게 불리한 사실을 확인하고는 과감하게 방향을 바꿔 최종 판결을 내렸다.

"이러한 사실들에도 불구하고 피고인들 가운데 그 어느 한 사람이라도 원래 계획했던 범죄를 실제로 실행했음을 입증하는 증거가 불충분합니다. 이러한 이유에서 피고인들 모두 무죄임을 선고합니다."

이것은 참으로 납득하기 어려운 판결이다. 최종 범죄행위는 물론 조선 왕궁 안에서 일어났다. 그런데 판결문은 왕궁 안에서 벌어진 사건들에 대해서는 단 한 마디도 언급하지 않는다. 살해된 왕비가 범행 요구를 받은 부하 두 명에 의해 실제로 죽임을 당했음을 구체적으로 입증할 수 없기 때문에, 재판관은 미우라의 살인교사에 대해 무죄 판결을 내려야 한다고 믿는다. 그 관대한 재판관은 살인 시도나 살인 교사도 마찬가지로 처벌가능하다는 사실에는 전혀 개의치 않는다. 또한 미우라가 자신의 목적을 이루기 위해 전력을 다한 사실에도 개의치 않는다.

이런 잘못된 판결을 어떻게 설명할 수 있을 것인가? 정치 권력자들의 영향을 받았을 것이라는 추측으로는 도저히 설명되지 않는다. 오히려 일본 정부로서는 관리들의 규율을 위해 엄중한 처벌을 반겼을 것이다. 대다수 일본인들의 사고방식을 이해할 수 있는 자는 전혀 다른 설명을 쉽게 찾아낼 수 있다. 재판관은 자신이 확인한 사실의 논리나 법률 분야의 규범에 따라 판결을 내린 것이 아니라 (재판관에게는 명백히 법률적인 통찰력이 부재하다) 행위의 도덕적 가치에 대한 자신의 내적 감정에 따라 판결을 내렸다. 그것은 조선 왕비와 친일파 대신들 사이에서 목숨과 명예를 건 한판 싸움이었다. 미우라는 조선 왕비가 패배하는 쪽을 선택했다. 어째서 여자인 왕비가 정치에 관여한단 말인가?

6 [감교 주석] 호리구치 구마이치(堀口九萬一)

지금도 대부분의 일본인들은 자신들이 왕가의 국법상의 지위에 대해 올바른 생각을 가지고 있다고 믿는다. 일본인들의 견해에 의하면, 왕자와 공주가 사회적이고 의례적인 행동범위를 벗어나면 과오를 범하는 것이다. 판결문의 첫 단락에서 공공질서를 구현하는 조정에 "왕실"이 침입자로서 대립되어 있는 점에 주목하라. 물론 미우라는 훈령에 정면으로 위배되는 행동을 했으며, 그로 인해 일본의 이익에 심각한 손상을 입혔다. 그러나 재판관이 강조하듯이, 미우라는 애국적인 동기에서 그런 행동을 취했다. 지난 30년 동안 일본의 국가 유공자들은 얼마나 자주 그와 같은 행동을 행했던가? 산조[7]라는 사람, 지금도 존경받는 사이고[8], 여전히 관직에 있는 대신 에노모토[9]와 무쓰[10](미우라의 상관)는 애국심을 잘못 이해한 나머지 훨씬 더 나쁜 행동을 범했다. 그들이 저지른 외면적인 반역을 범죄로 몰아야겠는가? 일본 국민의 소리는 단호하게 '아니다!'라고 말한다. 그 일본 재판관은 직업적인 영예에 헌신하는 유럽의 동료 재판관들만큼 법률적인 양심으로 괴로워하지 않는다. 그 때문에 "저는 이 사람이 실제로 범행을 저질렀다는 것을 증명할 수 없습니다."라고 내뱉으며 마음의 소리를 잠재운 것이다. 유감스럽게도 그의 주관적인 진리애는 발렌슈타인처럼 "그것은 결코 결정된 일이 아니었다."[11]라고 말하는 것을 허용하지 않았기 때문이다.

---

7 [감교 주석] 산조 사네토미(三條實美)

8 [감교 주석] 사이고 다카모리(西鄉隆盛)

9 [감교 주석] 에노모토 다케아키(榎本武揚)

10 [감교 주석] 무쓰 무네미쓰(陸奧宗光)

11 [감교 주석] 독일의 저명한 문호 프리드리히 실러의 희곡 『발렌슈타인(Wallenstein)』에 나오는 대사. 발렌슈타인은 이 희곡의 주인공이다.

08

원문 p.449

러시아와 일본의 관계

발신(생산)일	1896. 2. 5	수신(접수)일	1896. 3. 13
발신(생산)자	구트슈미트	수신(접수)자	호엔로에-실링스퓌르스트
발신지 정보	도쿄 주재 독일 공사관	수신지 정보	베를린 정부
	A. 27		A. 2734
메모	3월 14일 런던 244, 파리 117, 페테르부르크 181, 로마 B. 239, 빈 224에 전달		

A. 2734 1896년 3월 13일 오후 수신

도쿄, 1896년 2월 5일

A. 27

독일제국 수상 호엔로에-실링스퓌르스트 각하 귀하

일본과 러시아의 관계는 최근 현저히 좋아졌으며 지금은 그야말로 우호적이라고 표현할 수 있습니다. 본인의 러시아 동료[1]는 이달 23일 본국 여행길에 오르는데, 자신은 아무 염려 없이 일본을 떠날 수 있다고 말합니다. 러시아 동료는 일본 정부가 러시아와 솔직하게 진정 어린 관계를 맺을 계획임을 차츰 확신하게 되었다고 합니다. 일본 정부가 특히 양국 상호관계의 기압계라 할 수 있는 조선에서 페테르부르크 내각과의 완전한 합의하에서만 행동할 것을 확신한다고 합니다. 러시아 동료는 자신의 이런 추측이 옳다고 여길만한 충분한 근거가 있다고 말합니다. 또한 일본 신문의 어조도 일본이 조선과 관련해 아무런 속셈이 없음을 입증한다는 것입니다. 현재 러시아 동료는 일본 신문의 어조에 매우 만족한다고 합니다.

이러한 확신을 토대로 러시아 동료는 일본인들을 너무 몰아세우지 말라고 페테르부르크에 조언했다고 합니다. 일본인들이 조선에 완전히 넌더리난 듯 보이니 조선과의 관계를 청산할 수 있도록 6개월에서 8개월 정도 시간을 주라고 했다는 것입니다.

러시아 동료는 로바노프[2]가 자신의 충언을 귀담아 들어주어서 기쁘다고 말합니다.

1 [감교 주석] 히트로보(M. A. Hitrovo)

2 [감교 주석] 로바노프(A. Lobanow)

그래서 로바노프가 서울의 베베르[3]와 슈뻬이예르[4]의 과도한 열의를 통제했으며, 본인의 러시아 동료의 충언을 좇아 두 사람에게 자제할 것을 명령했다는 것입니다.

히트로보와 일본 외무대신의 말로 미루어 보아, 슈뻬이예르는 원래 좋은 의도를(작년 12월 8일의 보고서 A. 349[5] 참조) 품고 있었습니다. 그런데 조선의 수도에 도착한 후로, 여전히 그곳에 머물고 있는 베베르의 영향을 받은 것으로 보입니다. 베베르는 이미 알려진 바와 같이 매우 활동적입니다. 슈뻬이예르는 전임자 못지않게 정치 공작을 펼치려는 야망에 사로잡힌 것 같습니다. 그런데 그것은 러시아가 현재 이 동아시아 지역에서 추구하는 정책에 전혀 부합하지 않습니다. 히트로보도 러시아의 현재 정책을 지지하고 있습니다.

본인이 지켜본 바에 의하면, 일본은 – 예상치 못한 돌발사건만 발생하지 않으면 – 대내외적으로 조용한 한 해를 보낼 것으로 예상됩니다.

구트슈미트

내용: 러시아와 일본의 관계

---

3 [감교 주석] 베베르(K. I. Weber)

4 [감교 주석] 슈뻬이예르(A. Speyer)

5 [원문 주석] A. 414 삼가 동봉.

베를린, 1896년 3월 14일

A. 2734

주재 외교관 귀중

1. 런던 No. 244
2. 파리 No. 117
3. 상트페테르부르크 No. 181
4. 로마 No. 239
5. 빈 No. 224

연도번호 No. 1629

본인은 러시아와 일본의 관계 및 조선에 대한 정보를 귀하께 알려드리고자, 지난 달 5일 자 도쿄 주재 독일제국 공사의 보고서 사본을 삼가 전달하는 바입니다.

09

원문 p.452

조선의 정치적 사건들

발신(생산)일	1896. 1. 31	수신(접수)일	1896. 3. 20
발신(생산)자	크리엔	수신(접수)자	호엔로에-실링스퓌르스트
발신지 정보	서울 주재 독일 총영사관	수신지 정보	베를린 정부
	No. 8		A. 2996
메모	연도번호 No. 47		

A. 2996 1896년 3월 20일 오후 수신

서울, 1896년 1월 31일

No. 8

독일제국 수상 호엔로에-실링스퓌르스트 각하 귀하

본인은 며칠 전 일본 변리공사[1]를 방문했습니다. 그 자리에서 일본 변리공사로부터 다음과 같은 기밀 정보를 입수했음을 삼가 각하께 보고 드리게 되어 영광입니다.

슈뻬이예르[2]는 조선 왕의 처지가 포로나 다름없으며 조선 왕세자를 교육 목적으로 일본에 보내려는 계획이 있다고 전신으로 페테르부르크에 알렸다고 합니다. 고무라 이에 대해 도쿄로부터 문의를 받고, 조선 왕은 책임 있는 내각의 보좌를 받는 다른 군주들처럼 제약받을 뿐이라고 전신으로 회신했다고 합니다.

일본 변리공사는 오히려 슈뻬이예르가 베베르[3]의 포로라고 주장합니다. 또한 조선 왕세자에 대한 러시아 대표의 보고도 잘못되었다고 말합니다. 그 때문에 조선 외부대신[4]이 중간에서 슈뻬이예르에게 어찌된 영문인지 물었고, 슈뻬이예르는 "세간의 소문"을 토대로 페테르부르크에 전보문을 보냈다고 대답했다는 것입니다. - 고무라 슈뻬이예르가 "러시아 공사관의 대원군"(베베르)의 영향 아래 있다고 덧붙였습니다.

본인은 조선 왕의 둘째아들[5]에 대해 물었습니다. 고무라는 둘째아들이 도쿄에서 너무

1 [감교 주석] 고무라 주타로(小村壽太郎)

2 [감교 주석] 슈뻬이예르(A. Speyer)

3 [감교 주석] 베베르(K. I. Weber)

4 [감교 주석] 김윤식(金允植)

경박하게 굴어서 아마 조선으로 돌려보낼 것 같다고 답변했습니다. -

본인은 왕세자를 일본으로 보내려 한다는 조선 정부의 계획에 대해서는 전혀 아는 바가 없습니다. 그러나 조선 왕의 처지는 상당히 포로에 가깝습니다. 지난달 초부터는 외국 대표들을 제외하면 오로지 조선 내각을 지지하는 자들에게만 접견이 허용되고 있습니다. 그때부터 조선 왕도 왕궁을 떠난 적이 없습니다. 조선 왕이 자유롭게 결정을 내릴 수 있다면, 무엇보다도 상투를 자르라는 단발령을 공포하지 않았을 것입니다. - 슈뻬이예르는 처음 알현한 이후, 두 번 청원하여 조선 왕을 배알했습니다.

고무라 본인에게 단발령의 추가조항을 발표하도록 조선 외부대신을 설득해 줄 것을 요청했습니다. 추가조항에 의하면, 두발을 옛 방식으로 하든 새로운 방식으로 하든 조선인들의 자유의사에 맡긴다는 것입니다. 일본 대표는 그렇게 함으로써 단발령을 실행하는 과정에서 자신은 일체의 강제수단을 거부한다는 인상을 일깨우려는 것 같았습니다. 그런 추가조항을 진정으로 널리 유포하길 원한다면, 본인의 도움 없이도 추가조항을 도입하기는 어렵지 않을 것이기 때문입니다.

단발령은 조선 방방곡곡에서 많은 분노를 야기했으며 국민들의 불만을 새롭게 부추겼습니다. 한반도의 남쪽 지방, 특히 강원도와 경상도뿐만 아니라 황해도 지방 곳곳에서 폭동[6]이 일어났습니다. 서울에서는 폭동을 진압하기 위해 군대를 파견했습니다. 서울에 도착한 보고에 따르면, 물론 반란자들과의 싸움은 전반적으로 신식 군대에게 유리한 쪽으로 진행되었다고 합니다. 그러나 다시 평온을 회복하기까지는 아마 오랜 시간이 걸릴 것입니다.

미국과 영국의 공사관 경비병들은 얼마 전 제물포로 돌아갔습니다. 그러나 러시아 별동대는 이곳 서울에 머물고 있습니다.

크리엔[7]

내용: 조선의 정치적 사건들

5 [감교 주석] 의친왕 이강(義親王 李堈)
6 [감교 주석] 을미의병(乙未義兵)
7 [감교 주석] 크리엔(F. Krien)

10

원문 p.454

조선의 새로운 갈등

발신(생산)일	1896. 2. 14	수신(접수)일	1896. 3. 20
발신(생산)자	구트슈미트	수신(접수)자	호엔로에-실링스퓌르스트
발신지 정보	도쿄 주재 독일 공사관	수신지 정보	베를린 정부
	A. 36		A. 3004
메모	베를린 3월 31일 3월 23일 런던 284, 페테르부르크 209에 전달		

A. 3004 1896년 3월 20일 오후 수신

도쿄, 1896년 2월 14일

A. 36

독일제국 수상 호엔로에-실링스퓌르스트 각하 귀하

최근 서울에서 격변[1]이 일어났다는 소식이 어제 이곳 도쿄에 도착했습니다. — 조선 왕이 왕세자와 함께 러시아 공사관으로 피신했으며, 지금까지의 대신들을 참수하고 러시아에 우호적인 고문들을 임명했다고 합니다. — 이 소식을 듣고 본인의 러시아 동료는 일본 정부만큼이나 깜짝 놀랐습니다.

히트로보[2]의 과거 정치적인 이력을 고려하면, 그가 정반대되는 반응을 보였을 것이라는 추측이 무의식적으로 고개를 내밉니다. 히트로보가 적어도 간접적으로 그 일에 개입했을 것이라고 추정하고 싶어집니다. 그러나 본인은 이러한 견해에 동조하지 않습니다. 이달 11일 서울에서 벌어진 사건들은 본인의 러시아 동료에게 기껏해야 불가리아에서의 편안한 기억들을 상기시켰을 것이라고 믿습니다.

이곳 도쿄에서의 상황은 실제로 다음과 같습니다.

히트로보는 1월에 휴가를 신청해서 승인을 받았습니다. 로바노프[3]는 이곳 공사관 서기관 Wollant를 무시하고 서울 주재 신임 대리공사 슈뻬이예르[4]를 히트로보의 직무대리로 결정했습니다. 페테르부르크에서 슈뻬이예르에게 호감을 가지고 있는 듯 보입니다.

---

1 [감교 주석] 아관파천(俄館播遷)

2 [감교 주석] 히트로보(M. A. Hitrovo)

3 [감교 주석] 로바노프(A. Lobanow)

4 [감교 주석] 슈뻬이예르(A. Speyer)

히트로보의 직무대리로 임명된 슈뻬이예르는 이달 중순 군함 편으로 이곳 일본에 도착할 예정입니다.

지난달 히트로보는 사이온지[5]와 이토[6]하고 담화를 나누었습니다. 그 결과 히트로보는 일본 정부가 러시아와의 전적인 합의하에 행동함으로써 모든 갈등을 피하기 위해 진지하게 노력한다는 확신을 굳혔습니다. 그래서 히트로보는 현 상황에서 일본인들을 압박할 것이 아니라 일본인들이 조선에서 명예롭게 철수할 수 있도록 시간 여유를 줄 것을 로바노프에게 조언했습니다. 페테르부르크에서는 이 정책에 동의했습니다. 그에 따라 로바노프는 서울 주재 러시아 대표에게 신중하게 자제할 것을 권유했습니다. 그래서 러시아 공사 히트로보는 아무 염려 없이 일본을 떠날 수 있다고 믿고 여행 떠날 채비를 했습니다. 현재 히트로보의 아들은 이곳 해역에 주둔하는 군함에서 소위로 근무하고 있습니다. 그 아들이 함대 사령관에게 휴가를 받아 아버지와 함께 러시아에 동행할 예정이었습니다. 그러므로 본인은 히트로보가 조선에 개입하는 것을 숨기고 이곳 일본의 권력자들을 안심시키기 위해 휴가를 떠나는 척 가장했다는 의심은 근거가 없다고 생각합니다. 게다가 그런 기습적인 작전을 수천 킬로미터 떨어진 곳에서 지휘할 수는 없습니다. 그보다는 베베르가 유순한 슈뻬이예르의 도움을 받아 작년 10월 8일의 손해를 만회하고 예전의 상태를 회복하려는 – 물론 조선 왕비를 제외하고 – 계획을 꾸몄을 가능성이 더 다분해 보입니다.

본인은 최근 사건에 대한 전보문을 받았는지 문의하기 위해 오늘 러시아 동료를 방문했습니다. 러시아 동료는 전보문을 받지 못했다고 답변했습니다. 서울과 부산 사이의 전신망이 끊겼다는 것이었습니다 – 이 말은 사실입니다. 그러나 매 순간 소식이 오지 않을까 기다리고 있다는 것이었습니다. 서울에서 부산으로 전령을 파견하면 부산에서 전보를 발송할 수 있기 때문이라는 것이었습니다. 일본 대표는 바로 이런 방법을 이용했다고 합니다.

히트로보는 바로 본론으로 넘어갔습니다. "귀하에게 말씀드리는데, 저는 얼마 전부터 이토와 조선 문제에 대해 격의 없이 외교적인 담화를 나누고 있습니다. 그제도 이토 수상이 저를 찾아와서는, 러시아와 협력해 이 까다로운 문제를 해결하는 방안에 대해 논의했습니다. 저는 현재 조선 왕이 스스로 자신의 고문을 임명하지 못하고 외국, 즉 일본의 영향에서 벗어나지 못하고 있다고 말했습니다. 그리고 이런 상태가 지속되는 한,

5 [감교 주석] 사이온지 긴모치(西園寺公望)

6 [감교 주석] 이토 히로부미(伊藤博文)

일본이 러시아에게 약속한 조선의 독립은 빈껍데기에 불과함을 이토에게 숨기지 않았습니다. 일본 수상은 사태를 통찰하는 듯 보였습니다, 그리고 러시아의 요구사항을 진지하게 고려할 의도가 있음을 암시했습니다. 그러나 저는 일본 수상에게서 확답은 얻지 못했습니다."

그런데 지금 일본인들을 매우 곤란한 상황으로 몰아넣는 일이 급작스럽게 발생했다고 본인의 러시아 동료는 말을 이었습니다. 일본인들은 작년 10월 8일의 격변[7]이 일어났을 당시, 그 격변을 인정하지는 않지만 자신들이 중재할 수 있는 상황은 아니라고 선언했습니다. 그래서 지금도 일본인들은 그 정책을 추종할 수밖에 없다는 것이었습니다.

본인은 결국 러시아의 보호통치가 문제될 것이라고 논평했습니다. 그러자 히트로보는 격한 어조로 답변했습니다. "그것은 우리가 원하는 것이 아닙니다!" 히트로보는 무르익은 열매가 저절로 굴러 들어와야 한다고 말했습니다. 즉, 일본의 군대가 철수한 후 조선의 상황이 위태로워질 때까지 조선을 내버려두어야 한다는 것이었습니다. 조선이 극도로 위태로워지면 그때 비로소 러시아가 나서서 조선을 합병할 수 있다는 것이었습니다. 이런 의미에서 특이하게도 히트로보는 다음과 같이 말했습니다. "일본이 조선과의 무역관계를 진전시키는 것을 그 누구도 저지할 생각이 없습니다. 우리도 그럴 생각이 전혀 없습니다. 우리는 다만 정치적으로 조선에 관심이 있을 뿐입니다. 그러니 일본의 무역관계를 보호하기 위해 조선에 병력을 유지해야 한다는 일본인들의 구실은 말도 안 됩니다. 일본인들은 조선에서 너무 많은 미움을 받고 있어서, 일본 군대를 조선에 주둔시키는 것은 일본인들의 무역관계를 해칠 뿐입니다!" 그러나 히트로보는 일본 정부가 러시아에 비해, 특히 조선과 얽힌 역사적 과거와 관련해 어려운 상황에 있음을 솔직하게 인정합니다.

끝으로 히트로보는 원래 이달 23일 떠나기로 한 여행을 최근의 사건들로 인해 아마 2주일가량 연기해야 할 것 같다고 본인에게 말했습니다. 이곳 일본 정부와의 새로운 협상이 예상되는데다가 슈뻬이예르도 현 상황에서는 서울을 떠날 수가 없기 때문이라는 것이었습니다.

이토는 오늘 긴급한 용무가 있어서 본인을 접견할 수 없었습니다. 이토는 어떻게든 가능하다면 내일 본인과 대화를 나눌 수 있다는 기별을 보냈습니다. 그렇게 되면 본인은 조선에서의 최근 상황 변화에 대한 일본의 견해를 보고드릴 수 있을 것입니다.

구트슈미트

내용: 조선의 새로운 갈등

7 [감교 주석] 명성황후(明成皇后) 시해사건

11

원문 p.457

이토와 조선에 대한 담화. 일본 외무대신의 발언

발신(생산)일	1896. 2. 16	수신(접수)일	1896. 3. 20
발신(생산)자	구트슈미트	수신(접수)자	호엔로에-실링스퓌르스트
발신지 정보	도쿄 주재 독일 공사관	수신지 정보	베를린 정부
	A. 37		A. 3005
메모	베를린 3월 31일 3월 23일 런던 284, 페테르부르크 209에 전달		

A. 3005 1896년 3월 20일 오후 수신

도쿄, 1896년 2월 16일

A. 37

독일제국 수상 호엔로에-실링스퓌르스트 각하 귀하

본인은 어제 삼십 분 동안 이토[1]와 담화를 나누었습니다. 이토는 서울에서의 최근 사건으로 인해 몹시 놀랐으며 불쾌해하는 기색이 역력했습니다. 이토는 다음과 같이 본인에게 말했습니다.

직통 전신망이 두절된 탓에, 저는 지금까지 상세한 소식을 전혀 알지 못합니다. 특히 제가 바라는 대로 조선 왕이 러시아 공사관을 떠나 다시 왕궁으로 돌아갔는지 아직 모릅니다. 저는 이 격변이 베베르[2]와 슈뻬이예르[3]의 작품이라고 추정합니다. 그러나 고무라 공사의 보고에 따르면, 이 부분 역시 아직은 전혀 알 수 없습니다. 고무라[4]도 몹시 놀란 게 분명하며, 그 계획된 기습 사건에 대해 전혀 짐작조차 못했습니다. 그 기습 사건은 아주 능숙하게 실행된 듯 보입니다.

이 말에 이어 일본 수상은 일본이 조선에 대해 어떤 입장인지 새로이 설명했습니다. 즉, 조선 왕국의 내정에 대한 불간섭원칙이 고수되어야 한다는 것이었습니다. 그러나

1 [감교 주석] 이토 히로부미(伊藤博文)
2 [감교 주석] 베베르(K. I. Weber)
3 [감교 주석] 슈뻬이예르(A. Speyer)
4 [감교 주석] 고무라 주타로(小村壽太郎)

한반도에서의 일본군 철수와 관련해서는, 베를린에서도 일본군 철수를 만류하지 않았느냐며 아주 서서히 단계적으로 철수할 수 있을 것이라고 이토는 말했습니다. 현재로서는 최소한 통신시설, 특히 전신망을 보호하기 위해서라도 충분한 군사력 유지는 절실히 필요한 일인 동시에 만일의 사태에 대비하기 위한 기본적인 원칙이라는 것이었습니다. 그리고 이미 말한 바와 같이, 조선에서의 격변이 앞으로 어떤 직접적인 결과를 낳을지 아직은 말할 수 없다고 합니다.

또한 이토는 200명 가까운 러시아 해병이 조선의 수도에 존재하는 사실이 위협적임을 부인하지 않습니다. 이토가 암시한 바에 따르면, 일체 갈등의 소지를 만들지 말고 절대 중립을 지키라는 지시가 일본 지휘관들에게 내린 것으로 추정됩니다.

일본 수상은 최근 히트로보와 비밀리에 회담을 진행하곤 했습니다. 조선에서 일본과 러시아의 태도와 관련해 그 회담들이 적어도 잠시나마 합의에 이르기를 바란다는 본인의 말에, 일본 수상은 다음과 같이 답변했습니다.

저는 히트로보하고 다만 조선 주재 러시아 대표와 일본 대표가 각자 알게 된 내용이나 특히 조선 왕에게 들은 발언을 서로 공유하기로 약속했을 뿐입니다. 조선 왕이 일본 변리공사에게 말한 것과는 전혀 다른 의미에서 러시아 대리공사에게 말하는 습관이 있기 때문입니다. 그 결과, 양국 대표들이 각기 본국 정부에 상반되는 의미로 보고하고 전보문을 발송하는 일이 반복되었습니다. 그러다 보니 당연히 쉽게 해명하기 어려운 오해들이 발생했고, 양국 정부 사이에 긴장이 고조되었습니다. 그래서 이것을 해결하기 위한 방법으로 우리 두 사람은 그런 약속을 하게 되었습니다. 조선의 미래 및 결정적인 해결 방법이나 수단은 논의의 대상이 아니었습니다. 또한 일본은 이런 방향에서 아직은 확실한 답변을 줄 수 없습니다. 조선의 상황이 너무 불투명하고, 저는 상황에 맞게 대처하는 권리를 일본 정부에게 넘겨주어야 합니다. 최근의 사건들을 통해 알 수 있는 바와 같이, 조선의 완전 독립은 불가능합니다. 지금도 조선 정부는 외국의 도움을 빌렸습니다.

이토는 일본 정부에게 러시아와 조선을 적대시할 의도가 없음을 러시아 공사에게 설득력 있게 확약했다고 합니다. 그리고 이런 설명을 로바노프에게도 전해줄 것을 당부했다는 것입니다.

끝으로 이토는 조선의 최근 사건을 계기로 연단의 선동적인 발언들이 언론과 전국에 유포되는 것을 막기 위해 천황 폐하의 윤허를 얻어 방금 의회를 10일 연기했다고 본인에게 말했습니다. 대외 문제에서 일본 국민은 아직 정치적으로 성숙하지 못하다고 합니다. 그로 인해 대외 문제에 대한 공적 토론이 국내 평화를 위협하는 탓에 어떤 방법으로든 극히 엄중하게 통제해야 한다는 것입니다.

본인은 어젯밤 궁중 오찬에서 사이온지[5]를 만났습니다. 오찬을 마친 후, 사이온지는 본인을 옆으로 불러내 다음과 같이 물었습니다. "귀하의 확신을 말해주십시오! 상트페테르부르크 내각이 서울의 최근 격변에 대해 알고 있었고 또 그 격변을 승인했다고 믿으십니까?" 본인은 그렇지 않을 것으로 확신한다고 주저 없이 답변했습니다. 그리고 히트로보도 서울에서 벌어지는 일에 대해 전혀 알지 못했을 것으로 믿는다고 덧붙였습니다. 사이온지 대신은 본인의 답변을 듣고 안심하는 기색이 역력했습니다. 그리고 사건의 진행에 대한 정보를 빠짐없이 본인에게 알려주겠다고 약속했습니다.

구트슈미트

내용: 이토와 조선에 대한 담화. 일본 외무대신의 발언

5 [감교 주석] 사이온지 긴모치(西園寺公望)

12

원문 p.460

일본의 조선 정책에 대한 일본 반관보 신문의 견해

발신(생산)일	1896. 2. 17	수신(접수)일	1896. 3. 20
발신(생산)자	구트슈미트	수신(접수)자	호엔로에-실링스퓌르스트
발신지 정보	도쿄 주재 독일 공사관	수신지 정보	베를린 정부
	A. 40		A. 3008
메모	3월 24일 런던 286, 페테르부르크 210에 전달		

A. 3008 1896년 3월 20일 오후 수신

도쿄, 1896년 2월 17일

A. 40

독일제국 수상 호엔로에-실링스퓌르스트 각하 귀하

이달 11일의 서울 사건을 계기로 이곳 일본의 반관보[1] "Nichi Nichi Shimbun"[2]은 일본 정부의 조선 정책에 대한 몇 가지 견해를 보도했습니다. 일본 수상이 그제 우리의 담화 중에 본인에게 말한 진술들과 그 견해들이 많은 점에서 일치하는 것으로 보아 일본 정부가 그 보도를 독려한 것을 알 수 있습니다,

조선에서 보다 강력한 조처를 취할 것을 요구하는 야당의원들의 발언과 관련해, 이 신문은 일본 정부의 정책이 처음에는 전력을 다해 조선의 독립을 유지하려는 목표를 좇았다고 설명합니다. 그런데 지금은 그런 시기가 지났다고 합니다. 일본 정부가 조선의 독립이 불가능하다는 것을 통찰했기 때문이라는 것입니다. 조선 정부는 서울을 벗어나서는 거의 영향력을 미치지 못하며, 혼자 독자적으로 뭔가를 수행할 능력이 전혀 없다고 합니다. 그래서 지금 조선 왕은 자신의 계획을 실행하기 위해 또 다시 외국의 도움을 받았다는 것입니다. 러시아 정부의 진의는 물론 알려지지 않았다고 "Nichi Nichi Shimbun"은 말합니다. 그러나 러시아 정부는 조선의 진정한 독립을 수호하려 애쓰고 있다고 선언했다는 것입니다. 이런 목표 설정에서 러시아 정부는 일본 정부와 완전히

1 [감교 주석] 반관보(半官報)

2 [감교 주석] 도쿄니치니치신문(東京日日新聞)

의견이 일치한다고 합니다. 그러므로 러시아 정부가 이 목표를 추구하는데 있어서도 일본 정부와 기꺼이 협력할 것이라고 추정된다는 것입니다. 이런 이유에서 이토 수상이 상트페테르부르크에 가려는 계획을 실행에 옮기는 것은 매우 바람직하다고 "Nichi Nichi Shimbun"은 말합니다.

구트슈미트

내용: 일본의 조선 정책에 대한 일본 반관보 신문의 견해

13

원문 p.461

조선으로부터의 소식

발신(생산)일	1896. 2. 17	수신(접수)일	1896. 3. 20
발신(생산)자	구트슈미트	수신(접수)자	
발신지 정보	도쿄 주재 독일 공사관	수신지 정보	베를린 외무부
	A. 41		A. 3009

A. 3009 1896년 3월 20일 오후 수신

도쿄, 1896년 2월 17일

A. 41

독일제국 수상 호엔로에-실링스퓌르스트 각하 귀하

서울에서 일어나는 사건에 대한 정보를 빠짐없이 본인에게 알려주겠다고 한 약속을 사이온지는 지켰습니다. 사이온지[1]는 고무라[2] 변리공사가 어제 오전 부산에서 발송한 전보문 텍스트를 어젯저녁 본인에게 보냈습니다. 그 전보문을 독일어로 번역하면 다음과 같습니다.

"이달 11일의 사건 이후 조선 왕과 왕세자는 계속 러시아 공사관에 머물고 있습니다. 친위공병대와 순검이 러시아 공사관 주변을 지키고 있습니다. 러시아 군대는 공사관 경내에서 공사관을 경비합니다.

반란 진압을 위해 순검으로 파견된 병력이 11일 왕명에 의해 소환되었습니다. 왕명은 다음과 같습니다. 폭동의 원인은 단발령이 아니라 10월 8일의 사건에 대한 분노이다. 이제 당시의 반역자들을 처벌했고, 공범자들에게도 앞으로 차차 책임을 물을 것이다. 그러니 이제 국민들은 안심하도록 하라. 반란의 주동자들과 가담자들 모두 처벌하지 않을 것이다. 파견된 부대는 즉시 돌아오도록 하라. 이런 등등의 내용입니다.

전임 총리대신 김홍집[3]과 전임 농상부대신 정병하[4]는 순검[5]에 의해 체포되었으며, 이

1 [감교 주석] 사이온지 긴모치(西園寺公望)

2 [감교 주석] 고무라 주타로(小村壽太郎)

3 [감교 주석] 김홍집(金弘集)

4 [감교 주석] 정병하(鄭秉夏)

달 11일 오후 3시 경무청 앞 광장[6]으로 끌려가 참수되었습니다. 시신은 거리에 전시되었다가 저녁에 소각되었습니다.

안경수[7]가 경무사에 임명되었습니다. 대원군[8], 이재면[9], 김윤식[10]는 각자 무사히 집에 있습니다.

어윤중[11], 유길준[12], 조희연[13], Cho Haku[14] 등이 어디에 있는지는 알려지지 않고 있습니다.

우리 공사관과 영사관에는 어느 누구도 은신하고 있지 않습니다.

현재 조선 국민들은 조용합니다.

(서명) 고무라"

각하께서는 이미 크리엔[15] 영사의 전신 및 서신 보고를 통해 위 보고문의 핵심 내용을 알고 계실 것입니다. 그런데도 본인은 일본인들이 조선의 수도에서 발생한 사건들을 어떻게 묘사하는지 아시는 것도 흥미로울 것이라고 생각했습니다.

일본 외무대신[16]이 이 보고문을 본인에게 전달해준 것은 일본 정부가 얼마 전부터 특별히 우리에게 보여주는 신뢰의 반가운 표시입니다.

구트슈미트

내용: 조선으로부터의 소식

---

5 [감교 주석] 김홍집은 친러파 군인들과 군중들에 의해 잡힘
6 [감교 주석] 광화문
7 [감교 주석] 안경수(安駉壽)
8 [감교 주석] 흥선대원군(興宣大院君)
9 [감교 주석] 이재면(李載冕)
10 [감교 주석] 김윤식(金允植)
11 [감교 주석] 어윤중(魚允中)
12 [감교 주석] 유길준(兪吉濬)
13 [감교 주석] 조희연(趙羲淵)
14 [감교 주석] 장박(張博)으로 추정됨
15 [감교 주석] 크리엔(F. Krien)
16 [감교 주석] 무쓰 무네미쓰(陸奧宗光)

베를린, 1896년 3월 23일

A. 3004, 3005

주재 외교관 귀중

1. 런던 No. 284
2. 상트페테르부르크 No. 209

연도번호 No. 1859

본인은 조선 문제와 관련한 정보를 귀하께 알려드리고자, 지난 달 14일과 16일 자 도쿄 주재 독일제국 공사의 보고서 두 통의 사본을 삼가 전달하는 바입니다.

베를린, 1896년 3월 24일

A. 3008

주재 외교관 귀중

1. 런던 No. 286
2. 상트페테르부르크 No. 210

연도번호 No. 1873

본인은 일본의 조선 정책에 대한 일본의 반관반민 신문 기사와 관련해 삼가 귀하께 정보를 알려드리고자, 지난 달 14일 자 도쿄 주재 독일제국 공사의 보고서 사본을 전달하는 바입니다.

14

원문 p.465

서울의 정치적 사건들

발신(생산)일	1896. 1. 13	수신(접수)일	1896. 3. 29
발신(생산)자	크리엔	수신(접수)자	호엔로에-실링스퓌르스트
발신지 정보	서울 주재 독일 총영사관	수신지 정보	베를린 정부
	No. 5		A. 3350
메모	4월 2일 드레스덴 134, 뮌헨 124, 슈투트가르트 134에 전달 연도번호 No. 29		

A. 3350 1896년 3월 29일 오전 수신

서울, 1896년 1월 13일

No. 5

독일제국 수상 호엔로에-실링스퓌르스트 각하 귀하

본인은 러시아 신임 대리공사 슈뻬이예르[1]가 이곳 서울에 도착했음을 삼가 각하께 보고 드리게 되어 영광입니다. 어제 슈뻬이예르는 베베르에게 공사관 업무를 인계받았습니다.

10월 8일의 궁중혁명[2]과 11월 28일의 쿠데타[3]에 가담한 혐의로 체포된 조선인들에게 지난달 말 판결이 내렸습니다. 조선인 한 명은 왕비를 살해한 죄목으로, 다른 두 명은 왕비 살해에 조력한 죄목으로 사형을 선고받았으며, 죄과가 비교적 적은 몇몇 사람들은 징역형을 선고받았습니다. 실패로 끝난 11월 28일의 사건을 선동하고 사주한 죄목으로 관리 한 명과 장교 한 명이 사형선고를 받았으며, 다수의 다른 피고들은 징역형이나 금고형을 선고받았습니다. 그 가운데는 작년에 도쿄 주재 특별공사로 활동한 이재순[4]과 전임 군부대신 안경수[5]도 끼여 있습니다. 이재순은 조선 왕의 친척입니다.

---

1 [감교 주석] 슈뻬이예르(A. Speyer)

2 [감교 주석] 명성황후(明成皇后) 시해사건

3 [감교 주석] 춘생문 사건(春生門事件)

4 [감교 주석] 이재순(李載純)

5 [감교 주석] 안경수(安駉壽)

결혼한 조선인들은 지금까지 머리카락을 빗어 올려 정수리 위로 틀어 감고 다녔습니다. 그런데 조선 왕이 오랜 거부 끝에 지난달 30일 손수 이 상투를 자르고 다음과 같은 칙령을 발표했습니다.[6]

“과인은 국민들에게 솔선수범하여 단발을 하였노라. 그대들은 모두 과인을 본받도록 하라. 그럼으로써 우리는 이 점에서도 지구상의 다른 민족들과 비슷해질 것이다.”

대원군과 왕세자, 모든 대신들, 서울에서 근무하는 관리와 장교들은 즉시 조선 왕의 선례를 따랐습니다. 오로지 학부대신[7]만이 머리카락을 자르기보다는 사임을 선택했습니다. 그 후 며칠 동안 조선 순검은 옛날식으로 상투를 틀고 다니는 조선인들을 붙잡아 세워놓고 상투를 잘랐습니다. 그 결과 시골 사람들이 서울에 모습을 드러내지 않게 되었고 쌀과 장작 값이 두 배로 뛰었습니다. 그래서 한동안은 상투를 강제로 자르는 일이 없었습니다. 그러나 지금 또 다시 상투 단속이 시작되었습니다. 서울에서 절반 이상의 남자들이 상투를 자른 반면에 몇몇 사람들은 외진 곳으로 도피했습니다. 지방에서는 관리들이 이 새로운 법령을 실행할 엄두를 내지 않고 있습니다.

이와 동시에 유럽식 (그러나 당분간은 명주나 무명으로 지은) 의복을 입는 것은 조선인들의 자유의사에 맡겼습니다. 일본 상인들이 온갖 종류의 새로운 유럽식 의복을 대량 들여왔습니다.

유럽의 태양력을 도입함에 따라 신년 알현식은 양력 1월 1일에 이루어졌습니다.

며칠 전, 일본인들에게 훈련받은 조선 병사 약 1200명이 조선 왕 앞에서 사열식을 거행했습니다,

사열식은 엉망이었습니다.

조선 정부는 일본군을 당분간 이대로 조선에 주둔시킬 것을 일본 정부에 요청했습니다. 그렇지 않으면 소요사태가 발생할 우려가 있기 때문이라는 것입니다.

크리엔

내용: 서울의 정치적 사건들

---

6 [감교 주석] 단발령

7 [감교 주석] 이도재(李道宰)

15

원문 p.467

조선 왕 러시아 공사관으로 피신

발신(생산)일	1896. 2. 11	수신(접수)일	1896. 3. 29
발신(생산)자	크리엔	수신(접수)자	호엔로에-실링스퓌르스트
발신지 정보	서울 주재 독일 총영사관	수신지 정보	베를린 정부
	No. 12		A. 3351
메모	4월 11일 드레스덴 154, 뮌헨 143, 슈투트가르트 154에 전달 (A. 3512 참조) 연도번호 No. 59		

A. 3351 1896년 3월 29일 오전 수신

서울, 1896년 2월 11일

No. 12

독일제국 수상 호엔로에-실링스퓌르스트 각하 귀하

본인은 어젯저녁 러시아 해병 약 120명이 제물포에 정박해 있는 "Admiral Korriloff"호와 "Bobre"호에서 내려 화포 한대를 가지고 서울에 도착했음을 삼가 각하께 보고 드리게 되어 영광입니다. 현재 이곳 서울에는 러시아 공사관 수비대와 더불어 러시아 해병 약 150명이 있습니다. 그 밖에도 Warsseieff라는 이름의 대령과 장교 한 명이 카자흐 기병 몇 명과 함께 있습니다. 이들은 지난달 말 부산에서 육로로 서울에 도착했습니다.

오늘 새벽 조선왕은 왕세자와 함께 러시아 공사관으로 피신했습니다.[1] 그에 이어 러시아 대리공사 슈뻬이예르[2]는 다른 외국 대표들에게 다음과 같은 서한을 보냈습니다.

서울, 1896년 2월 11일

조선 왕께서는 조선의 현재 정치 현황이 매우 위중하며 왕궁에 계속 머무르는 경우 신변이 위험하다고 판단하셨습니다. 그래서 본인은 조선 왕께서 왕세자와 함께 러시아 공사관으로 피신하셨음을 귀하께 알려 드리게 되어 영광입니다.

1 [감교 주석] 아관파천(俄館播遷)

2 [감교 주석] 슈뻬이예르(A. Speyer)

그 직후 조선 왕은 예전에 학부대신을 지낸 이완용[3]을 통해 우리를 공식 회견에 초대했습니다. 이완용은 한동안 미국 공사관에서, 나중에는 미국 공사관에 인접한 집에서 숨어 지냈습니다. 현재 이완용은 외부대신에 임명되었습니다. 조선 왕의 공식회견은 1시경 러시아 공사관에서 개최되었습니다. 조선 왕은 그 자리에 참석한 미국[4], 영국[5], 독일[6], 프랑스[7] 대표에게 생명의 위협을 느끼고 러시아 공사관으로 피신했다고 알렸습니다. 러시아 공사관에는 많은 병사들이 있어서 안전하다고 느낀다는 것이었습니다. 조선 왕은 어떤 위태로운 상황인지는 우리에게 알리지 않았습니다. 그에 이어 실이 조선 왕에게 행운과 안녕을 기원한다고 말했습니다. 본인은 영국과 프랑스 동료와 함께 조선 왕의 건강을 기원한다고 말했습니다. 일본 공사는 조금 늦게 도착했으며 마찬가지로 조선 왕의 영접을 받았습니다.

조선 내각은 해산되었고 새로운 대신들이 임명되었습니다. 총리대신 김홍집[8]과 농상공부대신 정병하[9]는 오늘 살해되었습니다(소문에 의하면 조선 순검에게 살해되었다고 합니다). 내무대신 유길준[10]은 조선 순검에게 체포되었지만 일본 병사들에 의해 다시 석방되었습니다. 일본 병사들은 유길준을 일본 공사관으로 안내했습니다. 지금까지의 외부대신과 (조선 왕의 형인) 궁내부대신[11]이 조선 왕을 알현하려 했지만 허락받지 못했습니다.

러시아 공사관이 위치한 정동을 조선 병사들이 점령하고 있습니다. 러시아 공사관 자체는 러시아 해병들이 지키고 있습니다. 서울은 전반적으로 조용합니다. 그러나 오늘 일본 상인 한 명이 조선 국민들에게 살해되었습니다. 일본 순검당국은 일본 거류민들에게 특별한 용무가 없으면 거리에 나서지 말 것을 요청했습니다. 현재 서울에는 약 400명 정도의 일본 병사들이 있습니다.

본인이 어제 베베르[12]에게 들은 바에 의하면, 베베르가 이곳 러시아 공사관 업무를 다시 맡게 될 것입니다. 그리고 슈뻬이예르는 러시아로 휴가를 떠나는 도쿄 주재 러시아

---

3 [감교 주석] 이완용(李完用)
4 [감교 주석] 실(J. M. Sill)
5 [감교 주석] 힐리어(W. C. Hillier)
6 [감교 주석] 크리엔(F. Krien)
7 [감교 주석] 르페브르(G. Lefèvre)
8 [감교 주석] 김홍집(金弘集)
9 [감교 주석] 정병하(鄭秉夏)
10 [감교 주석] 유길준(俞吉濬)
11 [감교 주석] 이재면(李載冕)
12 [감교 주석] 베베르(K. I. Weber)

공사 업무를 대행하기 위해 도쿄로 갈 것입니다.

조선 정부군은 서울에서 동쪽으로 약 삼사십 킬로미터 떨어진 곳에서 여러 차례 반란군[13]에게 패배했습니다. 정부군의 일부는 반란군에 합세했다고 전해집니다. 본인이 고무라[14]에게 들은 바에 의하면, 그곳 반란군의 주동자는 전임 궁내부대신 이범진[15]의 절친한 친구입니다. 이범진은 작년 10월 8일 이후 러시아 공사관에 은신하고 있었습니다.

베베르는 다만 러시아 해병들이 승승장구하는 반란군에 맞서 러시아 공사관을 수호하기 위해 왔을 뿐이라고 거듭 본인에게 확언했습니다. 특히 미국과 영국의 파견대가 얼마 전 서울을 떠났기 때문이라는 것이었습니다. (그러나 이러한 확언은 별로 신빙성 없이 들립니다.)

제물포의 정박소에 러시아 군함 두 척 이외에 영국과 프랑스의 순양함 "Porpoise"호와 "Joly"호, 그리고 미국 포함 "Mechias"호가 정박해 있습니다.

[본인은 이 보고서의 사본을 베이징과 도쿄 주재 독일제국 공사관에 보낼 것입니다.]

크리엔

내용: 조선 왕 러시아 공사관으로 피신

13 [감교 주석] 을미의병(乙未義兵)
14 [감교 주석] 고무라 주타로(小村壽太郎)
15 [감교 주석] 이범진(李範晉)

베를린, 1896년 4월 2일

A. 2996

주재 외교관 귀중
1. 런던 No. 315
2. 상트페테르부르크 No. 231

연도번호 No. 2093

본인은 조선의 상황과 관련한 정보를 귀하께 알려드리고자, 금년 1월 31일 자 서울 주재 독일제국 영사의 보고서 사본을 삼가 전달하는 바입니다.

베를린, 1896년 4월 2일

A. 3350

주재 독일 왕국 사절단 귀중
1. 드레스덴 No. 134
2. 뮌헨 No. 124
3. 슈투트가르트 No. 134

연도번호 No. 2096

본인은 보고서를 전달하는 권한을 부여하는 1885년 3월 4일 자 훈령을 참조해, 조선의 정치적 사건들에 대한 금년 1월 13일 자 서울 주재 독일제국 영사의 보고서 사본을 삼가 귀하께 전달하는 바입니다.

16

원문 p.472

서울의 정치적 사건들

발신(생산)일	1896. 2. 16	수신(접수)일	1896. 4. 2
발신(생산)자	크리엔	수신(접수)자	호엔로에-실링스퓌르스트
발신지 정보	서울 주재 독일 총영사관	수신지 정보	베를린 정부
	No. 13		A. 3512
메모	베를린 4월 15일 4월 17일 런던 384, 페테르부르크 279에 전달 연도번호 No. 74		

A. 3512 1896년 4월 2일 오전 수신, 첨부문서 2부

서울, 1896년 2월 16일

No. 13

독일제국 수상 호엔로에-실링스퓌르스트 각하 귀하

본인은 조선 왕의 칙령 및 러시아 공사관의 정문과 서울의 여러 장소에 게시된 몇몇 포고문에 대해 삼가 각하께 보고 드리게 되어 영광입니다.

이 달 11일의 칙령에서 조선 왕은 자신의 잘못과 나약함으로 인해 나라의 불행을 초래했다고 자책합니다. 그러나 이제 범죄자들을 제거했으니 평화와 안정이 찾아올 것이라고 말합니다. 1894년 7월(일본군에 의한 왕궁 점령)과 1895년 10월 8일(왕비 살해)[1]의 반역자들에게만 중벌을 내리고 유혹에 넘어간 자들은 용서할 것이라고 합니다. 조선 왕은 단발령이 자신의 의시와 무관하게 제정되어 강제로 시행되었다고 말합니다. 단발령으로 인해 보수적인 국민들이 당연히 격분해 무기를 손에 들었으며,[2] 그들을 진압하기 위해 군대가 파견되었다는 것입니다. 그러나 서울의 군대를 즉시 소환할 것이니, 애국심에서 무기를 손에 들었던 사람들은 집으로 돌아가 조용히 생업에 종사하라는 것입니다. 그리고 새로운 머리모양을 반드시 받아들일 필요는 없으며, 의복과 모자 스타일도 각자 원하는 대로 선택할 수 있다고 합니다.

1 [감교 주석] 명성황후(明成皇后) 시해사건

2 [감교 주석] 을미의병(乙未義兵)

조선 왕의 수인[3]이 찍힌 포고문은 곤혹스러운 점이 없지 않습니다. 포고문에서 조선 왕은 곧 불행이 닥친다는 밀고를 받고 러시아 공사관으로 거처를 옮겼다고 설명합니다. 열강 대표들은 각자 신변보호를 위해 군대를 불렀다는 것입니다. 최근의 불행한 사건들은 몇몇 반란의 수괴들이 꾸민 짓이었다고 조선 왕은 말합니다. 거명하는 (주로 왕비 살해에 가담한) 주모자 여섯 명을 제외한 나머지 사람들은 모두 죄를 용서한다고 합니다. "그들의 목을 즉시 베어서 과인이 있는 러시아 공사관으로 가져오도록 하라." 포고문은 이렇게 끝을 맺습니다. 그래서 외국 대표들이 각자 신변보호를 위해 군대를 불렀다는 조선 왕의 주장을 부인하고 마지막 문구를 완화하기 위해 조금 무리하게 번역되었습니다.

총리대신서리 박정양[4]이 작성한 공고문은 조선 왕을 보호하는 외국 대표들을 고려하여 외국인과의 마찰을 피하라고 경고합니다.

신임 경무사[5]의 공고문은 서울에서 일본인이 살해된 사건에 대해 조선 왕이 유감스럽게 여긴다고 말합니다. 그리고 범인을 엄벌할 것을 다짐하며 그런 비슷한 난동을 부리지 말라고 국민들에게 경고합니다.

총리대신의 또 다른 포고문은 조선 왕이 반역적인 관리들을 제거하고 국민들을 안심시키기 위해 거처를 러시아 공사관으로 옮겼음을 강조합니다.

경무사는 왕명을 좇아서 "역도들의 수괴" 김홍집[6]과 정병하[7]의 목을 베었으며 경종을 울리기 위해 시신을 전시했다고 알리는 포고문 두 개를 공표했습니다. 그리고 다른 반역자들을 산 채로 붙잡아 순검에 넘길 것을 지시합니다. 그래야만 반역자들을 심문해서 법대로 처벌할 수 있다는 것입니다.

이날 13일에 조선 왕은 칙령을 두 번 발표했습니다. 이 칙령들에서 조선 왕은 또다시 나라의 슬픈 운명을 한탄합니다. 그리고 마치 "호랑이 꼬리를 밟은" 것처럼 밤낮으로 두려움과 위험 속에서 살고 있다고 말합니다. 조선 왕은 1894년 6월 이전에 공금을 착복한 모든 관리들에게 죄를 묻지 않을 것을 약속하고, 그때까지 조세를 납부하지 못한 모든 국민들에게 조세를 감면할 것을 확약합니다. 그와 동시에 조선 왕은 며칠 내로 다시 왕궁으로 돌아가겠다고 선포합니다.

---

3 [감교 주석] 수인(手印)

4 [감교 주석] 박정양(朴定陽)

5 [감교 주석] 안경수(安駉壽)

6 [감교 주석] 김홍집(金弘集)

7 [감교 주석] 정병하(鄭秉夏)

순검에게 피살된 두 대신의 시신은 난폭한 민중에 의해 잔혹하게 토막 났으며, 11일 저녁까지 길거리에 놓여 있었습니다.

조선 왕과 왕세자는 여인의 옷을 입고 여인용 가마를 타고 왕궁을 빠져나왔습니다. 러시아 대표가 조선 왕이 포로처럼 붙잡혀 있다는 내용의 전신 보고서를 본국 정부에 발송한 후, 조선 왕은 예전처럼 심하게 감시받지 않았습니다.

대왕대비와 왕세자비도 마찬가지로 왕궁을 떠나 영국 총영사관에 인접한 별궁에 거처하고 있습니다.

대원군은 자신의 집으로 돌아갔습니다.

지난 며칠 동안 일본인들이 살해되었다는 소식이 지방에서 속속 도착했습니다. 특히 서울에서 남쪽으로 약 80킬로미터 떨어진 곳에서 일하던 일본인 근로자 열 명이 모조리 맞아죽었다고 합니다. 그 일본인 근로자들은 반란자들이 파괴한 일본 전신선을 복구하기 위해 서울에 파견된 사람들이었습니다.

이달 12일 미국과 영국의 파견대가 자국 공사관을 수비하기 위해 제물포에서 이곳 서울에 도착했습니다. 각기 파견대는 장교 한 명과 병사 스물세 명으로 이루어져 있습니다.

서울 시민들은 조용합니다.

새로운 내각이 구성되었습니다.

김병시[8], 총리대신

박정양, 내부대신

이재순[9], 궁내부대신

이완용[10], 외부대신

조병직[11], 법부대신

윤용구[12], 탁지부대신

이윤용, 군부대신

고영희[13], 농상공부대신

윤치호[14], 학부대신서리

---

8 [감교 주석] 김병시(金炳始)

9 [감교 주석] 이재순(李載純)

10 [감교 주석] 이완용(李完用)

11 [감교 주석] 조병직(趙秉稷)

12 [감교 주석] 윤용구(尹用求)

13 [감교 주석] 고영희(高永喜)

그러나 총리대신은 고령을 이유로 사임을 청했습니다. 현재 내부대신이 총리대신 직을 대행하고 있습니다. 내부대신은 외부대신, 군부대신, 학부대신과 마찬가지로 한동안 미국에 머물렀습니다.

경무사에는 안경수가 임명되었습니다.

끝으로, 본인은 러시아 대리공사[15]가 이달 8일 본인을 찾아왔음을 삼가 각하께 보고드리게 되어 영광입니다. 러시아는 조선 혹은 조선의 영토 일부를 소유하려는 의도가 전혀 없다고 슈뻬이예르는 말했습니다. 그리고 외국 열강들이 – 처음에는 청국, 그 다음에는 일본이 – 조선 왕국의 내정에 간섭한 것이 조선의 불행이었다고 덧붙였습니다. 사람들을 혼자 내버려 두면 스스로 "헤쳐 나가기" 마련이라는 것이었습니다.

크리엔

내용: 서울의 정치적 사건들, 첨부문서 2부

No. 13의 첨부문서 1

번역문

사본

식령

오, 슬프도다! 과인은 덕이 부족했고 과인의 조정은 깨우침이 부족했다. 악인들이 득세했고 선인들이 뒤로 밀려났다. 십년 이상 전부터 단 한 해도 조용히 지나지 않았다. 때로는 과인의 높은 관리들이, 때로는 과인의 가까운 친인척들이 불행의 원인이었다. 그로 인해 오백년을 존속해온 과인의 왕조가 자주 위험에 처했으며, 과인의 무수히 많은 백성들이 몰락했다. 진실로, 과인의 얼굴이 수치심에 붉게 달아오르고 등에 식은땀이 흐른다. 이 모든 것은 과인이 사악한 무리들의 말에 귀를 기울이고 사악한 무리들을

---

14 [감교 주석] 윤치호(尹致昊)

15 [감교 주석] 슈뻬이예르(A. Speyer)

두둔했기 때문이다. 과인은 오직 과인의 생각만을 고집한 탓에 잘못을 범했으며 그로 인해 자주 위험을 초래했다. 이 모든 것은 과인의 책임이다. 이제 다행히도 한 충실한 신하의 열정과 헌신이 악인들을 제거했다. 나라가 많은 어려움에서 벗어나고 위험들이 종식되고 안정과 평화가 찾아올 것이라는 희망이 다시 보인다. 이것은 오랜 고난을 겪은 사람들의 마음을 북돋아줄 것이다. 어둠에 가린 듯 보이는 하늘의 지혜가 다시 빛을 발할 것이다. 과인은 가벼운 형벌만을 내릴 것이다. 그러나 1894년 7월의 반역자들과 지난 10월 반란의 우두머리들에게는 어떤 관용도 베풀지 않을 것이다. 이제 반란을 주동한 악한들이 한 사람 한 사람씩 법의 심판을 받게 되면, 죽은 사람들과 산 사람들의 원한을 달랠 수 있을 것이다. 과인은 그 밖의 모든 사람들, 즉 서울과 지방의 관리, 병사와 백성, (관아의) 서기와 하인들은 그 죄과가 무겁다 하더라도 완전히 용서하고자 한다. 그러나 그들은 개과천선해야 할 것이다. 두려워하지 말고 의심하지 말라. 각자 자신의 위치에서 조용히 성심껏 생업에 종사하라. 두발 모양을 바꾸는 것은 (이것은 거의 생각할 수도 없는 일이다.) 물론 급하지도 않았고 중요하지도 않았다. 그런데 저 반역자 무리들이 두발 모양을 바꾸라 강요했고 무력을 사용해 협박했다. 지체 높은 사람부터 지체 낮은 사람에 이르기까지 그 누구도 두발 모양을 바꿀 생각을 하지 않았을 것이다. 그것은 과인의 뜻이 아니었음을 온 세상이 당연히 알고 있으리라고 과인은 확신한다. 온 나라의 보수적인 국민들은 나라를 사랑하는 마음에서 그에 대해 분노했다. 전국 각지에서 지극히 험한 소문들이 유포되었으며, 사람들은 서로 죽이고 죽임을 당했다. 급기야는 서울에서 군대를 소집하기에 이르렀다. 이 일도 과인의 의지와는 무관했다. 그 반역패들은 인정사정없이 모든 것을 악으로 채웠으며 수없이 많은 악행과 만행을 저질렀고 헤아릴 수 없을 정도로 많은 어려움을 초래했다.

서울의 군대는 과인이 진심으로 사랑하는 자식들이다. 그러나 지방에서 나라를 사랑하는 마음에 자발적으로 무기를 손에 든 자들도 마찬가지로 과인의 사랑하는 자식들이다. 그러니 과인은 어느 한쪽을 잃어도 마찬가지로 애통할 것이다. (과인의 백성들이) 서로 싸우고 유혈이 낭자하게 흐르고 시신들이 높이 쌓이고 크고 작은 길들이 봉쇄되고 상업이 중단되니, 오, 애통하도다! 이제 근본적으로 변혁이 이루어져야 할 것이다.

이것을 생각하면 과인의 심장이 얼어붙고 눈물이 멈추지 않는다. 과인은 지방으로 내려간 서울의 군대에게 즉시 돌아오라고 명한다. 나라를 사랑하는 마음에서 무기를 손에 든 자들은 흩어져 집으로 돌아가야 할 것이다. 안심하고 생업에 종사해야 할 것이다. 그 누구에게도 두발 모양을 바꾸라고 요구해서는 안 된다. 각자 원하는 대로 의복과 모자 모양을 선택할 수 있다. 과인은 이것들을 다시 문제 삼지 않을 것이다. 그것은 각자가 알아서 할 일이다.

1896년 2월 11일

서명: 박정양

총리대신서리

아관파천 후의 포고문들

1) 나라의 운명이 암울하다. 수년 전부터 반역적인 관리들과 반항적인 자식들이 온 나라에 불행을 몰고 오고 있다. 지금 과인은 또 다시 불행이 닥칠 것이라는 밀고를 받았다. 이런 연유에서 과인은 러시아 공사관으로 옮아왔으며, 열강의 대표들에게 과인을 보호하도록 군대를 부르게 했다. 그대들은 모두 과인의 사랑하는 자식들이다. 최근의 불행스런 사건들은 반란을 주도한 몇 명들이 꾸민 일이었다. 과인은 그대들을 용서하고 그대들의 죄를 묻지 않으려 한다. 그러니 그대들은 마음을 놓아도 된다. 그러나 반란의 우두머리 조희연과 우범선, 이두황, 이진호, 이범래, 권영진은 죄의 경중을 따지지 말고 즉시 목을 베어 러시아 공사관의 과인에게 가져오도록 하라.

(왕의 수인)

2) 어제 새벽 반역의 무리들이 불길한 계획을 품고 있었다. 그러나 그 계획은 누설되었고, 전하께서는 러시아 공사관으로 파천하셨다. 지금은 외국 대표들의 보호 하에 모든 것이 평온하다. 그러나 자세한 상황을 모르는 사람들은 혹여 의혹과 의심을 품을 수 있다. 그리고 유럽인이나 일본인, 청국인과 치명적인 갈등을 빚을지 모를 소문들이 나돌 가능성이 있다. 그러나 그것은 보호를 약속한 외국 대표들에 대해 무분별한 처사일 것이다.

본인의 이러한 의견을 존중하여 신중히 처신하도록 하라.

서명: 박정양

총리대신서리

3) 오늘의 사건들은 나라 안의 반역적인 대신들에 대한 법적인 처벌일 뿐이다. 외국인에게 부당하게 구는 행위는 전하의 뜻을 거스르는 것이다. 우리는 어제 일본인이 살해되었다는 소식을 듣고 심히 유감스러웠다. 암살범들을 철저하게 수사해서 엄중하게 처

벌할 것이다. 국민들은 다시는 비슷한 사건이 일어나지 않도록 이 점을 명심해야 할 것이다.

경무청

4) 오늘날과 같은 시대에 국민들이 흥분하고 두려움에 떠는 것은 당연하다. 지금 전하께서 거처를 옮기신 것은 다만 반역의 의도를 품은 관리들과 불충한 자식들을 제거하고 국민들을 안심시키려는 의도에서 비롯되었을 뿐이다.

온 국민은 동요하지 말고 각자 차분히 생업에 종사하도록 하라.

서명: 박정양

총리대신

5) 어명에 따라 역도들의 우두머리 김홍집과 정병하의 목을 베었으며 온 국민에게 경종을 울리기 위해 종각에 효시했다. 본인은 이제 평온과 질서를 되찾을 것을 국민들에게 알린다. 또한 앞으로 붙잡히는 모든 역도들을 즉각 순검에 인계해야 할 것이다.

서명: 이윤용

경무사

도주한 죄인들 유길준, 조희연, 우범선, 권영진, 이두황, 이진호, 이범래를 즉시 체포해야 할 것이다. 그리하여 그들을 심문한 후 법대로 처분해야 할 것이다. 이 죄인들을 발견할 시에는, 사로잡아 법부에 넘기도록 하라. 그러면 죄인들을 사로잡은 국민이나 병사에게 법부는 충분한 보상을 내릴 것이다. 위의 훈령은 전하께서 본인에게 내리신 것이다. 이에 본인은 죄인들을 붙잡아서 법부에 인계하도록 온 국민과 병사들에게 알리는 바이다.

1896년 2월 12일

안경수

경무사

번역 : 라인스도르프

No. 13의 첨부문서 2

첨부문서의 내용(원문)은 독일어본 478~486쪽에 수록.

17

원문 p.487

조선 문제에 대한 히트로보와의 담화

발신(생산)일	1896. 2. 18	수신(접수)일	1896. 4. 2
발신(생산)자	구트슈미트	수신(접수)자	호엔로에-실링스퓌르스트
발신지 정보	도쿄 주재 독일 공사관	수신지 정보	베를린 정부
	A. 42		A. 3524

A. 3524 1896년 4월 2일 오전 수신

도쿄, 1896년 2월 18일

A. 42

독일제국 수상 호엔로에-실링스퓌르스트 각하 귀하

이곳 일본 신문들은 본인이 이달 15일 이토[1]를 방문한 일을 보도했습니다. 그 동안의 경험으로 보아, 이런 일들은 중간에서 말을 옮기는 사람들에 의해 온갖 불신의 씨를 뿌리는 데 이용되기 쉽습니다. 그래서 어제 오후 본인은 러시아 동료를 찾아보기로 했습니다. 본인은 일본 수상과의 대화를 토대로, 일본이 작년 10월 26일 열강들에게 발표한 선언을 변함없이 고수한다고 러시아 동료[2]에게 알렸습니다. 그에 따라 일본은 조선의 독자적인 행보를 인정하고 조선의 내정에 일체 간섭하지 않을 것이라고 덧붙였습니다. 본인은 통신망의 안전이 보장되지 않는 한, 일본은 물론 군대를 철수할 수 없을 것이라고 말했습니다. 그리고 이토가 서울에서의 최근 쿠데타에 대해 "정말 잘 기획되었다"고 솔직히 감탄했다는 말을 전했습니다. 이 말에 히트로보는 순간적으로 매우 기뻐했습니다.

히트로보는 일본 정부가 매우 "신중한" 것 같다고 본인에게 답변했습니다. 그런 반면에 일본 언론은 이달 11일에 일어난 뜻밖의 사건들을 매우 잘 보도했다는 것이었습니다.

본인은 히트로보가 이런 면에서 일종의 두려움에 사로잡혀 있다는 인상을 받았습니다. 첫 전보가 도착한 후, 일본 순검은 러시아 공사관을 삼엄하게 경비하라는 지시를 내렸습니다. 이것으로 보아 일본 당국도 일부 국민들이 러시아에 대해 격렬한 불만을

1 [감교 주석] 이토 히로부미(伊藤博文)

2 [감교 주석] 히트로보(M. A. Hitrovo)

표출할지 모를 만일의 사태를 고려한다는 것을 알 수 있습니다. 러시아 공사는 이달 11일의 사건들이 조선 문제에 관련된 열강들의 신속한 합의를 이끌어내는 데 기여할 것이라고 믿습니다. 슈뻬이예르의 전보에 따르면, "조선 왕권은 매우 평화롭게 회복되었다"고 합니다. 조선 왕은 당분간 러시아 공사관에 머무를 예정이며, 일본 변리공사[3]에게도 러시아 공사관으로 찾아오라고 알렸다는 것입니다. 그밖에 일본 주재 러시아 공사가 자리를 비우는 동안 슈뻬이예르[4]를 대리공사로 임명한 예전의 결정 사항은 변동이 없다고 합니다. 베베르가 서울 형세에 밝아 다시 충분히 독자적으로 활동할 수 있다고 합니다. 그리고 슈뻬이예르는 조선의 상황을 직접 상세히 연구한 터라, 이곳 일본에서 합의를 이끌어내는 데 틀림없이 많은 기여를 할 수 있다는 것입니다.

구트슈미트

내용: 조선 문제에 대한 히트로보와의 담화

---

3 [감교 주석] 고무라 주타로(小村壽太郎)

4 [감교 주석] 슈뻬이예르(A. Speyer)

18

원문 p.489

조선 문제에서 러시아와 일본의 태도

발신(생산)일	1896. 2. 20	수신(접수)일	1896. 4. 2
발신(생산)자	구트슈미트	수신(접수)자	호엔로에-실링스퓌르스트
발신지 정보	도쿄 주재 독일 공사관	수신지 정보	베를린 정부
	A. 43		A. 3525
메모	4월 4일 런던 329, 페테르부르크 242에 전달		

A. 3525 1896년 4월 2일 오전 수신

도쿄, 1896년 2월 20일

A. 43

독일제국 수상 호엔로에-실링스퓌르스트 각하 귀하

본인의 러시아 동료는 일본인들이 이달 11일 서울에서 발생한 격변[1]에 대해 당혹해하고 있다고 은밀히 전해주었습니다. 그 격변 이후로 일본 정부는 조선의 수도에 주재하는 양국 대표의 의견 일치를 위해 본인의 러시아 동료[2]와 다시 논의를 시작했다고 합니다. 러시아 동료는 이를 위해 전적으로 협력할 용의가 있다고 말합니다. 서로 솔직하게 생각을 말하고 이따금 의견을 주고받는 것은 오해를 예방하는 최선의 수단이라는 것입니다. 그러므로 그것을 실제 "협상"이라고 말할 수는 없다고 합니다. 그것은 다만 현재를 위한 일종의 공조체제이며, 조선 문제 해결을 위한 선제 조치는 아니라는 것입니다. 이런 연유에서 본인의 러시아 동료는 조선 주재 러시아 대리공사[3]에게 이에 합당한 태도를 취할 것을 권유했다고 합니다. 또한 페테르부르크에도 조선 주재 러시아 대리공사에게 새로이 훈령을 내려줄 것을 제안했고, 페테르부르크에서도 이에 동의했다고 합니다.

러시아 동료의 이런 발언은 이토[4] 측에서 본인에게 은밀히 전한 내용과 상당 부분 정확히 일치합니다. 러시아 공사와 일본 수상의 발언이 처음부터 완전히 일치한 것은

1 [감교 주석] 아관파천(俄館播遷)
2 [감교 주석] 히트로보(M. A. Hitrovo)
3 [감교 주석] 슈뻬이예르(A. Speyer)
4 [감교 주석] 이토 히로부미(伊藤博文)

아니었습니다. 그런데 두 사람의 상이한 발언을 종합해본 결과, 적어도 한 가지는 상당히 확실하게 드러났습니다. 즉, 조선 문제를 실제로 해결하기 위해 지금까지 협상한 적이 없었다는 것입니다.

이토가 로바노프[5]와 조선 문제에 대해 직접 회담하고 싶어 할 가능성이 상당히 농후해 보입니다. 며칠 전만 해도 이토는 유럽, 특히 페테르부르크에 매우 가보고 싶다고 본인에게 털어놓았습니다. 그런 암시를 받은 여러 일본 신문들도 이토의 그런 염원에 대해 시사하고 있습니다.

끝으로, 히트로보가 조선으로부터 받은 정보를 토대로 2월 11일 쿠데타의 원인이 일차적으로 악명 높은 단발령에 있다고 주장했음을 본인은 언급하지 않을 수 없습니다. 약 한달 전 조선 왕은 일본의 영향을 받아 단발령을 발표했고, 단발령은 조선 국민들 사이에서 극도의 불만을 야기했습니다.

구트슈미트

내용: 조선 문제에서 러시아와 일본의 태도

5 [감교 주석] 로바노프(A. Lobanow)

원문 p.491

19
[야마가타의 러시아 니콜라이 2세 대관식 관련 전권대사 임명]

발신(생산)일	1896. 2. 25	수신(접수)일	1896. 4. 2
발신(생산)자	구트슈미트	수신(접수)자	호엔로에-실링스퓌르스트
발신지 정보	도쿄 주재 독일 공사관	수신지 정보	베를린 정부
	A. 48		A. 3528

사본

A. 3528 1896년 4월 2일 오전 수신

도쿄, 1896년 2월 25일

A. 48

독일제국 수상 호엔로에-실링스퓌르스트 각하 귀하

일본 정부는 모스크바의 대관식에 일본 정부를 대표하는 대사로서 원수 야마가타[1]를 파견하기로 했습니다. 많은 신문이 주장하는 것처럼, 야마가타의 파견을 일본 수상이 봄에 유럽 여행길에 오르기로 한 계획을 포기했다는 증거로 볼 수는 없습니다. 이토가 직접 본인에게 암시한 바와 같이, 공적인 신분으로 유럽에 가거나 이를테면 모스코바에서 사절 역할을 하는 것은 이토[2]의 뜻이 아니었습니다. 그보다는 개인적으로 유럽의 정치 지도자들과 접촉하는 데 휴가여행을 이용하기를 바랐습니다.

일본 수상은 특히 동아시아의 상황에 대해 로바노프와 논의하고, 또 그 기회에 조선 문제와 관련해 러시아와의 합의를 이끌어내는 것을 중요하게 여겼습니다.

본인은 야마가타 장군의 임무에 우선적으로 정치적인 목적은 결부되어 있지 않다고 믿습니다. 야마가타 장군이 이토 수상과 같은 조슈[3] 출신이지만 그렇다고 이토 수상의 심복은 아닙니다. 또한 야마가타 장군이 일본에서 높은 명성을 누리고는 있지만 원래 정치가도 아니고 외교관은 더욱 아닙니다. 이런 이유에서 조선 문제처럼 일본이 중요하

1 [감교 주석] 야마가타 아리토모(山縣有朋)

2 [감교 주석] 이토 히로부미(伊藤博文)

3 [감교 주석] 조슈(長州)

게 여기는 사안을 상트페테르부르크 내각과의 회담을 통해 해결하기에는 적합한 인물이라고 보기 어렵습니다. 어쨌든 야마가타 장군이 러시아와 합의의 물꼬를 틀 저력이 있어서 그런 임무를 맡을 가능성이 아주 없는 것은 아닙니다. 야마가타 장군이 러시아에서 환영받는 인물임을 러시아 동료의 발언을 통해 알 수 있었습니다. 야마가타 장군은 같은 부족[4] 출신인 아오키[5]와 매우 절친한 사이입니다.

이토는 개인적으로 무척 유럽 여행을 떠나고 싶어 합니다. 그런데도 지금 일본을 떠나지 못하도록 이토를 가로막는 이유들은 무엇보다도 일본 국내 상황에 있습니다. 조선의 최근 사태는 일본 야당에게 정부 정책을 공격할 수 있는 새로운 빌미를 제공했습니다. 그 후로 일본 국내 상황은 매우 복잡해졌으며, 일본 수상은 어쩔 수 없이 국내에 머무를 수밖에 없습니다.

구트슈미트

원본 : 일본 8 No. 2

4 [감교 주석] 지역, 동향

5 [감교 주석] 아오키 슈조(青木周藏)

20

원문 p.493

[일본 정부의 조선정책 관련 의회 내 갈등]

발신(생산)일	1896. 2. 27	수신(접수)일	1896. 4. 2
발신(생산)자	구트슈미트	수신(접수)자	호엔로에-실링스퓌르스트
발신지 정보	도쿄 주재 독일 공사관	수신지 정보	베를린 정부
	A. 50		A. 3529

사본

A. 3529 1896년 4월 2일 오전 수신

도쿄, 1896년 2월 27일

A. 50

독일제국 수상 호엔로에-실링스퓌르스트 각하 귀하

이달 16일로 공고되었던 일본 의회가 열흘 뒤로 연기되었습니다. 이날 일본 수상 이토[1]가 본인에게 말한 바에 의하면, 그것은 일본 야당이 정부의 조선정책과 관련해 제출한 불신임안 토의를 저지하기 위한 것이었습니다. 아울러 이달 11일 서울에서 일어난 사건들이 알려짐으로써 일본 국민들의 흥분이 고조되는 사태를 막기 위한 것이기도 했습니다.

일본 정부의 예상대로, 그 열흘 동안 보수진영의 신중한 야당의원들 사이에서 좀 더 차분히 지켜보자는 의견이 대두되었습니다. 그래서 이달 25일 의회가 다시 열렸을 때, 발의자들은 불신임안을 다시 철회하겠다고 선언했습니다. 그러자 이제 친정부적인 정당들이 불신임안을 반박하고 나섰습니다. 친정부적 정당들은 의회의 분위기가 바뀜으로써 자신들의 승리가 확실하다고 예상했습니다. 그들은 불신임안의 심의를 요구했습니다. 불신임안은 별다른 격론 없이 심의되었고, 결국 165대 101표로 부결되었습니다.

구트슈미트

원본 : 일본 13

1 [감교 주석] 이토 히로부미(伊藤博文)

21

원문 p.494

[주일 조선공사관에 고종의 친전 비밀리에 전달]

발신(생산)일	1896. 2. 24	수신(접수)일	1896. 4. 2
발신(생산)자	구트슈미트	수신(접수)자	호엔로에-실링스퓌르스트
발신지 정보	도쿄 주재 독일 공사관	수신지 정보	베를린 정부
	A. 46		A. 3538
메모	4월 4일 런던 330, 페테르부르크 243에 전달		

A. 3538 1896년 4월 2일 오후 수신

도쿄, 1896년 2월 24일

A. 46

독일제국 수상 호엔로에-실링스퓌르스트 각하 귀하

오래 전부터 이곳 일본에 살고 있는 독일계 미국인이 이달 12일, 14일, 17일에 도쿄 주재 조선 공사관에 보낸 조선 왕의 다음과 같은 전보 세 통을 본인에게 전해주었습니다. 그 독일계 미국인은 교사와 번역가로서 근근이 생계를 유지하고 있고, 조선 공사관과 연락을 주고받으며 이따금 조선 공사관 번역 일을 하고 있습니다.

1. 과인은 무능한 대신들을 해고하고 과인이 신뢰하는 사람들을 대신으로 등용했다. 과인은 강력한 후원자를 찾아냈다.

2. 일본인들과의 약속, 특히 이노우에[1]와의 약속은 지킬 필요가 없다. 그러나 공사관은 일본 정부에게 앞으로도 계속 조선의 신의와 우의를 확신시키도록 하라. 만일 도쿄에 있는 조선인들에게 위험이 닥치면 러시아 공사관으로 피신하게 하라.

3. 공사관에 돈이 필요한데 서울에서 아무 소식이 없을 경우에는 러시아 공사에게 돈을 청하도록 하라.

위의 세 전보는 여러 정황으로 보아 진짜일 가능성이 많습니다.

구트슈미트

1 [감교 주석] 이노우에 가오루(井上馨)

베를린, 1896년 4월 4일 A. 3525

주재 외교관 귀중
1. 런던 No. 329
2. 상트페테르부르크 No. 242

연도번호 No. 2155

본인은 조선 사건에서 러시아와 일본의 태도와 관련해 삼가 귀하께 정보를 알려드리고자, 금년 2월 20일 자 도쿄 주재 독일제국 공사의 보고서 사본을 전달하는 바입니다.

베를린, 1896년 4월 4일 A. 3538

주재 외교관 귀중
1. 런던 No. 330
2. 상트페테르부르크 No. 243

연도번호 No. 2156

본인은 일본과 조선의 관계에 대한 정보를 귀하께 알려드리고자, 금년 2월 24일 자 도쿄 주재 독일제국 공사의 보고서 사본을 삼가 전달하는 바입니다.

22

원문 p.496

[주일 조선공사관에 고종의 친전 비밀리에 전달]

발신(생산)일		수신(접수)일	1896. 4. 2
발신(생산)자	구트슈미트	수신(접수)자	호엔로에-실링스퓌르스트
발신지 정보	도쿄 주재 독일 공사관	수신지 정보	베를린 정부
	A. 46		A. 3538
메모	4월 4일 런던 330, 페테르부르크 243에 전달		

A. 3538 1896년 4월 2일 오후 수신

도쿄

독일제국 수상 호엔로에 실링스퓌르스트 후작 각하 귀하

이미 오래 전부터 이곳 일본에 머물고 있는 독일계 미국인이 이달 12일, 14일, 17일에 도쿄 주재 조선 공사관에 보낸 조선 국왕의 다음과 같은 전보 세 통을 본인에게 전해주었습니다. 그 독일계 미국인은 교사와 번역가로서 근근이 생계를 벌고 있고, 조선 공사관과 연락을 주고받으며 이따금 조선 공사관 번역 일을 하고 있습니다.

1. 과인은 무능한 대신들을 해고하고 과인이 신뢰하는 새로운 대신들을 등용했다. 과인은 강력한 후원자를 찾아냈다.

2. 일본인들과의 약속, 특히 이노우에[1]와의 약속은 지킬 필요가 없다. 그러나 공사관은 일본 정부에게 앞으로도 계속 조선의 신의와 우의를 확신시키도록 하라. 만일 도쿄에 있는 조선인들에게 위험이 닥치면 러시아 공사관으로 피신하게 하라.

3. 공사관에 돈이 필요한데 서울에서 소식이 없을 경우에는 러시아 공사에게 돈을 청하도록 하라.

위의 세 전보는 현재 상황들로 보아 진짜일 가능성이 많습니다.

서명: 구트슈미트

1 [감교 주석] 이노우에 가오루(井上馨)

23

원문 p.497

[명성황후 시해사건과 아관파천]

발신(생산)일		수신(접수)일	1896. 4. 7
발신(생산)자		수신(접수)자	
발신지 정보		수신지 정보	베를린 외무부
			A. 3708

A. 3708 1896년 4월 7일 오후 수신

쾰른 차이퉁[1]

1896년 4월 7일

조선의 상황

제물포, 1896년 2월 15일

일본인들은 조선을 통치하기 위해 지금까지 매우 교활하고 간교한 술수를 부렸다. — 그런데도 이곳 조선에서 최근 발생한 쿠데타[2]는 일본인들이 러시아인들에게 맞설 수 없음을 증명했다. 지난 3일 동안 러시아인들은 무서울 정도로 감쪽같이 일본인들을 속였다. 일본인들이 조선에서 그토록 많은 피를 흘리고 그토록 큰 희생을 치르며 간신히 얻어낸 성과들은 단번에 수포로 돌아갔다. [그 사이 일본인들은 새로이 군대를 조선에 파병하고 있다 – 러시아도 마찬가지다.] 3일 전부터 조선은 더 이상 도쿄가 아니라 상트 페테르부르크에 의해 통치되고 있다. 일본 공사[3]가 아니라 러시아 공사[4]가 주도권을 행사한다. 조선 왕은 러시아 공사관으로 거처를 옮겼다. 이 소식이 일본에서 얼마나 기막힌 분노를 야기할지 능히 상상할 수 있다. 쿠데타 다음날 조선과 일본을 이어주는 통신망이 여러 곳에서 끊겼음을 일본인들이 발견함으로써 러시아의 곰이 일본의 고양이를 우롱한

1 [감교 주석] 쾰른 차이퉁(Kölnische Zeitung)

2 [감교 주석] 아관파천(俄館播遷)

3 [감교 주석] 고무라 주타로(小村壽太郎)

4 [감교 주석] 슈뻬이예르(A. Speyer)

사건은 완벽하게 끝을 맺었다. 이 비보를 일본 공사 고무라는 쾌속정을 이용해 부산으로 보내야 했고, 그곳에서 비로소 전신으로 도쿄에 발송할 수 있었다. 그래서 일본은 3일이 지난 후에야 비로소 조선을 잃어버린 사실을 알게 되었다.

지난 몇 주 동안 조선의 여러 지방이 또 다시 일본인들에게 반대해 봉기했고, 서울에서도 소요사태의 발생이 우려되었다.[5] 이런 연유에서 영국과 미국의 영사는 조선에 정박해 있는 자국 군함에게 서울에 경호부대를 파견할 것을 요청했다. 그 때문에 이달 9일 러시아 군함 "Admiral Kornileff"호에서 병사 백삼십 명이 화포 여러 대를 가지고 상륙했을 때 많은 사람들이 술렁거렸다. 러시아 병사들은 서둘러 서울로 향하라는 지시를 받았다. 그들은 이달 11일 동틀 무렵 조선의 수도에 도착했으며, 즉각 높은 담으로 에워싸인 러시아 공사관 건물에 배치되었다. 병사들이 러시아 공사관 안으로 진입한 뒤를 이어 곧바로 공사관 정문이 다시 열렸다. 그리고 조선인들이 멘 가마 여러 대가 공사관 안으로 들어갔다. 가마 앞이 비단 수술로 장식되고 휘장으로 쳐진 것으로 보아 조선 여인들이 타고 있다고 추정되었다. 하녀들이 양 옆에서 가마를 수행했다. 가마들이 러시아 공사관 마당에 도착하자 – 조선 왕과 왕세자, 대비가 가마에서 내렸다. 그러자 이미 기다리고 있던 베베르[6] 대리공사와 공사관 직원들이 그들을 정중하게 맞이했다. 담장으로 에워싸인 러시아 공사관의 한 건물에 이미 그들의 새로운 거처가 마련되어 있었다. 이달 11일 아침 이후 조선은 러시아 공사관에서 통치되고 있다. 이것은 그 어느 때보다도 일본의 속박을 증오하는 모든 조선인들에게 커다란 기쁨을 안겨주고 있다.

일본인들이 조선 왕비를 살해한 후로 조선 왕도 생명의 위협을 느낀 것이다. 일본이 매수한 꼭두각시들로 구성된 조선 내각은 왕을 꼼짝 못하게 감시했다. 그리고 왕에게서 옥새를 탈취했으며, 일본 공사관에서 불러준 법령들을 조선 왕의 이름으로 공포했다. 조선 왕은 왕궁을 빠져나온 그날 외국 영사단을 러시아 공사관으로 불렀다. 그리고 왕비가 살해된 날, 즉 작년 10월 9일 이후로 왕궁에 포로처럼 붙잡혀 있었다고 외국 영사단에 알렸다. 모든 칙령과 법령은 돈에 매수된 불충한 조선 대신들이 왕 모르게 발표했다는 것이었다. 밤낮으로 조선 왕의 목숨을 노리는 자들이 있었지만, 그런 시도들은 단 한 번도 성공을 거두지 못했다. 그들이 해치고 싶지 않았던 미국인 고문 다이[7] 장군과 (원래 독일 출신인) 닌스테드[8] 대령이 조선 왕 주변에 있었기 때문이다. 이미 오래 전부터 다이

5 [감교 주석] 을미의병(乙未義兵)
6 [감교 주석] 베베르(K. I. Weber)
7 [감교 주석] 다이(W. M. Dye)
8 [감교 주석] 닌스테드(F. J. H. Nienstead)

장군과 닌스테드 대령은 조선 왕을 일본인들 손아귀에서 구해내려고 노력했다. 그러나 러시아인들은 일본과의 분규를 초래할 가능성이 있는 무력보다는 책략을 쓰는 편을 선택했다. – 그래서 "러시아 공사관을 수비하려고" 백삼십 명의 해병을 부른데다가 많은 카자흐 기병까지 데려온 것이다. 카자흐 기병들은 서울 외곽에 주둔하고 있다. 또 그래서 조선 왕가가 부인복으로 변장하고 일본 왕궁 수비대를 뚫고서 극비리에 러시아 공사관으로 피신하기에 이른 것이다. 일본 수비대는 아무런 눈치도 채지 못했다. 아주 교묘하게 작전을 짰기 때문에, 왕궁 수비대도 조선 내각도 그리고 일본 공사도 조선 왕이 사라진 사실을 알아차리지 못했다. 조선 왕이 러시아 공사관에서 포고문을 발표했을 때서야 비로소 조선 대신들은 왕이 거처를 옮겼음을 알게 되었다. 조선 왕은 포고문을 통해 "역도들의 수괴"인 대신들을 붙잡아 목을 벨 것을 조선 병사들에게 요구했다. 병사든 일반국민이든 모든 조선인들은 이 말을 들은 즉시 실행에 옮겼다. 총리대신을 포함해 대신 세 명이 붙잡혀 종각으로 끌려갔다. 종각으로 가는 도중 군부대신은 일본 병사들에 의해 풀려나 일본 공사관으로 안내되었다. 나머지 대신들도 일본 공사관에 피신해 있었다. 두 대신은 종각에서 참수되었으며, 그들의 시신은 난폭한 군중에 의해 잔혹하게 찢기고 토막 났다. 대담하게 군중 속에 섞여 있었던 일본인 한 명도 같은 운명을 겪었다.

조선 왕의 포고문들을 보면, 조선인들이 그토록 증오하는 의복과 모자와 두발 개혁이 조선 왕 모르게 실행되었음을 알 수 있다. 그것은 조선인들로 하여금 왕에게 반기를 들게 할 속셈이었다. 포고문에서 조선 왕은 이런 모든 규정들을 철회하고 국민들에게 자유를 돌려주고 반란군에게 용서를 약속했다. 2월 11일의 쿠데타는 지난 몇 년 동안의 조선 역사에서 아마 가장 중요한 사건일 것이다. 조선이 일본인들에 의해 청국인들에게서 벗어난 후, 이제 일본인들의 무능력으로 인해 일본인들에게서 러시아인들의 수중으로 넘어갔기 때문이다. 조선에서 일본의 역할은 과거지사가 되었고, 이제 "백인 러시아 황제"가 "조용한 아침의 나라"의 지배자로 등극했다.

24

원문 p.500

[아관파천 이후 조러 관련 언론보도]

발신(생산)일		수신(접수)일	1896. 4. 10
발신(생산)자		수신(접수)자	
발신지 정보		수신지 정보	베를린 외무부
			A. 3842

A. 3842 1896년 4월 10일 오후 수신

The Daily News

조선에서 독일과 러시아

(우리 통신원의 보도)

베를린, 목요일 밤

조선 주재 독일제국 영사가 조선 왕의 러시아 공사관 체류에 반대하는 영국과 미국 동료의 항의에 가담했다는 소식이 조선에서 들려온다. 이 소식은 전적으로 사실무근이다. 오히려 독일대표는 절대중립을 지키라는 지시를 받았다. 사실 그 소식은 처음부터 신빙성 없는 소리로 들렸다. 그것은 러시아의 관심사에 반대하지 않는다는 독일 동아시아 정책의 흐름에 모순되기 때문이다.

베를린, 1896년 4월 11일

A. 3351

주재 외교관 귀중

1. 드레스덴 No. 154
2. 뮌헨 No. 143
3. 슈투트가르트 No. 154

연도번호 No. 2338

본인은 보고서를 전달하는 권한을 부여하는 1885년 3월 4일 자 훈령을 참조해, 조선 왕의 아관파천에 대한 금년 2월 11일 자 서울 주재 독일제국 영사의 보고서 사본을 삼가 귀하께 전달하는 바입니다.

25

원문 p.502

러시아, 일본, 조선에 대한 영국 공사의 은밀한 전언

<table>
<tr><td>발신(생산)일</td><td>1896. 3. 4</td><td>수신(접수)일</td><td>1896. 4. 13</td></tr>
<tr><td>발신(생산)자</td><td>구트슈미트</td><td>수신(접수)자</td><td>호엔로에-실링스퓌르스트</td></tr>
<tr><td rowspan="2">발신지 정보</td><td>도쿄 주재 독일 공사관</td><td rowspan="2">수신지 정보</td><td>베를린 정부</td></tr>
<tr><td>A. 54</td><td>A. 3915</td></tr>
<tr><td>메모</td><td colspan="3">5월 4일 런던 439, 파리 241, 페테르부르크 316, 빈 388, 베이징 A. 9에 전달
기밀!</td></tr>
</table>

A. 3915 1896년 4월 13일 오전 수신

도쿄, 1896년 3월 4일

A. 54

독일제국 수상 호엔로에-실링스퓌르스트 각하 귀하

본인의 영국 동료[1]가 얼마 전 힐리어[2] 총영사에게 서한을 받았다고 본인에게 은밀히 말했습니다. 그 서한에는 조선 왕이 러시아 공사관으로 파천하기 전날 밤 슈뻬이예르[3]가 다음과 같은 말을 했다고 쓰여 있었다는 것입니다. "우리는 커다란 사건을 앞두고 있습니다."

러시아 대리공사[4]는 2월 13일 힐리어를 다시 만난 자리에서 이렇게 말했다고 합니다. "일전에 저는 그 이상의 말을 해서는 안 되었습니다."

사토우는 예전에 일본에 여러 해 체류한 적이 있으며, 그 덕분에 이곳 일본의 고위 정치가들과 친밀한 관계를 맺고 있습니다. 그런 관계를 고려하면, 사토우는 위에서 말한 슈뻬이예르의 발언을 틀림없이 이토에게 넌지시 알려주었을 것입니다.

사토우는 일본 정부가 히트로보를 완전히 불신한다고 말했습니다. 그리고 일본의 고위 정치가 두 명에게서 러시아가 대관식 후 조선에서 기습작전을 준비하고 있는 것이

1 [감교 주석] 사토우(E. M. Satow)
2 [감교 주석] 힐리어(W. C. Hillier)
3 [감교 주석] 슈뻬이예르(A. Speyer)
4 [감교 주석] 히트로보(M. A. Hitrovo)

확실하다는 말을 들었다고 합니다.

또한 본인의 영국 동료는 야마가타[5] 원수가 정치적 임무를 부여받았다고는 믿지 않습니다. 그보다는 야마가타 원수가 대관식 사절에 임명된 것은 일본의 국내 정치 문제와 관련 있다고 합니다. 즉, 그것은 야마가타가 소속되어 있다고 알려진 보수 정당의 친정부적인 태도에 대한 대가라는 것입니다. 이러한 타협을 통해 이토[6]는 현재 내각의 위치를 공고히 했다고 합니다.

구트슈미트

내용: 러시아, 일본, 조선에 대한 영국 공사의 은밀한 전언.

5 [감교 주석] 야마가타 아리토모(山縣有朋)

6 [감교 주석] 이토 히로부미(伊藤博文)

26

원문 p.504

조선과 관련한 일본과 러시아의 합의

발신(생산)일	1896. 3. 11	수신(접수)일	1896. 4. 13
발신(생산)자	구트슈미트	수신(접수)자	호엔로에-실링스퓌르스트
발신지 정보	도쿄 주재 독일 공사관	수신지 정보	베를린 정부
	A. 57		A. 3916
메모	5월 6일 런던 444, 페테르부르크 323에 전달		

A. 3916 1896년 4월 13일 오전 수신

도쿄, 1896년 3월 11일

A. 57

독일제국 수상 호엔로에-실링스퓌르스트 각하 귀하

본인은 어제 독일과 일본의 영사협정 체결에 대해 사이온지[1]와 논의했습니다. 그 자리에서 본인의 질문에 대해 사이온지는 히트로보[2]가 (이달 8일) 여행을 떠나기 전 러시아와 일본 사이에서 잠정적인 합의가 이루어졌다고 말했습니다. 그것은 서울 주재 양국 대표들이 조선 조정에서 모든 대립, 즉 모든 갈등의 계기를 피하기 위한 것이었다고 합니다. 또한 한반도 왕국의 안정과 독립을 위해서 모든 바람직한 조처에 대해 미리 합의하기 위한 것이었다고도 합니다. 고무라[3]가 이런 방향으로 지시를 받았으며, 사이온지가 알기로는 러시아 대리공사 베베르[4]도 - 그제부터 슈뻬이예르[5]가 이곳 도쿄에서 대리공사로 근무하고 있습니다 - 이미 이와 유사한 훈령을 받았다는 것입니다.

현재 일본이 조선에서 하는 정치적 역할은 별로 부러워할만 하지 않습니다. 그런 역할은 불과 몇 개월 전에 일본이 제기한 요구들과 상치됩니다. 그런 역할이 일본의 정치인들을 침묵시키고 있습니다. 조선은 이토와 외무대신이 외국 대표들과의 담화에서 현재

---

1 [감교 주석] 사이온지 긴모치(西園寺公望)

2 [감교 주석] 히트로보(M. A. Hitrovo)

3 [감교 주석] 고무라 주타로(小村壽太郎)

4 [감교 주석] 베베르(K. I. Weber)

5 [감교 주석] 슈뻬이예르(A. Speyer)

달가워하지 않는 테마입니다. 조선에서 러시아의 영향력을 단연 우세하게 만들고 일본의 노력을 뒤로 멀찌감치 밀어낸 격변이 감쪽같이 일어났기 때문입니다.

일본은 조선에서 기껏 러시아를 위해 좋은 일만 했다는 것을 – 물론 좀 뒤늦게 – 깨닫게 될 것입니다.

구트슈미트

내용: 조선과 관련한 일본과 러시아의 합의

27

원문 p.505

조선의 정치적인 사건들

발신(생산)일	1896. 2. 27	수신(접수)일	1896. 4. 13
발신(생산)자	크리엔	수신(접수)자	호엔로에-실링스퓌르스트
발신지 정보	서울 주재 독일 총영사관	수신지 정보	베를린 정부
	No. 16		A. 3920
메모	5월 6일 드레스덴 195, 뮌헨 181, 슈투트가르트 195에 전달 연도번호 No. 104		

A. 3920 1896년 4월 13일 오전 수신

서울, 1896년 2월 27일

No. 16

독일제국 수상 호엔로에-실링스퓌르스트 각하 귀하

본인은 조선 왕이 여전히 러시아 공사관에 거주하고 있음을 삼가 각하께 보고 드리게 되어 영광입니다. 조선의 내각 회의도 러시아 공사관에서 열립니다. 베베르[1]의 말에 따르면, 조선 군주는 일본의 낭인을 두려워해 지금까지 왕궁으로 돌아가지 않고 있습니다. 작년 10월 8일의 사건으로 미루어 보아, 그런 염려는 전혀 근거 없는 것이 아니라고 합니다. 특히 서울 주재 일본 영사가 자신은 일본 사람들을 보증할 수 없다고 직접 베베르에게 언명했기 때문이라고 합니다. 조선 상인들이 다시 왕궁으로 거처를 옮기라고 청원했고, 이에 조선 왕은 며칠 내로 왕궁에 돌아갈 것이라고 답변했습니다.

일본 공사[2]는 조선 외부대신[3]의 서한에 지금까지 일체 답변하지 않고 있습니다. 왕궁 근처에 주둔하고 있는 일본군을 멀리 옮기라는 요청에 대해, 일본 공사는 다른 건물을 배정해 줄 것을 공사관 통역관을 통해 조선 당국에 요구했습니다. 그러나 조선 당국이 다른 건물들을 내어주자, 일본 공사는 그 건물들이 적절하지 않다고 말했습니다. 그 직후 조선 왕이 일본 공사를 초대했고, 고무라는 바쁘다는 이유로 거절했습니다.

1 [감교 주석] 베베르(K. I. Weber)

2 [감교 주석] 고무라 주타로(小村壽太郎)

3 [감교 주석] 이완용(李完用)

조선 왕이 거듭 새로이 경고하고 위협하는데도 지방의 반란[4]은 사그라지지 않고 오히려 증가하고 있습니다. 관찰사 네 명과 현감 여러 명, 그리고 일본인 약 스무 명이 지금까지 반란군에 의해 살해되었습니다. 그 때문에 조선 외부대신은 외국 대표들에게 각자 자국민들을 지방으로부터 소환할 것을 당부했습니다.

강원도 춘천의 반란자들은 일본인들과 그 추종자들을 몰아내고 왕비를 살해한 자들을 응징하고 반역 대신들에게서 왕을 구하고 청국에 대한 경외심을 다시 일깨우기 위해 모였다는 성명서를 발표했습니다. 그러나 실제로 그들은 살인과 약탈, 방화를 통해 자신들을 따르도록 주민들을 강요한 조직적인 도둑떼들로 이루어져 있습니다. 한편으로는 경솔했던 단발령이, 다른 한편으로는 조선 군주가 새로운 칙령에서 그들을 애국자로 칭한 상황이 그들의 세력을 크게 키우는 데 일조했습니다.

전임 탁지부대신 어윤중[5]이 지방에서 살해되었습니다. 조선 정부는 몇 년 전 어윤중에게 몹시 박해받고 엄벌을 받은 조선인 두 명이 개인적으로 복수한 것이라고 주장합니다.

이달 23일 조선 왕의 신임을 받는 이범진[6]이 법부대신 겸 경무사에 임명되었습니다. 그런데 이범진은 평판이 아주 나쁩니다. 이범진이 취임하고 곧바로 조선인 열세 명이 체포되어 감옥에 수감되었습니다. 그 가운데는 대원군의 추종자이며 지금까지 서울 부윤을 지낸 사람도 끼어 있습니다. 그밖에 약 140명 정도의 조선인을 체포할 계획이라고 합니다. 이에 미국과 영국 대표가 항의하자, 베베르는 붙잡힌 조선인들 대다수가 왕비 살해의 증인으로 심문받게 될 것이라고 설명했습니다. 그리고 많은 사람들이 체포되었다는 소문은 과장되었다는 것이었습니다. – 믿을 만한 소식통에 의하면, 전임 경무사 안경수[7]는 체포령을 내리라는 지시를 조선 왕이 이달 11일 공포한 사면령을 근거로 거부했습니다. 그 때문에 안경수는 중추원 의관에 임명되고 경무사 직에서 해임되었습니다. 농상공부대신은 연금을 받고 퇴직했으며, 지금까지의 법부대신[8]이 그의 후임으로 취임했습니다.

부산–서울 간 전신망을 경비하기 위해 일본 헌병대 백오십 명이 부산에 상륙했습니다. 조선의 여러 곳에 일본 병사들이 상륙했다는 소문이 퍼졌는데, 소문의 진위는 확인되지 않았습니다. 그러나 수송선 여러 척이 일본군을 위한 식량을 제물포에 싣고 왔습니다.

---

4 [감교 주석] 을미의병(乙未義兵)

5 [감교 주석] 어윤중(魚允中)

6 [감교 주석] 이범진(李範晉)

7 [감교 주석] 안경수(安駉壽)

8 [감교 주석] 조병직(趙秉稷)

이달 16일 조선 외부대신이 조선 왕의 이달 14일 자 포고문을 본인에게 보냈습니다. 2월 11일에 조선 대신들과 장교들이 주도한 모반이 발각되었다는 내용의 포고문이었습니다. 그로 인해 그들을 반역자로 선포하고 그들을 붙잡아 참수하라는 명령을 내리지 않을 수 없었다는 것입니다. 그들은 왕비 살해에도 가담한 자들이라고 합니다. 모반자들은 이 조치에 놀라 도주했으며, 그래서 그들은 병사들과 순검에게 아무런 영향력을 미치지 못했다는 것입니다. 병사들과 순검은 충성심을 잃지 않았다고 합니다. 바로 그날, 그 대역 죄인들을 산 채로 붙잡아 법의 심판을 받게 해야 한다는 내용으로 명령이 변경되었다고 합니다. 대신 김홍집[9]과 정병하[10]는 조선 왕의 의사와는 무관하게 성난 민중에 의해 죽임을 당했다고 합니다.(이것은 사실과 다릅니다. 그 두 사람은 순검에게 피살되었기 때문입니다.)

조선 왕은 자신이 왕궁을 떠난 후, 아직 정식으로 내각이 구성되지 않아서 나란 안이 몹시 혼란스럽다고 말합니다. 이런 상황에서 왕의 포고문과 칙령을 복사하는 과정에서 많은 오류가 발생했다는 것입니다. 또한 권한 없는 사람들이 관할 관청의 인장이 찍히지 않은 어리석고 파괴적인 성명서를 게시했다는 것입니다. 그러니 이런 일들을 조사하여 바로잡을 것이라고 합니다.

크리엔

내용: 조선의 정치적인 사건들, 첨부문서 2부

No. 16의 첨부문서 1부

번역문

사본

전국 각지에 보내는 포고문

왜놈(일본인)들이 날뛰는데, 나라 안의 불충한 대신들이 왜놈들에게 매달려 왜놈들을 도왔다. 그 결과, 국모가 살해당하고 국부가 박해받고 온 국민이 압제와 폭정에 시달리며

9 [감교 주석] 김홍집(金弘集)

10 [감교 주석] 정병하(鄭秉夏)

가축의 신세로 전락했다(= 모든 용기를 빼앗겼다는 뜻). 요순과 공자, 주희의 가르침이 완전히 뿌리째 뽑혔으며, 이제 그 가르침들을 장려하는 곳이 한 군데도 없다. 그로 인해 하늘이 진노했다. 용기와 정의감에 넘치는 사람들, 병사들과 온 국민들이 충성심과 애국심에 불타 들고 일어났다. 비통한 나머지 눈물이 쏟아지고 콧물이 흐른다. 이들은 (적들과 반역자들하고) 한 하늘 밑에서 살지 않기로 결심했다. 오, 나라를 사랑하는 충성스런 지도자들 아래서 우리가 벌떼처럼 사방에서 일어난다면 그 무엇도 우리를 대적할 수 없을 것이다. 하늘의 뜻과 인간의 뜻을 좇아 그리 행동하는 것이야말로 우리의 첫 번째 의무이다. 중화(中華)에 대한 경외심, 야만족을 몰아내는 것, 적들에게 나라의 원수를 갚는 것, (우리가 받은) 치욕을 씻는 것, 이것이 숭고한 애국심이다.

애국자들이 가는 곳에서, 오로지 자신의 안위만을 생각해 지켜보기만 할 뿐 즉시 합류하지 않는 고을과 마을의 고관들, 그리고 반역자 편을 들어 애국자들의 위치를 반역자들에게 알려주는 사람들은 야만인과 야수들을 비호하는 자들로 간주할 것이다. 그들을 반역자들과 폭도들의 추종자로 여겨 군법에 따라 목을 베고 그에 대해 (지도자들에게) 보고할 것이다.

12월 17일 (1896년 1월 31일)

서명: I So äng[11]

춘천 애국자 대표

번역: 라인스도르프

No. 16의 첨부문서 2부

첨부문서의 내용(원문)은 독일어본 508~509쪽에 수록.

11 [감교 주석] 민용호(閔龍鎬), 송형순, 이병채 등으로 추정됨.

28

원문 p.510

슈뻬이예르의 여행 출발. 조선 문제에 대한 슈뻬이예르와 베베르의 발언. 반란군의 진격

발신(생산)일	1896. 3. 2	수신(접수)일	1896. 4. 13
발신(생산)자	크리엔	수신(접수)자	호엔로에-실링스퓌르스트
발신지 정보	서울 주재 독일 총영사관 No. 20	수신지 정보	베를린 정부 A. 3921
메모	A. 4927[96] 참조 연도번호 No. 111		

A. 3921 1896년 4월 13일 오전 수신

서울, 1896년 3월 2일

No. 20

독일제국 수상 호엔로에-실링스퓌르스트 각하 귀하

지난달 27일의 No. 16[1]에 이어, 본인은 슈뻬이예르[2] 대리공사가 어제 서울을 떠났음을 삼가 각하께 보고 드리게 되어 영광입니다. 슈뻬이예르는 어젯저녁 러시아 순양함 "Zabiaka"호를 타고 제물포에서 일본으로 떠났습니다. 베베르가 특명전권공사로서 다시 러시아 공사관 업무를 맡았습니다.

슈뻬이예르는 그제 작별인사를 나누러 본인을 찾아왔으며, 조선 왕이 일본군을 두려워해 당분간 러시아 공사관을 떠날 생각이 없다고 말했습니다. 조선 왕은 이미 1882년과 1884년뿐만 아니라 지난 2년 동안 일본군에 대한 두려움에 시달렸다는 것이었습니다. 슈뻬이예르와 베베르가 그런 염려는 근거 없는 것이라고 이의를 제기하자, 조선 왕은 일본의 낭인을 언급했다고 합니다.

슈뻬이예르는 일본으로 가라는 지시를 2월 10일에 받았다고 합니다. 그리고 슈뻬이예르는 지금까지 그 지시를 취소하는 명령이 오지 않은 것으로 보아, 그 사이 조선과

1 [원문 주석] A. 3920 오늘 우편 발송.

2 [감교 주석] 슈뻬이예르(A. Speyer)

관련해 러시아와 일본 사이에서 합의의 길이 트인 것 같다고 말했습니다. 슈뻬이예르는 러시아 정부 측에서 조선의 최근 사건들을 직접 경험한 자신을 도쿄에 보내는 것을 바람직하게 여긴다고 추정한다는 것이었습니다. 게다가 자신은 일본이 러시아와 전쟁을 벌이지 않을 것을 예전부터 확신했고 지금도 확신한다고 덧붙였습니다.

러시아와 일본이 우선적으로 조선의 개혁에 관여할 자격이 있다고 슈뻬이예르는 말했습니다. 그러나 일본은 조선인이 일본인에게 300년 동안 품어 온 증오심을 근절시킬 수 없는 한 조선의 개혁에 관여할 수 없다는 것이었습니다. 그 때문에 일본인들이 선의에서 행한 일조차도 이웃국가 조선의 눈에는 반대로 전도되어 보인다고 합니다. 특히 지난 수년 동안 일본인들이 조선에서 저지른 많은 잘못과 실책은 완전히 차치하더라도 말입니다. 일본은 조선 왕국에서 상업적인 이익을 계속 장려하는 과정에서 러시아를 전혀 두려워할 필요가 없다고 슈뻬이예르는 말했습니다. 러시아는 상거래를 추구하는 국가가 아니라는 것이었습니다. 그 대신 러시아는 일본이 지금까지와 같은 방식으로 계속 조선을 개화하는 것은 용납하지 않을 것이라고 합니다.

슈뻬이예르의 말에 의하면, 노략질과 반항적인 행위들을 제압하기 위해 조선에서 약 삼천 명 규모의 작은 군대를 육성하는 것이 무엇보다도 중요하다고 합니다. 곧 정치적인 반란에 대한 이야기는 더 이상 들리지 않을 것이라고 합니다. 이 점에서 러시아 정부가 기꺼이 조선을 지원할 것이라고 슈뻬이예르는 판단합니다. 조선 왕은 이 새로운 군대에 힘입어 그 누구에게도 의지하지 않고 스스로 적절하게 여기는 방식으로 조선을 통치할 수 있다는 것입니다.

일본이 조선에서 실시한 유용한 개혁들은 앞으로 계속 유지하고 발전시켜야 한다고 슈뻬이예르는 말합니다. 그러나 누군가를 체포하는 일없이, 그리고 우선은 꼭 필요한 것만 발전시켜야 한다는 것입니다. 슈뻬이예르는 지난번 조선 왕을 알현했을 때도 그렇게 말했다고 합니다. 조선은 "호사"를 누릴 수 없고 누려서도 안 된다는 것입니다. 예를 들어 국가의 재정난을 고려하면 서울과 제물포를 잇는 철도는 시기상조라고 합니다. 당분간은 적절한 도로로 충분하다는 것입니다.

베베르[3]가 어제 본인을 찾아와서는, 지금 일본은 불법으로 남의 집에 침입했다가 합법적인 수단에 의해 쫓겨난 사람처럼 곤란한 처지에 있다고 말했습니다.

반란자[4]들이 다시 수도 서울에 가까이 접근했습니다. 며칠 전 반란자들은 서울에서

---

3 [감교 주석] 베베르(K. I. Weber)

4 [감교 주석] 을미의병(乙未義兵)

동남쪽으로 약 20킬로미터 떨어진 남한산성을 정복하고 그곳 현감을 살해했습니다. 남한산성은 적의 침입 시에 왕의 피난처로서 서울 근교에 축조한 성채입니다. 반란을 진압하기 위해 서울에서 파견한 군대가 오늘 패배했습니다.

조선 왕비 살해사건을 조사하기 위한 법정이 구성되었고, 조선 외부의 미국인 고문 그레이트하우스[5]가 재판장의 법률고문 임무를 맡았습니다.

본인은 이 보고서의 사본을 도쿄와 베이징 주재 독일제국 공사관에 보낼 것입니다,

크리엔

내용: 슈뻬이예르의 여행 출발. 조선 문제에 대한 슈뻬이예르와 베베르의 발언. 반란군의 진격.

5 [감교 주석] 그레이트하우스(C. R. Greathouse)

29

원문 p.512

[오스트리아 통신사의 민영환의 니콜라이 2세 대관식 참석 보도]

발신(생산)일		수신(접수)일	1896. 4. 15
발신(생산)자		수신(접수)자	
발신지 정보		수신지 정보	베를린 외무부
			A. 3993

A. 3993 1896년 4월 15일 오후 수신

"비너 폴리티셔 코레스폰덴츠"[1]

상트페테르부르크에서 도착한 소식에 의하면, 일본 정부는 조선의 어려움을 해결하기 위해 러시아와 기꺼이 협력할 의사가 있음을 러시아 내각에 통보했다.

그밖에 조선 왕이 고위 궁중 관료인 민영환[2]을 모스크바 대관식에 파견했다고 상트페테르부르크의 소식은 전한다.

1 [감교 주석] 비너 폴리티셔 코레스폰덴츠(Wiener Politische Correspondenz)

2 [감교 주석] 민영환(閔泳煥)

30
원문 p.513

조선 문제

발신(생산)일	1896. 4. 14	수신(접수)일	1896. 4. 16
발신(생산)자	라돌린	수신(접수)자	호엔로에-실링스퓌르스트
발신지 정보	페테르부르크 주재 독일 대사관	수신지 정보	베를린 정부
	No. 175		A. 4006

A. 4006 1896년 4월 16일 오전 수신

상트페테르부르크, 1896년 4월 14일

No. 175

독일제국 수상 호엔로에-실링스퓌르스트 각하 귀하

조선인들이 한반도에서 모든 일본인들을 왕비 살해범으로서 박멸하기로 결의했다는 소식이 서울에서 도착했습니다. 이 소식에 대해 이달 8일 및 지난달 27일 자 "Novoye Vremya"는 현재 휴가를 떠난 조선 주재 러시아 공사 임무를 대행하는 베베르[1]가 조선에서 러시아에 보이는 호감에 대해 신중한 태도를 견지하고 있다는 내용의 전보문을 보냈습니다. 베베르는 일본인들로부터 러시아제국이 적대적인 음모를 꾸민다고 비난받을 소지가 있는 것을 일체 피하려 한다고 합니다.

라돌린

내용: 조선 문제

1 [감교 주석] 베베르(K. I. Weber)

베를린, 1896년 4월 17일

A. 3512

주재 외교관 귀중

1. 런던 No. 384
2. 상트페테르부르크 No. 279

연도번호 No. 2466

본인은 서울의 정치적 사건들과 관련한 정보를 귀하께 알려드리고자, 금년 2월 16일 자 서울 주재 독일제국 영사의 보고서 사본을 삼가 전달하는 바입니다.

31

원문 p.515

조선에서 러시아와 일본

발신(생산)일	1896. 4. 19	수신(접수)일	1896. 4. 22
발신(생산)자	라돌린	수신(접수)자	호엔로에-실링스퓌르스트
발신지 정보	페테르부르크 주재 독일 대사관	수신지 정보	베를린 정부
	No. 194		A. 4250

A. 4250 1896년 4월 22일 오전 수신

상트페테르부르크, 1896년 4월 19일

No. 194

독일제국 수상 호엔로에-실링스퓌르스트 각하 귀하

"Novoye Vremya"[1]가 이달 18일과 6일에 요코하마에서 보낸 특별전보문에 의하면, 일본은 조선 문제에서 다음과 사항들을 토대로 러시아와 합의할 용의가 있다고 합니다.

1) 러시아와 일본이 방어동맹 및 공격동맹 체결.
2) 러시아에 Tsusim[2]섬을 이양하는 대신 부산을 포함한 조선의 동남지역을 일본에 양도.
3) 조선의 동부, 남부, 서남부 해안에서 부동항을 획득할 수 있는 권리를 러시아에 부여.
4) 러시아의 무조건적인 조선 보호통치.

라돌린

내용: 조선에서 러시아와 일본

1 [감교 주석] 노보예 브레먀(Novoye Vremya)
2 [감교 주석] 쓰시마로 추정

32

원문 p.516

[고무라 베베르 회담]

발신(생산)일	1896. 4. 25	수신(접수)일	1896. 4. 27
발신(생산)자	구트슈미트	수신(접수)자	
발신지 정보	도쿄 주재 독일 공사관	수신지 정보	베를린 외무부
	No. 10		A. 4426

A. 4426 1896년 4월 27일 오후 수신

전보

도쿄, 1896년 4월 25일
4월 27일 오전 2시 10분 도착

전문 해독

No. 10

일본 외무대신[1]이 서울 주재 일본 대표[2]와 러시아 대표[3] 사이에서 현재 타협안에 대한 회담이 진행되고 있다고 본인에게 비밀리에 알려주었습니다. 그 결과는 각서 교환을 통해 확정될 것이라고 합니다.

보다 상세한 내용은 크리엔을 통해 알게 될 것입니다.

구트슈미트

1 [감교 주석] 사이온지 긴모치(西園寺公望)
2 [감교 주석] 고무라 주타로(小村壽太郎)
3 [감교 주석] 베베르(K. I. Weber)

베를린, 1896년 4월 27일 A. 4426 I

서울 주재 독일영사

암호전보

No. 1

A. 4728 참조

연도번호 No. 2736

도쿄에서 받은 보고에 의하면, 서울 주재 러시아 대표와 일본 대표가 타협안에 대한 각서 교환을 목표로 조선에 대해 협상하고 있습니다. 눈에 띄지 않게 상세한 내용을 확인해 보십시오.

베를린, 1896년 4월 27일 A. 4426 Ⅱ

페테르부르크

주재 대사 귀하

No. 301

보안!

연도번호 No. 2737

본인은 일본과 러시아가 서울에서 조선과 관련한 회담을 진행한다는 정보를 삼가 귀하께 알려드리고자, 이달 25일 자 도쿄 주재 독일제국 공사의 전보문 사본을 전달하는 바입니다.

귀하께서는 아마 일본 동료들을 통해 이에 대해 보다 상세한 내용을 알 수 있을 것입니다.

33

원문 p.519

[고무라 베베르 회담]

발신(생산)일	1896. 4. 25	수신(접수)일	1896. 4. 27
발신(생산)자	구트슈미트	수신(접수)자	
발신지 정보	도쿄 주재 독일 공사관	수신지 정보	베를린 외무부
	No. 10		A. 4426
메모	4월 27일 페테르부르크 301에 전달		

사본

A. 4426 1896년 4월 27일 오전 수신

도쿄

베를린 외무부 귀중

전보문

일본 외무대신[1]이 본인에게 비밀리에 알려준 바에 따르면, 현재 서울 주재 러시아 대표[2]와 일본 대표[3] 사이에서 타협안 작성에 대한 회담이 진행 중입니다. 결과는 각서 교환에 의해 확정될 것으로 예상됩니다.

구트슈미트

1 [감교 주석] 사이온지 긴모치(西園寺公望)

2 [감교 주석] 베베르(K. I. Weber)

3 [감교 주석] 고무라 주타로(小村壽太郎)

34

원문 p.520

"Novoje Vremya"에 보도된 조선 상황

발신(생산)일	1896. 4. 25	수신(접수)일	1896. 4. 27
발신(생산)자	라돌린	수신(접수)자	호엔로에-실링스퓌르스트
발신지 정보	페테르부르크 주재 독일 대사관	수신지 정보	베를린 정부
	No. 202		A. 4448

A. 4448 1896년 4월 27일 오후 수신

상트페테르부르크, 1896년 4월 25일

No. 202

독일제국 수상 호엔로에-실링스퓌르스트 각하 귀하

본인은 상트페테르부르크의 신문 "Novoye Vremya"[1]의 "여행객"이 제물포에서 보낸 편지 기사를 삼가 각하께 동봉하게 되어 영광입니다. 편지를 쓴 사람은 조선의 상황을 매우 암담하게 묘사합니다. 조용한 아침의 나라는 일본인들의 폭력행위로 인해 혼란의 불길에 휩싸여 있으며, 조선 왕부터 날품팔이꾼에 이르기까지 생명의 위협을 느끼지 않는 사람이 아무도 없다고 합니다.

라돌린

No. 202의 첨부문서

1896년 4월 22일/10일 자 보고서에 대한 상트페테르부르크 신문 기사 - No. 101

- [조선의 상황에 대해] "Novoye Vremya"의 "여행객"은 3월 28일(16일) 제물포에서 보낸 편지에서 매우 암담하게 묘사한다. 조용한 아침의 나라는 일본인들의 폭력행위로

1 [감교 주석] 노보예 브레먀(Novoye Vremya)

인해 지금 혼란의 불길에 휩싸여 있으며, 조선 왕부터 날품팔이꾼에 이르기까지 생명의 위협을 느끼지 않는 사람이 아무도 없다고 한다. 어떤 사람들은 일본의 폭정을 두려워하고, 또 어떤 사람들은 새 조선 내각을 두려워한다고 한다. 새 내각이 전임자들에게 겪은 수모를 더욱 악독하게 앙갚음하고 있다는 것이다. 일본인들에 대한 증오심이 극도로 고조되어서, 조선인이라고 해도 일본말을 할 줄 알거나 일본인 집에서 일을 하면 주변의 미움을 산다고 한다.

"이범진이 이끄는 새 내각은 강력하게 사람들을 체포하고 있으며, 이전 내각과 관계 있거나 친일파의 추종자로 간주되면 여지없이 재판에 회부한다. 체포된 사람들은 사형에 처해질 것이다. 러시아와 미국의 변리공사가 이런 잔혹한 조처를 중지할 것을 요구했는데도, 조선 내각은 계속 사람들을 체포하고 있다. 들리는 소문에 의하면, 사형선고를 받은 여덟 명은 사면 받을 것이라고 한다. 서울에 있는 일본식 조선학교 생도들은 일본어 수업을 러시아어 수업으로 바꾸고 싶다는 의사를 표명했다. 그러나 이에 대해 학부대신은 생도들을 질책했다. 조선 생도 일곱 명이 도쿄로 도피했다.

서울 주민들은 매우 흥분해 있으며, 길거리에서 일본인들과 싸우는 모습은 눈살을 찌푸리게 한다. 지금 조선 궁중에서 해고되어 결혼 계획을 세우는 궁녀 삼백 명만이 행복해 한다는 농담이 회자되고 있다.

조선의 수도가 이처럼 공포에 떨고 있다면 지방은 반란에 휩싸여 있다. 압록강변의 다구[2]로부터 남쪽 도시들에 이르기까지 조선 전국이 반란으로 들끓고 있다. 도시의 주민들은 자진해서 반란 무리에 합세하는 반면, 일본 파견대들은 무슨 이유에선가 반란을 진압하는 것을 자신들의 의무로 여긴다. 일본 파견대의 일부는 교역소에 근무하고, 다른 일부는 전신망을 관리하기 위해 조선 국내 여기저기 산재해 있다. 그래서 2월 23일 서울 근교에서 일본 부대와 반란군이 충돌하는 사태가 벌어졌다. 소규모 혈전이 벌어진 후 Schan-Ko-Wan과 Iodschu가 불에 탔다. 사카이[3] 중위가 지휘하는 또 다른 일본 파견대 스물일곱 명은 Tschaipar-mum 근처에서 반란군과 마주쳤고 그곳에서 반란군을 몰아냈다.

나는 이런 모든 무질서가 뜻밖의 결과를 낳을 수 있다고 생각한다. 일본인들이 문명화한 유럽에 또 다시 놀라움을 안겨줄 준비를 하고 있는 게 분명하다. 야마가타 원수가 조선 땅에서 러일동맹의 노래를 부르는 동안, 이 "영원한 무질서"에 휘말린 불행한 나라

---

2 [감교 주석] 다구(大沽)

3 [감교 주석] 사카이 쓰루타로(酒井鶴太郎)로 추정

의 모든 것, 즉 행정, 교육, 상업은 사실상 일본인들의 수중에 들어갈 것이다. 일본의 새 군함들은 영국 조선소에서 우리의 시베리아 철도보다 더 빨리 완성될 것이다. 다른 한편으로 일본에게는 단호하고 강력한 조선 정책을 펼칠 기회가 많이 있다. 다른 열강들이 적극적으로 개입하려 하지 않기 때문이다. 만일 조선 왕도 왕비처럼 살해된다면, 일본 정책을 광적으로 추종하는 자들은 미우라 자작과 그 조력자들처럼 무죄 석방될 것이다…"

35

원문 p.523

일본, 조선, 러시아. 청국의 전쟁보상금

발신(생산)일	1896. 3. 20	수신(접수)일	1896. 4. 28
발신(생산)자	구트슈미트	수신(접수)자	호엔로에-실링스퓌르스트
발신지 정보	도쿄 주재 독일 공사관	수신지 정보	베를린 정부
	A. 62		A. 4515
메모	5월 2일 런던 428, 페테르부르크 309에 전달		

A. 4515 1896년 4월 28일 오후 수신

도쿄, 1896년 3월 20일

A. 62

독일제국 수상 호엔로에-실링스퓌르스트 각하 귀하

일본 언론이 유포한 소문들과는 달리, 일본 정부는 조선 동해안의 원산 부근에서 최근 다수의 일본인을 살해한 조선 반란자들에 대해 군사적인 조치를 취하지 않기로[1] 결정했습니다. 어제 사이온지[2]가 이 같은 사실을 본인에게 확인해 주었습니다. 사이온지는 일본 국민을 보호할 목적으로 군함 한 척을 원산에 파견했다고 덧붙였습니다.

본인은 조선 정부가 한반도에서 일본군을 철수할 것을 정식으로 제안했다는 언론 보도가 사실이냐고 사이온지에게 질문했습니다. 그러자 사이온지 대신은 고무라[3] 공사가 최근 조선의 권력자들로부터 곧 일본군을 철수해야 하지 않겠느냐는 질문을 받았다고 답변했습니다. 사이온지는 이러한 요구가 러시아 베베르[4] 공사의 사주에 의한 것이라고는 말하지 않았습니다. 이처럼 사이온지는 현재 일본과 러시아의 대립을 암시할 수 있는 발언을 일체 삼가고 있습니다. 게다가 사이온지는 조선에 주둔하고 있는 일본 병력을 곧 상비군으로 대체할 것이라고 말했습니다. 현재 조선에 주둔하는 일본군은 예비 병력입니다. 또 다시 조선을 휩쓸고 있는 무정부 상태에 직면해서 병력 철수는 말도

1 [원문 주석] 적어도 이런 목적으로 조선에 증원군을 파견하지 않기로

2 [감교 주석] 사이온지 긴모치(西園寺公望)

3 [감교 주석] 고무라 주타로(小村壽太郎)

4 [감교 주석] 베베르(K. I. Weber)

안 된다는 것이었습니다.

일본 정부는 이곳에 도착한 러시아 대리공사 슈뻬이예르[5]와 아직 회담하지 않았습니다. – 적어도 일본 외무대신은 이렇게 주장합니다. 그런데 러시아 대리공사는 일본 외무대신뿐만 아니라 이토에게도 서울의 상황에 대한 흥미로운 소식을 전했다고 주장합니다.

영국 언론이 청러비밀협약에 대해 폭로한 바 있습니다. 그런데 얼마 전 로바노프[6]가 청러비밀협약은 다만 신문사 통신원들의 환상 속에서만 존재한다고 니시[7]에게 설명할 기회가 있었다고 합니다. 우리의 대화가 끝나갈 무렵, 사이온지가 이렇게 본인에게 전했습니다.

[일본 외무대신은 청국이 최근 독일과 영국 신디케이트를 통해 차관 천육백만 영국 파운드를 빌리기로 했다고 무척 흡족한 표정으로 말했습니다. 그로 인해 어쨌든 5월에 받기로 되어 있는 전쟁보상금이 확보되었다는 것입니다.]

구트슈미트

내용: 일본, 조선, 러시아. 청국의 전쟁보상금.

5 [감교 주석] 슈뻬이예르(A. Speyer)
6 [감교 주석] 로바노프(A. Lobanow)
7 [감교 주석] 니시 도쿠지로(西德二郎)

36

원문 p.525

[베를린 언론의 민영환의 니콜라이 2세 대관식 참석 보도]

발신(생산)일		수신(접수)일	1896. 4. 29
발신(생산)자		수신(접수)자	
발신지 정보		수신지 정보	베를린 외무부
			A. 4549

A. 4549 1896년 4월 29일 오후 수신

"베를리너 로칼 안차이거"[1]

1896년 4월 20일

우리가 도쿄에서 받은 서한에 의하면, 서울의 최근 소식들은 일본에 새로이 우울한 내용을 퍼트렸다. 청국과 일본에 종속되어 있던 조선이 이 양국과 마찬가지로 독자적인 사절을 러시아 황제 즉위식에 파견할 예정이기 때문이다. 민영환[2]이라는 이름의 민씨 가문 일원이 조선 왕의 명령을 받고 모스크바에 간다. 민씨 가문의 일원을 선택한 것은, 민씨 가문 출신으로서 일본에 적대적이었던 조선 왕비와 러시아 사이에 긴밀한 관계가 유지되었기 때문으로 해석된다.

1 [감교 주석] 베를리너 로칼 안차이거(Berliner Lokal-Anzeiger). 1883년 베를린에서 창간된 신문.

2 [감교 주석] 민영환(閔泳煥)

베를린, 1896년 5월 2일

A. 4515

주재 외교관 귀중

1. 런던 No. 428
2. 상트페테르부르크 No. 309

연도번호 No. 2882

본인은 일본과 조선의 관계에 대한 정보를 귀하께 알려드리고자, 금년 3월 20일 자 도쿄 주재 독일제국 공사의 보고서 사본을 삼가 전달하는 바입니다.

37

원문 p.527

[독일 언론의 민영환의 조선 현황 보도]

발신(생산)일		수신(접수)일	1896. 5. 3
발신(생산)자		수신(접수)자	
발신지 정보		수신지 정보	베를린 외무부
			A. 4684

A. 4684 1896년 5월 3일 오후 수신

"베저 차이퉁"[1]

1896년 5월 3일

조선

우리는 3월 22일 나가사키에서 발송한 사적인 편지에서 조선의 요즘 상황에 대한 다음과 같은 내용을 인용한다.

"육지에 가까이 접근하면 크고 작은 많은 섬들이 보인다. 섬들은 여러 영국 마일[2]에 걸쳐서 고대 로마의 그림처럼 아름다운 원형극장과도 같은 모습을 하고 있다. 한 섬 맞은편에 외로이 물 밖으로 솟아난 돛대가 보인다. 그것은 청국 수송선 "Koroschin"호의 마지막 잔해이다. 전쟁이 본격적으로 발발하기 전, "Koroschin"호는 일본인들에 의해 격침되었다. 그 난파선은 주변의 가장 가까운 섬에서 약 1.5 영국마일 정도 떨어져 있다. 한네켄[3] 대위는 그 섬으로 헤엄쳐갔고, 나중에 그 섬에서 고깃배를 타고 탈주했다. 깊숙이 들어간 만들과 가파르고 험준한 산들이 어우러진 해안은 무척 아름답다. 그러나 수없이 많은 암초와 작은 섬들이 여기저기 산재해 있어 배들이 다니기에는 불리하다. 게다가 항로표지와 등대가 전혀 없어 밤에는 더욱 위험하다. 제물포는 매일 조수간만의 차가 30피트나 되는 작은 만에 아담하게 자리하고 있다. 그리고 일본식 가옥 몇 채와 (말 그대

1 [감교 주석] 베저 차이퉁(Weser Zeitung). 1844년에서 1934년까지 독일 브레멘에서 발행된 일간지.

2 [감교 주석] 약 1609.344미터

3 [감교 주석] 한네켄(Hannecken)

로) 청국호텔 한 채, 세관, 물론 수수한 클럽 하나, 유럽 거주민 네 명을 자랑한다. 그러나 이 작은 거류지는 항구에 정박한 군함들의 장교 덕분에 계속 커지고 있다. 미국인 두 명, 러시아인 두 명, 영국인과 프랑스인 각각 한 명이 제물포에 있었다. 동쪽에서 러시아의 해군력을 정확히 관찰할 수 있다. 조선의 동해안에 위치한 작은 거류지 부산에 유럽 깃발이 단 하나 휘날리고 있었는데, 바로 러시아 깃발이었다. 다른 한편으로 러시아는 이곳 나가사키에 어뢰정 두 척, 포함, 순양함과 전투함을 갖추고 있어, 나머지 열강들의 모든 배를 격침시킬 수 있을 만큼 막강한 위세를 자랑한다.

제물포 자체는 그다지 크지 않은 반면에, 조선인들이 모여 사는 이웃 마을 인천은 상당히 넓다. 인천은 내가 본 그 어느 청국 도시보다도 깨끗하며, 도로와 골목길은 더 넓고 그래서 더 쾌적하다. 이곳 토착민들은 미얀마 사람들처럼 선량하다. 조선인들은 일본인에 대한 증오심이 커지는 것에 비례해 유럽인을 좋아하게 되었다. 이것은 당연하다. 일본인들이 권력을 장악했을 때 쓸데없이 가혹하고 천박한 포고령을 이것저것 공포했기 때문이다. 예를 들어 조선 남자들은 머리 위에 상투를 틀고 다니는데, 그러려면 세심하게 신경을 쓰고 꼭지 부분이 위로 솟아 있는 모자를 써야 한다. 또한 조선 남자들은 특별히 청국에서 생산된 천, 밝게 빛나는 흰색 천으로 지은 의복을 입는데, 겨울에는 옷 속에 솜을 집어넣는다. 이 의복은 길이가 상당히 길고 소매가 넓으며 허리부분이 편하다. 그리고 오른편 어깨 아래서 고름을 묶게 되어 있다. 이런 비실용적인 옷을 입는 이유는 왕족이 세상을 뜨는 경우에 그것이 애도의 표시이기 때문이라고 한다. 왕족이 세상을 뜨게 되면 온 국민이 상복을 입는 탓에, 번번이 옷을 바꿔 입는다면 특히 가난한 계층에게는 - 내 눈에는 모두가 가난하게 보였다. - 적지 않은 비용이 들어갈 것이다. 그래서 지금은 절약하기 위해 상복을 입는 기간을 일 년에서 반년으로 줄였다. 일본인들이 살해했다고 하는 왕비에 대한 특별한 애도의 표시로서 - 충성심은 조선인들이 믿는 기본원칙 중의 하나이기 때문이다 - 이제 조선 남자들은 누런 빛깔의 의복을 입고 네잎 클로버 잎처럼 생긴 밀짚모자를 쓰고 다닌다. 모자는 어깨까지 닿고 얼굴을 완전히 가린다. 그들은 기다란 담뱃대로 담배를 피우는데, 담뱃대를 사용하지 않을 때는 등 뒤의 옷 주름 속에 꽂아 넣는다. 그런데 일본인들이 조선인들에게 머리카락을 자르고 그 볼품없는 모자 대신 값싼 일본 제품 모자를 쓰라는 명령을 내린 것이다. 그리고 일본 방직공장에서 공급하는 검은색 면직물로 지은 옷을 입으라는 했다는 것이다. 게다가 조선 담뱃대를 폐지하고 일본 공장에서 제조한 담뱃대를 사용하라 했다고 한다. 이런 사소한 조처들 외에도, 일본인들은 평화로운 주민들을 마치 노예처럼 취급한다. 나는 일본인들이 조선인들을 잔인하게 다루는 것을 직접 눈으로 보았다. 도저히 용서할 수 없을 정도였다.

일본인들이 다만 겉만 살짝 문명을 걸쳤을 뿐 예나 지금이나 마음속은 야만인이라는 말을 이곳 동양에서 자주 들었는데, 어떤 점에서는 이 말이 사실인 듯 보인다. 그러니 일본인들이 조선에서 지난 300년 동안 받았던 미움보다 지금 더 많은 미움을 받는다고 해서 뭐 그리 놀랄 일이겠는가? 지난 전쟁 이후 서울에서만 일본인 40명이 살해되었다. 일본인들은 자신들이 모두 살해되는 것을 막기 위해 이곳 조선에 경찰병력 850명을 배치했다.

그러나 이 점을 제외하면, 조선 왕과 조선 내각이 러시아 공사관으로 옮아간[4] 후로는 일본인들이 거의 힘을 발휘하지 못하는 듯 보인다. 조선 왕은 러시아 공사관에서 편안히 지내는 듯하다. 러시아 공사관에서 조선 왕이 숙식비로 매일 2 yen, 그러니까 약 8마르크 50 페니히를 지불한다는 소문이 있기 때문이다. 이 금액에 세탁비도 포함되는지는 알 수 없다. 그러나 세탁비는 아마 그리 많이 들지 않을 것이다. 러시아 공사관은 서울에서 제일 아름다운 건물이다. 물론 이것은 그다지 중요하지 않다. 러시아 공사관은 언덕 꼭대기에 우뚝 솟아있으며, 그곳에서 이삼십만 명이 살고 있는 서울의 상당 부분이 내려다보인다. 바깥문들은 일본 병사들이 지키는 반면에, 공사관 안에는 러시아 해병 약 250명이 진을 치고 있다. 영국 영사관에는 40명, 미국 공사관에는 20명의 병사들이 있다. 조선 왕이 왕궁으로 돌아가면 그 때 비로소 위기가 닥칠 것이다. 그러나 그 때가 언제일지는 아무도 모른다. 조선 왕이 2월 11일 왕궁을 탈출했을 때, 모두들 러시아인들과 일본인들 사이에서 싸움이 벌어질 것을 우려했다. 그러나 일본인들은 곰 앞의 어린양처럼 유순하게 굴었다."

---

4 [감교 주석] 아관파천(俄館播遷)

베를린, 1896년 5월 4일

A. 3915

주재 외교관 귀중

I.

1. 런던 No. 439
2. 파리 No. 241
3. 상트페테르부르크 No. 316
4. 빈 No. 388

II. 베이징 A. 9 주재 공사관 귀중

연도번호 No. 2938

본인은 러시아의 조선 정책과 관련한 정보를 귀하께 알려드리고자, 금년 3월 4일 자 도쿄 주재 독일제국 공사의 보고서 사본을 삼가 전달하는 바입니다.

38

원문 p.531

[베베르 고무라 회담 내용]

발신(생산)일	1896. 5. 4	수신(접수)일	1896. 5. 5
발신(생산)자	크리엔	수신(접수)자	
발신지 정보	서울 주재 독일 총영사관	수신지 정보	베를린 외무부
	No. 2		A. 4728
메모	전보문 No. 1에 대한 답신[1] A. 5152 참조		

A. 4728 1896년 5월 5일 오전 수신

전보

서울, 1896년 5월 4일 오후 7시 15분
5월 5일 오전 3시 12분 도착

독일제국 영사가 외무부에 발송

전문 해독

No. 2

양국 대표[2]는 조선 왕의 왕궁 귀환과 일본군 철수에 대해 협상하고 있습니다.

크리엔

1 [원문 주석] 삼가 동봉.

2 [감교 주석] 고무라 주타로(小村壽太郎)와 베베르(K. I. Weber)

베를린, 1896년 5월 6일

A. 3916

주재 외교관 귀중
1. 런던 No. 447
2. 상트페테르부르크 No. 323

연도번호 No. 3004

본인은 조선과 관련해 일본과 러시아의 합의에 대한 정보를 귀하께 알려드리고자, 금년 3월 11일 자 도쿄 주재 독일제국 공사의 보고서 사본을 삼가 전달하는 바입니다.

베를린, 1896년 5월 6일

A. 3920

주재 독일 왕국 사절단 귀중
1. 드레스덴 No. 195
2. 뮌헨 No. 181
3. 슈투트가르트 No. 195

연도번호 No. 3018

본인은 보고서를 전달하는 권한을 부여하는 1885년 3월 4일 자 훈령을 참조해, 조선의 정치적 사건들에 대한 2월 27일 자 서울 주재 독일제국 영사의 보고서 사본을 삼가 귀하께 전달하는 바입니다.

외무부
A편

외무부 정치 문서고
조선 관계 문서

1896년 5월 7일부터
1896년 8월 10일까지

제22권
참조: 제23권

조선 No. 1

1896년 목록	수신정보
도쿄 4월 9일 보고서 A. 73 무쓰는 조선 왕이 러시아 공사관을 떠나서 왕궁으로 돌아가는 것을 두려워한다고 말한다. 또한 일본 측에서 조선의 폭도를 진압하고 있다고 한다.	4926 5월 10일
5월 5일/17일 "Novoye Vremya" 러시아 측에서 조선에 대해 올바르게 행동했다는 근거 제시.	5200 5월 17일
서울 5월 15일 전보문 No. 3 러시아 대표와 일본 대표는 조선에 주둔시키는 양국 병사의 수에 대해 합의했으며, 더 이상 위험하지 않다고 판단되는 즉시 조선 왕에게 환궁할 것을 권유하기로 결의했다.	5152 5월 16일
4월 2일 요코하마 순양함대 사령부의 보고서 서울 주재 영사는 제물포에 선박 한 척을 주둔시키기를 바란다.	5262에 첨부 5월 19일
5월 28일 "Novoye Vremya"지 서울의 질서 회복. 프랑스인들이 서울에서 Hala 어구에 이르는 철도건설권을 따내기 위해 노력하고 있다. 일본인들은 서울-부산, 미국인들은 서울-제물포, 러시아인들은 서울-원산의 철도건설권을 따내려 애쓰고 있다. 조선 왕비 살해 진상 조사. - 조선 왕의 러시아 공사관 체류.	5570 5월 28일
도쿄 4월 14일 보고서 A. 77 여러 가지 징후로 보아, 러시아가 대관식 후 단호하게 조선 문제 해결에 착수할 것으로 예상된다.	5336 5월 22일
도쿄 4월 25일 보고서 A. 84 서울 주재 일본 대표와 러시아 대표가 조선에서의 공조체제에 대한 협상을 진행하고 있다는 모토노의 발언.	5562 5월 28일
도쿄 4월 19일 보고서 A. 80 야마가타가 페테르부르크에서 로바노프와 조선 문제에 대해 협상할 수 있는 전권을 위임받았다고 한다.	5558 5월 28일
도쿄 4월 29일 No. A. 89 조선에서의 공조체제에 대한 러시아와 일본의 임시 합의. 야마가타 원수의 러시아 체류 동안 조선 문제의 궁극적인 조정.	5817 6월 5일
도쿄 5월 5일 No. A. 91 서울 주재 러시아 공사 베베르는 일본 대표와 협력하려는 의지를 보이지 않는다.	5819 6월 5일
조선 왕궁 습격 및 조선 왕비 살해에 대한 조선의 공식 보고서	5895 6월 10일

도쿄 5월 10일 No. A. 95 조선과 관련한 러시아-일본 임시 협정에 대한 반관반민 "Nichi Nichi Shimbum"의 기사.	6066 6월 12일
런던 6월 17일 전보문 No. 123 일본이 러시아와 분쟁을 빚는 경우에 영국의 도움을 기대할 수 없을 것이라는 Courcel 남작의 의견.	6278 6월 17일
도쿄 6월 20일 전보문 No. 13 야마가타 원수와 로바노프가 조선과 관련해 최종 합의했다.	6401 6월 20일
도쿄 4월 28일 No. A. 88 이른바 베를린 주재 영국 대사와 Salisburg 경의 발언. 이에 따르면, 일본은 조선 때문에 만일 러시아와 분쟁을 빚는 경우 영국의 도움을 기대할 수 없다고 한다.	5829 6월 5일
6월 7일 훈령과 함께 런던 547, 페테르부르크 389, 베이징 A. 11에 전달 7월 4일의 베를리너 타게블라트 조선의 정치가 박영효의 조선 귀국, 조선에 격변이 있을 것으로 예상됨.	6931 7월 5일
서울 4월 20일 No. 28 외국 군대와 외국 군함의 주둔. 모스크바 대관식에 조선 사절단 파견. 경우에 따라서 조선 사절단 베를린과 워싱턴 여행. 러시아 장교들의 조선 국내 여행. 일본 대표 고무라 특명전권공사로 승진. 미국인 Morse에게 서울-제물포 간 철도건설 인가. 러시아인 Rantenfeld 조선 탁지부에서 근무. 작년 10월 8일의 사건과 조선 왕비 살해에 대한 공식 보고서(미국인 Greathouse 작성).	5820 6월 5일
도쿄 5월 14일 No. A. 99 16척으로 구성된 영국 함대가 해밀턴 항에 집결. 조선에 개입하고 싶어 하는 영국의 욕구에 대한 러시아와 일본의 태도와 관련해 러시아 대리공사의 전언.	6070 6월 12일
조선 5월 4일 No. 32 조선 및 조선 왕의 환궁과 관련해 러시아와 일본의 협상 내지는 합의. 플랑시가 조선 주재 프랑스 대리공사로 임명됨. 영국과 러시아 함대사령관의 서울 체류. 조선의 외국인 관리들: 콜웰, 다이, 닌스테드.	6384 6월 20일
베오그라드 6월 22일 No. 96 조선의 상황, 한반도에서 일본인들의 위치, 조선과 관련한 러시아와 일본의 합의에 대한 러시아 아무르 지방의 사령관 Sabbotic 장군의 발언.	6922 7월 4일
베이징 5월 26일 No. A. 71 러시아인들이 제물포 앞에 위치한 Rose 섬에 진지를 구축하려 한다는 일본 공사의 발언. 로즈섬은 전략상 중요하다고 한다. 석탄보급소로 적절한 조선 근처의 몇몇 다른 장소에 대한 암시.	7228 7월 12일

도쿄 6월 4일 No. A. 109 조선과 관련한 러시아와 일본의 타협안 협상 종결(조선 왕과의 교류 및 양국의 한반도 주둔 병력)	7288 7월 14일
도쿄 6월 19일 No. 115 최근 서울에서 러시아와 일본이 조선에 대해 타협에 이르렀다는 영국 공사의 전언(일본이 서울·부산 간 전신연락시설을 관리하기로 함). 페테르부르크에서 로바노프와 야마가타가 조선의 미래에 대해 최종 합의 도출.	7939 7월 30일
도쿄 6월 25일 No. 116 조선과 관련해 로바노프와 야마가타 사이에서 합의가 이루어졌음이 확인되다. 야마가타의 귀국 후 (8월 초) 독일제국 공사에게 합의 내용을 알려줄 것이라고 한다.	7940 7월 30일
서울 6월 13일 No. 36 독일제국 군함 "아르코나"호의 함장 자르노브 해군대령의 서울 체류와 조선왕 알현.	7941 7월 30일
서울 5월 31일 No. 34 일본 공사의 여행 출발. 러시아 장교와 하사관 10명이 조선 군대의 교관으로 곧 도착 예정. 러시아가 마산포항을 획득할 가능성이 있음. 그러나 일본은 마산포항의 요새화를 용인하지 않을 것이다.	7607 7월 22일
페테르부르크 8월 8일 No. 346 블라디보스토크에서 "Novoye Vremya"지에 전신으로 전달되는 조선 상황에 대한 소식의 출처. 그 소식들은 거의 언제나 허위이며, 러시아의 퇴역 해군장교에게서 유래한다.	8369 8월 10일
페테르부르크 8월 10일 No. 355 서울에서 러시아어 교사 채용.	23권
페테르부르크 8월 5일 No. 339 조선의 소요사태 및 미국인, 프랑스인, 러시아인이 받은 여러 허가(철도 및 광산 인가)에 대한 "Novoye Vremya"지의 전보문.	8362 8월 10일
서울 3월 23일 No. 22 조선 왕은 왕궁으로 돌아가는 것을 두려워한다. — 청국 측에서는 러시아가 조선에서 절대 항구를 확보하지 않을 것을 약속했다고 주장한다. 조선 왕비의 조카 민영환이 페테르부르크의 대관식 사절에 임명되었다.	4927 5월 10일
페테르부르크 6월 25일 No. 280 조선과 관련한 러시아-일본의 협정에 대한 소문.	6709 6월 28일

도쿄 5월 14일 보고서 A. 98 이토는 일본이 조선과 관련해 영국과 협상했음을 부인한다. 아오키가 아마상부의 허가 없이 베를린의 라셀러스에게 외교적 조처를 취했을 것이라고 주장한다.	6069 6월 12일
도쿄 5월 22일 보고서 A. 100 일본과 러시아 사이에 영국을 개입시킬 목적으로 영국과 일본이 협상을 벌인다는 소문에 대한 도쿄 주재 러시아 대리공사의 태도.	6810 7월 1일
서울 5월 15일 보고서 No. 33 조선에 주둔하는 러시아와 일본의 군대와 헌병 및 필요한 경우 조선 왕의 환궁에 대한 러시아와 일본의 합의. 로즈섬에서 러시아인들의 토목공사, 윤용선의 총리대신 임명, 조선의 소요사태 현황.	6823 7월 1일
서울 6월 15일 No. 37 조선 내각의 변동. 조선의 소요사태. 러시아에서 조선 측의 차관을 수용한다는 소문.	7942 7월 30일

베를린, 1896년 5월 8일 A. 4728

라돌린 귀하

상트페테르부르크 No. 331

연도번호 No. 3088

지난달 27일 자 훈령과 관련해, 본인은 이달 4일 서울 주재 독일제국 영사 측에서 보낸 다음의[3] 전신 보고문을 귀하께 전달하게 되어 영광입니다.

"[제출]"

본인은 위에서 언급한 훈령과 도쿄 주재 독일제국 공사의 전보문을 받고 서울 주재 독일제국 영사에게 전신으로 문의한 바 있습니다. 다음의 전신 보고문은 그에 대한 답신입니다.

3 [원문 주석] 조선 관련

01

원문 p.542

조선 문제에 대한 일본 외무대신의 발언

발신(생산)일	1896. 4. 9	수신(접수)일	1896. 5. 10
발신(생산)자	구트슈미트	수신(접수)자	호엔로에-실링퓌어스트
발신지 정보	도쿄 주재 독일 공사관	수신지 정보	베를린 정부
	A. 73		A. 4926
메모	5월 13일 런던 471, 페테르부르크 341에 전달		

A. 4926 1896년 5월 10일 오전 수신

도쿄, 1896년 4월 9일

A. 73

독일제국 수상 호엔로에-실링스퀴르스트 각하 귀하

본인은 무쓰[1]를 10개월 만에 어제 처음으로 다시 만났습니다. 무쓰는 여전히 병환 중인데 며칠 전부터 다시 일본 외무성을 이끌고 있습니다. 우리는 며칠 전 체결된 우리의 조약에 대해 주로 대화를 나누었으며, 끝으로 본인은 조선 문제로 말머리를 돌렸습니다.

본인은 러시아가 조급해하지 않느냐고 질문했고, 일본 외무대신은 대략 다음과 같이 답변했습니다 :

작년 10월 8일의 사건들(왕비 살해 등등)[2] 이후, 러시아 정부는 조선의 상황에 대해 물론 불만을 표시했으며 이런 상황이 오래 지속될 수 없다고 암시했습니다. 그러나 그 후로는, 특히 조선 왕의 아관파천 후로 로바노프[3]는 관망하는 정책이 더 유리하다고 여기는 듯 보입니다. 일본도 관망하는 쪽으로 기울고 있습니다. 베베르[4]는 거듭 조선 왕에게 왕궁으로 돌아갈 것을 권유했다고 최근 일본 대표에게 알렸습니다. 그리고 조선 왕도 이 권유에 따를 의향이 있는 것으로 보입니다. 그런데 조선 왕의 측근들이 왕궁으로 돌아가게 되면 위험할 것이라고 이간질하면서 환궁을 저지하고 있습니다. 일본은 최근

1 [감교 주석] 무쓰 무네미쓰(陸奧宗光)

2 [감교 주석] 명성황후(明成皇后)

3 [감교 주석] 로바노프(A. Lobanow)

4 [감교 주석] 베베르(K. I. Weber)

수개월 동안 한반도에서 벌어진 무도한 행위들에 대해 많은 인내심을 보여주었습니다. 그 무도한 사건들로 인해 일본인 40명이 희생되었습니다. 일본 내각은 실제로 조선 왕의 무력하고 무능한 조정에게 직접 그런 악행의 책임을 물을 수가 없다는 것을 충분히 헤아리고 있습니다. 그래서 폭도[5]들의 위치를 파악하면 투입 가능한 소수의 일본 병력을 동원해 폭도들을 공격하고 진압하는 것에 그치고 있습니다. 특히 한반도 외진 곳에서 사건들이 벌어지는 경우에는 일본인을 살해한 진범들을 찾아내기 어렵습니다. 최근 들어 일본으로서는 조선에 군대를 증원해야 할 동기가 충분합니다. 그런데도 일본 정부는 러시아와의 불화를 피하기 위해 그런 동기를 이용하지 않았습니다. 현재 조선 주재 러시아 대표와 일본 대표 사이에서는 의사소통이 원만하게 이루어지고 있습니다.

구트슈미트[6]

내용: 조선 문제에 대한 일본 외무대신의 발언.

5 [감교 주석] 을미의병(乙未義兵)
6 [감교 주석] 구트슈미트(F. Gudtschmid)

02

원문 p.544

조선의 정치적 사건들

발신(생산)일	1896. 3. 23	수신(접수)일	1896. 5. 10
발신(생산)자	크리엔	수신(접수)자	호엔로에-실링스퓌르스트
발신지 정보	서울 주재 독일 총영사관	수신지 정보	베를린 정부
	No. 22		A. 4927
메모	5월 13일 런던 472, 페테르부르크 342에 전달 연도번호 No. 156		

A. 4927 1896년 5월 10일 오전 수신

서울, 1896년 3월 23일

No. 22

독일제국 수상 호엔로에-실링스퓌르스트 각하 귀하

이달 2일의 No. 20[1]에 이어, 본인은 일본군이 각기 200명으로 구성된 2개 중대를 어제와 그제 조선 왕궁 옆의 병영에서 철수시켰음을 삼가 각하께 보고 드리게 되어 영광입니다. 일본 병력은 일본 거류지 근처로 이동했습니다.

이달 12일 일본 변리공사[2]가 러시아 공사[3]를 방문한 뒤를 이어 이튿날 베베르는 일본 변리공사를 답방했습니다. 본인이 힐리어[4]에게 들은 바에 의하면, 그 자리에서 고무라는 러시아 대표에게 왜 조선 왕이 아직도 왕궁으로 돌아가지 않는지 이유를 물었습니다. 그러자 베베르는 조선 군주가 신변의 안전을 우려하는 것 같다고 대답했다는 것입니다. 10월 8일 조선 왕비가 살해되었는데 조선 왕이라고 공격받지 않을 것을 누가 장담할 수 있겠냐는 것입니다. 게다가 조선 왕궁 근처의 일본 군대를 철수시켜달라는 조선 정부의 요청이 여전히 고려되지 않고 있다고 베베르는 말했다고 합니다.

고무라는 일본 측에서 조선 왕에게 어떤 위해도 가하지 않을 것을 결단코 보증할

1 [원문 주석] A. 3921 삼가 동봉.

2 [감교 주석] 고무라 주타로(小村壽太郎)

3 [감교 주석] 베베르(K. I. Weber)

4 [감교 주석] 힐리어(W. C. Hillier)

수 있다고 본인에게 말했습니다. 서울에 있는 모든 일본인에게 각기 경찰관 10명씩 배정한다면 10월 8일과 같은 일은 두 번 다시 일어나지 않는다는 것입니다. 고무라는 조선 왕이 러시아 공사관에 오래 체류함으로써 조선 국민들이 매우 흥분해 있다고 말했습니다. 그러니 고무라 공사 자신이 조선 왕의 환궁을 도와주고 또 조선 국민이 안심할 수 있도록 전력을 다할 준비가 되어 있다는 것이었습니다.

게다가 일본 변리공사는 공식적으로 조선 외부대신과의 서신 교류를 시작했습니다. 그리고 이완용[5]과의 만남을 요청했지만, 이 요청은 아직까지 받아들여지지 않았습니다. 이완용이 러시아 공사관을 떠나는 것을 두려워하기 때문입니다.

[영자 신문 "Shanghai Mercury"지의 기사에 의하면, 베베르는 러시아가 두만강 남쪽에서 항구를 확보할 수 있도록 수 년 전부터 조선 정부와 협상했다고 합니다. 이 기사와 관련해, 러시아 공사는 이 문제에 대해 서면이나 구두로 단 한 마디도 논한 적이 없다고 본인에게 설명했습니다. 아울러 베베르는 러시아가 조선이나 또는 조선의 일부 지역을 점유하지 않겠다고 약속했다는 커즌[6]의 영국 의회 발언을 뒷받침하는 문서 기록도 없다고 말했습니다. 혹시 그런 이야기가 나왔다면, 아무런 권한도 없는 라디젠스키[7]가 "샴페인을 한 잔 마시면서" 리훙장[8]에게 한 말이 전부라는 것입니다. 게다가 라디젠스키는 현재 관직에서 물러났다고 합니다. 이에 대해 힐리어는 물론 영국 정부는 러시아로부터 어떤 문서도 받은 적이 없다고 본인에게 말했습니다. 그러나 해밀턴 항[9]을 반환할 때, 총리아문에서 러시아가 그런 약속을 했다고 공식적으로 선언했다는 것입니다.]

[조선 왕비의 조카인 민영환[10]이 모스크바 대관식에 참석하는 특별공사로 임명되었습니다. 지금의 학부대신 서리 윤치호와 조선 통역관 두 명이 민영환을 수행할 것입니다. 러시아의 통역 생도 Stein이 조선 사절단을 동행할 것입니다.

한성부 관찰사 이하영[11]이 일본 주재 공사에 임명되었습니다.]

러시아 대표의 권유에 따라 영국인 탁지부 고문이자 총세관장인 브라운[12]이 탁지부의 모든 송금액에 연서하는 권한을 조선 왕에게 부여받았습니다. 브라운의 서명이 없는

5 [감교 주석] 이완용(李完用)

6 [감교 주석] 조지 커즌(G. Curzon)

7 [감교 주석] 라디젠스키(Ladygensky)

8 [감교 주석] 리훙장(李鴻章)

9 [감교 주석] 거문도(Port Hamilton)

10 [감교 주석] 민영환(閔泳煥)

11 [감교 주석] 이하영(李夏榮)

12 [감교 주석] 브라운(J. M. Brown)

송금은 효력이 없다고 합니다. 그 전에 이미 일본인 고문들은 탁지부의 직책을 사임했습니다.

Karneieff 러시아 대령이 장교 한 명과 카자흐 기병 네 명을 데리고 육로로 부산에 돌아갔습니다.

얼마 전 일본 어부 24명이 경상도 지방의 북쪽 동해안에서 조선인 반란자들의 습격을 받았습니다.[13] 일본인 15명은 살해당했고 8명은 부상당했습니다. 살아남은 일본인들은 자신들의 배까지 헤엄쳐 도주했으며, 그 배를 타고 부산에 도착했습니다.

이곳 일본 영사는 조선 반란자들에게 입은 손해 배상을 일본 영사관에서 신청할 것을 일본인들에게 공식적으로 촉구했습니다.

어제 조선 정부군이 서울 근교의 남한산성을 탈환했습니다.

본인은 이 보고서의 사본을 베이징과 도쿄 주재 독일제국 공사관에 보낼 것입니다.

크리엔[14]

내용: 조선의 정치적 사건들

13 [감교 주석] 을미의병(乙未義兵)

14 [감교 주석] 크리엔(F. Krien)

베를린, 1896년 5월 13일

A. 4926

주재 외교관 귀중
1. 런던 No. 471
2. 상트페테르부르크 No. 341

연도번호 No. 3190

본인은 조선 문제에 대한 일본 외무대신의 발언과 관련해 삼가 귀하께 정보를 알려드리고자, 지난 달 9일 자 도쿄 주재 독일제국 공사의 보고서 사본을 전달하는 바입니다.

베를린, 1896년 5월 13일

A. 4927

주재 외교관 귀중
1. 런던 No. 472
2. 상트페테르부르크 No. 342

연도번호 No. 3191

본인은 조선의 정치적 사건들에 대한 정보를 삼가 귀하께 알려드리고자, 금년 3월 23일 자 서울 주재 독일제국 영사의 보고서 사본을 발췌하여 전달하는 바입니다.

03

원문 p.549

[러시아와 일본의 군대 주둔안 합의]

발신(생산)일	1896. 3. 23	수신(접수)일	1896. 5. 10
발신(생산)자	크리엔	수신(접수)자	
발신지 정보	서울 주재 독일 총영사관	수신지 정보	베를린 외무부
	No. 3		A. 5152
메모	5월 20일 모스크바 351에 전달		

A. 5152 1896년 5월 16일 오후 수신

전보문

서울, 1896년 5월 15일 오후 6시 44분
5월 16일 오후 3시 30분 도착

독일제국 영사가 외무부에 발송

전문 해독

No. 3
전보문 No. 2[1]와 관련해

양국 대표 합의[2] 일본군 300명 장차 이곳에 주둔 부산과 원산에 각기 150명 헌병 200명 서울·부산 전신선, 서울과 경우에 따라서는 러시아 영사관에 같은 수의 러시아 군대. 더 이상 우려되는 사태가 없으면 양국 대표는 조선 왕에게 환궁을 권유할 것임.

크리엔

1 [원문 주석] A. 4725 삼가 동봉.
2 [감교 주석] 고무라 베베르 각서

04

원문 p.550

[러시아 언론의 러일 합의 가능성과 서울 상황 보도]

발신(생산)일		수신(접수)일	1896. 5. 17
발신(생산)자		수신(접수)자	
발신지 정보		수신지 정보	베를린 외무부
			A. 5200

A. 5200 1896년 5월 17일 오후 수신

"Novoye Vremya"

1896년 5월 5일(17일)

전보통신 블라디보스토크 5월 3일

요코하마에서 도착한 소식에 의하면, 일본 정부와 상당수의 일본 언론은 동아시아의 모든 분쟁 문제에서 러시아와 원만한 합의를 이끌어내려는 매우 솔직한 노력과 열망을 표명하고 있다. 러시아는 조선에서 올바르게 행동함으로써 일반적으로 존경받고 있다. 우리는 다른 아무런 속셈 없이 조선 왕이 필요로 하는 피난처를 제공했다. 그러자 일본인들은 우리가 조선 왕국의 독립을 침해할 생각이 없으며 오로지 조선 국내의 질서와 합법성을 다시 일으켜 세우려는 염원과 인도주의적 정신을 따를 뿐이라는 사실을 깨닫기 시작했다. 우리가 조선에서 보이는 관심은 다른 이들에게 귀감으로서 인정받고 있다.

서울이 완전히 평화를 되찾았기 때문에 조선 왕은 머지않아 환궁할 것이다. 현재 조선 왕궁에는 빈틈없이 무장을 갖추고 러시아 교관들에게 훈련받은 왕궁 수비대가 포진하고 있다. 우리 러시아의 병력은 군함으로 되돌아갈 채비를 하고 있다. 조선 왕이 서울 주재 일본 대표와 조선 친일파의 강요에 못 이겨 내린 모든 칙령은 폐기되었고, 그 결과 한반도에 다시 서서히 평화가 찾아오고 있다. 조선 왕세자는 필요한 견문을 갖추기 위해 유럽을 두루 여행할 것이다. 조선 왕은 국내 질서, 법과 행정을 바로 세우려 노력할 것이며, 러시아 공사의 충언을 귀담아들을 것이다.

조선 왕이 도쿄에서 학문을 배우는 조선 유학생들에게 귀국하라는 명령을 내렸다는 소식이 서울에서 들려온다. 러시아 회사가 수확량의 사분의 일을 조선 정부에 납부하는 조건으로 향후 15년 동안 조선에서 금을 채굴할 수 있는 허가를 받았다. 또한 다른 광물들도 이와 동일한 조건으로 향후 25년 동안 채굴할 수 있게 되었다.

베를린, 1896년 5월 20일

A. 5152

라돌린 귀하
상트페테르부르크 No. 351

연도번호 No. 3335

이달 8일의 훈령(No. 331)과 연관해, 본인은 조선에 대한 러시아와 일본의 협상과 관련한 정보를 각하께 알려드리고자, 이달 15일 자 서울 주재 독일제국 영사의 전보문 사본을 한 부 더 삼가 전달하는 바입니다.

05

원문 p.552

[러시아와 일본의 군대 철수 합의]

발신(생산)일		수신(접수)일	1896. 5. 10
발신(생산)자	크리엔	수신(접수)자	호엔로에-실링스퓌르스트
발신지 정보	서울 주재 독일 총영사관	수신지 정보	베를린 정부
			A. 5152
메모	5월 20일 모스크바 351에 전달		

문서용 사본

A. 5152 1896년 5월 16일 오후 수신

서울

일본 대표와 러시아 대표가 앞으로 부산과 원산에 각기 150명씩, 일본군 300명을 조선에 주둔시키고 일본 헌병 200명으로 하여금 부산-서울 전신선을 지키게 하기로 합의했습니다.[1] 그리고 서울과 필요한 경우 러시아 영사관에 같은 수의 러시아 병력을 주둔시키기로 했습니다. 더 이상 우려되는 사태가 없으면, 양국 대표는 조선 왕에게 환궁을 권유할 것입니다.

크리엔

1 [감교 주석] 고무라 베베르 각서

발췌문
순양함대 사령부
연도번호 No. 657 I
1896년 3월의 활동 보고서

요코하마, 1896년 4월 2일
5월 16일 해군 제독의 서신과 함께 제출
청국 20 No. 1(A. 5262, 1896년 5월 19일 오후 수신)

베를린 해군 제독 귀하

본인의 문의에 대해, 서울 주재 독일제국 영사[2]는 제물포에 선박 한 척을 주둔시키는 것이 바람직하다고 답변했습니다. 그러나 그 이유는 다만 다른 국가들의 선박이 제물포에 상주하기 때문이라고 합니다. 그 국가들 중에서 러시아인, 영국인, 미국인은 이미 몇 개월 전에 자국 공관을 수비하기 위한 병력을 서울에 파견했습니다. 따라서 우리 선박이 그리 시급하게 필요한 것은 아니었습니다. 그러므로 본인은 선박 네 척을 몇 주 동안 이곳에 소집시켜 둔 후 서울 주재 독일제국 영사의 요청을 고려해볼 예정입니다.

호프만[3]

2 [감교 주석] 크리엔(F. Krien)
3 [감교 주석] 호프만(Hoffmann)

06

원문 p.554

조선에 대한 러시아의 태도

발신(생산)일	1896. 4. 14	수신(접수)일	1896. 5. 22
발신(생산)자	구트슈미트	수신(접수)자	호엔로에-실링퓌어스트
발신지 정보	도쿄 주재 독일 공사관	수신지 정보	베를린 정부
	A. 77		A. 5336
메모	5월 24일 런던 507, 모스크바 360에 전달		

A. 5336 1896년 5월 22일 오전 수신

도쿄, 1896년 4월 14일

A. 77

독일제국 수상 호엔로에-실링스퓌르스트 각하 귀하

본인은 어제 러시아 대리공사[1]와 담화를 나누었습니다. 그 자리에서 러시아 대리공사는 여름을 나려고 닛코[2] 인근의 산중에 집을 한 채 빌렸다고 말했습니다. 그곳에서 가족을 지내게 할 생각이지만, 러시아 대리공사 자신은 무더운 계절의 대부분을 도쿄에서 보낼 가능성이 많다고 합니다. 조선과 관련해서 일본 정부와 중요한 협상이 예상되는 바람에 일본의 수도를 떠나기 어렵기 때문이라는 것입니다.

로바노프[3]는 일본이 조선에서 병력을 철수하기까지 아주 많은 시간이 걸릴 것 같다고 라돌린 후작에게 말했습니다. 또한 아테네의 플레센[4]은 러시아의 지중해함대 일부가 블라디보스토크를 향해 떠났다고 보고했습니다. 이런 사항들을 고려하면, 슈뻬이예르[5]의 발언은 이곳 일본 정치가들의 우려를 확실히 뒷받침하는 듯 보입니다. 본인이 이미 보고서에서 언급한 바와 같이, 이곳 정치가들은 러시아가 대관식 후 단호하게 조선 문제를 해결하려 나서지 않을까 우려하고 있습니다. 히트로보 공사의 페테르부르크 체류 역시

1 [감교 주석] 히트로보(M. A. Hitrovo)
2 [감교 주석] 닛코(日光)
3 [감교 주석] 로바노프(A. Lobanow)
4 [감교 주석] 플레센(Plessen)
5 [감교 주석] 슈뻬이예르(A. 슈뻬이예르)

러시아 내각의 대대적인 결정을 초래하는 데 일조할 것입니다.

구트슈미트

내용: 조선에 대한 러시아의 태도

베를린, 1896년 5월 24일

A. 5336

주재 외교관 귀중

1. 런던 No. 507
2. 모스크바 No. 360

연도번호 No. 3450

본인은 조선에 대한 러시아의 태도와 관련해 삼가 귀하께 정보를 알려드리고자, 지난달 14일자 도쿄 주재 독일제국 공사의 보고서 사본을 전달하는 바입니다.

07

원문 p.556

야마가타 원수를 통해 조선에 대한 협상을 유도하려는 일본의 제안

발신(생산)일	1896. 4. 19	수신(접수)일	1896. 5. 28
발신(생산)자	구트슈미트	수신(접수)자	호엔로에-실링퓌어스트
발신지 정보	도쿄 주재 독일 공사관	수신지 정보	베를린 정부
	A. 80		A. 5558
메모	6월 1일 런던 529, 모스크바 373(페테르부르크)에 전달		

A. 5558 1896년 5월 28일 오후 수신

도쿄, 1896년 4월 19일

A. 80

독일제국 수상 호엔로에-실링스퓌르스트 각하 귀하

본인이 정보에 항상 밝은 믿을 만한 소식통으로부터 입수한 바에 의하면, 페테르부르크 내각이 조선에 대한 협상을 원할 경우에 일본 정부는 이 협상을 주재하는 권한을 야마가타[1]에게 위임했다고 합니다. 일본 정부는 이러한 내용을 페테르부르크 주재 일본 공사를 통해 로바노프[2]에게 전했다고 합니다.

그러므로 일본 측의 견해에 따르면, 러시아 쪽에서 먼저 결단을 내려야 한다는 것입니다. 그러나 일본에게 그토록 중요한 조선 문제를 "해결하기" 위한 광범위한 전권이 실제로 야마가타 원수에게 부여되었는지 의심스럽습니다. 이토[3]가 러시아의 깊은 의중을 떠보려고 시도하는 것이 아닐까 추측됩니다. 이토는 야마가타 같은 출중한 인물이라면 로바노프가 러시아의 계획을 거리낌 없이 털어놓을 수 있을 만큼 페테르부르크에서 충분한 신뢰를 일깨울 것이라고 믿고 있습니다. 어쨌든 얼마 전부터 페테르부르크의 지도층이 침묵을 지키는 바람에 이곳 일본인들은 불안해하고 있습니다.

구트슈미트

내용: 야마가타 원수를 통해 조선에 대한 협상을 유도하려는 일본의 제안.

---

1 [감교 주석] 야마가타 아리토모(山縣有朋)

2 [감교 주석] 로바노프(A. Lobanow)

3 [감교 주석] 이토 히로부미(伊藤博文)

08

원문 p.557

서울에서 러시아와 일본의 협상

발신(생산)일	1896. 4. 25	수신(접수)일	1896. 5. 28
발신(생산)자	구트슈미트	수신(접수)자	호엔로에-실링퓌어스트
발신지 정보	도쿄 주재 독일 공사관	수신지 정보	베를린 정부
	A. 84		A. 5562
메모	6월 1일 런던 529, 모스크바 373(페테르부르크)에 전달		

A. 5562 1896년 5월 28일 오후 수신

도쿄, 1896년 4월 25일

A. 84

독일제국 수상 호엔로에-실링스퓌르스트 각하 귀하

어제 일본의 반관보[1] "Nichi Nichi"[2]는 공식적인 출처에서 유래한 듯 보이는 기사를 보도했습니다. 그 기사에 따르면, 현재 도쿄에서 무쓰[3]와 러시아 대리공사 슈뻬이예르[4]가 조선에서의 공조체제에 대한 협상을 진행하고 있다고 합니다. 그리고 그 결과는 각서교환으로 이어질 것이라고 예상된다고 합니다.

오늘 오전 본인은 무쓰가 깊이 신뢰하는 모토노[5] 고문과 청국의 전쟁 배상금 문제에 대해 논의했습니다. 무쓰는 그 자리에 없었습니다. 그 기회를 이용해, 본인은 위의 신문 기사가 사실에 근거하는지 모토노 고문에게 문의했습니다. 그리고 모토노 고문에게 들은 말을 철저히 비밀에 부칠 것이며 특히 다른 동료들에게 절대 누설하지 않을 것을 약속한다고 덧붙였습니다.

모토노는 물론 지금 협상이 진행되고 있다고 답변했습니다. 그러나 여기 도쿄에서 무쓰와 슈뻬이예르가 아니라 서울에서 일본 대표와 러시아 대표가 협상을 벌이고 있다

1 [감교 주석] 반관보(半官報)

2 [감교 주석] 도쿄니치니치신문(東京日日新聞)

3 [감교 주석] 무쓰 무네미쓰(陸奧宗光)

4 [감교 주석] 슈뻬이예르(A. Speyer)

5 [감교 주석] 모토노 이치로(本野一郎)

는 것이었습니다. 모토노는 비록 조선 문제의 궁극적인 해결에는 이르지 못하더라도 공조체제에는 이르기 바란다고 말했습니다. 그리고 회담 결과가 각서교환으로 확정될 가능성이 많다는 것이었습니다.

모토노는 그 이상 자세한 내용은 말하지 않았으며, 본인도 더 이상은 캐물을 수 없었습니다. 크리엔 영사가 고무라[6] 공사와 친밀한 관계를 유지하고 있으니 이 협상에 대한 상세한 내용을 알아낼 수 있지 않을까 싶습니다. 경우에 따라서는 계획된 각서의 내용도 알아낼 수 있을지 모릅니다.

구트슈미트

내용: 서울에서 러시아와 일본의 협상

6 [감교 주석] 고무라 주타로(小村壽太郎)

09

원문 p.558

[러시아 언론의 조선 상황 보도]

발신(생산)일		수신(접수)일	1896. 5. 28
발신(생산)자		수신(접수)자	
발신지 정보		수신지 정보	베를린 외무부
			A. 5570

A. 5570 1896년 5월 28일 오후 수신

"Novoye Vremya"[1]

1896년 5월 16일(28일)

전보통신

블라디보스토크 5월 14일

서울에서 도착한 소식에 의하면, 조선인들은 일본인들을 계속 공격하고 있다. 조선 반란자들은 해산했으며 질서는 다시 회복되었다. 조선 주민들은 파종을 시작했다. 일본 어부들은 조업을 중단하고 부산으로 갔다. 서울과 원산을 잇는 전신선이 파괴되었다. 전신선 수리는 감독비용이 많이 든다는 이유로 연기되었다. 그러나 일본인들로서는 다른 사람들이 조선의 여러 지방으로부터 소식을 제대로 받지 못하면 유리한 점이 있다. 일본 병력을 최신 병력으로 교체하려던 계획은 외교적인 이유에서 연기되었다.

서울 주재 프랑스 대표를 도쿄로 소환하려는 계획이 취소됨과 동시에, 프랑스 자본가들은 서울에서 Hala[2] 어구에 이르는 철도건설권을 따내려 애쓰고 있다. 일본인들은 서울·부산, 미국인들은 서울·제물포, 러시아인들은 서울·원산 철도부설권을 따내려 하고 있다.

조선 정부는 왕비가 살해[3]되기 전 미국으로 도피한 왕족에게 임무에 복귀할 것을 제안했다. 일본 대표 고무라[4]는 일본인들이 왕비 살인범이라는 사실을 조사하기 위한 협상을 벌이고 있다. 조선 왕은 여전히 러시아 공관에서 러시아 해병들의 보호를 받고 있다.

---

1 [감교 주석] 노보예 브레먀(Novoye Vremya)

2 [감교 주석] 압록강으로 추정. 프랑스 피브릴사의 경의철도 부설권 획득.

3 [감교 주석] 명성황후(明成皇后)

4 [감교 주석] 고무라 주타로(小村壽太郎)

베를린, 1896년 6월 1일

A. 5558

주재 외교관 귀중

1. 런던 No. 529
2. 모스크바 No. 373

연도번호 No. 3655

본인은 야마가타의 모스크바 파견에 관련한 정보를 귀하께 알려드리고자, 금년 4월 19일 자 도쿄 주재 독일제국 공사의 보고서 사본을 삼가 전달하는 바입니다.

10
원문 p.560

조선과 관련한 러시아와 일본의 협상

발신(생산)일	1896. 4. 29	수신(접수)일	1896. 6. 5
발신(생산)자	구트슈미트	수신(접수)자	호엔로에-실링퓌어스트
발신지 정보	도쿄 주재 독일 공사관	수신지 정보	베를린 정부
	A. 89		A. 5817
메모	6월 10일 런던 538, 페테르부르크 400에 전달		

A. 5817 1896년 6월 5일 오전 수신

도쿄, 1896년 4월 29일

A. 89

독일제국 수상 호엔로에-실링스퀴르스트 각하 귀하

어제 러시아 대리공사 슈뻬이예르[1]가 조선 문제와 관련해 러시아와 일본의 협상 상황에 대한 다음과 같은 기밀정보를 본인에게 알려주었습니다.

몇 주 전 베베르[2]는 페테르부르크로부터 서울 주재 일본 공사와의 일치된 행동을 위한 일반적인 훈령을 받았다고 합니다. 5가지 항목으로 요약된 그 훈령은 일본 정부에게 전달되었다는 것입니다. 그러자 일본 정부는 고무라[3]에게도 이와 동일한 지시를 내렸다고 합니다. 여기에서 문제되는 훈령은 이미 말씀드린 바와 같이 완전히 일반적인 성격의 것으로 다만 양국의 일시적인 공조체제를 목적으로 한다고 합니다. 그리고 이 훈령을 토대로 조선 주재 일본 공사가 제안서를 작성했다는 것입니다. 이 제안서는 한편으로는 조선 주재 일본 공사와 베베르 사이에서, 다른 한편으로는 무쓰[4]와 슈뻬이예르 사이에서 협상으로 이어졌다는 것입니다. 이 일은 일본과 러시아의 궁극적인 타협을 이끌어내기에는 전반적으로 별다른 의미가 없으며, 기껏해야 중요하게 보일만한 항목들을 언급하는데 그치고 있다고 합니다. 조선 문제가 최종적으로 해결될 때까지 일본은 다음의 병력

1 [감교 주석] 슈뻬이예르(A. Speyer)
2 [감교 주석] 베베르(K. I. Weber)
3 [감교 주석] 고무라 주타로(小村壽太郎)
4 [감교 주석] 무쓰 무네미쓰(陸奧宗光)

만을 조선에 주둔시키기로 약속했다고 합니다. 서울에 각기 200명으로 구성된 2개 대대, 조선의 개항 항구 세 곳에 1개 대대, 그리고 서울과 부산 간 전신선을 보호하기 위한 병력 200명.

일본 정부는 자국의 국내 정세를 고려해 이에 대응하는 러시아 측의 양보가 필요하다고 설명했다고 합니다. 일본 정부의 이런 간절한 요청에 따라, 슈뻬이예르는 러시아로 하여금 이 기간 동안 조선에 주둔하는 러시아 병력을 200명으로 제한할 것을 약속하게 했다고 합니다.

일본 측이 작성한 제안서의 몇 가지 항목에 대해 베베르가 이의를 제기했다고 합니다. 그러나 이 합의의 목적은 오직 일본 정부가 국내의 어려움을 극복하도록 도와주는 데 있다고 슈뻬이예르는 베베르에게 말했다고 합니다. 그래서 이 합의가 그다지 중요하지 않으니 염려하지 말라고 베베르에게 간곡히 조언했다는 것입니다. 슈뻬이예르는 이런 의미로 페테르부르크에 보고했다고 합니다. 일본의 제안서를 조금 수정한 후 각서교환을 통해 수용함으로써 공조체제의 토대를 닦을 것으로 예상된다고 합니다.

끝으로 슈뻬이예르는 야마가타[5] 원수가 조선 문제의 궁극적인 해결을 위해 포괄적인 전권을 행사하는 것으로 알고 있다고 본인에게 말했습니다. 그리고 대관식이 끝난 즉시 최종 타협이 이루어질 것이 거의 확실하다고 합니다.

구트슈미트

내용: 조선과 관련한 러시아와 일본의 협상

5 [감교 주석] 야마가타 아리토모(山縣有朋)

원문 p.562

11
조선과 관련한 러시아와 일본의 협상

발신(생산)일	1896. 5. 5	수신(접수)일	1896. 6. 5
발신(생산)자	구트슈미트	수신(접수)자	호엔로에-실링퓌어스트
발신지 정보	도쿄 주재 독일 공사관	수신지 정보	베를린 정부
	A. 91		A. 5819
메모	6월 8일 페테르부르크 394에 전달		

A. 5819 1896년 6월 5일 오전 수신

도쿄, 1896년 5월 5일

A. 91

독일제국 수상 호엔로에-실링스퓌르스트 각하 귀하

어제 슈뻬이예르[1]가 본인에게 말한 바에 따르면, 서울의 동료 베베르[2]는 일본 공사 고무라[3]가 작성한 제안서에 대한 협상에 "거부적인" 태도를 보인다고 합니다. 이미 알려진 바와 같이, 그 제안서는 조선 문제를 궁극적으로 해결할 때까지 일본과 러시아의 공조체제를 위한 근거로 사용될 예정이었습니다. 그러자 무쓰[4]는 베베르가 별로 호의를 보이지 않는 것 같다고 슈뻬이예르에게 불만을 털어놓았다고 합니다. 베베르가 일본 대표와의 원만한 협력을 그다지 중요하게 여기지 않는 듯하다는 것이었습니다.

러시아 대리공사는 베베르가 이렇게 나오면 상트페테르부르크의 결정을 기다리는 수밖에 다른 도리가 없다고 말합니다. 슈뻬이예르는 로바노프[5]가 베베르의 행동을 질책할 것이라고 믿고 있습니다. 그리고 아마 베베르로 하여금 이미 임명된 멕시코 주재 공사직에 즉각 부임하도록 촉구할 것이라고 생각합니다.

슈뻬이예르는 자신과 베베르 사이에 심각한 의견대립이 있다고 본인을 설득하고 싶

1 [감교 주석] 슈뻬이예르(A. Speyer)
2 [감교 주석] 베베르(K. I. Weber)
3 [감교 주석] 고무라 주타로(小村壽太郎)
4 [감교 주석] 무쓰 무네미쓰(陸奧宗光)
5 [감교 주석] 로바노프(A. Lobanow)

어 합니다. 그러나 실제로 두 사람이 심각하게 대립하고 있는지 우선은 판단하기 어렵습니다. 본인으로서는 두 사람이 일본 정부를 이리저리 끌고 다니며 단순히 사태를 지연시킬 목적으로 음모를 꾸민다는 의심을 완전히 떨쳐버릴 수 없습니다. 상트페테르부르크의 내각이 이에 대해 알고 있는지는 알 수 없습니다.

현재의 협상 단계에서 본인은 일본 외무대신을 당황하게 하는 질문을 피하고 있습니다.

구트슈미트

내용: 조선과 관련한 러시아와 일본의 협상.

12

원문 p.563

조선의 정치적 사건들

발신(생산)일	1896. 4. 20	수신(접수)일	1896. 6. 5
발신(생산)자	크리엔	수신(접수)자	호엔로에-실링스퓌르스트
발신지 정보	서울 주재 독일 총영사관	수신지 정보	베를린 정부
	No. 28		A. 5820
메모	연도번호 No. 209		

A. 5820 1896년 6월 5일 오전 수신

서울, 1896년 4월 20일

No. 28

독일제국 수상 호엔로에-실링스퓌르스트 각하 귀하

지난달 23일의 No. 22[1]와 연관해, 본인은 러시아 순양함 "Admiral Korniloff"호의 파견대가 지난달 말 서울을 떠났음을 삼가 각하께 보고 드리게 되어 영광입니다. 그 빈자리는 아직까지 보충되지 않았습니다. "Admiral Korniloff"호는 나가사키로 떠났고, 그 후로 러시아 공사관 경비대는 포함 "Koreyets"호 소속의 장교 1명과 해병 41명으로 구성되어 있습니다. 지금 미국 공사관에는 장교 1명과 해병 15명, 영국 총영사관에는 장교 1명과 해병 8명이 있습니다. 현재 일본 병력은 각기 보병 200명으로 구성된 8개 중대와 헌병 150명이 조선에 주둔하고 있으며, 그중 3개 중대는 서울에 상주하고 있습니다.

제물포의 정박장에는 러시아 군함 "Admiral Nachimoff"호와 "Koreyets"호, 영국의 "Narcissus"호와 "Linnet"호, 프랑스의 "Alger"호, 미국의 "Charleston"호, 그리고 일본의 "Atago"호가 정박 중입니다. 독일제국 순양함 "Cormoran"호는 지난달 24일 제물포에 도착했지만, 이미 26일에 다시 요코하마로 출항했습니다.

[모스크바 파견이 예정되어 있었던 조선 사절단은 이달 초 러시아 포함을 타고 상하이로 떠났습니다. 지출 비용으로 민영환[2] 공사에게 4만 엔이 송금되었습니다. 조선 사절

---

1 [원문 주석] A. 4927 삼가 동봉.

2 [감교 주석] 민영환(閔泳煥)

단이 출발하기 전에 본인이 윤치호[3]에게 들은 바에 의하면, 조선 사절단은 러시아 대관식 후 금전적으로 여유가 있는 경우 베를린과 빈, 로마, 파리, 런던, 워싱턴을 방문할 계획입니다.]

러시아 장교 여러 명이 이른바 학술 연구를 목적으로 조선 국내를 몇 개월 전부터 두루 여행하고 있습니다. 얼마 전 러시아 장교 1명과 카자흐 기병 2명이 부산에서 서울로 올라오는 길에 경상도 지방에서 조선 반란자들의 공격을 받았습니다. 그러나 그들은 짐의 일부를 남겨둔 채 도주에 성공했으며, 며칠 전 이곳 서울에 도착했습니다.

일본 포함 한 척이 얼마 전 살해된 일본 어부들의 시신을 수습하고 그 지역의 일본인들을 데려가려고 최근 조선 동해안을 따라 항해했습니다. 이곳 주재 일본 영사의 진술에 따르면, 지금까지 조선에서 총 45명의 일본인이 살해되었습니다. 지금은 소수의 일본 민간인만이 조선 국내에 체류한다고 합니다.

이달 1일 조선 왕은 또 다시 반란자들에게 호소문을 발표했습니다. 호소문에서 조선 왕은 반란자들에게 집으로 돌아가 농사를 지을 것을 촉구했으며 외국인을 살해하지 말라고 경고했습니다.

일본 대표 고무라[4]는 특명전권공사로 승진했습니다.

미국인 모스[5]는 조선 정부로부터 15년 기한으로 서울–제물포 철도건설권을 인가받았습니다. 그제 본인이 일본 공사에게 들은 바에 의하면, 모스는 이에 대해 이의를 제기했습니다. 이 사안에 대해 본인은 반드시 따로 각하께 보고 드릴 것입니다.

이달 초 조선 외부대신[6]이 외국 대표들을 방문했습니다. 그 후로 외부대신은 외부 청사에서 직무를 수행하고 있습니다.

제물포 세관이 제물포 현지의 화폐 관리를 떠맡았습니다. 청국 세관에서 근무하던 젊은 러시아인 Rautenfeld가 조선 탁지부에서 일하기 위해 얼마 전 베이징을 떠나 이곳에 도착했습니다.

조선 법부협판은 왕비 살해에 대한 임시보고서를 법부대신에게 제출했습니다. 본인은 그 보고서의 이른바 영문 번역문을 – 사실 이 보고서는 미국인 그레이트하우스[7]가 작성한 것입니다. – 첨부문서로 삼가 각하께 동봉하게 되어 영광입니다.

---

3 [감교 주석] 윤치호(尹致昊)

4 [감교 주석] 고무라 주타로(小村壽太郎)

5 [감교 주석] 모스(J. R. Morse)

6 [감교 주석] 김윤식(金允植)

7 [감교 주석] 그레이트하우스(C. R. Greathouse)

이 보고서는 먼저 1894년 7월 23일 일본군이 조선 왕궁[8]을 점령한 후 일본 병사들이 왕궁 지척의 조선 병영을 점령했다고 확정짓습니다. 그리고 조선과 일본의 관계는 항상 매우 우호적이었으며, 조선 정부는 다수의 일본 교관과 고문을 채용했다고 진술합니다. 일본군은 작년 10월 8일 일본 낭인들은 조선 왕궁으로 불러들였고, 이 낭인들이 조선 왕비를 살해했다고 합니다.[9] 당시 일본 공사였던 미우라 자작을 비롯한 40여 명 이상의 일본인이 조선 왕비를 살해하거나 또는 이 범행에 동조한 혐의로 일본 당국에 체포되었다는 것입니다. 그런 다음 보고서는 히로시마의 예심판사가 체포된 자들의 유죄를 의심의 여지없이 확인했는데도 모든 피고인들에게 완전히 무죄 판결을 내렸음을 언급합니다. 그리고 왕비가 살해된 과정을 상세히 묘사한 데 이어, 낭인들이 왕세자를 학대하고 왕을 모독한 행위에 대해 자세히 진술합니다. 또한 조선의 전임 내각이 조선 왕의 의사와는 무관하게 왕비를 폐위시키고 모욕했으며, 무고한 조선인들에게 유죄판결을 내렸고, 국모 살해로 인해 반란이 발발했음에 대해 서술합니다. 보고서는 조선 왕이 러시아 공사관으로 피신했다는 말로 끝을 맺습니다.

작년 10월 8일의 범행에 가담한 죄목으로 금년 2월 체포된 조선인들 가운데 이달 18일 1명은 사형, 4명은 (전임 한성부 판윤도 이 중 한 명입니다)은 종신유배형, 2명은 15년 징역형, 2명은 10년 징역형, 1명은 1년 징역형을 선고받았습니다.

본인은 이 보고서의 사본을 베이징과 도쿄 주재 독일제국 공사관에 보낼 것입니다.

크리엔

내용: 조선의 정치적 사건들. 첨부문서 1

8 [감교 주석] 경복궁

9 [감교 주석] 명성황후(明成皇后) 시해사건

13

원문 p.566

[일본의 대조선정책 관련 영국의 지원 가능성 타진]

발신(생산)일	1896. 4. 28	수신(접수)일	1896. 6. 5
발신(생산)자	구트슈미트	수신(접수)자	호엔로에-실링쥐어스트
발신지 정보	도쿄 주재 독일 공사관	수신지 정보	베를린 정부
	A. 88		A. 5829
메모	6월 7일 훈령과 함께 런던 547, 페테르부르크 389, 베이징 A. 11에 전달		

A. 5829 1896년 6월 5일 오후 수신

도쿄, 1896년 4월 28일

A. 88

독일제국 수상 호엔로에-실링스퀴르스트 각하 귀하

해독

오늘 러시아 대리공사가 본인에게 다음과 같은 기밀 정보를 알려주었습니다.

러시아에 대한 일본의 입장과 관련해, 3월 1일 아오키[1]가 일본 정부가 조선 문제에서 영국의 도움을 기대할 수 있는지 베를린 주재 영국 대사에게 문의했다고 합니다. 레셀레스[2]는 일본이 러시아에 대해 각별히 조심해야 한다고 답변했다고 합니다. 그리고 영국의 도움을 기대하지 말라고 덧붙였다는 것입니다. 그 직후 다른 나라의 대사가 위의 대화 내용에 대해 들었다며, 레셀레스가 일본 공사에게 실제로 이렇게 답변했는지 솔즈베리[3]에게 질문했다고 합니다. 그러나 레셀레스는 어떤 나라의 대사인지는 밝히려고 하지 않았습니다. 영국 수상은 그 대사의 질문에 짧게 긍정했다고 전해집니다.

아오키의 이런 외교 조치로 보아, 슈뻬이예르[4]는 일본이 러시아에게 겉으로는 호의적인 척 굴지만 다른 속셈을 품고 있으며 솔직하지 않은 것이 분명하다고 말했습니다. 게다가 슈뻬이예르는 아오키가 종종 자기만의 독자적인 정치를 한다고 믿고 있습니다.

구트슈미트

1 [감교 주석] 아오키 슈조(青木周藏)

2 [감교 주석] 레셀레스(F. Lascelles)

3 [감교 주석] 솔즈베리(The third Marquess of Salisbury)

4 [감교 주석] 슈뻬이예르(A. Speyer)

베를린, 1896년 6월 7일 A. 5829

1. 런던 No. 547 주재 대사 귀하 A. 6278 참조	본인은 [조선과 관련해 일본과 영국의 태도에 대한 슈뻬이예르의 발언에 관한] 정보를 귀하께 알려드리고자, 금년 4월 28일 자 도쿄 주재 독일제국 공사의 보고서 사본을 삼가 전달하게 되어 영광입니다.
2. 주재 대사 라돌린 모스크바 No. 389	가령 이 보고서에서 언급되었지만 이름은 밝혀지지 않은 제3국이 프랑스인지 알아내면 상당히 흥미로울 것입니다. 귀하께서는 적절한 기회를 보아서, 일본이 조선 때문에 러시아와 분쟁을 빚는 경우 영국의 도움을 기대할 수 있을 것이라고 믿는지 아마 Courcel 남작에게 질문할 수 있을 것입니다. 우리는 Courcel 남작의 답변에서 보다 상세한 내용을 추론할 수 있을 것입니다. 그러니 Courcel 남작의 답변을 본인에게 알려주실 것을 부탁드립니다.
3. 주재 공사 하이킹 베이징 A. No. 11 연도번호 No. 3763	본인은 2.에게는 기밀로, 3.에게는 개인적으로 정보를 알려드리고자, 금년 4월 28일 자 도쿄 주재 독일제국 공사의 보고서 사본을 보내드리게 되어 영광입니다.

14

원문 p.568

[일본의 대조선정책 관련 영국의 지원 가능성 타진]

발신(생산)일		수신(접수)일	1896. 6. 5
발신(생산)자	구트슈미트	수신(접수)자	호엔로에-실링퓌어스트
발신지 정보	도쿄 주재 독일 공사관	수신지 정보	베를린 정부
			A. 5829
메모	다음과 같이 표현을 바꿔, 6월 7일 런던 547, 페테르부르크 389, 베이징 A. 11에 전달		

사본

A. 5829 1896년 6월 5일 오후 수신

도쿄

독일제국 수상 호엔로에-실링스퓌르스트 각하 귀하

오늘 본인은 러시아 대리공사로부터 은밀히 다음과 같은 정보를 입수했습니다.

3월 1일 아오키[1]는 러시아에 대한 일본의 태도가 문제될 경우에 일본 정부가 조선 문제에서 영국의 도움을 기대할 수 있는지 베를린 주재 영국 대사에게 문의했다고 합니다. 그러자 레셀레스[2]는 일본이 러시아를 극히 신중하게 지켜봐야 한다고 답변했다는 것입니다. 그리고 영국의 도움을 기대하지 말라고 덧붙였다고 합니다. 그 직후, 위의 대화 내용을 듣게 된 다른 나라의 대사가 레셀레스가 일본 공사에게 실제로 이렇게 답변했는지 솔즈베리[3]에게 질문했다고 합니다. 레셀레스는 어떤 나라의 대사인지는 밝히려고 하지 않았습니다. 영국 수상은 그 대사의 질문에 짧게 긍정했다고 전해집니다.

슈뻬이예르[4]는 아오키의 이런 외교 조치로 보아 일본이 러시아에게 겉으로는 호의적인 척 굴지만 다른 속셈을 품고 있으며 솔직하지 않은 것이 분명하다고 덧붙였습니다. 게다가 슈뻬이예르는 아오키가 종종 자기만의 자적인 정치를 한다고 믿고 있습니다.

구트슈미트

1 [감교 주석] 아오키 슈조(青木周藏)

2 [감교 주석] 레셀레스(F. Lascelles)

3 [감교 주석] 솔즈베리(The third Marquess of Salisbury)

4 [감교 주석] 슈뻬이예르(A. Speyer)

베를린, 1896년 6월 8일 A. 5819

주재 외교관 귀중
상트페테르부르크 No. 394

연도번호 No. 3784

본인은 조선과 관련해 러시아와 일본의 협상에 대한 정보를 귀하께 알려드리고자, 지난달 5일 자 도쿄 주재 독일제국 공사의 보고서 사본을 삼가 전달하는 바입니다.

베를린, 1896년 6월 10일 A. 5817

주재 외교관 귀중
1. 런던 No. 558
2. 모스크바 No. 400

연도번호 No. 3853

본인은 조선에서의 러시아와 일본에 관한 정보를 귀하께 알려드리고자, 금년 4월 29일 자 도쿄 주재 독일제국 공사의 보고서 사본을 삼가 전달하는 바입니다.

15

원문 p.571

[The Korean Repository의 명성황후 시해사건 보고서]

발신(생산)일		수신(접수)일	1896. 6. 10
발신(생산)자		수신(접수)자	
발신지 정보		수신지 정보	베를린 외무부
			A. 5985

A. 5985 1896년 6월 10일 오후 수신, 첨부문서 1

Extract from
THE KOREAN REPOSITORY,
March, 1896.

TRANSLATION OF OFFICIAL REPORT

CONCERNING
THE ATTACK ON THE ROYAL
PALACE AT SEOUL, KOREA.
AND
The Murder of Her Majesty,
THE QUEEN,
ON
October, 8th, 1895.

THE TRILINGUAL PRESS
SEOUL

EDITORIAL DEPARTMENT.

THE QUEEN'S DEATH AGAIN INVESTIGATED.

OUR readers will be interested in the official report made by a Vice-Minister of Justice to Yi Pom Chin, Minister of Law, which we print in full. As soon as the King was in a position where he could act with freedom, he ordered a thorough and impartial investigation to be made into the circumstances of the death of his Queen. Thirteen Koreans were arrested charged with participation in the crime and their trials are now in progress.

At the special request of His Majesty, his Foreign Adviser, C. R. Greathouse, attended the sessions of the Court, examined the witnesses and supervised the proceedings. The Court has been in session about fifteen days, a large number of witnesses have been examined and full access has been given to all official documents.

We believe, therefore, that this report, while at variance with the statements in the Judgments rendered by the Courts under the control of the late Cabinet and which were reproduced from the *Official Gazette* in the January issue of THE REPOSITORY, will be found reliable and that we have at last a faithful account of the circumstances under which the Queen of Korea died.

On the 16th inst., under escort of General Hyen, Commander of the Palace Guards on the 8th of October and one of the few officers (as far as we know) besides Col. Hong, who did not doff his uniform and run, we were privileged to visit the house and rooms where the savage and horrible butchery of Her Majesty took place. The ground-plan of the buildings which we print was taken on the spot.

After a full survey of the grounds, the several gates through which the assailants entered, and the rooms occupied by Their Majesties, it is difficult to see how the poor Queen could have escaped from the murderous band that rushed into and surrounded the building where she was. They hounded her into a small room sixteen feet long, eight feet wide and seven feet high and there killed her, as stated in the report.

To revert to the trials, Mr. Greathouse states to us that they have been fairly and carefully conducted and that no torture has been used. And we feel assured that so long as he is connected with the matter, this course will be continued. It appears to us, and we base our opinion on information furnished us by others in addition to that of Mr. Greathouse, that these trials have not only been free from the gross faults that frequently disfigure the proceedings of Eastern courts, but that for purity and honesty of procedure, for patient and thorough-going investigation, and for general approximation to Western notions of justice and integrity, they are in every way remarkable.

Official Report on Matters connected with the Events of October 8th, 1895, and the Death of the Queen.

HIS EXCELLENCY YI POM CHIN,

Minister of Law.

Your Excellency.

Having been ordered to examine and report respecting the attack on the Palace and the murder of Her Majesty the Queen and others on the 8th day of October last, as well as into the affairs connected therewith, I beg to say, That we have examined many witnesses and papers and have also partially tried a number of Koreans who are charged with participation in said affair. Each of these persons is being accorded a fair and full trial, and as soon as all the evidence is taken I will submit to you a full report in each case, but in the meantime, I have sufficient evidence to make this general report and in doing so will endeavour to state the facts as briefly as possible.

When, on July 23rd, 1894, and just before the commencement of the Japanese-Chinese war, the Korean Palace at Seoul was taken possession of and occupied by the Japanese troops under the orders of Mr. Otori, then the Japanese Minister accredited to the Korean Government, the extensive Korean soldier barracks situated at the corner of the streets near the front and principal gate of the Palace grounds and not more than thirty paces from the gate, were also taken possession of and occupied by Japanese troops.

Before this time these barracks, which in fact command the chief entrance to the Palace grounds (such grounds being surrounded by walls from fifteen to twenty-five feet high), had been used by the Korean Palace guard. In August, 1894, the Japanese troops were withdrawn from the Palace, but they continued to occupy these very important barracks and have continued so to do until the present time.

The Japanese Minister, Mr. Otori, was recalled and Count Inouye appointed in his place, and some time afterwards the latter was also recalled and Viscount Miura appointed Minister and he took official charge of the Japanese Legation in Seoul on September 3rd, 1895.

At no time had there been war between Korea and Japan, and indeed it was supposed that the relations between the two Governments were exceedingly amicable; the Japanese Ministers exercised much influence in Korean affairs and advised and brought about many changes in the Government and laws. A large number of Japanese instructors and advisers were employed and paid by the Korean Government, especially in the War Police and Law Departments.

After the attack on the Palace on October 8th last, when it was reported that the Japanese troops had led in this attack and that a numerous band of Japanese, usually called *Soshi*, had gone with them into the Palace and, under their protection and by their aid, murdered the Queen and burnt her body. Viscount Miura was recalled by the Japanese Government and he and Mr. Sugimura, Secretary of the Japanese Legation at Seoul, as well as more than forty other Japanese sent by the Japanese Government from Seoul to Japan, were arrested for participation in said affair and tried by the Japanese courts in Japan sitting at Hiroshima and duly acquitted and discharged as innocent of any crime.

The judgement of that court has been published; and as it states very many facts and as, in quoting it, I can not be said to misrepresent the facts if I adopt them from the judgement of the Japanese court, 1 here give a copy of that judgement in full.

"COPY OF THE DECISION OF THE JAPANESE
COURT OF PRELIMINARY INQUIRIES.

"Okamoto Ryunosuke, born the 8th month of the 5th year of *Kaei* (1852), Adviser to the Korean Departments of War and of the Household, *shizoku* of Usu, Saiga Mura, Umibe Gun, Wakayama Ken.

"Miura Goro, Viscount, Sho Sammi, First Class Order, Lieutenant-General (First Reserve), born 11th month 3rd year *Kokwa* (1846), *kwazoku* of Nakotomisaka Cho, Koishikawa ku, Tokyo Shi, Tokyo Fu.

"Sugimura Fukashi, Sho Rokui, First Secretary of Legation, born 1st month 1st year *Kaei* (1848), *heimin* of Suga Cho, Yotsuyaku, Tokyo Shi, Tokyo Fu, and forty-five others.

"Having, in compliance with the request of the Public Procurator, conducted preliminary examinations in the case of murder and sedition brought against the above mentioned Okamoto Ryunosuke and forty-seven others, and that of willful homicide brought against the aforementioned Hirayama Iwawo, we find as follows:—

"The accused, Miura Goro, assumed his official duties as His Imperial Majesty's Envoy Extraordinary and Minister Plenipotentiary at Seoul on the 1st of September, the 28th year of Meiji (1895). According to his observations, things in Korea were tending in a wrong direction. The Court was daily growing more and more arbitrary, and attempting wanton interference with the conduct of State affairs. Disorder and confusion were in this way introduced into the system of administration that had just been reorganized under the guidance and advice of the Imperial Government. The Court went so far in turning its back upon Japan that a project was mooted for disbanding the *Kunrentai* troops, drilled by Japanese officers, and punishing their officers. Moreover, a report came to the knowledge of the said Miura that the Court had under contemplation a scheme for usurping all political power by degrading some and killing others of the Cabinet Ministers suspected of devotion to the cause of progress and independence. Under these circumstances, he was greatly perturbed, inasmuch as he thought that the attitude assumed by the Court not only showed remarkable ingratitude towards this country, which had spent labour and money for the sake of Korea, but was also calculated to thwart the work of internal reform and jeopardize the independence of the Kingdom. The policy pursued by the Court was consequently considered to be injurious to Korea, as well as prejudicial, in no small degree, to the interests of this country. The accused felt it to be of urgent importance to apply an effective remedy to this state of affairs, so as on the one hand to secure the independence of the Korean Kingdom, and on the other, to maintain the prestige of this Empire in that country. While thoughts like these agitated his mind, he was secretly approached by the Tai Won-kun with a request for assistance, the Prince being indignant at the untoward turn that events were taking and having determined to undertake the reform of the Court and thus discharge his duty of advising the King. The accused then held at the Legation a conference with Sugimura Fukashi and Okamoto Ryunosuke, on the 3rd of Oct. last. The decision arrived at on that occasion was that assistance should be rendered to the Tai Won-kun's entry into the Palace by making use of the *Kunrentai* who, being hated by the Court, felt themselves in danger, and of the young men who deeply lamented the course of events, and also by causing the Japanese troops stationed in Seoul to offer their support to the enterprise. It was further resolved that this opportunity should be availed of for taking the life of the Queen, who exercised overwhelming influence in the Court. They at the same time thought it necessary to provide against the possible danger of the Tai Won-kun's interfering with the conduct of State affairs in the future--an interference that might prove of a more evil character than that which it was now sought to overturn. To this end, a document containing pledges required of the Tai Won-kun on four points was drawn by Sugimura Fukashi. The document was carried to the country residence of the Tai Won-kun at Kong-tok-ri on the 5th of the month by Okamoto Ryunosuke, the latter being on intimate terms with His Highness. After informing the Tai Won-kun that the turn of events demanded His Highness's intervention once more, Okamoto presented the document to the Prince, saying that it embodied what Minister Miura expected from him. The Tai Won-kun, together with his son and grandson, gladly assented to the conditions proposed and also wrote a letter guaranteeing his good faith. Miura Goro and others decided to carry out the concerted plan by the middle of the month. Fearing lest Okamoto's visit to Kong-tok-ri (the Tai Won-kun's residence) should excite suspicion and lead to the exposure of their plan, it was given out that he had proceeded thither simply for the purpose of taking leave of the Prince before departing for home, and to impart an appearance of probability to this report, it was decided that Okamoto should leave Seoul for Ninsen (Inchhon), and he took his departure from the capital on the 6th. On the following day An Keiju, the Korean Minister of State for War, visited the Japanese Legation by order of the Court. Referring to the projected disbanding of the *Kunrentai* troops, he asked the Japanese Minister's views on the subject. It was now evident that the moment had arrived, and that no more delay should be made. Miura Goro and Sugimura Fukashi consequently determined to carry out the plot on the night of that very day. On the one hand, a telegram was sent to Okamoto requesting him to come back to Seoul at once, and on the other, they delivered to Horiguchi Kumaichi a paper containing a detailed programme concerning the entry of the Tai Won-kun into the Palace, and caused him to meet Okamoto at Yong-san so that they might proceed to enter the Palace. Miura Goro further issued instructions to Umayabara Muhon Commander of the Japanese Battalion in Seoul, ordering him to facilitate the Tai Won-kun's entry into the Palace by directing the disposition of the *Kunrentai* troops, and by calling out the Imperial force for their support. Miura also summoned the accused Adachi Kenzo and Kunitomo Shigeakira, and requested them to collect their friends, meeting Okamoto at Yongsan, and act as the Tai Won-kun's bodyguard on the occasion of His Highness's entrance into the Palace. Miura told them that on the success of the enterprise depended the eradication of the evils that had done so much mischief to the Kingdom for the past twenty years, and instigated them to dispatch the Queen when they entered the Palace. Miura ordered the accused Ogiwara Hideiiro to proceed to Yongsan, at the head of the police force under him, and after consultation with Okamoto, to take such steps as might be necessary to expedite the Tai Won-kun's entry into the Palace.

"The accused, Sugimura Fukashi, summoned Suzuki Shigemoto and Asayama Kenzo to the Legation, and after acquainting them with the projected enterprise, directed the former to send the accused, Suzuki Junken, to Yongsan to act as interpreter, and the latter to carry the news to a Korean named Li Shukwei, who was known to be a warm advocate of the Tai Won- kun's return to the Palace. Sugimura further drew up a manifesto, explaining the reasons of the Tai Won-kun's entry into the Palace, and charged Ogiwara Hidejiro to deliver it to Horiguchi Kumaichi.

"The accused Horiguchi Kumaichi at once departed for Yongsan on horseback.

Ogiwara Hidejiro issued orders to the policemen that were oft (bitte überprüfen) duty to put on civilian dress, provide themselves with swords and proceed toYongsan. Ogiwara himself also went to the same place.

"Thither also, repaired by his order, the accused Watanabe Takajiro, Nariai Kishiro, Oda Yoshimitsu, Kiwaki Sukunori and Sakai Masataro.

"The accused Yokowo Yutaro joined the party at Yongsan. Asayama Kenzo saw Li Shukwei, and informed him of the projected enterprise against the Palace that night. Having ascertained that Li had then collected a few other Koreans and proceeded toward Kong-tok-ri, Asama at once left for Yongsan. Suzuki Shigemoto went to Yongsan in company with Suzuki Junken. The accused Adachi Kenzo and Kunitomo Shigeakira, at the instigation of Miura, decided to murder the Queen, and took steps for collecting accomplices. The accused Hirayama Iwabiko, Sassa Masayuki, Matsumura Tatsuki, Sasaki Tadasu, Ushijima Hidewo, Kobayakawa Hidewo, Miyazumi Yuki, Sato Keita, Sawamura Masao. Katano Takewo, Fuji Masashira, Hirata Shizen, Kikuchi Kenjo, Yoshida Tomokichi, Nakamura Takewo, Namba Harukichi, Terasaki Taikichi, lyuiri Kakichi, Tanaka Kendo, Kumabe Yonekichi, Tsukinari Taru, Yamada Ressei, Sase Kumatetsu, and Shibaya Kotoji responded to the call of Asashi Kenjo and Kunitomo Shigeakira, by Miura's order to act as bodyguard to the Tai Won-kun on the occasion of his entry into the Palace. Hirayama Iwahiko and more than ten others were directed by Adachi Kenzo, Kunitomo Shigeakra and others to do away with the Queen, and they resolved to follow the advice. The others, who were not admitted into this secret but who joined the party from mere curiosity also carried weapons, With the exception of Kunitomo Shigeakira, Tsukinori Toru, and two others, all the accused mentioned above went to Yongsan in company with Adachi Kenzo.

"The accused Okamoto Ryunosuke, on receipt of a telegram saying that time was urgent, at once left Ninsen for Seoul. Being informed on his way, at about midnight, that Hoshiguchi Kennaichi was waiting for him at Mapho, he proceeded thither and met the persons assembled there. There he received one from Horiguchi Kumaichi a letter from Miura Goro, the draft manifesto already alluded to, and other documents. After he had consulted with two or three others about the method of effecting an entry into the Palace, the whole party started for Kong-tok-ri, with Okamoto as their leader. At about 3 a. m. on the 8th, they left Kong-tok-ri, escorting the Tai Won-kun's palanquin, together with Li Shukwei and other Koreans. When on the point of departure, Okamoto assembled the whole party outside the front gate of the Prince's residence, declared that on entering the Palace the "fox" should be dealt with according as exigency might require, the obvious purport of this declaration being to instigate his followers to murder Her Majesty the Queen. As the result of this declaration. Sakai Masataro and a few others, who had not yet been initiated into the secret, resolved to act in accordance with the suggestion. Then slowly proceeding toward Seoul, the party met the *Kunrentai* troops outside the West Gate of the capital where they waited some time for the arrival of the Japanese troops. With the *Kunrentai* as vanguard, the party then proceeded toward the Palace at a more rapid rate. On the way, they were joined by Kunitomo Shigeakira, Tsukinari Teru, Yamada Ressei, Sase Kumatetsu, and Shibuya Katoji. The accused Hasumoto, Yasumaru and Oura Shigehiko, also joined the party, having been requested by Umagabara Muhon to accompany as interpreters the military officers charged with the supervision of the *Kunrentai* troops. About dawn, the whole party entered the Palace through the Kwang-hwa Gate, and at once proceeded to the inner chambers.

"Notwithstanding these facts there is no sufficient evidence to prove that any of the accused actually committed the crime originally meditated by them. Neither is there sufficient evidence to establish the charge that Hirayama Iwahiko killed Li Koshoku, the Korean Minister of the Household, in front of the Kön-Chhöng Palace.

"As to accused Shiba Shiro, Osaki Masakichi, Yoshida Hanji, Mayeda Shunzo, Hirayama Katsukuma, and Hiraishi Yoshitaro, there is not sufficient evidence to show that they were in any way connected with the affair.

"For these reasons the accused, each and all, are hereby discharged in accordance with the provisions of Article 165 of the Code of Criminal Procedure. The accused Miura Goro, Sugimura Fukashi, Okamoto Ryunosuke, Adachi Kenzo, Kunitomo Shigeakira, Terasaki Taikichi, Hirayama Iwahiko, Nakamura Tatowo, Fuji Masaakira, Iyuiri Kakichi, Kiwaki Sukenori and Sokoi Masutaro are hereby released from confinement. The documents and other articles seized in connection with this case are restored to their respective owners.

"Given at the Hiroshima Local Court by
"YOSHIDA YOSHIHIDE,
"Judge of Preliminary Inquiry.
"TAMURA YOSHIHARU,
"Clerk of the Court.

"Dated 20th day of the 1st month of the 29th year of Meiji.

"This copy has been taken from the original text. Clerk of the Local Court of Hiroshima."

It will be noticed that the judgement of the Japanese Hiroshima Court, after stating that "about dawn the whole party" (viz., Japanese soldiers, *soshi* and others) "entered the Palace through the Kwang Hwa Gate," (the front gate which we mentioned above) "*and at once proceeded to the inner chambers*," stops abruptly in its statement of facts, but says, "Notwithstanding these facts there is no sufficient evidence to prove that any of the accused actually committed the crime originally meditated by them."

It now becomes my unpleasant duty to supply some facts and to report what was done by "this party" when they arrived at the "inner chambers" of the Palace.

The grounds of the Royal Palace are spacious, comprising many acres surrounded, as I have said, by high walls. There are many detached and different buildings within these outer walls, and in most cases these buildings are surrounded by lower walls with strongly barred gates. The building occupied by Their Majesties, the King and Queen, on this eventful morning, has a narrow court-yard in front and is about a quarter of a mile from the front gate.

The Japanese soldiers, entering at this front gate, proceeded rapidly to this building, and to other points of the Palace grounds meeting on the way some of the Korean soldiers who composed the Palace guard, and here some of these latter were killed. They made, however, an ineffectual resistance and the Japanese soldiers went on.

When the Japanese arrived at the building occupied by Their Majesties, some of them formed in military order, under command of their officers, around the small court-yard and only a few paces from the building itself and also guarded the gates of the court-yard and thus protected the *soshi* and other Japanese who had come with them in their awful work of searching for and killing Her Majesty the Queen.

These Japanese *soshi*, numbering thirty or more, under the leadership of a head Japanese, rushed with drawn swords into the building, searching the private rooms, seizing all the Palace women they could catch, dragging them round by the hair and beating them and demanding where the Queen was. This was seen by many, including Mr. Sabatin, a foreigner connected with His Majesty's guard, who was in this court-yard for a short time. He saw the Japanese officers in the court-yard in command of the Japanese troops, saw the outrages committed on the Korean court ladies and was himself asked often by the Japanese where the Queen was and was threatened and put in danger of his life because he would not tell.

His statement shows conclusively that officers of the Japanese troops were in the court-yard and knew all that was being done by the Japanese *soshi*, and that Japanese soldiers were surrounding the court-yard and in fact guarding the court-yard gates while the *soshi* were doing their murderous work.

After searching the various rooms, the *soshi* found the Queen in one of the side rooms where she was attempting to hide, and catching hold of her cut her down with their swords.

It is not certain whether, although so grievously wounded, she was then actually dead: but she was laid upon a plank, wrapped up in a silk comfort (used as bed-clothing) and taken out into the court-yard. Very soon afterwards, under the direction of the Japanese *soshi*, the body was taken from the court-yard to a grove of trees not far distant, in the deer park, and there kerosene oil was poured over the body and faggots of wood piled around and all set on fire.

It appears from the evidence that only a few bones remained unconsumed. It also appears that these Japanese *soshi* who had been charged with the horrible duty of murdering Her Majesty the Queen, in order to make sure that they had done their work as ordered, took several of the women of the Court to the body and compelled them to identify it as that of Her Majesty. It also appears that every precaution had been taken by the Japanese and the Korean traitors who were assisting them, to prevent Her Majesty the Queen from escaping.

It was thus that our beloved and venerated Queen of Korea and mother of His Royal Highness, the Crown Prince, was cruelly assassinated and her body burned to destroy the evidence of the crime.

After the Korean Household Guard had been dispersed and the Japanese had arrived in the court-yard and were entering the building, His Majesty, hoping to divert their attention and to enable Her Majesty to hide or flee away, if possible, came from the inner rooms of the building to a front room which had large doors opening out upon the court-yard and stood where he could be plainly seen by the Japanese. Many of the Japanese *soshi* rushed into the room brandishing their swords, and other Japanese also came in and passed into the other rooms — some of them being officers of the Japanese army in uniform. A servant standing by His Majesty announced from time to time that this was His Majesty, but, notwithstanding that, His Majesty was subjected to many indignities. One of the Japanese caught him by the shoulder and pulled him a little distance, pistols were also fired in the room close to him; some of the Palace ladies were beaten and pulled about and dragged by the hair in his presence and Yi Kiung Chik[1] (of noble blood and then Minister of the Royal Household), who had been attacked and badly wounded in another room, but who managed to crawl along the verandah, was followed and killed with swords by the Japanese in His Majesty's presence.

His Royal Highness, the Crown Prince, who was in one of the inner rooms, was

---

1 Called in the judgement of the Japanese Court, Li Koshoku.

seized, his hat torn off' and broken, and he was pulled about by the hair and otherwise maltreated; the Japanese doing this at the same time demanded of him where the Queen was and threatened him with their swords; but he managed to get into the front room where His Majesty was without serious injury, and remained with him.

The part taken by Koreans in this business will be mentioned later in this report.

Before daybreak of October 8th, His Majesty, having heard that additional Japanese troops had just been marched into the barracks at the front gate, and some other alarming rumors, sent a messenger to Viscount Miura to inquire into the matter.

Although the messenger arrived at this very early hour, he found Viscount Miura, his secretary, Mr. Sugimura, and an interpreter who spoke Korean, fully dressed and also three chairs waiting at the door.

Viscount Miura told him that he had heard from a Japanese colonel that additional troops had been marched into the barracks, but that he (Miura) did not know why this was done. While they were talking, firing was heard from the direction of the Palace and Miura told the messenger to return at once and be would go to the Palace immediately.

Viscount Miura, Mr. Sugimura and their interpreter soon proceeded to the Palace. On their arrival the Japanese were still in the Palace grounds on guard and most, if not all, the *soshi* and others who had murdered the Queen were still there; but after Viscount Miura's arrival no more murders or outrages were committed, and soon the Japanese *soshi* dispersed. On his arrival at the Palace, he sought and obtained an audience with His Majesty who, for that purpose, had left the room where he had been standing, as detailed above, during the terrible troubles and had gone to the adjoining building called Chang An Tang.

At this audience, not only Mr. Sugimura and the interpreter accompanied Viscount Miura and were present, but also a certain Japanese who had come to the Palace with the *soshi* and had apparently been their leader and had been seen by His Majesty as an active participant in their work. The Tai Won-kun, who had come to the Palace with the Japanese troops, was also present. Here, at this audience, three documents were prepared by those present and presented to His Majesty for signature, one of them being, in substance, that the Cabinet should thereafter manage the affairs of the country; another, appointing Prince Yi Chai Miun, who had accompanied the Tai Won-kun on his entrance into the Palace, Minister of the Royal Household in place of Yi, who had been killed scarcely more than an hour before, and the other appointing a Vice-Minister of the Royal Household.

His Majesty signed all these documents.

The Japanese troops were then withdrawn from the Palace, and Korean soldiers (*i. e.*, troops drilled by Japanese instructors and generally known as *Kunrentai*) were left on guard.

Later in the day, the Ministers of the War and Police Departments were dismissed, and Cho Hui Yen was made Minister of War and Acting-Minister of Police, and, on the 10th, Kwan Yung Chin was made full Minister of Police. Both of these men were and are supposed to be privy to the plot to attack the Palace, and both were recently denounced (on Feb. 11th) by the Proclamation of His Majesty and have fled to parts unknown. In this way, all the armed forces of the Korean Government, and even the personal attendants of His Majesty, were put under the control and orders of officials who had been more or less connected with the attack on the Palace.

Within an hour or two after Viscount Miura's audience, and while he still remained in a building near the audience chamber, His Excellency Mr. Waeber, Russian *Chargé d` Affaires* and Dr. Allen, *Chargé d` Affaires* (*ad interim*) of the United States, came to the Palace and saw Yi Chai Miun, the recently appointed Minister of the Royal Household, who informed them that His Majesty was very much excited and could not receive them. Mr. Waeber called attention to the fact that the Japanese Minister's chair was in front of the audience chamber, and that he knew no reason why the Representatives of the United States and Russia should not also be given an audience. The Minister of the Royal Household retired from the waiting room, went away to consult, and, after some delay, came back and said that an audience would be given to the Representatives of these two countries. At the audience, His Majesty, who had not then been apprised of the killing of the Queen, said he understood that an attempt had been made to capture and harm the Queen, but that he still had hopes that she had escaped and at the same time asked the friendly offices of these Representatives to prevent any further violence or outrage.

Later in the day Representatives of other Powers went to the Palace and were received in audience by His Majesty.

At first it was evidently the intention of those who were privy to the plot to throw the whole blame of the attack on the Palace and the outrages committed there, upon the Koreans and entirely to exonerate the Japanese from any participation therein, except to state that they had gone in after the disturbances had commenced and had suppressed them. In an official dispatch from Viscount Miura to the Korean Minister of Foreign Affairs, dated October 9th, after stating that early on the morning of the 8th a messenger from His Majesty had come to the Legation requesting him to proceed to the Palace to maintain order, the Viscount says, among other things—

"On receiving the message I promptly proceeded thither, but our garrison [Japanese troops] had already gone to suppress the disturbance, with the result that quiet was at once restored.

"I gathered that the origin of the *émeute* was a conflict between the drilled [Korean] troops, who desired to lay a complaint in the Palace, and the guards and police who prevented their entrance."

The next day Viscount Miura addressed another dispatch to the Minister of Foreign Affairs, of which the following is a full copy.

TRANSLATION.

"October 10th, 1895.

"Sir. — I have earlier done myself the honour to acknowledge receipt of your despatch explaining the origin of the military *émeute* of the day before yesterday. There has, however, been abroad of late a story that when at daybreak on the 8th inst., the drilled troops made their sudden entrance into the Palace to state their grievances, a number of Japanese in plain clothes were observed to be mingled with them and to be taking part in the riotous proceedings within the Palace. I am aware that this story is a fabrication based on hearsay and unworthy of credence; but as the matter is of considerable importance I cannot pass it altogether by. Your Excellency will, I presume, by now have ascertained the true facts of the late military *émeute*. I am therefore doing myself the honour to request that you will be good enough to determine whether the story in question is or is not correct, and to favour me with a speedy reply.

"I have, &c.,"

Signature and Seal of Viscount Miura.

Two days later the Korean Minister of Foreign Affairs, in answer to the above despatch of Viscount Miura. replied as follows: —

TRANSLATION.

"October 12th, 1895.

"Sir — I have the honour to acknowledge receipt of your Excellency's despatch (here quotes the foregoing).

"I communicated the matter to the Minister for War in order that he might institute a thorough enquiry into all the circumstances. I am now in receipt of his reply, which is to the following effect: —

"'The battalion reports that when at dawn on the day in question they were about to proceed and complain they were apprehensive that if they met with the guards, in the flurry and impossibility of discriminating, there was every chance of a collision.

So they dressed themselves out in foreign clothes, in the hope of avoiding anything so disastrous as having to cross swords. They made their leading men imitate the Japanese civilian dress, with the idea of letting it appear that they were not soldiery; but as a matter of fact not a single Japanese was present.

"That the battalion, fearing lest there should be a collision, temporarily adopted this expedient is an absolute fact. In communicating the circumstance to you I have the honour to request that you will favour me with an acknowledgment."

"I replied to the Minister of War as he desired, and I now beg to request the same honour from Your Excellency.

"I have, &c.,"

(Seal.)

It will be noticed that the statements of the Foreign Minister are based upon the report of Cho Hui Yen, the Minister of War, who had been appointed, as I have said, the day Her Majesty was murdered, and his readiness to furnish an official report for Viscount Miura's use, so utterly variant from the actual facts and so damaging to his own Korean troops and so completely exonerating the Japanese from any connection with the business, clearly shows his complicity and the part he had taken and was willing to take in the conspiracy. The judgement of the Hiroshima Japanese Court, quoted above, distinctly states that Viscount Miura

"held at the Legation a conference with Sugimura Fukashi and Okamoto Ryunosuke, on the 3rd of October last. The decision arrived at on that occasion was that assistance should be rendered to the Tai Won-kun's entry into the Palace by making use of the *Kunrentai* who, being hated by the Court, felt themselves in danger, and of the young men who deeply lamented the course of events, and also by causing the Japanese troops stationed in Seoul to offer their support to the enterprise. It was further resolved that this opportunity should be availed of for taking the life of the Queen, who exercised overwhelming influence in the Court."

The judgement further states that Viscount Miura, on the 7th of October,

"further issued instructions to Umayabara Muhon, Commander of the Japanese Battalion in Seoul, ordering him to facilitate the Tai Won-kun's entry into the Palace by directing the disposition of the *Kunrentai* troops, and by calling out the Imperial force for their support. Miura also summoned the accused Adachi Kenzo and Kunitomo Shigeakira, and requested them to collect their friends, meeting Okamoto at Yongsan, and act as the Tai Won- kun's bodyguard on the occasion of His Highness's entrance into the Palace. Miura told them that on the success of the enterprise depended the eradication of the evils that had done so much mischief to the Kingdom for the past twenty years, and instigated them to despatch the Queen when they entered the Palace. Miura ordered the accused Ogiwara Hidejiro to proceed to Yongsan, at the head of the police force under him, and after consultation with Okomoto, to take such steps as might be necessary to expedite the Tai Won-kun's entry into the Palace."

The judgement also shows that the whole party, Japanese troops, *soshi* and others, went into the Palace grounds about dawn and proceeded to the inner chambers, and yet the Korean Minister of War says "that as a matter of fact not a single Japanese was present at the disturbance"!

It is not known what use Viscount Miura made of this correspondence, but its purpose is evident.

As a part of the history of the events, I give below extracts from a despatch sent by Count Inouye to his Government while he was the Minister at Seoul. These extracts were recently read in the Japanese Parliament and published in the newspapers. Count Inouye, referring to an interview with the Queen, says: —

"On one occasion, the Queen observed to me:—During the disturbance in the Royal Palace last year the Japanese troops unexpectedly escorted to the Palace the Tai Won-kun, who regarded Japan from the first as his enemy. He resumed the control of the Government, the King becoming only a nominal ruler. In a short time, however, the Tai Won-kun had to resign the reins of government to the King through your influence, and so things were restored to their former state. The new Cabinet, subsequently framed rules and regulations, making its power despotic. The King was a mere tool, approving all matters submitted by the Cabinet. It is a matter of extreme regret to me (the Queen) that the overtures made by me towards Japan were rejected. The Tai Won-kun, on the other hand, (who showed his unfriendliness towards Japan) was assisted by the Japanese Minister to rise in power. * * * [Count Inouye] gave as far as I could an explanation of these things to the Queen, and after so allaying her suspicions, I further explained that it was the true and sincere desire of the Emperor and Government of Japan to place the independence of Korea on a firm basis and in the meantime to strengthen the Royal House of Korea. *In the event of any member of the Royal family, or indeed any Korean, therefore, attempting treason against the Royal House, I gave the assurance that the Japanese Government would not fail to protect the Royal House even by force of arms and so secure the safety of the Kingdom.* These remarks of mine seemed to have moved the King and Queen, and their anxiety for the future appeared to be much relieved."

This audience took place not long before Count Inouye was relieved by Viscount Miura, which was little more than a month before Her Majesty was murdered. Their

Majesties had a right to rely upon these unequivocal assurances, made, in the name of the Emperor and Government of Japan, by the Minister, one of the most eminent and distinguished statesmen of Japan, whose record through a long series of years inspires confidence and respect, and no doubt Their Majesties, relying on these assurances, failed to take precautions which otherwise would have been adopted.

How completely Viscount Miura departed from the policy and failed to keep the promises of his eminent predecessor fully appears from the Hiroshima judgement. There can be no doubt that Count Inouye's despatch containing the assurance made to Their Majesties was on file in the Japanese Legation at Seoul and had been read by Viscount Miura.

As was seen above, the people in the Palace were alarmed and had notice that unusual occurrences were taking place some time (sometime ?) before the attack was made. Chung Pyung Ha, then Vice-Minister of Agriculture and a man whom Their Majesties had raised from a comparatively humble position and loaded with favors, and in whom they had the greatest confidence, was in the Palace during the night of the 7th and the morning of the 8th of October. We have much evidence now, however, that he was then a traitor and engaged in the conspiracy and that he had gone to the Palace for the purpose of watching Her Majesty and preventing her from escaping. It appeals from the evidence that, after the alarm had been given and before any entrance to the Palace had been made, he went to Her Majesty and assured her that he knew something of what was going on, that Japanese troops were coming into the Palace, but that they would protect her and she need fear no harm. He advised her not to hide, and kept himself constantly informed of all her movements. It is fair to infer that Her Majesty, having the assurances above mentioned of such a distinguished and honest official as Count Inouye listened all the more readily to this traitorous advice of Chung Pyung Ha and made no effort to escape when she could probably have done so. Unfortunately she remained in the building until it was surrounded and all egress effectually barred. Chung Pyung Ha was arrested on the 11th of February, but was killed during the tumult of that day.

As soon, on the morning of the 8th, as His Majesty was induced to sign a decree transferring the business of the nation to the Cabinet, that Cabinet managed everything, and it is certain that at least for a time Viscount Miura was apprised of all they were doing and influenced their action. On October 11th there was published in the *Official Gazette* a so-called Royal Edict with respect to Her Majesty the Queen, of which the following is copy.

It is now thirty-two years since We ascended the throne, but Our ruling influence has not extended wide, The Queen Min introduced her relatives to the court and placed them about Our person, whereby she made dull Our senses, exposed the people to extortion, put Our Government in disorder, selling offices and titles. Hence tyranny prevailed all over the country and robbers arose in all quarters. Under these circumstances the foundation of Our dynasty was in imminent peril. We knew the extreme of her wickedness, but could not dismiss and punish her because of helplessness and fear of her party.

We desire to stop and suppress her influence. In the twelfth moon of last year we took an oath at Our Ancestral Shrine that the Queen and her relatives and Ours should never again be allowed to interfere in State affairs. We hoped this would lead the Min faction to mend their ways. But the Queen did not give up her wickedness, but with her party aided a crowd of low fellows to rise up about Us and so managed as to prevent the Ministers of State of 8th consulting Us. Moreover they have forged Our signature to a decree to disband Our loyal soldiers, thereby instigating and raising a disturbance, and when it occurred she escaped as in the Im O year. We have endeavored to discover her whereabouts, but as she does not come forth and appear We are convinced that she is not only unfitted and unworthy of the Queen's rank, but also that her guilt is excessive and brimful. Therefore with her We may not succeed to the glory of the Roya Ancestry. So We hereby depose her from the rank of Queen and reduce her to the level of the lowest class.

Signed by

YI CHAI MYON, Minister of the Royal Household.
KIM HONG CHIP, Prime Minister.
KIM YUN SIK, Minister of Foreign Affairs.
SHIM SANG GUN, Minister of Finance.
CHO HEUI YON, Minister of War
SO KWANG POM, Minister of Justice.
SO KWANG POM, Minister of Education.
CHONG PYONG HA, Vice-Minister of Agriculture and Commerce.

It grieves me to have even to mention this infamous matter, but a report upon the case would be incomplete without it. That Edict was fraudulent; no one has ever supposed that it came from His Majesty. It purports to have been signed by all the Minister, when, in point of fact, Shim Sang Hun, Minister of Finance, had left the Cabinet, was a fugitive from Seoul and Home Affairs, refused to have anything to do with the nefarious business, never signed the Edict but resigned his office.

The fact that such an edict was issued shows what extraordinary and wicked measures the controlling members of the Cabinet were prepared to force and carry out and also to what extreme lengths they were willing to go in throwing obloquy upon their great and good Queen and in misstating the facts as to her cruel fate.

After falsely accusing her of many crimes and declaring that she had forged His Majesty's signature to decree disbanding the loyal soldiers, "thereby instigating and raising a disturbance," they say that she "escaped" (as upon a former occasion), that they have endeavored to discover her whereabouts, but "as she does not come forth and appear," they "are convinced that she is not only unfitted and unworthy. of the Queen's rank, but also that her guilt is excessive and brimful." For these reasons she was deposed from the rank of Queen and reduced "to the level of the lowest class." And yet these people knew full well that so far from escaping she had been oully [*sic.*] murdered and so far from willfully keeping out of the way her body had been actually burned.

On the 11th, the Cabinet caused an official letter to be sent to all the Foreign Representatives resident in Seoul in which a copy of this edict was set forth in full and in addition the statement "that His Majesty had decided to take the steps mentioned in that decree purely for regard for his royal line and the well-being of his people."

On the next day, in answer to this Circular letter, Viscount: Miura made to the Korean Foreign Office the following reply—

TRANSLATION.

October 12th, 1895.

SIR. —I have the honour to acknowledge receipt of Your Excellency's communication N 21 of the 11th inst., informing me that his Majesty had been obliged to degrade the Queen Min Yi to the level of the lowest caste on account of her failure to perform her exalted duties.

This intelligence has profoundly shocked and distressed me. I am aware that the August determination of His Majesty has proceeded from a thoughtful regard for his Royal line and the wellbeing of his people: Still in so unfortunate an event cannot refrain from expressing my sympathy and sorrow for Your Excellency's country.

I have reported by telegraph the news to my government and have the honour to be, &c.,

(Seal)

Dr. Allen, the Representative of the United States, replied in a single sentence, "I cannot recognize this decree as coming from His Majesty:"

and all the other Foreign Representatives, with one exception, wrote to the Foreign Minister in substantially identical terms.

Some ten days later, when the Japanese Government was fully apprised of the events of 8th October, it recalled its representative, Viscount Miura, Mr. Sugimura, Secretary of Legation, several military officers and many others, who, on their arrival in Japan were arrested and charged with complicity in said affairs, as is shown above. Two of the Korean military officers fled, but the Cabinet continued to transact the business of the nation and to deprive His Majesty of all control.

Many decrees were promulgated and measures taken or proposed which caused great dissatisfaction. Although all classes of the Koreans—and all the Foreign Representatives in explicit despatches—were demanding that the occurrences of the 8th should be investigated and the murderers of the Queen brought to trial, nothing was done but the fiction was still kept up that she had escaped and was in hiding. The position became so strained that, even to the Cabinet, it was manifest that something must be done, and accordingly, on the 26th of November, 1895, the Foreign Representatives and many other foreigners and others were asked to go to the Palace, and it was announced in the presence of His Majesty that Cho Hui Yen, Minister of War, and Kwan, Minister of Police, were dismissed; that the so-called edict degrading Her Majesty was set aside and treated as void from the beginning; that the facts connected with the attack on the Palace were to be investigated by the Department of Justice and all guilty persons arrested, tried and punished. At the same time the death of Her Majesty was formally announced.

It was supposed by some that these measures would allay the popular discontent, but before daybreak on the morning of 28th November, a number of Koreans, disappointed that nothing more was done and incensed at the prospect of the obnoxious members of the Cabinet still remaining in control of affairs and in virtual possession of the King's person, made an attempt to enter the Palace, claiming that they were loyal to His Majesty and intended to rescue and restore him to his hereditary power. The attempt was ill managed and proved abortive. While many persons went to the gates and round the walls with much noise, none got into the Palace grounds proper, but a few did penetrate to the Quagga(Examination) grounds at the rear of the Palace, but were easily dispersed and several of them captured. No one was injured, and so far as can be ascertained no foreigner, Japanese or Westerner, was engaged in the affair which, compared with that of 8th October, was quite insignificant and trivial.

The Cabinet, however, pretended to regard the matter as very serious, and subsequently a number of persons were arrested. At the same time three other persons were arrested for alleged connection with the murder of Her Majesty. It is certain that there was no disposition on the part of the Cabinet and especially on that of the Department of Justice, to investigate fully the offence of October 8th or to detect and punish the real offenders. But something had to be done, the more because it was the intention to punish a number for the second attack, which had been directed against the Cabinet itself. All the three who were arrested for the Queen's murder were executed, but it is certain that two were innocent

One of the three, Pak Sen by name, was scarcely more than a boy, and was already in prison charged with a minor offence, at the time of his arrest on the more serious charge. It is in evidence that a high official of the Law Department went to the prison and asked to see the prisoners. After inspecting them, he picked out and called attention to Pak Sen. It is fair to infer that that official, who since February 11th has been a fugitive, went to the prison for the purpose of finding some poor fellow on whom the crime could be fastened. The fiction that the deed had been committed by Koreans disguised as Japanese was still to be kept up, and Pak Sen answered this purpose because, being a Fusan man, he had associated much with Japanese and spoke their language, had cut off his top-knot and generally dressed in Japanese or western clothes. He seems to have been a drunken irresponsible character without friends. The evidence upon which he was convicted is before us, and consists entirely of a statement made by a woman who said that sometime in November last, being anxious to enforce the collection of some money due her from a Korean, she was advised to get the assistance of someone who had influence with the Japanese. Pak Sen was brought to her. He told her that at any time he could get fifty Japanese soldiers and fifty Japanese policemen to help him to collect debts. In point of fact, he did get some of the money, but of course without the help of soldiers of police. When the money, amounting to about 60,000 cash was collected, he demanded and received half of it, and afterwards while drunk went to the woman's house to get the balance and other receipts of money from her, and for this purpose threatened her with a sword, hold her, as she said, that he was a great man, had killed many people and women a hundred times higher than she, and would kill her unless she gave him the money. He further told her that on the night of 7th October, he had gone down to the residence of the Tai Won-kun [near Yongsan, some three miles from Seoul] and there advised the Tai Won-kun as to the state of the nation and what he ought to do, and that next morning he went to the Palace gate, cut down and killed General Hong with a sword [General Hong, in point of fact, was shot] and had then gone into the Palace, seized the Queen, killed her and burned the body. It is possible that in his drunken efforts to make this Korean woman give him some money he may have told her this improbable tale. But no officer of law could possibly have believed it, and it is evident that the Department of Justice did not do so. Pak Sen denied the whole story and said that on the night of the 7th he was drunk and had slept at a house a long distance form the Palace, was there the next morning when the people were awakened by the firing at the Palace and had stayed at that house until late in the day. He named the people of the house and demanded that they be sent for, which was done, and they fully confirmed his story in every particular and showed conclusively that he could not have been at the Palace. There was not the slightest suspicion of collusion between him and them, because he had no means of communication with them before they were questioned. When his innocence of that crime had been so completely established, the Minister of Law, Chang, although told by the trial judge that he was innocent, ordered that he be tortured until he confessed his guilt; and the trial judge states that if he had in fact carried out fully the order of Chang, the man would have died under the torture. As it was, Pak Sen was twice subjected to horrible torture but all the time asserted his innocence and no confession of guilt could be extorted from him. Nevertheless Chand rendered a judgement declaring that the prisoner killed General Hong and then, going into the Palace, murdered the Queen and burned her body.

The case of YunSuk Wu was, if possible, even more remarkable. There was no evidence taken by the Court except his own statement, and that conclusively showed that he had not been guilty of any wrong-doing. He was a Lieutenant of the *Kunrentai*, and long before dawn on the morning of the 8th was ordered by his Colonel to march his soldiers from their barracks to a place some distance in the rear of the Palace, the explanation being given him that they intended to have a night-drill as had been done before. He obeyed the orders and a Japanese military instructor accompanied the troops. Afterwards, the gates being then open, one of the Colonels (since fled) ordered him to take his troops through the Quagga ground into the Palace grounds, which he did, and they arrived after the disturbance was over. He was then ordered to station guards at several gates within the Palace grounds and in going his rounds for that purpose saw a body being burned and on inquiry was told that it was the body of a waiting-maid. Late the next day he told his Colonel, Woo Pom Sun, that a body had been burned close to where His Majesty was staying and that it was bad to have the remains so close to him. His Colonel ordered him to clean up the place and if he found any bones unconsumed to throw them into the artificial lake nearby. This Colonel, it is now known, was one of the conspirators and has fled. Yun Suk Wu went to the place and found some bones, but instead of throwing them into the lake, as ordered by his

Colonel, he reverently wrapped them up and buried them at a distant spot in the Palace. He said at the trial that he had heard on that day that Her Majesty was missing, but that all he knew was that these were the bones of some lady connected with the Palace and that he did not like to cast them away. Upon this evidence, Chang, the Minister of Law, condemned him and he was executed. Chang's judgement concludes as follows: —

"There is much that excites suspicion in his conduct. Moreover it was an act of great impudence and impropriety on his part to have dared to move the sacred corpse which he knew to be whose is was."

From the evidence before us it may be fairly inferred that this prisoner was condemned to death not for disturbing the bones but because he devoutly buried instead of throwing them into the lake as ordered by his traitorous Colonel. The questions put to him indicate that he was under suspicion of having preserved the bones with the object of showing them to western foreigners and thus furnishing evidence of the horrible crime that had been committed. While there were military officers whom the Cabinet knew to be traitors and in complicity with the events of the 8th (who were not arrested), this man was clearly innocent.

The third person convicted, Yi Ju Hoi, was formerly a Vice-President of the War Department. From evidence we have ourselves taken we believe that he was really guilty of complicity in the affairs of the 8th, but the evidence taken by the Court which condemned him certainly does not establish his guilt and there was nothing before that Court which justified his condemnation. That Court took no evidence except the statement of the prisoner, and according to his account he went into the Palace from purely patriotic motives and while there performed several meritorious acts. But he intimated that the Cabinet people knew all about the affair and by name mentions Chung Pyung Ha.

It is believed that Yi was selected by the Cabinet for condemnation not because he was guilty, for there were others even more deeply involved than he, but (1) because, although he had been a Vice-Minister, their relations with him had become very hostile and they were bitter enemies, and they also feared that he might be induced to expose the whole plot; (2) because, realizing that the other two persons, Pak and Yun, were of little or no importance, the one being an irresponsible vagabond and the other a mere Lieutenant in the army, they recognized that it was necessary, for the sake of appearances and in order to shield the higher officials, to convict and execute some one of rank and reputation.

Although, as I have said, only three persons were arrested for complicity in the attack on the Palace and the murder of Her Majesty on the 8th of October, thirty-three persons were arrested for the trivial affair of 28th November, which, however, was directed against the Cabinet itself. The trials in both cases proceeded simultaneously and were concluded in the latter part of December. Of those arrested for the later affair, two were sentenced to death, four to exile for life and four to three years' imprisonment and of these ten all but three were subjected to torture during the trials.

Among the convicted was Yi Chai Sun, a cousin and faithful adherent of the king, a man in whom His Majesty reposed the greatest confidence, and who since 11th February has been Minister of the Royal Household. The evidence upon which he was convicted shows that early in November a Korean named Im called upon him and showed him two edicts purporting to come from the king. Prince Yi managed to get hold of the papers and showed them to His Majesty, who at once pronounced them false and directed him to burn them. This he did and thereafter refused to have anything to do with Im. The judgement rendered by Chang, Minister of Justice, finds that Prince Yi was guilty "because he kept a secret which he should at once have divulged to *the proper authorities*,"(!) and sentenced him on that ground to three years' imprisonment. In other words, this faithful confidant and near relation of His Majesty was sentenced to three years' imprisonment because he had consulted with His Majesty, had shown him the papers, had obeyed his orders in burning them but had not taken them to the Cabinet.

The proof before us shows that all the evidence and proceedings in all the above-mentioned cases were, from time to time, submitted to the consideration of the Cabinet, and that they had full knowledge of all that had been done before the final judgements were rendered.

During December, January and the early part of February, several far-reaching measures were taken by the Cabinet, among them the issuance of an edict ordering the people to cut off their top-knots. This proved most unpopular. The whole country was violently agitated and in many places rebellions broke out. All this time His Majesty had no power to control affairs. His Palace guard was under the command of Yi Chin Ho [denounced in the Proclamation of 11th Feb.], a man entirely subservient to the Cabinet and ready at any time to do their bidding; those who possessed his confidence, and others supposed to be in his interest, had been, like Prince Yi, expelled from the Palace grounds, and he was surrounded by persons, who were not only the tools of his enemies the Cabinet, hut some of them directly concerned in the assassination of his royal Consort. Among these latter was Chung Pyung Ha, who had not only, as stated above, traitorously prevented Her Majesty from escaping, but was also very active in the matter of the edict which degraded her to the lowest class. This man, on December 30th, was appointed a full Minister of the Cabinet. Cho, who had been dismissed from office under circumstances which are also narrated above, was on January 30th reinstated Minister of War, and thus put in command of all the troops, and it was understood that Kwan, the dismissed Minister of Police, then absent in Japan, would be reappointed Minister of Police.

The Hiroshima judgement in Japan, acquitting the Japanese whom the judgement itself showed were guilty of connection with the conspiracy of October 8th, had been rendered and published and it was openly stated that one or more of these Japanese would be brought back to Korea and given important advisory positions in the Korean Government.

The people were rising in insurrection on all sides; had killed officials in several places and were threatening to march upon the Capital. Under these circumstances His Majesty, finding the situation intolerable both for himself and for the nation, and having reason to believe that a plot was then on foot which threatened his personal safety as well as that of the Crown Prince, determined to take decisive steps and on February 11th left the Palace and went to the Russian Legation.

His Majesty confided his intention to no official in the Palace nor to anyone connected with the Cabinet, and although closely watched managed, early in the morning, to go out through the East Gate of the Palace in a closed chair such as is used by the Palace women. The Crown Prince accompanied him in a similar chair. It had been customary for ladies of the Court and the women connected with the Palace to pass in and out of this gate in such chairs and the guards, supposing that they contained women, permitted them to pass without question.

His Majesty and the Crown Prince had no escort, and the people in the Palace, supposing that they were asleep, did not discover for some time that they had left. They proceeded at once to the Russian Legation, where they arrived about twenty minutes past seven, and at once summoned a number of Koreans whom His Majesty knew to be faithful to himself, and issued edicts dismissing most of the members of the old Cabinet, appointing others in their place and denouncing six persons, viz., Cho Hui Yen, Minister of War, Woo Pom Sun, Yi Tu Hwang and Yi Pom Nai, Colonels in the army and connected with the attack on the Palace of October 8th, Kwan Yong Chin, the ex-Minister of Police, and Yi Chin Ho, who, up to the issuing of the Edicts had been in command of the Palace guards. Three of these persons, Woo Pum Sun, Yi Tu Hwang and Kwan Yong Chin, were at the time absent from Seoul and supposed to be in Japan. Cho, the Minister of War, and the two others immediately fled. All the soldiers and all the police with their officers rallied to the support of His Majesty as soon as they learned what had been done. The Prime Minister of the old Cabinet, Kim Hong Chip and the Minister for Agriculture, Chung Pyung Ha, although not denounced in any proclamation, were arrested by the police and in the tumult and excitement were killed and their bodies exposed upon the street, where they were stoned and otherwise maltreated by the infuriated populace. No one else was arrested or killed on that day except a young Japanese who had gone with others to view the dead bodies, got into an altercation and was stoned, dying shortly afterwards. In the city, order and quiet was almost immediately restored.

As to the part taken by Koreans other than those I have mentioned, in the occurrences of October 8th, I have to report. That where the plot originated and by whom it was carried out appears from the Hiroshima judgement given above. If any suggestion or suspicion of such a plot, involving, as it did, the death of Her Majesty and such radical changes in the affairs of the nation, had got abroad, it would have been easily frustrated, and therefore few persons were entrusted with the secret and brought into the conspiracy. It appears that none of the Korean common soldiers and but few of their officers had any idea of what was intended or what use was to be made of them. Woo Pom Sun and Yi Tu Hwang, who were Colonels and in immediate command of the soldiers in the barracks, were among the few involved and they gave orders long before dawn on the morning of the 8th for the soldiers to be called out for night drill; and under such orders, which had been given on one or two previous occasions, the soldiers were marched to various points - in some instances accompanied by their Japanese military instructors. Some of them were marched into the Palace through the front gate, behind the advance guard of the Japanese troops, and others were afterwards marched in through other gates and placed on duty ostensibly and so far as they knew to protect the Palace. There is no evidence that any of them engaged in any fighting or committed any outrages. It is true that a very small detachment were marched into the court-yard in front of the building in which the outrages were committed, but it was noticed that Japanese soldiers were mixed with them, and it is supposed that they were taken there in order that it might be stated that Korean soldiers were present. The story, afterwards so industriously circulated, that they went to the Palace to ventilate their grievances before His Majesty and that many of them disguised themselves as Japanese, is entirely without foundation. The Koreans, like the Japanese subalterns and their soldiers, were under strict discipline, and in marching with the Japanese into the Palace, like them simply obeyed the orders of their superior officers.

And so far from Koreans disguising themselves in foreign or Japanese costume, the facts are that a squad of ten Korean Police who had been stationed at Kong-tok-ri near Yong San were captured at that place and their uniforms taken from them by the Japanese who then dressed themselves in these uniforms, and proceeded in the direction of the Palace.

It appears that there were Korean civilians, some of them high officials, connected with the conspiracy. Unfortunately for the ends of justice, many of these have fled and are now supposed to be in a foreign country. We are making a full investigation of all their cases and shall report further to your Excellency.

In the committed report we have not undertaken to state all the outrages committed in the Palace. And of the Japanese, dressed in plain clothes and armed with swords and pistols, who were directly engaged in the affairs, there were many who probably are not ordinarily classed as *soshi*, some of them being Japanese advisers to the Korean Government and in its pay and others Japanese policemen connected with the Japanese Legation. These, together with the *soshi*, and exclusive of the Japanese soldiers, who went into the Palace numbered about sixty persons.

KWON CHAI HIUNG,
Vice-Minister of Law Department
Ko Teung Chai Pan-So (Judge of Supreme Court.)

His Excellency, YI POM CHIN,
Minister of Law.

Your Excellency;—

I have attended the Sessions of the Supreme Court investigating the events of Oct. 8th, 1895, and have examined the evidence upon which the foregoing report has been made and believe said report to be a true statement of the facts.

C. R. Greathouse,
Foreign Adviser.

A. 5985의 첨부문서

첨부문서의 내용(원문)은 독일어본 596~597쪽에 수록.

16

원문 p.598

조선에 대한 러시아와 일본의 협정 계획

발신(생산)일	1896. 5. 10	수신(접수)일	1896. 6. 12
발신(생산)자	구트슈미트	수신(접수)자	호엔로에-실링퓌어스트
발신지 정보	도쿄 주재 독일 공사관	수신지 정보	베를린 정부
	A. 95		A. 6066
메모	(A. 7288 참조)		

A. 6066 1896년 6월 12일 오전 수신. 첨부문서 1

도쿄, 1896년 5월 10일

A. 95

독일제국 수상 호엔로에-실링스퓌르스트 각하 귀하

조선에 대한 러시아와 일본의 임시 협정은 도쿄와 서울에서 여전히 협상 테마입니다. 반관보[1] "Nichi Nichi Shimbun"[2]이 이 협정에 대한 기사를 보도했습니다. 본인은 이 기사가 공식적인 정보에 기인한다고 믿습니다. "Nichi Nichi Shimbun"은 다음과 같은 3가지 항목을 거론했습니다.

1. 조선 왕의 환궁.
2. 조선에 당분간 주둔시킬 일본(과 러시아) 병력에 대한 규정.
3. 여전히 일본이 소유하고 있는 서울-부산 전신선에 대한 규정.

슈뻬이예르[3]도 본인에게 이 세 항목을 주요 논의 대상으로 지칭했습니다. 이미 며칠 전 러시아 대리공사가 본인에게 말한 바에 의하면, 베베르[4]의 반대는 일본의 제안 가운데 주로 3항에 해당됩니다. 베베르는 조선 측에서 적절한 보상을 하고 서울-부산 전신선을 인수할 것을 요구하고 있습니다. 그렇게 되면 일본이 서울-부산 전신선을 보호하기 위해 군대를 조선에 남겨둘 수 있는 빌미를 제거할 수 있기 때문입니다.

---

1 [감교 주석] 반관보(半官報)

2 [감교 주석] 도쿄니치니치신문(東京日日新聞)

3 [감교 주석] 슈뻬이예르(A. Speyer)

4 [감교 주석] 베베르(K. I. Weber)

무쓰[5]는 본인과의 대화중에 자신은 이 협정에 그다지 큰 의미를 두지 않는다고 말했습니다. 그리고 슈뻬이예르도 자신과 마찬가지로 이 협정에 별 의미를 두지 않는 듯 보인다고 합니다. 그런데 왜 베베르가 이 협정 체결에 까다롭게 구는지 이해할 수 없다는 것입니다.

위에서 말한 "Nichi Nichi Shimbun" 기사의 영문 번역문이 어제 "Japan Gazette"지에 게재되었습니다. 본인은 "Japan Gazette"지의 그 부분을 삼가 각하께 동봉하게 되어 영광입니다.

구트슈미트

내용: 조선에 대한 러시아와 일본의 협정 계획. 첨부문서 1

A. 95의 첨부문서

첨부문서의 내용(원문)은 독일어본 599쪽에 수록.

---

5 [감교 주석] 무쓰 무네미쓰(陸奧宗光)

17

원문 p.600

[일본의 대조선정책 관련 영국 지원 요청에 관한 건]

발신(생산)일	1896. 5. 14	수신(접수)일	1896. 6. 12
발신(생산)자	구트슈미트	수신(접수)자	호엔로에-실링퓌어스트
발신지 정보	도쿄 주재 독일 공사관	수신지 정보	베를린 정부
	A. 98		A. 6069
메모	A. 7288 참조		

사본

A. 6069 1896년 6월 12일 오전 수신

도쿄, 1896년 5월 14일

A. 98

독일제국 수상 호엔로에-실링스퓌르스트 각하 귀하

슈뻬이예르[1]는 그저께 이토[2]과 나눈 담화(어제 보고서 A. 97)에 대해 다음과 같이 본인에게 이야기했습니다.

일본 수상은 영국과의 비밀 정치회담 때문에 비난받게 되자 처음에는 매우 놀랐다고 합니다. 그리고 영국이 일본과 러시아 사이를 중재하려고 하는 경우 일본 정부는 그것을 저지할 수 없을 것이라고 말했다고 합니다. 그런데 자신은 영국의 중재에 관해 전혀 아는 바가 없다고 덧붙였다는 것입니다. 일본 수상은 일본 정부가 결단코 영국의 개입을 유도하려 (슈뻬이예르는 "선동하다"라고 표현했습니다) 하지 않을 것이라고 말했습니다. 아오키[3]가 실제로 외교적인 조치를 통해 러셀레스[4]에게 일본이 영국의 도움을 기대할 수 있는지 문의했다면, 그것은 순전히 아오키의 자발적인 행동이었다고 합니다. 일본 정부는 아오키에게 그와 관련해 어떤 임무도 부여하지 않았다는 것입니다. 일본은 성실하게 행동할 것이며, 제3자를 끌어들이지 않고 직접 러시아와 합의할 계획이

1 [감교 주석] 슈뻬이예르(A. Speyer)
2 [감교 주석] 이토 히로부미(伊藤博文)
3 [감교 주석] 아오키 슈조(青木周藏)
4 [감교 주석] 러셀레스(F. Lascelles)

라고 합니다.

그제 러시아 대리공사는 자신이 직접 일본 수상에게 문의할 생각이라고 본인에게 선언했습니다. 그 자리에서 본인은 일본 수상이 무엇이라고 답변할지 예측했습니다. 슈뻬이예르는 직접 일본 수상에게 문의했지만 아무런 설명도 얻지 못했음을 인정했습니다. 그러나 어쨌든 러시아에게 속임수를 쓰는 경우에 발생할 위험을 일본 정부에게 일깨워줬다는 점에서 좋은 결과가 예상된다는 것이었습니다.

구트슈미트

원본 : 영국 94

18

원문 p.601

[일본의 영국 지원 요청 관련 러시아 동향]

발신(생산)일	1896. 5. 14	수신(접수)일	1896. 6. 12
발신(생산)자	구트슈미트	수신(접수)자	호엔로에-실링퓌어스트
발신지 정보	도쿄 주재 독일 공사관	수신지 정보	베를린 정부
	A. 99		A. 6070
메모	6월 19일 런던 588, 페테르부르크 420, 빈 515에 전달		

사본

A. 6070 1896년 6월 12일 오전 수신

도쿄, 1896년 5월 14일

A. 99

독일제국 수상 호엔로에-실링스퓌르스트 각하 귀하

영국이 조선 문제에 개입할 의도라는 소문과 그런 징후에 대해 담화하는 도중, 슈뻬이예르[1]는 아주 솔직하게 말함으로써 본인에게 큰 호의를 보여주었습니다. 그래서 오늘 아침 본인은 영국 군함 16척이 해밀턴[2] 항에 집결했다는 어제 날짜 "Japan-Gezette"지의 기사에 대해 운을 떼보라며 트로이틀러[3]를 러시아 대리공사에게 보냈습니다. 그러면서 우호적인 분위기를 유지하라고 당부했습니다.

슈뻬이예르는 그 소식에 커다란 의미를 부여하고 즉시 페테르부르크에 전보를 보내야 한다고 판단했습니다. 그리고 자신이 그 기사 내용의 진위 여부를 확인해보겠다고 덧붙였습니다. 슈뻬이예르의 견해에 의하면, 영국인들의 그런 조처가 사실이라면 그것은 영국이 실제로 서슴없이 분규를 야기할 수 있다는 증거라고 합니다.

그러나 영국의 주력함대는 매년 하코다테로의 출항하곤 합니다. 영국 선박의 해밀턴 항 집결은 다만 이런 출항의 시작을 알리는 것일 수 있습니다. 본인은 적어도 이런 가능성을 고려해야 한다고 믿습니다.

---

1 [감교 주석] 슈뻬이예르(A. Speyer)

2 [감교 주석] 거문도(Port Hamilton)

3 [감교 주석] 트로이틀러(Treutler)

본인은 슈뻬이예르가 이토[4]를 방문했다고 일전에 삼가 각하께 보고 드린 바 있습니다. 슈뻬이예르는 이토를 방문한 일에 대해 오늘 트로이틀러에게 상세하게 보충 설명을 했습니다. 그런데 그 내용들이 상당히 미심쩍게 들립니다. 슈뻬이예르의 말에 따르면, 일본 수상은 히트로보[5]가 떠나기 전이나 지금이나 자신의 생각에는 변함이 없다는 말로 말을 대화를 시작했다고 합니다. 당시 일본 수상은 조선 문제가 오로지 러시아와 일본에 의해 해결되어야 한다고 히트로보에게 말했습니다. 그러나 러시아 대리공사가 단도직입적으로 질문하자, 이토가 영국과는 진지하게 교섭한 적이 없다고 대답했다는 것입니다. 슈뻬이예르가 이 말을 반쯤 시인하는 것으로 받아들이려고 하자, 이토는 조선 정부가 최근 외국인들에게 너무 많은 인가를 내주는 잘못을 범했다고 단언했다는 것입니다. 영국이 개입하려고 한다면, 아마 그것은 영국이 바라는 바가 있기 때문일 것이라고 말했다고 합니다. 일본은 그것과 아무 상관이 없으며, 영국에 대해 러시아와 일본은 같은 입장에 있다는 것입니다. 그러자 슈뻬이예르는 영국이 만일 개입하려고 시도하는 경우 러시아는 일본과 합의한 대로 거절할 것이라고 대답했습니다. 그리고 일본의 정치 지도자에게서도 그 이상은 바라지 않는다고 덧붙였다는 것입니다.

구트슈미트

원본 : 영국 94

4 [감교 주석] 이토 히로부미(伊藤博文)

5 [감교 주석] 히트로보(M. A. Hitrovo)

19

원문 p.603

[영국의 동아시아 문제 개입 가능성]

발신(생산)일	1896. 6. 17	수신(접수)일	1896. 6. 17
발신(생산)자	하츠펠트	수신(접수)자	
발신지 정보	런던 주재 독일 대사관	수신지 정보	베를린 외무부
	A. 123		A. 6278
메모	관련 서류와 함께 원본 문서 삼가 동봉		

A. 6278 1896년 6월 17일 오후 수신

전보

런던, 1896년 6월 17일 오후 1시 3분
오후 3시 38분 도착

해독

No. 123

이달 7일의 훈령 No. 547을 받았습니다.

본인은 Courcel 남작과의 대화 도중 적절한 기회를 보아 슬쩍 질문을 던졌습니다. 본인의 예상대로, Courcel 남작은 일본이 조선 때문에 러시아와 분쟁을 빚는 경우에 실제로 영국의 도움을 기대할 수 있을 것이라고 믿지 않는다고 답변했습니다. 그러나 Courcel 남작은 이곳 런던에서 극동지방의 사건들을 예의 주시하고 있다고 말했습니다. 그리고 영국이 극동지방에서 발생할지 모를 그 밖의 분규에 절대 관여하지 않을 것이라고 가정한다면, 그것은 오산일 것이라고 덧붙였습니다.

하츠펠트

20

원문 p.604

조선의 정치적 사건들

발신(생산)일	1896. 5. 4	수신(접수)일	1896. 6. 20
발신(생산)자	크리엔	수신(접수)자	호엔로에-실링스퓌르스트
발신지 정보	서울 주재 독일 총영사관	수신지 정보	베를린 정부
	No. 32		A. 6384
메모	(A. 6823 참조) 연도번호 No. 236		

A. 6384 1896년 6월 20일 오전 수신

서울, 1896년 5월 4일

No. 32

독일제국 수상 호엔로에-실링스퓌르스트 각하 귀하

4월 20일의 No. 28[1]과 관련해, 본인은 러시아 대표와 일본 대표 사이에서 몇 주 전부터 조선 왕의 환궁 및 일본군의 조선 철수에 대한 협상이 진행되고 있음을 삼가 각하께 보고 드리게 되어 영광입니다. 그러나 이 협상은 아직까지 어떤 결론에도 도달하지 않은 듯 보입니다. 고무라[2]는 이 문제에 관해 지금까지 베베르[3]와 다만 구두로 의견을 교환했을 뿐이라고 본인에게 설명했습니다. 그런 반면에 베베르는 고무라와 함께 양측의 의견을 서면으로 기록하려 시도했다고 본인에게 말했습니다. 게다가 일본 공사가 본인에게 말한 바에 의하면, 조선 정부는 몇 개월 전 일본군을 철수시킬 것을 요청했습니다. 그러나 일본 공사는 이 요구를 단호히 거부했다고 합니다. 고무라의 말에 따르면, 그밖에 베베르는 조선 왕의 신변이 안전하다고 판단되는 즉시 조선 왕에게 환궁할 것을 권유할 의사가 있다고 선언했습니다.

최근 일본 신문들은 서울 주재 러시아 대표와 일본 대표가 양국의 조선 공동감독에 대해 서면으로 합의했다는 내용의 전보문들을 보도했습니다. 이에 대해 일본 공사관 서

1 [원문 주석] A. 5820 삼가 동봉.

2 [감교 주석] 고무라 주타로(小村壽太郎)

3 [감교 주석] 베베르(K. I. Weber)

기관 히오키[4]는 이 전보문들이 일본 정부의 소망을 표현한 것이라고 말했습니다.

[이곳 조선에서 1888년에서 1891년까지 프랑스 감독관으로 활동한 플랑시[5]가 프랑스 공화국의 대리공사로 임명되었습니다. 지난 달 28일 플랑시는 조선 외부대신에게 자신의 임명장을 제출하고 공사관 업무를 인계받았습니다. 그리고 러시아 공사관에서 조선 왕에게 취임 인사를 했습니다.]

지난달 말 영국의 동아시아 함대사령관 Buller 해군중장이 이곳에 도착했습니다. 그러나 Buller 해군중장은 러시아 공사관에서 조선 왕을 알현하고 곧바로 다시 제물포로 돌아갔습니다. 그리고 제물포에서 쾌속군함 "Alacrity"호를 타고 지체 없이 나가사키로 귀환했습니다. 그 직후 러시아의 동아시아 함대사령관 Alexeieff 해군소장이 순양함 "Pamiat Arova"호 편으로 제물포에 도착했습니다. Alexeieff 해군소장은 서울에 잠깐 체류한 후 오늘 다시 제물포를 향해 떠났습니다.

영국 해군중위 콜웰[6]이 조선 정부와의 2년 계약을 마치고 그제 조선을 떠났습니다.

마찬가지로 계약이 종료된 미국인 다이[7] 장군은 서울 근교에 위치한 조선 정부 소유의 농장에서 급료 월 300달러의 직장을 구했습니다. 미국인 닌스테드[8]는 현재 외국인 교관이 없는 조선군대의 병참부에서 근무하고 있습니다.

본인은 이 보고서의 사본을 베이징과 도쿄 주재 독일제국 공사관에 보낼 것입니다.

크리엔

내용: 조선의 정치적 사건들

4 [감교 주석] 히오키 마스(日置益)

5 [감교 주석] 플랑시(V. C. Plancy)

6 [감교 주석] 콜웰(Callwell)

7 [감교 주석] 다이(W. M. Dye)

8 [감교 주석] 닌스테드(F. J. H. Nienstead)

21

원문 p.606

[야마가타 로바노프 의정서 체결]

발신(생산)일	1896. 5. 14	수신(접수)일	1896. 6. 12
발신(생산)자	구트슈미트	수신(접수)자	
발신지 정보	도쿄 주재 독일 공사관	수신지 정보	베를린 외무부
	No. 13		A. 6401
메모	6월 20일 런던 596, 페테르부르크 423에 전달.		

A. 6401 1896년 6월 20일 오전 수신

전보

도쿄, 1896년 6월 20일 오전 11시 25분

오전 10시 16분 도착

독일제국 공사가 외무부에 발송

No. 13

전문 해독

야마가타[1]와 로바노프[2]가 조선과 관련해 최종 합의했다고 일본 외무차관이 본인에게 은밀히 알려주었습니다. 더 상세한 내용은 알 수 없었습니다.

구트슈미트

1 [감교 주석] 야마가타 아리토모(山縣有朋)

2 [감교 주석] 로바노프(A. Lobanow)

베를린, 1896년 6월 20일

A. 6401

주재 외교관 귀중
1. 런던 No. 596
2. 상트페테르부르크 No. 423

연도번호 No. 4116

본인은 도쿄 주재 독일제국 공사의 오늘 날짜 전보문 사본을 다음과 같이 귀하께 전하게 되어 영광입니다.

"야마가타와 로바노프가 조선과 관련해 최종 합의했다고 일본 외무차관이 본인에게 은밀히 알려주었습니다. 더 상세한 내용은 알 수 없었습니다."

22

원문 p.608

[야마가타 로바노프 의정서 체결에 관한 건]

발신(생산)일	1896. 6. 25	수신(접수)일	1896. 6. 28
발신(생산)자	라돌린	수신(접수)자	호엔로에-실링퓌어스트
발신지 정보	페테르부르크 주재 독일 대사관	수신지 정보	베를린 정부
	No. 280		A. 6709

사본

A. 6709 1896년 6월 28일 오전 수신

상트페테르부르크, 1896년 6월 25일

No. 280

독일제국 수상 호엔로에-실링스퓌르스트 각하 귀하

청국 사절에 대한 열광은 예전에 비해 확실히 많이 식었습니다. 지금 로바노프[1]는 야마가타[2] 원수에 대해 적극적인 관심과 호의를 가지고 리훙장[3]처럼 공적이 많은 사람이라고 말합니다. 그런데 리훙장은 군비로 책정된 많은 자금으로 자신의 주머니를 불리는 것 말고는 전혀 한 일이 없다고 합니다.

이곳 상트페테르부르크에서는 로바노프와 야마가타 원수가 체결할 러시아와 일본의 비밀협정에 관해 많은 말이 오가고 있습니다. 그러나 본인과 본인의 동료들은 그에 대한 확실한 내용을 알아낼 수 없었습니다. 니시[4] 공사는 굳게 침묵을 지키고 있다가, 건강상의 이유를 둘러대며 빈으로 떠났습니다.

본인의 영국 동료는 이 협정이 조선에 대한 일본과 러시아의 합의를 포함한다고 믿고 있습니다. 일본인들이 부산-서울 철도를 보호하기 위한 수비대를 조선에 주둔시키는데 러시아가 아마 동의했을 것이라고 말합니다. 그 대신 일본은 조선 왕을 존중하기로 약속했을 것이라고 합니다.

---

1 [감교 주석] 로바노프(A. Lobanow)

2 [감교 주석] 야마가타 아리토모(山縣有朋)

3 [감교 주석] 리훙장(李鴻章)

4 [감교 주석] 니시 도쿠지로(西德二郎)

그러나 이 모든 것은 다만 추측에 불과한 듯 보입니다. 오코너[5]가 확실한 것을 알아내지 못했다고 말하기 때문입니다.

라돌린

원본 : 청국 9 No. 2

5 [감교 주석] 오코너(N. R. O'Conor)

23
원문 p.609

[일본의 영국 지원 요청 관련 동향]

발신(생산)일	1896. 5. 22	수신(접수)일	1896. 7. 1
발신(생산)자	구트슈미트	수신(접수)자	호엔로에-실링퓌어스트
발신지 정보	도쿄 주재 독일 공사관	수신지 정보	베를린 정부
	A. 100		A. 6810

사본

A. 6810 1896년 7월 1일 오후 수신

도쿄, 1896년 5월 22일

A. 100

독일제국 수상 호엔로에-실링스퓌르스트 각하 귀하

어제 본인은 무쓰[1]와 상당히 오래 대화를 나누었습니다. 그 자리에서 무쓰는 러시아 대리공사가 신문에서 읽는 소식에 많은 영향을 받는 것 같다고 말했습니다. 만일 슈뻬이예르[2]가 러시아 정부의 지시에 근거해 행동하는 것이 아니라면, 그가 지난 2주 동안 보여준 태도를 달리는 해석할 수 없다는 것입니다. 그러면서 일본 외무대신은 러시아 대리공사가 약 1주일 전 이토[3]과 나눈 담화를 이와 관련지었습니다. 본인은 그 담화에 대해 A. 98과 A. 99에서 보고 드린 바 있습니다.

슈뻬이예르는 자신이 조금 예민해 있다고 스스로 본인에게 털어놓았습니다. 그는 조선 문제에서 러시아와 일본의 갑작스러운 협력을 감독하는 임무를 맡았습니다. 그런데 그 임무를 제대로 이행하지 못할까봐 책임자로서 우려하는 듯 보였습니다. 일본이 이런 행동지침으로부터 벗어나려는 모든 조짐을 주의 깊게 추적해야 한다고 생각하는 것 같았습니다. 본인이 이렇게 말하자, 무쓰는 그럴 가능성이 많다고 대답했습니다. 러시아 대리공사는 일본이 영국의 도움을 청하지 않을까 무척 염려된다는 말도 했습니다. (본인

1 [감교 주석] 무쓰 무네미쓰(陸奧宗光)

2 [감교 주석] 슈뻬이예르(A. Speyer)

3 [감교 주석] 이토 히로부미(伊藤博文)

은) 이러한 염려에 대해서도 무쓰에게 설명했습니다.

일본 외무대신의 발언으로 미루어, 일본이 적어도 현재로서는 러시아와의 협상에 영국을 끌어들이려는 진지한 조처를 취하지 않을 것으로 추측됩니다.

어제 사토우[4]는 대만과 관련해 독일과 영국 국민들의 항의에 대해 논의하는 도중 본인에게 이렇게 말했습니다. "일본이 동맹국을 찾는 듯 보이는데 아직 구하지 못했습니다." 이 발언은 아오키[5]가 레셀레스[6]에게 헛걸음을 했음을 암시하는 것으로 생각됩니다.

구트슈미트

원본 : 영국 94

4 [감교 주석] 사토우(E. M. Satow)

5 [감교 주석] 아오키 슈조(青木周藏)

6 [감교 주석] 레셀레스(F. Lascelles)

24

원문 p.611

일본과 러시아의 협정. 정치적 사건들

발신(생산)일	1896. 5. 15	수신(접수)일	1896. 7. 1
발신(생산)자	크리엔	수신(접수)자	호엔로에-실링스퓌르스트
발신지 정보	서울 주재 독일 총영사관	수신지 정보	베를린 정부
	No. 33		A. 6823
메모	A. 6510/97; A. 7228; A. 7607 참조 7월 4일 런던 655, 페테르부르크 451에 전달 연도번호 No. 241		

A. 6823 1896년 7월 1일 오후 수신

서울, 1896년 5월 15일

No. 33

독일제국 수상 호엔로에-실링스퓌르스트 각하 귀하

고무라[1]에게 비밀리에 들은 바에 의하면, 이곳의 일본 대표와 러시아 대표[2]가 다음의 항목들에 대해 합의[3]했음을 본인은 삼가 각하께 보고 드리게 되어 영광입니다. 이 항목들은 특별한 형식 없이 이대로 확정되었습니다.

1) 앞으로 서울의 일본 공사관과 영사관, 일본 거류민을 보호하기 위해 병사 300명, 부산과 원산의 일본 영사관을 보호하기 위해 각기 병사 150명, 그리고 부산-서울 간 일본 전신선을 보호하기 위해 일본 헌병 200명이 주둔하기로 한다.

2) 러시아 정부도 마찬가지로 서울의 공사관을 위해 러시아 병사 300명을 주둔시키고, 부산과 원산에 러시아 영사관을 설치하게 되면 - 지금까지는 조선에 러시아 영사관이 설치되지 않았습니다. - 각기 병사 150명을 주둔시킬 수 있다.

3) 조선 왕의 신변에 대한 우려가 종식되면, 일본 대표와 러시아 대표는 공동으로 조선 왕에게 환궁을 권유할 것이다. -

지금까지 서울에 파견되어 있던 일본 예비병력 3개 중대가 그제 이곳을 떠났습니다.

---

1 [감교 주석] 고무라 주타로(小村壽太郎)

2 [감교 주석] 베베르(K. I. Weber)

3 [감교 주석] 고무라 베베르 각서

그 대신에 바로 그날 제1 전투보병연대의 제1 대대 소속 2개 중대가 서울로 이동했습니다.

현재 러시아 공사관에는 순양함 "Dmitry Donskoi"호의 해병 95명과 장교 2명이 있습니다. 영국과 미국의 파견대도 아직까지 이곳에 머무르고 있습니다.

며칠 전 베르단[4] 소총 3천개와 탄환 60만 개가 블라디보스토크에서 제물포에 도착했습니다. 러시아 정부에서 이곳 조선 정부에 그것을 선사한 것으로 보입니다.

제물포항에 위치한 로즈섬[5]에서 토목공사를 하는 것으로 보아; 그곳에 러시아 급탄소를 설치할 계획인 것 같습니다. 러시아 군함들이 그곳 항구를 정밀 측량하고 있습니다.

본인이 고무라에게 들은 바에 의하면, 고무라는 머지않아 일본으로 떠날 것입니다. 그의 말로는 가족을 이곳으로 데려올 예정이라고 합니다. 부산 주재 일본 영사 가토[6]가 서울 주재 공사관 서기관으로 임명되었습니다. 가토는 약 1주일 전 서울에 도착했는데, 고무라의 부재중에 공사관 업무를 대행할 것입니다. — 가토는 오랜 기간 러시아에 있었으며, 마지막에는 상트페테르부르크 주재 공사관 서기관으로 근무했습니다. 그는 러시아어를 유창하게 구사한다고 합니다.

조선 대비와 왕세자비가 2월 11일부터 거주하고 있는 왕궁에서 일본 공사는 내일 새 신임장을 조선 왕에게 전달할 것입니다. 이를 위해 조선 왕은 러시아 공사관에서 그 왕궁으로 거동할 것입니다. 그 왕궁은 영국 총영사관 옆에 위치해 있습니다.

전임 탁지부대신 윤용선[7]은 총리대신으로 임명되었지만 이미 네 번이나 관직을 거두어주길 청원했습니다. 윤용선의 제안으로 해임된 법부대신 이범진[8]의 후임에 한규설[9]이 임명되었습니다. 한규설은 청일전쟁이 발발할 때까지 여러 요직을 두루 거쳤습니다,

평안도 지방이 완전히 평온을 되찾은 것으로 간주되고 있습니다. 그래서 이곳 일본 영사관은 일본 상인들에게 평안도로 여행하거나 체류하는 것을 허가했습니다. 그에 비해 조선의 수도가 위치한 경기도와 충청도에서는 최근에 소요사태가 다시 증가했습니다.

서울–부산 전신선이 얼마 전 복구되었지만 또 다시 여러 차례 중단되었습니다.

본인은 이 보고서의 사본을 도쿄와 베이징 주재 독일제국 공사관에 보낼 것입니다.

크리엔

내용: 일본과 러시아의 협정. 정치적 사건들.

---

4 [감교 주석] 베르단(Berdan)

5 [감교 주석] 월미도(Roze Island)

6 [감교 주석] 가토 마스오(加藤增雄)

7 [감교 주석] 윤용선(尹容善)

8 [감교 주석] 이범진(李範晉)

9 [감교 주석] 한규설(韓圭卨)

베를린, 1896년 7월 4일

A. 6823

주재 외교관 귀중

1. 런던 No. 655

2. 상트페테르부르크 No. 451

연도번호 No. 4448

본인은 조선과 관련해 러시아와 일본의 합의에 대한 기밀 정보를 귀하께 알려드리고자, 금년 5월 15일 자 서울 주재 독일제국 영사의 보고서 발췌문을 삼가 전달하는 바입니다.

25

원문 p.614

[러시아의 대조선 정책에 관한 건]

발신(생산)일	1896. 6. 22	수신(접수)일	1896. 7. 4
발신(생산)자	베커 고터	수신(접수)자	호엔로에-실링스퓌르스트
발신지 정보	베오그라드 주재 독일 총영사관	수신지 정보	베를린 정부
	No. 96		A. 6922
메모	7월 13일 베이징 A. 16, 페테르부르크 483에 전달		

사본

A. 6922 1896년 7월 4일 오후 수신

베오그라드, 1896년 6월 22일

No. 96

독일제국 수상 호엔로에-실링스퓌르스트 각하 귀하

본인의 이곳 주치의의 형님은 러시아 아무르 지방의 군대를 지휘하는 Subbotic 장군입니다. Subbotic 장군은 이곳 동생 집에 며칠 머물렀습니다. 본인은 Subbotic 장군을 만나보았으며, 장군에게 들은 몇 가지 이야기를 삼가 각하께 전달하려 합니다.

"그 먼 지방에서의 삶은 – Subbotic 장군은 이렇게 말했습니다. – 사람들이 일반적으로 생각하듯 절대 그렇게 암울하지 않습니다. 우리가 가령 베오그라드 주민들을 많이 부러워해야 한다고는 생각하지 않습니다. 최근 주둔군이 증원된 후로 우리 관리와 장교들의 생활권은 상당히 많이 확대되었습니다. 우리 주변에도 오락거리와 흥분되는 일이 적지 않습니다. 아무르 지방과 해안 지방에 러시아 이주민들의 부락이 다수 있습니다. 그곳에서 우리는 모든 필요한 생필품들을 충분히 구할 수 있습니다. 일꾼들을 위한 생활필수품은 주로 조선인들이 공급합니다. 조선인 수천 명이 러시아 영토로 이주했고, 그 중 일부는 농사를 짓습니다. 우리는 양질의 생필품은 블라디보스토크를 경유하여 구입합니다. 블라디보스토크는 러시아의 내륙 쪽으로 상당히 많은 거래를 하면서 중요한 항구로 성장하고 있습니다."

"최근 들어 이웃나라 조선은 러시아의 동아시아를 위해 물론 이전보다 훨씬 더 중요해졌습니다. 조선의 상황은 아시다시피 극히 불안정합니다. 조선 왕이 아직까지도 러시아 공사관의 피신처를 떠나려 하지 않기 때문입니다. 점령군이 철수한 후로 남아 있는 일본 경찰대에 의해 간신히 질서가 유지되고 있습니다. 일본인들은 조선인들에게 많은 원성을 사고 있지만, 조선 민족은 실제로 반란을 일으키기에는 너무 나약합니다."

"물론 일본은 오늘 당장 조선에서 완전히 손을 뗄 수는 없을 겁니다. 그렇게 되면 일본 국민들, 특히 한반도의 여러 항구에 정주하고 있는 많은 일본 상인들이 희생될 것이 불 보듯 빤하기 때문입니다. 전쟁 이후 일본인들에 대한 조선인들의 증오심은 훨씬 더 악화되었습니다. 언어와 혈통으로 보면 조선인은 청국인에 더 가깝습니다. 그래서 청국인들이 조선을 지배하기가 더 용이합니다. 그러나 일본은 결코 이 점을 인정하지 않을 것입니다. 저는 일본과 러시아가 조선에서 비교적 안정된 상태를 조성할 수 있는 조건에 합의할 것이라고 믿습니다."

"그밖에 일본에 관해 말하자면, 저는 지난 전쟁의 결과가 일본의 상황에 여러 방면으로 불리한 영향을 미쳤다고 생각합니다. 저는 종종 일본에 상당히 오래 머물곤 했습니다. 자부심 많은 일본 민족은 전쟁을 승리로 끝낸 것을 매우 자랑스러워했습니다. 그런데 수많은 희생을 치르며 얻어낸 전리품을 도로 내놓게 되었을 때 원성이 높았습니다. 전쟁은 이런 식으로 전반적인 불만을 낳았습니다. 그런데다 전쟁의 여파로 물가가 전국적으로 크게 상승하자 불만은 더욱 고조되었습니다. 예전에 일본은 세계에서 생활필수품이 가장 저렴한 국가 중의 하나였습니다. 그런데 제가 몇 달 전 마지막으로 일본을 여행했을 때는, 모든 물가가 예전보다 50퍼센트 내지는 100퍼센트 올라 있었습니다."

"일본에서는 대만 양도를 거의 무가치한 위로의 표시로 받아들이고 있습니다. 실제로 대만 양도는 다만 섬을 정복해도 된다는 동의 정도만을 의미할 뿐입니다. 건강에 좋지 않은 무더운 기후, 태풍에 시달리는 항구 몇 개, 야만적이고 호전적인 주민들 탓에 그 섬은 일본인들이 정주하기에 상당히 부적절합니다. 그래서 저는 인구과잉의 문제를 안고 있는 일본이 다른 방면으로 세력을 확장할 것이라고 믿습니다. 그리고 일본에서 실제로 공공연히 그런 말을 선포하는 것을 여러 차례 들었습니다. 일본 이민의 목표지로서 일차로 필리핀이 공격받을 것입니다. 그 다음으로는 호주 본토가 공격의 대상이 될 것입니다. 현재 Hava 섬은 일본 이주민들이 전체 주민의 삼분의 일을 차지하고 있습니다. HavA. 섬의 선례를 좇아, 위에서 말한 스페인과 영국의 식민지들이 우선은 주로 농사를 짓는 일본 이주자들로 넘치게 될 것입니다. 그런 다음 시간이 흐르면서 저절로 정치적인 합병이 이루어질 것입니다."

"지난번 마지막으로 일본에 체류했을 때, 저는 물론 일본 군대 관계자들과도 많은 접촉을 했습니다. 그래서 이웃국가로서 우리가 지대한 관심을 가지고 주시했던 지난 번

전쟁의 경과에 대해 부족했던 지식을 보충할 수 있었습니다. 일본 장교단이 독일에서 시찰했거나 도입한 훈련 덕분에 일본인이 큰 성공을 거둘 수 있었다는 사실에는 의심의 여지가 없을 것입니다. 이것은 군사학과 용병술, 두 방면에 모두 해당됩니다. 일본인들은 용의주도하게 공격 계획을 세우고 계획대로 정확하게 공격함으로써 우리와 전 세계를 깜짝 놀라게 했습니다. 그러나 저는 일반 병사의 전략적인 양성, 즉 프로이센 식 훈련이 훨씬 더 중요했다고 판단합니다. 일반 병사의 전략적인 양성은 군부대의 토대를 확고하게 다져주었습니다. 그래서 처음에 (예를 들어 압록강 전투에서) 범했던 전술적인 과오를 다시 만회할 수 있었습니다. 그런데 그 명성 높은 야마가타[1] 원수는 결코 이 신식 훈련의 대변자가 아닙니다. 야마가타 원수는 옛날식의 검객일 뿐입니다. 실제로 유럽식 교육을 받은 참모부의 더 젊은 장교들에게 공로가 돌아가야 마땅합니다. 예를 들어 사령부에서 야마가타의 후계자인 노즈[2] 장군이나 제 2사단장 오야마[3] 장군이 여기에 속합니다."

본인이 현재 계류 중인 철도 건설 문제로 화제를 돌리자, Subbotic은 매우 신중하게 말을 아꼈습니다. 본인은 최근 러시아 기술자들의 답사여행에 대한 글을 읽었다고 Subbotic에게 말했습니다. 러시아 기술자들은 Chabarowka에서부터 블라디보스토크 방향으로 우수리 강의 골짜기를 타고 올라가 조선까지 이어지는 철도 노선을 측량했다고 합니다. Subbotic 장군은 그것은 다만 사적인 탐사였을 뿐이라고 주장했습니다. 그리고 군 병력이 동행하지 않았느냐고 본인이 지적하자, 그런 종류의 탐사에는 으레 병사들이 동행하기 마련이라고 말했습니다. 그곳에서는 그런 식으로 민간사업을 안내하는 일이 이미 자주 있었다는 것입니다.

본인은 대시베리아철도가 바이칼호 동쪽을 지나게 되냐고 질문했습니다. 이에 대해 Subbotic 장군은 그 문제는 아직 결정되지 않았다고 답변했습니다. 물론 지리적 상황을 고려하면, 북쪽으로 크게 우회하기보다는 Nertschinsk에서 청국의 만주를 지나 일직선으로 블라디보스토크까지 건설할 가능성이 제시된다는 것이었습니다. 아울러 Zizichar에서 남쪽으로 Niutschuang 항구나 Port Arthur에 이르는 지선을 경우에 따라서는 부설할 수도 있다고 합니다. Subbotic 장군은 이처럼 청국 영토를 횡단하거나 청국 항구를 이용하는 것과 관련해 러시아 정부와 청국 사이에서 협상이 진행 중인 것으로 알고 있다고 말했습니다. 그러나 그 협상이 어떤 단계에 있는지는 모른다는 것이었습니다. 그 철도가

---

1 [감교 주석] 야마가타 아리토모(山縣有朋)

2 [감교 주석] 노즈 미치츠라(野津道貫)

3 [감교 주석] 오야마 이와오(大山巖)

청국 영토를 지나는 구간은 청국이 관리해야 한다는 조건을 수락하지 않는 한, 러시아가 청국 정부로부터 그 철도 건설에 대한 허가를 얻어내기는 쉽지 않을 것이라고 합니다. 그렇게 되면 러시아로서는 목적하는 바를 완벽하게 이루기는 어렵다는 것입니다.

Sabbotic 장군은 이미 동아시아를 향해 귀로에 올랐습니다. 그러나 가는 도중에, 모종의 군사적 연구를 위해 잠시 프랑스에 체류할 예정입니다. 장군은 러시아의 대관식에 참석한 김에 이곳 베오그라드에 들렀습니다.

베커 고터[4]

원본 : 러시아 97c

4 [감교 주석] 베커 고터(Waecker-Gotter)

26

원문 p.618

[베를린 언론의 박영효 동향 보도]

발신(생산)일		수신(접수)일	1896. 7. 4
발신(생산)자		수신(접수)자	
발신지 정보		수신지 정보	베를린 외무부
			A. 6931

A. 6931 1896년 7월 4일 오후 수신

베를리너 타게블라트[1]

1896년 7월 4일

베를리너 타게블라트

이미 여러 차례 유럽 열강의 주목을 받은 바 있는 조선의 정치가 박영효[2]가 5월 말 미국에서 요코하마로 돌아갔다. 박영효는 미국에서 일 년 가까이 미국인들의 도움을 받아 생활했다. 그것은 조선 동족들이 외국인을 증오하는데도 불구하고 박영효가 1877년[3] 일본인들에 이어 처음으로 미국인들에게 조선의 문호를 개방한 것에 대한 감사의 표시였다. 그러나 1884년 개혁파의 수장인 박영효 경을 실각시킨 혁명이 발발했다.[4] 다른 모든 개혁파 사람들은 살해된 반면에, 박영효는 구사일생으로 목숨을 건질 수 있었다. 박영효는 정치적인 뜻을 같이 하는 동지, 전임 대신 김옥균[5]과 함께 일본으로 피신했다. 이미 알려진 바와 같이 그로부터 9년 후, 즉 1893년 김옥균은 상하이로 유인되었으며 그곳에서 조선인 자객에게 목숨을 잃었다. 청일전쟁이 발발한 후 1894년 8월 박영효는 조선으로 돌아갔으며 내부대신으로서 여러 개혁을 실시했다. 그러다 박영효가 왕위를

1 [감교 주석] 베를리너 타게블라트(Berliner Tageblatt)

2 [감교 주석] 박영효(朴泳孝)

3 [감교 주석] 1876년(조일수호조규)의 오류로 보임.

4 [감교 주석] 갑신정변

5 [감교 주석] 김옥균(金玉均)

노린다는 익명의 투서가 접수되었고, 그에 이어 1895년 7월 그는 재빨리 일본으로 도피함으로써 또 한 번 죽음을 모면했다. 박영효는 일본에서 미국으로 건너갔다. 박영효의 귀환은 분명 조선에 또 다시 격변이 임박해 있다는 표시이다.

베를린, 1896년 7월 12일 A. 7027

연도번호 No. 4688

러시아인들의 로즈섬[6] 정착에 대한 금년 5월 21일 자 베이징 주재 독일제국 공사의 보고서를 첨부문서와 함께 독일제국 해군청 장관 홀만[7] 해군중장님께 보내 드립니다. 동 보고서를 해군 최고사령부에도 전해주시기를 삼가 요청하는 바입니다.

6 [감교 주석] 월미도(Roze Island)

7 [감교 주석] 홀만(Hollmann)

27

원문 p.620

로즈섬, 러시아 수비대

발신(생산)일	1896. 5. 26	수신(접수)일	1896. 7. 12
발신(생산)자	쉔크	수신(접수)자	호엔로에-실링퓌어스트
발신지 정보	베이징 주재 독일 공사관	수신지 정보	베를린 정부
	A. 71		A. 7228
메모	(A. 7288 참조) 7월 15일 독일제국 해군청에 전달		

A. 7228 1896년 7월 12일 오전 수신

베이징, 1896년 5월 26일

A. 71

독일제국 수상 호엔로에-실링스퓌르스트 각하 귀하

서울 주재 독일제국 영사[1]가 러시아인들이 제물포항의 로즈[2] 섬에서 토목공사에 착수한다고 이달 15일[3] 각하께 보고 드린 바 있습니다. 이 보고 내용이 사실이라고 한다면 – 본인의 이곳 일본 동료 하야시[4]가 이렇게 말했습니다. – 러시아인들은 아마 병사 300명을 로즈섬에 주둔시킬 의도일 것이라고 합니다. 일본과의 임시 협정에 의거해 러시아인들은 서울의 러시아 공사관을 보호하기 위해 병사 300명을 유지할 수 있습니다. 로즈섬은 서울로 가는 길목에 위치해 있어 중요하다고 합니다.

제물포 항은 군함이 정박하기에 그다지 적절하지 않다고 전해집니다. 군함 한두 척만이 로즈섬과 제물포 사이에 정박할 수 있다고 합니다. 만일 제물포항 바깥에 적의 군함이 나타나는 경우, 그 군함들은 빠져나올 수 없다고 합니다. 군함이 더 많은 경우에는 로즈섬 서쪽에 정박한다고 합니다. 제물포 항은 한강물이 모래를 실어오는 탓에 수심이 얕아지고 있다는 것입니다.

---

1 [감교 주석] 크리엔(F. Krien)
2 [감교 주석] 월미도(Roze Island)
3 [원문 주석] A. 6823 삼가 동봉.
4 [감교 주석] 하야시 다다스(林董)

그 밖에 군대를 조선에 주둔시키는 것과 관련해 러시아 대표와 일본 대표의 합의를 아직은 구속력 있는 조약으로 볼 수 없다고 합니다. 이제야 비로소 구속력 있는 조약이 도쿄에서 체결될 것이 예상된다고 합니다. 그 일로 고무라[5]가 서울에서 도쿄로 떠났습니다.

로즈섬은 퀠파트[6]에서 북서쪽으로 50 해리 내지 70해리 떨어져 있습니다. 즈푸 주재 독일제국 부영사의 보고서 (이달 21일의 베이징 측 보고서 A. 69 참조)[7]에 의하면, 러시아 인들은 로즈섬에 감시초소를 설치하고 있습니다. 하야시는 로즈섬에 별 가치가 없다고 여깁니다. 그에 비해 조선 남단의 퀠파트 바로 북쪽에 위치한 만과 대동강 어구의 대동만은 함대 주둔지 내지는 군항으로 적절하다고 평가했습니다. 퀠파트 북쪽의 만 앞에 길게 뻗은 섬이 있습니다. 그 섬은 청국어로 Huangtao라고 불립니다.

쉔크[8]

내용: 로즈섬, 러시아 수비대

---

5 [감교 주석] 고무라 주타로(小村壽太郎)

6 [감교 주석] 제주도(Quelpark)

7 [원문 주석] A. 7027의 초안이 있습니다.

8 [감교 주석] 쉔크(Schenck)

28

원문 p.622

조선에 관한 러시아-일본의 의정서

발신(생산)일	1896. 6. 4	수신(접수)일	1896. 7. 14
발신(생산)자	구트슈미트	수신(접수)자	호엔로에-실링퓌어스트
발신지 정보	도쿄 주재 독일 공사관	수신지 정보	베를린 정부
	A. 109		A. 7288
메모	(A. 7939/96 참조) 7월 23일 런던 732, 페테르부르크 499에 전달.		

A. 7288 1896년 7월 14일 오전 수신

도쿄, 1896년 6월 4일

A. 109

독일제국 수상 호엔로에-실링스퓌르스트 각하 귀하

베베르[1]와 고무라[2]가 며칠 전 서울에서 의정서[3]에 서명했음을 러시아 대리공사가 본인에게 비밀리에 알려주었습니다. 조선에서 러시아와 일본의 임시 공조체제를 확정짓는 내용의 의정서라고 합니다. 마침내 베베르가 서울-부산 전신선에 대한 요구를 철회하는 데 동의했다고 합니다. 이제 이 항목은 완전히 삭제되었다는 것입니다. 그 의정서에 정치적인 의미는 전혀 없다고 합니다. 의정서는 주로 러시아와 일본 양측이 조선 왕과 교류하는 방식 및 조선에 주둔시키는 일본과 러시아의 병력만을 다루고 있다는 것입니다.

구트슈미트

내용: 조선에 관한 러시아-일본 의정서

1 [감교 주석] 베베르(K. I. Weber)

2 [감교 주석] 고무라 주타로(小村壽太郎)

3 [감교 주석] 베베르-고무라 각서

베를린, 1896년 7월 15일 A. 7228

연도번호 No. 4800

금년 5월 26일 자 베이징 주재 독일제국 공사의 로즈섬에 관한 보고서 사본을 독일제국 해군청 장관 홀만 해군중장께 보내 드립니다. 동 보고서를 해군 최고사령부에도 전해주시기를 삼가 요청하는 바입니다.

29

원문 p.624

일본 공사의 여행 출발. 조선 문제에 대한 일본 공사의 발언

발신(생산)일	1896. 5. 31	수신(접수)일	1896. 7. 22
발신(생산)자	크리엔	수신(접수)자	호엔로에-실링스퓌르스트
발신지 정보	서울 주재 독일 총영사관	수신지 정보	베를린 정부
	No. 34		A. 7607
메모	기밀 7월 24일 런던 736, 페테르부르크 504에 전달 연도번호 No. 267		

A. 7607 1896년 7월 22일 오전 수신

서울, 1896년 5월 31일

No. 34

독일제국 수상 호엔로에-실링스퓌르스트 각하 귀하

이달 15일의 No. 33에 이어, 본인은 일본 공사가 오늘 서울을 떠나 일본으로 향했음을 삼가 각하께 보고 드리게 되어 영광입니다. 일본 공사의 공식적인 통지에 따르면, 그는 일본 정부에 의해 소환되었습니다. 일본 공사[1]는 어제 러시아 공사관에서 조선 왕에게 하직인사를 드렸습니다. 일본 공사는 사적인 인사라고 말했습니다. 일본 공사가 없는 동안, 공사관 서기관 가토가 공사 업무를 대행할 것입니다.

본인은 그제 일본 공사를 방문했습니다. 그 자리에서 일본 공사는 러시아 장교와 하사관 각기 10명이 조선군을 훈련시킬 목적으로 다음 달 이곳에 도착한다는 소식을 들었다고 본인에게 말했습니다. 일본 공사가 지난번 마지막으로 베베르[2]와 대화를 나눌 때 받은 인상에 의하면, 그 러시아 교관들은 조선 왕궁에 거주할 것이라고 합니다. 그러면 조선 왕이 환궁한다는 것입니다. 그러나 일본 정부는 러시아인들이 조선 왕궁에 상주하는 것을 용인하지 않을 생각이라고 합니다. 일본 군사교관들도 왕궁에 거주한 적이 없기 때문이라는 것입니다. 그보다는 차라리 조선 왕이 러시아 공사관에 체류하는 편이 더

1 [감교 주석] 고무라 주타로(小村壽太郞)

2 [감교 주석] 베베르(K. I. Weber)

낫다는 것입니다.

특히 일본이 별다른 이의를 제기하지 않는다면, 러시아는 조선에서 몇 개월 이내에 포트 라자레프[3]보다 훨씬 더 좋은 항구를 얻을 것이라고 합니다. 러시아가 조선에서 무역항을 확보하더라도, 심지어는 시베리아 철도의 종착역을 그 항구로 옮긴다 하더라도, 일본 정부는 전혀 반대하지 않을 것이라고 합니다. 그러나 러시아가 이 항구를 요새화하거나 또는 조선에 러시아 해군기지를 구축하려 들면, 일본 정부는 좌시하지 않을 것이라고 합니다. 그렇게 되면 전쟁도 불사할 것이라고 합니다. 고무라는 일본이 러시아와 전쟁하는 모험을 치를 것이라고 덧붙이며 웃었습니다. 러시아의 동아시아 함대가 일본 함대보다 현저히 우세하긴 하지만, 그 대신 일본에게는 작전기지가 가깝다는 큰 장점이 있다는 것입니다. 아무르 지방에 러시아군 4만 8천 명이 있다고 합니다. 여기에다 무라비예프[4]백작이 "카자흐 기병"이라고 이름 붙인 병사들도 있다는 것입니다. 카자흐 기병들은 대부분 러시아인과 원주민의 혼혈아들로 구성되어 있으며 별로 전투에 능하지 못하다고 합니다.

힐리어는 지난 몇 달 동안의 정세 변화에 대해 매우 불만스러워하는 듯 보인다고 합니다. 진심으로 조선에 지쳤으며 "완전히 넌덜머리가 난다"고 고무라 공사에게 말했다는 것입니다.

고무라가 위의 내용을 전적으로 자진해서 본인에게 알려주었음을 삼가 덧붙이는 바입니다.

영국 총영사의 견해에 의하면, 러시아 인들은 부산 인근의 마산포 항에 관심을 보였습니다.

본인은 이 보고서의 사본을 도쿄와 베이징 주재 독일제국 공사관에 보낼 것입니다.

크리엔

내용: 일본 공사의 여행 출발. 조선 문제에 대한 일본 공사의 발언.

---

3 [감교 주석] 영흥만(Port Lazareff)

4 [출판 주석] 무라비예프(Muraview)

베를린, 1896년 7월 23일 A. 7288

주재 외교관 귀중
1. 런던 No. 732
2. 상트페테르부르크 No. 499

연도번호 No. 4978

본인은 조선과 관련해 러시아-일본 협정에 대한 정보를 귀하께 비밀리에 알려 드리고자, 지난달 4일 자 도쿄 주재 독일제국 공사의 보고서 사본을 삼가 전달하는 바 입니다.

베를린, 1896년 7월 24일 A. 7607

주재 외교관 귀중
1. 런던 No. 736
2. 상트페테르부르크 No. 504

연도번호 No. 5001

본인은 조선 문제와 관련해 조선 주재 일본 공사의 발언에 대한 정보를 귀하께 알려 드리고자, 금년 5월 31일 자 서울 주재 독일제국 영사의 보고서 사본을 삼가 전달하는 바 입니다.

30

원문 p.627

조선과 관련한 러시아-일본의 의정서. 야마가타 사절의 성과

발신(생산)일	1896. 6. 19	수신(접수)일	1896. 7. 30
발신(생산)자	구트슈미트	수신(접수)자	호엔로에-실링퓌어스트
발신지 정보	도쿄 주재 독일 공사관	수신지 정보	베를린 정부
	A. 115		A. 7939

A. 7939 1896년 7월 30일 오후 수신

도쿄, 1896년 6월 19일

A. 115

독일제국 수상 호엔로에-실링스퀴르스트 각하 귀하

본인은 이달 4일의 보고서 - A. 109[1] - 에서 조선과 관련해 러시아와 일본의 의정서[2]에 대해 말씀드리는 영광을 누린 바 있습니다. 본인의 영국 동료는 서울-부산 전신선에 대한 규정이 그 의정서에 포함되어 있음을 확실히 알고 있다고 본인에게 극비리에 털어놓았습니다. 일본은 서울-부산 전신선 양편에 2리(= 5영국마일) 간격으로 전신선을 지키는 데 필요한 헌병 병력을 배치할 권리가 있다고 합니다.

사토우[3]는 일본 외무대신[4]에게 그 사안에 대해 직접 문의했다고 덧붙였습니다. 그리고 영국과 조선의 조약을 고려해, 영국이 일본과 러시아 사이에서 어떤 약속이 이루어졌는지 아는 것은 영국의 이해관계와 직결된다고 일본 외무대신의 주의를 환기시켰다는 것입니다. 그러자 사이온지는 위에서 말한 정보를 알려주었다고 합니다.

아울러 사토우는 자신이 알고 있는 한, 페테르부르크에서는 야마가타[5] 원수를 특별히 환대할 준비를 하지 않았다고 말했습니다. 그러므로 야마가타 원수와 로바노프[6] 사이에

1 [원문 주석] A. 7288 삼가 동봉.
2 [감교 주석] 베베르-고무라 각서
3 [감교 주석] 사토우(E. M. Satow)
4 [감교 주석] 사이온지 긴모치(西園寺公望)
5 [감교 주석] 야마가타 아리토모(山縣有朋)
6 [감교 주석] 로바노프(A. Lobanow)

서 진지한 협상이 열렸다는 말이 의심스럽다는 것이었습니다.

이와는 반대로 일본 외무차관 고무라[7]는 야마가타가 로바노프에게 극진한 대접을 받았다고 본인에게 은밀히 알려주었습니다. 야마가타가 러시아에 잠시 체류했는데도 러시아 측에서 보여준 호의 덕분에 일본과 러시아가 조선 문제에서 "결정적인 합의"에 도달했다는 것입니다. 이 합의가 각서교환의 형식으로 이루어졌는지 아니면 의정서의 형식으로 이루어졌는지는 고무라도 모른다고 합니다. 조선의 상황이 까다로운 만큼 우선은 양측이 극히 신중하게 이 일에 접근했다는 것만을 말할 수 있다는 것입니다.

조선 왕국에 대한 공동보호가 의제였냐는 본인의 질문에 대해 고무라는 단호하게 "아니"라고 답변했습니다.

구트슈미트

내용: 조선과 관련한 러시아-일본의 의정서. 야마가타 사절의 성과

7 [감교 주석] 고무라 주타로(小村壽太郎)

31

원문 p.629

야마가타 사절의 성과

발신(생산)일	1896. 6. 25	수신(접수)일	1896. 7. 30
발신(생산)자	구트슈미트	수신(접수)자	호엔로에-실링퓌어스트
발신지 정보	도쿄 주재 독일 공사관	수신지 정보	베를린 정부
	A. 116		A. 7940

A. 7940 1896년 7월 30일 오후 수신

도쿄, 1896년 6월 25일

A. 116

독일제국 수상 호엔로에-실링스퀴르스트 각하 귀하

오늘 일본 외무대신[1]은 야마가타[2] 원수가 조선 문제에서 러시아 정부와 합의[3]에 이르렀다고 본인에게 확인해주었습니다. 그러나 협정 내용은 야마가타가 귀국할 때까지 "신성불가침"이라고 합니다. 야마가타는 8월 초순 일본으로 돌아올 것이라고 합니다. 그러면 일본 외무대신은 반드시 본인에게 그 약정에 대해 은밀히 알려줄 것이라고 말했습니다. 그 약정 내용은 대체로 일반적인 성격을 띠고 있다고 합니다.

구트슈미트

내용: 야마가타 사절의 성과

---

1 [감교 주석] 사이온지 긴모치(西園寺公望)

2 [감교 주석] 야마가타 아리토모(山縣有朋)

3 [감교 주석] 로바노프 야마가타 의정서

32

원문 p.630

독일제국 군함 "아르코나"호의 제물포 체류. 함장의 조선 왕 알현

발신(생산)일	1896. 6. 13	수신(접수)일	1896. 6. 30
발신(생산)자	크리엔	수신(접수)자	호엔로에-실링스퓌르스트
발신지 정보	서울 주재 독일 총영사관	수신지 정보	베를린 정부
	No. 36		A. 7941
메모	연도번호 No. 293		

A. 7941 1896년 6월 30일 오후 수신

서울, 1896년 6월 13일

No. 36

독일제국 수상 호엔로에-실링스퓌르스트 각하 귀하

본인은 독일제국 군함 "아르코나[1]"호가 이달 1일 나가사키를 출발하여 제물포에 도착했음을 삼가 각하께 보고 드리게 되어 영광입니다. "아르코나"호의 함장은 자르노브[2] 해군대령입니다. "아르코나"호는 이달 11일 제물포 정박장에서 즈푸를 향해 출항했습니다.

이달 4일 자르노브 함장은 장교 두 명을 데리고 서울에 왔으며, 이튿날 러시아 공사관에서 수행원들과 함께 조선 왕을 알현했습니다. 본인이 그 분들을 조선 왕에게 소개하는 영광을 누렸습니다.

본인은 이 보고서의 사본을 베이징과 도쿄 주재 독일제국 공사관에 보낼 것입니다.

크리엔

내용: 독일제국 군함 "아르코나"호의 제물포 체류. 함장의 조선 왕 알현

1 [감교 주석] 아르코나(Arcona)

2 [감교 주석] 자르노브(Sarnow)

33

원문 p.631

정치적인 사건들

발신(생산)일	1896. 6. 15	수신(접수)일	1896. 7. 30
발신(생산)자	크리엔	수신(접수)자	호엔로에-실링스퓌르스트
발신지 정보	서울 주재 독일 총영사관	수신지 정보	베를린 정부
	No. 36		A. 7942
메모	(A. 9191 참조) 연도번호 No. 295		

A. 7942 1896년 7월 30일 오후 수신, 첨부문서 1부

서울, 1896년 6월 15일

No. 37

독일제국 수상 호엔로에-실링스퓌르스트 각하 귀하

지난 달 31일의 No. 34[1]에 이어, 본인은 일본공사 고무라[2]가 해임되었음을 삼가 각하께 보고 드리게 되어 영광입니다. 도쿄의 외무차관 하라[3]가 고무라의 후임으로 임명되었습니다. 고무라는 하라 대신 외무차관에 임명되었다고 합니다. -

조선의 학부대신 신기선[4]이 사임을 요청했습니다. 그 이유는 이전에 대역 죄인들의 내각이 실행한 모든 개혁을 반대하기 때문이라는 것입니다. 신기선은 조선인이 야만인의 상태로 전락하지 않으려면 옛 의복으로 돌아가야 한다고 주장합니다. 다시 청국의 고전을 연구하고, 조선인을 금수로 타락시키는 조선 음절문자의 사용과 새 달력을 폐지하고, 청국에 대한 군신관계를 유지해야 한다는 것입니다. 조선에서 금년 4월부터 매주 3회 영어와 조선 음절문자로 간행되는 "독립신문"은 이달 6일 자 사설에서 신기선의 상소를 신랄하게 비판했습니다. 그리고 끝으로 학부대신의 사직원이 수리되어야 한다는 바람을 표명했습니다. 독립신문의 발행인 겸 편집인은 조선인 서재필입니다. 서재필[5]은

1 [원문 주석] A. 7607 삼가 동봉.
2 [감교 주석] 고무라 주타로(小村壽太郎)
3 [감교 주석] 하라 다카시(原敬)
4 [감교 주석] 신기선(申箕善)

1884년의 궁중혁명에 연루되어 미국으로 도피했습니다. 서재필은 미국에서 의학을 공부했으며, Philip Jaisohn이라는 이름으로 미국 시민권을 획득했습니다. 그리고 작년 10월 미국 시민으로서 조선에 돌아왔습니다. 조선에서 서재필은 중추원 고문 및 수석군의관에 채용되었습니다. 서재필은 조선의 개혁을 실시하기 위해 각고의 노력을 기울였으며, 그의 신문은 조선 정부의 후원을 받고 있습니다. -

본인은 이달 6일 자 "독립신문" 한 부를 삼가 각하께 동봉하려 합니다.

조선 왕은 학부대신의 사직원을 아직까지 수리하지 않고 있습니다.

조선 왕이 러시아 공사관에 오래 체류하는 탓에, 이제 이곳에서는 반동적인 경향이 두드러지고 있습니다. 보수적인 청국파가 세력을 얻고 있습니다. 충청도 지방에서 또다시 동학란이 일어났으며 소요사태가 급증했습니다.

이달 4일 우수리 남부의 러시아 국경감독관이자 러시아 재무부의 무역대리인인 마튜닌[6]이 이곳 서울에 도착했지만, 11일에 다시 이곳을 떠났습니다. 마튜닌이 조선에 온 목적은 러시아에서 조선의 차관을 받아주는 것과 관련 있다는 말이 있습니다. 그러나 본인은 그에 대한 믿을 만한 소식을 아직까지 입수하지 못했습니다.

본인은 이 보고서의 사본을 도쿄와 베이징 주재 독일제국 공사관에 보낼 것입니다.

크리엔

내용: 정치적인 사건들, 첨부문서 1

No. 37의 첨부문서

첨부문서의 내용(원문)은 독일어본 632~636쪽에 수록.

---

5 [감교 주석] 서재필(徐載弼)

6 [감교 주석] 마튜닌(N. Matyunin)

34

원문 p.637

조선의 상황

발신(생산)일	1896. 8. 5	수신(접수)일	1896. 8. 10
발신(생산)자	취르쉬키	수신(접수)자	호엔로에-실링퓌어스트
발신지 정보	페테르부르크 주재 독일 대사관	수신지 정보	베를린 정부
	No. 339		A. 8362

A. 8362 1896년 8월 10일 오전 수신. 첨부문서 1

상트페테르부르크, 1896년 8월 5일

No. 339

독일제국 수상 호엔로에-실링스퓌르스트 각하 귀하

본인은 금년 7월 21일/8월 2일 및 7월 22일/8월 3일에 블라디보스토크에서 발신한 "Novoye Vremya"[1]의 특별전보문 번역문을 삼가 각하께 제출하게 되어 영광입니다. 이 특별전보문들은 조선의 상황 및 조선 정부가 내준 허가에 대한 소식을 전하고 있습니다.

취르쉬키[2]

내용: 조선의 상황

1 [감교 주석] 노보예 브레먀(Novoye Vremya)

2 [감교 주석] 취르쉬키(Tschirschky)

번역문

Novoye Vremya, No. 7327. 1896년 8월 3일/7월 22일

1) 특별전보문. 블라디보스토크, 7월 21일

서울에서 조선 왕은 측근의 고문들을 계속 불신하고 있으며, 암살에 대한 공포 때문에 환궁을 두려워한다. 여러 지방에서 조선 관리들의 수탈 탓에 야기된 소요사태들이 조선 왕을 불안에 떨게 하고 있다. 도백에서부터 말단 경찰에 이르기까지 모든 관리들이 주민들을 악랄하게 착취하고 있다. 뇌물 수수가 극도로 발달했으며, 조선 국민들은 가진 게 없다. 탐욕스럽고 추악한 관청이 전적으로 악의 근원으로서 모든 것을 약탈했다. 반란자들은 관리들의 강탈로부터 재산과 목숨을 지키려 한다. 지금 한반도에서 일어난 반란은 실제로 이들 관리들에 대한 항거이다. 반란자들은 탐관오리와 일본인들의 목숨을 노리고 있다. 일본인들도 마찬가지로 조선의 불행과 재난에 책임이 있다. 국민들의 목숨과 재산을 보장하는 법령을 공포하고 정의를 바로세워야만 이 소요사태를 종식시킬 수 있을 것이다.

Novoye Vremya, 1896년 8월 4일/7월 23일

특별전보문, 7월 22일 블라디보스토크 발신

서울에서 다음과 같이 최종 허가가 내렸다. 미국인들은 서울-제물포 철도부설권 및 광물 채광권을, 프랑스인들은 의주-서울 철도부설권을, 러시아인들은 함경 지방의 금광 채굴권을 획득했다. 조선의 수도는 평온하다. 영국인들은 상륙군을 철수시켰고, 미국인들은 상륙군을 철수시킬 채비를 하고 있다. 러시아는 상륙군의 규모를 축소했다. 조선 정부는 의주까지 독자적인 전신선을 계획하고 있다. 일본의 서울-부산 전신선에 의존하는 것을 피하기 위해 그 전신선을 청국 전신선 및 러시아 전신선과 연결시킬 예정이다. 조선의 수도에 머지않아 러청은행 지점이 개설될 것으로 예상된다. 현재 은행지점 개설에 대한 수요가 매우 크다.

35
원문 p.639

[시베리아 철도 부설 관련 동향]

발신(생산)일	1896. 8. 8	수신(접수)일	1896. 8. 10
발신(생산)자	취르쉬키	수신(접수)자	호엔로에-실링퓌어스트
발신지 정보	페테르부르크 주재 독일 대사관	수신지 정보	베를린 정부
	No. 346		A. 8369
메모	독일왕국 연락장교를 통해 I. 8월 14일 런던 871에 전달 II. 8월 14일 베이징 A. 20에 전달		

사본

A. 8369 1896년 8월 10일 오전 수신

상트페테르부르크, 1896년 8월 8일

No. 346

독일제국 수상 호엔로에-실링스퓌르스트 각하 귀하

시베리아 철도가 만주를 지나는 문제와 관련하여 러시아-청국의 협정 가능성에 대해 본인은 이곳 주재 일본 공사와 대화를 나눌 기회가 있었습니다. 니시[1]는 백방으로 노력했는데도 이 사안에 대한 확실한 내용을 알아낼 수 없었다고 본인에게 말했습니다. 그리고 리훙장[2]과 러시아 정부가 Nertschinsk에서 곧장 블라디보스토크로 이어지는 노선을 건설하는 협정을 대관식 전에 맺었다는 말을 들었다는 것이었습니다. 니시는 이 소식이 상당히 가능성 있게 생각된다고 말했습니다. 다만 그 협정이 먼저 베이징에서 비준되어야 할 것으로 믿는다고 합니다.

니시는 이미 요동선 건설에 대한 협정이 체결되었다는 말을 절대 믿지 않습니다.

일본 공사는 "Novoye Vremya"[3]가 블라디보스토크로부터 조선의 상황에 대해 정기적으로 받는 전보문에 관해 말했습니다. 니시[4]가 알고 있는 바에 의하면, "Novoye Vremya"

---

1 [감교 주석] 니시 도쿠지로(西德二郎)

2 [감교 주석] 리훙장(李鴻章)

3 [감교 주석] 노보예 브레먀(Novoye Vremya)

는 러시아의 해군 퇴역장교에게서 그 전보문을 받는다고 합니다. 그 퇴역장교는 오랫동안 크론슈타트[5]에서 살았으며 동아시아를 몇 차례 여행하긴 했지만 어떤 식으로든 믿을 만한 인맥은 없다는 것입니다. 그런데 퇴역장교는 전보문을 보낼 때마다 상당한 거액을 받고 있으며, 그렇기 때문에 자신이 들은 모든 소식을 검증 없이 그대로 전달한다고 합니다. 니시가 그 소식들을 추적해서 검토해본 결과 거의 대부분 허위로 판명되었다고 합니다.

취르쉬키

원본 : 러시아 97c

4 [감교 주석] 니시 도쿠지로(西德二郎)

5 [감교 주석] 크론슈타트(Кронштадт)

외무부
A편

외무부 정치 문서고
조선 관계 문서

1896년 8월 11일부터
1896년 12월 31일까지

제23권
참조: 제24권

조선 No. 1

1896년 목록	수신정보
도쿄 7월 11일 보고서 A. 122 히트로보 공사는 조선에서 일본과의 협력을 유도하려고 하는 반면에, 비테는 청국과의 협력을 지지하는 쪽으로 기울고 있다.	8551 8월 15일
페테르부르크 8월 10일 보고서 No. 352 조선 대관식 사절단의 페테르부르크 체류 연장. 로바노프는 러시아 병력을 조선 왕궁에 배치하고 조선 왕을 환궁하게 해달라는 조선인들의 요구를 거절한다.	8670 8월 17일
8월 22일 해군 최고사령부의 서신 러시아가 조선의 로즈섬에서 급탄소와 해군병원 설치를 위한 부지를 확보하다.	8915 8월 24일
도쿄 7월 3일 보고서 A. 120 조선에 대한 러시아-일본 협정의 네 항목 1. 조선 왕의 환궁 및 신변보호 대책 2. 조선의 재정 정돈 3. 반란의 진압 4. 일본 전신선의 보호	8455 8월 12일
도쿄 7월 20일 보고서 A. 134 조선과 관련해 러시아와 일본의 협정 내용에 대한 "마이니치신문" 기사. 이 기사에 따르면, 러시아와 일본 양국은 조선에 군대를 주둔시킬 수 있으며 조선의 국내외정치를 지원할 것이라고 한다. 이 협정은 1885년 청국과 일본의 톈진조약과 유사하다고 한다.	9034 8월 27일
페테르부르크 8월 10일 보고서 No. 355 서울에서 러시아어 교사 채용	8507 8월 14일
도쿄 7월 21일 보고서 A. 135 프랑스가 조선에 3백만 엔을 50년 동안 빌려줄 것을 제안했다고 한다. 그리고 그 대가로 서울-목포 철도건설권을 요구한다.	9035 8월 27일
8월 30일 Le Nord 조선에서 조선 왕의 환궁을 성사시키기 위한 일본의 움직임.	9133 8월 30일
도쿄 7월 20일 보고서 A. 132 도쿄 주재 영국 공사의 의견에 따르면, 일본은 러시아와의 협상을 통해 다만 시간을 벌 생각이라고 한다. 그래서 러시아와의 전쟁을 승리로 이끌기 위해 군비를 강화할 의도라는 것이다.	9032 8월 27일

해군 최고사령부 8월 26일 서신 독일제국 군함 "아르코나"호 함장의 조선 왕 알현에 대한 보고. 조선에서 러시아와 일본의 계획. 조선의 무역에 대한 진술. 제물포 소재 마이어 회사의 활동. 독일 군함이 이따금 조선을 방문하는 것이 중요하다는 마이어 회사의 조언.	9094 8월 29일
서울 7월 14일 보고서 No. 42 신임 일본 공사 하라 다카시 도착. 조선에서 피살된 일본인들에 대한 일본 측의 요구. 프랑스 신디케이트에 서울-의주 철도건설권 위임. 조선 국내의 소요사태.	9191 9월 1일
도쿄 8월 8일 보고서 A. 141 유럽에서 야마가타 백작의 귀국. 야마가타 백작이 러시아에서 수행한 임무의 결과에 대해 전혀 알 수 없다.	9664 9월 15일
런던 9월 22일 보고서 No. 609 "Times"지 보도에 의하면, 러시아와 일본은 조선의 공동 보호통치에 대한 협정을 체결했다.	9945 9월 24일
도쿄 8월 17일 보고서 No. A. 146 모스크바에서 조선 문제와 관련한 야마가타 후작과 로바노프 후작의 협상 목적은 다만 기간 제한 없이 공조체제를 도입하는 데 있었을 뿐이라는 이토 후작의 발언.	9933 9월 24일
도쿄 7월 13일 보고서 A. 125 "Nichi Nichi Shimbun" 보도에 따르면, 러시아와 영국은 영국이 조선의 영토를 점유하지 않으면 러시아도 조선의 영토를 점유하지 않는다는 협정을 맺었다.	8554 8월 15일
도쿄 8월 29일 보고서 A. 151 러시아는 조선에 주둔하는 일본군을 헌병으로 대체할 것을 일본 정부에 조언했다고 한다. 러시아의 목적은 청국을 통해 자국의 이익을 추구하기 위해 조선에서 청국의 영향을 증대시키는 데 있을 수 있다.	10377 10월 8일
런던 9월 23일 보고서 No. 610 라자레프 항 및 해밀턴 항과 관련해 러시아의 계획에 대한 "Morning Post"지의 기사.	9977 9월 25일
페테르부르크 8월 26일 보고서 No. 382 조선에서 러시아의 입지 구축에 대한 페테르부르크 주재 일본 공사의 의견.	9146 8월 31일
페테르부르크 8월 28일 보고서 No. 383 "Novoye Vremya"지는 독일이 조선에서 서울-부산 철도건설권을 획득할 것이라고 보도한다.	9147 8월 31일

서울 8월 6일 보고서 No. 44 프랑스 측에서 조선에 무이자로 차관을 제공했다는 기사 내용의 정정. 프랑스 신디케이트는 서울-목포 철도건설권을 획득하려는 목표를 달성하지 못했다.	9940 9월 24일
서울 8월 11일 보고서 No. 45 조선 주재 영국 총영사 힐리어의 퇴임. 서울-부산 철도건설권을 획득하려는 일본인들의 바람. 서울-제물포, 부산-원산 전신선의 복구 계획. 조선을 13개 행정구역으로 재편.	9984 9월 25일
11월 7일 Le Nord 러시아와 일본이 조선 문제로 인해 난관에 직면했다는 영국 신문기사 내용의 정정.	11486 11월 7일
서울 8월 22일 보고서 No. 49 조세징수 및 매관매직 금지에 대한 조선 왕의 칙령. 새 왕궁 건축. 로즈섬에서 러시아인들의 공사. 차관 도입에 대한 조선 정부와의 협상.	10474 10월 11일
서울 9월 21일 보고서 No. 53 조선 왕의 탄신일에 러시아 공사관에서 외국 대표들 영접. 연회에 초대받지 못한 일본 공사의 항의. 러시아인에게 삼림채벌 허가. 러시아 교관의 조선 파견에 대한 일본 정부의 항의.	11691 11월 13일
11월 28일 Le Nord 러시아 정부와 조선 왕의 관계에 대한 설명 및 보호관계의 방식.	12228 11월 28일
11월 25일 베를리너 노이에스테 나흐리히텐 신임 대신 오쿠마의 조선에 대한 강경한 태도. 오쿠마 대신을 지지하는 일본 신문은 조선의 섬 하나를 점령할 것을 권장한다.	12109 11월 25일
서울 10월 4일 보고서 K. No. 57 일본 공사 서울을 떠남. 조선 정부는 일본 회사에 서울-부산 철도건설권 불허. 러시아식으로 조선 내각 구성. 학부대신의 해임.	12030 11월 23일
도쿄 10월 6일 보고서 A. 172 러시아 공사는 조선 주재 일본 공사 하라가 소환된 것을 유감으로 여긴다. 그리고 오이시의 조선 주재 공사 임명에 대해 필요한 경우 항의할 것이라고 선언한다.	11688 11월 13일
서울 10월 26일 보고서 No. 59 로즈섬에 러시아 해군을 위한 석탄창고 두 채가 설치되었고 해군병원의 설립이 계획되어 있다. 석탄창고에는 석탄 2천 톤이 저장되어 있다. 한 영국 회사가 영국 해군을 위해 로즈섬에 대지를 임대하려 한다.	12597 12월 19일

서울 11월 2일 보고서 No. 62 신임 영국 총영사 조던 도착. 일본 함대의 제물포 기항. 새 조선 왕궁 건축 재촉. 대외 무역을 위해 진남포항과 평양 항구, 목포항의 개항 예상	12920 12월 17일
도쿄 10월 15일 보고서 B 159 조선의 군대와 해군에 대한 마이네케 육군중위의 보고. 조선에 주둔하는 일본 병사와 러시아 병사의 수. 로즈섬의 급탄소 및 조선의 철도건설.	12026 11월 23일

01

원문 p.647

조선과 관련한 러시아-일본 협정

발신(생산)일	1896. 7. 3	수신(접수)일	1896. 8. 12
발신(생산)자	구트슈미트	수신(접수)자	호엔로에-실링스퓌르스트
발신지 정보	도쿄 주재 독일 공사관	수신지 정보	베를린 정부
	A. 120		A. 8455
메모	8월 15일 런던 873, 페테르부르크 573, 베이징 A. 21에 전달		

A. 8455 1896년 8월 12일 오후 수신

도쿄, 1896년 7월 3일

A. 120

독일제국 수상 호엔로에-실링스퓌르스트 각하 귀하

일본의 일부 언론은 조선과 관련해 로바노프[1]와 야마가타[2]가 체결한 협정[3] 내용 및 그 파급효과에 대해 이미 온갖 추측을 하고 있습니다.

"Jiji Shimpo"[4]는 독자적인 신문이며 몇몇 권위 있는 인물들과의 관계 덕분에 종종 정보에 밝습니다. "Jiji Shimpo"의 주장에 따르면, 로바노프 후작과 야마가타는 다음의 네 항목에 대해 합의했다고 합니다.

1. 조선 왕의 환궁 및 신변보호 대책
2. 조선의 재정 상황 정돈
3. 반란의 진압
4. 일본 전신선의 보호

이 항목들과 관련해 어떤 합의가 되었는지는 야마가타의 귀국 후에야 비로소 공개될

1 [감교 주석] 로바노프(A. Lobanow)
2 [감교 주석] 야마가타 아리토모(山縣有朋)
3 [감교 주석] 로바노프 야마가타 의정서
4 [감교 주석] 지지신보(時事新報)

것이라고 Jiji지는 덧붙입니다.

위의 내용이 사실이라면, 조선 내정의 몇몇 중요한 분야를 포괄하는 일종의 공동 보호통치가 예상됩니다. 그러나 최근 고무라 부대신이 주장한 바와 같이, 양국 정부는 결정적인 논의에는 이르지 못했다고 합니다.

얼마 전 영국은 옥슬리[5] 해군소장을 해군중장 불러[6]가 지휘하는 함대의 제2사령관에 임명했습니다. 이것으로 보아 영국이 이곳 해역의 전투력을 대폭 증강했음을 분명하게 알 수 있습니다. 이런 사태에 직면해, 러시아는 일단 속도를 늦추어 일본을 지나치게 몰아세우지 않는 편이 적절하다고 여겼을 가능성이 있습니다.

일본인들 측에서는 야마가타 사절의 성과에 매우 만족한다고 선언합니다.

구트슈미트[7]

내용: 조선과 관련한 러시아-일본 협정

---

5 [감교 주석] 옥슬리(Oxley)

6 [감교 주석] 불러(A. Buller)

7 [감교 주석] 구트슈미트(F. Gudtschmid)

02

원문 p.649

서울에서 러시아어 교사 채용

발신(생산)일	1896. 8. 10	수신(접수)일	1896. 8. 14
발신(생산)자	취르쉬키	수신(접수)자	호엔로에-실링스퓌르스트
발신지 정보	페테르부르크 주재 독일 대사관	수신지 정보	베를린 정부
	No. 355		A. 8507

A. 8507 1896년 8월 14일 오전 수신

상트페테르부르크, 1896년 8월 10일

No. 355

독일제국 수상 호엔로에-실링스퓌르스트 각하 귀하

어제 날짜 "Novoye Vremya"[1]는 "Amur" 신문 기사를 보도했습니다. 그 기사에 의하면, 조선 학부대신[2]이 한 러시아 어문학자에게 서울에서 러시아어를 가르칠 것을 요청했습니다. 러시아 어문학자에 대한 급료는 연봉 1800엔으로 확정되었습니다.

취르쉬키[3]

내용: 서울에서 러시아어 교사 채용

1 [감교 주석] 노보예 브레먀(Novoye Vremya)
2 [감교 주석] 이완용(李完用)
3 [감교 주석] 취르쉬키(Tschirschky)

베를린, 1896년 8월 15일 A. 8455

주재 외교관 귀중
1. 런던 No. 873
2. 상트페테르부르크 No. 573
3. 베이징 No. A. 21

연도번호 No. 5619

본인은 조선과 관련한 러시아-일본 협정에 대해 삼가 귀하께 정보를 알려드리고자, 지난 달 3일 자 도쿄 주재 독일제국 공사의 보고서 사본을 전달하는 바입니다.

03

원문 p.651

일본-러시아 관계 및 청국-러시아 관계에 대한 오스트리아 공사의 전언

발신(생산)일	1896. 7. 11	수신(접수)일	1896. 8. 15
발신(생산)자	구트슈미트	수신(접수)자	호엔로에-실링스퓌르스트
발신지 정보	도쿄 주재 독일 공사관	수신지 정보	베를린 정부
	A. 122		A. 8551
메모	8월 17일 런던 894, 페테르부르크 585, 베이징 A. 22에 전달		

A. 8551 1896년 8월 15일 오전 수신

도쿄, 1896년 7월 11일

A. 122

독일제국 수상 호엔로에-실링스퓌르스트 각하 귀하

오스트리아-헝가리제국 공사는 리흐텐슈타인[1] 왕자가 페테르부르크에서 보낸 보고서를 본국 정부로부터 전달받았습니다. 조선에서 대체로 일본에 우호적인 정책을 실행하여 일본과 협력하도록 로바노프[2]를 설득하기 위해 히트로보[3]가 진지하게 노력한다는 내용의 보고서입니다. 이와는 반대로 재무대신 비테[4]는 현재 아주 긴밀한 러시아와 청국의 관계를 더욱 공고히 하는 쪽으로 니콜라이 황제의 마음을 움직이려 한다고 합니다. 러시아의 이익이 확실하지 않는 한, 니콜라이 황제가 일본과의 우호적인 합의에 큰 비중을 두지 않게 하려고 한다는 것입니다.

구트슈미트

내용: 일본-러시아 관계 및 청국-러시아 관계에 대한 오스트리아 공사의 전언

1 [감교 주석] 리흐텐슈타인(Liechtenstein)
2 [감교 주석] 로바노프(A. Lobanow)
3 [감교 주석] 히트로보(M. A. Hitrovo)
4 [감교 주석] 비테(S. Witte)

04

원문 p.652

[일본 언론의 러시아 대한정책 보도]

발신(생산)일	1896. 7. 13	수신(접수)일	1896. 8. 15
발신(생산)자	구트슈미트	수신(접수)자	호엔로에-실링스퓌르스트
발신지 정보	도쿄 주재 독일 공사관	수신지 정보	베를린 정부
	A. 125		A. 8554

사본

A. 8554 1896년 8월 15일 오전 수신

도쿄, 1896년 7월 13일

A. 125

독일제국 수상 호엔로에-실링스퓌르스트 각하 귀하

며칠 전 일본의 반관보[1] "Nichi Nichi Shimbun"[2]은 '러시아가 조선을 소유할 의도인가'하는 문제를 다루는 논설을 게재했습니다. 이 논설은 러시아에 대한 모종의 불신을 암시하는 까닭에 상당히 흥미롭습니다. 본인은 이곳 도쿄 주재 영국 공사가 이런 불신을 조장한다고 믿습니다. 심지어는 사토우[3]가 이 신문 사설의 지성적인 필진이라고 해도 전혀 놀랍지 않을 것입니다.

이 신문 논설의 내용을 다음과 같이 간단히 요약할 수 있습니다.

"청국 정부의 중재를 통해 러시아는 영국이 조선의 일부를 점유하지 않는 경우 러시아도 조선의 일부를 점유하지 않겠다고 영국에게 약속했다. 러시아는 인접 국가들을 먼저 문화적으로 포용한 뒤를 이어 정치적으로 포용함으로써 점차 세력을 확장하고 있다. 그러므로 우리는 러시아가 조선 혹은 조선의 일부를 합병할 의도를 품고 있다고 믿지 않는다. 그러나 어쨌든 일본이 무장을 갖춰서 정치적 협상과 책략보다는 굳건한 방위력을 믿는 편이 더 낫다."

구트슈미트

원본 문서 : 조선 1

1 [감교 주석] 반관보(半官報)

2 [감교 주석] 도쿄니치니치신문(東京日日新聞)

3 [감교 주석] 사토우(E. M. Satow)

베를린, 1896년 8월 17일

A. 8551

주재 외교관 귀중

1. 런던 No. 894
2. 상트페테르부르크 No. 585
3. 베이징 No. A. 22

본인은 일본-러시아 관계 및 청국-러시아 관계에 대한 정보를 삼가 귀하께 알려드리고자, 지난달 11일 자 도쿄 주재 독일제국 공사의 보고서 사본을 전달하는 바입니다.

연도번호 No. 5682

05

원문 p.654

페테르부르크의 조선 특별사절단

발신(생산)일	1896. 8. 10	수신(접수)일	1896. 8. 14
발신(생산)자	취르쉬키	수신(접수)자	호엔로에-실링스퓌르스트
발신지 정보	페테르부르크 주재 독일 대사관	수신지 정보	베를린 정부
	No. 352		A. 8670
메모	8월 20일 런던 929, 워싱턴 A. 64, 드레스덴 436, 뮌헨 417, 슈투트가르트 428, 바이마르 186, 베이징 A. 23, 장관들에게 전달		

A. 8670 1896년 8월 17일 오전 수신

상트페테르부르크, 1896년 8월 10일

No. 352

독일제국 수상 호엔로에-실링스퓌르스트 각하 귀하

조선 국왕이 모스크바 대관식에 파견한 특별사절단은 아직까지 페테르부르크에 머물고 있습니다. 이곳 페테르부르크 사람들은 조선 사절단이 이토록 오래 머무는 것을 별로 달가워하지 않습니다. 페테르부르크나 크론슈타트 같은 주변의 모든 관광명소를 보여준 다음, 이제 조선 사절단에게 무엇을 대접해야 할지 노심초사하고 있습니다.

특히 로바노프[1]는 이 극동지방의 사람들이 떠나길 내심 고대하고 있을 것입니다. 이 극동지방의 사람들은 그 밖의 할일이 별로 없는 만큼 로바노프 대신을 자주 방문하는 경의를 표하고 있습니다. 그리고 방문할 때마다 동양의 관습대로 상당히 오래 지체하곤 합니다. 로바노프는 그들이 온갖 정치적인 요청을 늘어놓는 것에 대해 고충을 호소합니다. 로바노프로서는 절대 진지하게 받아들일 수 없는 요청이 대부분이라고 합니다. 그러나 로바노프가 끊임없이 말머리를 다른 데로 돌리려고 애쓰는데도, 조선인들은 집요하게 거듭 그런 사안들을 화제에 올림으로써 로바노프를 지치게 하고 있다고 합니다.

현재 당면한 문제는 무엇보다도 조선 국왕이 러시아 공사관으로부터 환궁하는 것입니다. 조선 국왕이 환궁을 바라고 있고, 로바노프도 이러한 바람을 충분히 이해한다고

1 [감교 주석] 로바노프(A. Lobanow)

전해집니다. 조선 국왕이 여러 부인과 많은 자녀들을 데리고 러시아 공사관의 방 하나에서 거처하는 것을 로바노프 가 잘 알고 있기 때문이라고 합니다. 게다가 조선 국왕의 동생 한 명도 같이 지내고 있는데, 이 동생도 마찬가지로 여러 부인과 자녀들을 데리고 있다는 것입니다. 조선인들은 러시아 병력이 조선 국왕궁의 수비를 맡아주도록 러시아를 설득하고 싶어 합니다. 그러나 로바노프는 이것을 단호히 거절했습니다. 러시아 병력의 조선 왕궁 배치는 러시아 보호통치를 선언하는 것이나 다름없기 때문입니다. 그런데도 조선인들이 계속 채근하자, 로바노프는 약간의 호의를 표명하기 위해 러시아 공사관 바로 옆의 작은 왕궁으로 옮길 것을 제안했습니다. 이 작은 왕궁은 조선 국왕의 소유입니다. 그리고 본래의 러시아 공사관 건물을 조선 왕과 왕족에게 자유롭게 사용하도록 일임한다는 것입니다.

취르쉬키[2]

내용: 페테르부르크의 조선 특별사절단

2 [감교 주석] 취르쉬키(Tschirschky)

베를린, 1896년 8월 20일

A. 8670

주재 외교관 귀중
1. 런던 No. 929
2. 워싱턴 No. A. 64
3. 드레스덴 No. 436
4. 뮌헨 No. 417
5. 슈투트가르트 No. 428
6. 바이마르 No. 186
7. 베이징(보안!) No. A. 23

외무부 장관 귀하

연도번호 No. 5781

본인은 조선 사절단과 관련하여

1과 2, 7에는 정보를 알려드리고자,
3에서 6까지는 소식을 전달하는 권한을 부여하는 1885년 3월 4일 훈령에 의거해

이달 10일 자 상트페테르부르크 주재 독일제국 대리공사의 보고서 사본을 삼가 전달하는 바입니다.

\+ \+ \+

본인은 조선 사절단에 대한 정보를 삼가 장관님께 알려드리고자, 이달 10일 자 상트페테르부르크 주재 독일제국 대리공사의 보고서 사본을 전달하게 되어 영광입니다.

06

원문 p.657

[러시아의 월미도 조차 시도]

발신(생산)일	1896. 8. 22	수신(접수)일	1896. 8. 24
발신(생산)자	슈티게	수신(접수)자	비버슈타인
발신지 정보		수신지 정보	베를린 외무부
			A. 8915
메모	8월 28일 암호훈령 서울 A1 참조 A. 3971 I		

A. 8915 1896년 8월 24일 오전 수신

베를린, 1896년 8월 22일

독일왕국 외무장관 비버슈타인[1] 원수 남작 귀하

러시아인들의 로즈섬[2] 점유와 관련해, 본인은 독일제국 군함 "아르코나"호[3]의 함장 자르노브[4] 해군대령이 금년 6월 20일 즈푸에서 발송한 보고서 - 578 기밀 - 사본을 삼가 장관님께 동봉하게 되어 영광입니다.

군단장 대리

슈티게[5]

1 [감교 주석] 비버슈타인(M. von Bieberstein)

2 [감교 주석] 본문에는 Roce로 기술되어 있으나, 이는 Roze의 오기로 보임. Roze섬은 오늘날 월미도.

3 [감교 주석] 아르코나호(Arcona)

4 [감교 주석] 자르노브(Sarnow)

5 [감교 주석] 슈티게(Stiege)

07

원문 p.658

러시아의 로즈섬 점유

발신(생산)일	1896. 6. 20	수신(접수)일	
발신(생산)자	자르노브	수신(접수)자	
발신지 정보	즈푸	수신지 정보	독일 제국 순양함대 사령부
메모	8월 28일 암호훈령 서울 A1 참조 A. 8915 I 연도번호 No. 578		

발췌문

즈푸, 1896년 6월 20일

독일제국 군함 "아르코나"호의 사령부

기밀

특별보고서

내용: 러시아의 로즈섬[1] 점유

현지

독일제국 순양함대 사령부 귀중

본인은 5월 23일 항해명령 연도번호 1067 I 에 의거해 삼가 다음과 같이 보고 드립니다.

러시아인들이 로즈섬[2]의 남쪽 부지를 조선 정부로부터 매입해 소유권 표시를 했습니다. 러시아인들은 그곳에 해군병원과 급탄소를 설치할 예정입니다. 그러나 그들이 그곳에 요새를 구축할 계획인지는 알아낼 수 없었습니다. 독일제국 군함 "아르코나"호가 제물포에 체류하는 동안, 러시아인들이 로즈섬을 측량했습니다. 아울러 로즈섬 북쪽에는 일본의 석탄 창고가 있음을 삼가 말씀드립니다. 당시 이 석탄 창고는 조선의 허가 없이 설치되었으며, 지금도 일본인들이 이용하고 있습니다.

자르노브[3]

1 [감교 주석] 월미도(Roze Island)

2 [감교 주석] 본문에는 Roce로 기술되어 있으나, 이는 Roze의 오기로 보임. Roze섬은 오늘날 월미도.

3 [감교 주석] 자르노브(Sarnow)

08
원문 p.659

[히트로보의 사망 관련 소식]

발신(생산)일	1896. 7. 20	수신(접수)일	1896. 8. 27
발신(생산)자	구트슈미트	수신(접수)자	호엔로에-실링스퓌르스트
발신지 정보	도쿄 주재 독일 공사관	수신지 정보	베를린 정부
	A. 132		A. 9032
메모	9월 3일 런던 1009, 페테르부르크 676에 전달. 10월 19일 베이징(A. 10814)에 전달.		

사본

A. 9032 1896년 8월 27일 오후 수신

도쿄, 1896년 7월 20일

A. 132

독일제국 수상 호엔로에-실링스퓌르스트 각하 귀하

히트로보[1]의 사망에 대한 일본 언론보도를 살펴보면 상당히 흥미롭습니다. 러시아에 대한 일본인들의 성향을 언론보도를 통해 추론할 수 있기 때문입니다.

반관보[2] "Nichi Nichi Shimbun"[3]은 고인의 이력 소개에 이어 눈에 띄게 냉담한 추도사를 실었지만 고인의 외교적인 능력은 인정합니다. 야당적이고 독자적인 몇몇 신문들은 비교적 호의적으로 보도하고 있습니다. 이 신문들은 히트로보가 일본과 러시아의 원만한 관계 유지에 많은 공헌을 했다고 강조합니다. 또한 야마가타[4] 원수와 맺은 협정도 일차적으로 히트로보의 덕분일 것이라고 추정합니다. 히트로보가 활동적인 면에서는 파크스[5]와 엇비슷하지만, 극히 곤혹스러운 임무도 웃는 얼굴로 해내는 점에서는 파크스를 앞선다고 말합니다.

1 [감교 주석] 히트로보(M. A. Hitrovo)
2 [감교 주석] 반관보(半官報)
3 [감교 주석] 도쿄니치니치신문(東京日日新聞)
4 [감교 주석] 야마가타 아리토모(山縣有朋)
5 [감교 주석] 파크스(H. S. Parkes)

본인의 영국 동료[6]는 오래 전부터 일본인들과 친분을 다져온 것으로 알려져 있습니다. 영국 동료는 그 친분을 바탕으로 일본인들과 많은 교류를 하고 있으며 일본어를 모국어처럼 구사합니다. 본인은 일본과 러시아의 관계에 대해 그제 영국 동료와 담화를 나누었습니다. 그는 이곳 일본 정부가 조선 문제와 관련해 근본적으로 러시아와 결정적인 합의에 도달하려는 노력을 전혀 하지 않는 듯한 인상을 받았다고 말했습니다. 러시아가 제기한 요구사항들을 보면 결정적인 합의는 아예 불가능하다는 것입니다. 야마가타가 페테르부르크에서 어떤 협정을 체결했는지는 몰라도, 그것은 다만 일본이 시간을 벌기 위한 수단이었다고 생각한다는 것입니다. 대략 3년 후면 일본은 북방 대국과의 싸움을 성공적으로 치르기에 충분한 무장을 갖출 것이 어느 정도 예상된다고 영국 동료는 말합니다. 이곳 일본에서는 러시아도 이 기간 동안 군비를 강화할 것임을 숨기지 않는다고 합니다. 특히 시베리아 철도가 거의 완성될 것이라고 추정한다는 것입니다. 그러나 합의를 미루는 편이 러시아보다는 일본에게 훨씬 더 유리해서 결국은 일본이 러시아를 앞지를 것이라고 믿는다고 합니다.

구트슈미트

원본 : 일본 7

---

6 [감교 주석] 사토우(E. M. Satow)

09

원문 p.661

야마가타 사절단에 대한 언론 보도

발신(생산)일	1896. 7. 20	수신(접수)일	1896. 8. 27
발신(생산)자	구트슈미트	수신(접수)자	호엔로에-실링스퓌르스트
발신지 정보	도쿄 주재 독일 공사관	수신지 정보	베를린 정부
	A. 134		A. 9034

A. 9034 1896년 8월 27일 오후 수신

도쿄, 1896년 7월 20일

A. 134

독일제국 수상 호엔로에-실링스퓌르스트 각하 귀하

오쿠마[1]와 진보당[2]을 지지하는 "Mainichi Shimbun"[3](독일어 "Tageblatt"[4]에 해당)은 많은 고위급 인사들과의 밀접한 관계 덕분에 대체로 정보에 밝은 신문입니다. 마이니치 신문이 조선과 관련해 로바노프[5]와 야마가타[6] 사이에 체결된 합의[7]에 대해 다음과 같은 내용을 알아냈다고 합니다.

일본과 러시아는 조선에 동일한 수의 병력을 주둔시킬 권리를 상호 인정한다. 또한 필요한 경우에는 사전에 상대방에게 통고한 후 병력을 증강할 수 있다. 나아가 일본과 러시아는 조선의 독립이 침해되지 않는 범위에서 조선 정부의 국내외정치를 공동으로 지원한다.

"Mainichi Shimbun"은 이 조약이 청국과 일본의 톈진조약(1885년)과 매우 흡사하다고 말합니다. 그러나 힘없는 청국 대신 강력한 러시아가 등장했다는 것입니다. 톈진조약은 조선에서 일본과 청국의 정치적 균형을 유지하는 임무를 수행하지 못했다고

1 [감교 주석] 오쿠마 시게노부(大隈重信)
2 [감교 주석] 진보당(進步黨)
3 [감교 주석] 마이니치 신문(每日新聞)
4 [감교 주석] '일간신문'이라는 의미.
5 [감교 주석] 로바노프(A. Lobanow)
6 [감교 주석] 야마가타 아리토모(山縣有朋)
7 [감교 주석] 로바노프 야마가타 의정서

"Mainichi Shimbun"은 주장합니다. 그런데 '이번의 새로운 조약은 그 임무를 수행할 수 있을 것인가?'라는 질문을 던집니다.

야마가타는 8월 초순 일본에 돌아올 것으로 예상됩니다.

구트슈미트

내용: 야마가타 사절단에 대한 언론 보도

10

원문 p.662

프랑스가 조선에 돈을 빌려주기로 했다는 소문

발신(생산)일	1896. 7. 21	수신(접수)일	1896. 8. 27
발신(생산)자	구트슈미트	수신(접수)자	호엔로에-실링스퓌르스트
발신지 정보	도쿄 주재 독일 공사관	수신지 정보	베를린 정부
	A. 135		A. 9035
메모	8월 29일 런던 982, 파리 555, 페테르부르크 656에 전달. 10월 19일 베이징 (A. 10814)에 전달 A. 9940 참조		

A. 9035 1896년 8월 27일 오후 수신

도쿄, 1896년 7월 21일

A. 135

독일제국 수상 호엔로에-실링스퓌르스트 각하 귀하

종종 소식에 정통한 "Asahi" 신문[1]의 기사 내용에 의하면, 프랑스가 조선 정부에 3백만 엔을 50년 동안 무이자로 빌려줄 것을 제안했다고 합니다. 작년 여름 조선이 일본 정부에게 차관을 빌렸음은 이미 알려진 사실입니다. 프랑스가 이 차관을 변제하도록 조선 정부에 자금을 빌려주겠다고 했다는 것입니다. 그러나 이 기사 내용의 진위여부를 지금까지 확인할 수 없었습니다.

"Asahi" 신문의 주장에 의하면, 프랑스는 자금을 빌려주는 대가로 서울에서부터 조선 북부에 위치한 목재의 수출항 목포까지의 철도건설권을 요구한다고 합니다.

본인은 이 소식이 사실인지 탐문해볼 예정입니다. 만일 이 소식이 사실로 판명된다면, 프랑스의 이런 조처는 프랑스가 동아시아에서 러시아를 위해 수행하려는 새로운 임무일 것입니다. 일본에 대한 모든 채무로부터 조선을 벗어나게 하는 것은 분명 러시아의 이해관계와 직결되기 때문입니다. 채무관계는 일본이 한반도 왕국의 내정에 간섭할 수 있는 빌미를 제공할 수 있습니다.

구트슈미트

내용: 프랑스가 조선에 돈을 빌려주기로 했다는 소문.

---

1 [감교 주석] 아사히신문(朝日新聞)

베를린, 1896년 8월 28일

A. 8915

주재 독일제국 영사관 귀중
서울 No. A. 1

연도번호 No. 5979

우편암호!

이곳에서 입수한 정보에 의하면, 러시아인들이 해군병원과 급탄소를 설치할 목적으로 로즈섬[2] 남쪽의 토지를 매입했다고 합니다.
서울에서 이에 대해 아는 바가 있으면 보고하고, 앞으로 계속 이 사안을 주시할 것을 요청합니다.

2 [감교 주석] 본문에는 Roce로 기술되어 있으나, 이는 Roze의 오기로 보임. Roze섬은 오늘날 월미도.

베를린, 1896년 8월 29일

A. 9035

주재 외교관 귀중

1. 런던 No. 982
2. 파리 No. 555
3. 상트페테르부르크 No. 656

연도번호 No. 6014

본인은 조선과 관련한 정보를 삼가 귀하께 알려드리고자, 지난달 21일 자 도쿄 주재 독일제국 공사의 보고서 사본을 전달하는 바입니다.

11

원문 p.665

[러시아의 월미도 조차 관련 추가 보고]

발신(생산)일	1896. 8. 26	수신(접수)일	1896. 8. 29
발신(생산)자	새퍼	수신(접수)자	비버슈타인
발신지 정보		수신지 정보	베를린 외무부
			A. 9094
메모	9월 6일 서신과 함께 인쇄물 최고사령부에 반송		

A. 9094 1896년 8월 29일 오후 수신. 첨부문서 3

베를린, 1896년 8월 26일

독일왕국 외무부 장관 비버슈타인 원수 귀하

본인은 독일제국 군함 "아르코나"[1]호의 함장 자르노브[2] 해군대령이 조선의 상황에 대해 금년 6월 19일 즈푸에서 보낸 보고서 -기밀 577- 사본을 삼가 장관님께 보내 드리게 되어 영광입니다. 이와 함께 제물포 소재 마이어 회사[3]의 금년 6월 6일 자 서신 사본과 인쇄물을 동봉하는 바입니다. 인쇄물은 부디 돌려주시기를 부탁드립니다.

군단장 대리

새퍼[4]

1 [감교 주석] 아르코나(Arcona)

2 [감교 주석] 자르노브(Sarnow)

3 [감교 주석] 마이어 회사(E. Meyer & Co.; 세창양행(世昌洋行))

4 [감교 주석] 새퍼(Schäfur)

사본!

즈푸, 1896년 6월 19일

독일제국 군함 "아르코나"호 사령부

연도번호 No. 577

기밀!

Ⅱ. 조선에 대한 해군 군사정책 보고서

독일제국 군함 "아르코나"호는 금년 6월 1일 제물포에 도착했습니다. 그리고 금년 5월 25일 항해명령 – 1067. I – 에 따라 서울 주재 독일제국 영사 크리엔[5]에게 "아르코나"호의 도착과 체류 기간을 알렸습니다. 이에 대해 크리엔 영사는 다음과 같은 내용의 서한을 보냈습니다. "귀하께서 수행원들을 데리고 조선 왕을 알현하러 서울에 오신다면 대단히 감사하겠습니다. 수행원은 장교 두 명 정도가 좋을 것입니다. 지난 수년 동안 제물포에 기항해서 사흘 이상 머문 모든 군함의 함장들은 항상 조선 왕에게 알현을 청했습니다. 그런데 여러 해 전부터 조선을 찾아온 독일제국 군함은 없었습니다. – (독일제국 군함 "코르모란[6]"호가 단 하루 머문 적이 있습니다.) 그러므로 귀하께서 조선 왕을 알현하면 독일 대표에게 크게 도움이 될 것입니다. 그렇지 않아도 본인은 독일 황제에게는 군함이 한 척도 없느냐는 질문을 받았습니다!" 위에서 언급한 항해명령에 의거해, 본인은 어차피 서울 주재 영사와 비밀 임무를 수행해야 했습니다. 그래서 6월 4일 본인은 항해사와 당직부관을 데리고 서울로 향했습니다.

제물포에서 서울까지 강을 오가는 작은 기선이 있습니다. 그러나 그 강배들은 조류의 영향을 받는데다가 약 8시간 내지 10시간 걸립니다. 그런 다음 또 1시간 반을 걸어야 서울에 도착합니다. 아니면 육로로 도보나 혹은 가마나 조랑말을 타고 제물포에서 서울까지 갈 수도 있습니다. 이것도 마찬가지로 8시간에서 10시간 정도 걸립니다.

본인은 6월 5일 오후 3시 러시아 공사관에서 조선 왕을 알현했습니다. 조선 왕은 금년 2월 11일부터 러시아 공사관에서 거처하고 있습니다.

모든 왕자와 고관들처럼 조선 왕도 1895년 10월 8일 살해된 왕비를 애도하는 상복을

5 [감교 주석] 크리엔(F. Krien)
6 [감교 주석] 코르모란(Cormoran)

입고 있었습니다. (옅은 황색의 생사로 지은 상복이었는데 휘장이나 장식이 전혀 없었습니다. 그리고 조선인들이 머리에 쓰는 검은 두건 위에 옅은 황색의 조선 모자를 쓰고 있었습니다. – 온 국민이 이런 상복을 입습니다.)

크리엔 영사가 조선 왕에게 독일 장교들을 소개했습니다. 그러자 조선 왕은 독일 군함이 조선 해역을 찾아와 기쁘다고 말했습니다. 그리고 독일제국 황제폐하의 안부를 묻고 양국의 우호관계를 강조했습니다. 저희들이 그에 대해 답례를 한 후, 조선 왕은 아주 자애로운 표정으로 저희를 물러가게 했습니다. 무척 기뻐하는 기색이 역력했습니다.

그런 다음 이곳의 관례대로 외국 대표들의 방문과 답방이 이어졌습니다. 바로 그날 조선 왕은 저희의 방문에 대한 감사의 표시로 조선 총리대신을 독일 영사관에 보냈습니다.

정치적 상황

조선왕국의 상황은 (청일전쟁이 발발했을 때 조선은 일본에게 점령당했지만, 평화협정 체결 후 러시아의 개입으로 일본은 다시 철수했습니다) 대략 다음과 같습니다.

오래 전부터 일본인들은 조선에 대한 소유권을 요구하고 있습니다. 이것은 해묵은 논쟁의 대상입니다. 청국에 대한 조선의 예속관계 때문에 일본인들은 아직까지 조선을 공식적으로 점령하지 못하고 있습니다. 그러나 약 일 년 전 러시아인들이 거부권을 행사하기 전까지, 조선은 도덕적으로 일본인들에게 점유되어 있었습니다.

약 2년 전 일본인들은 자신들을 추종하는 조선 귀족들이 권력을 장악하게 하는 데 성공했습니다. 그리고 이 친일파들을 이용해 두발 모양이나 상복 규정, 행정 등의 분야에서 새로운 법령을 실행하는 권한을 조선 왕에게서 탈취했습니다. 이것은 조선인들을 극도로 격분하게 만들었으며 숙적에 대한 증오심에 새로이 불을 붙였습니다.

그런 후 일본인들은 친일파의 힘을 빌려 조선 왕을 거듭 위협하고 궁중혁명과 반란을 사주했습니다. 그러다 조선 왕비가 일본은 극도로 싫어하는데 비해 청국과 러시아에 호감을 보이고 많은 영향력을 행사한다는 이유로 마침내 10월 8일 불시에 왕비를 살해했습니다.

일본인들은 러시아의 강력한 개입으로 수세에 몰리자 여러 차례 작은 쿠데타를 시도했습니다. 그러나 이 일은 결국 조선 왕에게 자신의 왕궁에서 안전하지 않다는 확신을 심어주었습니다. 그래서 금년 2월 11일 조선 왕은 변장을 하고 러시아 공사관으로 피신했습니다. 지금 조선 왕은 조정 신료들과 함께 러시아 공사관에 거주하며 정사를 보고 있습니다.

순양함 "Dimitry Donskoi"호에서 상륙한 해병 100명이 튼튼한 담장으로 에워싸인 러시아 공사관을 경비하고 있습니다. 순양함에서 가져온 대포 한 대가 러시아 공사관 정문 앞을 지키고, 공사관 담장 바깥쪽에는 조선 경비병이 한 명 또는 두 명씩 짝을 이루어 보초를 섭니다. 허가증 없는 조선인들은 공사관을 출입할 수 없으며, 유럽인들은 안면이 있는 경우에 자유롭게 출입할 수 있습니다.

조선 국민은 대략 1870년의 일본인들과 같은 수준에 있습니다. 조선이 12년 전에 문호를 개방했는데도 유럽문화는 여전히 보급되지 않았습니다. 몇몇 귀족가문이 조선 왕과 왕족을 철통같이 에워싸고 있습니다. 그러니 조선 정부는 더욱 말할 것도 없습니다.

조선 남자들은 피부가 백색에 가깝고 키가 6피트 정도이며 몸매가 근사합니다. 조선 여인들은 키가 작고 볼품없으며 일에 지친 듯 보입니다. 조선 민족은 청국인과도 일본인과도 닮지 않았습니다. 그보다는 오히려 퉁구스족을 연상시키며 인상이 좋습니다.

유감스럽게도 조선 국민은 관료정치로 인해 너무 타락해서 미덕이라고는 찾아볼 수 없다고 합니다. 조선 국민은 사방에서 착취당하고 있습니다. 관료들과 대신들이 매관매직을 일삼고 있습니다. 관료들은 대신들에게서, 대신들은 세력 있는 환관과 무희 내지는 궁녀들에게서 돈을 주고 관직을 삽니다. 환관과 궁녀는 수입이 너무 적은 탓에 이런 부수입 없이는 생활할 수가 없다고 합니다.

이렇게 착취당하다 보니, 국민들은 조세를 내고 먹고살기에 꼭 필요한 만큼만 물건을 생산하거나 농사를 짓습니다. 노동력과 토지를 효율적으로 이용하지 않습니다.

전쟁이 발발한 후로 조선 각지에서 반란의 무리들이 횡행하고 있습니다. 그런데 반란자들은 자신들이 실제로 누구에 대항해 싸우는지 전혀 모릅니다.

조선 왕은 국민들에게 높이 추앙받고 있습니다. 그래서 국민들이 조선 왕에게 반항하는 것은 아닙니다. 그보다는 왕권에 의존해 권세를 부리는 귀족들에게 대항해 반란을 일으킵니다. 그 귀족들은 전국의 모든 관직을 점령하고서 착취의 원칙을 철통같이 고수하고 있습니다.

반란군이 한동안 서울의 성문까지 진격해서 정부군을 격퇴했습니다. 그런데 정부군은 비밀리에 반란군에 동조하고 있습니다. 반란군은 서울을 점령하려 시도했습니다.

이 일과 서울 근교에 주둔하는 일본군 때문에 조선 왕은 왕궁을 떠나 러시아의 보호를 받기로 마음을 굳혔습니다. 반란군뿐만 아니라 일본인들도 감히 러시아 공사관까지는 접근하지 않고 있습니다. 조선 국내는 전반적으로 무정부상태입니다.

러시아인의 영향력과 계획들

러시아인들은 예비 평화조약을 강요한 후 일본인들을 몽골에서 몰아내고 일본의 조선 합병을 저지했습니다. 그 이래로 러시아의 영향력은 조선에서 급속도로 확대되었습니다.

조선 왕비의 시해와 조선 왕의 아관파천, 그리고 조선 왕이 러시아의 영향 아래 실행한 몇 가지 호의적인 개혁에 힘입어 러시아인들은 주도권을 장악했습니다. 러시아인들은 조선인들을 친절히 대합니다. 그리고 러시아 병력은 – 러시아 함대와 조선 국경의 러시아 병사 4만 9천명 – 조선의 숙적이 침범하지 못하도록 조선인들을 보호해주며, 일본의 통치를 받을 경우보다 더 좋은 운명을 조선인들에게 약속합니다.

현재 러시아인들은 서울 주재 러시아 공사관을 보호할 목적으로 상륙한 해병 백 명 및 선박 두 척, "Dimitry Donskoy"호와 "Korejetz"호 이외에 다른 군사력은 조선에 보유하고 있지 않습니다. 러시아인들은 (외교적 협상을 제외하면) 제물포 인근 해역과 그곳에 이르는 길목, 서울로 통하는 물길을 측량하고 혹시 침략할 경우를 대비해 서울까지의 지형을 탐색하는 데 몰두해 있습니다.

프랑스 총영사와 특히 영향력이 큰 프랑스 선교사들이 러시아인들을 막강하게 지원하고 있습니다. 프랑스 선교사들은 조선 각지에서 3만 명에 이르는 조선인들을 개종시켰다고 합니다. (그에 비해 조선의 개신교도는 미국과 영국의 대규모 선교단에도 불구하고 현재 2천 명에 불과하다고 전해집니다.) 그 프랑스 선교사들 덕분에 영향력이 크고 노련한 프랑스 주교가 조선의 국내 상황에 대해 매우 잘 알고 있습니다.

러시아인들이 해군병원과 급탄소를 건설할 목적으로 로즈섬[7]의 남쪽 토지를 매입했습니다. 그리고 소유권 표시를 하고는 곧바로 토지를 측량했습니다. 러시아인들이 그곳에 요새를 구축할 계획이 있는지는 알아낼 수 없었습니다.

러시아인들은 서서히 그러나 확실하게 조처를 취하고 있습니다. 러시아 교관들은 조선 군대를 개혁하고, 러시아의 외교와 화폐는 비록 조선을 점령하지는 않더라도 조선을 보호하게 될 것입니다. 부동항 원산에서 머지않아 러시아의 깃발이 나부낄 것입니다. 그로 인해 러시아와 일본이나 영국 사이에서 전쟁이 벌어질 것인지는 추정하기 어렵습니다.

7 [감교 주석] 월미도(Roze Island)

일본인의 영향력과 계획들

전쟁이 발발했을 때 일본인들은 조선을 점령했습니다. 그리고 조선에 우편-전신-선박 연결망을 설치하고 자신들이 조선의 주인이라고 생각했습니다. 그런데 앞에서 말씀드린 것들을 통해 알 수 있는 바와 같이, 지금 일본인들은 승리의 결실인 조선을 러시아인들로 인해 상실했습니다. 게다가 일본인들은 조선에서 가장 극심한 증오의 대상입니다. 물론 일본인들은 조선의 여러 항구도시 및 서울에 막강한 상업지역을 확보하고 있고, 조선의 우편과 전신도 여전히 일본인들의 소유입니다. 또한 일본 기선들은 거의 전적으로 일본이나 청국과의 교통편을 독점하고 있으며, 300명의 현역 전투 병력과 다수의 잘 훈련된 경찰 병력이 일본인들을 보호하기 위해 서울과 제물포, 부산, 원산에 배치되어 있습니다. 서울의 일본인 거류지에는 삼천 명에 이르는 병사들이 사복 차림으로 머물고 있습니다. 이 병사들은 무기를 일본인 거류지에 반입해 두었습니다. 그러나 현 상황에서 일본인들이 다시 영향력을 회복하기 위한 쿠데타를 도모하기는 어려울 것입니다.

제물포, 서울, 부산-원산의 일본 전신선과 제물포, 서울, 평양, 톈진의 청국 전신선의 연락망은 모두 두절되었습니다. 일본 전신선은 이용 가능하다고 전해집니다. 일본인들이 군사적, 외교적 업무에 전신선을 사용한다고 합니다. 그러나 공식적으로는 전신 연락이 끊긴 상태라서 전보를 발송할 수 없거나 아니며 부산에서야 겨우 발송할 수 있습니다. 청국 전신선은 전쟁이 발발한 이래 일본인들 내지는 조선 반란자들에 의해 이용 불가능하게 되었습니다.

이미 몇 년 전부터 일본인들은 로즈섬 북쪽에 급탄소를 소유하고 있습니다. 당시 일본인들은 독단적으로 급탄소를 설치했으며 지금도 여전히 사용 중입니다. 조선 정부는 급탄소 설치를 결코 허가한 적이 없습니다.

조선 군대가 러시아 교관들의 도움을 받아 군사력을 키우거나 또는 앞으로 전쟁에서 러시아인들이 승리하게 되면, 일본인들은 서서히 그러나 확실히 조선에서 추방될 것입니다. 이 점에서는 의심의 여지가 없습니다.

무역과 교통

조선은 산이 많은 나라이고 인구는 약 1200만 명입니다. 산속에는 금, 은, 구리가 매장되어 있고, 많은 골짜기들은 매우 비옥해서 거의 모든 종류의 곡식과 유용 작물들의 재배가 가능합니다. 쌀의 품질이 우수하고 특히 콩 종류가 잘 자랍니다. 조선의 남서쪽

골짜기들에서는 온갖 종류의 아열대 식물이 자랍니다. 그러나 조선의 주요 자원은 바다입니다. 특히 동해안에서는 고기를 잡고 진주자개조개와 해삼을 채취합니다. 서해안에서는 고기잡이와 더불어 진주조개 채취를 합니다.

조선의 수출품은 주로 쌀, 생선, 해삼, 진주자개조개, 종이, 은, 금, 구리입니다. 그리고 수입품은 직물, 바늘, 주홍 물감, 생사, 솜입니다.

철도가 개통되고 자원이 합리적으로 관리되는 즉시, 조선의 수출과 수입은 예상 밖으로 엄청나게 증가할 것입니다.

현재 미국 회사가 제물포에서 서울까지의 철도건설권을 따냈습니다. 이 철도는 1897년 완공될 예정입니다. 조선 정부는 기존의 전신망과 유사한 철도망 건설을 프랑스-러시아 회사에게 허가할 생각이라고 합니다. 그리고 철도 노선 양편으로 20리의 토지 소유권 내지는 이용권을 부여할 계획이라고 전해집니다.

최근 미국인들은 적극적으로 조선의 광산 운영에 착수하고 있습니다.

독일의 무역 및 그 의의와 앞날에 대해서는 삼가 동봉하는 마이어 회사의 서한이 잘 알려줍니다. 마이어 회사는 조선에서 가장 중요한 독일 상사입니다.

이 서한에 의하면, 독일 무역이 장차 성과를 내기 위해서는 즉각 독일의 이익을 지원해야 할 것으로 판단됩니다. 그렇지 않으면 모든 것이 수포로 돌아갈 수 있습니다.

국방력

조선은 4개 보병연대와 150명의 기병을 보유하고 있습니다. 각 연대는 3개 대대로, 각 대대는 보병 800명으로 구성되어 있습니다. 그러므로 조선은 전부 합해 대략 만여 명의 병력을 보유합니다. 그 가운데 보병 약 2천 명과 기병 75명은 조선의 수도 내지는 조선 왕을 보호하기 위해 서울에 주둔하고 있습니다.

조선 병사들은 키가 크고 건장하며 외모가 수려한데도 좋은 인상을 주지 않습니다. 무기와 군복이 지저분한데다가 훈련도 제대로 받지 못했습니다. 조선 병사들은 청국인들보다도 나약하다고 합니다. 이곳에 거주하는 외국인들은 조선 병사들의 전투력을 거의 제로로 평가합니다. 서울에 이르는 강의 양편에 조선 성벽과 함께 낡아서 붕괴된 작은 성채 몇 개가 있습니다. 그 성채들을 요새라고 지칭하지 않는다면, 조선에는 요새라는 것이 없습니다. 조선에는 해군도 존재하지 않습니다.

자르노브[8]

8 [감교 주석] 자르노브(Sarnow)

12

원문 p.672

[러시아의 월미도 조차 관련 추가 보고]

발신(생산)일	1896. 6. 6	수신(접수)일	
발신(생산)자	새퍼	수신(접수)자	
발신지 정보	마이어 회사	수신지 정보	
	A. 3966 I, A. 9094		

사본

A. 3966 I, A. 9094에 첨부

제물포, 1896년 6월 6일

마이어 회사[1]

조선

존경하는 함장님께,

최근 미국인들이 조선 정부와의 거래에서 거둔 상당한 성과와 관련해, 저희는 이곳 조선의 무역 현황에 대해 담화를 나누었습니다. 이 담화의 연장선상에서 본인은 다음과 같은 몇 가지 상세한 소식을 - 자유로이 사용하시도록 - 함장님께 전해드립니다.

쇄국정책을 고수했던 조선은 1882년 5월 외국과의 무역을 위해 문호를 개방했습니다. 그 후 저희는 1884년 6월 제물포에 상사를 설립했으며, 이미 그때부터 조선정부와의 계약 체결을 주안점으로 삼고 활동을 개시했습니다.

또한 이 방면에서 저희의 노력은 적지 않은 결실을 거두었습니다.

조선에서 활동을 개시하자마자 저희는 2만 파운드의 차관을 독일에 투자하도록 유도하는 데 성공했습니다. 그에 이어 서울의 조폐국 설치를 위해 독일 기계를 공급하고 조폐국 운영에 독일 전문가를 채용하기로 하는 계약을 체결했습니다. 또한 독일의 여러 가지 무기도 조선에 공급하기로 했습니다.

1887년 저희는 바다를 오가는 기선 두 척과 강을 오가는 기선 한 척 및 서울-부산 전신선을 위한 물자를 조선 정부에 공급했습니다. 저희의 성공은 당연히 경쟁국들의 주목을 끌었습니다. 앞에서 말한 계약들을 체결한 후로, 저희는 제물포에서 조선의 수도에

1 [감교 주석] 마이어 회사(E. Meyer & Co.; 세창양행(世昌洋行))

이르는 철도 건설에 대해 교분을 쌓은 조선 관리들과 계속 논의했습니다. 그 목적은 필요한 물자를 독일에서 들여오려는 데 있었습니다. (전신물자를 제외하고는 예전에도 항상 그래왔습니다.)

저희의 노력은 이번에도 원하는 성과를 거둔 듯 보였고, 1894년 봄에 본인의 동업자 볼터[2]가 귀국하여 이 일에 관심 있는 사람들과 상세히 논의했습니다. 그러나 그해 여름 청일전쟁이 발발함으로써 그 계약은 무산되었습니다. 조선이 맨 먼저 전쟁터가 되었기 때문입니다. 그 후로 미국인들이 철도건설권뿐만 아니라 광산 채굴권에서도 저희보다 선수를 쳤습니다.

저희는 조선에서 자리를 잡은 후로 줄곧 광산 채굴권을 따내기 위해 노력하고 있습니다. 광산 채굴권을 따낼 수만 있다면 어떤 수고도 마다하지 않았고 비용도 아끼지 않았습니다. 1888년 저희는 독일인 광산기술자 한 사람을 약 7개월 예정으로 이곳에 초빙했습니다. 독일인 기술자는 저희를 위해 조선 국내의 여러 곳을 돌아다녔습니다.

지금 미국인들은 비교적 쉽게 조선과의 계약을 성사시키는 반면에, 저희의 노력은 무위로 돌아가는 듯 보입니다. 저희는 그 이유가 대체 무엇인지 묻지 않을 수 없습니다. 그리고 저희 독일보다 미국이 조선 주재 대표부를 위해 더 많은 노력을 기울이기 때문이라고 생각하지 않을 수 없습니다.

미국은 서울에 공사관 서기관과 함께 변리공사를 두고 있는 반면에, 독일제국은 단 한 명의 영사만을 서울에 파견하고 있습니다. 이 점을 차치하고라도, 미국은 벌써 수 년 전부터 제물포 정박장에 거의 지속적으로 군함 한 척을 상주시키는 것이 적절하고 또 상주시킬 필요가 있다고 여겼습니다. 아시아인들에게는 – 특히 조선인들에게는 – 대표부가 최고입니다. 본인은 십년 가까이 조선에 체류하는 동안, 미국 제독들이 군함들을 제물포에 몰고 와 서울에서 조선 왕을 알현하는 것을 보았습니다. 대부분은 해당 선박의 악대가 조선 왕궁에서 조선 왕을 위해 연주하려고 조선의 수도까지 함께 갔습니다. 1890년 가을 조선 대비의 장례를 치를 때에는, 제물포에 정박한 미국 선박들이 선원들을 보내 고인의 상여를 뒤따르게 했습니다. 다른 국가들도 비슷합니다. 영국과 프랑스의 제독은 이따금 제물포에 모습을 나타냅니다. 러시아는 항상 선박 한두 척을 제물포에 주둔시키고 있습니다. 그런데 유감스럽게도 독일의 깃발만은 제물포에 모습을 나타내는 경우가 아주 드뭅니다. 불과 몇 년 전에 한 조선 관리가 독일제국도 군함을 보유하고 있느냐고 저희에게 질문한 적이 있을 정도입니다. 이 질문이 기이하게 들릴 수도

---

2 [감교 주석] 볼터(C. Wolter)

있습니다. 그러나 눈으로 보는 것만을 믿는 조선 사람을 곡해해서는 안 됩니다. 청일전쟁이 발발할 때까지, 저희는 – 1891년 가을의 "알렉산드리네[3]호를 제외하면 – 실제로 (1886년과 1894년에) "볼프[4]"호, 그리고 (이따금 간간히) "일티스[5]"호만을 제물포에서 보았습니다. 현재 독일의 동아시아 기지는 병력이 증강되었습니다. 그런데도 함장님께서 도착하실 때까지, 저희는 애석하게도 제물포에서 독일의 군기[6]를 보는 기쁨을 누리지 못했습니다. "코르모란[7]"호가 잠시 제물포에 머물다간 것을 여기에 포함시킬 수는 없을 것입니다.

제독님께서 한 번 우리 독일의 위풍당당한 군함들을 거느리고 얼마간 제물포에 들리셨다면, 저희 상사가 미국의 영향에 대처하는 데 엄청난 이득이 되었을 것이라고 본인은 확신합니다. 그랬더라면 아마 – 아니 십중팔구는 – 지금 벌써 고국의 산업에 도움이 되었을 것입니다.

본인은 독일 함대가 여기 동아시아에서 책임져야 하는 넓은 활동 범위를 과소평가하지 않습니다. 그러나 여기 조선에서 일어난 최근의 사건들은 독일제국이 외국 주재 해군력을 반드시 증강시켜야 할 필요가 있음을 입증했습니다. 이 방면에 지출하는 한 푼 한 푼이 독일의 산업과 독일의 노력에 몇 배나 더 이익이 된다는 사실을 제국의회의 일부 무리들이 깨닫지 못하고 있으며 또 깨달으려 하지도 않는 것은 대단히 유감스러운 일입니다.

존경하는 함장님, 이 서신 내용을 함장님의 판단에 따라 활용하시길 부탁드리면서 이만 줄이겠습니다.

마이어 상사

제물포, 조선

3 [감교 주석] 알렉산드리네(Alexandrine)
4 [감교 주석] 볼프(Wolf)
5 [감교 주석] 일티스(Iltis)
6 [감교 주석] 군기(軍旗)
7 [감교 주석] 코르모란(Kormoran)

13

원문 p.675

["Le Nord"에 나온 조선 관련 기사]

발신(생산)일		수신(접수)일	1896. 8. 30
발신(생산)자		수신(접수)자	
발신지 정보		수신지 정보	베를린 외무부
			A. 9133

A. 9133 1896년 8월 30일 오후 수신

Le Nord

30. 8. 96

Les nouvelles, données par certains journaux anglais, que l'agitation à Séoul prenait un caractère des plus inquiétants pour lA. sécurité des Européens dans cette capitale Coréenne, sont exagérées.

L'agitation dont il s'agit A. été produite par les Japonais résidant à Séoul, qui, sur les inspirations qui leur viennent de Yeddo, essaient d'obtenir, par voie d'intimidation, le retour à son palais du roi de Corée et de sA. famille, - qui se trouvent toujours abrités dans les locaux de lA. légation de Russie. Cette agitation cessA. aussitôt que le ministre de Russie en rendit responsable son collègue du Japon, qui A. pris toutes les mesures nécessaires pour calmer les esprits de ses nationaux.

14

원문 p.676

[러시아의 대조선정책에 대한 주러일본공사 니시의 전망]

발신(생산)일	1896. 8. 26	수신(접수)일	1896. 8. 31
발신(생산)자	취르쉬키	수신(접수)자	호엔로에-실링스퓌르스트
발신지 정보	페테르부르크 주재 독일 대사관	수신지 정보	베를린 정부
	No. 382		A. 9146

발췌문

A. 9146 1896년 8월 31일 오전 수신

상트페테르부르크, 1896년 8월 26일

No. 382

독일제국 수상 호엔로에-실링스퓌르스트 각하 귀하

동아시아의 상황에 대해 논의하는 자리에서, 일본 공사 니시[1]가 조선을 화제에 올렸습니다. 그때 본인은 니시에게서 낙심하는 기색을 확실히 감지할 수 있었습니다. 니시는 러시아인들이 조선에서 나날이 입지를 굳히고 있다고 말했습니다. 러시아인들이 계속 조선 왕을 손아귀에 쥐고서 실제로 조선의 주인 노릇을 하고 있다는 것입니다. 본인의 한 동료에게 들은 바에 의하면, 니시는 그 동료에게도 같은 어조로 말했다고 합니다. 그리고 일본이 승리의 결실을 완전히 잃었다고 덧붙였다는 것입니다. 전쟁 전에는 나약한 조선의 이웃국가로 일본밖에 없었는데, 이제는 러시아가 일본의 자리를 차지했기 때문이라고 합니다. 그런데 애석하게도 일본은 러시아가 조선에서 주도권을 다져가는 것을 지켜볼 수밖에 없다는 것입니다. 니시말로는, 대만이 일본에게 거의 이득이 되지 않는다고 합니다. 대만은 많은 자금과 병력을 필요로 하기 때문이라는 것입니다.

취르쉬키

원본 : 일본 6

1 [감교 주석] 니시 도쿠지로(西德二郎)

15

원문 p.677

독일이 서울-부산 철도건설권을 획득했으며 대만에서 반란이 확산되고 있다는 내용의 "Novoye Vremya"의 전보문

발신(생산)일	1896. 8. 28	수신(접수)일	1896. 8. 31
발신(생산)자	취르쉬키	수신(접수)자	호엔로에-실링스퓌르스트
발신지 정보	페테르부르크 주재 독일 대사관	수신지 정보	베를린 정부
	No. 383		A. 9147

A. 9147 1896년 8월 31일 오전 수신. 첨부문서 1부.

상트페테르부르크, 1896년 8월 28일

No. 383

독일제국 수상 호엔로에-실링스퓌르스트 각하 귀하

본인은 "Novoye Vremya"[1]가 블라디보스토크에서 받은 전보문 두 통의 번역문을 삼가 각하께 동봉하게 되어 영광입니다. 첫 번째 전보문은 독일이 서울-부산 철도건설권을 획득했다는 내용이고, 두 번째 전보문은 대만에서 폭동이 확산되고 있다는 소식을 전합니다.

취르쉬키

내용: 독일이 서울-부산 철도건설권을 획득했으며 대만에서 반란이 확산되고 있다는 내용의 "Novoye Vremya"의 전보문

1 [감교 주석] 노보예 브레먀(Novoye Vremya)

No. 383의 첨부문서

블라디보스토크에서 발송한 특별전보문

8월 15일

“서울에서 도착한 소식에 의하면, 조선 정부가 일본인들에게 서울-부산 철도건설권을 거부했다고 합니다. 이는 일본 정부의 큰 불만을 야기했습니다. 서울-부산 철도건설권은 독일인들에게 주어질 것입니다.

조선의 수도는 평온합니다. 여러 지방에서의 소요사태는 계속되고 있습니다.”

8월 15일

“상하이에서 도착한 소식에 의하면, 대만에서 일본인들의 폭력과 잔인한 행위로 인해 소요사태가 확산되고 있습니다. 반란에 참여하는 사람들이 점차 증가하고 있으며, 반란자들은 몇몇 군데에서 상당한 성공을 거두고 있습니다. 증원군이 요구되고 있습니다. 베이징 주재 우리 대사는 9월에 러시아로 휴가를 떠날 예정입니다.”

16

원문 p.679

조선의 정치적 사건들

발신(생산)일	1896. 7. 14	수신(접수)일	1896. 9. 1
발신(생산)자	크리엔	수신(접수)자	호엔로에-실링스퓌르스트
발신지 정보	서울 주재 독일 총영사관	수신지 정보	베를린 정부
	No. 42		A. 9191
메모	(A. 9984 참조) 연도번호 No. 333		

A. 9191 1896년 9월 1일 오전 수신

서울, 1896년 7월 14일

No. 42

독일제국 수상 호엔로에-실링스퓌르스트 각하 귀하

지난달 15일 보고서 No. 37[1]에 이어, 본인은 신임 일본 공사 하라[2]가 이달 7일 서울에 도착했음을 삼가 각하께 보고 드리게 되어 영광입니다. 지금까지의 조선 주재 일본 영사 우치다[3]는 일본으로 떠났고, 대리공사 대행 가토[4]가 조선 주재 영사에 임명되었습니다.

최근 본인이 조선의 외부협판 고영희[5]에게 들은 바에 의하면, 전임 일본 공사 고무라[6]는 일본으로 출발하기 직전 외부대신[7]에게 서신을 보냈습니다. 그 서신에서 고무라는 조선 정부에게 다음과 같은 요구를 했습니다.

1) 조선에서 살해된 일본인 42명과 부상당한 20명에 대해 146,000엔을 지불할 것 – (지난 겨울과 봄에 일본 국민이 입은 재산 손실 목록을 추후 조선정부에 발송할

1 [원문 주석] A. 7942 삼가 동봉.
2 [감교 주석] 하라 다카시(原敬)
3 [감교 주석] 우치다 사다쓰지(內田定槌)
4 [감교 주석] 가토 마스오(加藤增雄)
5 [감교 주석] 고영희(高永喜)
6 [감교 주석] 고무라 주타로(小村壽太郎)
7 [감교 주석] 이완용(李完用)

것임)

2) 일본인이 살해되었거나 부상당한 지역의 관리들을 파면하고 처벌할 것.

3) 일본인에게 폭력을 행사하지 않도록 조선인들에게 경고하는 왕의 칙령을 공포할 것.

고영희는 이 문제와 관련해 지금까지 일본 측에서 더 이상의 추가 조치는 없었다고 덧붙였습니다.

과거 법부대신을 역임했으며 조선 왕의 신임을 받는 이범진[8]은 베베르[9]와 극도로 사이가 벌어졌습니다. 그래서 이범진은 러시아 공사관 출입을 금지 당했는데, 이번에 워싱턴 주재 공사에 임명되었습니다.

영국 해군과 미국 해군의 파견대가 다시 서울을 떠났습니다.

금년 4월 30일 보고서 No. 30[10]과 관련해, 본인은 이달 초순 서울-의주 철도건설이 프랑스 신디케이트에게 허가되었음을 삼가 각하께 보고 드리게 되어 영광입니다. 서울-의주 철도는 3년 이내에 착공해서 9년 안에 완공해야 한다고 합니다. 그 밖의 조건은 미국과 조선의 철도건설 계약 조건과 일치합니다. 이 일에 관해서는 따로 각하께 보고 드리겠습니다.

한 보수파 추종자가 진보적인 성향의 대신들이 사리사욕 때문에 나라를 파멸로 몰아넣고 있다고 비난하는 상소를 조선 왕에게 올렸습니다. 비난 받은 대신들은 그 보수파 추종자를 서울의 최고 재판소에 고발했습니다. 그리고 관직을 내려놓고 진술을 하기 위해 법정에 출두했습니다. 그 대신들은 어제 다시 직무를 수행하기 시작했습니다. 재판은 공개적으로 진행되었습니다. 재판 결과는 지금까지 공표되지 않았습니다.

조선의 여러 지방에서 소요사태가 계속되고 있습니다. 최근 대원군[11]을 추종하는 일파가 다시 활발하게 움직이고 있습니다. 그들의 구호는 주로 조선 왕의 러시아 공사관 체류에 반대하는 것입니다. 얼마 전 그들은 조선 주재 외국 대표들에게 다음과 같은 내용의 "우국지사들"의 진정서를 보냈습니다. "예전에 조선은 명목상으로 (청국에) 예속되어 있었지만 실제로는 자유 국가였습니다. 이 나라는 열강들과 조약을 체결함으로서 법적으로 뿐만 아니라 현실적으로도 독립국가가 되었습니다. 그런데 지금 조선 왕국은

---

8 [감교 주석] 이범진(李範晉)

9 [감교 주석] 베베르(K. I. Weber)

10 [원문 주석] II 17959 삼가 동봉.

11 [감교 주석] 흥선대원군(興宣大院君)

명목상으로는 자유 국가이지만 실제로는 (러시아에) 예속되어 있습니다. 이러한 유감스러운 상태는 독립 주권국에 대표를 파견한 외국 국가원수들의 품위에도 어긋나는 일입니다. "우국지사들"이 나서서 조선 왕을 구출하여 환궁하도록 하는 경우, 어쨌든 "우국지사들"의 앞길을 방해하지 않기를 외국 대표들에게 간청하는 바입니다.

조선 정부는 서울-의주 전신선을 복구할 계획입니다.

본인은 이 보고서의 사본을 베이징과 도쿄 주재 독일제국 공사관에 보낼 것입니다.

크리엔

내용: 조선의 정치적 사건들

베를린, 1896년 9월 6일

A. 9094

크노르[12] 귀하

연도번호 No. 6228

본인은 조선 왕비 시해와 관련한 지난달 26일자 서신 A. 3966 I과 송달받은 인쇄물을 깊이 감사하는 마음으로 살펴보고 다시 돌려 드리게 되어 영광입니다.

12 [감교 주석] 크노르(Knorr)

17

원문 p.683

유럽에서 야마가타 후작의 귀국. 야마가타가 러시아에서 수행한 임무

발신(생산)일	1896. 8. 8	수신(접수)일	1896. 9. 15
발신(생산)자	구트슈미트	수신(접수)자	호엔로에-실링스퓌르스트
발신지 정보	도쿄 주재 독일 공사관	수신지 정보	베를린 정부
	A. 141		A. 9664

A. 9664 1896년 9월 15일 오후 수신

도쿄, 1896년 8월 8일

A. 141

독일제국 수상 호엔로에-실링스퓌르스트 각하 귀하

야마가타[1]가 모스크바 대관식 사절의 임무를 완수하고 지난 달 28일 일본에 돌아왔습니다. 그러나 야마가타가 페테르부르크 궁중에서 어떤 정치적 결실을 맺었는지에 대해서는 지금까지 정확히 알려진 바가 없습니다. 엄중한 침묵이 감도는 가운데 모두들 도쿄 정부의 관계자들을 예의 주시하고 있습니다.

본인이 간접적으로 던진 질문에 이런 답변이 돌아왔습니다. "우리가 조선에 매혹되어 러시아와 싸우는 일은 없을 것입니다. 제 말을 믿으십시오!"

러시아 대리공사[2]도 마찬가지로 매우 몸을 사리고 있습니다. 본인은 러시아 대리공사 스스로도 무슨 내막인지 잘 알지 못한다는 인상을 받았습니다.

야마가타는 배에서 내리자마자 신문기자들의 질문세례를 받았습니다. 그러나 당연히 야마가타는 기자들에게도 정치적인 문제에 대한 발언을 일체 삼갔습니다. 그는 베를린 체류 및 독일 황제 폐하께서 베풀어 주신 환대에 대해 매우 만족한다고 한 통신원에게 답변했습니다. 일본 국내의 신문들은 일제히 이 발언에 대해 보도했습니다. 야마가타는 도쿄에 도착한 즉시 본인에게 카드를 보냈습니다.

---

1 [감교 주석] 야마가타 아리토모(山縣有朋)

2 [감교 주석] 로젠(R. R. Rosen)

야마가타는 일본 수상과 여러 차례 회합을 가진 후 시골로 떠났습니다. - 소문에 의하면 상당히 오래 시골에 머물 예정이라고 합니다.

이곳의 많은 사람들은 일본 천황을 제외하고는 오직 이토[3]만이 야마가타의 정치적 임무의 목적과 결과에 대해 정확히 알고 있다고 추정하고 있습니다. 본인은 아주 근거 없는 추정은 아니라고 생각합니다.

구트슈미트

내용: 유럽에서 야마가타 후작의 귀국. 야마가타가 러시아에서 수행한 임무

3 [감교 주석] 이토 히로부미(伊藤博文)

18

원문 p.684

야마가타 사절의 성과에 대한 이토 후작의 발언

발신(생산)일	1896. 8. 17	수신(접수)일	1896. 9. 24
발신(생산)자	구트슈미트	수신(접수)자	호엔로에-실링스퓌르스트
발신지 정보	도쿄 주재 독일 공사관	수신지 정보	베를린 정부
	A. 146		A. 9933
메모	9월 26일 런던 1099, 페테르부르크 750에 전달		

A. 9933 1896년 9월 24일 오전 수신

도쿄, 1896년 8월 17일

A. 146

독일제국 수상 호엔로에-실링스퓌르스트 각하 귀하

얼마 전 본인이 이토[1]에게 들은 바에 의하면, 야마가타[2]는 모스크바에서 로바노프[3]와 조선 문제에 대한 협상을 벌였습니다. 그 협상의 목적은 다만 기간 제한 없이 공조체제를 도입하는 데 있었을 뿐이라고 합니다. 그리고 그 목적은 달성되었다고 합니다. 이토는 이 협정에 큰 의의를 부여하지 않는다고 덧붙였습니다.

구트슈미트

내용: 야마가타 사절의 성과에 대한 이토의 발언

1 [감교 주석] 이토 히로부미(伊藤博文)

2 [감교 주석] 야마가타 아리토모(山縣有朋)

3 [감교 주석] 로바노프(A. Lobanow)

19

원문 p.685

프랑스가 조선에 무이자로 차관을 제공하기로 했다는 소문

발신(생산)일	1896. 8. 6	수신(접수)일	1896. 9. 24
발신(생산)자	크리엔	수신(접수)자	호엔로에-실링스퓌르스트
발신지 정보	서울 주재 독일 총영사관	수신지 정보	베를린 정부
	No. 44		A. 9940
메모	10월 20일 런던 1179, 파리 711, 페테르부르크 816에 전달 연도번호 No. 358		

A. 9940 1896년 9월 24일 오전 수신

서울, 1896년 8월 6일

No. 44

독일제국 수상 호엔로에-실링스퓌르스트 각하 귀하

본인은 프랑스가 조선에 무이자로 차관을 제공하기로 했다는 소문에 대해 삼가 각하께 보고 드리게 되어 영광입니다. 이 일과 관련해 서울 주재 프랑스 대리공사가 어제 본인에게 다음과 같이 구두로 전달했습니다.

얼마 전 조선 정부는 일본에게 빌린 3백만 엔과 그 밖의 대외 부채를 변제할 수 있도록 프랑스의 차관을 주선해줄 의향이 있는지 프랑스 대리공사에게 문의했다고 합니다. 그래서 프랑스 대리공사는 조선 정부가 어느 정도의 액수를 원하고 또 어떤 담보를 제공할 계획인지 제시할 것을 요청했다고 합니다. 그러나 현재까지 연 6퍼센트의 이율만 합의되었다는 것입니다. 그리고 한 달반 전부터는 이 문제에 대해 더 이상 아무 소식도 듣지 못했다고 합니다.

프랑스 신디케이트가 신청한 서울-목포 철도건설권은 이 차관과 무관하다고 합니다. 그 프랑스 신디케이트는 원래 서울-의주 철도건설권을 요청했는데, 나중에 서울-원산과 서울-부산 철도건설권에 대한 협상도 조선 정부와 개시했다는 것입니다. 그런데 프랑스 대리공사[1]는 전임 조선 내각이 서울-부산 철도건설권을 일본 공사관에 확약한 사

1 [감교 주석] 플랑시(V. C. Plancy)

실을 알게 되었다고 합니다. 그래서 현 조선 내각이 지난 조선 정부의 확약을 무효라고 선언했는데도, 프랑스 대리공사는 서울–부산 노선 대신 서울–목포 노선을 제안했다는 것입니다. 이미 알려진 바와 같이, 서울–의주 철도건설은 지난달 3일 프랑스에게 허가되었다고 합니다. 다른 철도 노선들과 관련해서 조선 정부는 당분간 새로이 허가를 내주지 않을 것이라고 선언했다고 합니다. 그런데 일본 신문의 통신원들은 프랑스가 조선에 무이자로 차관을 제공하기로 했다는 기사를 보도하고 있습니다. 프랑스 대리공사는 그런 식의 허무맹랑한 뉴스를 보도하는 것을 도저히 이해할 수 없다고 말합니다. 게다가 일본 정부는 그런 기사를 믿는 듯 보인다는 것입니다. 프랑스 대리공사는 일본 공사관이 그런 터무니없는 소문을 귀담아듣는 대신 자신에게 직접 문의한다면 원하는 대로 기꺼이 전부 해명할 것이라고 말했습니다.

본인은 목포항이 조선의 남서지방 전라도에 위치한다고 삼가 덧붙이는 바입니다. 작년 봄 당시 일본 공사였던 이노우에[2]가 목포항을 개항할 것을 제안했습니다.

크리엔

내용: 프랑스가 조선에 무이자로 차관을 제공하기로 했다는 소문

2 [감교 주석] 이노우에 가오루(井上馨)

20

원문 p.687

조선

발신(생산)일	1896. 9. 22	수신(접수)일	1896. 9. 24
발신(생산)자	모엔로에	수신(접수)자	호엔로에-실링스퓌르스트
발신지 정보	런던 주재 독일 대사관	수신지 정보	베를린 정부
	No. 609		A. 9945

A. 9945 1896년 9월 24일 오전 수신

런던, 1896년 9월 22일

No. 609

독일제국 수상 호엔로에-실링스퓌르스트 각하 귀하

오늘자 "Times"지 기사에 따르면, 러시아와 일본은 조선의 공동 보호통치에 대한 협정을 체결했습니다.

이 공동통치에서 일본의 몫은 물론 형식적인 것에 불과하다고 합니다. 그러나 영국은 러시아의 이러한 새로운 성과를 질투심 없이 지켜볼 수 있다는 것입니다. 극동지방에서 영국의 정책은 오로지 평화를 유지하고 점차 질서를 바로 세우려는 목표를 좇기 때문이라고 합니다. 그리고 조선을 위한 이번의 합의를 통해 영국 정책의 이러한 요구들이 완전히 보장된 듯 보인다는 것입니다.

본인은 "Times"지의 해당 기사를 삼가 동봉하게 되어 영광입니다.

모엔로에[1]

내용: 조선

1 [감교 주석] 모엔로에(Mohenlohe)

21

원문 p.688

조선의 정치적 사건들

발신(생산)일	1896. 8. 11	수신(접수)일	1896. 9. 25
발신(생산)자	크리엔	수신(접수)자	호엔로에-실링스퓌르스트
발신지 정보	서울 주재 독일 총영사관	수신지 정보	베를린 정부
	No. 45		A. 9984
메모	10월 17일 런던 1166, 페테르부르크 809에 전달 (A. 10474 참조, A. 12920 참조) 연도번호 No. 362		

A. 9984 1896년 9월 25일 오후 수신. 첨부문서 1부

서울, 1896년 8월 11일

No. 45

독일제국 수상 호엔로에-실링스퓌르스트 각하 귀하

본인은 일본 공사 하라[1]가 영국 총영사관 옆에 위치한 왕궁에서 지난달 16일 조선 왕에게 신임장을 제출했음을 삼가 각하께 보고 드리게 되어 영광입니다.

조선의 "독립신문" 편집장에게 하라는 조선이 앞으로 발전하게 될 것을 확신한다고 말했습니다. 그리고 다른 국가가 이러한 방향에서 조선 왕국을 지원한다면 일본도 만족할 것이라고 덧붙였습니다. 또한 하라는 일본과 러시아 사이에서 원만하게 합의가 이루어지고 있으며 양국의 충돌을 우려할 필요가 없다고 말했습니다. 전쟁 후 일본의 모험가들이 서울에 왔고 일본 모험가들의 경솔한 행동이 조선인들의 감정을 몹시 상하게 했다는 것이었습니다. 그 결과 일본 정부는 조선에서 그런 요소들을 제거하기 위한 조처를 강구했다고 합니다. 또한 하라는 조선인들이 일본 동포들을 부당하게 대하지 않도록 노력을 기울일 것이라고 강조했습니다. 일본과 다른 국가들과의 관계는 매우 우호적이며, 일본은 유럽의 그 어떤 나라와도 비밀동맹을 체결하지 않았다고 합니다.

여러 해 전부터 눈병에 시달려 온 영국 총영사 힐리어[2]가 제출한 사직서가 수리되었

1 [감교 주석] 하라 다카시(原敬)

2 [감교 주석] 힐리어(W. C. Hillier)

습니다. 힐리어의 후임으로 베이징 주재 영국 공사관의 일등 통역관 조던[3]이 임명되었습니다.

조선의 특명전권공사 민영환[4]이 페테르부르크에서 발송한 전보에 따르면, 베베르[5]는 러시아 공사로서 이곳 조선에 머무를 것입니다. 들리는 소문에 의하면, 조선에 파견된 러시아 교관들, 즉 장교와 하사관 스무 명, 의사 한 명이 몇 주 전 러시아를 출발했습니다. 성직자 한 명도 동행한다고 합니다.

최근 서울–부산 철도건설권을 획득하기 위한 일본 위원단이 서울에 도착했습니다. 그러나 일본의 노력은 조선에서 적잖은 반대에 부딪쳤습니다. 조선 왕의 아관파천 이래 조선 정부를 완전히 장악한 베베르는 일본인들의 철도 건설과 운영은 해당 지역 주민들의 분노를 살 것이라고 최근 본인에게 말했습니다. 그렇게 되면 끊임없이 폭동이 일어날 것이라고 합니다. 이미 전신선을 지키는 데만도 일본 헌병 이백 명이 필요한데, 일본 근로자들과 철도직원까지 보호하려면 상당수의 일본 병사들이 요구된다는 것이었습니다.

조선 정부는 앞으로 건설될 철도에 대한 규정을 발표했습니다. 궤간은 정규 궤간, 즉 4피트 8과 1/2 영국 인치로 확정되었습니다. 러시아 공사는 괜한 소문을 피하기 위해 조선 정부에 러시아 궤간을 권하지 않았다고 말했습니다.[6]

조선 정부에 의해 지난달 1일 자로 채용된 전신기술자 Mühlensteth의 말에 의하면, 조선 정부는 서울–제물포, 부산–원산 전신선을 복구할 계획입니다. 서울–의주 간 청국 전신선은 조선인들에 의해 임시로 정비되었지만 아직 공식적으로 운영되지는 않고 있습니다.

이달 6일 왕명에 의해 조선 왕국의 23부제 행정체계가 폐지되고 다시 예전의 행정제도가 도입되었습니다. 이에 따라 면적이 넓은 함경도와 평안도, 전라도, 경상도, 충청도를 각기 둘로 나누었습니다. 그 결과 이제 조선은 다음과 같은 13개의 행정구역으로 이루어져 있습니다.

1) 경기도, 행정중심지 수원
2) 충청북도, 행정중심지 충주

3 [감교 주석] 조던(J. N. Jordan)
4 [감교 주석] 민영환(閔泳煥)
5 [감교 주석] 베베르(K. I. Weber)
6 [원문 주석] II 789/97 참조. 이에 따르면 조선 왕의 칙령에 의해 러시아 궤간으로 정해졌습니다.

3) 충청남도, 행정중심지 공주
4) 전라북도, 행정중심지 전주
5) 전라남도, 행정중심지 광주
6) 경상북도, 행정중심지 대구
7) 경상남도, 행정중심지 진주
8) 황해도, 행정중심지 해주
9) 평안북도, 행정중심지 정주
10) 평안남도, 행정중심지 평양
11) 강원도, 행정중심지 춘천
12) 함경북도, 행정중심지 경성
13) 함경남도, 행정중심지 함흥

서울시는 외곽지역과 함께 한성 판윤 산하의 독자적인 행정구역을 이루고 있습니다.

개항장 세 곳에는 다시 감리가 임명되었습니다.

이달 초 대원군[7]을 추종하는 일파들이 조선 왕에게 청원서를 제출했습니다. 영사관 어학자의 보고에 의하면, 청원서에서 대원군 추종자들은 조선 왕에게 환궁할 것과 왕비의 장례를 치를 것, 외국 병사들이 더 이상 서울에 주둔하지 않도록 외국과의 조약들을 변경할 것을 간청했습니다. 조선 왕은 아직까지 회답하지 않고 있습니다.

미국 주재 공사 이범진[8]이 조선을 떠났습니다. 워싱턴 주재 공사관 서기관으로 전임 영사관 번역관 이의담[9]이 임명되었습니다.

지난달 하순 일본 신문들은 러시아 공사가 본국 정부의 지시를 받고 조선 왕에게 환궁을 요청했지만 뜻을 이루지 못했다는 서울 발 전보문을 보도했습니다. 이 전보문과 관련해 베베르[10]는 그 일에 대해 전혀 아는 바가 없다고 본인에게 말했습니다. 러시아 정부가 이 점에서 일본의 소망을 들어줄 준비가 충분히 되어 있는 듯한 인상을 일깨우기 위해 아마 일본 정부가 이러한 전보문을 신문에 게재한 것으로 안다고 베베르는 덧붙였습니다.

정치 망명객 김옥균[11]의 살인범[12]이 얼마 전 조선 왕세자에게 글을 읽어주는 직책에

7 [감교 주석] 흥선대원군(興宣大院君)
8 [감교 주석] 이범진(李範晉)
9 [감교 주석] 이의담(李宜聃)
10 [감교 주석] 베베르(K. I. Weber)

임명되었지만, 며칠 후 본인 스스로 사임했습니다.

조선 내각에서는 끊임없이 불화와 알력이 이어지고 있습니다. 총리대신[13]과 법부대신[14]이 사임을 청했지만 조선 왕은 윤허하지 않았습니다.

매관매직이 다시 성행하고 있습니다. 매관매직은 특히 궁내부에서 가장 극성을 부리고 있습니다.

크리엔

내용: 조선의 정치적 사건들. 첨부문서 1부.

No. 45의 첨부문서

첨부문서의 내용(원문)은 독일어본 691쪽에 수록.

---

11 [감교 주석] 김옥균(金玉均)

12 [감교 주석] 홍종우(洪鍾宇)

13 [감교 주석] 윤용선(尹容善)

14 [감교 주석] 한규설(韓圭卨)

베를린, 1896년 9월 26일

A. 9933

주재 외교관 귀중

1. 런던 No. 1099
2. 상트페테르부르크 No. 750

연도번호 No. 6622

본인은 야마가타 사절과 관련한 정보를 삼가 귀하께 알려 드리고자, 지난달 17일 자 도쿄 주재 독일제국 공사의 보고서 사본을 보내드리는 바입니다.

22
원문 p.693

조선

발신(생산)일	1896. 9. 23	수신(접수)일	1896. 9. 25
발신(생산)자	모엔로에	수신(접수)자	호엔로에-실링스퓌르스트
발신지 정보	런던 주재 독일 대사관	수신지 정보	베를린 정부
	No. 610		A. 9977
메모	9월 28일 페나 569, 파리 646, 페테르부르크 755, 로마 891, 빈 894, 베이징 A. 28, 도쿄 A. 23에 전달		

A. 9977 1896년 9월 25일 오전 수신, 첨부문서 1부

런던, 1896년 9월 23일

No. 610

독일제국 수상 호엔로에-실링스퓌르스트 각하 귀하

어제 날짜 "Times"지 기사[1]는 조선에서 러시아의 영향력이 점차 증대되는 것에 대해 영국이 조금도 반대하지 않는 듯한 인상을 일깨웠습니다. 그러나 "Times"지 기사와는 반대로 오늘 날짜 "Morning Post"지는 러시아의 계획들을 별로 달갑게 보지 않는 기사를 보도했습니다.

"Morning Post"지는 어쨌든 상황 변화를 고려해, 라자레프[2]와 해밀턴[3] 항구들에 대한 해명을 페테르부르크에 요구하는 편이 바람직할 것이라고 말했습니다.

본인은 이와 관련한 "Morning Post"지의 기사를 삼가 동봉하게 되어 영광입니다.

모엔로에

내용: 조선

첨부문서의 내용(원문)은 독일어본 694~698쪽에 수록.

1 [원문 주석] 삼가 동봉.
2 [감교 주석] 영흥만(Port Lazareff)
3 [감교 주석] 거문도(Port Hamilton)

베를린, 1896년 9월 28일

A. 9977

주재 외교관 귀중
1. 콘스탄티노플 No. 567
2. 파리 No. 646
3. 상트페테르부르크 No. 755
4. 로마 No. 891
5. 빈 No. 894
6. 베이징 No. A. 28
7. 도쿄 등기우편! A. No. 23

연도번호 No. 6671

본인은 조선과 관련한 정보를 삼가 귀하께 알려 드리고자, 이달 23일 자 런던 주재 독일제국 대리공사의 보고서 사본을 전달하는 바입니다.

23

원문 p.700

조선 문제

발신(생산)일	1896. 8. 29	수신(접수)일	1896. 10. 8
발신(생산)자	구트슈미트	수신(접수)자	호엔로에-실링스퓌르스트
발신지 정보	도쿄 주재 독일 공사관	수신지 정보	베를린 정부
	A. 151		A. 10377
메모	10월 17일 페테르부르크 806에 전달		

A. 10377 1896년 10월 8일 오후 수신

도쿄, 1896년 8월 29일

A. 151

독일제국 수상 호엔로에-실링스퓌르스트 각하 귀하

본인이 정통한 소식통으로부터 들은 바에 따르면, 최근 로바노프[1]는 조선에 주둔하는 정규군을 헌병으로 대체할 것을 일본 정부에 조언했습니다. 이러한 조언은 일본이 약속한 한반도 왕국의 "독립"과 관련 있을 것입니다. 외국 군대가 조선의 중요한 장소들을 점유하고 있는 한, 조선의 독립은 빈껍데기에 지나지 않을 것이기 때문입니다.

본인의 영국 동료는 러시아가 조선에 대한 태도를 바꿀 가능성이 없지 않다고 여깁니다. 그리고 러시아의 도움을 받아 청국의 영향력이 다시 서서히 고개를 들 수도 있다는 것입니다. 그렇게 되면 완전히 러시아의 영향 아래 있는 청국 정부는 말하자면 러시아를 위해 행동할 것이라고 합니다. 결국 러시아는 일본이나 다른 열강들과의 관계를 손상시키는 일 없이 간접적인 방법으로 계획하는 바들을 실현시킬 수 있다는 것입니다.

본인은 이 보고서의 사본을 베이징과 서울에 보낼 것입니다.

구트슈미트

내용: 조선 문제

1 [감교 주석] 로바노프(A. Lobanow)

24

원문 p.701

조선의 정치적 사건들

발신(생산)일	1896. 8. 22	수신(접수)일	1896. 10. 11
발신(생산)자	크리엔	수신(접수)자	호엔로에-실링스퓌르스트
발신지 정보	서울 주재 독일 총영사관	수신지 정보	베를린 정부
	No. 49		A. 10474
메모	10월 17일 런던 1166, 페테르부르크 809에 전달 A. 11691 참조. A. 12597 참조. A. 12920 참조. 연도번호 No. 381		

A. 10474 1896년 10월 11일 오전 수신

서울, 1896년 8월 22일

No. 49

독일제국 수상 호엔로에-실링스퓌르스트 각하 귀하

본인은 최근 들어 조선 왕에 대한 보수파의 영향력이 다시 증대되었음을 삼가 각하께 보고 드리게 되어 영광입니다. 이것은 특히 러시아 공사의 지지를 받는 진보적인 성향의 조선 대신들의 노력 때문입니다. 몇 개월 전부터 진보적인 성향의 대신들은 궁내부에서 극심하게 자행된 불법적인 조세징수와 매관매직을 시정하려고 노력했습니다. 이달 12일 조선 왕은 베베르[1]의 강한 압력 하에, 조세 징수의 권한은 오로지 탁지부에만 있다는 내용의 칙령을 공표했습니다. 그리고 다른 부처나 관리들은 조세를 징수할 수 없음을 강조했습니다. 그런데 조선 왕은 러시아 공사의 이러한 간섭이 자신의 왕권을 부당하게 제한하는 것이라고 여깁니다. 보수파들, 특히 김옥균[2]을 살해한 자[3]와 이일직[4]이라는 이름의 조선인이 조선 왕을 비밀리에 자주 접견했습니다. 1894년 봄에 이일직은 도쿄에서 정치 망명객 박영효[5]를 살해하려 시도했다가 일본 당국에게 체포된 적이 있습니다. 그러

1 [감교 주석] 베베르(K. I. Weber)
2 [감교 주석] 김옥균(金玉均)
3 [감교 주석] 홍종우(洪鍾宇)
4 [감교 주석] 이일직(李逸稙)
5 [감교 주석] 박영효(朴泳孝)

면서 조선 왕은 다른 대신들에게는 병을 핑계 삼아 접견을 거절했습니다. 이와 동시에 친일파가 모반을 계획한다는 소문이 퍼지고 조선인 열두 명이 체포되었습니다. 그중에는 전임 총리대신 김홍집[6]의 조카도 있었습니다. 외부대신과 군부대신을 비롯한 여러 부처의 관리들은 신변의 위협을 느끼고 은둔했습니다. 그러나 그들 중 일부는 그제부터 다시 직무를 개시했으며 왕의 접견을 받았습니다.

대원군의 사주를 받은 삼천여 명의 반란자들이 서울 시내로 잠입했다는 보고들이 떠돌고 있습니다. 그러나 이런 보고들은 적어도 많이 과장된 것들입니다.

조선 왕은 작년 10월 8일에 살해된 왕비의 장례식을 이제 마침내 거행할 계획입니다. 이를 위해 영국 총영사관 옆에 위치한 왕궁 주변의 개인 주택들을 사들여 왕궁 부지를 상당히 넓혔습니다. 지금 그 대지에 새 건물들을 짓고 있습니다. 차후에 조선 왕은 러시아 공사관을 떠나 그곳으로 거처를 옮길 것이라고 합니다. 다음 달 도착할 예정인 러시아 교관들의 숙소도 그 왕궁에서 가까운 곳에 마련될 것으로 전해집니다.

김옥균의 살인범이 궁내부 비서관에 임명되었습니다. 얼마 전 이일직은 외부협판에 임명될 것으로 예상되었지만, 외부대신의 반대로 실제 임명되지는 않았습니다. 이일직은 일본에서 체포되었을 때 망명객 박영효를 제거하라는 조선 왕의 교지를 제시했습니다. 그러나 당시 조선 정부는 그 교지를 위조된 것이라고 선언했습니다.

제물포 항의 로즈섬[7]에서 러시아인들이 착공한 공사와 관련해, 최근 베베르는 러시아 해병들을 위한 쉼터와 석탄 창고를 지을 계획이라고 본인에게 말했습니다. 로즈섬에는 이미 일본 군함을 석탄 창고가 있는데, 그런 비슷한 창고를 지을 예정이라는 것입니다. 그러므로 러시아 군함을 위한 선착장을 설치할 것이라는 신문보도는 완전히 사실무근이라고 합니다.

상하이에 소재한 러청은행의 은행장 포코틸로프[8]가 며칠 전 이곳 서울에 도착했습니다. 들리는 소문에 의하면, 조선과 차관계약을 맺기 위해 방문했다고 합니다. 포코틸로프는 서울에 이삼 개월 머무를 예정이라고 본인에게 말했습니다.

조선 국내의 소요사태는 최근 다시 증가했습니다.

크리엔

내용: 조선의 정치적 사건들

---

6 [감교 주석] 김홍집(金弘集)

7 [감교 주석] 월미도(Roze Island)

8 [감교 주석] 포코틸로프(Pokotilow)

베를린, 1896년 10월 17일 A. 10377

주재 외교관 귀중
상트페테르부르크 No. 806

연도번호 No. 7095

본인은 조선과 관련한 정보를 삼가 귀하께 알려드리고자, 8월 29일 자 도쿄 주재 독일제국 공사의 보고서 사본을 전달하는 바입니다.

베를린, 1896년 10월 17일 A. 9984, A. 10474

주재 외교관 귀중
1. 런던 No. 1166
2. 상트페테르부르크 No. 809

연도번호 No. 7104

본인은 조선의 정치적 사건들과 관련한 정보를 삼가 귀하께 알려드리고자, 8월 11일과 22일 자 서울 주재 독일제국 영사의 보고서 사본을 전달하는 바입니다.

베를린, 1896년 10월 20일 A. 9940

주재 외교관 귀중

1. 런던 No. 1179
2. 파리 No. 711
3. 상트페테르부르크 No. 816

연도번호 No. 7170

본인은 프랑스가 조선에 차관을 제공한다는 소문과 관련한 정보를 삼가 귀하께 알려드리고자, 8월 6일 자 서울 주재 독일제국 영사의 보고서 사본을 전달하는 바입니다.

25

원문 p.706

[프랑스 언론에 보도된 조선 관련 기사]

발신(생산)일		수신(접수)일	1896. 11. 7
발신(생산)자		수신(접수)자	
발신지 정보		수신지 정보	베를린 외무부
			A. 11486

A. 11486 1896년 11월 7일 오후 수신

Le Nord.
7. 11. 96.

Les journaux anglais reviennent, de temps en temps, à la question coréo-japonaise, pour donner des nouvelles inquiétantes à ce sujet, parlant des difficultés que les Japonais susciteraient à la Russie pour la pacification de la Corée et le règlement de cette question.

Ces nouvelles de journaux anglais sont entièrement inexactes. Nous savons que l'un des principaux obstacles au règlement de cette question coréenne est déjà écarté.

Les troupes japonaises ont déjà évacué la Corée, sauf quelques petits détachements que partiront à leur tour très prochainement.

26

원문 p.707

조선에서 러시아와 일본. 필리핀의 미래

발신(생산)일	1896. 10. 6	수신(접수)일	1896. 11. 13
발신(생산)자	구트슈미트	수신(접수)자	호엔로에-실링스퓌르스트
발신지 정보	도쿄 주재 독일 공사관	수신지 정보	베를린 정부
	A. 172		A. 11688
메모	11월 22일 페테르부르크 914, 베이징 A. 36에 전달		

A. 11688 1896년 11월 13일 오후 수신

도쿄, 1896년 10월 6일

A. 172

독일제국 수상 호엔로에-실링스퓌르스트 각하 귀하

하라[1]는 무쓰[2]가 신임하는 사람으로서 몇 개월 전 조선 주재 공사로 발령받았습니다. 그런데 하라가 오쿠마[3]에 의해 소환되었습니다. 러시아 대리공사는 이것을 유감으로 여깁니다. 슈뻬이예르[4]의 말대로, "하라는 악의 없는 사람입니다." 이 점에서는 슈뻬이예르의 말이 맞습니다.

들리는 소문대로 - 오쿠마의 추종자인 - 오이시[5]가 하라의 후임으로 임명되는 경우, 슈뻬이예르는 이에 대해 강력하게 항의할 생각입니다. 익히 알려진 바와 같이, 오이시는 1892~93년에 서울 주재 일본 공사였습니다. 당시 오이시는 일본이 한반도 왕국 문제에 직접 개입할 것을 주장했으며 그런 정책을 찬동하도록 일본 언론을 선동했습니다. 그는 이토[6]에게 매우 거북한 존재였습니다. 그래서 당시 일본 수상은 진보당[7](오쿠마가 이끌었던 개진당[8])을 배려해야 한다고 판단하면서도 오이시를 소환했습니다. 어쨌든 오이시

1 [감교 주석] 하라 다카시(原敬)
2 [감교 주석] 무쓰 무네미쓰(陸奥宗光)
3 [감교 주석] 오쿠마 시게노부(大隈重信)
4 [감교 주석] 슈뻬이예르(A. Speyer)
5 [감교 주석] 오이시 마사미(大石正巳)
6 [감교 주석] 이토 히로부미(伊藤博文)
7 [감교 주석] 진보당(進歩黨)

는 전쟁이 발발하는 데 상당히 기여했습니다.

슈뻬이예르는 아직까지 신임 일본 외무대신과 조선 문제에 대해 논의하지 않았습니다. 그러나 다음번에 오쿠마를 접견하게 되면 조선 문제에 대해 논의할 생각입니다. 러시아 대리공사의 말에 따르면, 얼마 전 "Times"지는 일본이 조선에서 완전히 철수할 것을 러시아에게 약속했다는 내용의 기사를 보도했습니다. 로이터 통신이 전달한 이 "Times"지 기사를 일본 정부는 신문을 통해 공식적으로 부인할 필요가 있다고 여긴다는 것입니다. 러시아 대리공사는 본인에게 일본 정부의 이런 태도에 대해 당혹감을 표명했습니다.

끝으로 슈뻬이예르는 자신이 일본인들의 관심을 필리핀 사건들 쪽으로 돌릴 것이라고 반농담조로 본인에게 말했습니다. 그렇게 되면 조선은 아마도 일본인들에게서 더 멀리 뒷전으로 물러날 것이라고 합니다. 본인은 이 말을 들으면서, 만일 스페인이 필리핀을 잃게 된다면 독일이 일순위로 그 후계자 자리에 등장할 자격이 있다는 생각을 떨쳐버릴 수 없었습니다. 독일이 이 풍부한 자산을 놓쳐서는 안 될 것입니다.

구트슈미트

내용: 조선에서 러시아와 일본. 필리핀의 미래

8 [감교 주석] 입헌개진당(立憲改進黨)

27

원문 p.709

조선의 정치적 사건들. 러시아인에게 삼림채벌 허가

발신(생산)일	1896. 9. 21	수신(접수)일	1896. 11. 13
발신(생산)자	크리엔	수신(접수)자	호엔로에-실링스퓌르스트
발신지 정보	서울 주재 독일 총영사관	수신지 정보	베를린 정부
	No. 53		A. 11691
메모	(A. 3536/01 참조) 연도번호 No. 417		

A. 11691 1896년 11월 13일 오후 수신, 첨부문서 1부

서울, 1896년 9월 21일

No. 53

독일제국 수상 호엔로에-실링스퓌르스트 각하 귀하

지난 달 22일 보고서 No. 49[1]에 이어, 본인은 서울 주재 외국 대표들이 이달 2일 조선 왕의 탄신일에 러시아 공사관에서 조선 왕의 영접을 받았음을 삼가 각하께 보고드리게 되어 영광입니다. 일본 공사도 조선 왕을 알현하는 자리에 나타났습니다. 그전에 일본 공사의 문의에 대해, 조선 정부 측에서는 조선 왕이 외국 대표들을 러시아 공사관에서 맞이할 것이라고 답변했습니다. 왕궁이 아직 수리 중이어서 외국 대표들을 영접하기에 적합하지 않기 때문이라는 것이었습니다.

이달 4일 조선 왕비의 유해 및 조선 왕의 조상 여섯 분의 위패가 옛 왕궁에서 영국 총영사관 옆의 왕궁으로 옮겨졌습니다. 일본 대표부를 제외한 조선 주재 모든 공사관과 영사관 구성원들이 궁내부 대신[2]으로부터 이 예식에 초대받았습니다.

일본 공사에 대한 궁내부 대신의 이런 독단적인 행동 때문에 외부대신 이완용[3]은 곤란한 입장에 처했습니다. 하라[4]의 문의와 이의 제기로 인해 이완용은 지금까지 세 번

1 [원문 주석] A. 10474 삼가 동봉.

2 [감교 주석] 이재순(李載純)

3 [감교 주석] 이완용(李完用)

4 [감교 주석] 하라 다카시(原敬)

사임을 청원했습니다. 그러나 조선 왕은 번번이 그 청원을 윤허하지 않았습니다. 베베르[5]가 자신에게 더없이 충실한 외부대신을 놓치려 하지 않았기 때문입니다. – 내부대신과 탁지부대신도 마찬가지로 사임을 청했지만, 아직까지 허락이 떨어지지 않았습니다.

러시아 공사관의 수비대 대부분이 이달 4일 새 왕궁의 연회장에 배치되었습니다.

러시아에 귀화한 부리너)[6]라는 사람이 조선 측 두만강과 압록강 강변 및 울릉도 (북위 37도 1/2, 동경 131도에 위치한 Dagelet 섬, 일본어로 마쓰시마)에서 앞으로 20년 동안 건축용 목재를 채벌할 수 있는 권리를 이달 9일 조선정부로부터 허가받았습니다. 부리너는 조선인들과 함께 건축용 목재 회사를 설립해야 합니다. 그리고 그 회사는 삼림경제원칙에 따라 그곳의 국유림을 벌목해야 합니다. 아직 수령 30년이 안 된 나무들의 벌목은 금지되고, 나무들을 베어낸 곳에는 어린 나무를 심어야 합니다. 그 회사 자산의 25%는 조선 정부에서 차용한 것으로 기록해야 하며, 순이익의 25%를 세금으로 조선 정부에 납부해야 합니다. 부리너는 15,000 루블을 서울에 소재하는 러시아·청국은행에 보증금으로 위탁해야 합니다. 그러므로 러시아·청국은행이 서울에 지점을 개설할 계획입니다.

본인은 그 계약서의 영문 번역문을 삼가 각하께 전하게 되어 영광입니다.

이 벌목 허가는 매우 값진 것입니다. 해당 지역에는 우수한 건축목재 – 특히 삼나무와 물푸레나무 – 가 매우 풍부하기 때문입니다. 부리너는 원래 스위스 출신이며, 1879년 상하이에서 사기죄로 2년 징역형을 선고받았습니다. 형기를 마친 후, 부리너는 블라디보스토크에 거처를 정하고 그곳에서 러시아에 귀화했습니다.

러시아의 군사 사절단장 푸티아타[7] 육군대령이 올봄 모스크바에 파견된 조선 사절단과 함께 조선으로 오고 있는 중입니다. 푸탸타 육군대령은 현재 동시베리아에 있습니다. 최근 일본 영사 가토가 극비리에 본인에게 알려준 바에 의하면, 러시아 교관들은 아직 출발하지 않았다고 합니다. 러시아 교관들을 조선에 투입하는 것에 대해 일본 정부가 페테르부르크에서 이의를 제기했기 때문이라고 합니다.

일본 공사는 본국 정부의 지시에 따라 서울–부산 철도건설권에 대한 회담을 다시 개시했습니다.

제물포의 세관장 오스본[8]은 대동강 하구의 항구를 개항할 준비를 하려고 평양으로 떠났습니다.

---

5 [감교 주석] 베베르(K. I. Weber)

6 [감교 주석] 부리너(J. Bryner)

7 [감교 주석] 푸티아타(Putiata)

8 [감교 주석] 오스본(W. M. Osborne)

본인은 이 보고서의 사본을 베이징과 도쿄 주재 독일제국 공사관에 보낼 것입니다.

크리엔

내용: 조선의 정치적 사건들. 러시아인에게 삼림채벌 허가. 첨부문서 1부

베를린, 1896년 11월 22일

A. 11688

주재 외교관 귀중
1. 상트페테르부르크 No. 914
2. 베이징 No. A. 36

연도번호 No. 7935

본인은 조선과 필리핀에 대한 정보를 삼가 귀하께 알려드리고자, 지난달 6일 자 도쿄 주재 독일제국 공사의 보고서 사본을 전달하는 바입니다.

28

원문 p.713

조선 군대에 대한 마이네케 육군중위의 기록

발신(생산)일	1896. 10. 15	수신(접수)일	1896. 11. 23
발신(생산)자	구트슈미트	수신(접수)자	호엔로에-실링스퓌르스트
발신지 정보	도쿄 주재 독일 공사관	수신지 정보	베를린 정부
	B. 159		A. 12026
메모	I. 원본 문서 : 11월 30일 반송 요청과 함께 해군성에 전달. 1월 18일 반송. A. 612 참조. II. 원본 문서 : 1월 19일 반송 요청과 함께 국방부에 전달. 4월 6일 A. 4550과 함께 반송.		

A. 12026 1896년 11월 23일 오전 수신, 첨부문서 4부

도쿄, 1896년 10월 15일

B. 159

독일제국 수상 호엔로에-실링스퓌르스트 각하 귀하

독일제국 공사관에 파견된 육군중위 마이네케[1]가 지난 늦여름 본인의 승인 하에 6주 동안 블라디보스토크와 조선을 여행했습니다. 마이네케 중위는 이 기회를 이용해 동시베리아와 한반도 왕국의 군사시설을 자세히 살펴보겠다는 의도를 표명했습니다. 본인은 그 의도에 전적으로 찬성했습니다.

마이네케 중위는 여행 동안 수집한 기록들을 토대로 먼저 조선 군대에 대해 알아낸 내용을 서면으로 기록했습니다.

본인은 마이네케 육군중위가 각고의 노력을 기울여 작성한 글을 부디 활용하시도록 첨부문서 세 통과 함께 삼가 각하께 전달하게 되어 영광입니다.

구트슈미트

내용: 조선 군대에 대한 마이네케 육군중위의 기록. 첨부문서 4부

1 [감교 주석] 마이네케(Meincke)

도쿄, 1896년 10월 10일

독일제국 공사 구트슈미트 귀하

A. 12026, A. 6347, A. 6185, A. 4550

내용: 조선의 군대

금년 9월 조선에 체류하게 된 기회를 이용해, 본인은 조선의 군사 상황에 대해 다음과 같은 내용을 관찰하거나 인지하게 되었습니다.

조선의 군대는 나라의 크기와 천만 명이라는 인구수에 비해 규모가 아주 작습니다. 대략 보병 오천 명과 병참병 백 명으로 이루어져 있습니다.

최고 군 통수권자는 조선 왕입니다. 그러나 전쟁 후 일본인들이 조선 군대를 위한 새 복식을 도입하는 과정에서 조선 왕과 왕세자에게 군복을 선사했는데도, 조선 왕은 아직까지 한 번도 군복을 입은 적이 없습니다. 보병은 서울에 주둔하는 5개 연대[2] 및 평양과 전주의 수비대[3]로 구성되어 있습니다. 5개 연대는 1개 여단으로 통합되어 있습니다. 그러나 현재 여단사령관도 여단사령관 대행도 없습니다. 그 대신 대위 두 명과 상사 한 명, 중사 한 명, 하사 한 명으로 이루어진 여단 참모부는 있습니다. 두 명의 대위는 연락장교 내지는 신호장교의 역할을 수행합니다. 군부대신과 군부협판 휘하의 군부도 있습니다. 그런데 원래 대령으로 배정되어 있는 참모장교는 또한 없습니다.

각기 3개 중대로 구성된 4개의 대대가 1개 연대[4]를 이루고 있으며, 다음과 같은 장교와 병사들이 연대에 소속되어 있습니다,

사령관으로서 대령 1명

부관 1명

재정관 1명을 포함해 소령 5명

재정관 1명을 포함해 대위 13명

---

2 [감교 주석] 친위대(親衛隊). 독일어 본문에 연대를 뜻하는 "Regimentern", "Regt"로 표기됨. 일반적으로 당시 친위대는 대대-중대-소대 단위로 구성되었음. 즉 대대를 연대로 기술함.

3 [감교 주석] 진위대(鎭衛隊)

4 [감교 주석] 일반적으로 친위대는 3개 소대로 구성된 4개 중대가 1개 대대를 이루었다고 설명하고 있음.

상사 4명
중사 32명
하사 28명
나팔수 48명
병사 752명

이는 도합 장교 20명 및 하사관과 병사 864명입니다. 그러므로 1개 중대는 72명입니다. –

각기 평양과 전주의 수비대는 사령관인 소령 1명과 장교 6명, 하사관 32명, 병사 400명으로 이루어져 있습니다. 여기에다 옛 왕실 경비대도 – 지휘관 2명과 병사 226명 – 언급해야 합니다. 그러나 이제 왕실 경비대는 그 자체로서 하나의 완결된 부대로 활동하는 것이 아니라 대부분 시종으로 일하고 있습니다. 경비대의 계급을 살펴보면, 1등 대위와 2등 대위가 있으며 소위 계급은 아예 없습니다. 중사 4명은 대대장의 서기로 일합니다. – 무기를 다룰 수 있는 모든 조선인은 법률상으로 병역의 의무가 있습니다. 그래서 조선은 서류상으로 엄청난 군대를 보유하고 있습니다. 그러나 실제로는 병사들을 모집하고 있으며, 이미 여러 세대 전부터 대부분 같은 집안에서 징집합니다. 따라서 이런 집안들은 일종의 무사계급을 이룹니다. 병역 능력의 테스트는 매우 피상적입니다. 응모자에게 300m 왕복 달리기를 시킨데 이어 90 무게의 장대를 들고 빙빙 돌게 합니다. 응모자의 두뇌 능력은 고려되지 않습니다.

장교들은 대체로 비교적 높은 양반계급에 속하며, 상납한 금액이나 가문의 세력에 따라 임명장을 받습니다. 조선 정부는 1887년 군대 재편을 목적으로 채용한 미국인 4명으로 하여금 유능한 장교단을 양성하기 위한 군사학교[5]를 설립하게 했습니다. 군사학교에 60명의 생도가 입교했습니다. 그러나 나중에 임명장을 수여하는 과정에서 군사학교의 성적을 고려하지 않고 예전과 같은 원칙을 적용했습니다. 그러자 지원자가 현저히 줄어들었습니다. 작년에 일본인들이 군사학교를 떠맡아 일본 장교들로 하여금 생도들을 교육하게 하고 많은 조선인들을 일본의 사관학교에 보냈습니다. 더욱이 1896년에는 백 명의 생도를 모집하기로 결정하고 시험까지 치렀습니다. 그런데 2월 11일 조선 왕이 러시아 공사관으로 거처를 옮겼고, 따라서 일본인들의 영향력은 종지부를 찍었습니다. 군사학교는 완전히 중단되었고, 현재 근무 인원을 보면 소령 2명, 사무원 2명, 요리사

5 [감교 주석] 연무공원(鍊武公院)

1명, 사환 1명이 있습니다. 전쟁 이후 조선 보병의 군비는 일관성이 없습니다. 조선인들이 예전에 소지했던 레밍톤 총이 탄약과 함께 일본인들에게 압류되었기 때문입니다. 나중에 그 중 일부(1700)와 탄환 30만 개를 돌려받았지만, 그것들은 성능이 좋지 않다고 합니다. 그래서 조선인들은 과반수이상의 병사들에게 낡은 스나이더 라이플총을 다시 나누어주었습니다. 스나이더 라이플총은 레밍톤총 이전에 사용되던 것으로 탄약이 아직 조금 남아 있습니다. 마침내 러시아인들이 이것을 측은히 여기고, 얼마 전 Saden Ⅱ 단발총 1만3천개와 탄환 60만 개를 조선 정부에 선사했습니다. 그러나 그 중 872개만이 배포되었으며, 그것도 매번 경비병과 보초병에게만 주어집니다. 그 밖에 탄약 제조를 위한 러시아 전문가가 채용되었습니다. 그래서 조선 정부는 이 점에서는 더 이상 외국에 의존하지 않습니다. 대개의 경우 병사들은 탄환 20개를 소지하며 허리띠에 고정시킨 탄약주머니에 탄약을 보관합니다. 병사들이 전투에 참가하게 되면 탄환 40개가 들어있는 벨트를 추가로 배급받습니다. 병사들은 가죽케이스 안의 총검을 차고, 장교들은 금속 칼집 안의 군도를 찹니다. 장교들이 권총을 소지해야 하는 규정은 없습니다. 그러므로 몇몇 장교만이 권총을 소지합니다.

병사들은 다음과 같은 의복을 공급받습니다.

검푸른 색에 붉은 옷깃과 휘장이 달린 겨울옷 한 벌. 바지에는 붉은색의 넓은 줄이 쳐져 있습니다. 겨울옷은 여름에 반납됩니다.

백색 아마포로 지은 여름옷 두벌, 여름옷에는 노란 휘장이 달려 있습니다.

검은 천으로 지은 외투 한 벌.

붉은 띠와 단추가 달린 펠트모자 한 개.

굽이 낮은 군화 두 켤레.

각반 한 쌍

양말 세 켤레.

속옷 두 벌.

백색 옷깃.

그 밖의 군장 창고는 없습니다. 모든 가죽제품은 검은색이며, 장식과 버클은 황동으로 되어 있습니다. 연대번호는 위팔에 아라비아 숫자로 새겨져 있고, 병사와 하사관 계급장은 아래팔에 달려 있습니다. 하사의 계급장은 넓은 띠 하나입니다. 중사는 넓은 띠

위에 가느다란 띠가 하나 더, 일등중사는 가느다란 띠가 두 개 더 있습니다. 가느다란 띠가 하나만 있으면 병장을 표시하고, 가느다란 띠가 두 개와 세 개이면 나팔수를 표시합니다. 그 밖에도 나팔수는 붉은 줄이 달린 악기로 식별할 수 있습니다. 게다가 모든 하사관들은 펠트모자의 붉은 띠 위에 붉은 줄이 하나 더 있습니다. –

장교들은 의장을 직접 마련해야 합니다. 지금까지는 장교들의 군복과 병사들의 군복과 같았고, 다만 천의 품질만 더 좋았을 뿐입니다. 그런데 9월 초에 갑자기 조선 왕은 장교들을 위한 제복을 새로이 도입할 것을 명령했습니다. 일본인들이 도입한 제복 차림의 장교들이 왕비의 유해를 새 왕궁으로 운구하는 데 참여하는 것을 원하지 않았기 때문입니다. 그래서 끈 모양은 같지만 색상이 검은 군복이 도입되었습니다. 팔소매의 띠는 이등대위의 경우 하나이고, 한 계급씩 높아질수록 띠도 하나씩 더 많아집니다. 또한 장교들은 금빛 견장을 부착하고 있습니다. 대위는 별이 하나이고 참모장교들은 별이 두 개입니다. 군모의 모표 위에도 별이 부착되어 있습니다. 그밖에 장교의 군모에는 띠 위쪽에 금빛 단추 한 개와 붉은 줄 두 개가 있습니다. 당직사관은 우리 독일의 부관들처럼 붉은색과 흰색의 어깨띠를 두릅니다. 그리고 사열식을 위한 깃털장식이 있습니다. 재정관들은 붉은색 대신 푸른색, 금빛 대신 은빛을 사용합니다. 장교들의 계급을 쉽게 인식할 수 있도록, 미국식으로 장교들의 옷깃에 휘장을 더 부착할 계획입니다. 모든 장비와 의장은 일본(오사카) 제품입니다. 오로지 총기와 조선 국내에서 생산되는 펠트모자만이 예외입니다. 그런데 이 모자들은 전혀 쓸모가 없습니다. 비가 오면 올이 풀어져버리기 때문입니다. 조선인들은 꼭 필요한 재단일과 구두 만드는 일, 그 밖의 수공업도 스스로 하지 못합니다. 이런 분야에서도 조선인들은 서울 시내의 진고개에 거주하는 일본인들에게 의존합니다. 장교들과 병사들은 머리를 짧게 잘랐지만, 최근 들어 다시 상투머리를 기르는 사람들이 간간히 눈에 뜨입니다. 현재 상황이 매우 불안하고 장교들이든 병사들이든 고용기간이 일 개월에 지나지 않아서 언제든 해고될 수 있기 때문입니다. 조선에는 연금이라는 것이 존재하지 않습니다. 장교들이나 병사들이 퇴직하는 경우에는, 머리가 짧은 탓에 스님이나 무당으로 오인 받을 수 있습니다. 그런데 스님이나 무당은 조선에서 멸시받는 계층입니다. 심지어 일본에 대한 적대감이 팽배한 시골에서는 신변이 위태롭기까지 합니다. 그런 행색을 하고 다니면 친일파로 치부될 수 있기 때문입니다.

미국인 닌스테드[6] 대령이 조선의 재무행정을 맡고 있습니다. 니인스테드 대령은 급료가 실제로 옳게 지급받는지 확인하기 위해서 가능한 한 자신이 직접 지켜보는 가운데

---

6 [감교 주석] 닌스테드(F. J. H. Nienstead)

급료를 지불하게 합니다. 조선의 관리들과 장교들은 횡령하는 데 있어서 이웃나라 청국 사람들 못지않게 재주가 뛰어나기 때문입니다. 봉급과 급료는 한 달에 한 번 매월 26일에 지급됩니다. 봉급과 급료 액수는 다음과 같습니다.

군부대신	266$ 66s.
군부협판	146$ 60s.
대령(참모부)	91$ 80s.
대령 군마 비용	12$와 77$
부관 군마 비용	12$와 39$
소령	46$
일등대위	34$
이등대위	28$
상사	10$
중사	9$
하사	8$
병사와 나팔수	5$ 50s.

보초를 서는 날은 일당 4s.를 받습니다. 그밖에 임명장을 받게 되면 대령은 70$, 소령은 60$, 일등 대위와 부관은 55$, 2등 대위는 50$를 더 받습니다. 그러나 이것으로는 의장을 갖추기에 충분하지 못합니다.

병사들과 장교들은 막사에서 숙박합니다. 사저에서 거주하기를 원하는 장교들은 군부의 특별 허가가 필요합니다. 본인은 "새 왕궁" 옆의 병영을 보았는데, 그곳에는 제4연대와 제5연대가 있습니다. 첨부문서 1부를 참조하십시오.

막사의 모든 방은 크기가 같습니다. 대략 방의 길이는 6m이고 폭은 3m이며, 한 방에서 10명이 지냅니다. 장교들은 각자 독방을 사용하는 반면에 하사관들은 서너 명이 함께 한 방을 사용합니다. 방은 휑하니 비어 있습니다. 도독한 방바닥에 다만 아주 엷은 돗자리나 기름종이가 깔려 있을 뿐입니다. 정돈 규정 같은 것은 존재하지 않고 전체적으로 하나같이 지저분합니다. 조선 병영의 특색은 모든 방이 "온돌" 방이라는 것입니다. 다시 말해 방바닥 아래 난방을 위한 도관이 설치되어 있어서 방바닥이 항상 따듯합니다. 이러한 시설은 조선 전체와 청국 북부지방에 널리 퍼져 있습니다. 다만 일반 주민들의 집에서는 잠자리로 사용되는 일부 방바닥에만 난방이 됩니다. 병영은 불결함 그 자체였고, 막사

사이의 길 여기저기 웅덩이에서는 역겨운 냄새가 진동했습니다. 그리고 제일 고약한 곳에 주방이 있었습니다. 그러니 건강상태가 양호할 리 없는데도 부대에는 의사 한 명 없습니다. 다만 출정하게 되면, 각 연대에 조선인 의원이 한 명씩 배속됩니다. 의원의 급료는 한 달에 15$입니다.

하사관들과 병사들에게는 국가에서 식사를 제공합니다. 이 급식이 어떻게 구성되어 있고 비용이 얼마나 드는지 다음의 도표를 보면 알 수 있습니다. 이 도표는 금년 8월의 급식을 위해 작성되었으며, 8월 한 달에 72,372일분의 식사가 배식되었습니다. 현재 서울에는 약 2400명의 병사들만이 있고, 나머지는 반란군과 전투 중이거나 휴가 중이기 때문입니다. 다음과 같은 식재료가 소비되었습니다.

쌀	1533$ 80s.
붉은 콩	36$ 00s.
야채(특히 배추)	1045$ 32s.
조리용 땔감	160$ 00s.
난방용 땔감	75$ 00s.
숯	10$ 00s.
등유 8상자	25$ 60s.
식기, 양동이, 비 등	189$ 00s.
종이, 잉크	43$ 47s.
합계	3118$ 19s.

그러므로 하루 식사비는 4s.를 조금 넘습니다. 육류와 생선은 병사들 스스로 마련해야 합니다. 닌스테드 대령의 계산에 따르면, 정부군 일인당 경비는 급료와 장비, 의복, 숙박, 급식을 합해 여름에는 28.5s., 겨울에는 34.4s.가 소요됩니다. 부대가 출정하게 되면, 장교들과 병사들은 하루 20s.의 특별수당을 받습니다. 그밖에 장교들은 담배 등을 위해 매달 3$을 받고, 하사관들과 병사들은 사흘에 한 번씩 짚신 구입비용으로 10s.를 받습니다. 가죽신은 전투용으로 제작되는 것이 아니라 대부분 집에 두기 때문입니다. 싸움터에서 말 한 마리 관리비용은 24s.로 산정되고, 각 중대는 특별비용으로 매달 45$를 받습니다. 현재 반란을 진압하기 위해 많은 부대들이 파견되었습니다. 특히 조선 동부지방과 남부지방에서 반란이 일어났으며, 반란자들은 러시아의 수중에서 왕을 구출하자는 구호 아래 약탈을 자행하고 있습니다. 모든 연대[7]에서 다음과 같이 장교들과 병사들이 차출되었습니다.

제1연대	장교 8명	하사관 28명	나팔수와 병사	455명
제2연대	장교 16명	하사관 43명	나팔수와 병사	689명
제3연대	장교 1명	하사관 7명	나팔수와 병사	67명
제4연대	장교 2명	하사관 5명	나팔수와 병사	121명
제5연대	장교 2명	하사관 5명	나팔수와 병사	96명
합계	장교 29명	하사관 88명	나팔수와 병사	1428명

특히 제1연대와 제2연대에서 많은 병사들이 차출된 것이 눈에 띕니다. 그것은 이 두 연대가 1895년 일본 교관들에게 훈련을 받았고, 그래서 장교들도 병사들도 신뢰를 받지 못하기 때문입니다. 9월 15일에 서울을 떠난 증원군도 – 161명 – 조선 왕의 특별 요청에 따라 또 다시 이 두 연대에서 차출되었습니다.

맨 처음 미국인들이 조선 군대의 훈련을 시도했고, 그 뒤를 이어 일본인들이 시도했습니다. 그리고 이제는 러시아인들이 조선 군대의 훈련을 맡을 것입니다. 조선 군대를 현대적인 요구에 부응하도록 조직하기 위해 1887년 미국인 4명이 채용되었습니다. 이 미국인들이 군사학교에서 겪은 일들은 이미 언급한 바 있습니다. 군부대 훈련도 군사학교와 별반 다르지 않았습니다. 그래서 일 년 반 후 미국인 두 명은 돌아갔습니다. 남은 두 명 가운데 다이 장군은 와해된 사관학교를 계속 이끌었고, 니인스테드 대령은 아주 간단한 일들을 병사들에게 훈련시켰습니다. 특히 조선 왕이 중요하게 여긴 보초근무를 훈련시켰습니다. 조선 왕의 절실한 바람은 우수한 왕궁수비대를 보유하는 것이었습니다. 1895년 6월 일본인들이 군사학교의 운영을 맡았으며, 일본 장교들이 일본식 규정과 명령에 따라 제1연대와 제2연대를 훈련시켰습니다. 그러나 2월 11일 이후 일본인들은 일본 장교를 철수시켰고 군사학교는 중단되었습니다. 일본에 파견된 조선 장교들도 마찬가지로 점차 귀국했습니다. 그래서 현재 조선 생도들의 훈련은 다시 전적으로 조선인들의 손에 맡겨져 있습니다. 다이[8] 장군이 닌스테드 대령처럼 그 사이 현역에서 물러나, 지금은 미국산 종마들을 훈련하는 사육장을 감독하고 있기 때문입니다. 이런 상황에서 본인은 두 대대의 시범 훈련을 지켜보았습니다. 두 대대는 외면적인 모습부터 전혀 뛰어나다는 인상을 주지 못했습니다. 그나마 복장이 제일 나았습니다. 조선 병사들은 열병식을 거행하고 거수경례를 하고 중대별로 분열행진을 했습니다, 그 뒤를 이어 가로 세로

7 [감교 주석] 대대를 연대로 표기함.

8 [감교 주석] 다이(W. M. Dye)

줄을 맞추어 간단한 동작을 펼쳤습니다. 끝으로 조금 익살스럽게 사각전투대형을 형성하는 것에서 조선 병사들의 기예는 절정에 이르렀습니다. 무엇보다도 그들의 느린 행진속도가 본인의 주목을 끌었습니다. 그들은 최대 50cm 보폭으로 일분에 70번 걸음을 옮겼습니다. 본인이 조선 장교들에게 그 점에 대해 말하자, 장교들은 예전에도 그런 지적을 받았다고 대답했습니다. 그런데도 조선인들은 그것을 바꾸지 않았습니다. 일반적으로 훈련 시간이 매우 적습니다. 한 달에 기껏해야 두 번 사격훈련을 합니다. 이제 러시아에서 교관들이, 정확히 장교 19명과 하사관 21명이 온다고 합니다. 이들을 통솔하는 푸티아타[9] 대령은 이미 조선을 향해 출발했다고 전해집니다. 푸티아타 대령은 모스크바 대관식에 파견된 민영환[10]과 함께 길을 떠났으며 10월 말경 서울에 도착할 것이 확실합니다. 러시아 장교들과 하사관들은 나중에 블라디보스토크에서 파견할 예정입니다. 우선은 러시아 공사관의 수비대 지휘관 Honeleff 중위가 매일 2시간씩 러시아식 명령과 규정에 따라 조선 장교들을 훈련시키고 있습니다. 규정을 조선어로 번역하기에는 조선인들이 너무 게으릅니다. 조선인들은 지난해에 겨우 군사 형법전만을 완성했습니다. 그리고 금년 1월 27일, 대령은 5일의 금고형과 10대에서 100대까지 태형을 내릴 수 있고, 소령과 대위는 3일의 금고형과 10대에서 100대까지 태형을 내릴 수 있다는 부칙을 발령했습니다.

병참은 이미 언급한 바와 같이 100명으로 구성되어 있으며, 짐 나르는 말 100마리를 보유하고 있습니다. 병참에는 병영도 없고 통일된 군복도 없습니다. 말들은 병사 내지는 병사 가족의 소유물입니다. 이들 병참대원 100명은 예전 기병대의 잔재입니다. 예전 기병대는 원래 600명이었습니다. 1894년 다이 장군은 400명을 유지하며 기병대원들에게 나른 발틀을 제공하려 시도했습니다. 그러나 이 최후의 시도가 실패한 후, 금년 6월 1일 기병대는 결국 폐지되었습니다. 어쨌든 조선 토종의 작은 말들이 기마용으로 적합하지 않듯, 조선인들도 기마병으로는 적합하지 않습니다.

병기창에 있는 개틀링 야포 18대와 7cm 크루프 산악용 대포 12대가 증명하듯, 한때는 조선에 포병대도 있었습니다. 그러나 현재 사용 가능한 대포는 단 한 대도 없습니다. 일본인들이 잠금장치를 비롯한 주요 부품들을 가져갔기 때문이라고 합니다. 어쨌든 주요 부품들이 없습니다. 더욱이 1874년까지만 해도 한강 어구에 위치한 강화도 요새에 비교적 큰 대포가 몇 대 있었습니다. 강화도는 전쟁이 발생하는 경우 왕가의 피난처로

9 [감교 주석] 푸티아타(Putiata). 러시아식 발음은 "푸차타"임.

10 [감교 주석] 민영환(閔泳煥)

예정된 곳이었습니다. 그러나 그 해 일본군 파견대가 그 대포들을 도쿄로 가져가버렸으며[11], 대포들은 현재 일본의 쿠단[12]에 있습니다. 그리고 그나마 남아 있던 것은 녹여서 동전을 만드는데 사용했습니다. 조선 국내에 그 밖의 요새는 없습니다. 다만 서울을 비롯한 여러 도시에 오래 전 맥상 무늬 돌로 지은 성벽이 있을 뿐입니다. 그 성벽들에는 총안이 있지만 대부분 붕괴된 상태입니다.

조선은 결코 군함을 보유한 적이 없습니다. 1894년 미약하나마 군함을 보유하려는 시도를 하고 영국 해군장교 한 명과 중사 한 명을 채용했습니다. 그 두 사람은 강화에서 100명을 훈련시키는 임무를 맡기로 했다고 합니다. 그리고 소문에 의하면, 청국 아니면 영국이 조선인들에게 작은 포함 하나를 양도하기로 했다고 합니다. 그러나 그 협상은 무산된 것이 분명합니다. 2년의 계약기간이 끝나자, 두 영국인이 생도들을 한 번도 바다에 데려가 보지 않은 채 종적을 감췄기 때문입니다.

조선인은 일본인이나 유럽인과 맞부딪치면 즉시 무기를 내동댕이치는 불량한 군인입니다. 특히 온 나라가 공포에 휩싸여 있는 지금 이런 때에 말입니다. 조선 왕은 자신의 병사들을 신뢰할 수 없다는 사실을 매우 잘 알고 있습니다. 그래서 유럽 경호대를 두고 싶다는 소망을 여러 차례 표명했습니다.

일본인들은 600명으로 구성된 1개 대대(제1연대의 제 1대대) 병력을 조선에 주둔시키고 있습니다. 그 중에서 원산(일본 거주민 1500명)과 부산(일본 거주민 3000명)에 각기 1개 중대가 있고, 수도(일본 거주민 1800명)에 2개 중대가 있습니다. 제물포(일본 거주민 4000명)에는 15명이 근무하는 작은 초소가 있을 뿐입니다. 그밖에 원산과 부산, 서울, 제물포에 100여 명의 일본 경찰이 있습니다. 헌병 200명이 서울-부산 전신선을 경비하지만, 현재 이들로는 충분하지 않아서 병사들에게 헌병들을 도우라는 명령을 내려야 했습니다. 그래서 일본에서 헌병 50명을 더 불렀습니다. 서울의 2개 중대는 금년 2월 11일까지 "새 왕궁" 옆의 병영에 있었지만, 그 후 진고개로 이동했습니다. 일본 대대는 매년 5월에 교대됩니다.

러시아인들은 러시아 공사관에 장교 2명과 병사 74명을 주둔시키고 있습니다. 제물포 앞바다에 정박 중인 군함 두 척, "Otralzny"호와 "Mandjur"호에서 이 파견대를 각기 절반씩 차출했습니다. 그밖에 이 군함 두 척은 로즈섬[13]을 측량하고 급탄소를 설치하는

11 [감교 주석] 운요호 사건

12 [감교 주석] 독일어 원문에 "Kudan"으로 기술되어 있음. 현재 야스쿠니 신사가 위치한 곳의 지명이 쿠단(九段)이고, 야스쿠니 신사에서 당시 대포를 보관하고 있다는 점을 고려한다면, 보고서에서 지칭하는 Kudan은 야스쿠니 신사로 추정할 수 있음.

일에 몰두하고 있습니다. 첨부문서 No. 2를 참조하십시오. 러시아인들은 로즈섬 주둔지에 이미 건물 한 채와 신호기, 비둘기 집을 설치했습니다. 비둘기 집은 전서비둘기를 위한 것으로 보입니다.

조선의 도로 상황은 형편없습니다. 특히 봄에 눈이 녹은 후와 7월의 우기 후에는 상태가 더욱 나쁩니다. 게다가 길들은 짐을 싣는 짐승들만 다닐 정도로 비좁습니다.

조선에 아직까지 철도는 없습니다. 그러나 이미 여러 군데 철도건설 허가가 주어졌습니다. 예를 들어 제일 기대되는 제물포-서울 철도건설권은 미국인들에게, 서울-평양-압록강 어구 철도건설권은 프랑스인들에게 주어졌습니다. 프랑스인들은 서울-목포 철도건설권도 따낼 계획이며, 이를 위해 조선인들에게 차관을 제시했습니다. 그러나 조선 정부는 지금까지 그 제안에 동의하지 못했습니다. 남부지방의 치안이 불안하다는 점을 이유로 들어 일본인들에게 서울-부산 철도건설권을 허가하지 않았기 때문입니다. 그밖에 목포와 평양의 항구를 외국과의 통상을 위해 머지않아 개방한다고 합니다. 그러나 조선 남동 지방의 가장 좋은 항구는 부산 남쪽에 위치한 마산포라고 전해집니다. 지도에 대해 말씀드리면, 유럽인들이 제작한 이른바 조선지도가 있습니다. 그 지도는 그런대로 괜찮지만 오래 되었습니다. 그에 비해 일본인들이 2년 전에 완성한 지도가 있습니다. 첨부문서 3을 참조하십시오. 이 지도는 아직까지 비밀입니다. 그 밖의 모든 지도는 첫 번째 언급한 지도를 근거로 작성되었거나 아니면 일본인들이 옛날에 제작한 조악한 것들입니다. 현재 러시아인들이 조선의 지도를 제작하는 중입니다. 이 목적을 위해 러시아 참모부의 장교들이 조선을 두루 돌아다니고 있습니다.

마이네케

야전 포병연대 소속의 육군중위 프로이센(동프로이센) 아우구스트[14] 왕자께서 도쿄 주재 공사관에 배속되셨습니다.

---

13 [감교 주석] 월미도(Roze Island)

14 [감교 주석] 아우구스트(August von Preußen)

첨부문서 № 1.

조선 병영

A. 12026, A. 6347, A. 6185, A. 4550

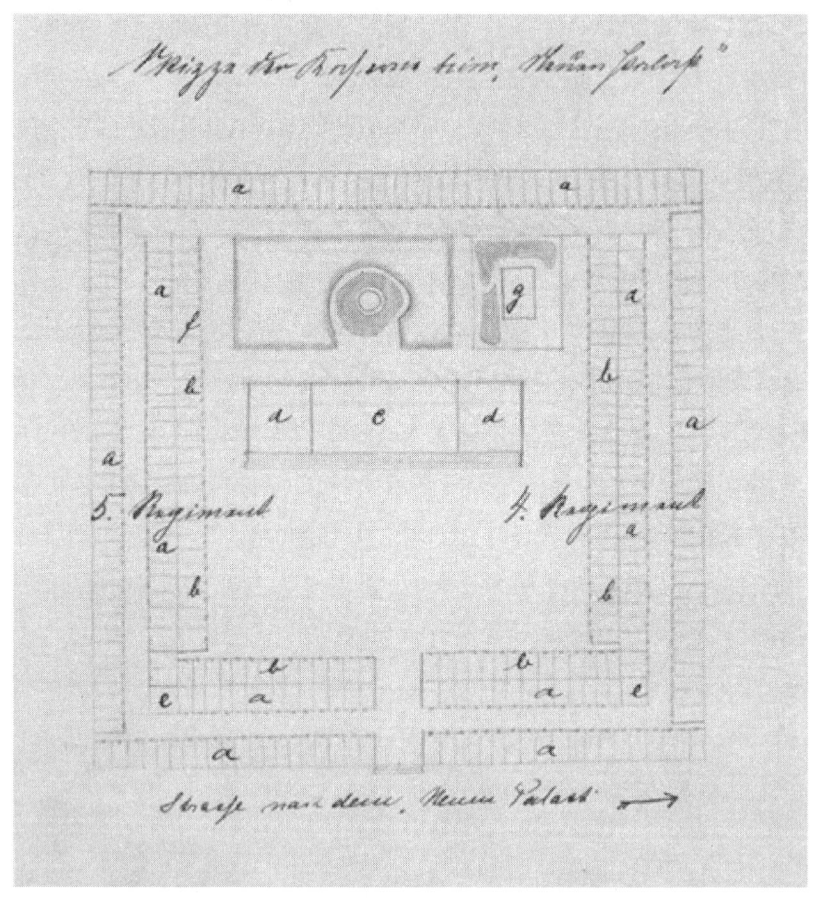

[위] "신궁궐" 인접 병영 조감도

[중간] 제 5연대, 제 4연대

[아래] 신궁궐 방향 도로

a. 병사 숙소, 입구. 제 4연대는 병영 우측에, 제 5연대는 좌측에 거주.

b. 장교, 하사관 관사.

c. 현관 로비. 유사시 국방부 장관 관사.

d. 두 연대장 관사.

e. 병사용 식당

f. 장교 식당

g. 무너진 사당

첨부문서 No. 2

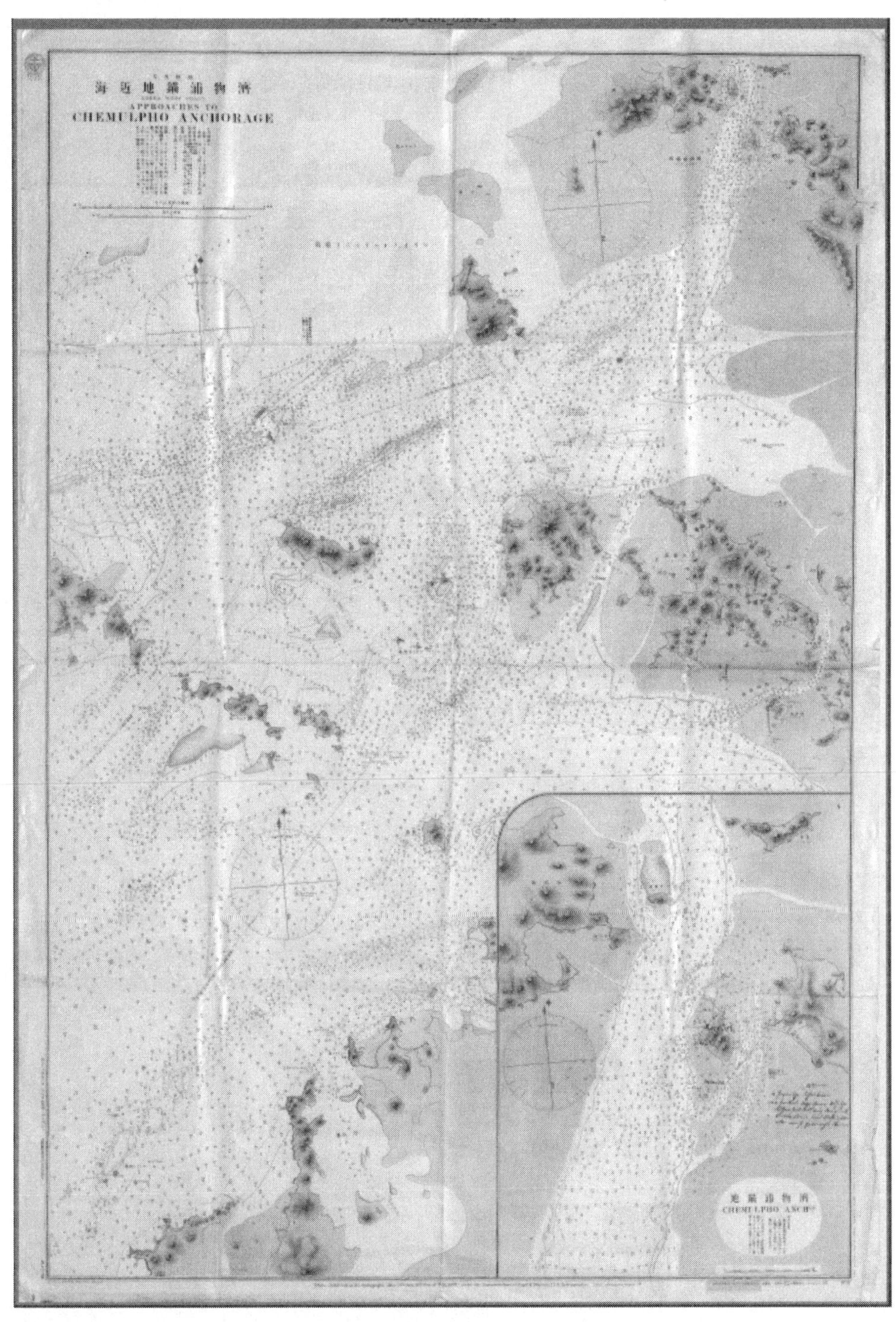

첨부문서 No. 3

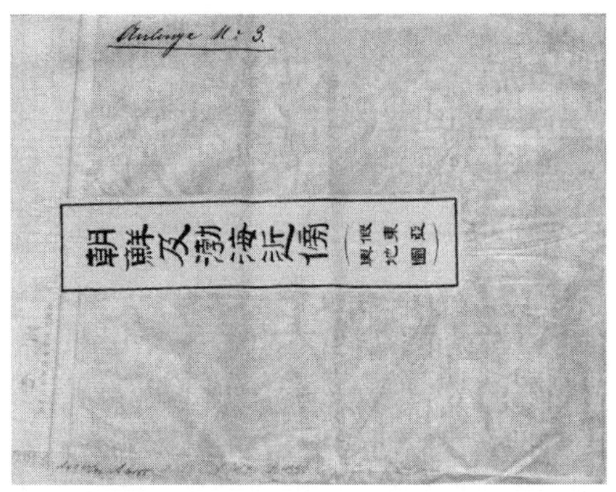

29

원문 p.727

조선의 정치적 사건들. 일본 공사의 조선 출국. 조선 정부의 변화

발신(생산)일	1896. 10. 4	수신(접수)일	1896. 11. 23
발신(생산)자	크리엔	수신(접수)자	호엔로에-실링스퓌르스트
발신지 정보	서울 주재 독일 총영사관	수신지 정보	베를린 정부
	No. 57		A. 12030
메모	연도번호 No. 435		

A. 12030 1896년 11월 23일 오전 수신

서울, 1896년 10월 4일

No. 57

독일제국 수상 호엔로에-실링스퓌르스트 각하 귀하

지난달 21일 자 보고서 No. 53[1]에 이어, 본인은 조선 외부대신[2]이 무기한 병가를 얻었음을 삼가 각하께 보고 드리게 되어 영광입니다. 현재 외부협판[3]이 외부대신의 권한을 대행하고 있습니다.

일본 공사가 전신으로 일본 정부에 소환되어 오늘 서울을 떠났습니다. 일본 공사가 자리를 비운 동안, 일등서기관 가토가 임시 대리공사로서 공사관 업무를 수행합니다. 하라[4]가 오늘 본인에게 구두로 전한 바에 따르면, 조선 정부는 서울·부산 철도건설권을 일본 철도회사에게 또 다시 불허했습니다. 외부대신 대행이 어제 날짜 서신으로 이런 내용을 알려왔다고 합니다. 하라는 이에 대해 이의를 제기했다고 말했습니다.

지난달 24일 자 조선 왕의 칙령에 의거해, 조선 내각이 러시아 참의원을 본뜬 "의정부"로 재편되었습니다.[5] 의정부는 국가의 모든 행정에 대해 심의하고 결정합니다. 의정부는 모든 대신들과 그 밖에 왕이 임명한 보수파 5명으로 구성되었습니다. 이 최고 관청

1 [원문 주석] A. 11691 담당자에게 제출.
2 [감교 주석] 이완용(李完用)
3 [감교 주석] 고영희(高永喜)
4 [감교 주석] 하라 다카시(原敬)
5 [감교 주석] 의정부 관제 반포, 『고종실록』 고종 33년 9월 24일

은 베베르[6]의 건의에 따라 창설되었습니다. 베베르는 이를 통해 조선 정부에 대한 국민들의 신뢰가 강화되기를 바란다고 본인에게 말했습니다. 그러나 양측이 효율적으로 협력할지는 의문입니다.

학부대신[7]이 사임을 청했고 조선 왕은 이를 허락했습니다. 학부대신이 "유교의 연대와 포용"[8]이라는 표제의 서적을 출간했기 때문입니다. 이 책에서 학부대신은 모든 유럽인들과 미국인들, 특히 기독교를 심하게 비방하고 있습니다. 조선 왕은 학부도서[9]에서 발간된 이 책의 판매를 금지했습니다.

서울 주재 러시아 군사전권사절로 임명된 스트렐비츠키[10] 대령이 며칠 전 이곳 서울에 도착했습니다.

본인은 이 보고서의 사본을 도쿄와 베이징 주재 독일제국 공사관에 보낼 것입니다.

크리엔

내용: 조선의 정치적 사건들. 일본 공사의 조선 출국. 조선 정부의 변화

---

6 [감교 주석] 베베르(K. I. Weber)

7 [감교 주석] 신기선(申箕善)

8 [감교 주석] 유학경위(儒學經緯)

9 [감교 주석] 학부도서(學部圖書)

10 [감교 주석] 스트렐비츠키(Strelbitzky)

30
원문 p.729

[독일언론에 보도된 조선과 일본 관련 기사]

발신(생산)일		수신(접수)일	1896. 11. 25
발신(생산)자		수신(접수)자	
발신지 정보		수신지 정보	베를린 외무부
			A. 12109

A. 12109 1896년 11월 25일 오후 수신

베를리너 노이에스테 나흐리히텐[1]
1896년 11월 25일

일본과 조선

신임 일본 내각에게 조선 문제는 첫 번째 힘겨루기일 것이다. 조선 정부는 적극적이고 단호한 오쿠마[2]가 일본 외무대신에 임명되었다는 소식을 접하고 상당히 당황했다. 그래서 일본 조정의 분위기에 대한 정보를 듣고자 도쿄 주재 조선 공사를 즉각 서울로 불러들였다. 더욱이 오쿠마가 조선 주재 일본 공사 하라[3]를 서울에서 소환하자, 조선 정부의 당혹감은 더욱 증대되었다. 조선에 대한 일본의 영향력은 하라 공사의 재임 시절 서서히 감소했다. 10월 초순의 신문보도에 의하면, 예전에 조선에서 왕성하게 활동했던 전임 공사 오이시 마사미를 하라 대신 조선에 파견할 것으로 추측된다. 오이시[4]는 청일전쟁 직전 공직에서 물러났다. 몇 년 전 조선 정부가 곡물과 콩의 일본 수출을 금지함으로써 일본 무역에 매우 심각한 손해를 입혔을 때, 오이시가 나서서 조선 정부의 금지령을 철회시켰다. 그리고 평소처럼 충분한 보상금에 대한 약속을 받아냈을 뿐만 아니라 실제로 즉시 배상금을 받아내는 영향력을 발휘했다. 일본 공사 하라가 소환되고 오이시가

1 [감교 주석] 베를리너 노이에스테 나흐리히텐(Berliner Neueste Nachrichten). 1880년에서 1919년까지 독일 베를린에서 간행된 일간신문.

2 [감교 주석] 오쿠마 시게노부(大隈重信)

3 [감교 주석] 하라 다카시(原敬)

4 [감교 주석] 오이시 마사미(大石正巳)

다시 조선 주재 공사로 발탁될 것이라는 소문에 직면해서, 서울의 정부는 귀국하는 일본 공사 하라 편에 오쿠마에게 공식 서한을 보내기로 결정했다. 이 서한에서 조선 정부는 지난 전쟁 중에 일본과 체결한 조약을 이행하지 않은 것을 자진해서 큰 실책으로 인정하고 용서를 청했다. 조선 정부가 심지어는 그 조약을 어기고 일본인들 대신 미국인들에게 서울–제물포 철도건설권을 넘겨주었기 때문이다. 그 대신 조선 국내의 불안한 소요사태가 방해하지만 않는다면, 당시 약속했던 서울–부산 철도건설은 기꺼이 일본인들에게 맡기겠다는 것이었다. (얼마 전 러시아 신문들은 서울–부산 철도건설권이 이미 독일 자본가들에게 허가되었다고 보도했다. 이에 대해 일본 신문들이 지난 몇 개월 동안 단 한 마디도 보도하지 않은 것은 주목할 만한 일이다.) 오쿠마가 이끄는 정당 "Kaischinto"[5]의 기관지 "요미우리신문"의 기사에 의하면, 신임 외무대신은 이러한 조선 문제에 매우 단호하게 대처할 예정이라고 한다. 심지어 요미우리신문은 철도 문제가 해결될 때까지 일본이 조선의 섬 하나를 점령해야 한다고 공공연히 언명한다. 지금 일본 전역에서 정치가들이 오쿠마를 주시하고 있다. 그리고 새 내각이 의회에서 존립하느냐 실각하느냐 하는 것은 이 문제의 승패여부에 달려 있다는 의견이 지배적이다.

5 [감교 주석] 입헌개진당(立憲改進黨). 참고로 1896년 3월 입헌개진당은 진보당 결성으로 해산되었음.

31

원문 p.731

[프랑스 언론에 보도된 조선 관련 기사]

발신(생산)일		수신(접수)일	1896. 11. 28
발신(생산)자		수신(접수)자	
발신지 정보		수신지 정보	베를린 외무부
			A. 12228

A. 12228 1896년 11월 28일 오후 수신

Le Nord.
28. 11. 96.

Les relations qui existent entre le Gouvernement impérial de Russie et celui de Corée, - dont le roi de ce pays est le seul représentant légal, - ne sont pas ce que semblent vouloir dire certains journaux anglais et américains. Le roi de Corée est un souverain indépendant qui s'est placé, de sa propre initiative, sous la protection de la Russie, uniquement pour défendre son indépendance contre des conquérants étrangers. La protection que lui accorde la Russie n'est ni une suzeraineté, ni un protectorat officiel ; elle est simple et ne tend qu'à protéger la personne de ce roi contre tout attentat, et à pacifier le pays protégé pour le rendre apte au développement et au progrès régulier.

A. 12026 I

조선 군대에 대한 마이네케 육군중위의 조사 결과와 관련해, 지난달 15일 자 도쿄 주재 독일제국 공사의 보고서를 첨부문서와 함께

독일제국 해군청

차관 홀만[1]

해군대장님께

삼가 동봉하는 바입니다. 이 내용을 군단장들에게 알릴 것인지는 차관님께서 판단하시기를 부탁드립니다.

베를린, 1896년 11월 30일

1 [감교 주석] 홀만(Hollmann)

32

원문 p.733

[러시아의 월미도 석탄창고 건설 건]

발신(생산)일	1896. 10. 26	수신(접수)일	1896. 12. 9
발신(생산)자	크리엔	수신(접수)자	호엔로에-실링스퓌르스트
발신지 정보	서울 주재 독일 총영사관	수신지 정보	베를린 정부
	No. 59		A. 12597
메모	Ⅰ. 12월 13일 런던 1395, 페테르부르크 971에 전달 Ⅱ. 12월 13일 독일제국 해군청에 전달		

사본

A. 12597 1896년 12월 9일 오후 수신

서울, 1896년 10월 26일

No. 59

독일제국 수상 호엔로에-실링스퓌르스트 각하 귀하

본인은 이제 로즈섬[1]에 러시아 함대를 위한 석탄창고 두 채가 설치되었음을 삼가 각하께 보고 드리게 되어 영광입니다. 석탄창고에는 현재 카디프 석탄 2천여 톤이 저장되었습니다. 들리는 소문에 의하면, 내년 봄에는 러시아인들이 측량한 지역에 러시아 해군병원이 들어설 것이라고 합니다. 그 지역은 섬의 남쪽 전체를 포함합니다. 본인이 알아본 바에 의하면, 러시아 정부는 조선 정부와의 계약을 통해 연 380$의 임대료를 지불하는 조건으로 그 지역을 무기한 임차했습니다. 그밖에도 정찰용 섬에 작은 건물이 한 채 설치되었으며, 러시아 해병이 그 건물 앞에서 항상 보초를 섭니다. 본인은 이 사안에 대해 다시 각하께 보고 드릴 예정입니다.

본인이 오늘 힐리어[2]에게 들은 바에 따르면, 한 영국 회사가 로즈섬에 대지를 임대할 계획입니다. 그래서 영국 해군을 위해 항상 석탄을 저장해 둘 목적으로 그곳에 석탄창고를 세울 예정이라는 것입니다.

크리엔

원본 : 아시아 3

---

1 [감교 주석] 월미도(Roze Island)

2 [감교 주석] 힐리어(W. C. Hillier)

33

원문 p.734

서울의 정치적 사건들

발신(생산)일	1896. 11. 2	수신(접수)일	1896. 12. 17
발신(생산)자	크리엔	수신(접수)자	호엔로에-실링스퓌르스트
발신지 정보	서울 주재 독일 총영사관	수신지 정보	베를린 정부
	No. 62		A. 12920
메모	연도번호 No. 469		

A. 12920 1896년 12월 17일 오전 수신

서울, 1896년 11월 2일

No. 62

독일제국 수상 호엔로에-실링스퓌르스트 각하 귀하

금년 8월 11일 자 보고서 No. 45[1]와 관련해, 본인은 지난 달 26일 조던[2]이 힐리어[3]에게 조선 주재 영국 총영사 업무를 인계받았음을 삼가 각하께 보고 드리게 되어 영광입니다. 힐리어는 은퇴하고 귀국합니다.

조선 외부대신[4]이 다시 업무를 개시했습니다.

지난달 24일 군함 세 척으로 구성된 일본 함대가 부산을 떠나 제물포에 입항했습니다. 군함 한 척에 탑승한 해군중위[5] 고마쓰[6] 친왕이 25일 서울에 도착했습니다. 이튿날 고마쓰 친왕은 영국 총영사관 인근의 새 왕궁에서 조선 왕의 영접을 받았습니다. 일본 함대는 28일 청국 북부지방을 향해 제물포를 떠났습니다.

오늘 날짜 포고문을 통해 조선 왕은 새 왕궁의 공사를 서두르라고 명령했습니다. 하루 빨리 새 왕궁으로 거처를 옮길 생각이기 때문입니다.

1 [원문 주석] A. 9984 삼가 동봉.
2 [감교 주석] 조던(J. N. Jordan)
3 [감교 주석] 힐리어(W. C. Hillier)
4 [감교 주석] 이완용(李完用)
5 [감교 주석] 당시 정확한 계급은 대위였음.
6 [감교 주석] 히가시후시미노미야 요리히토(東伏見宮依仁)로 추정됨. 그의 아버지 고마쓰노미야 아키히토(小松宮彰仁) 친왕의 이름에서 고마쓰가 유래한 것으로 보임.

몇 개월 전 정치적인 음모를 획책했다는 이유로 체포된 조선인들이 (금년 8월 22일자 보고서 No. 49)[7] 전원 석방되었습니다. 그들을 밀고한 두 명은 유배형을 선고받았습니다.

세관장 오스본[8]이 목포항 개항을 준비하려고 제물포에서 목포를 향해 출발했습니다. 들리는 소문에 의하면, 내년 봄에 제물포항과 평양 근교의 항구, 목포항을 외국과의 통상을 위해 개방한다고 합니다.

본인은 이 보고서의 사본을 베이징과 도쿄 주재 독일제국 공사관에 보낼 것입니다,

크리엔

내용: 서울의 정치적 사건들

7 [원문 주석] A. 10474 삼가 동봉.

8 [감교 주석] 오스본(W. M. Osborne)

외무부
A편

외무부 정치 문서고
조선 관계 문서

1897년 1월 1일부터
1897년 10월 31일까지

제24권
제25권에서 계속

한국 No. 1

1897년 목록	수신정보
11월 23일 서울 보고서 No. 67 -왕을 이전에 거처하던 궁으로 다시 모셔오려던 조선군 장교들의 음모 발각	197 1월 6일
11월 30일 서울 보고서 No. 64 -러시아 교관들이 800명 규모의 조선군 1개 연대를 조직하여 훈련시킴 -제물포에 정박 중인 러시아 전투함대	196 1월 6일
11월 30일 서울 보고서 No. 69 -모반을 획책한 혐의로 조선군 장교들 조사 -새 고위관리들 임명 -서울에 소위 "독립문"을 건립	350 1월 11일
2월 20일 서울 전보 No. 1 -조선 왕이 러시아 공사관을 떠남	2103 3월 20일
2월 25일 "St. Peterburger Zeitung" -조선과 관련된 러일조약에 대한 러시아 정부의 공식 발표 -러일조약은 조선의 재정난 해결, 경찰과 군대의 설립, 서울에서 국경선까지의 전신망 구축을 목적으로 함 -왕이 자신의 궁으로 돌아간 사건 및 러시아군과 일본군의 조선 주둔 문제에 대해 추가로 외교의정서 작성	2405 2월 25일
2월 27일 페테르부르크 보고서 -조선과 관련된 러일조약에 대한 러시아 정부의 공식 발표가 실린 2월 25일 페테르부르크 신문 제출 (신문 기사는 A. 2405의 내용과 동일함)	2597 3월 2일
1월 21일 도쿄 보고서 A. 13 -이른바 조선과 관련된 러시아와 일본 간 조약에 대해 일본 의회에서 진행된 대정부질의	2616 3월 2일
1월 29일 서울 보고서 No. 8 -조선 내 러시아 군사교관들의 활동과 조선 왕의 러시아 공사관 체류	4065 3월 29일
2월 28일 도쿄 보고서 A. 38 -외무대신 오쿠마가 일본 의회에서 조선과 관련된 러일조약의 목적과 목표를 설명	4484 4월 5일

4월 13일 러시아 신문 –오쿠마가 일본 의회에서 러시아와 조선이 체결한 2개의 협약에 대한 검토 내용 보고 –2개의 협약에는 조선의 재정, 전신, 왕의 지위, 협약에 따라 러시아 군대가 조선에 주둔할 수 있는 권리 등이 담겨 있음	4867 4월 13일
3월 22일 서울 보고서 C. No. 13 –왕이 러시아 대사관에서 자신의 새 궁으로 거처를 옮김 –새 궁의 경비대는 군의 교관인 러시아 장교와 하사관이 통솔 –보수적인 관리들은 왕의 귀환이 예전의 청국 행정체제로 이어지기를 희망	4967 4월 15일
4월 16일 뮌헨 알게마이네 차이퉁 –러시아는 조선에 전신망 설치를 보증하고 증기선 회사를 설립하며 서울에 러시아 학교를 세움 –또한 조선이 지속적으로 유럽에 공사를 파견하도록 권유함	5011 4월 16일
2월 11일 서울 보고서 No. 11 –왕이 러시아 공사관을 떠나 자신의 궁으로 돌아오도록 모반을 꾀하고 선동한 자들에 대한 판결이 내려짐	4481 2월 25일
4월 9일 페테르부르크 보고서 No. 173 –서울에서 러시아까지 연결되는 전신망 건설 –러시아 증기선 회사 '블라디보스톡–조선–상하이' 설립 –민영찬을 주 유럽 공사로 임명 –러시아 교관들의 조선에서의 활동	4801 4월 12일
3월 28일 오데사 보고서 –포탄을 탑재한 러시아 포함의 조선 파견 –러시아 군사교관들 조선으로 출발	3610 3월 20일
1월 31일 서울 보고서 No. 9 –일본에서 받은 차관을 갚기 위해 필요한 3백만 엔의 차관을 요청하기 위해 조선 정부가 상하이 주재 러–일 은행 측과 협상을 벌임.	4066 3월 29일
2월 28일 도쿄 보고서 A. 37 –조선과 관련된 러–일 조약의 내용	4483 4월 5일
2월 13일 서울 보고서 No. 12 –청과 조선 간 무역조약에 관한 협상을 진행하기 위해 청의 총영사 서울에 도착	4490 4월 5일

3월 12일 서울 보고서 No. 18 -1896년 5월 14일과 1896년 6월 9일에 체결된, 조선과 관련된 러시아와 일본의 조약 -러일 조약에 대한 조선 왕의 불만	6510 5월 16일
3월 11일 서울 보고서 No. 17 -새로운 소요가 발생할 가능성이 있는 서울에 영국 해군 "Narcisses"호 도착	6509 5월 16일
2월 18일 도쿄 보고서 A. 32 -외무대신 오쿠마가 1896년 러시아와 체결한 조약을 공개하려는 의도 설명 (원문: 일본 13)	4210 3월 13일
5월 5일 도쿄 보고서 A. 74 -이른바 160명의 러시아 장교와 병사들을 조선에서 채용한다는 약정에 대한 일본 측의 격앙된 분위기	7606 6월 11일
5월 12일 도쿄 보고서 A. 78 -러시아가 서울에서 러시아 병사들을 조선군 군사교관으로 활용하려던 계획 포기 -신임 러시아 공사 로젠은 베베르가 조선으로 전근 오는 것 반대	7888 6월 18일
5월 4일 서울 보고서 A. 31 -일본의 반발로 조선군 군사교관으로 채용될 예정이던 러시아 군인들의 숫자 대폭 축소 -시베리아 지역 군총사령관 운터베르게르의 도착 -1894년 제정된 법률의 개정 -조선 왕에게 국화-훈장 수여	8350 7월 1일
7월 23일 페테르부르크 보고서 No. 310 -영국의 조선 정책에 관한 커즌의 선언에 대한 페테르부르크 신문의 기사	9228 7월 26일
6월 17일 도쿄 보고서 A. 90 -러시아에 불리해진 조선의 변화된 정세에 대한 러시아 대리공사 슈뻬이예르의 의견 표명 -신임 공사 로젠 6월에 부임할 예정	9127 7월 23일
5월 25일 서울 보고서 No. 32 -조선 왕이 황제의 칭호를 사용하기를 원함 -그에 대해 일본은 동의, 청과 영국은 반대	10053 8월 19일

5월 25일 서울 보고서 No. 33 -러시아 군사교관을 증원하려던 푸티아타 연대장의 계획은 일본과 조선의 반대로 무산됨 -이 문제를 다루는 데 한계를 느낀 외무대신 이완용이 사표 제출	10054 8월 19일
5월 27일 서울 보고서 No. 34 -조선에 거주하는 미국인들은 조선 국내 문제에 그 어떤 개입도 하지 말라는 미국의 지령 (일본의 불만으로 인해 하달된 지령)	10053 8월 19일
7월 27일 도쿄 보고서 A. 98 -러시아가 30명의 장교와 800명의 병사를 조선으로 파견할 거라는 근거 없는 소문 -베베르가 조선으로 전근될 거라는 소문 역시 근거가 없음	10521 9월 1일
9월 1일 도쿄 보고서 A. 111 -조선이 절영도에 러시아 급탄소 설치를 허용했다는 일본의 신문보도 -일본은 이미 절영도에 급탄소 1개를 소유하고 있음	11861 10월 8일
10월 14일 페테르부르크 보고서 No. 383 -황제라는 칭호를 사용하려는 왕의 계획	12188 10월 16일
8월 31일 서울 보고서 No. 52 -대신들 교체 -재 일본 조선 공사 도쿄로 귀환 -개혁 시대의 새로운 연호 -조선 왕비의 장례식	12465 10월 16일
9월 17일 "The Standard" -러시아 훈련교관 장교들 조선에 도착 -러-청 은행 서울 지점 개설	11095 9월 17일

01

원문 p.744

러시아 군사교관 및 러시아 함대의 제물포 정박에 관하여

발신(생산)일	1896. 11. 20	수신(접수)일	1897. 1. 6
발신(생산)자	크리엔	수신(접수)자	호엔로에-실링스퓌르스트
발신지 정보	서울 주재 독일 총영사관	수신지 정보	베를린 정부
	No. 64		A. 196
메모	연도번호 No. 484		

A. 196 1897년 1월 6일 오후 수신

서울, 1896년 11월 20일

No. 64

독일제국 수상 호엔로에-실링스퓌르스트 전하 귀하

지난달 26일 본인의 보고 No. 59에 이어 전하께 삼가 아래의 내용을 보고 드리게 되어 영광입니다. 러시아 군사교관들이 얼마 전 약 800명으로 구성된 조선군 1개 연대를 조직하였습니다. 연대의 장교들과 병사들은 그들이 직접 선발하여 훈련시키고 있습니다. 그 외에 약 40명의 장교와 사관후보생들도 교육하고 있습니다.

이달 12일 동아시아 주둔 러시아함대 사령관 알렉세예프[1] 제독이 다른 전함들에 이어 부산에서 제물포로 입항하였습니다. 그는 제물포에서 러시아 대표 베베르[2]의 환영을 받았습니다. 제독은 15일 공사와 함께 서울에 도착하였으며 이달 18일에 다시 이곳을 떠났습니다. 어제 제독은 선박을 이용해 제물포항을 떠나 나가사키로 향했습니다.

본인은 본 보고서의 사본을 베이징과 도쿄 주재 독일제국 공사관으로 보낼 것입니다.

크리엔[3]

내용: 러시아 군사교관 및 러시아 함대의 제물포 정박에 관하여

---

1 [감교 주석] 알렉세예프(E. И. Алексеев)

2 [감교 주석] 베베르(K. I. Weber)

3 [감교 주석] 크리엔(F. Krien)

02

원문 p.745

조선 장교들의 모반 음모 발각

발신(생산)일	1896. 11. 20	수신(접수)일	1897. 1. 6
발신(생산)자	크리엔	수신(접수)자	호엔로에-실링스퓌르스트
발신지 정보	서울 주재 독일 총영사관	수신지 정보	베를린 정부
	No. 67		A. 197
메모	1월 9일, 페테르부르크 27에 전달 연도번호 No. 491		

A. 197 1897년 1월 6일 오후 수신

서울, 1896년 11월 23일

No. 67

독일제국 수상 호엔로에-실링스퓌르스트 전하 귀하

전하께 삼가 아래와 같이 보고 드리게 되어 영광입니다. 그저께 친위대 제3연대와 제4연대의 연대장과 장교 4명(조선군은 현재 각기 800명 규모의 보병연대 5개로 구성되어 있습니다.), 그리고 경무청 장교 1명이 체포되었습니다.[1] 왕이 왕비가 죽은 후 여생을 보내기 위해 새 궁으로 거처를 옮길 경우 왕을 납치해 다시 옛 궁으로 모셔오고 의정부의 개화파 인물들을 살해할 목적으로 모반을 꾀했다는 혐의입니다. 모반자들 가운데 한 사람의 집에서 2개의 서신이 발견되었는데, 한 서신에는 왕이 정부의 교체를 지시하는 내용을 담은 칙령 초안이 담겨 있었고 다른 서신에는 왕이 러시아 공사[2]에게 공사관에 머물 때 환대해준 것에 대한 감사를 표한 뒤 더 이상 러시아 공사관으로 돌아가지 않을 것이라는 뜻을 전하는 내용이 담겨 있었습니다. 모반자들 가운데 대대장 한명[3]은, 1889년부터 1893년까지 내각에서 대신을 역임하면서 왕에게 결정적인 영향력을 행사했던

1 [감교 주석] 환궁음모사건(還宮陰謀事件). 이 사건으로 제3대대장 이근용(李根澔), 제4대대장 서정규(徐廷圭), 중대장 정창석(鄭昌錫), 전 군부 영관(軍部領官) 정봉임(鄭鳳林), 정위(正尉) 한봉호(韓鳳鎬), 전 내부(內部) 참서관(參書官) 한선회(韓善會), 궁내부(宮內府) 순검(巡檢) 구선창(具善昌), 군부주사(軍部主事) 이근영(李根榮) 부위(副尉) 한원교(韓元敎) 등이 체포되었음.

2 [감교 주석] 베베르(K. I. Weber)

3 [감교 주석] 이근용(李根澔). 한규설의 생질

법무대신 한규설[4]의 가까운 친척입니다.

본인은 본 보고서의 사본을 베이징과 도쿄 주재 독일제국 공사관으로 보낼 것입니다.

크리엔

내용: 조선 장교들의 모반 음모 발각

4 [감교 주석] 한규설(韓圭卨)

베를린, 1897년 1월 9일

A. 197

주재 외교관 귀중
상트페테르부르크 No. 27

연도번호 No. 210

귀하에게 조선 장교들의 모반에 관한 서울 주재 독일제국 영사의 작년 11월 23일 보고서 사본을 삼가 정보로 전달합니다.

03
원문 p.747

새로운 정치적 사건들

발신(생산)일	1896. 11. 30	수신(접수)일	1897. 1. 11
발신(생산)자	크리엔	수신(접수)자	호엔로에-실링스퓌르스트
발신지 정보	서울 주재 독일 총영사관	수신지 정보	베를린 정부
	No. 69		A. 350
메모	연도번호 No. 499		

A. 350 1897년 1월 11일 오전 수신

서울, 1896년 11월 30일

No. 69

독일제국 수상 호엔로에-실링스퓌르스트 전하 귀하

조선 장교들의 모반 음모에 관한 이달 23일 본인의 보고 No. 67에 이어 전하께 삼가 아래와 같이 보고 드리게 되어 영광입니다. 그사이 3명의 하사관과 병사 2명이 추가로 체포되었습니다. 조선의 일치된 소식에 의하면 제3연대의 전임 연대장[1]이 고문을 당했다고 합니다. 경무청 경무사[2]는 파면되었고 탁지부 협판[3]이 그 자리로 옮겼습니다. 법부대신[4]은 스스로 사직서를 제출하였으나 반려되었습니다.

정치 망명객 김옥균[5]을 죽인 자[6]가 궁의 의전관[7]이 되었습니다. 1894년 봄 망명객 박영효[8]를 살해하려 했던 조선인 이일직[9]은 궁내부 참서관[10]으로 임명되었습니다. 또한 러시아 공사관에서 통역하던 자[11]가 학부 협판으로 임명되었습니다. 그런데 그는 교양이

---

1 [감교 주석] 이근용(李根澔)
2 [감교 주석] 이종건(李鍾健)
3 [감교 주석] 김재풍(金在豐)
4 [감교 주석] 한규설(韓圭卨)
5 [감교 주석] 김옥균(金玉均)
6 [감교 주석] 홍종우(洪鍾宇)
7 [감교 주석] 장례원(掌禮院)의 장례(掌禮)
8 [감교 주석] 박영효(朴泳孝)
9 [감교 주석] 이일직(李逸稙)
10 [감교 주석] 궁내부(宮內府) 참서관(參書官)

없는데다가 중국어와 조선어, 러시아어를 쓰지도 못하고 읽지도 못합니다. 게다가 그는 새로 임명된 모든 관리로부터 돈을 받고 원래의 직위보다 더 높은 궁내관 직으로 옮겨주는 일을 하는 것으로 유명합니다. 왕의 주변에 갈수록 인격을 믿을 수 없는 관리들이 늘어나고 있습니다.

러시아에서 귀환한 수석공사 민영환[12]이 군부 대신으로 임명되었습니다. 지금까지 군부 대신으로 있던 자[13]는 농상공부대신으로 임명되었습니다.

러-청 은행의 은행장 포코틸로프[14]는 청으로 떠났는데, 내년 봄 이전에는 이곳으로 돌아오지 않을 듯합니다. 작별인사차 본인을 방문했을 때 그는 조선 정부는 러시아로부터 전혀 돈을 받지 않을 것이라고 하였습니다. 또한 조선 정부는 일본에서 삼백만 엔을 적당한 이자로 빌린 것에 몹시 만족하기 때문에 차관 조약에 손을 대지 않는 것이 더 낫겠다는 입장이라고 하였습니다.

이달 21일 이곳에서 개화파 관리들에 의해 이른바 "독립문"의 초석이 세워졌습니다. 그곳은 원래 조선 왕들이 무릎을 꿇고 중국 사신들을 영접했던 자리[15]입니다. 기공식에는 외국 대표들을 비롯해 대부분의 외국인들이 초대되었습니다. 베베르[16] 부부는 독립문 및 아직 계획 중에 있는 "독립-공원"에 각각 50달러의 기부금을 냈습니다.

본인은 본 보고서의 사본을 도쿄와 베이징 주재 독일제국 공사관으로 보낼 것입니다.

크리엔

내용: 새로운 정치적 사건들

---

11 [감교 주석] 김홍륙(金鴻陸)
12 [감교 주석] 민영환(閔泳煥)
13 [감교 주석] 이윤용(李允用)
14 [감교 주석] 포코틸로프(Pokotilow)
15 [감교 주석] 영은문(迎恩門)
16 [감교 주석] 베베르(K. I. Weber)

04

원문 p.749

[조선 정부의 군대 조직에 대한 보고]

발신(생산)일	1897. 1. 16	수신(접수)일	1897. 1. 18
발신(생산)자		수신(접수)자	비버슈타인
발신지 정보		수신지 정보	베를린 외무부
	No. 213		A. 612

A. 612 1897년 1월 18일 오후 수신, 첨부문서 5

베를린, 1897년 1월 16일

A. 213

국무위원들, 외무부장관 및 해군제독 비버슈타인 각하 귀하

1896년 11월 30일 서신(A. 12026)과 함께, 도쿄 주재 독일제국 공사의 1896년 10월 15일 보고서를 첨부문서들을 동봉하여 삼가 전달합니다. 조선 군대에 대해 육군중위 마이네케[1]가 올린 정보를 해군 총사령부에 보고한 내용입니다.

대리로 작성함.

1 [감교 주석] 마이네케(Meincke)

베를린, 1897년 1월 19일

A. 12026/96와 A. 612/97

기밀
친전

연도번호 No. 471

조선 군대에 대해 육군중위 마이네케가 취재한 정보를 담고 있는, 작년 10월 15일 도쿄 주재 독일제국 공사의 보고서를 첨부문서들과 동봉해,

국무위원이자 국방장관인 호스터[2] 육군중장 각하께
육군 참모총장에게 전달할 목록과 함께 삼가 전달합니다.

베를린, 1897년 1월 19일

2 [감교 주석] 호스터(Hohster)

05

원문 p.751

[고종의 환궁]

발신(생산)일	1897. 2. 20	수신(접수)일	1897. 2. 20
발신(생산)자	크리엔	수신(접수)자	
발신지 정보	서울 주재 독일 총영사관	수신지 정보	베를린 외무부
	No. 1		A. 2103

A. 2103 1897년 2월 20일 오후 수신

전보

서울 1897년 2월 20일 3시 15분
도착 3시 20분

독일제국 영사가 외무부로 발송

암호해독

No. 1
왕이 러시아 공사관을 떠남.[1]

크리엔

1 [감교 주석] 고종의 환궁

06

원문 p.752

[러시아 언론의 조선 관련 러시아와 일본이 체결한 조약 보도]

발신(생산)일		수신(접수)일	1897. 2. 25
발신(생산)자		수신(접수)자	
발신지 정보		수신지 정보	베를린 외무부
			A. 2405

A. 2405 1898년 2월 25일 수신

St.Peterburger Zeitung

1897년 2월 25일

정부 발표

모스크바[1]와 서울[2]에서 러시아와 일본 간에 조약이 체결되었으며 그 내용은 조만간 인쇄되어 공포될 예정이다. 이는 조선 문제에 관해 일본 정부와의 모든 오해를 해소하기 위한 우리의 바람에 따라 성사되었다.

본 조약은 청일전쟁을 비롯해 일본으로 인해 조선에서 발생한 사건들의 직접적인 결과로 체결되었다. 본 조약은 일본과 청이 체결한 시모노세키 평화조약 제1조에 규정되어 있는 조선 독립의 원칙을 전혀 침해하지 않는다. 조선 정부는 무역에서 완벽한 자유를 가질 것이며, 내치는 물론이고 외교 정책에서도 마차가지로 완벽한 자유를 누린다. 다만 러시아와 일본은 조약에 치안과 질서 문제에서 조선 왕을 도와야 한다는 규정을 명문화한다. 왜냐하면 청과 일본의 충돌로 인해 일시적으로 치안유지에 방해를 받은 적이 있었기 때문이다. 치안유지 목적에 딱 맞는 단 하나의 확실한 방법은 5월 28일(6월 9일) 자 외교의정서에 언급되어 있는 것처럼 현재 이 나라에 존재하지 않는, 조선인들로 구성된 군대와 경찰을 창설하는 것이다.

한편, 우리나라 대리공사이자 실제로는 추밀고문관인 베베르[3]와 일본 대표 고무라[4]가

1 [감교 주석] 로바노프-야마가타 의정서

2 [감교 주석] 고무라 베베르 각서

서울에서 맺은 각서는 –비록 시간적으로는 앞에서 언급된 외교의정서보다 각서가 더 앞서지만– 외교의정서의 부족한 부분을 보완할 수 있을 것으로 보인다. 각서는 조약을 맺은 두 나라가 추구해야 할 공동목표를 명확하게 규정하고 있는데, 모든 외국군대는 설사 규모가 아주 미미하다 해도 빠른 시일 내에 조선에서 철수한다는 것이다.

의정서

1896년 5월 28일(6월 9일) 모스크바에서 러시아와 일본 정부가 서명함.

러시아 외무부장관 겸 국무장관 로바노프[5]와 일본 황제의 특명대사 겸 해군제독 야마가타[6]가 조선 사태에 관해 의견을 교환한 다음 아래와 같은 조항들에 합의하였다.:

1.

러시아와 일본 정부는 조선의 재정적 어려움을 타개하기 위해 조선 정부에 과도한 지출을 없애고 세입과 세출의 균형을 유지하도록 조언한다. 만약 몇몇 개혁이 시급히 필요하다는 것이 입증되고, 외국에서 차관을 들여옴으로써 그 문제를 해결할 수 있다면 양국 정부는 힘을 합하여 조선을 원조하도록 한다.

Ⅱ.

러시아와 일본 정부는, 조선이 국가재정과 경제상황이 허락하는 한 외국의 도움 없이 국내 실서를 유지하기에 충분한 규모로 자국 군대와 경찰을 편성하고 유지할 수 있도록 노력한다.

Ⅲ.

조선과의 교류를 용이하게 하기 위해, 일본 정부는 현재 그들의 수중에 있는 전신선을 관리한다.

---

3 [감교 주석] 베베르(K. I. Weber)

4 [감교 주석] 고무라 주타로(小村壽太郎)

5 [감교 주석] 로바노프(A. Lobanow)

6 [감교 주석] 야마가타 아리토모(山縣有朋)

러시아는 서울에서 러시아 국경까지의 전신선 건설을 맡는다.

이들 전신선은 조선 정부가 망 구축에 소요된 비용을 지불하는 즉시 조선정부에 소유권을 넘긴다.

Ⅳ.

만약 위에 언급된 조항들에 대한 보다 자세하고 정확한 해석이 필요할 경우, 혹은 협상이 필요한 문제가 발생할 경우, 양국 정부의 위임을 받은 대표가 해당 사안에 대해 우호적인 합의를 시도한다.

(서명)

로바노프 야마가타

각서

러시아와 일본의 대표는 상호간의 합의와 자국 정부의 지령에 따라 다음과 같은 결의문을 채택한다.:

1. 조선왕이 자신의 궁으로 돌아가는 문제는 왕 본인의 판단과 결정에 일임하되, 양국 대표는 왕의 신변안전에 대한 모든 의혹이 풀리는 즉시 왕에게 자신의 궁으로 돌아갈 것을 완곡하게 조언한다.

   일본 대표는 일본 낭인들을 감독하기 위한 가장 광범위하고 효과적인 조처들을 시행할 것을 약속한다.

Ⅱ. 현재의 내각을 구성하고 있는 대신들은 폐하의 자유로운 선택에 의해 임명되었다. 그들은 대다수가 지난 2년 동안 이미 대신을 비롯해 더 높은 직위에 올랐으며, 개화되고 온건한 인물들로 알려져 있다.

양국 대표들은 폐하에게 항상 개화되고 온건한 인물들을 대신으로 임명하고 신하들에게도 자애를 베풀도록 조언한다.

Ⅲ. 러시아 대표는 다음 사항에 대해 일본 대표와 완벽하게 의견이 일치한다. 즉 현재와 같은 조선의 상황에서는 부산과 서울 간 일본 전신선을 보호하기 위해 몇몇 지역에 일본 수비대를 유지하는 것이 필요하다. 또한 3개 중대 병사들로 구성된 수비대는 최대한 빠른 시일 내에 다시 돌려보내고 헌병대로 대체한다. 헌병대는 50명은 대구에, 50명은 가흥에, 그리고 부산과 서울 사이 모든 기지에 각기 10명씩 배치한다. 이러한 배치는 약간의 변동이 있을 수 있다. 하지만 헌병대의 총인원은 결코 200명을 넘을 수 없다. 헌병대는 조선 정부에 의해 평화와 질서가 다시 회복되면 차차 철수할 것이다.

Ⅳ. 서울 및 개항 항구들에 설치된 일본인 거류지역을 혹시 발생할지 모를 조선인 습격으로부터 보호하기 위해 일본군이 서울에 2개 중대, 부산에 1개 중대, 원산에 1개 중대 규모로 주둔할 수 있다. 이때 각 중대의 인원은 200명을 넘지 않는다. 이들 부대는 일본인 거류지 인근에서 숙영하며 습격의 위험이 사라지는 즉시 철수한다.

러시아 정부 역시 자국 공사관과 영사관을 보호하기 위해 수비대를 유지한다. 규모는 이들 지역에 주둔하고 있는 일본군의 숫자를 넘지 않는다. 수비대는 조선 국내가 완전히 안정을 되찾는 즉시 철수한다.

서울, 1896년 5월 2일(14일)

서명:

베베르,	고무라,
러시아 대표	일본 대표

07

원문 p.756

1896년 5월 26일 체결된 러-일 조약

발신(생산)일	1897. 2. 27	수신(접수)일	1897. 3. 2
발신(생산)자	라돌린	수신(접수)자	호엔로에-실링스퓌르스트
발신지 정보	페테르부르크 주재 독일 대사관	수신지 정보	베를린 정부
	No. 112		A. 2597

A. 2597 1897년 3월 2일 오전 수신, 첨부문서 1부

상트페테르부르크, 1897년 2월 27일

No. 112

독일제국 수상 호엔로에-실링스퓌르스트 전하 귀하

페테르부르크 신문에 실린, 조선에서의 러시아와 일본 사이에 체결된 의정서와 각서를 번역, 동봉하여 삼가 전하께 제출하게 되어 영광입니다. 이들 의정서와 각서는 러-일 양국의 조선에 대한 영향력과 관련해 작년 5월 26일 모스크바와 1896년 5월 2일 서울에서 체결되었으며, 이달 24일 공식적으로 러시아 '관보'에 공포되었습니다.

우연히 무라비예프[1]와 그 발표문에 대해 이야기를 나누게 되었는데, 그때 백작은 본인에게 이렇게 말했습니다. 조약은 일본 측의 소망에 따라 지금까지 비밀에 붙여졌다가 이제야 공포되었다는 것입니다. 일본이 조약체결을 비밀에 붙이려고 한 것은 의회 때문이라고 했습니다.

그런데 대부분 아주 정통한 다른 소식통들로부터 앞에서 언급된 문서들을 공포한 이유에 대해 앞에서 언급한 것과 상반된 이야기를 들었습니다.

그 소식통에 따르면, 문서의 공포는 일본의 제안으로 이루어진 게 맞습니다. 하지만 의회가 아니라 다른 이유 때문이라고 합니다. 즉 일본인들은, 조선 왕이 러시아 공사관에서 자신의 궁으로 귀환한 이후 조선 내 친 러시아 세력이 그것을 왕을 폐위시키고 러시아의 보호령을 선포할 좋은 기회로 활용할까 두려워하고 있다는 것입니다. 그래서 일본은 애당초 조선 내 친 러시아 세력의 간계를 뿌리 뽑기 위해 이제 그 조약문을 공개하자고

1 [감교 주석] 무라비예프(M. Mouraviov)

주장했다는 것입니다. 또한 그것을 통해 조선의 독립과 조선의 독립성을 지키는 데 있어서 일본도 러시아와 동등한 권리를 갖고 있다는 사실을 명확히 밝히고자 한 것입니다.

정통한 소식통은 또한, 비록 일본이 절대 조선을 일본에 합병하자고 주장하지는 않지만 다른 한편으로 조선이 러시아의 영향력 아래로 들어가는 것을 몹시 경계하고 있다고 덧붙였습니다. 어쨌든 현재 조선과 동아시아의 정세는 일본이 영국 또는 경우에 따라서는 북미대륙에 있는 미국과 손을 잡는 즉시 조선에서 러시아의 활동은 완전히 마비될 것이라고 합니다.

라돌린[2]

내용: 1896년 5월 26일 체결된 러-일 조약

No. 112의 첨부문서

"St. Peterburger Zeitung"

1897년 2월 25일

No. 44

정부 발표

모스크바와 서울에서 러시아와 일본 간에 조약이 체결되었으며 그 내용은 조만간 인쇄되어 공포될 예정이다. 이는 조선 문제에 관해 일본 정부와의 모든 오해를 해소하기 위한 우리의 바람에 따라 성사되었다.

본 조약은 청일전쟁을 비롯해 일본으로 인해 조선에서 발생한 사건들의 직접적인 결과로 체결되었다. 본 조약은 일본과 청이 체결한 시모노세키 평화조약 제1조에 규정되어 있는 조선 독립의 원칙을 전혀 침해하지 않는다. 조선 정부는 무역에서 완벽한 자유를 가질 것이며, 내치는 물론이고 외교 정책에서도 마찬가지로 완벽한 자유를 누린다. 다만 러시아와 일본은 조약에 치안과 질서 문제에서 조선 왕을 도와야 한다는 규정을 명문화

2 [감교 주석] 라돌린(H. F. von Radolin)

한다. 왜냐하면 청과 일본의 충돌로 인해 일시적으로 치안유지에 방해를 받은 적이 있었기 때문이다. 치안유지 목적에 딱 맞는 단 하나의 확실한 방법은 5월 28일(6월 9일) 자 외교의정서에 언급되어 있는 것처럼 현재 이 나라에 존재하지 않는, 조선인들로 구성된 군대와 경찰을 창설하는 것이다.

한편, 우리나라 대리공사이자 실제로는 추밀고문관인 베베르[3]와 일본 대표 고무라[4]가 서울에서 맺은 각서는 –비록 시간적으로는 앞에서 언급된 외교의정서보다 각서가 더 앞서지만– 외교의정서의 부족한 부분을 보완할 수 있을 것으로 보인다. 각서는 조약을 맺은 두 나라가 추구해야 할 공동목표를 명확하게 규정하고 있는데, 모든 외국군대는 설사 규모가 아주 미미하다 해도 빠른 시일 내에 조선에서 철수한다는 것이다.

의정서

1896년 5월 28일(6월 9일) 모스크바에서 러시아와 일본 정부가 서명함.

러시아 외무부장관 겸 국무장관 로바노프[5]와 일본 황제의 특명대사 겸 해군제독 야마가타[6]가 조선 사태에 관해 의견을 교환한 다음 아래와 같은 조항들에 합의하였다.:

1.

러시아와 일본 정부는 조선의 재정적 어려움을 타개하기 위해 조선 정부에 과도한 지출을 없애고 세입과 세출의 균형을 유지하도록 조언한다. 만약 몇몇 개혁이 시급히 필요하다는 것이 입증되고, 외국에서 차관을 들여옴으로써 그 문제를 해결할 수 있다면 양국 정부는 힘을 합하여 조선을 원조하도록 한다.

Ⅱ.

러시아와 일본 정부는, 조선이 국가재정과 경제상황이 허락하는 한 외국의 도움 없이 국내 질서를 유지하기에 충분한 규모로 자국 군대와 경찰을 편성하고 유지할 수 있도록 노력한다.

---

3 [감교 주석] 베베르(K. I. Weber)
4 [감교 주석] 고무라 주타로(小村壽太郎)
5 [감교 주석] 로바노프(A. Lobanow)
6 [감교 주석] 야마가타 아리토모(山縣有朋)

Ⅲ.

조선과의 교류를 용이하게 하기 위해, 일본 정부는 현재 그들의 수중에 있는 전신선을 관리한다.

러시아는 서울에서 러시아 국경까지의 전신선 건설을 맡는다.

이들 전신선은 조선 정부가 망 구축에 소요된 비용을 지불하는 즉시 조선정부에 소유권을 넘긴다.

Ⅳ.

만약 위에 언급된 조항들에 대한 보다 자세하고 정확한 해석이 필요할 경우, 혹은 협상이 필요한 문제가 발생할 경우, 양국 정부의 위임을 받은 대표가 해당 사안에 대해 우호적인 합의를 시도한다.

(서명)

로바노프 야마가타

각서

러시아와 일본의 대표는 상호간의 합의와 자국 정부의 지령에 따라 다음과 같은 결의문을 채택한다.:

1. 조선왕이 자신의 궁으로 돌아가는 문제는 왕 본인의 판단과 결정에 일임하되, 양국 대표는 왕의 신변안전에 대한 모든 의혹이 풀리는 즉시 왕에게 자신의 궁으로 돌아갈 것을 완곡하게 조언한다.

   일본 대표는 일본 낭인들을 감독하기 위한 가장 광범위하고 효과적인 조처들을 시행할 것을 약속한다.

Ⅱ. 현재의 내각을 구성하고 있는 대신들은 폐하의 자유로운 선택에 의해 임명되었다. 그들은 대다수가 지난 2년 동안 이미 대신을 비롯해 더 높은 직위에 올랐으며,

개화되고 온건한 인물들로 알려져 있다.

양국 대표들은 폐하에게 항상 개화되고 온건한 인물들을 대신으로 임명하고 신하들에게도 자애를 베풀도록 조언한다.

Ⅲ. 러시아 대표는 다음 사항에 대해 일본 대표와 완벽하게 의견이 일치한다. 즉 현재와 같은 조선의 상황에서는 부산과 서울 간 일본 전신선을 보호하기 위해 몇몇 지역에 일본 수비대를 유지하는 것이 필요하다. 또한 3개 중대 병사들로 구성된 수비대는 최대한 빠른 시일 내에 다시 돌려보내고 헌병대로 대체한다. 헌병대는 50명은 대구에, 50명은 가흥에, 그리고 부산과 서울 사이 모든 기지에 각기 10명씩 배치한다. 이러한 배치는 약간의 변동이 있을 수 있다. 하지만 헌병대의 총인원은 결코 200명을 넘을 수 없다. 헌병대는 조선 정부에 의해 평화와 질서가 다시 회복되면 차차 철수할 것이다.

Ⅳ. 서울 및 개항 항구들에 설치된 일본인 거류지역을 혹시 발생할지 모를 조선인 습격으로부터 보호하기 위해 일본군이 서울에 2개 중대, 부산에 1개 중대, 원산에 1개 중대 규모로 주둔할 수 있다. 이때 각 중대의 인원은 200명을 넘지 않는다. 이들 부대는 일본인 거류지 인근에서 숙영하며 습격의 위험이 사라지는 즉시 철수한다.

러시아 정부 역시 자국 공사관과 영사관을 보호하기 위해 수비대를 유지한다. 규모는 이들 지역에 주둔하고 있는 일본군의 숫자를 넘지 않는다. 수비대는 조선 국내가 완전히 안정을 되찾는 즉시 철수한다.

서울, 1896년 5월 2일(14일)

서명:

베베르,	고무라,
러시아 대표	일본 대표

08

원문 p.761

조선과 관련해 러시아와 일본이 맺은 조약에 관해 일본 의회에서 진행된 대정부질의

발신(생산)일	1897. 1. 21	수신(접수)일	1897. 3. 2
발신(생산)자	구트슈미트	수신(접수)자	호엔로에-실링스퓌르스트
발신지 정보	도쿄 주재 독일 공사관	수신지 정보	베를린 정부
	A. 13		A. 9664

A. 2616 1897년 3월 2일 오전 수신, 첨부문서 1부

도쿄, 1897년 1월 21일

A. 13

독일제국 수상 호엔로에-실링스퓌르스트 전하 귀하

본인이 이미 어제 보고서 A. 11에서 언급한 바 있는, 조선과 관련해 일본과 러시아가 맺은 조약에 대한 일본 의회의 대정부질의가 "Japan Daily Mail"지에 영문으로 번역되어 실렸습니다. 이에 그 기사를 오려 첨부문서로 동봉해 전하께 삼가 전달하게 되어 영광입니다. 그 조약의 내용은 야당인 자유당[1] 의원들이 이달 19일 의회에 제출한 것입니다.

대정부질의는 단지 외무대신을 곤경에 빠뜨릴 목적으로 진행되었는데, 조약 자체의 내용보다는 그저께 의회 앞에서 어떤 의원이 구두로 질의한 내용 때문이었습니다. 그 의원은 현재 러시아 장교들이 조선 군대의 훈련을 맡고 있으며 조선이 러시아의 중개로 러-청 은행에서 300만 엔의 차관을 받았다고 주장하면서, 의원 자신도 조선에 체류한 적이 있어 이 두 가지 사안이 얼마나 중요한 의미를 갖는지 잘 알고 있다고 발언하였습니다. 그러면서 일본 정부가 이 두 가지 사안에서 반드시 러시아를 앞서야 한다고 말했습니다.

그 의원은, 오쿠마[2]가 지금까지 늘 주장했던 적극적인 개입의 원칙을 전혀 실천하지 않는 것 같다고 덧붙였습니다. 오쿠마는 특히 조선에서 그 어떤 특별 조처도 취하지

1 [감교 주석] 자유당(自由黨)

2 [감교 주석] 오쿠마 시게노부(大隈重信)

않았다는 것입니다. 그는 심지어 오쿠마는 조선 주재 공사도 아직 공석으로 남겨두고 있다고 지적하면서, 외무대신은 그 문제에 대해 단지 서면으로만 답할 것이 아니라 직접 해명해 달라고 강력하게 촉구하였습니다.

구트슈미트[3]

내용: 조선과 관련해 러시아와 일본이 맺은 조약에 관해 일본 의회에서 진행된 대정부질의 첨부문서 1부

A. 13의 첨부문서

첨부문서의 내용(원문)은 독일어본 762쪽에 수록.

3 [감교 주석] 구트슈미트(F. Gudtschmid)

09

원문 p.763

[러시아 군함의 조선행]

발신(생산)일	1897. 3. 20	수신(접수)일	1897. 3. 28
발신(생산)자	포케	수신(접수)자	호엔로에-실링스퓌르스트
발신지 정보	오데사 주재 독일 공사관	수신지 정보	베를린 정부
			A. 3610
메모	I) 3월 22일, 해군성 II) 3월 22일, 최고사령부		

사본

A. 3610 1897년 3월 20일 오후 수신

오데사, 1897년 3월 28일

독일제국 수상 호엔로에-실링스퓌르스트 전하 귀하

이곳에 주둔 중인 제16 수비연대 병력 1,500명이 오늘 러시아 무역-증기선박회사의 증기선에 탑승하였습니다. 목적지는 크레다[1]로 추정됩니다.

지난달 28일 동아시아로 떠난 증기선 "Jekaterinoslow"호는 50 내지 60개의 화포와 포탄을 적재하였습니다. 어느 러시아 장교의 말에 의하면, 그 선박들의 목적지는 조선이라고 합니다. 배에는 장교들도 많이 타고 있는데, 군사교관인 그들의 목적지 역시 조선입니다.

포케[2]

원문 : 터키 94

1 [감교 주석] 크레다(Kreta)

2 [감교 주석] 포케(Focke)

10

원문 p.764

러시아 군사교관 및 왕의 러시아 공사관 체류에 관하여

발신(생산)일	1897. 1. 11	수신(접수)일	1897. 3. 28
발신(생산)자	크리엔	수신(접수)자	호엔로에-실링스퓌르스트
발신지 정보	서울 주재 독일 총영사관	수신지 정보	베를린 정부
	No. 8		A. 4065
메모	4월 2일, 페테르부르크 377에 전달 연도번호 No. 53		

A. 4065 1897년 3월 29일 오전 수신

서울, 1897년 1월 29일

No. 8

독일제국 수상 호엔로에-실링스퓌르스트 전하 귀하

작년 10월 26일 본인의 보고서 No. 59에 이어, 러시아 군사교관들이 현재 약 1,000명의 조선 병사들을 훈련시키고 있다는 소식을 전하께 삼가 보고 드리게 되어 영광입니다. 조선 정부는 얼마 전 러시아 무관의 부관이었던 Kuzmin 보병대 Sterellbtzky 중위도 군사 교관으로 채용하였습니다. 이곳의 병기창도 러시아 포병대장이 관리하고 있습니다.

새 궁궐 안에 러시아 장교들과 하사관들을 위한 숙소가 세워졌습니다. 왕이 새 궁으로 이주하는 것과 동시에 그들도 그 숙소로 올길 것이라고 합니다. 육군대령 푸티아타[1]가 최근 본인에게 들려준 바에 의하면, 왕은 새 궁이 거의 완성 단계에 이르렀음에도 불구하고 러시아 교관들이 훈련시키고 있는 자신의 군대를 아직 신뢰할 수 없다면서 러시아 공사관을 떠나는 것을 완강히 거부하고 있다고 합니다.

금년도 신년 알현 행사는 새 궁에서 열렸습니다. 의정부 회의는 러시아 공사관 부지에 접해 있는 건물에서 열릴 예정입니다.

푸티아타 육군대령은 금년 5월 다시 조선을 떠날 예정입니다. 그는, 원래 자신은 조선 군대를 훈련시키는 데 필요한 몇 가지 조처를 준비하기 위해 1년 기한으로 서울로 파견

1 [감교 주석] 푸티아타(Putiata)

되었으며, 금년 8월 다시 페테르부르크로 복귀해야 한다고 합니다. 그는 조선 정부로부터는 전혀 급여를 전혀 받지 않는다고 했습니다.

본인은 본 보고서의 사본을 베이징과 도쿄 주재 독일제국 공사관에 보낼 것입니다.

크리엔

내용: 러시아 군사교관 및 왕의 러시아 공사관 체류에 관하여

11

원문 p.766

러청 은행의 조선 차관 문제에 관하여

발신(생산)일	1897. 1. 31	수신(접수)일	1897. 3. 29
발신(생산)자	크리엔	수신(접수)자	호엔로에-실링스퓌르스트
발신지 정보	서울 주재 독일 총영사관	수신지 정보	베를린 정부
	No. 9		A. 4066
메모	4월 2일, 페테르부르크 378에서 발췌 연도번호 No. 55		

A. 4066 1897년 3월 29일 오전 수신

서울, 1897년 1월 31일

No. 9

독일제국 수상 호엔로에-실링스퓌르스트 전하 귀하

작년 11월 30일 본인의 보고서 No. 69에 이어, 전하께 삼가 아래와 같이 보고 드리게 되어 영광입니다. 조선 재무부의 고문인 브라운[1]이 전해준 바에 의하면, 상하이에 있는 러-청 은행은 일본에서 들여온 차관 300만 엔을 상환하고자 하는 조선 정부에게 그에 필요한 금액을 미리 제공하겠다는 의사를 밝혔다고 합니다. 그 문제에 대한 협상은 아직 종결되지 않았습니다.

본인은 본 보고서의 사본을 베이징과 도쿄 주재 독일제국 공사관에 보낼 것입니다.

크리엔

내용: 러청 은행의 조선 차관 문제에 관하여

1 [감교 주석] 브라운(J. M. Brown)

12

원문 p.767

[조선 관련 러시아와 맺은 조약에 대한 일본 의회의 대정부질의]

발신(생산)일	1897. 2. 18	수신(접수)일	1897. 3. 31
발신(생산)자	구트슈미트	수신(접수)자	호엔로에-실링스퓌르스트
발신지 정보	도쿄 주재 독일 공사관	수신지 정보	베를린 정부
	A. 32		A. 4214

사본

A. 4214 1897년 3월 31일 오후 수신

도쿄, 1897년 2월 18일

A. 32

독일제국 수상 호엔로에-실링스퓌르스트 전하 귀하

(생략)

얼마 전(지난달 21일 보고 A. B 참조) 일본 의회에서 조선과 관련된 일본과 러시아의 관계에 대해 대정부질의가 있었습니다. 그 때 오쿠마[1]가 드디어, 러시아 정부가 동의해준다면 자신은 작년 러시아와 맺은 조약의 내용을 공개석상에서 발표할 것이라고 답변하였습니다. 물론 러시아는 당연히 동의해줄 것이라고 했습니다. 또한 이 문제에 관한 한 자신은 숨기고 있는 것이 전혀 없다고 말했습니다.

(생략)

구트슈미트[2]

원문: 일본 13

1 [감교 주석] 오쿠마 시게노부(大隈重信)

2 [감교 주석] 구트슈미트(F. Gudtschmid)

베를린, 1897년 4월 2일

A. 4065

주재 외교관 귀중

상트페테르부르크 No. 377

연도번호 No. 2935

귀하에게 조선에 있는 러시아 군사교관에 대한 1월 29일 서울 주재 독일제국 영사의 보고서 사본을 정보로 제공하게 되어 영광입니다.

베를린, 1897년 4월 2일

A. 4066

주재 외교관 귀중
상트페테르부르크 No. 378

연도번호 No. 2936

귀하에게 조선이 러-청 은행에서 차관을 들여오려 한다는 1월 31일 서울 주재 독일제국 영사의 보고서 사본을 정보로 제공하게 되어 영광입니다.

13

원문 p.770

조선의 모반자들에 대한 판결 및 왕의 러시아 공사관 체류에 대하여

발신(생산)일	1897. 2. 11	수신(접수)일	1897. 4. 5
발신(생산)자	크리엔	수신(접수)자	호엔로에-실링스퓌르스트
발신지 정보	서울 주재 독일 총영사관	수신지 정보	베를린 정부
	No. 11		A. 4481
메모	4월 8일, 런던 545, 페테르부르크 395에 전달 연도번호 No. 71		

A. 4481 1897년 4월 5일 오전 수신

서울, 1897년 2월 11일

No. 11

독일제국 수상 호엔로에-실링스퓌르스트 전하 귀하

작년 11월 30일 본인의 보고서 No. 69에 이어서, 전하께 삼가 아래와 같이 보고 드리게 되어 영광입니다. 피고인 5명[1]이 대법원에서 모반을 획책했다는 죄목으로 15년 유배형을 선고받았습니다. 왕은 선고를 받은 사람들 가운데 세 사람[2]의 형기를 10년으로 감해 주었고, 나머지 두 사람[3]은 각기 7년형으로 감해 주었습니다. 구금된 나머지 피고인의 숫자는 총 스무 명이 넘는데, 그들은 무죄 석방되었습니다. 또한 체포, 구금되었던 전 법무대신 한규설[4]도 다시 석방되어 예전의 직위에 다시 임용되었습니다.

서울을 비롯해 전국적으로 지난달 말 이후 국민들 사이에 왕에게 러시아 공관을 떠나 궁으로 되돌아올 것을 촉구하는 운동이 크게 일어나고 있습니다. 이러한 목적으로 관리들, 학자들, 상인들이 다양한 방면으로 왕에게 상소문을 올렸습니다. 러시아 대표 베베르[5]는 그들은 대원군과 그의 추종세력들에게 매수되었거나, 왕 본인은 공사관을 떠나기

1 [감교 주석] 한선회(韓善會), 장윤선(張允善), 김사찬(金思燦), 이용호(李容鎬), 이근용(李根澔)

2 [감교 주석] 한선회(韓善會), 김사찬(金思燦), 이근용(李根澔)

3 [감교 주석] 이용호(李容鎬), 장윤선(張允善)

4 [감교 주석] 한규설(韓圭卨)

5 [감교 주석] 베베르(K. I. Weber)

를 원하는데 베베르에 의해 억류되어 있다는 거짓 주장에 현혹되어 상소문을 올린 것이라고 말했습니다. 하지만 그의 견해는 부분적으로만 옳습니다. 교양 있는 조선인이라면 자국의 왕이 외국 공관에 장기간 체류하는 것을 당연히 국가의 수치로 느낄 수 있기 때문입니다.

베베르는 더 나아가 본인에게, 자신은 항상 왕을 본인의 뜻에 따라 머물 수도 있고 떠날 수도 있는 손님으로 여긴다고 하였습니다. 따라서 그는 왕을 공사관에 붙잡아두기 위해 그 어떤 영향력도 행사한 적이 없고 했습니다. 오히려 자신은 왕이 공사관에 도착한 직후. 즉 작년 2월 11일, 곧바로 왕을 알현하였으며 그 자리에서 다음과 같이 천명하였다고 합니다. "폐하를 불쾌하게 만들 위험이 있음에도 불구하고 이점을 지적하지 않을 수 없습니다. 저는 나라의 안정을 위해 폐하의 공사관 체류가 오래 지속되지 않기를 바랍니다."라고. 그는 종종 왕이 궁으로 돌아와야 한다고 주장하는 관리들과 이야기를 나눌 기회가 있었는데, 그때 그들에게 폐하의 안전을 보장해 줄 수 있느냐고 물었다고 합니다. 하지만 그들은 그의 질문에 항상 부정적으로 답변하였다고 합니다.

러시아 대표의 이야기를 들으면서 본인은 그가 왕이 러시아 공사관을 떠나는 것을 꺼리는 듯한 인상을 받았습니다.

그저께 왕은 다음과 같은 교시를 발표하였습니다. "짐은 아직까지도 궁으로 돌아갈 수 없는 것이 심히 유감스럽다. 만약 그것이 가능했다면 짐은 상소문이 올라올 때까지 기다리지 않고 자발적으로 돌아갔을 것이다. 짐은 관리들과 학자들에게 집으로 돌아갈 것을 명한다. 백성들은 쓸데없는 말에 동요하지 말 것이며, 근거 없는 의심(짐이 러시아 공사관에 억류되어 있는 것 같다)을 퍼뜨려서는 안 된다. 새 궁은 날씨가 나빠 아직 완공되지 않았다. 궁이 완공되면 짐은 그리로 거처를 옮길 것이다."

왕의 교시에도 불구하고 국민들은 진정될 기미가 보이지 않습니다. 소문에 의하면, 전국 각지에서 추가로 많은 인원이 대표로 동원될 것이라고 합니다. 수도의 상인들은 왕이 곧 공사관을 떠나지 않을 경우 점포 문을 닫겠다고 합니다.

본인은 본 보고서의 사본을 베이징과 도쿄 주재 독일제국 영사관에 보낼 것입니다.

크리엔

내용: 조선의 모반자들에 대한 판결 및 왕의 러시아 공사관 체류에 대하여

14

원문 p.772

조선과 관련된 러일 조약

발신(생산)일	1897. 2. 28	수신(접수)일	1897. 4. 5
발신(생산)자	구트슈미트	수신(접수)자	호엔로에-실링스퓌르스트
발신지 정보	도쿄 주재 독일 공사관	수신지 정보	베를린 정부
	A. 37		A. 4483
메모	4월 10일, 페테르부르크 414, 베이징 A. 13에 전달		

A. 4483 1897년 4월 5일 오전 수신, 첨부문서 2부

도쿄, 1897년 2월 28일

A. 37

독일제국 수상 호엔로에-실링스퓌르스트 전하 귀하

지난달 18일 본인의 보고서 A. 32에서, 오쿠마[1]가 의회에서 러시아 정부가 동의해 준다면 조선과 관련해 러시아와 체결한 조약을 공개할 것이라고 발언했다는 소식을 보고 드린 바 있습니다.

러시아 대리공사가 본인에게 전해준 바에 의하면, 사실 상트페테르부르크 주재 일본 대리공사에게 전보로 러시아 내각으로부터 모스크바 외교의정서를 공개해도 좋다는 허가를 받으라는 지시가 내려갔습니다. 공개 조건은 러시아와 일본 대표 간에 각서 형태로 오간 합의내용을 동시에 서울에서도 공개하는 것이었다고 합니다. 더 나아가 페테르부르크에서는 내용 공표가 양측에서 동시에 이루어지는 것이 바람직하다고 밝혔다고 합니다.

슈뻬이예르[2]는 의정서 내용은 일본의 위신을 높이는 것과 하등 상관이 없는데, 왜 일본 정부가 그것을 공개하려 하는지 이해할 수 없다고 했습니다. 하지만 의회를 고려하면, 야당에 정부를 공격할 빌미를 주지 않기 위해 공개할 수는 있다고 했습니다. 일본의 국가적 자부심에 별로 부합하지 않는 협정을 체결한 이토 내각의 입장에서는 더더욱

1 [감교 주석] 오쿠마 시게노부(大隈重信)

2 [감교 주석] 슈뻬이예르(A. Speyer)

그렇다고 했습니다.

일본 정부가 러시아가 내건 조건들을 수용하고 공개 날짜까지 합의한 이후 오쿠마는 그저께 의회 회의석상에서 모스크바 의정서와 서울의 각서를 낭독하였습니다. 의정서와 각서를 독일어로 번역하여 본 보고서에 삼가 첨부하였습니다.

그 두 개의 문서는 조약 체결 당시 본인이 러시아 대리공사와 이곳 외무대신과의 대화를 통해 내용을 들은 후 전하에게 그때마다 보고를 드렸던 것과 일치합니다. 기본적으로 우리가 몰랐던 내용은 전혀 포함되어 있지 않습니다. 이로써 당시 이토[3]가 본인에게 했던 발언이 사실이었다는 것이 입증되었습니다. 이토는 야마가타[4]와 로바노프[5]가 체결한 조약은 단지 조선과 관련해 양국이 공조체계를 구축하려는 목적으로 이루어진 것으로, 조약에 그리 큰 의미는 부여하지 않는다고 하였습니다.

구트슈미트

내용: 조선과 관련된 러일 조약, 첨부문서 2부

A. 37의 첨부문서 1
번역

각서

러시아와 일본의 대표는 상호간의 합의와 자국 정부의 지령에 따라 다음과 같은 결의문을 채택한다.:

§1. 조선왕이 자신의 궁으로 돌아가는 문제는 왕 본인의 판단과 결정에 일임하되, 양국 대표는 왕의 신변안전에 대한 모든 의혹이 풀리는 즉시 왕에게 자신의 궁으로 돌아갈 것을 완곡하게 조언한다.

일본 대표는 일본 낭인들을 감독하기 위한 가장 광범위하고 효과적인 조처들을 시행할 것을 약속한다.

---

3 [감교 주석] 이토 히로부미(伊藤博文)
4 [감교 주석] 야마가타 아리토모(山縣有朋)
5 [감교 주석] 로바노프(A. Lobanow)

§2. 현재의 내각을 구성하고 있는 대신들은 폐하의 자유로운 선택에 의해 임명되었다. 그들은 대다수가 지난 2년 동안 이미 대신을 비롯해 더 높은 직위에 올랐으며, 개화되고 온건한 인물들로 알려져 있다.

양국 대표들은 폐하에게 항상 개화되고 온건한 인물들을 대신으로 임명하고 신하들에게도 자애를 베풀도록 조언한다.

§3. 러시아 대표는 다음 사항에 대해 일본 대표와 완벽하게 의견이 일치한다. 즉 현재와 같은 조선의 상황에서는 부산과 서울 간 일본 전신선을 보호하기 위해 몇몇 지역에 일본 수비대를 유지하는 것이 필요하다. 또한 3개 중대 병사들로 구성된 수비대는 최대한 빠른 시일 내에 다시 돌려보내고 헌병대로 대체한다. 헌병대는 50명은 대구에, 50명은 가흥에, 그리고 부산과 서울 사이 모든 기지에 각기 10명씩 배치한다. 이러한 배치는 약간의 변동이 있을 수 있다. 하지만 헌병대의 총 인원은 결코 200명을 넘을 수 없다. 헌병대는 조선 정부에 의해 평화와 질서가 다시 회복되면 차차 철수할 것이다.

§4. 서울 및 개항 항구들에 설치된 일본인 거류지역을 혹시 발생할지 모를 조선인 습격으로부터 보호하기 위해 일본군이 서울에 2개 중대, 부산에 1개 중대, 원산에 1개 중대 규모로 주둔할 수 있다. 이때 각 중대의 인원은 200명을 넘지 않는다. 이들 부대는 일본인 거류지 인근에서 숙영하며 습격의 위험이 사라지는 즉시 철수한다.

러시아 정부 역시 자국 공사관과 영사관을 보호하기 위해 수비대를 유지한다. 규모는 이들 지역에 주둔하고 있는 일본군의 숫자를 넘지 않는다. 수비대는 조선 국내가 완전히 안정을 되찾는 즉시 철수한다.

서울, 1896년 5월 2일(14일)

고무라[6]

베베르[7]

---

6 [감교 주석] 고무라 주타로(小村壽太郎)

7 [감교 주석] 베베르(K. I. Weber)

A. 37의 첨부문서 2

번역

의정서

일본 황제의 특명대사 겸 해군제독 야마가타[8]와 러시아 외무부장관 겸 국무장관 로바노프[9]는 조선 사태에 관해 의견을 교환한 다음 아래와 같이 합의하였다.:

제1조: 러시아와 일본 정부는 조선의 재정적 어려움을 타개하기 위해 조선 정부에 과도한 지출을 없애고 세입과 세출의 균형을 유지하도록 조언한다. 만약 몇몇 개혁이 시급히 필요하다는 것이 입증되고, 외국에서 차관을 들여옴으로써 그 문제를 해결할 수 있다면 양국 정부는 힘을 합하여 조선을 원조하도록 한다.

제2조: 러시아와 일본 정부는, 조선이 국가재정과 경제상황이 허락하는 한 외국의 도움 없이 국내 질서를 유지하기에 충분한 규모로 자국 군대와 경찰을 편성하고 유지할 수 있도록 노력한다.

제3조: 조선과의 교류를 용이하게 하기 위해, 일본 정부는 현재 그들의 수중에 있는 전신선을 관리한다.

러시아는 서울에서 러시아 국경까지의 전신선 건설을 맡는다. 이들 전신선은 조선 정부가 망 구축에 소요된 비용을 지불하는 즉시 조선정부에 소유권을 넘긴다.

제4조: 만약 위에 언급된 조항들에 대한 보다 자세하고 정확한 해석이 필요할 경우, 혹은 협상이 필요한 문제가 발생할 경우, 양국 정부의 위임을 받은 대표가 해당 사안에 대해 우호적인 합의를 시도한다.

모스크바, 1896년 6월 9일/28일

야마가타

로바노프

8 [감교 주석] 야마가타 아리토모(山縣有朋)

9 [감교 주석] 로바노프(A. Lobanow)

15

원문 p.776

조선에서의 러시아와 일본의 관계에 대한 일본 외무대신의 발언

발신(생산)일	1897. 2. 28	수신(접수)일	1897. 4. 5
발신(생산)자	구트슈미트	수신(접수)자	호엔로에-실링스퓌르스트
발신지 정보	도쿄 주재 독일 공사관	수신지 정보	베를린 정부
	A. 38		A. 4484

A. 4484 1897년 4월 5일 오전 수신

도쿄, 1897년 2월 28일

A. 38

독일제국 수상 호엔로에-실링스퓌르스트 전하 귀하

오늘 날짜로 전하께 올린 본인의 보고서 A. 37에서, 오쿠마[1]가 조선과 관련된 일-러 조약[2]의 내용을 어제 일본 의회 회의석상에서 공개했다는 소식을 이미 전해 드린 바 있습니다. 그런데 발언의 도입부에서 오쿠마는 먼저 그동안 일본과 조선의 관계가 역사적으로 어떻게 진전되어 왔는지 잠시 고찰하였습니다. 그는 1895년 가을 서울에서 발생한 일련의 사건들로 인해 러시아와의 관계와 마찬가지로 조선과의 관계도 변화를 맞이했다고 말했습니다. 이어서 그는 일본이 지속적으로 추구해 온 조선의 독립을 이제부터는 동일한 목표를 갖고 있는 러시아와 협력하며 지지하는 것이 불가피해 보인다고 말했습니다. 그는 바로 이것이 러시아와 조약을 맺게 된 이유라고 하면서, 조약 체결 덕분에 이미 조선에서 무역과 교통의 안전도가 높아졌고 일본에 대한 조선인들의 신뢰가 강화되는 성과를 거두었다고 말했습니다.

어느 의원이 일본은 왜 예전처럼 단독으로 조선의 독립을 유지시키려 애쓰지 않느냐고 질문하자 오쿠마는 일본한테 중요한 것은 단지 조선의 독립일 뿐, 그것이 일본 단독으로 이루어지느냐 아니냐 하는 문제는 중요하지 않다고 설명하였습니다. 그 이외에도 대신은 의회에서 나온 질문에, 조선이 러시아로부터 3백만 엔 규모의 차관을 인가받았다는

1 [감교 주석] 오쿠마 시게노부(大隈重信)

2 [감교 주석] 베베르 고무라 각서, 로바노프 야마가타 의정서

소문은 사실이 아니라고 답변하였습니다. 반면, 러시아 장교들이 조선 군대를 교육하는 것과 관련해 왜 러시아의 입장을 양해해주었느냐는 질문에는 정치적인 이유를 들어 답변을 거부하였습니다. 다만 그것은 조선 왕의 소원에 따라 이루어진 일이라고 언급하였습니다.

구트슈미트

내용: 조선에서의 러시아와 일본의 관계에 대한 일본 외무대신의 발언

16

원문 p.778

청국의 총영사 서울 도착

발신(생산)일	1897. 2. 13	수신(접수)일	1897. 4. 5
발신(생산)자	크리엔	수신(접수)자	호엔로에-실링스퓌르스트
발신지 정보	서울 주재 독일 총영사관	수신지 정보	베를린 정부
	A. 12		A. 4490
메모	연도번호 No. 73		

A. 4490 1897년 4월 5일 오전 수신

서울, 1897년 2월 13일

No. 12

독일제국 수상 호엔로에-실링스퓌르스트 전하 귀하

전임 청국 영사이자 공사관 서기관이었던 S. Y. Jong[1]이 총영사로 승진하여 이달 초 이곳에 부임하였다는 소식을 전하께 삼가 보고 드리게 되어 영광입니다.

영국 총영사 조던[2]이 본인에게 은밀히 전해준 바에 의하면, 통리아문이 영국 공사관에 보낸 공문을 통해 그곳 공사로부터 전신과 서면으로 Jong이 입국하면 그에게 청 관련 업무를 전부 이관하라는 지시를 받았다고 합니다. 하지만 청과 조선이 맺은 조약이 없어 탕은 업무를 아직 넘겨받지 못했습니다. 그런데 알려진 바에 의하면 오히려 그는 이곳에서 우선 조선 정부가 청과 무역-협정을 체결할 의사가 있는지 여부부터 확인하고자 합니다.

본인은 본 보고서의 사본을 베이징과 도쿄 주재 독일제국 공사관에 보낼 것입니다.

크리엔

내용: 청국의 총영사 서울 도착

1 [감교 주석] 탕사오이(唐紹儀)의 잘못된 표기로 보임.

2 [감교 주석] 조던(J. N. Jordan)

17

원문 p.779

[조선 군대 관련 보고서 전달]

발신(생산)일	1897. 4. 5	수신(접수)일	1897. 4. 6
발신(생산)자		수신(접수)자	호엔로에-실링스퓌르스트
발신지 정보	베를린 국방부	수신지 정보	베를린 외무부
	No. 736/1. 97		A. 4550

A. 4550 1897년 4월 6일 오후 수신, 첨부문서 5

베를린, 1897년 4월 5일

No. 736

독일제국 수상 호엔로에-실링스퓌르스트 전하 귀하
(외무부)

금년 1월 19일 서신 A. 612 No. 471과 관련해, 도쿄 주재 독일제국 공사가 조선 군대에 관해 육군 중위 마이네케[1]가 수집한 정보를 포함해 작년 12월 1일 본인에게 보낸 보고서를 첨부문서와 함께 관련 부대로 성공적으로 전달한 다음 삼가 되돌려 보냅니다.

국방부의 지시에 따름

1 [감교 주석] 마이네케(Meincke)

베를린, 1897년 4월 8일 A. 4481

주재 외교관 귀중
1. 런던 No. 545
2. 페테르부르크 No. 395

귀하에게 왕의 러시아 공사관 체류에 관한 2월 11일 서울 주재 독일제국 영사의 보고서 사본을 정보로 제공하게 되어 영광입니다.

연도번호 No. 3108

베를린, 1897년 4월 10일

A. 4483

주재 외교관 귀중

1. 페테르부르크 No. 414

2. 베이징 No. A. 13

연도번호 No. 3202

귀하에게 조선 군대에 관한 러시아와 일본의 협정과 관련된 금년 2월 28일 도쿄 주재 독일제국 공사의 보고서 사본을 정보로 제공하게 되어 영광입니다.

18

원문 p.782

"Novoye Vremya"지에 실린 조선 발 특집 기사

발신(생산)일	1897. 4. 9	수신(접수)일	1897. 4. 12
발신(생산)자	치르시키	수신(접수)자	호엔로에-실링스퓌르스트
발신지 정보	페테르부르크 주재 독일 대사관	수신지 정보	베를린 정부
	No. 173		A. 4801

A. 4801 1897년 4월 12일 오전 수신

페테르부르크, 1897년 4월 9일

No. 173

독일제국 수상 호엔로에-실링스퓌르스트 전하 귀하

"Novoye Vremya"[1]가 조선 정부가 직접 비용을 부담하여 서울에서 원산, 서울에서 제물포, 서울에서 부산까지 다양한 전신선을 건설할 예정이라는 조선 발 특집기사를 실었습니다. 서울-원산 간 전신선은 추후에 두만강변에 있는 국경도시 경원부[2]까지 연결된 후 거기서 다시 포시예트[3]까지 연장될 예정입니다. 기사는 현재 조선 내 전신선은 일본인 소유로, 그로 인해 외교 통신문의 송달이 전적으로 일본인들의 자의에 맡겨져 있다는 점을 지적하고 있습니다. 더욱이 일본 전신선의 이용요금이 개인들에게는 엄청나게 비싸다고 합니다. 왕은 앞에서 언급된 전신선의 건설에 지대한 관심을 갖고 세심하게 지켜보고 있다고 합니다. 이어서 기사는 러시아 증기선회사에 대해 언급하고 있습니다. 증기선회사는 한 달에 네 차례씩 블라디보스토크-부산-나가사키-제물포-즈푸-상하이 노선을 운항할 예정입니다.

성스러운 대관식에 파견될 특사로 임명된 민영환[4]은 유럽 주재 공사로 임명되었습니다. 유럽 국가들과 지속적인 관계를 유지하면서 동시에 유럽에 파견된 젊은 조선인들이 거둔 성과를 앞으로도 지속하기 위한 목적입니다. 민영환은 3월 초에 서울을 떠날 예정

1 [감교 주석] 노보예 브레먀(Novoye Vremya)

2 [감교 주석] 경원부(慶源府)

3 [감교 주석] 포시예트(Pos'et)

4 [감교 주석] 민영환(閔泳煥)

입니다. 3주 전부터 (2월 2일 기사입니다.) 러시아 장교들에 의해 훈련 받은 조선 병사들이 왕의 새 궁을 경비하고 있습니다. 왕은 1월 25일 새 궁으로 옮기기로 되어 있었는데, 일기가 불순하여 한동안 더 지연될 것이라고 합니다.

취르쉬키[5]

내용: "Novoye Vremya"지에 실린 조선 발 특집 기사

5 [감교 주석] 취르쉬키(Tschirschky)

19

원문 p.783

[조선 관련 러시아와 일본이 체결한 조약 보도]

발신(생산)일		수신(접수)일	1897. 4. 13
발신(생산)자		수신(접수)자	
발신지 정보		수신지 정보	베를린 외무부
			A. 4867

A. 4867 1897년 4월 13일 오후 수신

Vossische Zeitung

1897년 4월 13일

조선에 관해 일본과 러시아가 맺은 조약

(독점보도)

금년 2월 말 일본 의회에서 일본 외무대신 오쿠마[1]가, 조선에서의 러일 양국의 권리와 관련해 체결한 두 가지 조약에 관해 상세히 보고했다. 작년 가을 전신으로 한 첫 번째 보고에서 일부 내용이 암시된 바 있는 주 조약은 명확히 "비밀 조약"(외무대신은 이 표현을 여러 번 반복했다)이라고 규정되어 있으며, 1896년 7월 모스크바에서 일본 특사이자 원수인 야마가타[2]와 러시아 외무장관 로바노프[3] 제후 간에 체결되었다.[4] 그 조약은 모스크바에서 부왕 이홍장과 맺은 러-청 조약과 같은 시기에 체결되었다. 부수적인 조약은 1896년 7월 서울에서 일본 공사[5]와 러시아 공사[6] 사이에 맺어진 것으로, 주 조약 서명 이후에야 비로소 전신으로 알려졌다.[7] 오쿠마는 지난 30년 동안의 일본과 조

1 [감교 주석] 오쿠마 시게노부(大隈重信)
2 [감교 주석] 야마가타 아리토모(山縣有朋)
3 [감교 주석] 로바노프(A. Lobanow)
4 [감교 주석] 로바노프 야마가타 의정서
5 [감교 주석] 고무라 주타로(小村壽太郎)
6 [감교 주석] 베베르(K. I. Weber)
7 [감교 주석] 베베르 고무라 각서

선 관계의 역사를 비교적 길게 회고하였는데, 그 내용은 도쿄의 관보에 게재되었다. 결국 지난번 전쟁을 유발하게 만든 그 분규가 핵심 요지였다. 이 조약의 체결 배경을 이해하려면 대신의 발언을 언급하는 것으로 충분할 것이다. 그의 발언은 다음과 같다.:

"1876년 문호를 개방한 이후 조선은 다소간에 늘 불안한 상태입니다. 문호를 개방했을 당시, 왕이 매우 어렸기 때문에 그를 대신하여 부친 대원군이 섭정하였습니다. 그때부터 서울의 궁에는 많은 당파가 형성되었습니다. 왕을 추종하는 세력, 왕비를 추종하는 세력, 대원군을 추종하는 세력 이외에도 외국과 연계된 다양한 세력들이 존재하였습니다. 모든 새로운 움직임들은 전부 외국과 연관이 있었습니다. 사실 왕은 매우 현명한 인물입니다. 실제로는 대부분의 권력을 여러 당파가 장악하고 있음에도 불구하고 왕은 다양한 당파들 사이에서 매우 현명하게 줄다리기를 하고 있습니다. 이때 생각해야 할 것은 지난 10년 동안 서울의 궁에서 얼마나 많은 유능한 인물들이 죽임을 당했느냐 하는 것입니다. 또한 왕은 끊임없이 이어지는 여러 당파의 서로에 대한 음모와 추적에 두려움을 느끼면서 살아야 했습니다. 왕은 자신의 가장 가까운 친척, 심지어 부친으로부터도 결코 완벽하게 안전한 적이 없었습니다! 1895년 10월과 1896년 2월의 반란 이후 궁의 대다수 관리들과 국민들은, 일본인들은 조선에 해갈 될 뿐이며 따라서 완전히 일본과 관계를 끊는 것이 상책이라고 생각하고 있습니다. 일본과 러시아 자체는 우호적인 관계에 있습니다. 하지만 서울의 궁에 있는 양국 추종자들은 일본과 러시아의 상호 우호적인 생각과 관계를 악화시켰습니다. 그리하여 양국의 관계가 더 적대적으로 변하는 것을 막기 위해 원수 야마가타[8]와 러시아 외무장관이 1896년 7월 모스크바에서 조약을 체결하였으며, 그 내용은 다음과 같습니다."

I. 모스코바 조약은 다음과 같은 규정을 포함한다.

1) 일본 정부와 러시아 정부는 조선의 재정적 어려움을 타개하기 위해 조선 정부에 과도한 지출을 없애고 세입과 세출의 균형을 유지하도록 조언한다. 만약 몇몇 개혁이 시급히 필요하다는 것이 입증되고, 외국에서 차관을 들여옴으로써 그 문제를 해결할 수 있다면 양국 정부는 힘을 합하여 조선을 원조하도록 한다.
2) 양국 정부는 조선이 국가재정과 경제상황이 허락하는 한 외국의 도움 없이 국내 질

8 [감교 주석] 야마가타 아리토모(山縣有朋)

서를 유지하기에 충분한 규모로 자국 군대와 경찰을 편성하고 유지할 수 있도록 노력한다.

3) 조선과의 교류를 용이하게 하기 위해, 일본 정부는 현재 그들의 수중에 있는 전신선을 관리한다. 러시아는 서울에서 러시아 국경까지의 전신선 건설을 맡는다. 이들 전신선은 조선 정부가 망 구축에 소요된 비용을 지불하는 즉시 조선정부에 소유권을 넘긴다.

4) 만약 위에 언급된 조항들에 대한 보다 자세하고 정확한 해석이 필요할 경우, 혹은 협상이 필요한 문제가 발생할 경우, 양국 정부의 위임을 받은 대표가 해당 사안에 대해 우호적인 합의를 시도한다.

II. 이 주 조약 이외에 조선 주재 일본 공사와 러시아 공사는 1896년 7월 서울에서 다음과 같은 협정을 체결하였다.:

1) 조선왕이 자신의 궁으로 돌아가는 문제는 왕 본인의 판단과 결정에 일임하되, 양국 대표는 왕의 신변안전에 대한 모든 의혹이 풀리는 즉시 왕에게 자신의 궁으로 돌아갈 것을 완곡하게 조언한다. 일본 대표는 일본 낭인들을 감독하기 위한 가장 광범위하고 효과적인 조처들을 시행할 것을 약속한다.

2) 현재의 내각을 구성하고 있는 대신들은 폐하의 자유로운 선택에 의해 임명되었다. 그들은 대다수가 지난 2년 동안 이미 대신을 비롯해 더 높은 직위에 올랐으며, 개화되고 온건한 인물들로 알려져 있다. 양국 대표들은 폐하에게 항상 개화되고 온건한 인물들을 대신으로 임명하고 신하들에게도 자애를 베풀도록 조언한다.

3) 러시아 대표는 다음 사항에 대해 일본 대표와 완벽하게 의견이 일치한다. 즉 현재와 같은 조선의 상황에서는 부산과 서울 간 일본 전신선을 보호하기 위해 몇몇 지역에 일본 수비대를 유지하는 것이 필요하다. 또한 3개 중대 병사들로 구성된 수비대는 최대한 빠른 시일 내에 다시 돌려보내고 헌병대로 대체한다. 헌병대는 50명은 대구에, 50명은 가흥에, 그리고 부산과 서울 사이 모든 기지에 각기 10명씩 배치한다. 이러한 배치는 약간의 변동이 있을 수 있다. 하지만 헌병대의 총 인원은 결코 200명을 넘을 수 없다. 헌병대는 조선 정부에 의해 평화와 질서가 다시 회복되면 차차 철수할 것이다.

4) 서울 및 개항 항구들에 설치된 일본인 거류지역을 혹시 발생할지 모를 조선인 습격으로부터 보호하기 위해 일본군이 서울에 2개 중대, 부산에 1개 중대, 원산에 1개 중대

규모로 주둔할 수 있다. 이때 각 중대의 인원은 200명을 넘지 않는다. 이들 부대는 일본인 거류지 인근에서 숙영하며 습격의 위험이 사라지는 즉시 철수한다. 러시아 정부 역시 자국 공사관과 영사관을 보호하기 위해 수비대를 유지한다. 규모는 이들 지역에 주둔하고 있는 일본군의 숫자를 넘지 않는다. 수비대는 조선 국내가 완전히 안정을 되찾는 즉시 철수한다.

그런 다음 대신은 다음과 같이 덧붙였다.:

"본 협정에 따라 일본과 러시아는 대외적으로는 조선의 독립을 지키고 내부적으로는 문화와 질서를 장려한다는 것에 완벽하게 의견의 일치를 보았습니다. 그에 따라 현재 일본인들에 대한 조선인들의 증오와 반감이 나날이 줄어들고 있습니다. 또한 예전에는 서울, 제물포, 부산, 원산 같은 도시 이외의 지역에 거주하는 일본인들이 그들의 재산과 생명을 보장받지 못했던 반면, 지금은 이미 우호적인 대접을 받고 있습니다. 또한 어디든 여행갈 수 있고 무역활동도 할 수 있습니다. 심지어 평양은 물론이고 조용히 상점들이 문을 연 Wittu에서도 가능합니다. 조선인들의 분위기가 이미 많이 개선되었고 일본인들에 대한 조선 왕의 불안감도 완전히 가셨습니다. 다음과 같은 사례가 그 증거라 하겠습니다. 첫 번째는 해군장교인 우리의 황태자 고마츠노미야[9]가 작년 11월 서울의 궁을 방문했을 때, 당시 러시아 공사관에 머물고 있었던 왕이 직접 궁으로 와서 황태자를 융숭하게 접대한 것입니다. 왕이 우리나라 황후 모친의 죽음에 표한 애도의 뜻이 두 번째 증거라 할 수 있습니다. 조선 왕은 왕실 상(喪)을 지시하였을 뿐만 아니라 유일한 대외 통치자로서 도쿄로 특사를 파견하여 은으로 만든 꽃을 장례식장에 보냈습니다. 이로써 조약의 목적은 이미 달성되었으며 조선과 일본의 우호가 너무 강해서 러시아 정부도 그 점에 완전히 만족하고 있는 상황입니다. 이제 동아시아 하늘에서 먹구름은 흩어지고 화창한 날씨가 시작되었습니다. 본인은 지금까지 비밀로 지켜오던 조약들을 이렇게 명명백백하게 공개할 수 있게 되어 몹시 기쁩니다."

어느 의원의 질의에 백작은 다음과 같이 답변하였다.:

"러시아 장교들과 병사들이 조선 군대를 훈련시키는 것은 사실입니다. 하지만 그건 우리와 하등 상관없는 일입니다. 왜냐하면 조약에 그 점에 대해서는 아무런 언급이 없기

9 [감교 주석] 고마츠노미야(小松宮彰仁)

때문입니다. 더욱이 러시아는 조선왕의 요청을 수락함으로써 자신들의 호의를 입증하려는 것이 확실합니다."

조선 정부가 러시아 공사 베베르의 중개로 러-청 은행에서 300만 엔의 차관을 받았다는 소문이 사실이냐는 다음 질문에 대해 오쿠마[10]는 이렇게 답변했다.:

"차관 문제는 사실이 아닙니다. 러시아 공사로부터 그럴 의향이 있다는 이야기는 들었습니다. 하지만 아직 실행되지는 않았습니다. 만약 조약에 더 첨부될 내용이 있다면 우리는 조선의 복지를 위해 러시아와 협의할 것입니다."

오쿠마의 답변으로 미루어 볼 때 그는 그렇게 믿고 있거나, 아니면 적어도 일본이 러시아와 함께 조선의 후견자 역할을 수행하고 있다고 믿고 싶은 듯하다. 하지만 실제로는 러시아 정부가 조선에 대한 패권을 갖고 있으며 일본은 단지 겸손하게 그것을 인정했을 뿐이다.

10 [감교 주석] 오쿠마 시게노부(大隈重信)

20

원문 p.787

러시아 공사관에서 새 궁으로 거처를 옮긴 왕

발신(생산)일	1897. 2. 22	수신(접수)일	1897. 4. 15
발신(생산)자	크리엔	수신(접수)자	호엔로에-실링스퓌르스트
발신지 정보	서울 주재 독일 총영사관	수신지 정보	베를린 정부
	No. 13		A. 4967
메모	4월 17일 런던 606, 페테르부르크 443, 드레스덴 288, 뮌헨 293, 슈투트가르트 288에 전달 연도번호 No. 82		

A. 4967 1897년 4월 15일 오후 수신

서울, 1897년 2월 22일

No. 13

독일제국 수상 호엔로에-실링스퓌르스트 전하 귀하

이달 11일 본인의 보고서 No. 11에 이어 전하께 삼가 아래와 같이 보고 드리게 되어 영광입니다. 내각 전체와 의정부 구성원들이 함께 올린 간언에 따라서 조선 왕이 그저께 세자와 함께 러시아 공사관을 떠나서 영국 총영사 공관과 이웃하고 있는 새 궁(경운궁)으로 옮겼다고 합니다.

관리와 유학자 대표단의 상소문이 군주로 하여금 그렇게 움직이게 했음이 분명합니다. 그 궁으로 옮기겠다는 그의 뜻에 대해 이달 19일에 외부대신[1]을 통해서 외부에서 온 대표자들에게 알렸습니다.

어제 오후에 왕은 협약권을 가진 대표자를 초대해서 다음과 같이 그가 설명하는 바를 듣도록 했습니다.

"불운한 상황들이 그로 하여금 1년 여 전에 러시아 대사를 찾도록 만들었다. 러시아 정부와 이곳의 러시아 파견인의 친절함 덕분에 1년 넘는 기간 안전함과 편안함을 누릴 수 있었다. 이제 다시 조용해지고 평화로워졌기에 궁으로 들어가기로 결정했다. 그에게

1 [감교 주석] 이완용(李完用)

베풀어진 손님접대의 친절함에 대해 베베르에게 그리고 그를 위해 도움을 준 모든 대표자들에게 감사한다."

이와 유사한 포고문을 백성들에게 발표했습니다.

궁은 러시아식으로 교육된 한국인 군사들에 의해 보호될 것이다. 열 명의 하급군인이 궁궐에 상주하며 경비를 볼 것이다. 그리고 세 명의 러시아 하급장교도 이곳에 입주하게 될 것이다. 임시적으로 그곳에는 밤낮을 지키는 이가 있을 것이다. 그러므로 외부로부터의 공격에 대항하여 왕은 충분히 보호되게 된다.

그의 성공에 고무되어 보수적 진영의 학자와 관료들은 왕에게 몰려가서 그로 하여금 지난해의 개혁들을 완전히 정비하고 오래된 중국식의 정부체제를 다시 도입하게 할 것입니다.

온전한 충성심을 담아 이 보고서의 복사본 베이징과 도쿄에 있는 황제의 공사들에게 보냅니다.

크리엔

내용: 러시아 공사관에서 새 궁으로 거처를 옮긴 왕

21

원문 p.789

[조선 관련 러시아와 일본이 체결한 조약 보도]

발신(생산)일		수신(접수)일	1897. 4. 16
발신(생산)자		수신(접수)자	
발신지 정보		수신지 정보	베를린 외무부
			A. 5011

A. 5011 1897년 4월 16일 오후 수신

뮌헨 알게마이네 차이퉁[1]

1897년 4월 16일

러시아.

조선과 Abessinien에서의 러시아의 발전

상트페테르부르크, 4월 12일

서울에서 들어온 믿을 만한 소식에 의하면, 조선은 연초에 서울-원산, 서울-제물포, 서울-부산 간에 독자적으로 3개의 전신선을 건설할 예정이라고 한다. 서울-원산과 서울-제물포 간 전신선은 올해 안에 완공될 예정이고, 서울-부산 간 전신선은 올해 절반만 건설될 예정이다. 또한 서울-원산 간 전신선은 원산에서 경원부[2]를 지나 포시예트[3] 항까지 계속 연결될 예정이다. 알다시피 지금까지 조선에 존재하는 전신선은 일본인들의 수중에 들어 있다. 그로 인해 조선인들과 유럽인들은 외교문서 송달에서 완전히 일본의 은총에 기댈 수밖에 없다. 이런 곤혹스런 상황을 러시아 정부는 매우 불쾌하게 여겼다. 그래서 정보 입수에 능한 사람들 사이에 떠도는 소문처럼 현재 러시아 정부는 조선이 러시아로부터 전신이 단절되는 일이 일어나지 않도록 새로운 전신선 구축사업을 자발적으로 지원하기를 원한다. 뿐만 아니라 러시아는 이 전신선 건설을 통해 전신선을 지킨다

1 [감교 주석] 뮌헨 알게마이네 차이퉁(Münchener Allgemeine Zeitung)

2 [감교 주석] 경원부(慶源府)

3 [감교 주석] 포시예트(Pos'et)

는 구실로 조선에 주둔하고 있는 일본군의 철수까지 노리고 있다. 새로운 전신선이 건설되면 수비대는 완전히 불필요한 존재가 되기 때문이다. 일본 정부는 전신요금을 아주 높게 책정해 개인이 급전을 보내는 것은 거의 불가능한 상황이다. 하지만 이제 조선 정부는 전신요금을 매우 싸게 책정할 것이고, 그렇게 되면 일본 전신은 조만간 수비대가 지키는 것이 불필요해지는 시기가 올 것이다.

러시아 정부로부터 원조를 받는 증기선 회사가 서울에 함께 들어왔다. 그 선박회사는 블라디보스토크–원산–부산–나가사키–제물포–즈푸–상하이 간 정기 우편 운송을 담당하게 될 것이다. 증기선들은 매주 앞에서 언급한 노선을 운항하면서 러시아산 제품을 제물포로 수출할 것이다. 또한 서울에 러시아 학교가 세워졌으며, 러시아 정교에 대한 관심을 촉진시키기 위해 러시아 정부가 다음 달에 두 명의 신부를 서울에 파견할 예정이다. 조선 왕은 러시아의 보호 하에 매우 잘 지내고 있기 때문에 러시아 공관을 떠나고 싶어 하지 않는다. 하지만 이제 러시아의 영향력으로 왕의 목숨에 대한 위험이 제거되었다는 사실을 알고 있는 조선 국민들은 왕이 계속 러시아 공관에 체류하는 것을 못마땅해 한다. 그런 연유로 2월 말 서울 인근에 거주하는 주민 약 400명이 러시아 공관 앞으로 몰려가 왕에게 거처를 자신의 궁으로 옮겨달라는 상소문을 올렸다. 상소문은 조선의 관습에 따라 공사관 앞에 놓인 탁자 위에 놓여 있었고, 청원자들은 갓을 벗은 채 주위에 둘러서서 왕이 밖으로 나와 상소문을 가져가기를 기다렸다. 왕은 6시간 동안 사람들을 기다리게 한 다음 탁자 앞으로 와서 상소문을 집어 쭉 훑어보았다. 그런 다음 모여 있는 사람들에게 새 궁의 정리가 끝나고 날씨가 따뜻해지는 대로 새 궁으로 옮길 것이라고 말했다. 새 궁은 그사이에 이미 완공되어 러시아 장교들이 훈련시킨 조선 수비대가 지키고 있다. 일본은 조선에서 자신들의 영향력이 계속 하락하고 있음을 충분히 입증하는 그 과정을 시기의 눈길로 지켜보고 있다. 심지어 일본은 이곳 외무부에 러시아는 무슨 목적으로 그 전신선을 이용할 것이냐고 문의했다. 왜냐하면 일본은 조선에 그들 자신의 전신선을 이미 갖고 있기 때문이다. 아주 짧은 답변은 일본을 만족시킬 수 없었다. 러시아의 제안으로 조선은 유럽 여러 나라와 지속적으로 교류하기 위해 계속 전권 사절들을 유럽으로 파견할 예정이다. 정통한 소식통에 의하면 이미 작년 러시아의 대관식에 참석하기 위해 모스크바로 파견되었던 민영환[4]이 유럽 특사로 임명되었다. 그는 4월 중순에 페테르부르크에 도착하기 위해 현재 유럽으로 가고 있는 중이라고 한다. 페테르부르크에서 그는 일단 베를린에 들렀다가 다시 프랑스로 갈 가능성이 높다.

---

4 [감교 주석] 민영환(閔泳煥)

베를린, 1897년 4월 17일

A. 4967

주재 외교관 귀중
1. 런던 No. 606
2. 상트페테르부르크 No. 443
3. 드레스덴 No. 288
4. 뮌헨 No. 293
5. 슈투트가르트 No. 283

외무부 장관 귀중

연도번호 No. 3414

귀하에게 왕이 새 궁으로 거처를 옮기는 것에 대한 2월 22일 서울 주재 독일제국 공사의 보고서 사본을 삼가 전달합니다.

1-2에게: 개인적인 정보로 제공합니다.
귀하에게 본 정보를 활용할 수 있는 전권을 함께 부여합니다.
3-5에게: 1885년 3월 4일 포고령과 관련해 귀하에게 본 정보를 활용할 수 있는 전권을 함께 부여합니다.

또한 외무부 장관에게 왕이 새 궁을 거처를 옮기는 것에 대한 2월 22일 서울 주재 독일제국 공사의 보고서 사본을 삼가 참조용으로 제공하게 되어 영광입니다.

22

원문 p.792

영국 해군 병사들의 서울 도착

발신(생산)일	1897. 3. 11	수신(접수)일	1897. 5. 16
발신(생산)자	크리엔	수신(접수)자	호엔로에-실링스퓌르스트
발신지 정보	서울 주재 독일 총영사관	수신지 정보	베를린 정부
	No. 17		A. 6509
메모	연도번호 No. 121		

A. 6509 1897년 5월 16일 오후 수신

서울, 1897년 3월 11일

No. 17

독일제국 수상 호엔로에-실링스퓌르스트 전하 귀하

전하께 삼가 아래와 같이 보고 드리게 되어 영광입니다. 그저께 영국 해군대위 1명, 하사관 1명, 수병 11명이-이곳 영국 총영사관을 위해 제물포에 정박 중인 영국 전함 "Navassus"호의 승무원들입니다-서울로 들어왔습니다. 조던[1]이 본인에게 전해준 바에 의하면, 이 분대는 단지 영국인들을 지키기 위한 목적으로 서울로 파견된 것이라고 합니다. 궁 맞은편에 자리하고 있는 대지에는 6명의 애덕수녀회 수녀들만 살고 있는데, 그곳을 통해 쉽게 궁을 공격할 수 있기 때문입니다. 조던은 이것이 불가피한 조처였다고 했습니다. 힐리어[2]가 작년 여름 마지막 영사관 경비대를 되돌려 보낼 때 왕이 러시아 공사관에 체류하는 동안은 더 이상 소요사태를 걱정할 필요가 없다고 말했는데, 만약 왕이 그사이에 다시 궁으로 거처를 옮기게 된다면 수도의 안정이 무너질 수도 있기 때문입니다.

만약 3명의 러시아 하급 장교들과(그들 역시 얼마 전에 궁으로 이사했습니다.) 10명의 하사관들이 궁의 경비를 맡지 않았다면 힐리어의 우려는 현실이 되었을 수도 있습니다.

1 [감교 주석] 조던(J. N. Jordan)

2 [감교 주석] 힐리어(W. C. Hillier)

영국 군인들의 도착을 보고 서울 주민들은 상당히 동요하였습니다. 왜냐하면 그것을 영국 총영사가 서울에 새로운 소요사태가 발생할 가능성을 높게 보고 있다는 뜻으로 받아들였기 때문입니다.

현재 이곳에는 영국군인들 이외에 2명의 장교와 함께 80명의 러시아 해군이 진주하고 있고 일본 보병부대도 2개 중대가 있습니다.

본인은 본 보고서의 사본을 베이징과 도쿄 주재 독일제국 공사관으로 보낼 것입니다.

크리엔

내용: 영국 해군 병사들의 서울 도착

23

원문 p.794

조선과 관련된 러-일 협정

발신(생산)일	1897. 3. 12	수신(접수)일	1897. 5. 16
발신(생산)자	크리엔	수신(접수)자	호엔로에-실링스퓌르스트
발신지 정보	서울 주재 독일 총영사관	수신지 정보	베를린 정부
	No. 18		A. 6510
메모	연도번호 No. 122		

A. 6510 1897년 5월 16일 오후 수신, 첨부문서 2부

서울, 1897년 3월 12일

No. 18

독일제국 수상 호엔로에-실링스퓌르스트 전하 귀하

작년 3월 15일 본인의 보고 No. 33[1]에 이어, 조선과 관련해 러시아와 일본이 맺은 두 조약의 사본을 첨부하여 전하께 삼가 보고 드리게 되어 영광입니다. 이 자료는 베베르[2]가 본인에게 전해준 것입니다.

작년 5월 14일 러시아와 일본[3] 대표들이 서명한 각서[4]의 내용은 아래와 같습니다.

1) 양국 대표는 왕의 신변안전에 대한 모든 의혹이 풀리는 즉시 왕에게 자신의 궁으로 돌아갈 것을 완곡하게 조언한다. 또한 일본 대표는 일본 낭인들을 엄격하게 감독할 의무를 진다.
2) 왕은 내각의 대신들을 본인의 자유로운 선택에 의해 임명하였음을 확인한다. 양국 대표들은 왕에게 앞으로도 개화되고 온건한 인물들을 대신으로 임명하도록 권한다.
3) 서울에서 부산 간 일본 전신선을 보호하기 위해 파견된 일본 수비대는 헌병대로 대체한다. 하지만 헌병대의 규모는 200명을 넘을 수 없다.

---

1 [원문 주석] A. 6823
2 [감교 주석] 베베르(K. I. Weber)
3 [감교 주석] 고무라 주타로(小村壽太郎)
4 [감교 주석] 베베르 고무라 각서

4) 서울 및 개항 항구들에 설치된 일본인 거류지역을 보호하기 위해 일본군이 서울에 2개 중대, 부산에 1개 중대, 원산에 1개 중대 규모로 주둔할 수 있다. 이때 각 중대의 인원은 200명 선을 넘지 않는다. 러시아 정부 역시 자국 공사관과 영사관을 보호하기 위해 수비대를 유지한다. 하지만 규모는 일본군의 숫자를 넘지 않는다. 만약 조선 국민들로부터 습격의 위험이 사라지고 국내가 안정을 되찾는 즉시 일본 군대는 철수해야 한다.

6월 9일에 러시아 외무장관 로바노프[5]와 일본 대사 야마가타[6]가 서명한 각서[7]의 내용은 아래와 같다.:

1) 양국 정부는 조선 정부에 과도한 지출을 없애도록 조언한다. 만약 몇몇 개혁이 시급히 필요하다는 것이 입증되고, 외국에서의 차관 도입이 필요할 경우 양국 정부는 힘을 합하여 조선을 원조하도록 한다.
2) 양국 정부는 조선 정부가 외국의 도움 없이 국내 질서를 유지하기에 충분한 규모로 자국 군대와 경찰을 편성하고 유지할 수 있도록 노력한다.
3) 일본 정부는 현재 그들의 수중에 있는 전신선을 관리한다. 러시아는 서울에서 러시아 국경까지의 전신선 건설을 맡는다. 이들 전신선은 조선 정부가 다시 매입할 수 있다.
4) 만약 위에서 언급된 조항들에 대해 보다 자세하고 정확한 해석이 필요할 경우, 양국 정부의 위임을 받은 대표가 우호적으로 해결한다.

일본 공사 가토[8]가 이곳 외부대신[9]에게 다음과 같은 주석을 달아 상기 두 가지 조약의 번역본을 보냈습니다. 즉 자신은 일본 정부로부터, 이 조약으로 인해 조선의 독립성이 훼손되는 일은 절대 없을 것이며 오히려 독립성이 강화될 것이며, 일본 정부와 러시아 정부는 이러한 목적을 염두에 두고 있다는 것을 조선 정부에 설명하라는 지시를 받았다는 내용이었습니다. 외부대신은 의정부의 결정에 따라 그 문서의 접수를 확인해 주었습

5 [감교 주석] 로바노프(A. Lobanow)
6 [감교 주석] 야마가타 아리토모(山縣有朋)
7 [감교 주석] 로바노프 야마가타 의정서
8 [감교 주석] 가토 마스오(加藤增雄)
9 [감교 주석] 이완용(李完用)

니다. 동시에 조선 정부는 그들이 참여하지 않은 두 개의 조약으로 인해 결코 결정권의 자유에 제약을 받지 않을 것이라고 덧붙였습니다.

조선반도에 대한 중요한 규정들을 담고 있는, 러시아와 일본이(이 두 나라는 다른 어느 나라보다 조선의 독립을 강조해 왔습니다.) 체결한 조약들이 조선 정부는 물론이고 당시 모스크바에 있던 조선 공사 민영환[10]의 참여나 사전문의 없이 성사되었다는 사실에 조선 정부는 몹시 감정이 상했습니다.

미국 공사관 서기관 알렌[11]이 본인에게 전해준 바에 의하면, 왕은 특히 다음과 같은 점에 화가 났다고 합니다. 왕이 작년에 베베르[12]에게 러시아와 일본 사이에 모종의 협약이 체결된다는 소문이 있다며 여러 번 물었으나 베베르는 번번이 근거 없는 소문이라고 답변했다는 것입니다. 그로 인해 러시아 공사관에 대한 왕의 신뢰는 몹시 흔들리게 되었습니다.

이 조약이 발표된 이후 조선에서 일본의 위신이 매우 높아졌습니다. 왜냐하면 조선인들은 러시아의 힘을 과도하게 믿고 있었는데, 러시아가 일본이 그들과 동등한 권리를 갖고 있다고 인정하였기 때문입니다.

본인은 본 보고서의 사본을 베이징과 도쿄 주재 독일제국 공사관으로 보낼 것입니다.

크리엔

내용: 조선과 관련된 러-일 협정

No. 18의 첨부문서 1
첨부문서의 내용(원문)은 독일어본 796~797쪽에 수록.

No. 18의 첨부문서 2
첨부문서의 내용(원문)은 독일어본 797~798쪽에 수록.

---

10 [감교 주석] 민영환(閔泳煥)
11 [감교 주석] 알렌(H. N. Allen)
12 [감교 주석] 베베르(K. I. Weber)

24

원문 p.799

조선에 있는 러시아 병사들

발신(생산)일	1897. 5. 5	수신(접수)일	1897. 6. 11
발신(생산)자	트로이틀러	수신(접수)자	호엔로에-실링스퓌르스트
발신지 정보	도쿄 주재 독일 공사관	수신지 정보	베를린 정부
	A. 74		A. 7606

A. 7606 1897년 6월 11일 오전 수신, 첨부문서 1부

도쿄, 1897년 5월 5일

A. 74

독일제국 수상 호엔로에-실링스퓌르스트 전하 귀하

조선 정부에서 러시아 장교와 병사 160명을 이미 고용했다는 허위보도가 이곳 일본에서 사람들 사이에 커다란 격분을 불러일으켰습니다. 정부와 언론이 모두 나서서 이구동성으로, 그것은 최근 발표된 러일 조약과 직접적으로 모순된다고 지적했기 때문입니다. 오쿠마[1]가 본인에게 전해준 바에 따르면, 그는 그렇기 때문에 어떤 경우에도 예정된 계획을 반드시 실행에 옮기기로 결정하였다고 했습니다. 서울에서 들어온 최신 보고에 의하면 이 분쟁을 만족스럽게 해결할 수 있을 것 같다고 합니다. 조선 내각의 대신들 대다수가 처음부터 그 조치에 적대적인 입장이었음을 감안하면 상황은 일본에 유리해 보입니다. 영국 대표의 지원을 받고 있다는 소문이 돌고 있는 일본 변리공사는, 일단 처음에는 러시아 군인들의 숫자를 절반으로 줄이고, 마지막에는 10명으로 줄일 생각이었다고 합니다. 하지만 현지에서는 그럴 경우 일본에 원칙 문제가 제기될 것이라고 합니다. 즉 모든 계획을 완전히 포기해야만 만족스러운 해결이 가능하다는 것입니다.

문제가 된 협약이 체결된 이유에 대해서는 두 가지 가설이 널리 퍼졌습니다. 하나는 로바노프-야마가타 의정서가 성사되기 전에 모스크바 대관식에 조선 대표로 참석한 민영환[2]이 이미 관련된 협약을 체결했다는 가설입니다. 다른 하나는 베베르[3]의 간계로 인

1 [감교 주석] 오쿠마 시게노부(大隈重信)
2 [감교 주석] 민영환(閔泳煥)

해 이 모든 사단이 벌어졌다고 보는 가설입니다. 두 번째 가설에 의하면, 조만간 서울을 떠나기로 되어 있는 베베르가 이임 전 뭔가 특별한 업적을 낼 필요가 있었다는 것입니다. 이곳 외무부에서는 첫 번째 가설이 옳다는 입장입니다.

내용: 조선에 있는 러시아 병사들

1897년 5월 6일 추신

지난 며칠 동안 몇 번 만나려 했으나 못 만났던 러시아 대리공사가 방금 본인에게, 영국 총영사는 베베르의 전보를 받은 후 러시아 병사들의 고용에 격렬하게 반대했다고 시인하였습니다.

슈뻬이예르[4]가 그 일이 진행된 전체 과정에 대해 설명한 바에 의하면, 대관식에 참석한 조선 특사가 조선 왕의 이름으로 당시 러시아 황제에게 조선 군대를 위해 러시아 교관들을 대규모로 채용하는 것을 허락해 달라고 요청하였다고 합니다. 하지만 러시아는 당시 그 요청에 대해 답변하지 않았습니다. 하지만 며칠 뒤 로바노프[5]는 야마가타[6] 해군제독에게 그 이야기를 꺼냈다고 합니다. 만약 당시 그 문제에 대해 합의가 이루어지지 않았다면 그것은 야마가타 해군제독의 고집 때문이었을 거라고 합니다. 어쨌든 러시아는 러-일 조약이 현재 진행 중인 계획을 실행하는 데 장애가 되는 것을 인정할 수 없다고 합니다. 조선이 자신들의 자금으로 자국 군대를 위한 훈련교관을 고용하는 것은 결코 "외국의 도움"이 아니라는 것입니다!? 뿐만 아니라 현재 거론되고 있는 사안은 단지 조선에서 시작된 일로서, 조선 왕이 자신의 개인적인 안위를 걱정하기 때문이라고 합니다. 슈뻬이예르가 알기로, 러시아는 아직 확실한 답변을 하지 않았다고 합니다. 하지만 그는 현재 유럽의 복잡한 정세를 고려할 때 이곳 동아시아에서 새로운 갈등을 유발하는 일은 삼갈 것이라고 믿고 있습니다. 어쨌든 베베르는 직접 협상에 나서지 말라는 훈령을 받았다고 합니다.

슈뻬이예르는 아주 솔직하게 이렇게 말했습니다. 유럽의 정세를 고려하지 않는다면

---

3 [감교 주석] 베베르(K. I. Weber)

4 [감교 주석] 슈뻬이예르(A. Speyer)

5 [감교 주석] 로바노프(A. Lobanow)

6 [감교 주석] 야마가타 아리토모(山縣有朋)

그의 경험으로 미루어 볼 때 영국은 이 일을 기정사실로 조용히 수용할 것이라고 덧붙였습니다. 그럴 경우 일본에 대한 러시아의 입장은 걱정할 이유가 전혀 없다고 했습니다!

트로이틀러[7]

A. 74의 첨부문서

번역

의정서[8]

일본 황제의 특명대사 겸 해군제독인 야마가타와 러시아 외무부장관 로바노프[9]가 조선 사태에 관해 의견을 교환한 다음 아래와 같은 조항들에 합의하였다.:

제1조: 러시아와 일본 정부는 조선의 재정적 어려움을 타개하기 위해 조선 정부에 과도한 지출을 없애고 세입과 세출의 균형을 유지하도록 조언한다. 만약 몇몇 개혁이 시급히 필요하다는 것이 입증되고, 외국에서 차관을 들여옴으로써 그 문제를 해결할 수 있다면 양국 정부는 힘을 합하여 조선을 원조하도록 한다.

제2조: 러시아와 일본 정부는, 조선이 국가재정과 경제상황이 허락하는 한 외국의 도움 없이 국내 질서를 유지하기에 충분한 규모로 자국 군대와 경찰을 편성하고 유지할 수 있도록 노력한다.

제3조: 조선과의 교류를 용이하게 하기 위해, 일본 정부는 현재 그들의 수중에 있는 전신선을 관리한다. 러시아는 서울에서 러시아 국경까지의 전신선 건설을 맡는다. 이들 전신선은 조선 정부가 망 구축에 소요된 비용을 지불하는 즉시 조선정부에 소유권을 넘긴다.

---

7 [감교 주석] 트로이틀러(K. G. Treutler)

8 [감교 주석] 로바노프 야마가타 의정서

9 [감교 주석] 로바노프(A. Lobanow)

제4조: 만약 위에 언급된 조항들에 대한 보다 자세하고 정확한 해석이 필요할 경우, 혹은 협상이 필요한 문제가 발생할 경우, 양국 정부의 위임을 받은 대표가 해당 사안에 대해 우호적인 합의를 시도한다.

모스크바, 1896년 6월 9일/28일

야마가타

로바노프

베를린, 1897년 6월 14일

A. 7606

주재 외교관 귀중

1. 런던 No. 895

2. 상트페테르부르크 No. 631

연도번호 No. 5266

귀하에게 조선 정부에서 이른바 러시아 장교와 병사들을 채용하는 문제에 관한 지난달 5일 도쿄 주재 독일제국 대리공사의 보고서 사본을 정보로 제공하게 되어 영광입니다.

25

원문 p.802

[민영환의 유럽 주재 공사 임명]

발신(생산)일		수신(접수)일	1897. 6. 11
발신(생산)자		수신(접수)자	
발신지 정보		수신지 정보	베를린 외무부
			A. 7618

A. 7618　1897년 6월 11일 오후 수신

민영환[1]이 전체 유럽 궁정과 교섭하는 외교 사절로 임명되어 광산 사업과 관련해 우리에게 매우 중요한 도움이 되었습니다. 그는 크리엔[2] 영사를 방문해 베를린에 소개장을 써 달라고 부탁했습니다. 크리엔 영사는 조선 측이 양국의 우호 선린 관례를 조금도 고려하지 않고 있다는 이유를 들어 그 같은 요청을 거절하였습니다. 그렇지 않다면 아직도 우리가 사업 허가를 받지 못한 이유를 납득할 수 없다는 등의 이유를 들었습니다. 민영환으로서는 이 같은 일이 매우 난처했기 때문에 어제 일요일인데도 우리에게 확약한 바와 같이 왕에게 이 문제를 보고했고, 우리가 계약을 맺게 될 것을 추호도 의심하지 않았습니다.

우리는 전권을 가진 대사로 임명된 (이로써 전권 대사의 직을 갖게 된) 민영환과 1884년 이후로 잘 알고 교제하고 있었습니다. 과거 여기서 그와 많은 일을 했고, 최근 그와 만찬에 참석한 바 있는데(그는 작가의 아내에게 독일 [sic.]를 부탁했습니다), 그녀에게 도움을 청하라는 연락을 할 수 있었습니다.

민영환은 실제 왕의 가장 가까운 친척이기 때문에 강력한 영향력을 갖고 있습니다. 만약 귀하께서 그를 만날 [수 있다면], 그래서 그가 마이어의 대접을 잘 받았다고 서울로 보고할 수 [있게 한다]면 이곳에 있는 우리로서는 매우 도움이 될 것으로 보입니다.

1　[감교 주석] 민영환(閔泳渙)

2　[감교 주석] 크리엔(F. Krien)

26

원문 p.804

서울에서 러시아 군인들을 채용하는 일

발신(생산)일	1897. 5. 5	수신(접수)일	1897. 6. 11
발신(생산)자	트로이틀러	수신(접수)자	호엔로에-실링스퓌르스트
발신지 정보	도쿄 주재 독일 공사관	수신지 정보	베를린 정부
	A. 78		A. 7888
메모	6월 22일, 페테르부르크 667에서 전달		

A. 7888 1897년 6월 18일 오전 수신

도쿄, 1897년 5월 12일

A. 78

독일제국 수상 호엔로에-실링스퓌르스트 전하 귀하

러시아는 서울에서 러시아 군인들을 조선 군대의 군사교관으로 활용하려던 계획을 적어도 당분간은 추진하지 않기로 하였습니다.

영국과 미국은 이 문제에 관한 한 외교적으로 일본 편에 섰습니다. 이 일은 러시아 정부가 직접 추진했던 일이 아니라 베베르[1]가 더 일찍, 더 적극적으로 추진했던 일이었던 듯합니다. 다음 달 이곳에 도착할 예정인 신임 러시아 공사 로젠[2]은 향후 이 문제를 어떻게 할지 결정하라는 특별 지령을 받았을 것입니다. 본인의 영국 동료는 지난주 블라디보스토크에 러시아 함대들이 집결했던 것은 이 문제와 연관이 있다고 했으나 본인의 생각으로는 잘못된 판단 같습니다. 러시아는 조선 문제에 관한 한 지금까지보다 더 조심스럽게 행동할 것으로 보입니다. 본인이 보기에는, 무라비예프[3]가 조선에서 매우 활동적으로 일했던 베베르의 자리로 옮기는 것을 거절한 것도 이것과 연관이 있는 듯합니다. 하지만 정통한 소식통이 전해준 바에 의하면, 서울에서는 무라비예프가 베베르의 후임자로 가라는 제안을 기꺼이 받아들였을 것이라는 소문이 돌고 있다고 합니다.

상황이 어떻든 오쿠마[4]는 현재 작은 승리를 거두었습니다. 관보에서는 적절한 방식으

1 [감교 주석] 베베르(K. I. Weber)

2 [감교 주석] 로젠(R. R. Rosen)

3 [감교 주석] 무라비예프(M. Mouravieff)

로 축하를 표했으며, 모든 일본 언론도 일제히 환영하는 논조를 보이고 있습니다.

트로이틀러

내용: 서울에서 러시아 군인들을 채용하는 일

4 [감교 주석] 오쿠마 시게노부(大隈重信)

베를린, 1897년 6월 22일

A. 7888

주재 외교관 귀중

페테르부르크 No. 667

연도번호 No. 5470

귀하에게 서울에서 러시아 병사들의 채용이 무산된 것에 대한 지난달 12일 도쿄 주재 독일제국 대리공사의 보고서 사본을 정보로 제공하게 되어 영광입니다.

27

원문 p.806

예정된 러시아 군사교관 증원 계획 및 다른 정치적 사건들에 관하여

발신(생산)일	1897. 5. 4	수신(접수)일	1897. 7. 1
발신(생산)자	크리엔	수신(접수)자	호엔로에-실링스퓌르스트
발신지 정보	서울 주재 독일 총영사관	수신지 정보	베를린 정부
	No. 31		A. 8350
메모	발췌본을 7월 4일, 페테르부르크 691에 전달 연도번호 No. 191		

A. 8350 1897년 7월 1일 오전 수신

서울, 1897년 5월 4일

No. 31

독일제국 수상 호엔로에-실링스퓌르스트 전하 귀하

금년 1월 29일 본인의 보고서 No. 8[1]에 이어, 전하께 삼가 아래와 같이 보고 드리게 되어 영광입니다. 얼마 전부터 서울 주재 러시아 대표와 조선 정부가 러시아 군사교관을 증원하는 문제로 협상을 벌였다고 합니다. 푸티아타[2] 육군대령이 조선 군인 6천 명을 훈련시키려면 총 161명의 교관을 채용하는 것이 불가피하다고 설명한 다음, 베베르[3]는 그 문제와 관련해 조선 정부가 자신과 협약을 체결하도록 노력하였습니다. 조선 군대를 더 많이 훈련시키기 위해서는 러시아 장교들과 하사관들을 조선 군대에 투입해야 한다는 것이었습니다.

늘 자신의 신변안전을 걱정하는 왕은 처음에 러시아의 제안에 귀를 기울이는 듯했습니다. 하지만 대부분의 대신들이 왕에게 그 계획을 실행하게 되면 군대와 왕 자신, 그리고 정부가 완전히 러시아의 영향력 하에 들어가게 될 것이라고 간언하였습니다. 특히 서울 주재 일본 대표[4]가 왕과 정부에 이의를 제기한 이후 반대가 더욱 심했습니다. 특히

1 [원문 주석] A. 4065

2 [감교 주석] 푸티아타(Putiata)

3 [감교 주석] 베베르(K. I. Weber)

4 [감교 주석] 가토 마스오(加藤增雄)

외무대신은 그런 협약서에 서명하는 것을 거부하였습니다.

일본 변리공사는 대규모의 러시아 장교를 채용하는 것은 조선 군인을 훈련시키려는 목적이 아니라 조선 군인들을 통솔하려는 목적이라는 견해를 밝혔습니다. 반면 푸티아타 육군대령은 오늘 본인을 방문한 자리에서, 대규모의 러시아 교관들이 없이는 절대 조선 군대를 제대로 훈련시키고 그들에게 군인정신을 불어넣을 수 없다고 말했습니다.

일본의 반대에 따라 원래의 계획은 상당 부분 수정되었습니다. 그 결과 총 21명의 러시아 훈련교관이 새로 채용될 것이라는 소문이 돌고 있습니다.

지난달 22일 이곳에 시베리아 연안지구 사령관 운터베르게르[5] 육군중장이 도착하였습니다. 그는 일본으로 가기 위해 오늘 다시 서울을 떠났습니다.

조선 정부는 지난달 말, 일본으로부터 받은 300만 엔의 차관 가운데 100만 엔을 상환하였습니다.

1894년 6월에 제정된 법률을 개정하기 위해 조선 고위관리 8명[6]과 외국인 고문관 4명, 즉 브라운[7], 르젠드르[8] 장군, 그레이트하우스[9], 그리고 제이 손[10] 박사로 구성된 위원회[11]가 조직되었습니다. 그런데 그사이에 조선인 관리들 가운데 6명이 사퇴하였습니다. 그로 인해 위원회는 다시 해체될 것이라고 합니다.

일본 황제가 조선 왕에게 국화-훈장을 수여하였습니다. 이곳 주재 일본 변리공사가 지난날 22일 국화-훈장을 왕에게 전달하였습니다.

본인은 본 보고서의 사본을 베이징과 도쿄 주재 독일제국 공사관에 전달할 것입니다.

크리엔

내용: 예정된 러시아 군사교관 증원 계획 및 다른 정치적 사건들에 관하여

---

5 [감교 주석] 운터베르게르(Unterberger)

6 [감교 주석] 고종실록에는 다음 명단이 확인됨. 김병시(金炳始), 조병세(趙秉世), 정범조(鄭範朝), 김영수(金永壽), 박정양(朴定陽), 윤용선(尹容善), 이완용(李完用). 『고종실록』 고종 34년 3월 23일.

7 [감교 주석] 브라운(J. M. Brown)

8 [감교 주석] 르젠드르(C. W. Legendre)

9 [감교 주석] 그레이트하우스(C. R. Greathouse)

10 [감교 주석] 서재필(徐載弼)

11 [감교 주석] 교전소(校典所)

베를린, 1897년 7월 4일

A. 8350

주재 외교관 귀중
페테르부르크 No. 691

연도번호 No. 5757

귀하에게 러시아 군사교관에 관한 5월 4일 서울 주재 독일제국 영사의 보고서 사본을 정보로 제공하게 되어 영광입니다.

28

원문 p.809

조선의 정세에 관한 러시아 대리공사의 의견

발신(생산)일	1897. 5. 5	수신(접수)일	1897. 6. 11
발신(생산)자	트로이틀러	수신(접수)자	호엔로에-실링스퓌르스트
발신지 정보	도쿄 주재 독일 공사관	수신지 정보	베를린 정부
	A. 90		A. 9127
메모	7월 24일, 런던 104, 페테르부르크 720에 전달		

A. 9127 1897년 7월 23일 오전 수신

도쿄, 1897년 6월 17일

A. 90

독일제국 수상 호엔로에-실링스퓌르스트 전하 귀하

이곳 주재 러시아 대리공사[1]가 어제 본인에게 은밀히, 1년 넘게 서울을 떠나 있는 동안 조선의 정세가 러시아에 매우 불리하게 변한 것을 생각하면 곧 서울로 돌아가는 것에 대한 기쁨이 반감된다고 하였습니다. 그는 그러면서 그 이유를 동유럽의 갈등에서 찾았습니다. 현재 페테르부르크에서는 조선에 대한 관심이 매우 적다고 합니다. 또한 이곳에서 벌어지는 사건들을 지켜볼 필요가 있는데, 그것을 잠시 등한시함으로써 이런 최악의 결과가 초래되었다는 것입니다. 그는 현재 상황이 완전히 바닥이라고(Tout est abime) 주장하면서 잃어버린 것을 되찾는 것이 어렵다 못해 불가능할지도 모른다고 하였습니다.

현재 다른 모든 보도에 의하면, 특히 얼마 전 러시아 대리공사가 조선에서의 러시아의 영향력에 대해 밝힌 견해에 따르면, 베베르의 몇 가지 실책에도 불구하고 조선에서 러시아의 영향력은 계속 증대되는 중입니다. 슈뻬이예르와 몇 시간에 걸쳐 대화를 나누는 동안 본인이 조선에 대한 이야기를 꺼냈을 때 그는 아주 즉흥적으로 서울에서 일본인들의 지위가 몹시 열악하다고 했습니다. "만약 일본인들이 정치적으로 조선에서 눈에 띄지 않게 자꾸 뒤로 밀려난다면 그들은 더더욱 정치가처럼 행동할 것입니다."라고. 그

1 [감교 주석] 슈뻬이예르(A. Speyer)

말을 듣고 본인은, 슈뻬이예르가 앞에서 언급된 대화를 꺼낸 것은 가까운 미래에 조선에서 일어난 사건들이 최대한 러시아에 유리하게 해석되도록 하려는 목적으로 일부러 선택한 화제였다는 생각을 떨칠 수가 없었습니다.

여하튼 다음 달 이곳에 도착할 예정인 신임 러시아 공사 로젠[2]의 활동을 약간의 긴장감과 함께 기다려야 할 것 같습니다. 계속 지연되고 있는 그의 도착은 중요한 지령과 연관이 있어 보이기 때문입니다. 그에 대한 보고가 페테르부르크 주재 일본 공사를 통해 이미 이곳에 들어왔습니다. 일본 신문들은 심지어 로젠이 이곳의 업무를 이양받기 전에 먼저 베이징과 서울에 갈 것이라는 엉터리 주장을 하고 있습니다.

트로이틀러

내용: 조선의 정세에 관한 러시아 대리공사의 의견

2 [감교 주석] 로젠(R. R. Rosen)

베를린, 1897년 7월 24일

A. 9127

주재 외교관 귀중
런던 No. 1041
상트페테르부르크 No. 720

연도번호 No. 6342

귀하에게 조선의 정세에 관한 지난달 17일 도쿄 주재 독일제국 대리공사의 보고서 사본을 정보로 제공하게 되어 영광입니다.

29

원문 p.812

영국의 대 조선 정책

발신(생산)일	1897. 7. 23	수신(접수)일	1897. 7. 26
발신(생산)자	라돌린	수신(접수)자	호엔로에-실링스퓌르스트
발신지 정보	페테르부르크 주재 독일 대사관	수신지 정보	베를린 정부
	No. 310		A. 9228

A. 9228　1897년 7월 26일 오전 수신, 첨부문서 1부

상트페테르부르크, 1897년 7월 23일

No. 310

독일제국 수상 호엔로에-실링스퓌르스트 전하 귀하

페테르부르크 신문에서 인용한 몇몇 러시아 언론의 기사를 첨부문서로 전하께 삼가 보고 드리게 되어 영광입니다. 영국의 대조선 정책에 대한 커즌의 최근 발언을 상당히 날카롭게 비판하고 있는 내용입니다.

라돌린

내용: 영국의 대 조선 정책

1897년 7월 23일 No. 310의 첨부문서

St. Petersburger Zeitung

1897년 7월 22일/10일

-No. 191-

[영국의 대 조선 정책에 관한 커즌[1]의 성명이] 우리 언론에서 매우 날카로운 비판을 받고 있다. 반면에 국제 정치의 첨예한 쟁점들에 대한 그의 다른 의견들은 일반적으로

지지를 받고 있다.

"Narod"지는 "커즌의 발언"은 비록 영국 정치의 특징이라고 할 수 있는 음흉한 속셈을 감추고 있지만 조선 문제에 관한 한 이례적일 정도로 확고한 태도를 보여주고 있다고 설명한다. 커즌은 이렇게 말했다. "영국은 조선에 무역과 관련된 관심은 크지 않습니다. 영국의 주요 관심사는 조선의 독립성을 유지하는 것입니다. 조선의 항구들은 동양의 균형을 깨뜨릴 수 있는 군사작전의 거점으로서 사용되어서는 안 됩니다. 만약 그런 시도가 있다면 영국은 자신의 관심사를 지켜야 할 것입니다."

이러한 설명은 비록 공식적인 협박은 아닐지라도 러시아를 향한 직접적인 경고를 포함하고 있다. 발언의 핵심은 마지막 부분에서, 즉 "영국은 자신의 관심사를 지켜야 할 것입니다."라는 부분에서 솔직하게 드러난다. 커즌은 적당한 선에서 그쳐야 했다. 그가 조선의 독립성을 지켜야 한다며 플라톤 식의 노력에 대해 이야기하는 것은 완전히 도를 넘은 것이다. 영국이 바라는 것은 명확하다. 러시아가 조선에 영향력을 행사하는 것은 반대하지만 영국 스스로 조선에 영향력을 행사하는 것에는 전혀 반대하지 않는다는 것이다. 영국은 섣불리 우리 러시아 정부가 어떤 의도들을 갖고 있다고 주장한다. 우린 그런 것을 전혀 내보인 적도 없는데 말이다. 영국은 자신들이 필요로 하는 모든 것을 최대한 투쟁 없이 가로채는 외교적 책략에 익숙한 나라다. 그래서 그들은 극동아시아를 향한 러시아의 전진이 유기적이고 필연적으로 일어난 일이고, 향후 우리 러시아가 태평양의 아시아 연안을 필연적으로 지배하게 될 거라는 사실을 이해하지 못한다. 적절한 때가 되면 그렇게 되는 것을 어느 누구도 막을 수 없다. 어느 누구도 그것을 더 빠르게 촉진할 수도 없고, 저지할 수도 없다. 적어도 러시아에 의해 힘의 균형이 깨어질 수도 있다는 식의 편협한 발언으로는 그걸 막을 수 없다. 세상 그 어떤 바다에도 힘의 균형은 존재하지 않는다. 영국의 제해권으로 인해 도처에서 가장 야만적이고 무자비한 피해가 일어나고 있다. 오죽하면 영국의 권력에 맞서 싸우는 것이 세상 모든 민족의, 특히 유럽 여러 민족의 자연스럽고 필연적인 임무가 되었겠는가. 따라서 무너진 힘의 균형을 다시 회복하고 순수하게 국가적 목적으로 영국의 패권을 무너뜨리기 위해 치르는 이 숭고한 투쟁에서 그 어떤 것도 러시아가 역사적 숙명에 의해 자신에게 맡겨진 역할을 수행하는 것을 방해할 수 없다."

"Now. Wre"[2]는 기사를 통해 "커즌는 분명히, 러시아 정부는 조선을 일본의 암살과

1 [감교 주석] 커즌(G. Curzon)

2 [감교 주석] 노보예 브레먀(Novoye Vremya)

합병으로부터 보호하고 있으며, 위대한 시베리아 철도회사는 온 인류의 복지에 아주 중요한 의미를 갖고 있기 때문에 설사 영국이 이의를 제기할 가능성이 있다 해도 그것은 아무런 방해도 되지 않는다는 사실을 알고 있을 것"이라고 했다. 커즌가 조선에 대한 자신의 견해를 밝힐 때, 영국 정부가 현재 유럽에서 고립된 상황에 처해 있으며 미국의 거부감 때문에 호언장담했던 약속을 지킬 수 없다는 말을 포함시켰더라면 그의 발언이 훨씬 더 이성적이고 합리적으로 들렸을 것이다. 조선의 미래는 영국이 극동지역에 관심이 있느냐 없느냐에 달려 있지 않다. 조선의 독립성은 영국이 아니라 바로 러시아가 지켜준다. 만약 조선의 독립성을 지키기 위해 우리 러시아 전함이 조선의 한두 개 항구에 계속 주둔할 필요가 있다면 페테르부르크는 영국 런던의 외무대신과 그의 부하들에게 그 문제에 대해 어떻게 생각하느냐고 물어볼 필요가 없다. 커즌가 어제 영국 하원에서 발언한 내용은 당연히 극동아시아에서 궁극적으로 러시아의 입지를 확고하게 만드는 방법에 대한 러시아 정부의 견해를 변경시킬 수 없다.

"Now. Wr."의 기사는 커즌의 발언과 마찬가지로 그다지 외교적이지는 않지만 훨씬 더 명확하다.

30

원문 p.815

황제 칭호를 사용하려는 조선 왕의 소원에 관하여

발신(생산)일	1897. 5. 25	수신(접수)일	1897. 8. 19
발신(생산)자	크리엔	수신(접수)자	호엔로에-실링스퓌르스트
발신지 정보	서울 주재 독일 총영사관	수신지 정보	베를린 정부
	No. 32		A. 10053
메모	연도번호 No. 220		

A. 10053 1897년 8월 19일 오전 수신

서울, 1897년 5월 25일

No. 32

독일제국 수상 호엔로에-실링스퓌르스트 전하 귀하

1895년 10월 18일 본인의 보고서 No. 55[1]와 10월 29일 보고서 No. 56[2]에 이어, 전하께 삼가 아래와 같이 보고 드리게 되어 영광입니다. 조선 왕에게 얼마 전부터 다시 관리들과 학자들이 황제의 칭호(황제 또는 대황제, 여기서 '대(tai)'는 '크다'는 의미이다)를 사용해 달라고 요청하는 상소문이 올라오고 있습니다. 이렇게 칭호를 변경하려는 이유는 '대군주(왕)'이라는 칭호는 조선이 아직 청에 종속되어 있을 때 사용하던 칭호이기 때문입니다. 이제 조선이 완전히 독립적인 국가가 되었으니 청과 일본의 군주들과 완벽하게 동등한 지위에 있다는 사실을 과시하기 위해 청과 일본에서 사용하는 칭호를 사용해야 한다는 것입니다.]

유럽 국가들과 맺은 조약의 조선어 원문에서는 자신에게 "대황제"라는 칭호를 사용한 반면, 영국 여왕 같은 조약상대국의 왕들에게는 "대군주"라는 칭호를 사용했습니다. 따라서 조선 통치자의 칭호에 대해 조선이나 유럽의 표현을 바꿀 이유는 없습니다.

조선의 어느 고위관리가 본인에게 전해준 바에 의하면, 왕은 작고한 왕비의 장례식에 앞서 그녀에게 황후라는 칭호를 수여하고 싶어 합니다. -그런 이유로 왕비의 장례식은

1 [원문 주석] A. 12767, 조선 1에 첨부됨

2 [원문 주석] A. 13377

다시 연기되었습니다.- 또한 조약을 체결할 때 청의 황제와 똑같은 칭호를 사용하기 위해 자신도 황제라는 칭호를 사용하기를 원한다고 합니다. 그는 유럽 국가들로부터 황제로 인정받지 못할까봐 두려워한다고 합니다. 그래서 일단 공사 민영환[3]에게 조약을 맺은 유럽 각국의 정부가 그 문제에 관해 어떻게 생각하는지 확인해 보라고 지시하였습니다.

베베르[4]는 그런 조처를 취하게 된 "배경에" 일본인이 숨어 있다고 생각하고 있습니다. 유럽 열강들이 왕의 "터무니없는" 요구를 거절할 때 일본인들은 그 칭호를 인정할 용의가 있다고 나서면서 "자, 폐하의 진정한 친구가 여기 있습니다!"라고 말할 것이라고 합니다.

가토[5]는 본인과 대화를 나누던 중 다음과 같이 전해주었습니다. 일본 정부는 왕들의 칭호를 "Ko-jei"(조선 발음으로 '황제')로 번역하는 자신들의 관습에서 벗어나 조선 왕에게 "대군주"라는 칭호를 허용하였다고 합니다. 조선 왕이 스스로 그렇게 불렀기 때문입니다. 그런데 이제 조선 왕이 스스로를 "황제" 또는 "대황제"로 부르게 되면 일본 정부는 조선 왕에게 그 칭호를 사용하지 않을 아무런 이유가 없습니다. 도쿄에서는 조선 왕의 칭호를 "황제"나 "왕"으로 번역할지 말지가 아무런 문제가 되지 않았다고 합니다. 왜냐하면 양국 간 문서를 교환할 때 늘 똑같이 한자어 '皇帝'를 사용했기 때문입니다.

비공식적으로 여전히 서울에 머물고 있는 청의 총영사 탕[6]은 조선인들의 이러한 조처에 대해 몹시 격분하였습니다. 그는 최근 본인에게, 만약 조선 왕이 황제의 칭호를 사용해야 한다면 청과 조선의 조약 체결은 생각도 할 수 없다고 말했습니다.

영국 총영사[7] 또한 조선의 요구를 매우 불합리한 일이라고 말했습니다.

본인은 본 보고서의 사본을 베이징과 도쿄 주재 독일제국 공사관에 보낼 것입니다.

크리엔

내용: 황제 칭호를 사용하려는 조선 왕의 소원에 관하여

---

3 [감교 주석] 민영환(閔泳煥)
4 [감교 주석] 베베르(K. I. Weber)
5 [감교 주석] 가토 마스오(加藤增雄)
6 [감교 주석] 탕샤오이(唐紹儀)
7 [감교 주석] 조던(J. N. Jordan)

31

원문 p.817

러시아 군사 교관 채용에 관하여

발신(생산)일	1897. 5. 25	수신(접수)일	1897. 8. 19
발신(생산)자	크리엔	수신(접수)자	호엔로에-실링스퓌르스트
발신지 정보	서울 주재 독일 총영사관	수신지 정보	베를린 정부
	No. 33		A. 10054
메모	8월 21일 첨부문서 없이 페테르부르크 768에 전달 연도번호 No. 227		

A. 10054 1897년 8월 19일 오전 수신, 첨부문서 2부

서울, 1897년 5월 26일

No. 33

독일제국 수상 호엔로에-실링스퓌르스트 전하 귀하

이달 4일 본인의 보고서 No. 31[1]에 이어, 총세무사 브라운[2]이 푸티아타[3] 육군대령이 기획하고 베베르[4]가 승인한 러시아 군사교관 증원 계획안의 번역본을 본인에게 은밀해 전해주었습니다. 그 번역본을 첨부문서로 동봉하여 전하께 삼가 보고 드리게 되어 영광입니다.

그 계획안에 따르면 6천 명의 군인을 훈련시키기 위해서는 장교 및 하사관, 기술병, 의장대원 등 총 161명을 5년간 채용해야 한다고 합니다. 그들의 급여는 1년에 총 92,720 달러에 이릅니다. 급여에는 주거비와 광열비가 포함되어 있습니다. 또한 하사관의 급여를 매우 낮게 책정했음에도 교관들이 서울 이외의 지역에 체류하는 데 대한 임지특별수당 및 통역비, 기타 잡비 등으로 매년 약 160,000 달러가 소요된다고 합니다.

그 계획은 일본 대표와 대다수 조선 대신들의 반대로 무산되었습니다.

영국 총영사[5]는 미국 변리공사[6]가 조선 관아에 러시아의 "터무니없는" 제안을 받아들

1 [원문 주석] A. 8350

2 [감교 주석] 브라운(J. M. Brown)

3 [감교 주석] 푸티아타(Putiata)

4 [감교 주석] 베베르(K. I. Weber)

이도록 권유한 사실에 대해 본인에게 여러 번 불만을 토로했습니다. 그 문제와 관련해 실은 본인에게, 처음에 몇몇 조선 관리들이 그에게 의견을 묻기에 러시아의 제안이 실제로 필요한 군대를 만드는 목적에 매우 적합해 보인다고 답변했다고 했습니다. 그 계획을 어느 쪽에서도 반대하지 않을 것이라고 생각해 그렇게 답변했다는 것입니다. 하지만 자신이 실수했다는 것을 확신한 이후에는 그 문제에 대해 그 어떤 의견도 밝히지 않았다고 했습니다.

일본 공사관 서기관 히오키[7]가 본인에게 전해준 바에 의하면, 상관의 지시로 업무차 실을 만났을 때 실이 그에게 조선인들은 독립할 능력이 없기 때문에 그들에게는 주인이 한 사람 있어야 한다고 말했다고 합니다.("This people cannot be independent, they must have A. master.") 실의 말에 의하면, 강력한 러시아의 컨트롤이 필요하다는 것입니다. 히오키는 일본 다음으로 항상 조선의 독립을 강조해 온 것은 미국이었기 때문에 실의 발언에 매우 놀랐다고 했습니다.

그 후 군부대신 심상훈[8]과 육군대령 푸티아타는 합의 하에 계획을 변경하였습니다. 새 계획에 따라 조선 군대의 훈련을 위해 러시아 장교 3명과 하사관 10명을 사관학교 교관으로 채용하기로 했습니다. 그리고 공병 장교 1명은 병기창 관리자로, 군악대 지휘자 1명, 기술병 3명, 간호병 2명을 추가로 채용하기로 되었습니다. 외무대신이 러시아 교관의 추가 증원을 반대하였기 때문에 군부대신이 러시아 대표에게 러시아 정부에 해당 교관들을 조선으로 파견해줄 것을 요청해 달라고 부탁하였습니다.

그 요청을 받은 베베르는, 군부대신의 요청을 받았기 때문에 러시아 정부에 그 내용을 전달할 것이라는 내용의 서신을 외무대신에게 보냈습니다. 서신을 받은 이완용은 자신을 따돌리고 일이 진행된 것에 몹시 상한 나머지 베베르에게, 외국 대표와 공식적인 서신을 교환할 수 있는 권한은 외무대신만 갖고 있기 때문에 군부대신의 서신을 공식적인 문서로 간주할 필요가 없다고 답변하였습니다. 그리고 동시에 이달 초 사직원을 제출하였습니다. 하지만 왕은 그의 사표를 수리하지 않았습니다.

베베르[9]와 이완용[10] 사이에 오간 서신의 번역본을 전하께 삼가 첨부문서로 동봉하여 제출하게 되어 영광입니다.

5 [감교 주석] 조던(J. N. Jordan)
6 [감교 주석] 실(J. M. Sill)
7 [감교 주석] 히오키 마스(日置益)
8 [감교 주석] 심상훈(沈相薰)
9 [감교 주석] 브란트(M. Brandt)
10 [감교 주석] 이완용(李完用)

일본 변리공사 가토[11]가 본인에게 오늘 구두로 전해준 바에 의하면, 조선에 군사 교관을 알선하는 문제에 대해 러시아 정부와 일본 정부 간에 조약이 체결되기 전까지 러시아 정부는 조선 군부대신의 요청을 수락하지 않기로 결정했다고 합니다. 여름 안에 도쿄에 부임할 예정인 신임 일본 주재 러시아 공사 로젠[12]이 그 조약의 체결 임무를 맡았다고 합니다.

본인은 본 보고서의 사본을 베이징과 도쿄 주재 독일제국 공사관에 보낼 것입니다.

크리엔

내용: 러시아 군사 교관 채용에 관하여, 첨부문서 2부

No. 33의 첨부문서 2
첨부문서의 내용(원문)은 독일어본 819~820쪽에 수록.

보고서 No. 33의 첨부문서 1
첨부문서의 내용(원문)은 독일어본 820~822쪽에 수록.

11 [감교 주석] 가토 마스오(加藤增雄)
12 [감교 주석] 로젠(R. R. Rosen)

32

원문 p.823

워싱턴 국무부에서 조선 거주 미국인들에게 조선의 내정에 개입하지 말라고 경고함

발신(생산)일	1897. 5. 27	수신(접수)일	1897. 8. 19
발신(생산)자	크리엔	수신(접수)자	호엔로에-실링스퓌르스트
발신지 정보	서울 주재 독일 총영사관	수신지 정보	베를린 정부
	No. 34		A. 10054
메모	8월 21일 첨부문서와 함께 워싱턴 154에 전달 연도번호 No. 228		

A. 10055　1897년 8월 19일 오전 수신, 첨부문서 1부

서울, 1897년 5월 27일

No. 34

독일제국 수상 호엔로에-실링스퓌르스트 전하 귀하

워싱턴의 미 국무장관이 내린 지령과, 조선 국내 문제에 대한 개입을 심각하게 경고하기 위해 서울의 미국 변리공사를 통해 조선에 있는 모든 미국인들에게 하달된 훈령의 사본을 첨부문서로 동봉해 전하께 삼가 전달하게 되어 영광입니다.

실[1]은 이 문제와 관련해 오늘 본인에게 은밀히 아래와 같이 전해 주었습니다.

"이러한 조처는 워싱턴 주재 일본 대표가 이의를 제기해 이루어진 게 분명합니다. 나는 이미 1년 전에 조선에 거주하는 미국인들에게 유사한 내용을 공고하라는 지시를 받았었습니다. 하지만 나는 그런 조처가 불필요할 뿐만 아니라 해롭다고 생각해서 계속 지시를 따르지 않고 거절하였습니다. 그런 지시를 따르느니 차라리 사직해야겠다고 생각했습니다. 그런데 워싱턴 국무부에서 장관 명의로 미국 시민들에게 그런 내용을 전하라는 지령이 떨어진 겁니다. 이번에도 나는 그 지령을 따르는 것을 거부하였습니다. 그러자 급기야 현재의 조치가 취해진 겁니다. 훈령의 내용이 논리나 문체 면에서 문제가 많이 있지만 이번에는 조선에 있는 모든 미국인들에게 그 내용을 전달하였습니다. 조심성 없이 행동하는 미국인들로 몇 명 있었지만 그 사람들은 다른 방법으로 해결했습니다.

1 [감교 주석] 실(J. M. Sill)

그런데 그가 일본인들과는 정반대되는 내용으로 보고를 올렸음에도 워싱턴 사람들이 일본인들의 말에 귀를 기울인 것은 다른 사정이 있기 때문입니다. 청일전쟁이 발발하기 직전 국무장관 그레샴[2]이 착각을 하고 일본이 청과 함께 조선을 침략한다고 생각한 나머지, 미국은 소위 일본의 침략 계획에 대해 엄중하게 반대한다는 내용의 외교 각서를 일본 정부에 보낸 적이 있습니다. 워싱턴에서는 그때의 성급했던 행동을 만회하기 위해 일본을 다른 방식으로 도와주려 하는 것입니다."

본인은 실의 말을 듣고, 비록 최근에는 약간 조심하며 뒤로 물러나 관찰만 하고 있지만 조선에 파견된 미국 사절단은 지속적으로 조선의 내정과 정책에 개입하고 있다는 사실을 깨달았습니다.

1895년 여름 감리교 수장 나인드[3]는 그가 거느리고 있는 미국 전도사들에게 일본이 조선에서 성공하기를 기원하는 기도를 올리라고 지시했습니다. 하지만 얼마 지나지 않아, 특히 왕비[4]가 살해된 이후, 미국인들의 생각은 완전히 바뀌었습니다. 동아시아 및 미국의 신문에서 일본인들은 미국인들로부터 가장 심하게 공격 받았습니다. 궁에서도 일본인과 일본인 추종 세력의 새로운 폭력행위로부터 왕을 보호하기 위해 자발적으로 미국 사절단 경비대를 조직했습니다. 1895년 11월 28일의 반란[5]에는 최소 세 명의 사절단이 참여했습니다. 왕이 러시아 공사관으로 피신한 이후 그들은 러시아에 관심을 두었습니다. 그리고 미국의 조직을 조선에 안착시키기 위해 모든 기회를 다 이용하였습니다.

따라서 경고는 실이 말한 것처럼 그렇게 부당한 것은 아닙니다.

본인은 본 보고서의 사본을 베이징과 도쿄 주재 독일제국 공사관에 보낼 것입니다.

크리엔

내용: 워싱턴 국무부에서 조선 거주 미국인들에게 조선의 내정에 개입하지 말라고 경고함, 첨부문서 1부

보고서 No. 34의 첨부문서

첨부문서의 내용(원문)은 독일어본 824~825쪽에 수록.

2 [감교 주석] 그레샴(Q. Gresham)

3 [감교 주석] 나인드(W.X. Ninde)

4 [감교 주석] 명성황후(明成皇后)

5 [감교 주석] 춘생문 사건(春生門事件)

베를린, 1897년 8월 21일 A. 10054

주재 외교관 귀중
상트페테르부르크 No. 768

연도번호 No. 7136

귀하에게 러시아 군사교관 채용에 관한 금년 5월 26일 서울 주재 독일제국 영사의 보고서 사본을 정보로 제공하게 되어 영광입니다.

베를린, 1897년 8월 21일 A. 10055

주재 외교관 귀중
워싱턴 No. A. 54

연도번호 No. 7137

귀하에게 조선 거주 미국인들에 관한 금년 5월 27일 서울 주재 독일제국 영사의 보고서 사본을 정보로 제공하게 되어 영광입니다.

33

원문 p.828

러시아와 조선의 관계

발신(생산)일	1897. 7. 27	수신(접수)일	1897. 9. 1
발신(생산)자	트로이틀러	수신(접수)자	호엔로에-실링스퓌르스트
발신지 정보	도쿄 주재 독일 공사관	수신지 정보	베를린 정부
	A. 98		A. 10521
메모	9월 4일, 런던 1182, 페테르부르크 820, 베이징 A. 30에 전달		

A. 10521 1897년 9월 1일 오후 수신

도쿄, 1897년 7월 27일

A. 98

독일제국 수상 호엔로에-실링스퓌르스트 전하 귀하

정부 기관지는 조선이 러시아 군인들을 채용하는 문제에서 오쿠마[1]가 거둔 일시적 성공을 몹시 칭찬한 반면 야당 기관지는 그 승리가 무의미하다고 주장하며 다투는 것에 지친 나머지 얼마 전부터 러시아와 조선의 관계라는 흥미로운 주제는 공적인 논의에서 완전히 실종되었습니다. 본인은, 아직 도착하지 않았으나 다음 달 중순으로 예정되어 있는 신임 러시아 공사 로젠[2]의 도착이 조선 문제에 대한 관심을 다시 불러일으킬 것으로 믿고 있습니다. 하지만 며칠 전부터 러시아가 작년 5월에 맺은 서울 협정을 근거로 30명의 장교와 군인 300명을 조선으로 파견할 예정이라는 소문이 모든 신문의 지면을 장식하고 있습니다. 동시에 베베르가 조선의 고문 자격으로 업무를 인계하였기 때문에 페테르부르크와 서울 간의 협상은 우호적인 결과를 가져올 것이라는 사실이 확인되고 있습니다.

슈뻬이예르[3]는 첫 번째 소문에 대해서 자신은 공식적으로 아무 것도 알지 못하며, 그런 파견이 진행 중에 있다는 소문은 있을 수 없는 일로 생각한다고 주장하고 있습니다. 지금까지의 관례를 볼 때, 사전에 그에게 의견을 물어보지도 않고 그런 식의 조치가

1 [감교 주석] 오쿠마 시게노부(大隈重信)

2 [감교 주석] 로젠(R. R. Rosen)

3 [감교 주석] 슈뻬이예르(A. 슈뻬이예르)

이루어질 수는 없다는 것입니다. 더욱이 그는 무라비예프[4] 역시 현재와 같은 상황에서는 그 계획을 실행에 옮기는 것은 절대로 무의미한 짓이라는 사실을 잘 알고 있다고 했습니다. 슈뻬이예르는 '왜 우리가 전 세계를 불안하게 만들 일을 조선에서 벌이겠습니까?' 라고 말하며 대화를 계속했습니다. "우리는 시간적 여유를 충분히 갖고 일을 추진하는 데 익숙합니다. 조선의 그 일이 어떤 식으로 끝나게 될지는 거의 명확합니다. 우리는 단지 과일이 충분히 익을 때까지 기다리기만 하면 됩니다. 그 일은 신중하게 접근해야 합니다. 조약을 보면 조선에 일본과 같은 규모의 병력을 주둔시킬 수 있는 가능성이 열려 있습니다. 하지만 지금 당장 우리의 권리를 사용하는 것은 현명한 처사가 아닙니다."

러시아 대리공사는 베베르가 조선 업무를 인계받을 거라는 소문의 진상은 아래와 같다고 설명했습니다.

"4월 말 문제의 소문이 처음으로 돌았을 때 일본 정부가 몹시 흥분했어요. 그래서 당시 전신으로 페테르부르크 주재 일본 공사 모토노[5]한테 소문의 진위 여부를 무라비예프에게 확인해보라는 지령을 내려 보냈어요. 문의를 받은 무라비예프는 당시 다음과 같은 반문으로 답변을 대신했어요. '슈뻬이예르는 그 소문에 대해 대체 뭐라고 말할까요? 그렇게 되면 아마 슈뻬이예르는 서울에서 자신의 일을 거의 하지 못할 텐데요.' 이곳에서는 슈뻬이예르와 베베르 사이의 유명한 시기심을 넌지시 풍자한 그 답변에도 만족을 못하고 모토노한테 다시 문의해 보라는 지시를 내렸어요. 거기에 대해 러시아 장관은 자신은 그런 식으로 자리를 조정하는 일은 있을 수 없다고 생각한다고 했어요."

슈뻬이예르는 산행을 함께 간 자리에서 평소보다 말이 더 많았는데, 슈뻬이예르의 발언에서 그 모든 계획이 무산된 것은 그와 관련이 없지 않다는 것을 알 수 있었습니다. 슈뻬이예르는 자신이 반대한 진짜 이유는 그렇게 될 경우 특히 일본의 공식적 입장이 불필요하게 동요할 수 있기 때문이라고 했습니다. 서울 주재 러시아 대표는, 러시아의 적대세력들이 갖고 있는 그런 식의 의심을 끊임없이 부추기면서 도와주지 않더라도 자신은 임무를 수행하기에 충분한 영향력을 갖고 있다고 말했습니다.

본인은 이러한 견해가 페테르부르크 지도층의 의견과 일치하며, 따라서 이번 소문은 그 어떤 것도 사실이 아닌 것으로 생각합니다.

조선이 불안하다는 소식들은 아무래도 오쿠마의 주변에서 퍼져 나오는 듯합니다. 왜

---

4 [감교 주석] 무라비예프(M. Mouraviov)

5 [감교 주석] 모토노 이치로(本野一郎)

냐하면 현재의 내각은 그들을 무너뜨리려는 반대파의 움직임에 맞서 기껏 내부 분열과 명확한 부정부패만 드러내고 있는 상황이라 살아남기 위해 온갖 수단을 동원하고 있기 때문입니다. 따라서 앞에서 언급한 소문들은 일본 정부가 현재 힘든 상황에 처해 있는 척하기 위해 만들어낸 것이라 할 수 있습니다. 그래야 난국을 타개했을 때 정부에 찬사가 돌아올 수 있기 때문입니다.

트로이틀러

내용: 러시아와 조선의 관계

베를린, 1897년 9월 4일 A. 10521

주재 외교관 귀중
1. 런던 No. 1182
2. 상트페테르부르크 No. 820
3. 베이징 No. A. 30

연도번호 No. 7580

귀하에게 러시아와 조선의 관계에 관한 금년 7월 27일 도쿄 주재 독일제국 대리공사의 보고서 사본을 정보로 제공하게 되어 영광입니다.

34

원문 p.831

[조선 관련 언론 보도]

발신(생산)일		수신(접수)일	1897. 9. 17
발신(생산)자		수신(접수)자	
발신지 정보		수신지 정보	베를린 외무부
			A. 11095

A. 11095 1897년 9월 17일 수신

The Standard

17. 9. 97

RUSSIA AND COREA.

(FROM OUR CORRESPONDENT.)

MOSCOW, Thursday Night.

The Russian Press recently made loud complaint of the predominance of Japanese influence in Corea. There appears, however, to be little ground for exaggerated apprehensions on the part of the Russians. The Corean Army will shortly be reorganised on Russian lines. Three officers, with ten non-commissioned officers, have arrived at Seoul to act as instructors. The Russo-Chinese Bank will open a branch in the same town next month, to further Russian commercial interests. Altogether it seems that Russia is pushing her advantages no less than Japan, whether with equal success remains to be seen.

35

원문 p.832

조선에 대한 영국과 일본의 영향력에 관한 "Novoye Vremya" 기사

발신(생산)일	1897. 9. 15	수신(접수)일	1897. 9. 18
발신(생산)자	라돌린	수신(접수)자	호엔로에-실링스퓌르스트
발신지 정보	페테르부르크 주재 독일 대사관	수신지 정보	베를린 정부
	No. 352		A. 11104

A. 11104 1897년 9월 18일 오전 수신

상트페테르부르크, 1897년 9월 15일

No. 352

독일제국 수상 호엔로에-실링스퓌르스트 전하 귀하

이달 8일, "Novoye Vremya"[1]는 조선에서 영국과 일본의 영향력이 크게 증가하고 있다는 내용의 조선 발 기사를 실었습니다. 기사에 따르면, 평양과 목포에서 항구가 개항한 것은 오로지 영국의 압력 때문이라고 합니다. 영국은 청나라 총세무사로 있는 하트[2]에 의해 조선 총세무사로 임명된 브라운[3] 같은 인물들을 자신들 이익의 대변자로 내세우고 있습니다. 하지만 그들의 영향력이 방해받지 않고 지속될 경우 조선은 조만간 존재하지 않게 될 수도 있으므로 러시아가 조선에서 영국인들과 일본인들이 이익추구를 근절시킬 필요가 있다고 했습니다. 독립적인 조선 세관을 설치해 일본인들이 계속 조선으로 몰려드는 것을 막고, 일본 군대를 조선에서 철수시켜야 조선을 일본인들의 무혈정복으로부터 구해낼 수 있다는 것입니다.

7월 10일 서울에서 들어온 통신에 따라 "Novoye Vremya"지는 이달 12일 다음과 같은 기사를 내보냈습니다.

"일본인들은 해안 쪽에서 조선반도를 봉쇄한 다음 서울-부산, 제물포-서울 간 철도 부설을 위한 위원회를 설치하려 했다. 제물포-서울 간 철도 부설을 위해 미국 회사 Nars

1 [감교 주석] 노보예 브레먀(Novoye Vremya)

2 [감교 주석] 하트(R. Hart)

3 [감교 주석] 브라운(J. M. Brown)

& Co.를 사들였고, 그 회사를 통해 조선에 일본인 거류지를 건설할 수 있는 권리를 얻고자 했다. 일본의 끈기 있는 노력은 조만간 그들의 원래 목표에 도달할 것이다. 그때 러시아의 반대가 예상되기 때문에 일본은 러시아에 맞서기 위해 많은 준비를 할 것이다. 이런 문제에 대한 일본인들의 애국심은 가히 놀랄 정도다. 다양한 일본의 여성 협회에서는 모금을 통해 기뢰함 3척의 건조비용을 모았다고 한다.

갈수록 커지고 있는 일본의 요구는 조만간 그 목표에 도달할 것이다. 예를 들어 미국인들이 샌드위치 섬에서 요구했던 것이나 스페인 사람들이 필리핀에서 행했던 것과 비슷한 방식으로 이루어질 것이다. 따라서 러시아는 일본인들의 입에 발린 말을 크게 믿지 말고 모든 가능성들을 열어놓고 열심히 대비해야 한다.

라돌린

내용: 조선에 대한 영국과 일본의 영향력에 관한 "Novoye Vremya" 기사

36

원문 p.834

순양함대 총사령관의 도착 및 동아시아 주둔 독일제국 함선들

발신(생산)일	1897. 7. 26	수신(접수)일	1897. 9. 24
발신(생산)자	크리엔	수신(접수)자	호엔로에-실링스퓌르스트
발신지 정보	서울 주재 독일 총영사관	수신지 정보	베를린 정부
	No. 41		A. 11339
메모	연도번호 No. 301		

A. 11339 1897년 9월 24일 오후 수신

서울, 1897년 7월 26일

No. 41

독일제국 수상 호엔로에-실링스퓌르스트 전하 귀하

전하께 삼가 아래와 같이 보고 드리게 되어 영광입니다. 황제폐하의 선박 "카이저"[1]호 선장 차이에[2] 해군사령관, "프린체스 빌헬름"[3]호 선장 틸레[4] 해군사령관, "아르코나"[5]호 선장 베커[6] 해군사령관, 프리깃함 "코르모란"[7]호 선장 부루싸티스[8]가 이달 11일 즈푸에서 제물포항에 입항하였습니다. 순양함부대의 함대사령관 디트리히스[9] 제독은 뒤브와[10] 해군사령관이 이끄는 순양함 "이레네"[11]호를 타고 이달 16일 즈푸[12]에서 제물포에 도착하였습니다. 제독은 이달 18일 20명의 장교를 인솔해 서울로 들어왔으며 다음날 왕을 알현하

1 [감교 주석] 카이저(Kaiser)
2 [감교 주석] 차이에(Zeye)
3 [감교 주석] 프린체스 빌헬름(Prinzes Wilhelm)
4 [감교 주석] 틸레(Thile)
5 [감교 주석] 아르코나(Arcona)
6 [감교 주석] 베커(Becker)
7 [감교 주석] 코르모란(Cormoran)
8 [감교 주석] 부루싸티스(Burussatis)
9 [감교 주석] 디트리히스(Dietrichs)
10 [감교 주석] 뒤브와(du Bois)
11 [감교 주석] 이레네(Irene)
12 [감교 주석] 즈푸(芝罘)

였습니다. 본인은 왕을 알현할 때 왕에게 제독을 소개했고, 제독은 그를 수행한 16명의 해군사령관들과 장교들을 소개하였습니다. 나머지 사람들은 군복을 입지 않았습니다. 왕을 알현하는 자리에는 조선의 대신들과 외무대신이 참석했습니다. 왕은 한꺼번에 많은 독일해군장교들을 보게 되어 기쁘다고 말했습니다.

그날 저녁 제독과 해군장교들을 환영하기 위해 왕의 여름 궁전에서 만찬이 열렸습니다. 만찬장에는 관례에 따라 왕을 대신해 궁내부 대신 이재순[13]이 참석하였습니다.

이달 20일 제독과 장교들은 본인의 인솔 하에 제물포로 돌아갔습니다.

모든 선박들은 23일 낮에 제물포 항을 떠났습니다. 제독은 순양함대에 속한 군함 4척과 함께 하코다테를 향해 출발했습니다. 반면에 "코르모란"호는 10월 1일 개항하는, 조선의 남서쪽 전라도 지방에 있는 목포항에 들렀다가 청으로 돌아가라는 명령을 받았습니다.

본인은 본 보고서의 사본을 베이징과 도쿄 주재 독일제국 공사관에 보낼 것입니다.

크리엔

내용: 순양함대 총사령관의 도착 및 동아시아 주둔 독일제국 함선들

---

13 [감교 주석] 이재순(李載純)

37

원문 p.836

러시아 군사교관들의 추가 도착

발신(생산)일	1897. 7. 29	수신(접수)일	1897. 9. 24
발신(생산)자	크리엔	수신(접수)자	호엔로에-실링스퓌르스트
발신지 정보	서울 주재 독일 총영사관	수신지 정보	베를린 정부
	No. 44		A. 11341
메모	10월 10일 페테르부르크 960에서 전달 연도번호 No. 306		

A. 11341 1897년 9월 24일 오후 수신

서울, 1897년 7월 29일

No. 44

독일제국 수상 호엔로에-실링스퓌르스트 전하 귀하

금년 5월 26일 본인의 보고서 No. 33[1]에 이어 전하께 삼가 아래와 같이 보고 드리게 되어 영광입니다. 어제 3명의 러시아 보병중위와 10명의 하사관이 조선 군대를 훈련시킬 목적으로 동시베리아에서 이곳에 도착하였습니다.

푸티아타[2] 육군대령이 아직 서울에 머물고 있기 때문에, 현재 러시아 군사위원회는 총사령부 대령 1명, 군의관 1명, 육군중위 6명, 하사관 20명으로 구성되어 있습니다.

본인은 본 보고서의 사본을 베이징과 도쿄 주재 독일제국 공사관에 보낼 것입니다.

크리엔

내용: 러시아 군사교관들의 추가 도착

1 [원문 주석] A. 10054

2 [감교 주석] 푸티아타(Putiata)

38

원문 p.837

유럽 주재 조선 공사 민영환의 해임

발신(생산)일	1897. 7. 31	수신(접수)일	1897. 9. 24
발신(생산)자	크리엔	수신(접수)자	호엔로에-실링스퓌르스트
발신지 정보	서울 주재 독일 총영사관	수신지 정보	베를린 정부
	No. 45		A. 11342
메모	연도번호 No. 309		

A. 11342 1897년 9월 24일 오후 수신

서울, 1897년 7월 31일

No. 45

독일제국 수상 호엔로에-실링스퓌르스트 전하 귀하

조선 공사 민영환[1]이 유럽에 특사로 파견되는 문제와 관련된 금년 3월 24일 본인의 보고서 No. 19[2]에 이어, 전하께 이곳 외무대신이 오늘 본인에게 아래와 같은 이야기를 전해주었다는 소식을 삼가 보고 드리게 되어 영광입니다.

"조선 정부는 워싱턴에서 민영환 공사로부터 워싱턴 주재 조선 공사로 있는 이범진[3]과 자신의 자리를 바꿔 달라는 전보를 받았소. 민영환은 왕의 명령을 어기고 무단으로 런던에서 미국으로 갔기 때문에 즉시 해임되었소. 민영환은 미국으로 간 이유를 밝히지 않았소. 그런데 사실은 조선의 궁정복을 입어야 할 그가 유럽 스타일을 본떠 만든 장군의 제복을 입고 알현하려는 것을 영국 여왕이 거절하는 바람에, 그는 축하사절로 런던에 도착한 다른 나라 대사나 공사들보다 하루 늦게 영국 여왕을 알현할 수 있었기 때문이라는 거요. 그는 여왕의 조치에 몹시 기분이 상했다고 하는데, 보다 정확한 것은 아직 알려지지 않았소."

왕의 지시에 따라 민영환 공사는 오늘 날짜로 해임되었습니다.

러시아와 미국 측으로부터 본인이 들은 바에 의하면, 민영환은 왕의 지시에 따라 영

1 [감교 주석] 민영환(閔泳煥)

2 [원문 주석] I 10441

3 [감교 주석] 이범진(李範晉)

국 정부에 조선의 독립을 보장해달라고 요청했다가 거부당하자 기분이 상해 런던을 떠났다고 합니다.

위 사건에 대해 새로운 소식이 들어오는 대로 계속 추가 보고를 올리도록 하겠습니다. 본인은 본 보고서 사본을 베이징과 도쿄 주재 독일제국 공사관에 보낼 것입니다.

크리엔

내용: 유럽 주재 조선 공사 민영환의 해임

39

원문 p.839

새 러시아 군사교관들 및 일본 공사의 행보

발신(생산)일	1897. 8. 14	수신(접수)일	1897. 10. 8
발신(생산)자	크리엔	수신(접수)자	호엔로에-실링스퓌르스트
발신지 정보	서울 주재 독일 총영사관	수신지 정보	베를린 정부
	No. 49		A. 11855
메모	10월 10일 페테르부르크 960에서 전달 연도번호 No. 337		

A. 11855 1897년 10월 8일 오전 수신

서울, 1897년 8월 14일

No. 49

독일제국 수상 호엔로에-실링스퓌르스트 전하 귀하

지난달 29일 본인의 보고서 No. 44에 이어 전하께 아래와 같이 보고 드리게 되어 영광입니다. 새로 도착한 러시아 군사교관들이 현재 조선의 제1, 제2 보병연대 소속 총 1,600명의 군인들을 훈련시키고 있다고 합니다.

베베르[1]는 본인에게 그 교관들과 관련하여 다음과 같이 전해 주었습니다.:

"3명의 장교와 10명의 하사관은 금년 5월 조선 정부의 요칭(1897년 5월 26일 보고서 No. 33)에 따라 이곳에 도착했소. 다른 교관 8명(장교 2명, 군악대 지휘자 1명, 기술병 3명, 간호병 3명)은 나중에 도착할 예정이요. "Japan Mail"을 비롯해 여러 신문에서 페테르부르크에서 체결된 러-일 조약[2] 제2조를 잘못 번역했지만, 조선 정부는 자신들이 원하는 곳에서 교관들을 데려올 권리가 있는 게 확실하오. 그 신문들은 그 조항을 '양국 정부는 조선이 외국의 도움 없이 국내 질서를 유지하는 데 충분할 정도의 규모로 자국 군대와 경찰을 편성하고 유지할 수 있도록 노력한다.'고 번역했소. 하지만 사실 그 조항은 오히려 '양국 정부는 조선이 외국의 도움 없이 국내 질서를 유지할 수 있도록 군대와 경찰을 편성하는 일을 조선에 일임한다.'라고 해석하는 게 마땅하오. 도대체 조선인들이

1 [감교 주석] 베베르(K. I. Weber)

2 [감교 주석] 로바노프 야마가타 의정서

어떻게 외국의 도움 없이 자국의 군대를 조직할 수 있단 말이오! 가토[3]는 개인 서신을 통해 대체 무슨 목적으로 13명의 장교와 하사관들이 서울에 온 거냐고 물었는데, 나는 그 질문에 그들은 조선 정부의 요청에 따라 조선 군인들을 훈련시킬 목적으로 들어온 거라고 답변했소. 더불어 일본 대표에게 일본 신문에 실린 해당 조항의 잘못된 번역과 오쿠마[4]가 금년 2월 직접 일본 의회에서 설명했던 내용에 주목해 보라고 했소. 당시 오쿠마는 군사교관의 임용은 전적으로 조선 왕의 뜻에 따라 이루어진 일이라고 답변했었소.

조선의 독립을 항상 입에 달고 사는 일본인들이 실제로는 항상 조선 정부가 가진 결정의 자유를 침해하려 할 뿐만 아니라 조선 정부가 뭔가 일본인들에게 불리한 일을 한다는 듯 조선 정부의 행동을 제약하려 하고 있소. 지금도 가토는 조선인들을 위협하기 위해 그가 할 수 있는 온갖 시도를 다 하는 중이요."

이달 3일 일본 변리공사는 조선 외부대신 민종묵[5]에게 공식 서한을 보냈습니다. (영국 총영사 조던[6]이 영문으로 번역하여 본인에게 전해준) 그 서한에서 변리공사는 도대체 무슨 이유로 조선 정부는 러시아 장교들과 하사관들을 이곳으로 초청했느냐고(what reasons prompted the Corean Government to give this invitation?) 따졌습니다. 이달 6일 외부대신 민은 그 질문에 대해 소관부처인 군부대신에게 문의하였더니 "조선은 자주독립국이고, 어느 나라로부터도 군사교관을 마음대로 채용할 권리가 있다. 조선 정부는 그에 따라 그런 조처를 취했을 뿐이다."라는 답변을 받았다고 했습니다. 일본 대표는 그 서신을 외무대신 민에게 다시 돌려보냈습니다.

가토가 그저께 본인에게 밝힌 바에 의하면, 그는 외부대신에게 이유를 물은 것이 아니라 러시아 군사교관들을 어떤 방식으로 요청했느냐고 물었다고 합니다. 그가 개인적으로 접한 정보에 의하면, 이때 부정이 있었다는 것입니다. 군부대신[7]은 당시 러시아 군사교관의 증원을 반대했던 외무대신 이완용을 배제하고 직접 베베르한테 그것을 요청했다는 것입니다. 하지만 이 요청을 공식적으로 진행해 줄 것을 원했던 베베르는 자신의 질문에 답변하지 않은 외무대신의 외교각서를 그에게 되돌려 보냈다고 합니다. (어쨌든 일본 대표는 8월 3일 서신에서 정확한 표현을 사용하지 못했습니다. 그가 선택한 표현은 "무슨 이유로"라는 뜻으로 해석할 수 있습니다.) 그 설명에 이어 가토는 본인에게 다시

---

3 [감교 주석] 가토 마스오(加藤增雄)

4 [감교 주석] 오쿠마 시게노부(大隈重信)

5 [감교 주석] 민종묵(閔種默)

6 [감교 주석] 조던(J. N. Jordan)

7 [감교 주석] 민영기(閔泳綺)

한 번 5월 26일에 했던 자신의 주장을 반복했습니다. 즉 조선에서 군사교관을 사용하는 문제에 대해 일본 정부와 러시아 정부가 협약을 맺기 전까지 러시아 정부는 조선의 요청을 거부할 의무가 있다는 것입니다. 따라서 그런 식의 협약이 체결되기도 전에 러시아 군인 13명이 이곳에 도착한 것에 대해 자신이 놀란 것은 당연하다고 했습니다.

일본 변리공사는 자신의 서신에 대한 두 번째 답변을 아직 받지 못했습니다.

푸티아타 육군대령은 러시아로 되돌아가기 위해 이달 16일 서울을 떠날 예정입니다.

본인은 본 보고서의 사본을 베이징과 도쿄 주재 독일제국 공사관으로 보낼 것입니다.

크리엔

내용: 새 러시아 군사교관들 및 일본 공사의 행보

40

원문 p.842

[러시아의 절영도 조차에 관한 건]

발신(생산)일	1897. 9. 1	수신(접수)일	1897. 10. 8
발신(생산)자	트로이틀러	수신(접수)자	호엔로에-실링스퓌르스트
발신지 정보	도쿄 주재 독일 공사관	수신지 정보	베를린 정부
	A. 111		A. 11861

사본

A. 11861 1897년 10월 8일 오전 수신

도쿄, 1897년 9월 1일

A. 111

독일제국 수상 호엔로에-실링스퓌르스트 전하 귀하

조선에서 이곳으로 전해진 소식에 의하면, 조선 정부는 지난달 20일 러시아의 요청에 따라 부산 앞바다의 섬 절영도[1]에 러시아 저탄소를 건설할 수 있는 권리를 주었다고 합니다. 일본 언론은 일본도 이미 7년 전부터 절영도에 저탄소를 소유하고 있기 때문에 이 새로운 조처를 반대할 명분이 없다는 것을 잘 알고 있습니다. 그래서 현재의 상황에서는 조선이 러시아의 무리한 요구를 거절하는 것이 불가능했을 거라며 스스로를 위로하고 있습니다.

트로이틀러

원본 : 중국 20, No. 1

1 [감교 주석] 절영도(Dear-Island)

베를린, 1897년 10월 10일

A. 11855, 11341

주재 외교관 귀중
상트페테르부르크 No. 960

연도번호 No. 8682

귀하에게 조선의 러시아 군사교관에 관한 금년 7월 29일 서울 주재 독일제국 영사의 보고서 사본을 정보로 제공하게 되어 영광입니다.

41

원문 p.844

[고종의 황제 칭호 수락 통보]

발신(생산)일	1897. 10. 14	수신(접수)일	1897. 10. 14
발신(생산)자	크리엔	수신(접수)자	
발신지 정보	서울 주재 독일 총영사관	수신지 정보	베를린 외무부
	No. 3		A. 12114

A. 12114 1897년 10월 14일 오후 수신

전보

서울, 1897년 10월 14일, 오후 5시

도착 오후 1시 25분

독일제국 영사가 외무부로 발송

암호해독

No. 3

왕이 대표들에게 황제 칭호를 수락하였음을 통보함

크리엔

42

원문 p.845

[고종의 황제 칭호 수락 통보]

발신(생산)일	1897. 10. 14	수신(접수)일	1897. 10. 14
발신(생산)자	뷜로	수신(접수)자	빌헬름 2세
발신지 정보		수신지 정보	

A. 12114에 관하여

전보

베를린, 1897년 10월 14일, 5시 30분
도착 5시 57분

독일제국 대사가 황제폐하와 국왕 전하께

암호해독

오늘 아침 서울 주재 영사가 다음과 같은 전보를 보내왔습니다.
"왕이 대표들에게 황제 칭호를 수락하였음을 통보함"

뷜로

43

원문 p.846

한국 왕에 관하여

발신(생산)일	1897. 10. 14	수신(접수)일	1897. 10. 16
발신(생산)자	취르쉬키	수신(접수)자	호엔로에-실링스퓌르스트
발신지 정보	페테르부르크 주재 독일 대사관	수신지 정보	베를린 정부
	No. 383		A. 12188
메모	I 10월 23일, 런던 1374에서 전달 II 10월 23일, 베이징 A. 34, 도쿄 A. 13, 서울 A. 2에서 전달		

A. 12188 1897년 10월 16일 오후 수신

상트페테르부르크, 1897년 10월 14일

No. 383

독일제국 수상 호엔로에-실링스퓌르스트 전하 귀하

한국 왕이 황제가 되었음을 선언하려 한다는 신문 보도를 접하고 본인은 람스도르프[1]에게 그 소식이 사실이냐고 물었습니다. 백작은 그가 받은 소식에 의하면 왕이 그런 의도를 갖고 있는 게 사실이라고 하였습니다. 자신을 몰아내려는 부친[2]의 음모를 끝장내는 데 이외에 다른 방법이 없다고 생각하기 때문이라고 합니다. 만약 그가 "황제"가 된다면 부친은 그에게 경의를 표하고 더 이상 건드릴 수 없을 것이라고 생각한 것입니다. 람스도르프는 이런 유치한 동기는 직접 왕의 머리에서 나온 것이라고 덧붙였습니다. 어쨌든 이 황제-선언을 인정하는 사람을 찾기 힘들기 때문에 이것은 큰 효과는 없을 것으로 본다고 하였습니다.

취르쉬키

내용: 한국 왕에 관하여

1 [감교 주석] 람스도르프(V. Lamsdorff)

2 [감교 주석] 흥선대원군(興宣大院君)

44

원문 p.847

[러시아의 한국정책 관련 언론 보도]

발신(생산)일		수신(접수)일	1897. 10. 20
발신(생산)자		수신(접수)자	
발신지 정보		수신지 정보	베를린 외무부
			A. 12171

A. 12171 1897년 10월 20일 오후 수신

"테글리셰 룬트샤우[1]"

1897년 10월 13일

한국을 얻기 위한 경쟁

페테르부르크에서 우리에게 다음과 같은 글을 보내왔다.:

몇 주 전에 정통한 소식통들로부터 확인한 바에 의하면, 러시아 정부는 한국에 대한 그들의 정당한 이해관계를 확고히 구축하기 위한 첫 번째 조치를 취할 것이라고 한다. 추정컨대 러시아는 이웃 국가들을 초청하여 공동의 외교 활동을 통해 일본인들이 부당한 방법으로 그들에게서 탈취해간 지위에서 일본인을 몰아내려는 듯하다. 사실 그동안 이러한 소망은 관철시키기 어려운 일로 간주되었다. 물론 그 이유는 러시아가 한국 문제에서 그다지 좋은 태도를 보이지 않았던 탓에 스스로 두 손이 묶여 있었기 때문이다. 그런데 작년 연말 러시아는 한국과 관련해 일본과 특별조약을 체결[2]했고, 그 내용이 금년 2월에 공개되었다. 러시아는 그런 조처가 필요하다고 봤다. 현재 무력을 사용해 일본인들을 한국에서 몰아낼 수 있는 상황이 아니기 때문에 본질적인 양보를 통해 일본인들 스스로 한국에서 물러나도록 유도해야 하기 때문이다.

조약에서 일본은 이제 한국의 독립을 "보호해주는 국가"로 러시아와 동등한 자격이

1 [감교 주석] 테글리셰 룬트샤우(Tägliche Rundschau)

2 [감교 주석] 로바노프 야마가타 의정서

있음을 인정받았다. 또한 두 나라는 앞으로 한국 영토에서 그 어떤 군사력도 유지해서는 안 되는 의무를 지게 되었다. 그에 따라 마지막 일본 군대가 한국에서 철수했다. 하지만 러시아는, 자신들에게 한국군대를 교육하기 위해 러시아 장교들과 하사관들을 배치해 달라는 요청을 해달라고 한국에 강요하는 방식으로 자신들의 의무를 회피하려 했다. 일본은 그들이 가진 모든 영향력을 동원해 반년 동안 러시아의 소원을 가로막았다. 그러나 7월 27일 4명의 러시아 장교와 10명의 하사관이 제물포에 도착한 뒤 곧바로 한국의 수도 서울로 향했다. 그리고 그곳에서 군대교관으로서의 업무를 시작했다.

그러자 일본은 러시아와 체결했던 조약이 깨어진 것으로 간주하고 한국의 조약항구들에, 러시아 측에서 일본의 소규모 병영과 무기고라고 부를 수 없도록 이른바 '상인 거류지'를 설치하기 시작했다. 하지만 앞에서 말한 러시아 측의 조약 위반이 계속되는 한, 아직 한 번도 입증되지 않은 일본인들의 항구 지역 침해에 대해 외교적인 방식으로 문제를 제기하는 것은 힘들 것이다. 더욱이 일본인들은 영국인들의 지원을 받아 러시아에 훨씬 더 심각한 타격을 입혔다. 러시아가 한국 왕에게 목포항(한국에게 가장 좋은 항구임)을 러시아 함대 정박장으로 사용하기 위해 구매하고 싶다는 제안을 했다. 왕은 러시아의 제안을 거절할 용기가 없었다. 하지만 대신들이 앞장서서 9월 초 영국 공사와 조약을 체결하여 목포항을 유럽 국가들에게 문호를 개방한 자유항으로 공표하였다. 그 조약에서 제물포항 역시 동일한 지위를 갖게 되었다. 그리하여 한국의 5개 항구는 국제 교역에 전부 문호를 개방하였다. 하지만 이것 때문에 러시아는 큰 손해를 입게 되었다. 한국에서 러시아 무역은 규모면에서 영국-일본 무역의 12분의 1 정도밖에 안 될 뿐만 아니라, 특히 일본인들이 즉시 수백 명 단위로 새로 문호를 개방한 항구들로 이주했기 때문이다.

러시아가 한국에서 영향력을 강화하는 데 가장 강력한 방해요소는 영국인 브라운[3]이다. 2년 전부터 한국 탁지부에서 일하고 있는 그가 한국 정부의 실질적 지도자이기 때문이다. 러시아로부터 지원을 받고 있음에도 불구하고 한국 왕이 자신의 정부에 대해 대부분 무력한 태도를 보이는 것은 이 사람의 영향력이 아니고서는 설명할 수가 없다. 이는 물론 브라운이 왕에 맞서는 "왕비[4]파"를 능숙하게 다룰 줄 알기 때문이다.

영국인들과 일본인들은 지금까지 러시아의 모든 시도에 대하여 대부분 원칙적으로 반대 입장을 취해왔기 때문에, 러시아 지도층에서는 갈수록 지금까지 한국에서 추구해

3 [감교 주석] 브라운(J. M. Brown)
4 [감교 주석] 명성황후(明成皇后)

온 정책으로는 더 이상 자신들의 설 자리가 없다는 사실을 확신하게 되었다. 그 결과 러시아는, 일단 조-러 국경에서 단호한 군사적 개입에 필요한 권력수단들을 규합할 때까지는 결정을 미루려고 한다. 하지만 그 시점이 되면 일본 역시 만반의 준비를 갖추었을 테니 양국의 전쟁이 동아시아 전체의 운명을 좌우하는 사건이 될 수도 있다.

베를린, 1897년 10월 23일

A. 12188(I)

주재 외교관 귀중
런던 No. 1374

연도번호 No. 9044

귀하에게 한국 왕에 관한 지난달 14일 페테르부르크 주재 독일제국 대리공사의 보고서 사본을 정보로 제공하게 되어 영광입니다.

베를린, 1897년 10월 23일

A. 12188(Ⅱ)

주재 외교관 귀중
1) 베이징 A. No. 34
2) 도쿄 A. No. 13
3) 서울 A. No. 2
주재 영사 귀중

연도번호 No. 9050

암호우편

귀하에게 이달 14일 상트페테르부르크 주재 독일제국 대리공사의 보고 내용을 정보로 제공합니다.

45

원문 p.851

서울의 새로운 정치적 사건들

발신(생산)일	1897. 8. 31	수신(접수)일	1897. 10. 23
발신(생산)자	크리엔	수신(접수)자	호엔로에-실링스퓌르스트
발신지 정보	서울 주재 독일 총영사관	수신지 정보	베를린 정부
	No. 52		A. 12465
메모	연도번호 No. 365		

A. 12465 1897년 10월 23일 오전 수신

서울, 1897년 8월 31일

No. 52

독일제국 수상 호엔로에-실링스퓌르스트 전하 귀하

전하께 삼가 아래와 같이 보고 드리게 되어 영광입니다. 학부대신 민종묵[1]과 외부대신 이완용[2]이 서로 자리를 바꾸었습니다. 그 이후 이완용은 평안남도 관찰사로 임명되었습니다. 그는 진보적인 사상을 가진 대신들 가운데 가장 유능한 인물이었습니다.

구 정부에서 수상을 역임했던 사람들 가운데 심순택[3]이 의정부 대신에 임명되었습니다. 그는 즉시 옛 중국 관습에 따라 좌의정과 우의정을 임명해 달라고 제안하였지만 이 제안은 받아들여지지 않았습니다.

군부 업무도 동시에 보고 있는 탁지부 대신[4]이 군부 대신의 업무에서 벗어나게 해달라고 요청하였습니다. 그는 여러 곳에서 공격받게 될까 두려워, 새로운 러시아 군사교관들을 채용하는 협약서에 서명하는 것을 거절하였기 때문입니다. 왕은 그의 요청을 거절하기로 결정하였습니다. 주일 조선 공사 이하영[5]은 신임 도쿄 주재 러시아 공사 로젠[6]이 조선 문제에 대해 어떤 의향을 갖고 있는지 타진하기 위해서 다시 도쿄로 돌아갔습니다.

---

1 [감교 주석] 민종묵(閔種默)
2 [감교 주석] 이완용(李完用)
3 [감교 주석] 심순택(沈舜澤)
4 [감교 주석] 민영기(閔泳綺)
5 [감교 주석] 이하영(李夏榮)
6 [감교 주석] 로젠(R. R. Rosen)

새로운 개혁시대를 맞아 1896년 1월 1일 이후 계속 사용되던 연호가 이달 16일 왕의 교시에 따라 "빛과 군사력"이라는 뜻의 "광무"[7]로 변경되었습니다. 그 소식이 여기에 거주하는 외국인들에게 적지 않은 즐거움과 흥분을 유발하였습니다.

왕비의 장례식은 다시 금년 10월 4일로(중국 월력으로 9월 9일) 연기되었습니다.

본인은 본 보고서의 사본을 베이징과 도쿄 주재 독일제국 공사관에 보낼 것입니다.

크리엔

내용: 서울의 새로운 정치적 사건들

---

7 [감교 주석] 광무(光武)

노르트도이체 알게마이네 차이퉁[8]

1897년 10월 27일

조선.

1. 서울, 8월 31일.

학부대신 민종묵[9]과 외부대신 이완용[10]의 직위가 서로 바뀌었다. 그 이후 이완용은 평안남도 관찰사로 임명되었다. 그는 진보적 사상을 가진 대신들 가운데 가장 유능한 인물이었다.

구 정부에서 수상을 역임했던 사람들 가운데 심순택[11]이 의정부 대신에 임명되었다. 그는 즉시 옛 중국 관습에 따라 좌의정과 우의정을 임명해 달라고 제안하였지만 이 제안은 받아들여지지 않았다.

군부 업무도 동시에 보고 있는 탁지부대신[12]이 군부대신의 업무에서 벗어나게 해달라고 요청하였다. 그는 여러 곳에서 공격받게 될까 두려워, 새로운 러시아 군사교관들을 채용하는 협약서에 서명하는 것을 거절하였기 때문이다. 왕은 그의 요청을 거절하기로 결정하였다.

주일 조선 공사 이하영[13]은 신임 도쿄 주재 러시아 공사 로젠[14]이 조선 문제에 대해 어떤 의향을 갖고 있는지 타진하기 위해서 다시 도쿄로 돌아갔다.

새로운 개혁시대를 맞아 1896년 1월 1일 이후 계속 사용되던 연호가 이달 16일 왕의 교시에 따라 "빛과 군사력"이라는 뜻의 "광무"[15]로 변경되었다. 그 소식이 거기에 거주하는 외국인들에게 적지 않은 즐거움과 흥분을 유발하였다.

왕비[16]의 장례식은 다시 금년 10월 4일로(중국 월력으로 9월 9일) 연기되었다.

---

8 [감교 주석] 노르트도이체 알게마이네 차이퉁(Norddeutsche Allgemeine Zeitung)
9 [감교 주석] 민종묵(閔種默)
10 [감교 주석] 이완용(李完用)
11 [감교 주석] 심순택(沈舜澤)
12 [감교 주석] 심상훈(沈相薰)
13 [감교 주석] 이하영(李夏榮)
14 [감교 주석] 로젠(R. R. Rosen)
15 [감교 주석] 광무(光武)
16 [감교 주석] 명성황후(明成皇后)

Auswärtiges Amt
Abth. A.

Politisches Archiv d. Auswärt. Amts

Acta

Betreffend
Korea

Vom 01. März 1896
Bis 06. Mai 1896

Vol.: 21
conf. Vol.: 22

Politisches Archiv des Auswärtigen Amts
R 18921

KOREA. № 1.

Inhaltsverzeichnis	
Ber. a. London v. 28. 2. № 165: Beantwortung einer Interpellation im Unterhause über die russischen Absichten auf Korea und die dortigen Vorgänge.	2236. 1. 3.
Ber. a. Petersburg v. 29. 2. № 93: Die „Birschewyje Wedemosti" empfiehlt, wenn die Unruhen in Korea fortdauern sollten, eine Besetzung des Landes durch Rußland und zwar temporär, ähnlich wie die Engländer Ägypten besetzt halten.	2274. 2. 3.
Desgl. v. 1. 3. № 99: Die „St. Petersburgskija Wedomosti" fordert die Unabhängigkeit Koreas und die Erwerbung eines eisfreien Hafens außerhalb des japanischen Meeres für Rußland.	2372. 5. 3.
Desgl. v. 3. 3. № 100: Russische Preßstimmen über die koreanische Frage und die Haltung Japans in derselben.	2422. 6. 3.
Wiener Politische Korrespondenz v. 6. 3: Dementierung der Times-Nachricht, wonach Japan der russischen Regierung ein russisch-japanisches Protektorat über Korea vorgeschlagen habe. Rußland wünsche die Unabhängigkeit Koreas zu erhalten.	2448. 6. 3.
Berliner Tageblatt v. 8. 3: Der Prozeß gegen die an der Palastrevolution in Söul im Oktober v. J. beteiligten japanischen Beamten und Offiziere.	2540. 8. 3.
Ber. a. Tokio v. 24. 1. A. 23: Einwanderung russischer Untertanen nach Nord-Korea und der Nord-Mandschurei.	2359. 4. 3.
Desgl. v. 5. 2. A. 27: Die russisch-japanischen Beziehungen, insbesondere mit Bezug auf Korea, sind gut geworden. Beide Kabinette befinden sich darüber im Einverständnis, die Russen wollen den Japanern Zeit lassen, sich mit Korea auseinanderzusetzen. Tätigkeit des russischen Gesandten von Speyer in Korea.	2734. 13. 3.
Ber. a. Tokio v. 17. 2. A. 40: Offiziöse japanische Preßäußerung über die Übereinstimmung der russischen und japanischen Politik hinsichtlich Koreas.	3008. 20. 3.

Desgl. v. 17. 2. A. 41: Mitteilung der japanischen Regierung über die Vorgänge am 11. Februar, die Flucht des Königs in die russische Gesandtschaft, die Hinrichtung von 2 Ministern und die Amnestierung der bei dem Putsch am 8. Oktober Kompromittierten.	3009. 20. 3.
Desgl. v. 14. 2. A. 36: Unwahrscheinlichkeit der Annahme, daß der letzte Putsch am 11. November durch Herrn Hitrovo herbeigeführt sei. Derselbe sagt, Rußland wünsche kein Protektorat über Korea, da ihm das Land späterhin von selbst zufallen und dann annektiert werden würde, Japan könne dort Handels-Interessen verfolgen, Rußland habe aber politische Interessen in Korea.	3004. 20. 3.
Ber. a. Tokio v. 16. 2. A. 37: Marquis Ito behauptet, die Japanische Regierung sei durch die Revolution in Söul am 11. November überrascht worden, könne nun aber ihre Truppen aus Korea nur langsam zurückziehen. Der japanische und russische Vertreter sollen sich gegenseitig ihre Wahrnehmungen und namentlich Äußerungen des Königs mitteilen, durch dessen Doppelzüngigkeit Spannung zwischen Rußland und Japan herbeigeführt werde. Japan werde in Korea nicht intervenieren.	3005. 20. 3.
Ber. a. Tokio v. 18. 2. A. 42: Herr Hitrovo hofft, daß angesichts des letzten Putsches in Söul Rußland und Japan leichter zu einer Verständigung über Korea kommen würden. Herr Speyer vertritt Herrn Hitrovo während dessen Beurlaubung.	3524. 2. 4.
Kölnische Zeitung v. 7. 4: Artikel, überschrieben: Die Lage auf Korea. - In demselben wird die Flucht des Königs in die russische Gesandtschaft als ein Triumpf der russischen Politik über die japanische erklärt und das Fazit gezogen, daß nunmehr die Russen die Herren von Korea sind.	3708. 7. 4.
Ber. a. Söul v. 31. 1. № 8: Die Lage des Königs von Korea, Absicht, den Kronprinzen von Korea zur Ausbildung nach Japan zu schicken, Erregung im Lande über die Erlasse betreffend das Scheren des Haupthaares, die fremden Detachements in Söul.	2996. 20. 3.
Ber. a. Söul. v. 13. 1. № 5: Der neue russische Geschäftsträger von Speyer hat die Gesandtschaftsgeschäfte übernommen. Verurteilung der bei den Palastputschen am 8. Oktober und 28. November beteiligten Koreaner. Veröffentlichung eines Edikts des Königs über die Haartracht. Die koreanische Regierung hat Japan gebeten, seine Truppen vorläufig noch in Korea zu belassen.	3350. 29. 3.

Desgl. v. 11. 2. № 12: Flucht des Königs in die russische Gesandtschaft, woselbst er die fremden Vertreter empfangen hat. Anwesenheit von 150 russischen Marinesoldaten und einigen Kosaken in Söul. Neubildung des Kabinetts und die Lage in Söul.	3351. 29. 3.
Ber. a. Tokio v. 20. 2. A. 43: Russisch-japanische Verhandlungen über Korea finden zur Zeit nicht statt, es scheint, als ob Marquis Ito auf seiner Europa-Reise sich mit Fürst Lobanow besprechen will. Herr Hitrovo sieht den Grund zum Staatsstreich vom 11. Februar in dem Haarschneide-Dekret.	3525. 2. 4.
Desgl. v. 24. 2. № 46: Der König von Korea hat an seine Gesandtschaft in Tokio Weisungen ergehen lassen, denen zufolge sie bei entstehenden Schwierigkeiten auf die russische Hilfe verwiesen wird.	3538. 2. 4.
The Daily News v. 10. 4: Richtigstellung der Nachricht, daß der deutsche Vertreter in Korea sich dem Proteste des englischen und amerikanischen Vertreters gegen das weitere Verbleiben des Königs in der russischen Gesandtschaft angeschlossen habe.	3842. 10. 4.
Ber. a. Söul v. 2. 3. № 20: Der Gesandte Waeber hat nach Abreise des H. von Speyer die Geschäfte der russischen Gesandtschaft wieder übernommen. Zwischen Rußland und Japan besteht anscheinend eine Verständigung bezüglich Koreas, doch wird Rußland einen zu großen Einfluß Japans nicht dulden. Fortschritte der Aufständischen in Korea.	3921. 13. 4.
Wiener Korrespondenz v. 15. 4: Die japanische Regierung hat der russischen erklärt, mit derselben in Korea gemeinsam vorzugehen. Mir - John - Chian geht als koreanischer Krönungsbotschafter nach Petersburg.	3993. 15. 4.
Ber. a. Petersburg v. 14. 4. № 175: Der russische Gesandte in Korea verhält sich der dortigen Regierung gegenüber reserviert, um den Japanern keinen Grund zu geben, ihn feindseliger Umtriebe zu beschuldigen.	4006. 16. 4.
Ber. a. Tokio v. 27. 2. A. 50: Ablehnung eines Mißtrauensvotums im japanischen Landtage, welches der Regierung wegen ihrer Politik bezüglich Koreas ausgesprochen werden sollte.	3529. 2. 4.

Ber. a. Söul v. 16. 2. № 13: Proklamation des Königs und des Premierministers, in denen die Flucht des Königs in die russische Gesandtschaft motiviert, die Bevölkerung zur Bestrafung der Verschwörer gegen den König aufgefordert und im Übrigen zur Ruhe ermahnt wird. - Liste der Mitglieder des neuen Kabinetts.	3512. 2. 4.
Ber. a. Petersburg v. 19. 4. № 194: Mitteilung der „Nowoje Wremja", betr. die Bedingungen, unter welchen Japan eine Vereinbarung über Korea mit Rußland treffen werde.	4250. 22. 4.
Desgl. v. 25. 4. № 202: Die „Nowoje Wremja" über die in Korea herrschende Unsicherheit und die im Lande ausgebrochenen Unruhen.	4448. 27. 4.
Ber. a. Tokio v. 20. 3. A. 62: Die Japanische Regierung will gegen die koreanischen Rebellen, welche bei Gensan eine Anzahl Japaner ermordeten, zwar nicht einschreiten, wird den Vorfall aber ausnutzen, um die japanischen Truppen noch in Korea zu belassen. - Fürst Lobanow hat die Nachricht vom Bestehen eines geheimen russisch-chinesischen Vertrags dementiert.	4515. 28. 4.
Lokal - Anzeiger v. 29. 4: Im Auftrage des Königs von Korea begibt sich Bin-Ye-Kan zur Krönung nach Moskau.	4549. 29. 4.
Weser - Zeitung v. 3. 5: Lage in Korea. Haß gegen die Japaner wegen der von ihnen für die Koreaner erlassenen Kleider- und Haartracht-Edikte.	4684. 3. 5.
Ber. a. Tokio v. 25. 2. A. 48: Marquis Ito wird seine diesjährige Erholungsreise nach Europa dazu benutzen, um mit Fürst Lobanow womöglich eine Auseinandersetzung über Korea herbeizuführen.	3528. 2. 4.
Tel. a. Tokio v. 25. 4. № 10: Zwischen dem russischen und japanischen Vertreter in Korea finden Verhandlungen über einen Modus vivendi statt, deren Ergebnis schriftlich fixiert werden wird. (s. Tel. n. Söul v. 27. 4. № 1.)	4426. 27. 4. 4426. I.
Tel. a. Söul v. 4.5. № 2: Der russische und japanische Vertreter in Söul verhandeln über die Rückkehr des Königs in seinen Palast und Zurückziehung japanischer Truppen.	4728. 5. 5.

Ber. a. Söul v. 27. 2. № 16: Weigerung des Königs von Korea, die russische Gesandtschaft zu verlassen, Unruhen in Korea und Proklamation der Rebellen über ihre Ziele dabei, Ernennung eines neuen Justizministers u. Polizeipräsidenten, Proklamation des Königs enthaltend eine Rechtfertigung seiner Handlungsweise.	3920. 13. 4.
Ber. a. Tokio v. 4. 3. A. 54: Die russische Regierung scheint von der Flucht des Königs von Korea in ihre Gesandtschaft vorher gewußt zu haben. Mißtrauen der japanischen Regierung gegen den Gesandten Hitrovo. Designierung des Marschalls Yamagata zum Krönungsbotschafter in Moskau.	3915. 13. 4.
Desgl. v. 11. 3. A. 57: Zwischen Rußland und Japan ist ein Einvernehmen dahin erzielt, daß die beiderseitigen Vertreter in Söul jeden Antagonismus vermeiden und sich über die Maßnahmen verständigen sollen, welche für die Ruhe und Unabhängigkeit Koreas wünschenswert sind. Das Überhandnehmen des russischen Einflusses auf Korea wird in Japan peinlich empfunden.	3916. 13. 4.

Korea.

PAAA_RZ201-018921_015 f.			
Empfänger	Fürst zu Hohenlohe - Schillingsfürst	Absender	Hatzfeldt
A. 2236 pr. 1. März 1896. a. m.		London, den 28. Februar 1896.	

A. 2236 pr. 1. März 1896. a. m.

London, den 28. Februar 1896.

№ 165

An Seine Durchlaucht
den Herrn Reichskanzler
Fürsten zu Hohenlohe - Schillingsfürst

Der Unterstaatssekretär für die auswärtigen Angelegenheiten teilt dem Unterhause in der gestrigen Sitzung in Erwiderung einer Interpellation mit, daß, soweit der Regierung bekannt, eine russische Okkupation Söuls oder eines anderen Teils von Korea weder stattgefunden habe, noch zu erwarten stehe. Einhundertundfünfzig russische Soldaten beschützten die russische Botschaft in Söul und der König, dessen Leben in Folge eines Aufstandes in Gefahr stehe, habe daselbst Zuflucht gesucht. In der Hauptstadt befänden sich auch 500 japanische Soldaten.

Hatzfeldt.

Inhalt: № 165. London, den 28. Februar 1896 Korea

Äußerungen der „Birschewyja Wedemosti“ zur koreanischen Frage.

PAAA_RZ201-018921_017 ff.			
Empfänger	Fürst zu Hohenlohe - Schillingsfürst	Absender	Radolin
A. 2274 pr. 2. März 1896. a. m.		St. Petersburg, den 29. Februar 1896.	
Memo	mtg 6. 3. London 221		

A. 2274 pr. 2. März 1896. a. m.

St. Petersburg, den 29. Februar 1896.

№ 93.

Seiner Durchlaucht
dem Herrn Reichskanzler
Fürsten zu Hohenlohe - Schillingsfürst.

Zur koreanischen Frage äußere sich die „Birschewyje Wedemosti“ dahin, daß es keiner besonderen Anstrengungen bedürfen werde, um in jedem Lande die Ruhe herzustellen, solange es den englischen Umtrieben nicht gelinge, Japan zur Einmischung zu bewegen. Dieser Gefahr würde am besten durch die gemeinschaftliche Aktion Deutschlands, Rußlands und Frankreichs vorgebeugt werden, die schon im vorigen Jahre einen Konflikt mit Japan verhindert habe. Wenn aber trotz der zu erwartenden Einigkeit dieser drei Mächte die Unruhen in Korea fortdauern sollten, so müsse Rußland dieses Land besetzen, da es dort keine anarchischen Zustände dulden könne. England würde sich dann damit trösten müssen, daß das russische Protektorat über Korea ein temporäres sein werde, ähnlich wie dasjenige Englands über Ägypten.

Radolin.

Inhalt: Äußerungen der „Birschewyja Wedemosti“ zur koreanischen Frage.

Russische Einwanderung nach China und Korea.

PAAA_RZ201-018921_021 ff.			
Empfänger	Fürst zu Hohenlohe - Schillingsfürst	Absender	Gutschmid
A. 2359 pr. 4. März 1896. p. m.		Tokio, den 24. Januar 1896.	

A. 2359 pr. 4. März 1896. p. m.

Tokio, den 24. Januar 1896.

A. 23.

An Seine Durchlaucht
den Herrn Reichskanzler
Fürsten zu Hohenlohe - Schillingsfürst.

Mein Österreichischer Kollege teilt mir mit, Marquis Saionji habe ihm von bedeutenden Zuzügen Russischer Untertanen nach der Nord-Mandschurei und Nord-Korea gesprochen, die sicheren Informationen zu Folge seit geraumer Zeit stattfänden.

Der Minister habe, soweit die Mandschurei in Betracht komme, lächelnd hinzugesetzt, man müsse eben gegen seinen Bankier und Gläubiger koulant sein.

Gutschmid.

Inhalt: Russische Einwanderung nach China und Korea.

Äußerungen der russischen Presse zur Lage in Korea.

PAAA_RZ201-018921_025 ff.			
Empfänger	Fürst zu Hohenlohe - Schillingsfürst	Absender	Radolin
A. 2372 pr. 5. März 1896. a. m.		St. Petersburg, den 1. März 1896.	

A. 2372 pr. 5. März 1896. a. m.

St. Petersburg, den 1. März 1896.

№ 99.

Seiner Durchlaucht
dem Herrn Reichskanzler
Fürsten zu Hohenlohe - Schillingsfürst.

Zur Lage in Korea sprechen die „St. Petersburgskija Wedomosti" die Ansicht aus, daß die in Folge der langen Okkupation durch japanische Truppen ruinierte Halbinsel in ihrem jetzigen Zustande eine andauernde Bedrohung des Friedens bilde und daß man deshalb den dortigen Verhältnissen ein Ende machen müsse. Hierzu sei es aber notwendig, daß „Korea faktisch unabhängig sei und Rußland im fernen Osten außerhalb des japanischen Meeres einen eisfreien Hafen erwerbe."

Dies sei Rußlands Hauptaufgabe, da der japanisch-chinesische Friedensvertrag in seiner definitiven form hauptsächlich auf Rußlands Initiative zurückzuführen sei, so falle auch dic Aufrcchtcrhaltung des Friedens in jenen Gegenden dem Zarenreiche zu. Die bei der Landung der russischen Matrosen in Soeul von den Engländern angestimmte Klage, als ob Rußland die Annektierung Koreas beabsichtige, sei ungerechtfertigt, da man in Petersburg eben nur die Unabhängigkeit dieses Königreichs sicherstellen wolle. Daß aber Rußland hierzu eines eisfreien Hafens am stillen Ozean bedürfe, sei ebenso unzweifelhaft, wie daß es denselben auch zu erlangen wissen werde.

Wenn im Gegensatze hierzu ein in London eingetroffenes Telegramm aus Shanghai meldete, daß Rußland nach Vollendung der Schienenverbindung mit Wladiwostok das Protektorat über Korea verkünden werde, so meinen die „Moskowskija Wedomosti" hierzu, man dürfe nicht übersehen, aus welcher Quelle diese Rußland feindliche Sensationsnachricht stamme.

Radolin.

Inhalt: Äußerungen der russischen Presse zur Lage in Korea.

Berlin, den 6. März 1896.

zu A. 2274.

An
die Botschaft in
London № 221.

J. № 1418.

Euerer pp. übersende ich anbei ergebenst Abschrift eines Berichts des Kais. Botschafters in St. Petersburg vom 29. v. Mts., betreffend eine Äußerung der Birschewija Wjedomosti über die koreanische Lage,

zu Ihrer gefälligen Information.

N. S. E.

Äußerung der russischen Presse über die Korea-Frage.

PAAA_RZ201-018921_030 ff.			
Empfänger	Fürst zu Hohenlohe - Schillingsfürst	Absender	Radolin
A. 2422 pr. 6. März 1896. a. m.		St. Petersburg, den 3. März 1896.	

A. 2422 pr. 6. März 1896. a. m.

St. Petersburg, den 3. März 1896.

№ 100.

Seiner Durchlaucht
dem Herrn Reichskanzler
Fürsten zu Hohenlohe - Schillingsfürst.

Die koreanische Frage wird in der russischen Presse noch lebhaft besprochen.

In einem längeren Leitartikel rät der „Russkoje Slowo" Rußland gegenwärtig dem Könige von Korea nur eine moralische Unterstützung zu gewähren. Die dortigen Verhältnisse drängten noch nicht zu einer Entscheidung, da weder England noch Japan jetzt zu einer Einmischung in dieselben geneigt wären. England habe anderweitig genügende Schwierigkeiten und Japan fürchte wiederum einer übermächtigen Koalition zu begegnen, wenn es aktiv gegen Korea vorgehe. Zur Abwehr japanischer Intrigen auf jener Halbinsel genüge es, wenn Rußland dem Könige von Korea moralische Unterstützung gewähre. Erst müsse die sibirische Eisenbahn fertig gestellt und das russische Geschwader im Stillen Ozean stark genug sein, um nötigen Falles offensiv vorzugehen. Dann erst wäre der Moment zu der unausbleiblichen Lösung der dortigen Fragen gekommen und Japan werde dann selbst einsehen, daß es in seinem Interesse liege, mit Rußland in Freundschaft zu leben und nicht ein gehorsames Werkzeug Englands zu sein.

Die „Nowoje Wremja" ist der Meinung, daß die deutsche Reichsregierung Mißtrauen gegen Japan hege und dessen Friedensversicherungen nicht traue. Deshalb sei das deutsche Geschwader in die Japanischen Gewässer entsandt worden und solle dort bis zum Sommer verbleiben. Auch in Paris scheine man den Japanern nicht zu trauen, da gerüchtweise verlaute, daß das französische Geschwader im Stillen Ozean durch mehrere Schiffe verstärkt werden solle.

Radolin

Inhalt: Äußerung der russischen Presse über die Korea-Frage.

[ ]

PAAA_RZ201-018921_034			
Empfänger	[o. A.]	Absender	[o. A.]
A. 2448 pr. 6. März 1896. p. m.		[o. A.]	

A. 2448 pr. 6. März 1896. p. m.

Wiener Politische Correspondenz
6. 3. 96

O. M. Eine uns aus St. Petersburg zugehende Meldung bezeichnet die Nachricht der „Times“, dass die japanische Regierung dem St. Petersburger Cabinette die Schaffung eines gemeinsamen japanisch-russischen Protectorates über Korea vorgeschlagen habe, als ganz unbegründet. Russland, so werde in den dortigen maasgebenden Kreisen betont, strebe durchaus kein Protesctorat über Korea an, sondern wünsche im Gegentheil dessen Unabhängigkeit erhalten zu sehen. Von diesem Standpunkte des St. Petersburger Cabinets habe die japanische Regierung genaue Kenntniss, so dass sich ihr die Absicht, an Russland mit einem Antrage, wie der erwähnte, heranzutreten, kaum zumuthen lasse.

[ ]

PAAA_RZ201-018921_035 f.			
Empfänger	[o. A.]	Absender	[o. A.]
A. 2540 per. 8. März 1896. p. m.		Tokio, den 3. Februar [o. A.]	

A. 2540 per. 8. März 1896. p. m.

Berliner Tagesblatt

8. 3. 96

Die Mörder der Königin von Korea vor Gericht.

(von unserem Korrespondenten.)

Tokio, 3. Februar.

Urtheile in politischen Prozessen fallen oft wunderlich aus, aber wegen der großen Beachtung, die sie im Publikum finden, giebt sich der redigirende Richter besondere Mühe, jeden schwachen Punkt in der Feststellung des Thatbestandes wie in der Begründung seiner schließlichen Subsumption besonders zu stützen oder zu verbergen. In dem Lokalgericht in Hiroshima, wo sich 48 japanische Beamte, Journalisten und Abenteurer wegen Landesverrathes und Theilnahme an der Ermordung der Königin von Korea zu verantworten hatten, ist ein plumperes Verfahren eingeschlagen worden. Nach genauer Feststellung des Thatbestandes hielft sich der Richter mit einem „Dennoch", um das „Also" ganz bei Seite zu schieben. Da gerade die Frage der Verläßlichkeit und Fähigkeit der japanischen Richter bei der noch immer schwebenden Vertragsrevision eine große Bedeutung hat, oder wenigstens haben sollte, übersetzen wir den Haupttheil dieses merkwürdigen Aktenstückes, damit der Leser sich über die wirklichen Vorgänge und die Geschicklichkiet des Richters sein eigenes Urtheil bilden kann:

„Der Augenklagte, Miura Goro, übernahm seine amtlichen Pflichten als Sr. Majestät außerordentlicher Gesandter und bevollmächtigter Minister in Söul am 1. September 1895. Nach seinen Beobachtungen gingen die Dinge in Korea einen falschen Weg. Der Hof wurde täglich willkürlicher und versuchte Eingriffe in die Staatsgeschäfte, so daß Unordnung und Verwirrung in das unter Leitung der japanischen Regierung reorganisirte Verwaltungssystem gebracht wurde. Selbst die von japanischen Offizieren gedrillte Garde beabsichtigte der Hof aufzulösen und ihre Offiziere zu bestrafen. Auch soll, wie Miura erfuhr, der Hof damit umgegangen sein, alle politische Gewalt an sich zu reißen und zu diesem Zwecke einige der Sache des Fortschritts und der Unabhängigkeit ergebene Staatsminister zu degradiren, andere zu tödten. Der Angeklagte war hierüber sehr aufgebracht, nicht bloß weil er die Haltung des Hofes der größten Undankbarkeit gegen dieses Land zieh, das für Korea Mühe und Geld geopfert hatte, sondern auch weil sie das Werk der inneren Reform hinderte und die Unabhängigkeit des Königreichs gefährdete. Er hielt also die vom Hofe verfolgte Politik für Korea selbst schädlich, zugleich aber auch in hohem Maße den Interessen Japans hinderlich.

Der Angeklagte hielt es für dringend nöthig, diesen Stand der Dinge von Grund aus zu heilen, um sowohl die Unabhängigkeit des Königthums Korea als auch das Ansehen Japans in jenem Lande aufrecht zu erhalten. Mit solchen Gedanken beschäftigt, erhielt er die Bitte des Tai Wön-Kun um Hilfe. Dieser Prinz war über die unerfreuliche Wendung der Dinge empört und plante eine Reform des Hofes, um seine Pflicht, den König zu berathen, zu erfüllen.

Darauf hielt der Angeklagte am 3. Oktober in der Gesandtschaft ein Berathung mit dem Legationssekretär Sugimura und dem Berather des koreanischen Kriegsministers Okamoto. Das Ergebniß war, daß zur Unterstützung von Tai Wön-Kuns Einzug in den Palast die Garde - die unzufriedenen jungen Leute - benutzt und die in Söul stationirten japanischen Truppen zur Unterstützung herangezogen werden sollten. Ferner wurde beschlossen, diese Gelegenheit zu benutzen, um der Königin, die ausschlaggebenden Einfluß bei Hofe hatte, das Leben zu nehmen."

Nach einer Aufzählung der Zwischenfälle, die eine Beschleunigung des auf den 15. Oktober festgesetzten Staatsstreiches herbeiführten, fährt das Erkenntniß fort:

Miura Goro und Sugimura Fukashi (der japanische Legationssekretär) beschlossen, den Anschlag in der Nacht desselben Tages (7. Oktober) auszuführen. Einerseits wurde an den Mitangeklagten Horiguchi ein Papier mit dem genauen Programm des Einbruches des Tai Wön-Kun in den Palast und veranlaßten ihn, Okamoto an einer bestimmten Stelle zu treffen, so daß sie zusammen in den Palast einbringen könnten. Miura Goro instruirte ferner den Kommandeur des japanischen Bataillons in Söul, das Eindringen des Tai Wön-Kun in den Palast durch die koreanische Garde zu erleichtern und mit den japanischen Truppen zu unterstützen. Miura berief also zwei andere Mitangeklagte (einen Journaisten und einen Abenteurer) und ersuchte sie, ihre Freunde zu sammeln und als Tai Wön-Kuns Leibgarde zu dienen. Miura sagte ihnen, daß auf dem Erfolge des Wagnisses die Ausrottung der seit 20 Jahren bestehenden Nebel beruhe, und forderte sie auf, wenn sie in den Palast eindrängen, die Königin bei Seite zu schaffen."

Auf Grundlage dieses von ihm selbst festgestellten Thatbestandes über die Betheiligung des japanischen Gesandten an dem blutigen Staatsstreiche des 8. Oktober wendet sich der Richter, nach Feststellung der die übrigen Angeklagten belastenden Thatsachen, mit einer kühnen Wendung zum Endurtheil:

„Trotz dieser Thatsachen ist das Beweismaterial nicht ausreichend, um zu beweisen, daß irgend einer der Angeklagten wirklich die Verbrechen ausgeführt hat, die sie ursprünglich geplant haben. Aus diesen Gründen werden sie alle sammt und sonders freigesprochen."

In der That, ein schwer zu begreifendes Urtheil. Die schließliche Ausführung des Verbrechens fand natürlich im Palast statt; aber von den Vorgängen dort spricht das Urtheil mit keiner Silbe. Der Richter glaubt Miura von der Aufstiftung zum Morde freisprechen zu müssen, weil er nicht positiv beweisen kann, daß die ermordete Königin nun wirklich von den beiden zur Unthat aufgeforderten Untergebenen umgebracht worden ist. Daß der Versuch und die Anstiftung zum Morde ebenfalls strafbar ist, und daß Miura alles gethan hat, was seine Mitwirkung bezwecken sollte, ficht den milden Richter nicht an.

Wie ist aber ein solches Falschutheil zu erklären? Durchaus nicht mit der Annahme einer Beeinflussung der politischen Machthaber. Der Regierung wäre vielmehr im Interesse der Disziplin unter den Beamten eine strenge Bestrafung willkommen gewesen. Wer sich in die Denkweise der meisten Japaner versetzen kann, findet leicht eine ganz andere Erklärungsweise. Der Richter hat nicht nach der Logik der Thatsachen geurtheilt, die er selbst festgestellt hat, auch nicht nach den Normen juristischen Brauches (juristischen Scharfsinn besitzt er offenbar gar nicht), sondern nach seinem inneren Gefühl über den moralischen Werthe der That. Zwischen der Königin und den Japan befreundeten koreanischen Staatsministern war es eine Partie um Leben und Tod; Miura entschied, daß dic Königin verliere. Was hatte sie sich als Frau auch um Politik zu kümmern? Von der staatsrechtlichen Stellung der souveränen Familie haben die meisten Japaner auch jetzt noch keine richtige Vorstellung. Prinzen und Prinzessinnen begehen nach ihrer Auffassung einen faut pas, wenn sie über ihren sozialen und ceremoniellen Wirkungskreis hinausgehen. Man beachte, wie im ersten Theil des Urtheils „der Hof" als ein Eindringling dem Staatsministerium als der Verkörperung der öffentlichen Ordnung gegenüber gestellt ist. Nun hat Miura allerdings seinen [*sic.*] direkt zuwidergehandelt und das Interesse Japans damit schwer geschädigt. Er hat es aber, wie der Richter hervorhebt, aus patriotischen Motiven gethan. Wie oft haben nicht in den letzten dreißig Jahren die verdientesten Männer Japans dasselbe gethan? Ein Sanjo, der noch jetzt verehrte Saigo, die noch amtirenden Minister Enomoto und Mutsu (Miuras Chef) haben Schlimmeres aus falschverstandenem Patriotismus gethan. Muß man ihnen solchen formellen Landesverrathe zum Verbrechen machen? Die Volksstimme sagt entschieden: Nein! Da ihn sein juristisches Gewissen nicht so plagt wie seine ganz in ihre Berufsehre aufgehenden europäischen Standesgenossen, so hat er die Stimme seines Herzens beruhigt mit einem etwas plötzlichen Ausstoß: „Ein wirklich begangenes Verbrechen kann ich ihm nicht nachweisen.“ Denn seine subjektive Wahrheitsliebe erlaubte ihm leider nicht, mit Wallenstein zu sagen: „Beschlossene Sache war es nie.“

Die russisch-japanischen Beziehungen.

PAAA_RZ201-018921_037 ff.

Empfänger	Fürst zu Hohenlohe - Schillingsfürst	Absender	Gutschmid
A. 2734 pr. 13. März 1896. p. m.		Tokio, den 5. Februar 1896.	
Memo	mtg. 14. 3. London 244, Paris 117, Petersburg 181, Rom B. 239, Wien 224.		

A. 2734 pr. 13. März 1896. p. m.

Tokio, den 5. Februar 1896.

A. 27.

An Seine Durchlaucht
den Herrn Reichskanzler
Fürsten zu Hohenlohe - Schillingsfürst.

Die Beziehungen Japans zu Rußland haben sich letzthin merklich gebessert und sind gegenwärtig geradezu als freundschaftliche zu bezeichnen. Mein Russischer Kollege, welcher am 23. d. M. die Heimreise antritt, sagt mir, dass er Japan ohne jede Besorgnis verlasse. Er habe sich allmählich davon überzeugt, daß die hiesige Regierung ein offenes und herzliches Verhältnis zu Rußland auf ihr Programm gesetzt habe und namentlich in Korea dem Barometer für die gegenseitigen Beziehungen, nur in vollem Einverständnis mit dem Petersburger Kabinett handeln wolle. Er habe gute Gründe für die Richtigkeit seiner Annahmen. Auch der Ton der Japanischen Presse, der ihn gegenwärtig sehr befriedige, lege Zeugnis ab dafür, dass Japan bezüglich Koreas keine Hintergedanken habe.

Vor dieser Überzeugung ausgehend habe er in Petersburg geraten, die Japaner nicht zu drängen und ihnen, sage 6 bis 8 Monate Zeit zu lassen, um mit Korea, welches sie gründlich satt zu haben schienen, zu liquidieren.

Er sei glücklich, dass seine Ratschläge beim Fürsten Lobanow Gehör gefunden hätten. Der Fürst habe daher auch dem übergroßen Eifer der Herren Waeber und von Speyer in Söul Zügel angelegt und ihnen auf sein Anraten Zurückhaltung zur Pflicht gemacht.

Herr von Speyer scheint nämlich, wie ich aus Äußerungen des Herrn Hitrovo sowohl als des Ministers der Auswärtigen Angelegenheiten entnehme, trotz aller guten Vorsätze (:cfr. s. pl. Bericht A 349[17] vom 8. Dezember v. J.:) seit seiner Ankunft in der koreanischen Hauptstadt unter den Einfluss des noch immer dort weilenden bekanntlich sehr remüanten

Herrn Waeber geraten und von dem Ehrgeiz erfüllt zu sein, es seinem Amtsvorgänger in politischer Mache gleichzutun, was der gegenwärtigen, auch von Herrn Hitrovo vertretenen Politik Rußlands in diesem Teile Ostasiens in keiner Weise entspricht.

Ich sehe nach allen meinen Wahrnehmungen - sauf l' imprévu - ein äußerlich wie innerlich ruhiges Jahr für Japan voraus.

Gutschmid.

Inhalt: Die russisch-japanischen Beziehungen.

17 A 414 ehrerbietigst beigefügt.

Berlin, den 14. März 1896.

zu A. 2734.

An
die Botschaften in
1. London № 244.
2. Paris № 117.
3. St. Petersburg № 181.
4. Rom № 239.
5. Wien № 224.

J. № 1629.

Euerer pp. übersende ich anbei ergebenst Abschrift eines Berichts des Kais. Gesandten in Tokio vom 5. v. Mts., betreffend Korea und die russische-japanischen Beziehungen,

zu Ihrer gefl. Information.

N. d. Hrn. St. S.

Politische Ereignisse in Korea betreffend.

PAAA_RZ201-018921_043 ff.			
Empfänger	Fürst zu Hohenlohe - Schillingsfürst	Absender	Krien
A. 2996 pr. 20. März 1896. p. m.		Söul, den 31. Januar 1896.	
Memo	J. № 47		

A. 2996 pr. 20. März 1896. p. m.

Söul, den 31. Januar 1896.

Kontrol № 8.

An Seine Durchlaucht
den Herrn Reichskanzler
Fürsten zu Hohenlohe - Schillingsfürst.

Euerer Durchlaucht beehre ich mich ganz gehorsamst zu melden, daß der japanische Minister-Resident bei einem Besuche, den ich ihm vor einigen Tagen abstattete, mir die folgenden vertraulichen Mitteilungen machte:

Herr v. Speyer, habe nach Petersburg telegraphiert, daß die Lage des Königs von Korea die eines Gefangenen wäre und daß die Absicht bestände, den Kronprinzen zu seiner Ausbildung nach Japan zu schicken. Auf eine Anfrage aus Tokio habe er (Herr Komura) zurücktelegraphiert, daß der König nicht in höherem Grade Gefangener sei, als jeder andere Herrscher, dem ein verantwortliches Staatsministerium zur Seite stände.

Dagegen sei Herr v. Speyer ein Gefangener des Herrn Waeber. Auch die andere Meldung des Russischen Vertreters sei unrichtig. Dieserhalb habe der Minister der Auswärtigen Angelegenheiten Herrn v. Speyer interpelliert, der ihm erwidert habe, daß er auf Grund von „Gerüchten auf der Straße" nach Petersburg telegraphiert hätte. - Herr Komura setzte hinzu, daß Herr v. Speyer ganz unter dem Einflüsse des „Tai-Wön-Kun in der Russischen Gesandtschaft" (Herrn Waebers) stände.

Auf meine Frage nach dem zweiten Sohne des Königs erwiderte mir Herr Komura, daß derselbe in Tokio so liederlich wäre, daß er wahrscheinlich nach Korea werde zurückgeschickt werden müssen. -

Über die angebliche Absicht der Regierung, den Kronprinzen nach Japan zu schicken, ist mir nichts bekannt geworden. Dagegen ist allerdings bekannt geworden. (bitte überprüfen, hier scheint etwas zu fehlen) Dagegen ist allerdings die Lage des Königs der eines Gefangenen nicht unähnlich. Außer den fremden Vertretern werden seit Anfang v. Mts. nur Anhänger des Kabinetts zu ihm zugelassen. Auch hat er seitdem den Palast nicht verlassen. Wenn der König in seinen Entschlüssen frei wäre, so hätte er unter anderen (anderem ?) das Dekret, welches das Abscheren des Schopfes anordnet, jedenfalls nicht erlassen. - Nach seiner Antritts-Audienz ist Herr v. Speyer auf sein Ansuchen zweimal von dem Könige empfangen worden.

Herr Komura bat mich dann, auf den Minister des Äußeren einzuwirken, damit zu den Erlassen über das Scheren des Haupthaares ein erklärender Zusatz veröffentlicht werde, durch den es den Koreanern freigestellt werden solle, ihr Haar nach der alten oder nach der neuen Mode zu tragen. Der Japanische Vertreter wollte damit wohl nur den Anschein erwecken, als ob er jede Anwendung von Zwang bei Durchführung der Maßregel mißbilligt hätte. Denn wenn er die Verbreitung einer solchen Erklärung wirklich wünscht, so wird es ihm nicht schwer werden, sie auch ohne meine Hilfe herbeizuführen.

Die Erlasse haben überall im Lande viel böses Blut erzeugt und der Unzufriedenheit der Bevölkerung neue Nahrung gegeben. Im Süden der Halbinsel, besonders in den Provinzen Kang-wön-do und Kyong-san-do, sowie in der Provinz Whang-hai-do, sind an vielen Orten Aufstände ausgebrochen, zu deren Bekämpfung von hier aus Truppen entsandt worden sind. Die Zusammenstöße mit den Rebellen sollen nach den hier eingegangenen Berichten allerdings im Ganzen für die neuen Truppen siegreich verlaufen sein. Doch wird es wahrscheinlich lange dauern, ehe die Ruhe wiederhergestellt sein wird.

Die Amerikanischen und Englischen Gesandtschafts-Wachen sind vor Kurzem nach Chemulpo zurückgekehrt, das russische Detachement ist indes hier verblieben.

Krien.

Inhalt: Politische Ereignisse in Korea betreffend.

Neue koreanische Komplikation.

PAAA_RZ201-018921_050 ff.			
Empfänger	Fürst zu Hohenlohe - Schillingsfürst	Absender	Gutschmid
A. 3004 pr. 20. März 1896. p. m.		Tokio, den 14. Februar 1896.	
Memo	in Berlin 31. 3. mtg 23. 3. London 284, Petersburg 209.		

A. 3004 pr. 20. März 1896. p. m.

Tokio, den 14. Februar 1896.

A. 36.

An Seine Durchlaucht
den Herrn Reichskanzler
Fürsten zu Hohenlohe - Schillingsfürst.

Die gestern hier eingegangene Nachricht von der neuesten Umwälzung in Söul - Flucht des Königs mit dem Kronprinzen in die Russische Gesandtschaft, Enthauptung der bisherigen Minister, Ernennung russen-freundlicher Ratgeber - hat meinen Russischen Kollegen ebensosehr überrascht als die Japanische Regierung.

Zwar ist man unwillkürlich geneigt, bei der politischen Vergangenheit des Herrn Hitrovo das Gegenteil anzunehmen und zu vermuten, daß er, wenigstens indirekt, die Hand im Spiele gehabt habe. Ich teile indessen diese Ansicht nicht und glaube, daß die Ereignisse, deren Schauplatz Söul am 11. d. M. gewesen ist, höchstens angenehme Erinnerungen aus Bulgarien in meinem Russischen Kollegen wachgerufen haben werden.

Tatsächlich liegen die Sachen hier in Tokio folgendermaßen:

Herr Hitorvo ist im Januar um Urlaub eingekommen, der ihm auch bewilligt worden ist. Fürst Lobanow hatte zu seinem Stellvertreter, unter Übergehung des hiesigen Legationssekretärs von Wollant, den neuen Geschäftsträger in Söul, Herrn von Speyer, dem man offenbar in Petersburg wohl will, bestimmt und der Genannte sollte auf einem Kriegsschiff Mitte dieses Monats hier eintreffen.

Gewisse Unterredungen, die Herr Hitrovo innerhalb des letzten Monats mit Marquis Saionji und Marquis Ito gehabt, hatten in ihm die Überzeugung gefestigt, daß die Japanische Regierung das ernstliche Bestreben habe, in vollem Einvernehmen mit Rußland zu handeln und jeden Konflikt zu vermeiden. Er hatte daher dem Fürsten Lobanow angeraten, die Japaner gegenwärtig nicht zu drängen und ihnen Zeit zu lassen, sich aus Korea mit Ehren zurückzuziehen. In Petersburg stimmte man dieser Politik zu und Fürst Lobanow empfahl demgemäß den Russischen Agenten in Söul Mäßigung und Zurückhaltung. Der Russische Gesandte glaubte daher, ohne Besorgnis Japan verlassen zu können und traf seine Reisevorbereitungen. Sein Sohn, welcher als Unterlieutnant an Bord eines der gegenwärtig in den hiesigen Gewässern stationierten Kriegsschiffe dient, hatte von dem Geschwaderchef Urlaub erhalten und sollte seinen Vater nach Rußland begleiten. Ich glaube danach, daß der Verdacht, Herr Hitrovo habe seinen Urlaub simuliert, um sein Spiel in Korea zu verdecken und hiesigen Machthaber in Sicherheit zu wiegen, unbegründet ist. Überdies lassen sich derartige Coups nicht von einer Entfernung von mehreren tausend Kilometern aus dirigieren. Es erscheint mir vielmehr wahrscheinlich, daß Herr Waeber darauf bedacht gewesen ist, mit Hilfe des gefügigen Herrn von Speyer die Schlappe vom 8. Oktober v. J. wettzumachen und eine restitutio in integrum - freilich minus der Königin - herbeizuführen.

Als ich heute meinen Russischen Kollegen besuchte, um ihn zu fragen, ob er im Besitz von Telegrammen über die letzten Vorgänge sei, verneinte er dies. Die telegraphische Verbindung zwischen Söul und Fusan sei - was richtig ist - unterbrochen, er erwarte aber jeden Moment Nachrichten, da von Söul nach Fusan, wie dies seitens der Japanischen Vertretung daselbst geschehen sei, Kuriere expediert und die Depeschen an letzterem Orte aufgegeben werden könnten.

Zur Sache übergehend hob er an: „Je vous dirai", daß zwischen ihm und Marquis Ito seit Kurzem formlose pourparlers über die Koreanische Frage stattfänden. Noch vorgestern habe ihn der Ministerpräsident besucht und gewisse Punkte mit ihm besprochen, die ein Zusammengehen mit Rußland und eine Auseinandersetzung beider Regierungen über diese heikele Frage bezweckt hätten. Er habe bei dieser Unterredung dem Marquis Ito gegenüber kein Hehl daraus gemacht, daß die Rußland zugesagte Unabhängigkeit Korea's ein toter Buchstabe bleibe, so lange der gegenwärtige Zustand andauern, der es dem König unmöglich mache, seine eigenen Ratgeber zu wählen und unabhängig von fremden, d. h. Japanischen Einflüssen zu regieren. Der Premierminister scheine Einsicht gehabt zu haben und habe durchblicken lassen, daß er die Russischen Wünsche zu berücksichtigen ernstlich Willens sei. Aber eine bestimmte Erklärung habe er von ihm nicht erhalten können.

Jetzt sei nun plötzlich, so fuhr mein Russischer Kollege fort, ein Ereignis eingetreten, welches die Japaner in eine sehr schwierige Lage versetze. Denn wenn letztere seiner Zeit erklärt hätten, daß sie die Umwälzung vom 8. Oktober v. J. zwar mißbilligten, aber nicht in der Lage wären zu intervenieren, so müßten sie dieselbe Politik auch jetzt verfolgen.

Auf meine Bemerkung, es werde doch schließlich zu einem Russischen Protektorat kommen, erwiderte Herr Hitrovo lebhaft: „Gerade das wollen wir nicht!“ Die reife Frucht soll eben in den Schoß fallen und Korea sich selbst überlassen bleiben, bis die Zustände dort so unhaltbar werden, daß Rußland, nachdem Japan sich militärisch zurückgezogen, direkt eingreifen und annektieren kann. Bezeichnend in dieser Richtung sagte Herr Hitrovo: „Niemand will Japan an der Entwicklung seiner Handelsbeziehungen mit Korea hindern, wir am allerwenigsten. Wir haben dort nur politische Interessen. Daher ist auch der Vorwand der Japaner, zum Schutze ihres Handels Streitkräfte dort behalten zu müssen, ein ganz nichtiger. Sie sind in Korea so verhaßt, daß das Verbleiben ihrer Truppen daselbst ihre Handelsinteressen nur schädigt!“ Er erkennt aber die schwierige Lage, in der die hiesige Regierung sich dem eigenen Lande gegenüber, namentlich im Hinblick auf die historische Vergangenheit, die es an Korea knüpft, befindet, unumwunden an.

Zum Schluß sagte er mir, daß er seine auf den 23. d. M. festgesetzte Abreise in Folge der neuesten Vorfälle nun doch wahrscheinlich um 14 Tage werde hinausschieben müssen, da er neue Verhandlungen mit der hiesigen Regierung voraussage und auch Herr von Speyer im gegenwärtigen Moment in Söul unabkömmlich sein dürfte.

Marquis Ito, der mich heute wegen dringender Geschäfte nicht empfangen konnte, hat mich wissen lassen, daß er, wenn irgend möglich, mich morgen sprechen werde. Ich werde dann in der Lage sein, über die Japanische Auffassung der neuesten Wendung, welche die Dinge in Korea genommen haben, Meldung zu erstatten.

Gutschmid.

Inhalt: Neue koreanische Komplikation.

Unterredung mit Marquis Ito, betreffend Korea. Äußerung des Ministers der Auswärtigen Angelegenheiten.

PAAA_RZ201-018921_064 ff.			
Empfänger	Fürst zu Hohenlohe - Schillingsfürst	Absender	Gutschmid
A. 3005 pr. 20. März 1896. p. m.		Tokio, den 16. Februar 1896.	
Memo	in Berlin 31. 3. mtg. 23. 3. London 284, Petersburg 209		

A. 3005 pr. 20. März 1896. p. m.

Tokio, den 16. Februar 1896.

A. 37.

An Seine Durchlaucht
den Herrn Reichskanzler
Fürsten zu Hohenlohe - Schillingsfürst.

Marquis Ito, mit welchem ich gestern eine halbstündige Unterredung hatte, ist durch die neuesten Ereignisse in Söul auf das Unangenehmste überrascht worden. Er äußerte sich gegen mich in folgender Weise:

In Folge der Unterbrechung der direkten telegraphischen Verbindung sei er bisher nur im Besitz sehr spärlicher Nachrichten. Namentlich wisse er noch nicht, ob der König, wie er hoffe, die Russische Gesandtschaft wieder verlassen habe und in den Palast zurückgekehrt sei. Er nehme an, daß die Umwälzung das Werk der Herren Waeber und Speyer sei, obgleich er auch über diesen Punkt, soweit es sich um Meldungen des Gesandten Komura handele, noch ganz im Unklaren sei. Letzterer sei augenscheinlich vollständig überrascht worden und habe von dem beabsichtigten Coup, der mit großem Geschick ausgeführt worden zu sein scheine, keine Ahnung gehabt.

Darauf erläuterte der Ministerpräsident die Lage, in der Japan sich Korea gegenüber befinde, von Neuem dahin, daß an dem Prinzip der Nichtintervention in die inneren Angelegenheiten des Königreichs festgehalten werden solle. Was aber die Zurückziehung der Japanischen Truppen aus der Halbinsel betreffe, von welcher ja auch in Berlin abgeraten worden sei, so könne dieselbe nur ganz allmählich erfolgen. Für den Moment sei es unumgänglich notwendig und ein Gebot der elementarsten Vorsicht, genügende Streitkräfte im Lande zu behalten, um wenigstens die Kommunikationen, namentlich die

Telegraphenlinien, zu schützen. Über die wahrscheinlichen und unmittelbaren Folgen der Umwälzung könne er sich jetzt, wie gesagt, noch nicht äußern.

Auch Marquis Ito verkennt nicht, daß die Gegenwart von nahezu 200 Russischer Marinesoldaten in der Hauptstadt gefahrdrohend sei. Nach seinen Andeutungen darf ich aber annehmen, daß an die Japanischen Befehlshaber strikte Weisung ergangen ist, sich absolut neutral zu verhalten und jeden Anlaß zu Mißhelligkeiten zu vermeiden.

Auf meine Bemerkung, daß die vertraulichen Verhandlungen, welche er letzthin mit Herrn Hitrovo gepflogen, hoffentlich zu einem wenigstens vorläufigen Einverständnis über die beiderseitige Haltung in Korea geführt habe, erwiderte der Premier Folgendes:

Es sei zwischen ihnen nur verabredet worden, daß der Russische und Japanische Vertreter sich gegenseitig ihre Wahrnehmungen und namentlich die Äußerungen, die der König gegen sie fallen lasse, mitteilen sollten. Der König habe nämlich die Gewohnheit, dem Russischen Geschäftsträger gegenüber sich in ganz anderem Sinne zu äußern als gegen den Japanischen Minister-Residenten. Die Folge hiervon sei wiederholt gewesen, daß die beiden Vertreter in entgegengesetztem Sinne an ihre Regierungen berichtet und telegraphiert hätten, woraus naturgemäß Mißverständnisse entstünden, die dann nicht so leicht aufzuklären seien und Spannung zwischen beiden Regierungen hervorriefen. Nur eine solche Verständigung ad hoc sei zwischen ihnen abgebahnt worden. Die Zukunft Korea's und die Mittel und Wege zu einer definitiven Auseinandersetzung hätten nicht den Gegenstand der Besprechungen gebildet. Auch könne Japan bestimmte Zusagen in dieser Richtung jetzt noch gar nicht machen. Die Lage in Korea sei zu unklar und er müsse seiner Regierung das Recht vorbehalten, je nach Umstände zu verfahren. Die volle Unabhängigkeit Korea's sei, wie die letzten Ereignisse gezeigt hätten, eine Unmöglichkeit. Auch jetzt wieder habe sich die dortige Regierung fremder Hilfe bedient.

Daß der Japanischen Regierung die Absicht fern liege, gegen Rußland und Korea feindlich aufzutreten, darüber habe er dem Russischen Gesandten die bündigsten Zusicherungen erteilt und ihn gebeten, diese Erklärung auch dem Fürsten Lobanow zu übermitteln.

Zum Schluß sagte mir Marquis Ito, er habe soeben mit Genehmigung Seiner Majestät den Landtag auf 10 Tage vertagt, um zu verhindern, daß die Agitation aus Anlaß der letzten Vorgänge in Korea von der Rednertribüne in das Land und die Presse getragen werde. In auswärtigen Fragen sei das Japanische Volk politisch noch so unreif, daß die öffentliche Diskussion derselben als für den inneren Frieden gefahrbringend auf jede Weise und mit äußerster Strenge unterdrückt werden müsse.

Als ich am gestrigen Abend den Marquis Saionji auf einem Hofdiner traf, nahm er mich nach aufgehobener Tafel bei Seite und fragte mich: „Bitte sagen Sie mir nach Ihrer

Überzeugung, ob Sie glauben, daß das Kabinett von St. Petersburg um die letzte Umwälzung in Söul gewußt und dieselbe gebilligt hat!“ Ich erwiderte ohne Zögern, ich sei überzeugt, daß dies nicht der Fall sei und daß ich glaubte, daß auch Herr Hitrovo keine Kenntnis von dem, was sich dort vorbereite, gehabt habe. Der Minister schien durch diese Antwort sichtlich erleichtert und versprach mir, mich über den weiteren Gang der Ereignisse auf dem Laufenden zu erhalten.

Gutschmid.

Inhalt: Unterredung mit Marquis Ito, betreffend Korea. Äußerung des Ministers der Auswärtigen Angelegenheiten.

Offiziöse Japanische Preßäußerung über die Japanische Politik in Korea.

PAAA_RZ201-018921_076 ff.			
Empfänger	Fürst zu Hohenlohe - Schillingsfürst	Absender	Gutschmid
A. 3008 pr. 20. März 1896. p. m.		Tokio, den 17. Februar 1896.	
Memo	mtg. 24. 3. London 286, Petersburg 210		

A. 3008 pr. 20. März 1896. p. m.

Tokio, den 17. Februar 1896.

A. 40.

An Seine Durchlaucht
den Herrn Reichskanzler
Fürsten zu Hohenlohe - Schillingsfürst.

Anläßlich der Vorgänge vom 11. d. M. in Söul bringt die offiziöse hiesige Zeitung Nichi Nichi Shimbun einige Äußerungen über die Koreanische Politik der hiesigen Regierung, deren inspirierter Charakter sich schon daraus ergibt, daß dieselben in manchen Punkten mit den Angaben übereinstimmen, die mir der Ministerpräsident in unserer vorgestrigen Unterredung machte.

Anknüpfend an Äußerungen oppositioneller Abgeordneter, welche energischeres Vorgehen in Korea verlangen, führt das Blatt aus, die Politik der Regierung sei anfänglich darauf gerichtet gewesen, alles Mögliche zu Gunsten der Aufrechterhaltung der Unabhängigkeit Korea's ihrerseits zu versuchen. Diese Periode sei jetzt vorüber, denn die Regierung habe eingesehen, daß diese Unabhängigkeit eine Unmöglichkeit sei. Die Koreanische Regierung, deren Einfluß kaum über Söul hinausreiche, sei gänzliche außer Stande, etwas allein und selbständig auszurichten, und der König habe sich daher auch jetzt wieder zur Ausführung seiner Pläne fremder Hilfe bedient. Die wahren Absichten der Russischen Regierung seien natürlich nicht bekannt, dieselbe habe aber erklärt, daß ihr Streben darauf gerichtet sei, die wahre Unabhängigkeit Korea's zu schützen. In diesem Ziel stimme sie mit der Japanischen Regierung völlig überein und es sei daher anzunehmen, daß die Russische Regierung mit der Japanischen in der Verfolgung dieses Zieles auch mit Freuden zusammengehen werde. Aus diesem Grund sei es höchst wünschenswert, daß der Ministerpräsident Ito seine Absicht, sich nach St. Petersburg zu begeben, zur Ausführung bringe.

Gutschmid.

Inhalt: Offiziöse Japanische Preßäußerung über die Japanische Politik in Korea.

Nachrichten aus Korea.

PAAA_RZ201-018921_080 ff.			
Empfänger	Fürst zu Hohenlohe - Schillingsfürst	Absender	Gutschmid
A. 3009 pr. 20. März 1896. p. m.		Tokio, den 17. Februar 1896.	
Memo	mtg. 24. 3. London 286, Petersburg 210		

A. 3009 pr. 20. März 1896. p. m.

Tokio, den 17. Februar 1896.

A. 41

An Seine Durchlaucht
den Herrn Reichskanzler
Fürsten zu Hohenlohe - Schillingsfürst.

Marquis Saionji hat sein Versprechen, mich über den Gang der Ereignisse in Söul auf dem Laufenden zu erhalten, eingehalten und mir gestern Abend den Wortlaut eines gestern Vormittag in Fusan aufgegebenen Telegramms des Ministerresidenten Komura mitgeteilt. Dasselbe lautet in Übersetzung wie folgt:

„Seit dem Ereignis vom 11. d. M. befindet sich der König und der Kronprinz unausgesetzt in der Russischen Gesandtschaft. Eine Abteilung des Garde-Genie-Korps und Polizisten bewachen die Russische Gesandtschaft ringsum. Die Russischen Truppen sind im Innern des Gesandtschaftsgrundstücks und halten daselbst Wache.

Die zur Unterdrückung des Aufstands Shun Sen abgesandten Truppen sind am 11. durch Königlichen Befehl zurückberufen worden. In diesem Befehl heißt es: Der Aufstand habe seinen Grund nicht in dem das Abschneiden der Zöpfe betreffenden Erlaß, sondern in der Entrüstung über die Ereignisse vom 8. Oktober. Jetzt seien die Landesverräter von damals bestraft worden und auch ihre Mitschuldigen würden noch nach und nach zur Rechenschaft gezogen werden. Die Leute möchten sich daher jetzt beruhigen. Anführer und Teilnehmer des Aufstandes sollten sämtlich straflos sein. Die entsendeten Truppen sollten sofort zurückkehren u. s. w.

Der frühere Ministerpräsident Kin Ko Shu und der frühere Landwirtschafts- und Handels Minister Tei Hei Ka sind von der Polizeipräfektur aus verhaftet und am 11. d. M. nachmittags 3 Uhr auf den Platz vor der Präfektur geschleppt und beide enthauptet worden. Die Leichen sind auf der Straße ausgestellt und am Abend verbrannt worden.

An Kei Ji ist zum Polizei-Präfekten ernannt. Tai Wön Kun, Li Saiben und Kin In Shoku sind unversehrt in ihren Häusern.

Wo Gyo Fu chu, Yu Kisshun, Cho Gi Yen, Cho Haku u.s.w. sich befinden, ist unbekannt.

Weder auf unserer Gesandtschaft, noch auf unserem Konsulat ist irgend Jemand verborgen.

Augenblicklich herrscht Ruhe in der Bevölkerung.

gez. Komura."

Obschon Euerer Durchlaucht der wesentliche Inhalt der vorstehenden Meldung bereits aus der telegraphischen wie schriftlichen Berichterstattung des Konsuls Krien bekannt sein dürfte, so habe ich doch geglaubt, daß es von Interesse sein würde, Einblick in die Japanische Darstellung der Vorgänge in der Koreanischen Hauptstadt zu gewinnen.

Die Mitteilung des Ministers der Auswärtigen Angelegenheiten sind ein erfreuliches Zeichen des Vertrauens, welches uns die Japanische Regierung seit einiger Zeit in sehr markanter Weise entgegenbringt.

Gutschmid.

Inhalt: Nachrichten aus Korea.

Berlin, den 23. März 1896.

zu A. 3004 u. 3005.

An
die Botschaften in
1. London № 284.
2. St. Petersburg № 209.

J. № 1859.

Euerer pp. übersende ich anbei ergebenst Abschrift zweier Berichte des Kais. Gesandten in Tokio vom 14. u. 16. v. Mts., betreffend die Koreanische Frage,

zu Ihrer gefälligen Information.

N. d. Hrn. St. S.

Berlin, den 24. März 1896.

zu A. 3008.

An
die Botschaften in
1. London № 286.
2. St. Petersburg № 210.

J. № 1873.

Euerer pp. übersende ich anbei ergebenst Abschrift eines Berichts des Kais. Gesandten in Tokio vom 17. v. Mts., betreffend eine offiziöse Japanische Zeitungsauslassung über Japans Politik in Korea,

zu Ihrer gefälligen Information.

N. S. E.

Politische Ereignisse in Söul.

PAAA_RZ201-018921_090 ff.			
Empfänger	Fürst zu Hohenlohe - Schillingsfürst	Absender	Krien
A. 3350 pr. 29. März 1896. a. m.		Söul, den 13. Januar 1896.	
Memo	mtg. 2. 4. Dresden 134, München 124, Stuttgart 134. J. № 29.		

A. 3350 pr. 29. März 1896. a. m.

Söul, den 13. Januar 1896.

Kontrol № 5.

An Seine Durchlaucht
den Herrn Reichskanzler
Fürsten zu Hohenlohe - Schillingsfürst.

Euerer Durchlaucht beehre ich mich ganz gehorsamst zu melden, daß der neue Russische Geschäftsträger, von Speyer, hier eingetroffen ist und gestern die Gesandtschaftsgeschäfte von Herrn Waeber übernommen hat.

Über die wegen Teilnahme an der Palast-Revolution am 8. Oktober und dem Putsche vom 28. November verhafteten Koreaner wurden Ende v. Mts. die Urteile gefällt. Ein Koreaner wurde wegen Ermordung der Königin und zwei andere wegen Beihilfe, zum Tode, eine Anzahl der geringer Belasteten zu Zuchthausstrafen verurteilt. Wegen Anstiftung und Teilnahme an dem mißglückten Unternehmen vom 28. November wurden ein Beamter und ein Offizier zum Tode, verschiedene andere Angeklagte, darunter ein Verwandter des Königs, I Sai Chun, der im vorigen Jahre als Spezial-Gesandter in Tokio war, und der frühere Kriegsminister An Kyong Su, zu Zuchthaus- oder Gefängnisstrafen verurteilt.

Während die verheirateten Koreaner bisher das Haar in einen Knoten auf dem Scheitel zusammengebunden trugen, hat sich der König am 30. v. Mts. nach langem Widerstreben eigenhändig diesen Knoten abgeschnitten und das nachfolgende Edikt erlassen:

„Ich bin meinem Volke mit Abschneiden des Haupthaares vorangegangen; Ihr habt es mir Alle nachzutun, damit wir auch hierin den übrigen Völkern der Erde ähnlich werden.“

Der Tai-wön-kun, der Kronprinz und sämtliche Minister, mit Ausnahme des Unterrichts-Ministers, der lieber seine Entlassung nahm, und die Beamten und Offiziere in Söul ahmten ohne Verzug seinem Beispiele nach. In den nächsten Tagen hielten die Polizisten hier die Koreaner, die sich in der alten Haartracht zeigten, an und schnitten ihnen die Schöpfe ab. Da in Folge dessen die Landleute nicht in die Stadt kamen und Reis und Brennholz auf das Doppelte im Preise stiegen, so wurden die Leute eine Zeitlang ungeschoren gelassen. Jetzt aber hat die Verfolgung wiedereingesetzt. In Söul hat sich die große Mehrzahl der männlichen Bewohner das Haar schneiden lassen, während einige sich ins Innere geflüchtet haben. Im Inlande dagegen wagen die Beamten nicht, die neue Verordnungen in Kraft zu setzen.

Gleichzeitig wurde den Koreanern freigestellt, ihre Kleider nach Europäischem Schnitt (aber vorläufig aus Seide oder Baumwolle) zu tragen. Japanische Kaufleute haben große Massen aller und neuer Europäischer Kleider eingeführt.

Die Neujahr-Audienz wurde nach Annahme des Europäischen Sonnenjahres am 1. Januar abgehalten.

Vor einigen Tagen fand vor dem Könige eine Parade von etwa 1200 durch Japaner ausgebildeten Koreanischen Soldaten statt.

Die Vorstellung war recht mangelhaft.

Die hiesige Regierung hat die Japanische gebeten, ihre Truppen vorläufig in Korea zu belassen, weil sonst Unruhen zu befürchten seien.

Krien.

Inhalt: Politische Ereignisse in Söul.

Flucht des Königs in die Russische Gesandtschaft.

PAAA_RZ201-018921_096 ff.			
Empfänger	Fürst zu Hohenlohe - Schillingsfürst	Absender	Krien
A. 3351 pr. 29. März 1896. a. m.		Söul, den 11. Februar 1896.	
Memo	mtg 11. 4. Dresden 154, München 143, Stuttgart 154. cfr. A 3512 J. № 59.		

A. 3351 pr. 29. März 1896. a. m.

Söul, den 11. Februar 1896.

Kontrol № 12.

Seiner Durchlaucht
dem Herrn Reichskanzler
Fürsten zu Hohenlohe - Schillingsfürst.

Euerer Durchlaucht beehre ich mich ganz gehorsamst zu berichten, daß gestern Abend etwa 120 russische Matrosen mit einem Geschütz von den in Chemulpo liegenden Schiffen „Admiral Korriloff" und „Bobre" hier eintrafen. Mit der Russischen Gesandtschaftswache befinden sich jetzt hier etwa 150 Matrosen, außerdem ein Oberst Warsseieff und ein Offizier nebst einigen Kosaken, die Ende vorigen Monats aus Fusan über Land hier ankamen.

Heute früh flüchtete sich der König von Korea mit dem Kronprinzen in die Russische Gesandtschaft. In Folge dessen richtete der Russische Geschäftsträger von Speyer an die übrigen fremden Vertreter das nachstende Schreiben:

Séoul, le 11 Février 1896

Sir,

I have the honour to inform you that His Majesty the King of Corea considering the present state of political affairs of this county to be very grave and his further stay at the palace attended with serious danger for his personal safety, has taken refuge together with His Highness the Crown prince, at this Legation.

I avail myself etc.

Bald danach lud uns der König durch den vormaligen Unterrichtsminister I Wan-young, der sich eine Zeit lang auf der Amerikanischen Gesandtschaft und später in einem daran stoßenden Grundstücke verborgen gehalten hatte, und jetzt zum Minister der Auswärtigen Angelegenheiten ernannt worden ist, zu einer Audienz ein, die gegen 1 Uhr in der russischen Gesandtschaft stattfand. Er eröffnete dabei den anwesenden Amerikanischen, Britischen, Deutschen und Französischen Vertretern, daß er Gefahr für sein Leben befürchtet und sich deshalb in die Russische Gesandtschaft geflüchtet hätte, wo gerade sehr viele Soldaten anwesend wären, und wo er sich sicher fühlte. Welcher Art die Gefahr gewesen war, verkündete uns der König nicht. Herr Sill drückte ihm darauf die besten Wünsche für sein Glück und seine Sicherheit aus, während ich und meine Britischen und Französischen Kollegen ihm unsere guten Wünsche für sein Wohlbefinden aussprachen. Der Japanische Gesandte traf etwas später ein und wurde ebenfalls von dem Könige empfangen.

Das Kabinett ist aufgelöst und neue Staatsminister sind ernannt worden. Der Premierminister Kim Hong-jip und der Minister für Handel, Landwirtschaft und öffentliche Arbeiten Chong Pyong-ha sind heute (wie es heißt, von Koreanischen Polizisten) ermordet worden. Der Minister des Inneren Yu Kil-chun wurde von der Koreanischen Polizei verhaftet, von japanischen Soldaten indes wieder befreit und nach der Japanischen Gesandtschaft geführt. Der bisherige Minister des Äußeren und der des Königlichen Hauses (der ältere Bruder des Königs) wollten dem Monarchen ihre Aufwartung machen, wurden aber nicht empfangen.

Koreanische Soldaten halten den Stadtteil Chongdong, in dem die Russische Gesandtschaft liegt, besetzt. Die Gesandtschaft selbst wird von Russischen Matrosen bewacht. Die Stadt ist im Ganzen ruhig; doch ist ein Japanischer Händler heute von dem Volke ermordet, und sind die Japanischen Ansiedler von ihrer Polizeibehörde aufgefordert worden, sich nicht unnötigerweise auf der Straße zu zeigen. In Söul liegen gegenwärtig etwa 400 Japanische Soldaten.

Wie mir Herr Waeber gestern mitteilte, wird er die Geschäfte der hiesigen Russischen Gesandtschaft wieder übernehmen, während Herr von Speyer nach Tokio gehen wird, um den dortigen Gesandten, der sich auf Urlaub nach Rußland begibt, zu vertreten.

Die Koreanischen Regierungstruppen haben etwa 30 - 40 km östlich von Söul verschiedene Schlappen von den Aufständischen erlitten; ein Teil soll zu diesen übergegangen sein. Wie mir Herr Komura mitteilte, ist der Anführer der dortigen Rebellen ein vertrauter Freund des ehemaligen Hausministers I Pom chin, der sich seit dem 8. Oktober v. J. in der Russischen Gesandtschaft verborgen gehalten hat.

Herr Waeber hat mir zwar wiederholt versichert, daß die Matrosen lediglich zum Schutze der Russischen Gesandtschaft gegen die siegreichen Rebellen gekommen wären, zumal da die Amerikanischen und Englischen Detachements vor einiger Zeit die Stadt verlassen hätten; (doch klingt diese Versicherung wenig glaubhaft.)

Auf der Reede von Chemulpo ankern außer den beiden Russischen Kriegsschiffen die Englischen und Französischen Kreuzer „Porpoise“ und „Joly“ und das Amerikanische Kanonenboot „Mechias“.

[Abschrift dieses ganz gehorsamen Berichts sende ich an die Kaiserlichen Gesandtschaften zu Peking und Tokio.]

Krien.

Inhalt: Flucht des Königs in die Russische Gesandtschaft pp.

Berlin, den 2. April 1896.

zu A. 2996.

An
die Botschaften in
1. London № 315.
2. St. Petersburg № 231.

J. № 2093.

Euerer pp. übersende ich anbei ergebenst Abschrift eines Berichts des Kais. Konsuls in Söul vom 31. Januar d. J., betreffend Verhältnisse in Korea,

zu Ihrer gefälligen Information.

N. d. Hrn. St. S.

Berlin, den 2. April 1896.

A. 3350.

An
die königlichen Missionen in
1. Dresden № 134.
2. München № 124.
3. Stuttgart № 134.

J. № 2096.

Ew. p. übersende ich anbei ergebenst Abschrift eines Berichts des Kais. Konsuls in Söul vom 13. Januar d. Js., betreffend politische Ereignisse in Korea,
unter Bezugnahme auf den Erlaß vom 4. März 1885 mit der Ermächtigung zur Mitteilung.

N. S. E.

Politische Ereignisse in Söul.

PAAA_RZ201-018921_102 ff.			
Empfänger	Fürst zu Hohenlohe - Schillingsfürst	Absender	Krien
A. 3512 pr. 2. April 1896. a. m.		Söul, den 16. Februar 1896.	
Memo	in Berlin 15. 4. mtg. 17. 4. London 384, Petersburg 279. J. № 74.		

A. 3512 pr. 2. April 1896. a. m. 2 Anl.

Söul, den 16. Februar 1896.

Kontrol № 13.

An Seine Durchlaucht
den Herrn Reichskanzler
Fürsten zu Hohenlohe - Schillingsfürst.

Euerer Durchlaucht beehre ich mich über ein Edikt des Königs, sowie verschiedene an dem Tore der Russischen Gesandtschaft und an mehreren Plätzen der Stadt angeschlagene Proklamationen ganz gehorsamst zu berichten.

In dem Edikte vom 11. d. Mts. klagt sich der König an, durch eigene Schuld und Schwäche das Unglück des Landes herbeigeführt zu haben. Jetzt aber seien die Missetäter beseitigt und Ruhe und Frieden würden wieder einkehren. Schwere Strafen würden nur die Verräter vom Juli 1894 (Einnahme des Palastes durch Japanische Truppen) und vom 8. Oktober 1895 (Ermordung der Königin) treffen, während den Verführten verziehen werden solle. In Folge der gegen seinen Willen verordneten und mit Gewalt erzwungenen Änderung der Haartracht hätte die konservative Bevölkerung in gerechtem Grimme zu den Waffen gegriffen und gegen sie seien Truppen ausgesandt worden. Die Söul-Truppen müßten sofort zurückgerufen werden und die Leute, die aus Patriotismus die Waffen ergriffen hätten, sollten nach Hause zurückkehren und ruhig ihren Geschäften nachgehen. Die Annahme der neuen Haartracht sei nicht geboten, mit dem Schnitt der Kleider und den Fassons der Hüte könne ein Jeder es halten, wie er wolle,

Peinliches Aufsehen hat eine mit dem Handzeichen des Königs versehene Proklamation erregt. Der König erklärt darin, daß er sich nach der Russischen Gesandtschaft begeben habe, weil ihm hinterbracht worden sei, daß ein Unglück bevorstände. Die Vertreter der

Mächte hätten zu seinem Schutze Truppen kommen lassen. Die neulichen unheilvollen Ereignisse seien das Werk einiger aufrührerischen Rädelsführer. Allen solle ihre Schuld vergeben sein außer sechs mit Namen genannten Hauptrebellen (die hauptsächlich bei der Ermordung der Königin beteiligt waren). „Denen," so schließt der Aufruf, schlagt sofort die Köpfe ab und bringt sie mir auf die Russische Gesandtschaft. Es ist deshalb versucht worden, durch eine gezwungene Übersetzung die Behauptung des Königs, daß die Vertreter zu seinem Schutze Truppen hätten kommen lassen, in Abrede zu stellen und den Schluß-Passus zu mildern.

Ein von dem stellvertretenden Premier-Minister Pak herrührender Anschlag ermahnt die Bevölkerung, aus Rücksicht auf die fremden Vertreter, welche dem Könige Schutz gewährt hätten, Reibungen mit Ausländern zu vermeiden.

Eine Proklamation des neuen Polizei-Präsidenten spricht das Bedauern des Königs über die Ermordung eines Japaners in Söul aus, sichert strenge Bestrafung der Schuldigen zu und warnt die Bevölkerung vor ähnlichen Ausschreitungen.

Eine fernere Proklamation des Premier-Ministers betont, daß der König seinen Sitz nach der Russischen Gesandtschaft verlegt habe, um die unbotmäßigen Beamten zu vertilgen und die Bevölkerung zu beruhigen.

In zwei Anschlägen verkündet der Polizei-Präsident, daß den „Erzrebellen" Kim Hong-jip und Chong Pyong-ha auf Befehl des Königs die Köpfe abgeschlagen und zur Warnung ausgestellt worden seien, und ordnet an, daß die anderen Aufrührer aufgegriffen und lebendig bei der Polizei eingeliefert werden sollen, damit die Untersuchung gegen sie eingeleitet und dem Gesetze Genüge geleistet werde.

In zwei weiteren Erlassen vom 13. d. Mts. beklagt der König wiederum das traurige Geschick seines Landes. Tag und Nacht fühle er sich in Furcht und Gefahr, als hätte er „einem Tiger auf den Schwanz getreten" und sichert allen Beamten, die vor dem Juli 1894 amtliche Gelder für sich verbraucht haben, Straflosigkeit und allen Untertanen, die bis dahin mit ihren Abgaben im Rückstande geblieben sind, Erlaß derselben zu. Gleichzeitig verkündet er, daß er in einigen Tagen wieder den Palast beziehen werde.

Die Leichen der von Polizisten ermordeten beiden Minister waren von dem Pöbel in ganz bestialischer Weise verstümmelt worden. Bis zum Abende des 11. blieben sie auf der Straße liegen.

Der König und der Kronprinz sind in Frauenkleidung und in Frauen-Tragstühlen aus dem Palaste entwichen. Seit Bekanntwerden des telegraphischen Berichtes des Russischen Vertreters an seine Regierung, daß der König wie ein Gefangener gehalten würde, war dieser nicht mehr so scharf bewacht worden.

Die Großmutter des Königs und die Kronprinzessin haben ebenfalls den Palast verlassen und wohnen auf einem an das Englische General-Konsulat anstoßenden Grundstücke des Königs.

Der Tai-wön-kun ist in seine Wohnung zurückgekehrt.

Aus dem Inlande sind in den letzten Tagen verschiedene Nachrichten über die Ermordung von Japanern eingelaufen. Unter Anderen sind zehn Japanische Arbeiter, die von hier abgesandt worden waren, um die etwa 80 km südlich von hier durch die Aufständischen zerstörte Japanische Telegraphenleitung wieder herzustellen, sämtlich erschlagen worden.

Am 12. d. Mts. trafen Amerikanische und Englische Detachements, bestehend aus je einem Offizier und 23 Mann, zur Bewachung der Gesandtschaften von Chemulpo hier ein.

Die Stadtbevölkerung verhält sich ruhig.

Das neue Kabinett setzt sich zusammen aus:

Kim Pyöng-Si, Premier-Minister,

Pak Chong-Yang, Minister des Innern,

I Chä-Sun, Hausminister,

I Wan-Yong, Minister des Äußern,

Cho Pyong-Chik, Justizminister,

Yun Yong-Ku, Finanzminister,

I Yun-Yong, Kriegsminister,

Ko Yong-Hui, Handelsminister,

Yun Chi-o, Unterrichtsminister in Vertretung.

Der Premier-Minister hat indessen wegen hohen Alters um seine Entlassung gebeten. Ihn vertritt der Minister des Innern, der, ebenso wie die Chefs der Ministerien des Äußern, des Krieges und des Unterrichts, eine Zeitlang in Amerika gewesen ist.

Zum Polizei-Präsidenten ist der General-Lieutenant An Kyong-Su ernannt worden.

Euer Durchlaucht beehre ich mich schließlich ganz gehorsamst zu berichten, daß der Russische Geschäftsträger bei einem Besuche, den er mir am 8. d. Mts. machte, die Gelegenheit wahrnahm, um jede Absicht Rußlands auf Korea oder irgend einen Teil seines Gebietes in Abrede zu stellen. Herr v. Speyer setzte hinzu, es sei das Unglück des Landes gewesen, daß sich fremde Mächte - zuerst China, dann Japan - in die inneren Angelegenheiten des Königreichs hineingemischt hätten. Wenn man die Leute allein ließe, würden sie sich schon „arrangieren“.

Krien.

Inhalt: Politische Ereignisse in Söul. 2 Anlagen.

Anlage 1 zu Bericht № 13.
Übersetzung.
Abschrift.

Edikt

O wie schmerzlich! Ich ermangelte der Tugend und meine Regierung der Erleuchtung; die Schlechten kamen vorwärts und die Guten wurden zurückgedrängt. Seit mehr als 10 Jahren ist kein Jahr ohne Störungen verlaufen. Das Unheil ging teils von meinen höchsten Beamten, teils von meinen nächsten Verwandten aus, meine Dynastie, die ½ Jahrtausend bestanden hat, geriet oft dadurch in Gefahr, und eine unendliche Anzahl meiner Untertanen ging dabei zu Grunde; wahrhaftig, Schamröte bedeckt mein Angesicht und Angstschweiß überläuft meinen Rücken; und das Alles, weil ich schlechten Elementen mein Ohr zuneigte und sie hervorzog. Da ich nur auf meinen Rat hörte, verfiel ich in Irrtümer und rief oftmals Gefahren dadurch hervor, das ist alles alles meine Schuld. Jetzt hat zum Glück die Energie und Ergebenheit eines treuen Untertanen die Missetäter beseitigt, und es ist wieder Hoffnung vorhanden, daß das Land sich aus den vielen Schwierigkeiten erheben, die Gefahren ein Ende nehmen und Ruhe und Frieden wiedereinkehren werden. Das wird nach den langen Leiden für die Herzen der Menschen eine Erhebung sein, und die himmlische Vernunft, die verdunkelt scheint, wird wieder hervorleuchten. Ich werde nur die leichtesten Strafen in Anwendung bringen, aber die Verräter vom Juli 1894 und die Häupter der Rebellen des vorigen Oktober werden keine Gnade finden. Wenn jetzt die Schurken, die die Seele des Aufruhrs waren, einer nach dem andern dem Gesetze verfallen, wird der Groll der Geister und Menschen beschwichtigt werden; allen andern, den Beamten in Söul und im Lande, den Soldaten und dem Volke, den Schreibern und Dienern (der Ämter), wie schwer auch ihre Schuld sein mag, will ich vollkommen verzeihen, sie müssen sich aber ändern und bessern. Hegt keine Furcht, keinen Zweifel; ein Jeder bleibe auf seinem Posten und verrichte in Ruhe und mit Aufmerksamkeit seine Geschäfte. Die Änderung der Haartracht (man kann kaum daran denken,) war doch gewiß nicht so dringend und wichtig, aber jene Horde von Verrätern hat sie erzwungen und mit Waffengewalt erpreßt. Vom Höchsten bis zum Niedrigsten wäre keiner darauf verfallen, und ich bin überzeugt, alle Welt weiß ganz von selber, daß das nicht meine Absicht gewesen ist. Die konservative Bevölkerung des ganzen Landes ist in patriotischer Entrüstung darüber entbrannt, die wildesten Gerüchte entstanden allerwärts, die Leute brachten sich gegenseitig um, und es ist soweit gekommen, daß die Söultruppen aufgeboten wurden; auch das ist gegen meinen Willen geschehen. Ohne Schonung und Erbarmen haben die verräterischen Schurken alles mit ihrem Gifte durchdrungen und tausende und abertausende von Schandtaten und Greueln begangen und Schwierigkeiten erzeugt in unzählbarer Menge.

Die Söultruppen sind meine eigentlichen lieben Kinder, die aber, die freiwillig im Lande aus Patriotismus zu den Waffen gegriffen haben, sind ebenfalls meine lieben Kinder, und den Verlust der einen würde ich ebenso schmerzlich empfinden wie den der anderen. Daß sich (meine Untertanen) gegenseitig bekämpfen, daß Blut in Strömen fließt, daß sich Leichen auf Leichen türmen, daß die Straßen und Wege gesperrt sind und Handel und Wandel stocken, o wie tut mir das weh! Hier muß gründlich Wandel verschaffen werden.

Mein Herz erstarrt und meine Tränen fließen, wenn ich hieran denke. Den Söultruppen, die ins Land gezogen sind, befehle ich, sofort zurückzukehren; die Leute, die aus Patriotismus zu den Waffen gegriffen haben, haben auseinanderzugehen und nach Hause zu ziehen und ruhig ihren Beschäftigungen nachzugehen. Die Annahme der neuen Haartracht soll man von keinem mehr verlangen, mit dem Schnitt der Kleider und den Fassons der Hüte kann es Jeder halten, wie es ihm beliebt. Ich komme hierauf nicht zurück; das soll ein Jeder wissen.

den 11. Februar 1896.
gez: Pak chong yang.
Ministerpräsident a.i.

(Siegel des Königs)

Proklamationen nach der Flucht des Königs in die russische Gesandtschaft.

1.) Das Geschick des Reiches ist trübe. Rebellische Beamte und unbotmäßige Söhne bringen seit Jahren Unheil über das Land, und jetzt wieder ward mir hinterbracht, daß ein Unglück bevorsteht; ich habe mich daher nach der Russischen Gesandtschaft begeben, und haben die Vertreter der Mächte Truppen kommen lassen, mich zu schützen. Ihr seid alle meine lieben Kinder; die kürzlichen unheilvollen Ereignisse waren das Werk einiger aufrührerischer Rädelsführer; Euch will ich vergeben und nicht nach Eurer Schuld fragen, Ihr könnt Euch darüber beruhigen, aber den Hauptrebellen Cho hui yon, U pom son, I tu hoang, I chin ho, I pom nä, Kwon hyong chin, gleichgültig wieviel Schuld sie trifft, denen schlagt sofort die Köpfe ab und bringt sie mir nach der Russischen Gesandtschaft.

(Handzeichen des Königs)

2.) Gestern früh trug sich eine Bande von Rebellen mit einem unheilvollen Vorhaben; der Plan wurde jedoch verraten und Seine Majestät begab sich nach der Russischen Gesandtschaft; unter dem Schutze der fremden Vertreter ist zwar jetzt alles ruhig, Leute jedoch, die die näheren Umstände nicht kennen, mögen vielleicht Zweifel und Argwohn hegen und Gerüchte mögen auftauchen, die verhängnisvolle Reibungen mit Europäern, Japanern oder Chinesen veranlassen könnten; das wäre jedoch rücksichtslos gegen die fremden Vertreter, die Schutz gewährt haben.

Respektiert diese meine Absicht und verhaltet Euch ruhig.

gez: Pak chong yang.
Ministerpräsident a.i.

3.) Die heutigen Vorfälle sind weiter nichts als eine gesetzliche Strafe für aufrührerische Minister im Lande; daß den Fremden Unrecht zugefügt werde, ist gegen die Absicht Seiner Majestät. Wir haben mit tiefstem Bedauern gehört, daß gestern ein Japaner umgebracht worden ist; nach den Attentätern werden die eingehendsten Recherchen angestellt werden und wird sie die strengste Strafe treffen. Die ganze Bevölkerung hat dies zu beherzigen und dürfen ähnliche Vorfälle nicht wieder vorkommen.

Das Polizei Präsidium.

4.) Es ist kein Wunder, wenn sich in Zeiten, wie diese, Erregung und Besorgnis der Bevölkerung bemächtigen. Daß Seine Majestät jetzt seinen Sitz verlegt hat, geschah nur in der Absicht die rebellischen Beamten und unbotmäßigen Söhne zu vertilgen und die Bevölkerung zu beruhigen.

Die ganze Bevölkerung darf sich nicht aufregen und hat jeder ruhig seiner Beschäftigung nachzugehen.

gez: Pak chong yang.
Ministerpräsident.

5.) Im Auftrage Seiner Majestät sind den Erzrebellen Kim hong chip und Chong pyong ha die Köpfe abgehauen und zur Warnung für alles Volk bei der großen Glocke ausgestellt worden. Nunmehr tue ich der Bevölkerung kund, daß sie wieder zu Ruhe und Ordnung zurückzukehren hat, und daß alle Rebellen, die etwa noch aufgegriffen werden, sofort bei der Polizei einzuliefern sind.

gez: I Yun yong.
Polizei-Präsident.

Die entkommen Verbrecher Yu Kil chun, Cho hui yon, U pom son, Kwon hyong chin, I tu hoang, I chin ho und I pom nä müssen sofort festgenommen, eine Untersuchung gegen sie eingeleitet und muß dem Gesetze Genüge geleistet werden; wenn diese Verbrecher aufgefunden werden, sind sie lebendig zu ergreifen und dem Justizministerium zu übergeben, welches die betreffenden Leuten oder Soldaten reichlich zu belohnen hat. Das vorstehende Dekret ist mir von Seiner Majestät zugegangen; allem Volk und allen Soldaten gebe ich es hiermit kund, damit sie die Verbrecher zu ergreifen trachten und sie einliefern.

den 12. Februar 1896.

gez: An Kyong su.
Polizei-Präsident.

Für die Übersetzung.
gez: Reinsdorf.

Anlage 2 zu Bericht № 13.

Advance Copy.

Special Supplement
To
The KOREAN REPOSITORY.

—— :0: ——

THE KING AT THE RUSSIAN LEGATION.

EXECUTION OF TWO CABINET MINISTERS.

A KOREAN MOB AT WORK.

Feb. 11th, 1896.

THE secret flight of the King and Crown Prince from the Royal Palace; their refuge in the Russian Legation; the public degradation and order for arrest of the entire Cabinet; the public execution of the Prime Minister and another Cabinet Minister; the savage and barbarous mutilation of the dead bodies by an angry mob; the appointment, in part, of a new Cabinet; the stoning and murder of an innocent Japanese spectator and citizen; the repeal of the obnoxious law ordering the cutting of the top-knot; the opening of the prison doors and the release of its inmates, innocent and guilty alike; the recall of the troops sent to Chun Chou to quell the riot there; the removal from the Royal Palace of the Queen Dowager and the Crown Princess are events that will make this day memorable if not famous in Korean history. The consequences cannot but be far-reaching. The King is once more at the head of the Government, but he has had to seek the friendly protection of a foreign flag. He went to the Russian Legation, we are told, of his own accord. We have it from the best source that Russian wishes to see the King perfectly free in the administration of the affairs pertaining to his kingdom, introducing reforms with the help of ministers selected by himself. The King has own apartments, and is alone with his Cabinet and other officers. We await further developments with keen interest.

THE KOREAN REPOSITORY.

THE KING OF KOREA IN THE RUSSIAN LEGATION.

Seoul, February 12th, 1896.

"THE King is in the Russian Legation!" Like a clap of thunder from a clear sky, came this news to us on the morning of Feb. 11th. "Is it true? If true, what does it mean?" "Will this be the beginning of an armed conflict between Japan and Russia?" These and similar questions suggested themselves at once. The news spread rapidly and the city was thrown into the greatest excitement, as there were only a few who had definite information of the whereabouts of the King and of his safety.

From reliable sources we are able to place before our readers the following account. A little before seven o'clock in the morning His Majesty, His Royal Highness the Crown Prince and some forty attendants left the Palace for the Russian Legation in Chong Dong. The King and Crown Prince were in closed chairs, such as are used by women. The ladies of the Palace, for a week or more, since the flight was decided upon, caused a number of these chairs to go in and out the several gates of the Palace to avoid attracting attention. It is also said that the King and his son did not go out at the same gates, while the attendants likewise slipped out at different gates. All went well; the plan was faithfully carried out, and at seven o'clock their Royal Highnesses knocked at the north gate of the Russian Legation, and of course were promptly admitted. We confess the flight was a bold thing for the King to attempt, and are not surprised to learn that he was pale and trembling as he entered the spacious apartments of the Legation buildings.

The King does much of his work at night and retires in the morning. It is not surprising that he selected the early hours of the day for leaving the Palace, and it is not strange that the ever vigilant Cabinet did not suspect his absence, as he supposed to be sleeping. Several hours therefore elapsed, and the whereabouts of the King was not known until the organization of a new Cabinet was under way and Korean dignitaries from various parts of the city began to be summoned into the royal presence. The first to be called was Ex-Premier Pak Chung Yang. He was seen by (at least) one foreigner walking between two Russian soldiers, followed by a Korean guard and his retainers. The Ex-Premier was carrying a large revolver in plain sight. This no doubt for the moral effect. Shortly after his arrival at the Russian Legation the following royal edict was issued and posted on the front gate of the Legation and in prominent places of the city:----

ROYAL PROCLAMATION.

Alas! alas! On account of Our unworthiness and mal-administration the wicked advanced and the wise retired. Of the last ten years, none has passed without troubles. Some were brought on by those We had trusted as the members of the body, while others, by those of Our own bone and flesh. Our dynasty of five centuries has thereby been often endangered, and millions of Our subjects have thereby been gradually impoverished. These facts make been brought about through Our partiality and self-will, giving rise to rascality and blunders leading to calamities. All have been Our own fault from the first to the last.

Fortunately thro loyal and faithful subjects rising up in righteous efforts to remove the wicked, there is a hope that the tribulations experienced may invigorate the State, and that calm may return after the storm. This accords with the principle that human nature will have freedom after a long pressure, and that the ways of Heaven bring success after reverses. We shall endeavor to be merciful. No pardon, however, shall be extended to the principal traitors concerned in the affairs of July, 1894, and of October, 1895. Capital punishment should be their due, thus venting the indignation of men and gods alike. But to all the rest, officials or soldiers, citizens or coolies, a general amnesty, free and full, is granted, irrespective of the degree of their offences. Reform your hearts; ease your minds; go about your business, public or private, as in times past.

As to the cutting of the top-knots—what can We say? Is it such an urgent matter? The traitors, by using force and coercion, brought about the affair. That this measure was taken against Our will is, no doubt, well known to all. Nor is it Our wish that the conservative subjects thro-out the country, moved to righteous indignation, should rise up, as they have, circulating false rumors, causing death and injury to one another, until the regular troops had to be sent to suppress the disturbances by force. The traitors indulged their poisonous nature in everything. Fingers and hairs would fail to count their crimes. The soldiers are Our children. So are the insurgents. Cut any of the ten fingers, and one would cause as much pain as another. Fighting long continued would pour out blood and heap up corpses, hindering communications and traffic. Alas! if this continues the people will all die. The mere contemplation of such consequences provokes Our tears and chills Our heart. We desire that as soon as orders arrive the soldiers should return to Seoul and the insurgents to their respective places and occupations.

As to the cutting of top-knots no one shall be forced. As to dress and hats, do as you please. The evils now afflicting the people shall be duly attended to by the Government. This is Our own word of honor. Let all understand.

By Order of His Majesty,

PAK CHUNG YANG,

Acting Home Minister and Prime Minster.

11th Day 2nd Moon, Ist Year of Kon Yang.

A little later in the day the following proclamation, or perhaps we should call it an appeal to the army, was sent for the over the royal seal:-

On account of the unhappy fate of Our country, traitors have made trouble every year. Now (We) have a document informing Us of (another) conspiracy. We have (therefore) come to the Russian Legation. The Representatives of different countries have all assembled.

Soldiers! Come and protect Us. You are Our children. The troubles of the past were due to the crimes of chief traitors. You are all pardoned, and shall not be held answerable. Do your duty and be at ease.

When you meet the chief traitors, viz., Cho Hui Yen, Woo Pom Sun, Yi Tu Hwang, Yi Pom Nai, Yi Chin Ho and Kon Yong Chin, cut off their heads at once and bring them.

You (soldiers) attend Us at the Russian Legation.

11th Day 2nd Moon 1st Year of Kon Yang.

Royal Sign.

The guard at the Russian Legation was increased on the evening of the 10th by about 100 men from the Russian men-of-war, so that inside the gates the force was sufficiently strong to protect the King in case a forcible attempt should be made to remove him. A sentinel was on the look-out tower all day.

At half-past eleven the first squad of guards form the Palace arrived at the Legation. They come on a run, were excited, and unceremoniously hustled away the citizens who were quietly reading and copying the proclamation, with the gruff remark, “This is not a notice to be read by the people." Because of this remark we could not for a time decide whether the new arrivals were friendly to the King or otherwise. Others were added at intervals during the day, and in the evening there were upwards of 500 police and soldiers guarding the several streets leading to the Russian Legation.

The diplomatic and consular officers made formal calls during the morning, and were of course promptly received in audience. J. Komura, the Japanese Minister-Resident, was the last one to call. General Dye and Colonel Nienstead were also at the Legation during the morning and saw His Majesty. Our readers will remember that General Dye was in the Palace on the 8th of October last, and, to the great inconvenience of the Cabinet then in power, refused for nearly two months to leave the King.

While the King was holding court in his new home and thousands of Koreans were reading the repeal of the obnoxious law ordering the cutting of the hair, the policemen and possibly the soldiers, acting under royal orders, were busily engaged in the usual search for "traitors," that is, for members of the Government that had just gone out of power. These men were and make hasty preparations for parts unknown. Yu Kil Chun, Minister of Home Affairs, it is reported, was arrested in the Palace, but either through the bundling work of the word of the police or otherwise, was wrested from them by Japanese soldiers stationed in front of the Palace and by them taken to a place of safety. Cho Hui Yen, Minister of War, eluded the search of the police and made good his escape. Kim Hong Chip, the Prime Minister, and Chung Pyung Ha, Minister of Agriculture, Commerce and Public Works, did not fare so well. They were arrested and immediately beheaded in the street and their bodies were given over to the populace to wreck their vengeance upon them.

His Majesty was much annoyed then he heard of the public execution of the two Cabinet officers. We are informed on what seems to us straight authority that the King intended to give them the benefit of a trial. The arrest of the Home Minister by the police and his rescue from them by Japanese soldiers excited the people and precipitated the fate of the two unfortunate Ministers.

The execution of the Cabinet Ministers is described in the following account, furnished by an eye-witness.

"Yesterday afternoon, as a friend and I were proceeding down Legation Street towards the town, we were met by a considerable number of well-pressed men, guarded by eight or ten policemen with drawn swords, all apparently hurrying to the Russian Legation. The most prominent figure, and the one upon which every eye was fixed, was a big, burly man in long grass-cloth coat and white hat, carrying a naked sword. He was preceded by a coolie, who appeared to be making some startling announcement. As the crowd drew near we found that he was bidding the people be at peace, for the arch-traitors were dead. The big man seemed to say that he had done the deed. A few words of inquiry elicited the information from bystanders that two cabinet ministers had just been killed, that their bodies were lying exposed at Chong No and that these men were on their way to the Russian Legation to inform the king. A glance at our watches showed that it was exactly half-past two o'clock. Without a moment's delay we set off to verify the news. At first the streets were strangely deserted; all the shops were shut, except here and there an eating-house or a grog-shop. But as we approached the centre of the town it became more and more evident that something serious had happened. The broad main street was crowded with men and boys, all hurrying in one direction. As far as the eye could reach nothing was visible but a heaving sea of white hats. The point of attraction was evidently the Bell Tower, the focus of several principal thoroughfares, and there we found a dense mass of tightly packed humanity pushing and struggling towards the centre, where a strong body of a police were with difficulty keeping clear a large space, occasionally using the flats of theirs swords to emphasize their orders. We soon reached the inner circle, and saw the dead bodies of two men covered with dust. They were lying on their backs a few yards apart, and both were naked from the feet to the shoulders and breast. Neither, at this time, showed stabs or mutilation of body or limbs. I thought the man furthest from me had one or two bad cuts across the face, but I could not be certain for my eyes grew suddenly dim. My companion, who was nearer, said I was mistaken. The corpse at me feet was that of an elderly man, with thinnish gray beard and strongly accentuated features. A horrible gash extended from the back of the neck to the front of the ears, almost severing the head from the body. The executioner, whoever they were, had made terribly sure work of it; two or three blows from behind had put their victims to a swift death. We did not stay long; a few moments sufficed for all we wanted, and we were glad enough to get away from the fierce and angry faces round about. Another glance at the watch showed that it was just three o'clock. We estimated that the killing must have taken place about two p.m.

Another account of a visit after the police had given the bodies over to the mob is as follows:—

At five o'clock p.m. of Feb. 11th, a friend accosted me on the street and said, "Let's go down to Chong No and see what is going on." Influenced, perhaps, by some residuum of savagery from my Saxon ancestry, I consented. At Chong No lay the bodies of the Prime Minister and the Minister of Agriculture and Commerce. When we turned into the broad street a little above Chong No we fell in with a dense crowd of Koreans pushing their way toward that horribly attractive spot. We met few coming the other way. As we neared the focal point the crowd grew denser and we saw in front of us a surging mass of heads; but it was evidently no festive gathering. Every face wore as serious if not scowling expression. These Koreans seemed to be in earnest about something. Now and then there was hoarse cry and a violent agitation of the crowd for which we could see no reason. We pushed our way in and soon found ourselves near the centre, where lay the bodies above mentioned, which were being roughly handled. If the constituent elements of that crowd could have been analyzed, it would probably have been found to consist of men from whose mouths had been snatched their daily bread by the changes forced upon them by these and other members of the fallen cabinet. Fragments of stone strewed the ground and over them the crowd was stumbling. There was a fierce centripetal force which required that the inner line should push back with all its might to prevent being precipitated upon the bodies. It was a study of human nature, and I looked at the crowd and not the bodies. It evidently brought out all the brutality there was in them, which was not a little. Their words were thick and turgid, more like the cries of wild beasts than of men. Some hurled stones at the bodies, some stamped upon them, some spat upon them, some seized them by a lime and dragged them a short distance down the street. All cursed them as the authors of the present trouble. Presently I saw an angry face looking at us over the crowd and exclaiming *Chug-eul Nom* or, in other words, "Kill him." I remembered an important engagement I had at home and disengaged myself as quickly as possible and made my way back. A few minutes later the angry mob set upon a Japanese who had come to see the bodies. The man was so badly injured that he dies the same night.

From reliable native sources we received the following:—

After the police left, the immense crowd at Chong No closed in and struck the dead bodies repeatedly with stones; among the missiles hurled - remembers seeing a large circular mill-stone, such as Koreans use in their hand-mills for grinding beans. When he saw them later, the bodies had been beaten until their faces were unrecognizable. He referred to the fact that Koreans had dug out an eye from one of the bodies and carried it off.

When the Koreans were stoning the bodies, - saw a Japanese interfere, who urged them to stop and stooping down touched one of the bodies. The Koreans seemed to think that he was trying to remove the corpse. They pushed him over, and began to trample upon him. But soon other Koreans interfering, made them desist and let the man go free.

- saw a man do a horrible thing. He took out his knife and carved a piece of flesh from the thigh of one of the bodies. Them he put it in his mouth and said to the others,

"Let us eat them." But the crowd, instead of following cannibalistic suggestion, shrank from him in horror.

Later.

Yesterday morning before dawn the King got out of his "prison" in one of the box-chairs belonging to the waiting-women. The plan was gotten up and faithfully adhered to by the women or "Nai-in." The guards did not suspect that one of those common chairs could contain the King. His Majesty and the Crown Prince went straight to the Russian Legation for protection. No Russian had been to the Palace nor near it; nor had any Russian been to any of the public offices.

The Minister of Police, Yi Yun Yong, by command of the King, ordered the arrest of the Cabinet Ministers. Kim Hong Chip, the Prime Minister, and Chung Pyung Ha, the Minister of Agriculture and Commence were arrested about two o'clock p.m. on the main street; but, on the way to execution, the populace mobbed them to death. It is reported that someone bit off a piece of flesh from Kim Hong Chip's check, cursing him as the author of the downfall of the top-knot! Yu Kil Chun was arrested but as he was being carried past the Japanese barracks, in front of the Palace, the Japanese soldiers rushed out and took him away by force. Cho Hui Yen, Chang Paik and the rest took to their heels.

Last night, policemen were sent, by order of the King, to prevent the houses of the criminals from being mobbed. A general amnesty was granted to all prisoners and criminals up to date. Strict orders were given to protect Japanese, toward whom the populace showed a considerable degree of animosity. As it was, a Japanese were reported killed.

The new Cabinet is composed as follows:-

Prime Mininster	(acting),	Pak Chung Yang.
Home	〃	Pak Chung Yang.
War	〃	Yi Yun Yong.
Police	〃	An Kyeng Su.
Agriculture	〃 (acting),	Ko Yong Heui.
Education	〃	Yun Chi Ho.
Finance	〃	Yun Yong Ku.
For. Affairs	〃	Yi Wan Yong.

There is to be no compulsion in regard to the cutting of the hair. The King keeps his hair cut. Others may do as they like.

THE OFFICIAL GAZETTE

for February 13th, contains the following pacificatory edict;—

Since We ascended the throne of Our Ancestors, We have reigned over the millions in the eight provinces for over thirty years. Ever since Our accession, We have mediated day and night how to fulfill the duties of a parent. But troubles and famines have frequently occurred. We have often heard that Our children have been impoverished and in consequence plunged into the deepest misery. Thinking of this condition, personal comforts, dainties and silks give us no comfort.

In addition, since the 6th moon, 503rd year, (July, 1894), Our country has had the show of reformation without its fruit. That this condition of affairs should create distrust in the minds of the people is but natural. Alas! Is this all because of Our unworthiness or because the Government has failed to win the confidence of the people or is it because the people have failed to do their duty? Day and night we are in the fear of one in danger of treading on the tail of a tiger. Looking for the cause of this it is found in the fact that Our good intentions and efforts do not reach the people. We have therefore decreed that all the arrears in taxes in the several provinces recorded in the various offices up to the 6th moon of the 503rd year of the dynasty (July, 1894) be remitted as a token of Our compassion for the people.

Unterredung mit Herrn Hitrovo über die Koreanische Frage.

PAAA_RZ201-018921_130 ff.			
Empfänger	Fürst zu Hohenlohe - Schillingsfürst	Absender	Gutschmid
A. 3524 pr. 2. April 1896. a. m.		Tokio, den 18. Februar 1896.	

A. 3524 pr. 2. April 1896. a. m.

Tokio, den 18. Februar 1896.

A. 42.

An Seine durchlaucht
den Herrn Reichskanzler
Fürsten zu Hohenlohe - Schillingsfürst.

In den hiesigen Blättern war mein Besuch bei Marquis Ito vom 15. d. Mts. registriert worden. Da erfahrungsgemäß solche Gelegenheiten gern benutzt werden, um durch Zwischenträgereien aller Art Mißtrauen zu säen, so fand ich mich veranlaßt, im Laufe des gestrigen Nachmittags meinen Russischen Kollegen aufzusuchen. Ich teilte ihm aus meiner Unterredung mit dem Minister-Präsidenten mit, daß Japan nach wie vor an der den Mächten abgegebenen Deklaration vom 26. Oktober v. J. festhalte, wonach es Korea seine eigenen Wege gehen lassen und sich jeder Intervention in die inneren Angelegenheiten dieses Landes enthalten wolle; die Truppen freilich könne es nicht zurückziehen, solange die Sicherheit der Kommunikationen nicht gewährleistet sei. Ganz besondere Freunde aber bereitete ich augenscheinlich Herrn Hitrovo, als ich ihm von der aufrichtigen Bewunderung sprach, die Marquis Ito für die „mise en scéne" des jüngsten Staatsstreiches in Söul hege.

Er erwiderte mir, daß ihm die hiesige Regierung sehr „circonspeck" zu sein schiene, während die Presse die überraschenden Nachrichten über die Ereignisse am 11. d. Mts. recht gut aufgenommen habe.

Ich hatte den Eindruck, als ob Herr Hitrovo sich nach dieser Richtung gewissen Befürchtungen hingegeben hätte und auch die Maßnahmen der Polizei, welche seit Eintreffen der ersten Telegramme die Russische Gesandtschaft sorgfältig bewachen läßt, zeigen, daß die hiesigen Behörden mit der Eventualität einer heftigen Mißstimmung gegen Rußland in gewissen Kreisen der Bevölkerung gerechnet hat. Der Gesandte glaubt, daß die Ereignisse vom 11. d. M. dazu beitragen werden, eine raschere Verständigung der beteiligten Mächte über die koreanische Frage herbeizuführen. Nach den Telegrammen des Herrn von Speyer sei die „restauration trés pacifique“ gewesen, der König werde vorläufig auf der Russischen Gesandtschaft verbleiben und habe den Japanischen Ministerresidenten davon in Kenntnis setzen lassen, daß ihn daselbst empfangen werde. Im Übrigen bleibe es bei den früheren Bestimmungen, nach welchen Herr von Speyer demnächst hierherkommen solle, um während der Abwesenheit des Gesandten als Geschäftsträger zu fungieren. Herr Waeber kenne ja das Terrain in Söul genau genug, um dort wieder selbständig zu sein und Herr von Speyer könne gewiß hier viel zu einer Verständigung beitragen, nachdem er die Lage in Korea persönlich studiert habe.

Gutschmid.

Inhalt: Unterredung mit Herrn Hitrovo über die Koreanische Frage.

Haltung Rußlands und Japans in der Koreanischen Angelegenheit.

PAAA_RZ201-018921_137 ff.			
Empfänger	Fürst zu Hohenlohe - Schillingsfürst	Absender	Gutschmid
A. 3525 pr. 2. April 1896. a. m.		Tokio, den 20. Februar 1896.	
Memo	mit. 4. 4. London 329, Petersburg 242		

A. 3525 pr. 2. April 1896. a. m.

Tokio, den 20. Februar 1896.

A. 43.

An Seine Durchlaucht
den Herrn Reichskanzler
Fürsten zu Hohenlohe - Schillingsfürst.

Mein Russischer Kollege teilt mir im Vertrauen mit, daß seit der Umwälzung in Söul vom 11. d. Mts., gegenüber welcher die Japaner ratlos dastünden, die hiesige Regierung die Besprechungen mit ihm wegen übereinstimmender Haltung der beiderseitigen Vertreter in der Koreanischen Hauptstadt wieder aufgenommen habe. Da er ganz bereit sei zu diesem Zwecke mitzuwirken, indem gegenseitige offene Aussprache und ein von Zeit zu Zeit sich wiederholender Gedankenaustausch das beste Mittel seien, um Mißverständnissen vorzubeugen, so könne von eigentlichen „négociations" kaum die Rede sein. Es handele sich eben nur um cincn modus vivendi für die Gegenwart, welcher einer Auseinandersetzung in der Koreanischen Frage nicht vorgreifen solle. Aus diesem Grunde habe er eine solche übereinstimmende Haltung und die entsprechende Erteilung von Instruktionen an den Russischen Geschäftsträger in Korea in Petersburg von Neuem und, wie er glaube, mit Erfolg empfohlen.

Vorstehende Äußerung stimmt mit den Seitens des Marquis Ito mir gemachten vertraulichen Mitteilungen ziemlich genau überein und habe ich die verschiedenen, Anfangs sich nicht ganz miteinander deckenden Auslassungen des Russischen Gesandten und des Japanischen Minister-Präsidenten nun doch so weit mit einander in Einklang zu bringen vermocht, daß aus denselben wenigstens Eines mit ziemlicher Sicherheit erhellen dürfte, nämlich, daß über die eigentliche Lösung der Koreanischen Frage bisher nicht verhandelt wurde.

Es erscheint vielmehr nicht unmöglich, daß Marquis Ito, der mir noch vor einigen

Tagen seinen Herzenswunsch, nach Europa und besonders Petersburg zu gehen, offenbarte, wie auch mehrere inspirierte einheimische Blätter andeuten, über die Koreanische Frage direkt mit dem Fürsten Lobanow verhandeln möchte.

Nicht unerwähnt darf ich zum Schluß lassen, daß Herr Hitrovo auf Grund der ihm aus Korea zugegangenen Informationen behauptet, der Grund zu dem Staatsstreich vom 11. Februar sei in erster Linie in dem berüchtigten Haarschneide-Dekret zu suchen, das der König vor etwa Monatsfrist unter Japanischem Einfluß erlassen und welches eine tiefgehende Unzufriedenheit unter der Bevölkerung Korea's erzeugt habe.

Gutschmid.

Inhalt: Haltung Rußlands und Japans in der Koreanischen Angelegenheit.

[ ]

PAAA_RZ201-018921_143 ff.			
Empfänger	Fürst zu Hohenlohe - Schillingsfürst	Absender	Gutschmid
A. 3528 pr. 2. April 1896. a. m.		Tokio, den 25. Februar 1896.	

Abschrift.

A. 3528 pr. 2. April 1896. a. m.

Tokio, den 25. Februar 1896.

A. 48.

Seiner Durchlaucht
dem Herrn Reichskanzler
Fürsten zu Hohenlohe - Schillingsfürst.

Die Entsendung des Marschalls Marquis Yamagata nach Rußland, um bei den Krönungsfeierlichkeiten in Moskau die Japanische Regierung als Botschafter zu vertreten, kann an sich nicht, wie viele Zeitungen behaupten, als Beweis dafür gelten, daß der Ministerpräsident seinen Plan, im Frühjahr eine Reise nach Europa anzutreten, aufgegeben habe. Es lag nicht in der Absicht des Marquis Ito, wie er selbst mir angedeutet hat, in amtlicher Eigenschaft nach Europa zu gehen und etwa in Moskau als Botschafter zu figurieren. Vielmehr wünschte er die Erholungsreise zu benutzen, um mit den leitenden Staatsmännern Europa's in persönliche Berührung zu treten.

Vor Allem lag dem Ministerpräsidenten daran, die Lage in Ostasien mit dem Fürsten Lobanow zu besprechen und bei dieser Gelegenheit womöglich eine Auseinandersetzung mit Rußland in der Koreanischen Frage herbeizuführen.

Mit der Mission des Generals Yamagata ist, wie ich glaube, in erster Linie kein politischer Zweck verbunden. Derselbe ist zwar ein Klansmann (:Choshin:) des Premiers, aber nicht sein Vertrauensmann. Auch ist er trotz des großen Ansehens, dessen er in Japan genießt, nicht eigentlich ein Politiker oder gar Diplomat und würde aus den angegebenen Gründen kaum die geeignete Persönlichkeit sein, um Angelegenheiten von so weittragender Bedeutung für Japan wie die Koreanische Frage durch Verhandlungen mit dem St. Petersburger Kabinett zu regeln. Immerhin ist es nicht unwahrscheinlich, daß es eine Verständigung mit Rußland anzubahnen in der Lage sein wird und hierzu den Auftrag hat. Daß er dort persona grata ist, entnehme ich aus Äußerungen meines russischen

Kollegen. Mit Vicomte Aoki, der demselben Klan angehört, ist Yamagata eng befreundet.

Die Gründe, welche den Marquis Ito trotz seines dringenden persönlichen Wunsches, nach Europa zu reisen, verhindern, sich jetzt aus Japan zu entfernen, sind vor Allem in der inneren Lage zu suchen, die sich seit den jüngsten Ereignissen in Korea, welche der parlamentarischen Opposition neuen Stoff zu Angriffen gegen die Regierungspolitik gegeben haben, erheblich kompliziert hat und das Verbleiben des Minister-Präsidenten im Lande unumgänglich notwendig macht.

gez. von Gutschmid.

orig. i. a. Japan 8 № 2.

[ ]

PAAA_RZ201-018921_146 f.			
Empfänger	Fürst zu Hohenlohe - Schillingsfürst	Absender	Gutschmid
A. 3529 pr. 2. April 1896. a. m.		Tokio, den 27. Februar 1896.	

Abschrift.

A. 3529 pr. 2. April 1896. a. m.

Tokio, den 27. Februar 1896.

A. 50.

Seiner Durchlaucht

dem Herrn Reichskanzler Fürsten zu Hohenlohe - Schillingsfürst.

Die am 16. d. M. verkündete zehntägige Suspension des Japanischen Landtags war, wie mir der Ministerpräsident Marquis Ito am selben Tage mitteilte, erfolgt, um die Diskussion eines von der Opposition geplanten auf die Koreanische Politik der Regierung bezüglichen Mißtrauensvotums und damit eine Vermehrung der durch das Bekanntwerden der Ereignisse in Söul vom 11. d. M. erzeugten Erregung des Volks zu verhindern.

Während der zehn Tage hat, wie die Regierung erwartete, bei den besonnenen, dem konservativen Lager angehörigen Elementen der Opposition eine ruhigere Auffassung Platz gegriffen und die Antragsteller erklärten daher bei Wiedereröffnung der Sitzungen vom 25. d. M., das Mißtrauensvotum von der Tagesordnung wieder zurückziehen zu wollen. Dem wiedersetzten sich aber nunmehr die regierungsfreundlichen Parteien, welche bei der veränderten Stimmung des Hauses auf einen sicheren Sieg ihrerseits rechnen konnten. Sie verlangten die Beratung der Vorlage, welche ohne besondere Heftigkeit verlief und mit einer Ablehnung des Mißtrauensvotums mit 165 gegen 101 Stimmen endigte.

gez. von Gutschmid.

orig. i. a. Japan 13.

[ ]

PAAA_RZ201-018921_148 ff.			
Empfänger	Fürst zu Hohenlohe - Schillingsfürst	Absender	Gutschmid
A. 3538 pr. 2. April 1896. p. m.		Tokio, den 24. Februar 1896.	
Memo	Umstellg. mtg. 4. 4. London 330, Petersburg 243.		

A. 3538 pr. 2. April 1896. p. m.

Tokio, den 24. Februar 1896.

A. 46.

Seiner Durchlaucht, dem Herrn Reichskanzler, Fürsten zu Hohenlohe - Schillingsfürst.

Entzifferung.

Ein seit lange hier lebender Deutsch-Amerikaner, der als Lehrer und Übersetzer eine dürftige Existenz führt und von der Koreanischen Gesandtschaft, zu der er in Beziehungen steht, als Übersetzer gelegentlich Verwendung findet, teilt mir folgende drei Teleramme des Königs von Korea an seine hiesige Gesandtschaft vom 12., 14. und 17. d. Mts. mit:

1: Habe meine untauglichen Minister entlassen und andere, zu denen ich Zutrauen habe, genommen. Habe einen starken Gönner gefunden.

2: Abmachungen mit den Japanern, namentlich diejenigen mit Graf Inouyé, sollen nicht gehalten werden; Gesandtschaft soll aber Japanische Regierung fortwährend der Freundschaft und Treue Korea's versichern. Falls Gefahr für Koreaner in Tokio vorhanden, so sollen dieselben sich auf Russische Gesandtschaft flüchten.

3: Falls Gesandtschaft Geld braucht und keine Nachrichten aus Söul erhält, soll sie sich Geld vom Russischen Gesandten geben lassen.

Umstände machen mir Authentizität vorstehender drei Telegramme wahrscheinlich.

Gutschmid.

Berlin, den 4. April 1896.

zu A. 3525.

An
die Botschaften in
1. London № 329.
2. St. Petersburg № 242.

J. № 2155.

Euerer pp. übersende ich anbei ergebenst Abschrift eines Berichts des Kais. Gesandten in Tokio vom 20. Februar d. Js., betreffend Haltung Rußlands und Japans in der Koreanischen Angelegenheit,

zu Ihrer gefälligen Information.

N. S. E.

Berlin, den 4. April 1896.

zu A. 3538.

An
die Botschaften in
1. London № 330.
2. St. Petersburg № 243.

J. № 2156.

Euerer pp. übersende ich anbei ergebenst Abschrift eines Berichts des Kais. Gesandten in Tokio vom 24. Februar d. Js., betreffend Japanisch-Koreanische Beziehungen,

zu Ihrer gefälligen Information

N. S. E.

[ ]

PAAA_RZ201-018921_153 f.			
Empfänger	Fürst zu Hohenlohe - Schillingsfürst	Absender	Gutschmid
A. 3538 pr. 2. April 1896. p. m.		Tokio. [o. A.]	
Memo	mtg. 4. 4. London 330, Petersburg 243.		

Abschrift.

A. 3538 pr. 2. April 1896. p. m.

Tokio.

Seiner Durchlaucht, dem Herrn Reichskanzler, Fürsten zu Hohenlohe - Schillingsfürst.

Durch einen schon lange sich hier aufhaltenden Deutsch-Amerikaner, welcher als Lehrer und Übersetzer einen dürftigen Unterhalt sich verdient und gelegentlich von der Koreanischen Gesandtschaft, mit der er in Verbindung steht, als Übersetzer verwendet wird, sind mir nachstehende drei vom König von Korea an seine hiesige Gesandtschaft gerichtete Telegramme vom 12., 14. und 17. d. M. mitgeteilt worden:

1: Ich habe meine untauglichen Minister entlassen und neue erwählt, zu denen ich Vertrauen habe, ich habe einen starken Gönner gefunden.

2: Die Abmachung mit Japan, insbesondere die mit Graf Inouyé vereinbarten, sollen nicht gehalten werden; meine Gesandtschaft hat aber die Japanische Regierung fortgesetzt der Treue und Freundschaft Koreas zu versichern. Sollte Gefahr für die Koreaner in Tokio eintreten, so sollen sich dieselben in die russische Gesandtschaft flüchten.

3: Sollte meine Gesandtschaft Geld brauchen und ohne Nachrichten aus Soeul sein, so soll sie sich vom russischen Gesandten Geld geben lassen.

Die Authentizität der vorstehenden drei Teleramme erscheint durch die obwaltenden Umstände wahrscheinlich.

gez. Gutschmid.

[ ]

PAAA_RZ201-018921_155 f.			
Empfänger	[o. A.]	Absender	[o. A.]
A. 3708 pr. 7. April 1896. p. m.		Chemulpo, den 15. Februar. 1896.	

A. 3708 pr. 7. April 1896. p. m.

Kölnische Zeitung

7. 4. 96.

Die Lage auf Korea.

Chemulpo, 15. Febr. 96.

So schlau und hinterlistig die Japaner bei ihren Winkelzügen um die Herrschaft in Korea bisher zu Werke gegangen sind - der neueste Staatsstreich hier hat bewiesen, daß sie den Russen doch nicht das Gleichgewicht halten können. Die Russen haben sie in den letzten drei Tagen in furchtbarer Weise über´s Ohr gehauen, und die nothdürftig aufrecht erhaltenen Errungenschaften der Japaner in Korea, welche sie mit so viel Blut und mit so großen Opfern erkauft haben, sind mit einem Schlage vernichten worden. [Inzwischen werfen sie Japaner weitere Truppen nach Korea - und die Russen auch.] Korea wird seit drei Tagen nicht mehr von Tokio, sondern von St. Petersburg aus regiert; nicht der japanische, sondern der russische Gesandte hält das Scepter in den Händen, und der König von Korea hat seine Residenz in der russischen Gesandtschaft aufgeschlagen. Welche ohnmächtige Wuth diese Nachricht in Japan hervorrufen wird, kann man sich wohl denken, aber um den Scherz, den sich der russische Bär mit der japanischen Katze erlaubt hat, noch zu vervollständigen, fanden die Japaner am Tage nach dem Staatsstreich die nach Japan führenden koreanischen Telegraphenlinien an mehrern Stelen unterbrochen. Der japanische Gesandte Komura mußte die Trauerbotschaft durch einen eigenen Avisodampfer nach Fusan senden, und erst von dort konnte nach Tokio gekabelt werden, so daß Japan den Verlust Korea´s erst drei Tage später erfuhr.

Da sich in den letzten Wochen neuerdings mehrere Provinzen gegen die Japaner erhoben hatten und man in Söul Unruhen befürchtete, ließen die Consuln Englands und America´s von ihren hier vor Anker liegenden Kriegsschiffen Schuztmannschaften nach Söul kommen. Es erregte deshalb sein Aussehen, als am 9. von dem russischen Schiffe

Admiral Kornileff hundertdreißig Mann mit mehrern Kanonen an´s Land gesetzt wurden mit der Weisung, in Eilmärchen nach Söul zu marschiren. Dieselben trafen am 11. bei Tagesanbruch in der Hauptstadt ein und besetzten sofort die von einer hohen Mauer umgebenen Gesandtschaftsgebäude. Kaum waren sie dort eingezogen, als die Thore der russischen Gesandtschaft neuerdings geöffnet wurden, um mehrere Sänften einzulassen, welche von Koreanern getragen wurden, und nach der vorne herabbaumelnden Seidenquaste und den zugezogenen Vorhängen zu schließen, koreanische Grauen enthielten. Diene innen begleiteten die Sänfte zu beiden Seiten. Im Hofe der Gesandtschaft angekommen, entstiegen diesen Sänften - Se. Mai. der König von Korea, der Kronprinz und die Königin-Mutter, von dem sie erwartenden Geschäftsträger Weber und dem Gesandtschafts-Personale ehrfurchtsvoll empfangen. Ihre neue Residenz, eines der innerhalb der Umfassungsmauern befindlichen Gesandtschaftsgebäude, stand zu ihrer Aufnahme bereit, und seit dem 11. d. M., Morgens, wird Korea von dort aus regiert, zur großen Frende aller Koreaner, denen das japanische Joch verhaßter ist als jemals.

Seit der Ermordung der Königin durch die Japaner war auch der König seines Lebens nicht mehr sicher. Ein Ministerium, aus Creaturen bestehend, welche sich Japan gekauft hatte, hielt den König gefangen, raubte ihm das königliche Siegel und erließ Verfügungen in seinem Namen, welche einfach von der japanischen Gesandtschaft diclirt wurden. Als der König am Tage seiner Flucht das ausländliche Conular-Corps zu sich in die russische Gesandtschaft beschied, theilte er demselben mit, daß er seit dem Tage er Ermordung der Königin, also seit dem 9. October v. J., ein Gefangener in seinem Palast war, und daß alle Decrete und Verordnungen ohne sein Wissen von seinen käuflichen, verrätherischen Ministern erlassen wurden. Tag und Nacht wurde ihm nach dem Leben getrachtet, allein keiner der Anschläge gelang, weil sich statt eines seiner americanischen Berather General Dye und Oberst Nienstedt (ein geborener Deutscher) um seine Person befanden, an denen man sich nicht vergreifen wollte. Schon seit Langem waren diese Herren bestrebt, en König ans den japanischen Händen zu befreien, allein die Russen zogen es vor, statt der Gewalt, die möglicherweise zu Verwickelungen mit Japan geführt hätten, List zu gebrauchen - deshalb die Einholung von 130 Marine-Soldaten „zum Schutze der Gesandtschaft", zu denen sich noch eben so viele Kosaken gesellten, welche außerhalb der Stadt campiren; deshalb auch die Verkleidung der königlichen Familie in Frauengewänder und die heimliche Flucht zwischen den nichts ahnenden japanischen Schloßwachen hindurch zur russischen Gesandtschaft. Die Sache war so fein einfädelt, daß weder die Wachen, noch das Ministerium, noch der japanische Gesandte die Abwesenheit des Königs merkten. Die erste Kunde, welche die Minister von dem neuen Aufenthalt des Königs erhielten, brachten die aus der russischen Gesandtschaft batirten königlichen

Proclamationen, mittels welcher die koreanischen Soldaten aufgefordert wurden, die Minister, diese „Erzverräther", abzufassen und ihnen die Köpfe abzuschlagen! Die Koreaner, das Militair sowohl als das Volk ließen sich dies nicht zwei Mal sagen: drei Minister, darunter der Minister-Präsident, wurden abgefaßt und zur großen Stadtglocke geschleppt. Auf dem Wege dahin wurde der Kriegsminister von japanischen Soldaten befreit und nach der japanischen Gesandtschaft gebracht, wohin sich auch die übrigen Minister geflüchtet halten. An der Stadtglocke wurden den zwei Ministern die Köpfe abgeschlagen und ihre Leichname wurden von dem Pöbel in furchtbarer Weise zerfleischt und verstümmelt. Ein Japaner, der sich unter das Gedränge wagte, erlitt ein gleiches Schicksal.

Aus den Proclamationen des Königs geht hervor, daß alle die den Koreanern so verhaßten Kleider-, Hut- und Haartracht-Reformen ohne das Vorwissen des Königs zu erbittern. Der König widerruft in den Proclamationen alle diese Verfügungen und gewährt dem Volke vollständige Freiheit, den aufrührerischen Soldaten Pardon. Der Staatsreich des 11. Februar ist wohl das wichtigste Ereigniß der koreanischen Geschichte der letzten Jahre; denn nachdem Korea durch die Japaner den Chinesen entrissen wurde, wurde es von denselben Japanern durch ihre eigene Unfähigkeit den Russen in die Hände gespielt. Japans Rolle in Korea ist vorüber, der „weiße Zar" ist der Herr des „Landes der Morgenruhe".

[ ]

PAAA_RZ201-018921_157			
Empfänger	[o. A.]	Absender	[o. A.]
A. 3842 pr. 10. April 1896. p. m.		Berlin. [o. A.]	

A. 3842 pr. 10. April 1896. p. m.

The Daily News

GERMANY AND RUSSIA IN COREA.

(FROM OUR CORRESPONDENT.)

BERLIN, Thursday Night.

The Statement from Corea that the German Consul there had joined the protest of his English and American colleagues against the King's further stay at the Russian Legation is, I hear, completely unfounded. On the contrary, the German representative has been instructed to remain absolutely neutral. The statement, indeed, sounded improbable from the beginning, for is contradicted the whole trend of Germany's Eastern Asiatic policy-namely, not to oppose Russian interests.

Berlin, den 11. April 1896.

A. 3551.

An

die Königlichen Missionen in

1. Dresden № 154.
2. München № 143.
3. Stuttgart № 154.

J. № 2338.

Eur. p. übersende ich anbei ergebenst Abschrift eines Berichts des Kais. Konsuls in Söul vom 11. Februar d. Js., betreffend Flucht des Königs in die Russische Gesandtschaft,

unter Bezugnahme auf den Erlaß vom 4. März 1885 mit der Ermächtigung zur Mitteilung.

N. S. E.

Vertrauliche Mitteilungen des Englischen Gesandten, betreffend Rußland, Japan und Korea.

PAAA_RZ201-018921_159 ff.			
Empfänger	Fürst zu Hohenlohe - Schillingsfürst	Absender	Gutschmid
A. 3915 pr. 13. April 1896. a. m.		Tokio, den 4. März 1896.	
Memo	mtg. 4. 5. London 439, Paris 241, Petersburg 316, Wien 388, Peking A. 9. Vertraulich!		

A. 3915 pr. 13. April 1896. a. m.

Tokio, den 4. März 1896.

A. 54.

An Seine Durchlaucht
den Herrn Reichskanzler
Fürsten zu Hohenlohe - Schillingsfürst.

Mein britischer Kollege teilt mir im Vertrauen mit, der Generalkonsul Hillier habe ihm vor kurzem geschrieben, daß Herr von Speyer am Vorabend der Flucht des Königs von Korea in die Russische Gesandtschaft ihm gegenüber die Worte habe fallen lassen: „We are on the eve of great events".

Als der Russische Geschäftsträger am 13. Februar Herrn Hillier wieder getroffen habe, habe er ihm gesagt: „Mehr durfte ich Ihnen neulich nicht sagen."

Bei den vertraulichen Beziehungen, die Sir Ernest Satow auf Grund seines früheren langjährigen Aufenthalts in Japan zu den leitenden hiesigen Staatsmännern unterhält, bezweifele ich nicht, daß er dem Marquis Ito die vorstehenden Äußerungen des Herrn von Speyer hinterbracht hat.

Sir Ernest bemerkte weiter, die Japanische Regierung sei von Mißtrauen gegen Herrn Hitrovo erfüllt und zwei der leitenden Staatsmänner hätten ihm gegenüber die Überzeugung ausgesprochen, daß Rußland für die Zeit nach der Krönung einen Coup in Korea vorbereite.

Daß Marschall Yamagata mit einer politischen Mission betraut sei, glaubt auch mein Englischer Kollege nicht. Seine Ernennung zum Krönungsbotschafter hänge vielmehr, so meint er, mit Fragen der inneren Politik zusammen, indem dieselbe der Preis für eine mehr regierungsfreundliche Haltung der konservativen Partei sei, zu welcher bekanntlich

Yamagata gehört. Marquis Ito habe durch dieses Arrangement die Stellung seines Kabinetts wesentlich befestigt.

Gutschmid.

Inhalt: Vertrauliche Mitteilungen des Englischen Gesandten, betreffend Rußland, Japan und Korea.

Japanisch-Russisches Einvernehmen bezüglich Korea's.

PAAA_RZ201-018921_163 ff.			
Empfänger	Fürst zu Hohenlohe - Schillingsfürst	Absender	Gutschmid
A. 3916 pr. 13. April 1896. a. m.		Tokio, den 11. März 1896.	
Memo	mtg. 6. 5. London 444, Petersburg 323.		

A. 3916 pr. 13. April 1896. a. m.

Tokio, den 11. März 1896.

A. 57.

An Seine Durchlaucht
den Herrn Reichskanzler
Fürsten zu Hohenlohe - Schillingsfürst.

Gelegentlich meiner vorgestrigen den Abschluß einer Deutsch-Japanischen Konsularkonvention betreffenden Besprechung mit dem Marquis Saionji teilte mir dieser auf Befragen mit, daß vor der (:am 8. d. M. erfolgten:) Abreise des Herrn Hitrovo ein vorläufiges Einvernehmen zwischen Japan und Rußland erzielt worden sei, dahingehend daß die beiderseitigen Vertreter am Hofe von Söul jeden Antagonismus, jeden Anlaß zu Reibungen vermeiden und sich stets im Voraus über alle für die Ruhe und Unabhängigkeit des Halbinselkönigreichs wünschenswerten Maßnahmen verständigen sollten. In diesem Sinne sei Herr Komura instruiert worden und seines Wissens habe der Russische Geschäftsträger Waeber - Herr von Speyer fungiert seit vorgestern hier als Chargé d'Affaires - bereits analoge Weisungen erhalten.

Die wenig beneidenswerte Rolle, welche Japan gegenwärtig politisch in Korea spielt und die so sehr im Gegensatz zu den Ansprüchen steht, welche es noch vor wenigen Monaten erhob, macht die Japanischen Staatsmänner schweigsam. Korea ist ein Thema, welches Marquis Ito sowohl als der Minister des Äußern jetzt nur ungern zum Gegenstand der Unterredungen mit den fremden Vertretern machen. Denn in aller Stille hat sich dort ein Umschwung vollzogen, der auf ein entschiedenes Übergewicht des Russischen Einflusses hinausläuft und die Japanischen Aspirationen sehr stark in den Hintergrund gedrängt hat. Japan wird - etwas spät freilich - zu der Erkenntnis gelangen müssen, daß es dort für Rußland die Kastanien aus dem Feuer geholt hat.

Gutschmid.

Inhalt: Japanisch-Russisches Einvernehmen bezüglich Korea's.

Politische Ereignisse in Korea.

PAAA_RZ201-018921_167 ff.			
Empfänger	Fürst zu Hohenlohe - Schillingsfürst	Absender	Krien
A. 3920 pr. 13. April 1896. a. m.		Söul, den 27. Februar 1896.	
Memo	mtg. 6. 5. Dresden 195, München 181, Stuttgart 195. J. № 104		

A. 3920 pr. 13. April 1896. a. m. 2 Anl.

Söul, den 27. Februar 1896.

Kontrol № 16.

An Seine Durchlaucht
den Herrn Reichskanzler
Fürsten zu Hohenlohe-Schillingsfürst.

Euer Durchlaucht habe ich die Ehre ganz gehorsamst zu melden, daß der König von Korea noch immer in der Russischen Gesandtschaft wohnt, wo auch das Kabinett seine Sitzungen abhält. Nach einer Äußerung des Herrn Waeber ist der Fürst aus Furcht vor Japanischen Soshi's bisher nicht in den Palast zurückgekehrt. Die Besorgnis sei nach den Ereignissen des 8. Oktober v. Js. nicht unbegründet, zumal da der hiesige Japanische Konsul ihm, Herrn Waeber, selbst erklärt habe, daß er für seine Leute nicht garantieren könnte. Auf eine Bittschrift hiesiger Kaufleute, den Palast wieder zu beziehen, hat der König erwidert, daß er sich in einigen Tagen dahin zurückbegeben werde.

Der Japanische Gesandte hat bisher alle Schreiben des Ministers der Auswärtigen Angelegenheiten unbeantwortet gelassen. Auf einen Ersuch, die in der Nähe des Palastes stationierten Japanischen Truppen von dort zu entfernen, hat er durch den Gesandtschafts-Dolmetscher die Koreanischen Behörden aufgefordert, ihm ein anderes Gebäude anzuweisen, die ihm darauf zur Verfügung gestellten Häuser indes als ungeeignet bezeichnet. Eine kürzlich erfolgte Einladung des Königs, ihn zu besuchen, hat Herr Komura abgelehnt, weil er sehr beschäftigt wäre.

Trotz erneuter Ermahnungen und Drohungen des Monarchen nehmen die Aufstände im Innern nicht ab, sondern eher zu. Vier Präfekten und mehrere Bezirks-Vorsteher, sowie etwa 20 Japaner, sind bisher von den Aufständischen ermordet worden. Der Minister des Äußern hat deshalb an die fremden Vertreter des Ersuchen gerichtet, ihre Landsleute aus dem Innern des Landes zurückzurufen.

Die Rebellen von Chun chon in der Provinz Kang-wön-do behaupten in einer Proklamation, daß sie sich zusammengeschart hätten, um die Japaner und deren Anhänger zu vertreiben, die Ermordung der Königin zu rächen, den König von den verräterischen Ministern zu befreien und die Ehrfurcht vor China wieder zu verbreiten. In Wirklichkeit bestehen sie aber aus organisierten Räuberbanden, die durch Mord, Plünderung und Brandstiftung die Bevölkerung zwingen, sich ihnen anzuschließen. Großen Vorschub hat ihnen einerseits die unbedachte Order des Haarscherens und andererseits der Umstand geleistet, daß sie von ihrem Herrscher in dessen neueren Erlassen als Patrioten bezeichnet werden.

Der frühere Finanzminister O Yun-Chung ist im Inlande ermordet worden, wie die Koreanische Regierung behauptet, aus persönlicher Rache von zwei Koreanern, die er vor einigen Jahren hart bedrückt und bestraft hätte.

Am 23. d. Mts. wurde der Vertraute des Königs, I Pom-Chin, der im Übrigen einen sehr schlechten Ruf genießt, zum Justizminister und Polizei-Präsidenten ernannt. Gleich darauf wurden 13 Koreaner, darunter der bisherige Gouverneur von Söul, ein Anhänger des Tai-wön-kun, verhaftet und ins Gefängnis geworfen. Die Festnahme von etwa 140 anderen Koreanern soll geplant worden sein. Auf die Vorstellungen der Amerikanischen und Englischen Vertreter hat Herr Waeber diesen erklärt, daß die Mehrzahl der ergriffenen Koreaner als Zeugen über die Ermordung der Königin vernommen werden solle und daß die Gerüchte von der Massen-Verhaftung übertreiben seien. - Nach glaubhaften Berichten hat sich der frühere Polizei-Präsident An Kyong-Su unter Berufung auf die von dem Könige am 11. d. Mts. verkündete Amnestie geweigert, die Verhaftungen anzuordnen, und ist deshalb, unter Ernennung zum Senator, seines Postens enthoben worden. Der Minister für Handel, Ackerbau und öffentliche Arbeiten hat seine Entlassung genommen, an seine Stelle ist der bisherige Justiz-Minister getreten.

In Fusan sind 150 Japanische Gendarmen zur Bewachung der Telegraphenlinie Fusan-Söul gelandet worden. Hier verbreitete Gerüchte von Landungen Japanischer Soldaten an verschiedenen Plätzen Korea's haben sich nicht bestätigt. Mehrere Transportdampfer haben indes Lebensmittel für die Japanischen Truppen nach Chemulpo gebracht.

Am 16. d. Mts. übersandte mir der Minister des Auswärtigen eine Proklamation des Königs am 14. d. Mts., worin dieser verkündet, daß am 11. Februar eine von Staatsministern und Offizieren angezettelte Verschwörung gegen ihn entdeckt worden sei. In Folge dessen sei es notwendig geworden, diese Personen, welche auch bei der Ermordung der Königin beteiligt gewesen seien, als Verräter zu erklären und den Befehl zu erlassen, sie zu ergreifen und zu enthaupten. Durch diese Maßregel erschreckt, seien die Verschwörer geflohen, sodaß ihr Einfluß auf Soldaten und Polizisten gebrochen worden sei. Diese seien treu geblieben. Noch an demselben Tage sei die Verordnung dahin abgeändert worden, daß die Hochverräter lebendig ergriffen und den Gerichten zur Aburteilung überliefert werden sollten. Die Minister Kim Hong-Jip und Chong Pyong-Ha seien gegen seinen Willen von dem wütenden Volke getötet worden. (Dies ist tatsächlich unrichtig, denn die Beiden sind von Polizisten niedergehauen worden).

Nachdem er den Palast verlassen hätte, habe große Verwirrung geherrscht, da ein ordentliches Kabinett noch nicht bestanden hätte. Unter diesen Umständen hätten sich viele Irrtümer in die Abschriften seiner Proklamationen und Erlasse eingeschlichen. Auch hätten unbefugte Personen törichte und unheilvolle Kundgebungen ohne den Stempel der zuständigen Behörden angeschlagen. Diese Angelegenheiten würden untersucht und berichtigt werden.

Krien.

Inhalt: Politische Ereignisse in Korea. 2 Anlagen.

Anlage 1 zu Bericht № 16.
Übersetzung.
Abschrift.

Proklamation an alle Distrikte des ganzen Landes.

Die Oä-Sklaven (Japaner) sind in Aufruhr geraten, verräterische Minister im Lande haben sich an sie gehangen und ihnen Vorschub geleistet; das hatte zur Folge, daß die Landesmutter ermordet und der Landesvater vergewaltigt wurde, daß das ganze Volk gedrückt und tyrannisiert und zum Vieh herabgedrückt wurde (= ihm aller Mut genommen wurde); die Lehren von Yao und Shun, von Konfuzius und Chuhi wurden vollkommen ausgerottet und haben keine Stätte mehr, wo sie gepflegt werden. Der Zorn des Himmels ist darüber entfacht; die Menschen von Mut und Gerechtigkeitsgefühl, Soldaten und die gesamte Bevölkerung sind in Loyalität und Patriotismus aufgestanden und vor schmerzlicher Erregung strömen ihre Tränen und fließt ihnen Wasser aus der Nase; sie sind entschlossen nicht (mit den Feinden und Verrätern) zusammen unter einem Himmel zu leben. O, wenn wir allerwärts in Schwärmen uns erheben unter loyalen und patriotischen Führern, so kann uns nichts widerstehen. So zu handeln im Sinne des Himmels und der Menschen ist unsere erste Pflicht. Ehrfurcht vor der Blume der Mitte und die Barbaren zu vertreiben, das Land an den Feinden zu rächen und die Schmach abzuwaschen (die sie uns angetan); das ist edler Patriotismus.

Überall wo die Patrioten hinkommen, werden die hohen Beamten der Städte und Ortschaften, die nur an sich denken und zusehen und sich nicht sofort anschließen, und Leute, die zu den Verrätern halten und sie über die Lage der Patrioten unterrichten, als Schild der Barbaren und wilde Tiere angesehen und wird ihnen als Anhänger der Verräter und Aufrührer nach Kriegsrecht der Kopf abgeschlagen und darüber (an die Führer) Meldung gemacht.

den 17. Tag des 12. Monats (31. Januar 1896.)
gez: I So äng.
Führer der Patrioten von Chun chon.
Für die Übersetzung:
gez: Reisdorf.

Anlage 2 zu Bericht № 16.

ROYAL PROCLAMATION.

When on the 11th of the 2nd moon we found there was a conspiracy against Us, it appeared that the chief conspirators were members of the Cabinet and also commanding officers of the army. It was therefore necessary that very strong measures should be taken immediately, and for that purpose a proclamation was issued declaring some of them traitors, there being no doubt that they were traitors not only to Us but also had been engaged in the plot to murder the Queen. It was therefore ordered that Cho Hei Yen, Kwan Yung Chin, Yi Chin Ho, Yi Doo Whang, Yi pum Nai, Woo Pum Sun, who were or had been in the active command of the army or police, should be seized and their heads cut off. This order terrified the said conspirators who fled and left soldiers and police and were therefore unable to influence the soldiers and police or give them bad orders,

Soldiers and police have remained loyal to Us and there is therefore no necessity for continuing the aforgsaid proclamation. Even on the first day we modified that proclamation and directed that if the above mentioned traitors were arrested they should be taken alive and delivered to the Courts of justice. To make the matter more plain, we again decree that the said traitors be arrested by any one who may meet them; but that they should be taken alive, without injury, to the law courts, and that the said law courts should give them a fair, impartial and public trial and give a just decision according to law.

When Kim Hong Chip and Chung Piung Ha, two members of the cabinet were arrested, it was intended that a fair trial should be rendered according to law. But the angry people fearing perhaps that a rescne of them might be attempted and also desiring to vent their pent up indignation against the traitors, attacked and killed them. The premature death of these two was not in accordance with law and with our intention and desire that every one of Our subjects should have a fair trial. This matter will be further investigated.

When we first left the Palace, there was much confusion and no regularly constructed Cabinet. Under these circumstances there were many mistakes in the terms used in the copies of Our proclamations and decrees. These will be duly rectified. We are also informed that some unauthorized persons have put up some foolish and mischievous notices without even the official seals of proper authorities. These matters will also be investigated and rectified.

14th day, 2nd moon, 1st year of Kun Yang.

By order of His Majesty,

Pak Chung Yang, Acting Prime Minister of Minister of Home Office.

Cho Pieng Chik, Minister of Justice.

Abreise des Herrn v. Speyer. Äußerung des Herrn v. Speyer und Waeber über die Koreanische Frage. Fortschritte der Aufständischen.

PAAA_RZ201-018921_178 ff.			
Empfänger	Fürst zu Hohenlohe - Schillingsfürst	Absender	Krien
A. 3921 pr. 13. April 1896. a. m.		Söul, den 2. März 1896.	
Memo	cfr. A. 4927[96] J. № 111.		

A. 3921 pr. 13. April 1896. a. m.

Söul, den 2. März 1896.

Kontrol № 20.

An Seine Durchlaucht
den Herrn Reichskanzler
Fürsten zu Hohenlohe - Schillingsfürst.

Euerer Durchlaucht beehre ich mich im Anschluß an den ganz gehorsamen Bericht № 16. vom 27. v. Mts.[18] ebenmäßig zu melden, daß der Russische Geschäftsträger v. Speyer gestern Söul verlassen hat und noch an demselben Abend auf dem Kreuzer „Zabiaka" von Chemulpo nach Japan abgereist ist. Die Gesandtschaftsgeschäfte hat Herr Waeber als Außerordentlicher Gesandter und bevollmächtigter Minister wieder übernommen.

Bei seinem Abschiedsbesuch äußerte Herr v. Speyer vorgestern zu mir, daß der König aus Furcht vor den Japanischen Truppen, die er schon in den Jahren 1882 und 1884, sowie in den letzten beiden Jahren kennen gelernt hätte, sich vorläufig nicht getraue, die Russische Gesandtschaft zu verlassen. Auf seine und Herrn Waeber's Vorstellungen über das Unbegründete dieser Besorgnisse habe der König auf die Japanischen Soshi's hingewiesen.

Den Befehl nach Japan zu gehen, habe er am 10. Februar erhalten. Daraus, daß bisher kein Gegenbefehl eingetroffen sei, schließe er, daß inzwischen wegen Koreas eine Verständigung zwischen Rußland und Japan angebahnt worden und daß es seiner Regierung erwünscht sei, gerade ihn, der die letzten Vorgänge in Korea miterlebt habe, in Tokio zu sehen. Übrigens sei er überzeugt und von jeher überzeugt gewesen, daß es Japan nicht zum Kriege mit Rußland kommen lassen würde.

Rußland und Japan wären die Mächte, die zunächst zur Reformierung Koreas berufen

18 A 3920 mit heutiger Post.

seien. Japan sei jedoch insofern unmöglich als es den dreihundertjährigen Haß der Koreaner gegen die Japaner nicht auszurotten vermöge. Selbst das Gute, das diese brächten, verkehrte sich dadurch in den Augen ihrer Nachbarn in das Gegenteil, ganz abgesehen von den vielen Fehlern und Mißgriffen, welche die Japaner besonders in den letzten Jahren hier begangen hätten. In der weiteren Pflege seiner kommerziellen Interessen in dem Königreich habe Japan von Rußland, das keine handeltreibende Nation sei, nichts zu befürchten. Dagegen werde Rußland nicht zulassen, daß Japan in der bisherigen Weise weiter zivilisiere.

In erster Linie käme es darauf an, in Korea eine kleine Truppenmacht von etwa 3000 Mann zu schaffen, die im Stade sei, Räubereien und andere Unbotmäßigkeiten zu unterdrücken, denn von politischen Aufständen würde man sehr bald nichts mehr hören. Darin würde Korea seiner Ansicht nach die bereitwillige Unterstützung seiner Regierung finden. Auf diese Truppen gestützt könne dann der König selbständig die Regierung ausüben, wie er es für angebracht hielte.

Zweckmäßige Reformen, die Japan hier eingeführt hätte, sollen bestehen bleiben und weiter entwickelt werden, jedoch ohne Haft, und zunächst nur das Notwendige. Das hätte er auch dem Könige bei seiner letzten Audienz gesagt. Einen „Luxus“ darin könne und solle sich Korea nicht leisten. Beispielsweise sei eine Eisenbahn zwischen Söul und Chemulpo in Anbetracht der mißlichen Finanzen des Landes verfrüht; eine ordentliche Chaussee sollte vorläufig genügen.

Herr Waeber, der mich gestern besuchte, äußerte zu mir, Japan befände sich jetzt in der mißlichen Lage eines Menschen, der widerrechtlich in ein fremdes Haus eingedrungen und dann durch legale Mittel wieder vor die Türe gesetzt worden sei.

Die Aufständischen haben sich der Hauptstadt wiederum genähert. Sie haben die etwa 20 km südöstlich von hier gelegene Bergfeste Nam-Han, die als Zufluchtsort der Könige beim heranrücken von Feinden an Söul erbaut worden ist, vor einigen Tagen erobert und den dortigen Bezirks-Vorsteher ermordet. Die gegen sie von hier aus entsandten Truppen sind heute zurückgeschlagen worden.

Der Amerikanische Ratgeber im Auswärtigen Amte, Greathouse, ist dem Vorsitzenden des zur Untersuchung der Ermordung der Königin gebildeten Koreanischen Gerichtshofes als Rechtsbeistand beigegeben worden.

Abschriften dieses ganz gehorsamen Berichtes sende ich an die Kaiserlichen Gesandtschaften zu Tokio und Peking.

Krien.

Inhalt: Abreise des Herrn v. Speyer. Äußerung des Herrn v. Speyer und Waeber über die Koreanische Frage. Fortschritte der Aufständischen.

[ ]

PAAA_RZ201-018921_184			
Empfänger	[o. A.]	Absender	[o. A.]
A. 3993. pr. 15 April 1896. p. m.		[o. A.]	

A. 3993. pr. 15 April 1896. p. m.

Wiener
Politische Correspondenz

O. M. Wie man uns aus St. Petersburg meldet, hat die japanische Regierung dem russischen Cabinet ihre Bereitwilligkeit kundgegeben, bei der Beilegung der koreanischen Schwierigkeiten Hand in Hand mit Russland vorzugehen.

Des Weiteren wird uns von dorther berichtet, dass der König von Korea einen der höchsten Hofwürdenträger, Mir-John-Chian, zu den Krönungsfeierlichkeiten nach Moskan entsendet hat.

Die koreanische Frage.

PAAA_RZ201-018921_185 ff.			
Empfänger	Fürst zu Hohenlohe - Schillingsfürst	Absender	Radolin
A. 4006 pr. 16. April 1896. a. m.		St. Petersburg, den 14. April 1896.	

A. 4006 pr. 16. April 1896. a. m.

St. Petersburg, den 14. April 1896.

№ 175.

Seiner Durchlaucht
dem Herrn Reichskanzler
Fürsten zu Hohenlohe - Schillingsfürst.

Zu der aus Söul eingetroffenen Nachricht, die Koreaner hätten sich dazu entschlossen, auf der Halbinsel alle Japaner als die Mörder der Königin auszurotten, läßt sich die Nowoje Wremja vom 8. d. M. /27. v. M. telegraphieren, daß der den beurlaubten russischen Gesandten in Korea augenblicklich vertretende Herr Weber sich den Rußland dort entgegenbrachten Sympathien gegenüber reserviert verhalte. Er suche Alles zu vermeiden, was den Japanern Grund geben könnte, das Zarenreich feindseliger Umtriebe zu beschuldigen.

Radolin.

Inhalt: Die koreanische Frage.

Berlin, den 17. April 1896.

zu A. 3512.

An
die Botschaften in
1. London № 384.
2. St. Petersburg № 279.

J. № 2466.

Euerer pp. übersende ich anbei ergebenst Abschrift eines Berichts des Kais. Konsuls in Söul vom 16. Februar d. Js., betreffend politische Ereignisse in Söul,

zu Ihrer gefälligen Information.

N. S. E.

Russland und Japan in Korea.

PAAA_RZ201-018921_190 ff.			
Empfänger	Fürst zu Hohenlohe - Schillingsfürst	Absender	Radolin
A. 4250 pr. 22. April 1896. a. m.		St. Petersburg, den 19. April 1896.	

A. 4250 pr. 22. April 1896. a. m.

St. Petersburg, den 19. April 1896.

№ 194.

Seiner Durchlaucht
dem Herrn Reichskanzler
Fürsten zu Hohenlohe - Schillingsfürst.

Nach einem Spezialtelegramm der „Nowoje Wremja" vom 18./6. d. M. aus Yokohama sei Japan bereit, eine Vereinbarung mit Rußland in der Korea-Frage auf folgender Basis zu treffen:

1) Abschluß eines Defensiv- und Offensivbündnisses zwischen Rußland und Japan.
2) Abtretung des südöstlichen Teiles von Korea mit Fusan an Japan gegen die Insel Tsusim, welche in russischen Besitz übergehen solle.
3) Berechtigung Rußlands eisfreie Häfen an der östlichen, südlichen und südwestlichen Küste Koreas zu erwerben.
4) Unbedingtes Protektorat Rußlands über Korea.

Radolin.

Inhalt: Russland und Japan in Korea.

[ ]

PAAA_RZ201-018921_195			
Empfänger	Auswärtiges Amt in Berlin	Absender	Gutschmid
A. 4426 pr. 27. April 1896. p. m.		Tokio, den 25. April 1896.	

A. 4426 pr. 27. April 1896. p. m.

Telegramm.

Tokio, den 25. April 1896.
Ankunft: 27. 4. 2 Uhr 10 Min a. m.

Entzifferung.

№ 10.

Minister der auswärtigen Angelegenheiten teilt mir vertraulich mit, daß gegenwärtig zwischen dem japanischen und russischen Vertreter in Söul Verhandlungen über einen modus vivendi stattfinden, deren Ergebnis voraussichtlich durch Notenaustausch fixiert werden wird.

Näheres dürfte durch Herrn Krien in Erfahrung zu bringen sein.

Gutschmid.

Berlin, den 27. April 1896.

A. 4426. I.

Deutscher Konsul
Söul

Telegramm in Ziffern.
№ 1.

J. № 2736.

Nach Bericht aus Tokio verhandeln russischer und japanischer Vertreter in Söul über Korea mit Ziel Notenaustausches über modus vivendi. Suchen Sie Näheres unauffällig festzustellen.

N. S. E.

Berlin, den 27. April 1896.

A. 4426. II.

An
Botschafter
Petersburg № 301.
Sicher!

J. № 2737.

Euerer pp. beehre ich mich anbei Abschrift eines Telegramms des Kais. Gesandten in Tokio vom 25. d. M., betr. in Söul stattfindende Verhandlungen zwischen Japan und Rußland wegen Korea, zur gefl. vertraul. Information zu übersenden.

Vielleicht werden Euere pp. Näheres darüber von Ihrem japanischen Kollegen in Erfahrung bringen können.

N. S. E.

[ ]

PAAA_RZ201-018921_198			
Empfänger	Auswärtige Amt	Absender	Gutschmid
A. 4426 pr. 27. April 1896. a. m.		Tokio. [o. A.]	
Memo	mtg. 27. 4. Petersburg 301.		

Abschrift.

A. 4426 pr. 27. April 1896. a. m.

Tokio.

An das Auswärtige Amt Berlin.

Telegramm.

Wie mir vom Minister der auswärtigen Angelegenheiten vertraulich mitgeteilt wird, schweben gegenwärtig Verhandlungen zwischen dem russischen und dem japanischen Vertreter in Söul über Herstellung eines modus vivendi. Das Ergebnis wird voraussichtlich durch Notenaustausch fixiert werden.

gez. Gutschmid.

Die „Nowoje Wremja“ über die Zustände auf Korea.

PAAA_RZ201-018921_199			
Empfänger	Fürst zu Hohenlohe - Schillingsfürst	Absender	Radolin
A. 4448 pr. 27. April 1896. p. m.		St. Petersburg, den 25. April 1896.	

A. 4448 pr. 27. April 1896. p. m. 1 Anl.

St. Petersburg, den 25. April 1896.

№ 202.

Seiner Durchlaucht
dem Herrn Reichskanzler
Fürsten zu Hohenlohe - Schillingsfürst.

Euerer Durchlaucht beehre ich mich beifolgend im Ausschnitt aus der St. Petersburger Zeitung einen in der „Nowoje Wremja“ erschienenen, aus Tschemulpo datierten Brief des „Touristen“ dieser Zeitung gehorsamst vorzulegen. Der Briefschreiber schildert die dortigen Zustände im düstersten Lichte: Das Land der Morgenruhe sei infolge der Gewalttaten der Japaner von der Flamme des Aufruhrs erfaßt worden und vom König bis zum letzten Kuli gebe es Niemanden im Lande, der nicht für sein Leben zittere.

Radolin

Inhalt: Die „Nowoje Wremja“ über die Zustände auf Korea

Anlage zum Bericht № 202.

Ginoniss eines des St. Peterburger
Zeitung zum Bericht 22. 10. 1896. -№ 101.-

- [Von den Zuständen auf Korea] entwirkt der „Tourist“ der „Now. Wr.“ in einem Briefe, den er am 28. (16.) März von Tschemulpo abgesandt hat, ein sehr düsteres Bild. Das Land der Morgenruhe sei jetzt infolge der Gewaltthaten der Japaner von der Flamme des Aufruhrs erfsßt worden und vom Könige bis zum letzten Kuli gebe es im Lande

Keinen, der nicht für sein Leben zittere. Die einen fürchteten sich vor der japanischen Tyrannei, die anderen vor dem neuen Ministerium, welches seinen Vorgängern die erlittene Unbill mit größerem Uebel heimzahle. Der Haß gegen die Japaner sei so gestiegen, daß die Kenntniß der japanischen Sprache, das Dienen bei einem Japnaner jedem Koreaner verübelt werde.

„Das neue Kabinet, an dessen Spitze Li Vom Tschin steht, nimmt in energischer Weise Verhasftungen vor und macht mit dern Personen, die mit dem vorigen Ministerium in Verbindung gestanden haben oder für Anhänger der japanischen Partei gelten, kürzen Prozeß. Den Verhaftungen sollte die Todesstrafe folgen, die Minister-Residenten Russlands und Amerikas verlangten jedoch das Einstellen des grausamen Vorgehens, worauf das koreanische Kabinet seine weitern Verhaftungen vornahm. Wie man erzählt, sollen 8 zum Tode verrutheilte Personen begnadigt werden. Die Zöglinge der japanisch-koreanischen Schule zu Söul haben den Wunsch geäußert, den unterricht in der japanischen Sprache gegen den in der russischen vertrauschen zu können, der Unterrrichtsminister ertheilte ihnen aber hierfür einen Verweis. 7 koreainsche Studenten sind nach Tokio entflohen.

Die Bevölkerung Söuls ist sehr erregt und die Straßenkämpfe mit den Japanern machen einen unangenehmen Eindruck. Scherzweise wird erzählt, daß sich jetzt nur die 300 koreanischen Hofdamen wohlfühlen, die aus den Hofdienste entlassen sind und jetzt zu heirathen beabsichtigen.

Gehen wir von diesen Schrecken der Residenz zum Aufstande in den Provinzen über. Von Taku am Jalu Fluffe bis zu den südlichen Städten hat der Aufstand das ganze Land erfaßt: die Bewohner der Städte treten freiwillig zu den Aufständischen über, während die japanischen Detachements, die theils zum Dienste an den Kommissariat-Komptoirs, theils zur Führung der Telegraphenlinien hier und da im lande verstreut sind, es aus irgend einem Grunde für ihre Pflicht halten, den Aufstand zu dämpfen. So stieß am 23. Februar in der Nähe von Söul eine japanische Truppenabtheilung mit Aufständlichen zusammen und brannte nach blutigen Scharmützeln Schan·ko-wan und Iodschu nieder. Ein anderes japanisches Detachement von 27 Mann, das sich unter dem Kommando des Lieutenants Sakai befand, traf bei Tschaipar·mum auf Rebellen und vertrieb fle von dort.

Alle diese Unordnungen können meiner Aufsicht nach unerwartete Folgen haben. Augenscheinlich schicken sich die Japaner an, dem civilisirten Europa wieder eine Ueberraschung zu bereiten. Während Marschall Yamagata ein Lied von der japanisch-russischen Allianz auf koreanischem Boden fingt, werden alle Angelegenheiten dieses unglücklichen Landes der „ewigen Unordnung", die Administration, der Unterricht und der Handel, fktisch in Händen der Japaner sein; ihre neuen Kriegsschiffe werden auf englischen Werften rascher fertiggestellt werden, als unsere Sibirische Bahn. Andererseits hat die energische und entschlossene koreanische Politik Japans weiten Spielraum, da die übrigen Mächte sich nicht aktiv einmischen wollen. Sollte der König ebenso getödtet werden, wie die Königin, so dürfte man diese Fanatiker der japanischen Politik ebenso freisprechen, wie den Vicomte Miura und seine Helfer..."

Japan, Korea, Rußland. Die Chinesische Kriegsentschädigung.

PAAA_RZ201-018921_202 ff.			
Empfänger	Fürst zu Hohenlohe - Schillingsfürst	Absender	Gutschmid
A. 4515 pr. 28. April 1896. p. m.		Tokio, den 20. März 1896.	
Memo	mtg. 2. 5. London 428 Petersburg 309.		

A. 4515 pr. 28. April 1896. p. m.

Tokio, den 20. März 1896.

A. 62.

An Seine Durchlaucht
den Herrn Reichskanzler
Fürsten zu Hohenlohe - Schillingsfürst.

Die Japanische Regierung ist, entgegen den von der einheimischen Presse verbreiteten Gerüchten, entschlossen, gegen die Rebellen in Korea, welche letzthin unweit Gensan an der Ostküste eine Anzahl Japaner ermordet haben, militärisch nicht einzuschreiten.[19] Dies bestätigt mir gestern Marquis Saionji mit dem Zusatz, daß zu Schutz der Japanischen Untertanen ein Kriegsschiff nach Gensan beordert worden sei.

Auf meine Frage, ob die Zeitungsnachricht begründet sei, daß die Koreanische Regierung formell die Zurückziehung der Japanischen Truppen aus der Halbinsel beantragt habe, antwortete der Minister, der Gesandte Komura sei allerdings letzthin von den Koreanischen Machthabern gefragt worden, ob Japan nicht demnächst seine Truppen entfernen werde. Darüber, ob dieses Ansinnen auf Anstiften des Russischen Gesandten Waeber gestellt worden sei, äußerte sich Marquis Saionji nicht, wie er denn überhaupt gegenwärtig in seinen Auslassungen Alles vermeidet, was einen Gegensatz zwischen Japan und Rußland vermuten lassen könnte. Er meinte übrigens, daß diejenigen in Korea befindlichen Japanischen Truppenteile, welche zur Reserve gehörten, demnächst durch Linientruppen ersetzt werden sollten. Von einer Zurückziehung der Truppen könne augenblicklich, Angesichts der in Korea wieder überhandnehmenden anarchischen Zustände nicht die Rede sein.

Mit dem Russischen Geschäftsträger von Speyer hat die Regierung seit seinem

19 wenigstens nicht zu diesem Zweck Verstärkungen nach Korea zu entsenden.

Eintreffen hier nicht verhandelt - so behauptet wenigstens der Minister des Äußern. Dahingegen habe der Genannte ihm, dem Minister sowohl als dem Marquis Ito interessante Mitteilungen über die Lage in Söul gemacht.

Am Schluß unserer Unterredung teilte mir Marquis Saionji mit, Fürst Lobanow habe kürzlich Gelegenheit genommen, dem Baron Nishi zu erklären, daß der geheime Russisch-Chinesische Vertrag, über welchen die Englische Presse Enthüllungen gebracht habe, nur in der Phantasie von Zeitungskorrespondenten seien Existenz habe.

[Über das Zustandekommen der neuesten Chinesischen Anleihe von 16 Millionen Pfund Sterling mit einem Deutsch-Englischen Syndikat äußerte sich der Minister in hohem Grade befriedigt. Die im Mai fällige Ratenzahlung der Kriegsentschädigung sei dadurch jedenfalls sichergestellt.]

Gutschmid.

Inhalt: Japan, Korea, Rußland. Die Chinesische Kriegsentschädigung.

[ ]

PAAA_RZ201-018921_208			
Empfänger	[o. A.]	Absender	[o. A.]
A. 4549. pr. 29. April 1896. p. m.		[o. A.]	

A. 4549. pr. 29. April 1896. p. m.

Berliner
Lokal-Anzeiger

20. 4. 96.

△ Die letzten Nachrichten aus Söul haben, wie uns aus Tokio geschrieben wird, Japan eine neue trübe Kunde gebracht. Bei der Zarenkrönung wird nämlich gleich China und Japan auch das den beiden Staaten tributair gewesene Korea durch eine eigene Abordnung vertreten sein. Im Auftrage des Königs begiebt sich ein Mitglied der Familie Bin, Namens Bin-Ye-kan, nach Moskau. Daß die Wahl auf einen Angehörigen dieses Hauses gefallen ist, findet seine Erklärung in den engen Beziehungen, die zwischen der der Bin-Familie entsprossenen japanfeindlichen Königin und Rußland stets bestanden halten.

Berlin, den 2. Mai 1896.

zu A. 4515.

An
die Botschaften in
1. London № 428.
2. St. Petersburg № 309.

J. № 2882.

Euerer pp. übersende ich anbei ergebenst Abschrift eines Berichts des Kais. Gesandten in Tokio vom 20. März d. Js., betreffend Japanisch-Koreanische Beziehungen,

zu Ihrer gefälligen Information.

N. S. E.

[ ]

PAAA_RZ201-018921_210			
Empfänger	[o. A.]	Absender	[o. A.]
A. 4684. per. 3. Mai 1896. p. m.		[o. A.]	

A. 4684. per. 3. Mai 1896. p. m.

Weser-Zeitung

3. 5. 96.

Korea.

Einem Privatbriefe, datirt 22. März, aus Nagasaki entnehmen wir über die dermaligen Zustände in Korea Folgendes:

„Wenn man sich dem Lande nähert, so erblickt man eine Anzahl großer und kleiner Inseln, welche ein malerisches Amphitheater von mehreren englischen Meilen im Umkreis bilden; gegenüber einer derselben sieht man einen einsamen Mast aus dem Wasser ragen, das letzte Ueberbleibsel des chinesischen Transportschiffes „Koroschin", das vor dem eigentlichen Ausbruch des Krieges von den Japanern in Grund gebohrt wurde. Das Wrack liegt etwa anderthalb englische Meilen von der nächsten Insel entfernt, zu der Hauptmann Hannecken hinüberschwamm und von der er auf einer Fischertschunke später entkam. Die Küste ist sehr schön mit ihren tiefen Buchten, ihren steilen wilden Bergen, aber steht nicht in Gunst bei den Schiffern wegen der zahlreichen kleinen Felsen und Inselchen, welche überall zerstreut liegen, noch gefährlicher zur Nachtzeit wegen des gänzlichen Fehlens von Baken und Leuchtfeuern. Chemulpo liegt hübsch an einer kleinen Bay, wo die Fluth täglich dreißig Fuß steigt und fällt, und rühmt sich einiger japanischer Häuser, eines chinesischeren Hotels (sic), eines Zollhauses und natürlich eines bescheidenen Clubs, sowie vier europäischer Bewohner. Diese kleine Colonie erhält indeß fortwährend Zuwachs durch die Officiere der Kriegsschiffe im Hafen. Es waren zwei Amerikaner, zwei Russen und je ein Englänger und Franzose vorhanden. Hier im Osten kann man so recht Rußlands Stärke zur See beobachten. In Fusan, einer kleinen Niederlassung an der Ostküste von Korea, war die einzige europäische Flagge die russische, während Rußland hier in Nagasaki stark genug ist mit seinen zwei Torpedoböten, Kanonenboot, Kreuzer und Schlachtschiff die vereinigten Schiffe der übrigen Mächte in den Grund zu bohren.

Während Chemulpo selbst nicht groß ist, ist das benachbarte Dorf der Eingeborenen, Yinsen, von ansehnlicher Ausdehnung. Es ist reinlicher als irgend eine chinesische Stadt, welche ich gesehen und die Straßen, oder richtiger Gänge sind breiter und folglich lustiger. Die Eingeborenen sind ebenso gutmüthig wie die Birmesen. Sie haben die Europäer lieben gelernt in demselben Verhältniß, wie ihr Haß gegen die Japaner gewachsen ist. Und nicht mit Unrecht, denn als die Japaner zur Macht gelangten, haben sie verschiedene geschmacklose und nutzlos harte Edicte erlassen. So tragen beispielweise die Männer in Korea ihr Haar in einem Knoten auf dem Kopfe zusammengebunden, was zum Aufrechthalten besonderer Vorkehrungen erfordert, und einen Hnt mit hohem Kopfstück. Der Anzug ist von weißem leuchtendem Tuch, welches speciell in China angefertigt wird; im Winter wird derselbe mit Baumwolle gefüttert; er ist ziemlich lang mit weiten Aermeln, bequem in der Taille und wird durch eine Schleife etwas unter der rechten Schulter zusammengehalten. Als Grund dieser unpraktischen Kleidung giebt man an, daß es die Farbe der Trauer sei, wenn ein Mitglied der königlichen Familie stirbt. Da die ganze Bevölkerung bei solcher Gelegenheit Trauer anlegt, würde es die Quelle sehr erheblicher Ausgaben namentlich der ärmeren Classe sein — sie erschienen mir übrigens sämmtlich arm — wenn sie jedes Mal ihren Anzug zu wechseln haben würde. Der Einfachheit halber tragen sie ihn deshalb Jahr aus Jahr ein. Als specielles Trauerzeichen für ihre angeblich von Japanern ermordete Königin — denn Loyalität ist einer der Grundsätze ihres Glaubens — trugen die Männer jetzt gelbe Gewänder und Strohhüte wie ein vierblättriges Kleeblatt, die ihre Schultern berühren und das Gesicht vollständig bedecken. Sie rauchen lange Rohrpfeifen, die, wenn außer Gebrauch, in eine Falte des Gewandes auf den Rücken gesteckt werden. Die Japaner beorderten nun, daß die Koreaner ihr Haar abschneiden sollten, so daß sie ihre unförmigen Hüte nicht mehr gebrauchen konnten, sondern solche aus billigem japanischem Geflecht kaufen sollten; ihr Anzug sollte aus schwarzem Baumwollzeug bestehen, das von den japanischen Webereien geliefert wird; ihre Pfeifen sollten abgeschafft werden und an ihre Stelle solche aus japanischen Fabriken treten. Abgesehen von diesen kleinlichen Maßregeln behandeln die Japaner die sonst friedlichen Bewohner wie Sklaven. Ich selbst habe gesehen, wie sie unverantwortlich brutal mit ihnen umgingen, was wenigstens in einer Beziehung die hier im Osten oft gehörte Meinung zu bestätigen scheint, daß die Japaner im Herzen nach wie vor Barbaren und nur mit einem schwachen Firniß von Civilisation überzogen sind. Kann man sich deshalb wundern, daß sie hier jetzt noch mehr verhaßt sind, als in den letzten dreihundert Jahren? Vierzig sind allein in Söul umgebracht seit dem letzten Kriege und um zu verhindern, daß sie alle getödtet werden, haben die Japaner eine Truppen-Polizeimacht von 850 Mann nach hier verlegt.

Abgesehen davon scheinen sie aber wenig Macht zu besitzen, seitdem der König und sein Cabinet sich in der russischen Gesandtschaft befinden. Er scheint sich dort sehr wohl zu fühlen, da ein Gerücht behauptet, er bezahle dort 2 Yen pro Tag für Kost und Logis, also etwa 8 *M.* 50 Pf. Ich weiß nicht, ob dies auch die Wäsche einschließt, aber dies wird wohl nicht allzuviel ausmachen. Die Gesandtschaft ist das schönste Gebäude in Söul, was allerdings nicht viel bedeutet. Es liegt in beherrschender Lage auf der Spitze eines Hügels und überblickt einen bedeutenden Theil der Stadt mit ihren 2-300 000 Einwohnern. Die Außenthore werden von japanischen Soldaten bewacht, während innen etwa 250 russische Marinesoldaten einquartiert sind. Das englische Consulat hat 40 Soldaten, die amerikanische Gesandtschaft 20. Die Krisis wird erst ausbrechen, wenn Se. Maiestät nach dem Palaste zurückkehrt, aber wann das sein wird weiß niemand. Als der König aus dem Palaste am 11. Februar entfloh, befürchtete man, daß es zum Streite kommen würde zwischen Russen und Japanern, aber die letzteren benahmen sich so artig, wie das Lamm vor dem Bären.“

Berlin, den 4. Mai 1896.

zu A. 3915.

An
I. die Botschaften in
1. London № 439.
2. Paris № 241.
3. St. Petersburg № 316.
4. Wien № 388.

II. die Gesandtschaft in
Peking A. 9.

J. № 2938.

Euerer pp. übersende ich anbei ergebenst Abschrift eines Berichts des Kais. Gesandten in Tokio vom 4. März d. J., betreffend die russische Politik in Korea,

zu Ihrer gefälligen Information.

N. d. H. St. S.

i. m.

[ ]

PAAA_RZ201-018921_212			
Empfänger	Auswärtiges Amt in Berlin	Absender	Krien
A. 4728 pr. 5. Mai 1896. a. m.		Söul, den 4. Mai 1896.	
Memo	Antwort auf Telegramm № 1[20]		

cfr. A. 5152

A. 4728 pr. 5. Mai 1896. a. m.

Telegramm.

Söul, den 4. Mai 1896. 7 Uhr. 15 Min. p. m.
Ankunft: 5. 5. 3 Uhr. 12 Min. a. m.

Der K. Konsul an Auswärtiges Amt.

Entzifferung.

№ 2.

Die beiden Vertreter verhandeln über Königs Rückkehr in Palast und Zurückziehung japanischer Truppen.

Krien.

20 alleruntertänigst beigefügt.

Berlin, den 6. Mai 1896.

zu A. 3916.

An
die Botschaften in
1. London № 447.
2. St. Petersburg № 323.

J. № 3004.

Euerer pp. übersende ich anbei ergebenst Abschrift eines Berichts des Kais. Gesandten in Tokio vom 11. März d. J., betreffend das japanisch-russische Einvernehmen bezüglich Koreas,

zu Ihrer gefälligen Information.

N. S. E.

Berlin, den 6. Mai 1896.

A. 3920.

An

die Königlichen Missionen in

1. Dresden № 195.
2. München № 181.
3. Stuttgart № 195.

J. № 3018.

Eur. p. übersende ich anbei ergebenst Abschrift eines Berichts des Kais. Konsuls in Söul vom 27. Februar, betreffend politische Ereignisse in Korea,

unter Bezugnahme auf den Erlaß vom 4. März 1885 mit der Ermächtigung zur Mitteilung.

N. S. E.

Auswärtiges Amt
Abth. A.

Politisches Archiv d. Auswärt. Amts

Acta

Betreffend
Korea

Vom 07. Mai 1896
Bis 10. August 1896

Vol.: 22
conf. Vol.: 23

Politisches Archiv des Auswärtigen Amts
R 18922

KOREA. № 1.

Inhalts-Verzeichnis. 1896	
Ber. a. Tokio v. 9. 4. A. 73: Aeußerungen des Vicomte Mutsu über die Furcht des Königs von Korea, die russische Gesandtschaft zu verlassen und in seinen Palast zurückzukehren, sowie über die Bekämpfung der koreanischen Aufständischen Seitens Japan.	4926. 10. 5.
Nowoje Wremja v. 5. 17. Mai: Begründung der von Rußland gegenüber Korea beobachteten korrekten Haltung.	5200. 17. 5.
Tel. a. Söul v. 15. 5. № 3: Der russische und japanische Vertreter haben sich über die Zahl der seitens ihrer Länder in Korea zu belassenden Truppen geeinigt und beschlossen, dem König zur Rückkehr in den Palast zu rathen, sobald keine Gefahr mehr vorliegt.	5152. 16. 5.
Ber. des Kommandos der Kreuzerdivision d. d. Yokohama 2. 4. Wunsch des Konsuls in Söul nach Anwesenheit eines Schiffes in Chemulpo.	ad 5262. 19. 5.
Nowoje Vremja v. 28. 5.: Wiederherstellung der Ordnung in Söul. Bewerbungen der Franzosen um Erbauung der Eisenbahn von Söul nach der Mündung Hala, der Japaner um die Linie Söul-Fusan, der Amerikaner von Söul nach Tschemulpo, der Russen von Söul nach Gensan. - Untersuchung wegen Ermordung der Königin.- Anwesenheit des Königs in der russischen Mission.	5570. 28. 5.
Ber. v. 14. 4. a. Tokio A. 77: Verschiedene Anzeichen deuten darauf hin, daß Rußland nach Beendigung der Krönungsfeierlichkeiten die Lösung der koreanischen Frage ernstlich in die Hand zu nehmen beabsichtigt.	5336. 22. 5.
Ber. v. 25. 4. a. Tokio A. 84: Aeußerung des H. Motono, daß in Söul zwischen dem japanischen und russischen Vertreter Verhandlungen über einen modus vivendi in der koreanischen Frage stattfänden.	5562. 28. 5.
Ber. v. 19. 4. v. Tokio A. 80: Angebliche Ermächtigung des Marquis Yamagata in Petersburg mit Fürst Lobanow die koreanische Frage zu verhandeln.	5558. 28. 5.
Ber. a. Tokio v. 29. 4. № A. 89. Vorläufige Verständigung zwischen Rußland u. Japan über eine modus vivendi in Korea. Endgültige Regelung der Frage durch den Marschall Yamagata bei seiner Anwesenheit in Rußld.	5817. 5. 6.

desgl. v. 5. 5. № A. 91: Der russ. Gesandte in Söul Waeber zeigt wenig guten Willen für ein Zusammenwirken mit dem japanischen Vertreter.	5819. 5. 6.
Amtlicher koreanischer Bericht über den Angriff auf den Königl. Palast u. den Mord der Königin.	5895. 10. 6.
Ber. a. Tokio v. 10. 5. № A. 95. Artikel der offiziösen Zeitung Nichi Nichi Shimbun über das vorläufige russ.-japan. Abkommen bez. Koreas.	6066. 12. 6.
Tel. a. London v. 17. 6. № 123. Ansicht des Barons Courcel, daß Japan im Falle eines Konflikts mit Rußland nicht auf engl. Beistand werde rechnen können.	6278. 17. 6.
Tel. a. Tokio v. 20. 6. № 13. Marschall Yamagata soll mit Fst. Lobanow eine definitive Verständigung bezüglich Koreas erzielt haben.	6401. 20. 6.
Ber. a. Tokio v. 28. 4. № A. 88. Angebliche Äußerungen des Englischen Botschafters in Berlin und Lord Salisburg's, wonach Japan auf den Beistand Englands bei event. Konflikt mit Rußland wegen Korea's nicht rechnen dürfe.	5829. 5. 6.
mtg. mit Erl. v. 7. 6. nach London 547. Petersbg 389, Peking A. 11. Berl. Tagebl. v. 4. 7. Rückkehr des koreanischen Staatsmannes, Prinzen Bokuyei-Ko nach Korea, voraussichtlicher Eintritt großer Änderungen in Korea.	6931. 5. 7.
Ber. aus Söul v. 20. 4. № 28. Die Anwesenheit fremder Truppen und fremder Kriegsschiffe; Sendung einer koreanischen Mission nach Moskau zur Krönung und deren event. Weiterreise nach Berlin pp und Washington; Reisen russischer Offiziere im Innern des Landes; Beförderung des Japanischen Vertreters Komura zum außerordentl. Gesandten u. bevollm. Minister; Ertheilung der Konzession zum Bau einer Eisenbahn von Söul nach Chemulpo an den Amerikaner Morse; Beschäftigung des Russen v. Rantenfeld, im Finanzministerium; offizieller Bericht (vom Amerikaner Greathouse verfaßt) über die Ereignisse des 8. Oktober v. Js und die Ermordung der Königin.	5820. 5. 6.
Ber. aus Tokio v. 14. 5. № A. 99. Zusammenziehung eines aus 16 Schiffen bestehenden englischen Geschwaders vor Port Hamilton; Mittheilung des russischen Geschäftsträgers über die Stellung Rußlands und Japans gegenüber englischen Interventionsgelüsten in Korea.	6070. 12. 6.

Ber. aus Korea v. 4. V. № 32. Russisch-japanische Verhandlungen bezügl. einer Verständigung wegen Koreas und Frage der Rückkehr des Königs in den Palast; Ernennung Collin de Plancy's zum Geschäftsträger Frankreichs in Korea; Anwesenheit des englischen und des russischen Geschwaderchefs in Söul; die fremden Beamten in Korea; Callwell, Dye, Nienstead.	6384. 20. VI.
Ber. a. Belgrad v. 22. 6. № 96. Mittheilungen des russischen Generals Sabbotic, der ein Kommando in der Amur Provinz hat, über die Lage auf Korea, die Stellung der Japaner auf der Halbinsel und Verständigung zwischen Rußland und Japan bezügl. Koreas.	6922. 4. 7.
Ber. aus Peking v. 26. 5. № A. 71. Mittheilungen des Japanischen Gesandten über die Absicht der Russen sich auf dem vor Chemulpo liegenden, strategisch wichtigen Rose Island festzusetzen; Hinweis auf einige andere für Kohlenstationen geeignete Punkte in der Nähe Korea's.	7288. 12. 7.
Ber. aus Tokio v. 4. 6. № A. 109. Abschluß der russisch-japanischen Verhandlungen über eine Verständigung bezügl. Korea's (Verkehr mit dem Könige u. Stärke der beiderseitigen Truppen auf der Halbinsel)	7288. 14. 7.
Ber. aus Tokio v. 19. VI. № 115. Mittheilungen des englischen Gesandten über die kürzlich in Söul erfolgte Verständigung zwischen Rußland und Japan bezügl. Korea's (Anlage einer von Japan zu unterhaltenden Telegraphenverbindung zwischen Söul und Fusan); Abschluß einer endgültigen Verständigung zwischen dem Fürsten Lobanow und dem Marq. Yamagata in Petersburg über die Zukunft Korea's.	7939. 30. 7.
Desgl. v. 25. 6. № 116. Abschluß der Verständigung zwischen Lobanow und Yamagata über Korea wird bestätigt; Inhalt soll dem Gesandten nach Rückkehr Yamagata's (Anfang August) mitgetheilt werden.	7940. 30. 7.
Ber. aus Söul v. 13. 6. № 36. Anwesenheit des Kommandanten S. M. S. „Arcona" Kpt. z. S. Sarnow in Söul und Audienz beim Könige.	7941. 30. 7.
Desgl. v. 31. 5. № 34: Abreise des japanischen Gesandten, bevorstehendes Eintreffen von 10 russischen Offizieren und Unteroffizieren als Instrukteure für die koreanische Armee, ev. Erwerbung des Hafens Masampo durch Rußland, dessen Befestigung indeß Japan nicht dulden wird.	7607. 22. 7.

Ber. a. Petersburg v. 8. 8. № 346: Ursprung der „Nowoje Wremja“ aus Wladiwostok mitgetheilten, fast immer falschen telegraphischen Nachrichten über koreanische Zustände, dieselben rühren von einem ehemaligen russischen Marine-Offizier her.	8369. 10. 8.
Desgl. v. 10. 8. № 355: Anstellung eines Lehrers der russischen Sprache in Söul.	in Band 23
Desgl. v. 5. 8. № 339: Telegramme der „Nowoje Wremja“, betr. Unruhen in Korea und Verschiedene Konzessionen, welche Amerikanern, Franzosen und Russen verliehen worden sind. (Eisenbahn- und Bergwerkconcessionen)	8362. 10. 8.
Ber. a. Söul v. 23. 3. № 22: Furcht des Königs vor der Rückkehr in seinen Palast. - Chinesischer Seits wird behauptet, Rußland habe sich verpflichtet, nie in Korea einen Hafen zu erwerben. Ming Yong Huan, ein Neffe der Königin, ist zum Krönungsgesandten in Petersburg ernannt.	4927. 10. 5.
Ber. a. Petersburg v. 25. 6. № 280: Gerücht von einem russisch-japanischen Abkommen bezüglich Korea´s	6709. 28. 6.
Ber. a. Tokio v. 14. 5. A. 98: Marquis Ito bestreitet, daß Japan mit England über Korea verhandelt habe. Eventuell habe Aoki bei Sir F. Lascelles in Berlin die Demarche ohne Autorisation gemacht.	6069. 12. 6.
Desgl. v. 22. 5. A. 100: Haltung des russischen Geschäftsträgers in Tokio gegenüber dem Gerücht von englisch-japanischen Verhandlungen über eine Intervention Englands zwischen Japan u. Rußland.	8610. 1. 7.
Ber. a. Söul v. 15. 5. K№ 33: Russisch-japanische Vereinbarung über die Stationirung russischer und japanischer Truppen und Gensdarmen in Korea sowie über die eventuelle Rückkehr des Königs in seinen Palast. Erdarbeiten Seitens der Russen auf Roze-Island, Ernennung Yun Yong Son´s zum Premierminister, Stand der Unruhen in Korea.	6823. 1. 7.
Desgl. v. 15. 6. № 37: Veränderungen im koreanischen Ministerium, Unruhen in Korea, Gerüchte von der Aufnahme einer Anleihe Seitens Korea´s bei Rußland.	7942. 30. 7.

Berlin, den 8. Mai 1896.

zu A. 4728.

An den (tit) Fürsten von Radolin Durchlaucht St. Petersburg
№ 331.

J. № 3088.

Ew. pp. beehre ich mich mit Beziehung auf den Erlaß am 27. v. Mts. nachstehend[21] den Wortlaut eines von Seiten des Kaiserlichen Konsuls in Söul unterm 4. d. M. erstatteten telegrafischen Berichts mitzutheilen:

„exhib" perge:

Dieses Telegramm ist die Antwort auf eine telegraphische Anfrage, die ich in Folge des Ew. pp. mit einem vorgedachten Erlaß übersandten Telegramms des Kaiserlichen Gesandten in Tokio an den Konsul gerichtet hatte.

N. S. E.

21 betr. Korea, nachstehend.

Äußerung des Ministers der Auswärtigen Angelegenheiten über die koreanische Frage.

PAAA_RZ201-018922_014 ff.			
Empfänger	Fürst zu Hohenlohe - Schillingsfürst	Absender	Gutschmid
A. 4926 pr. 10. Mai 1896. a. m.		Tokio, den 9. April 1896.	
Memo	mtg. 13. 5. London 471, Petersbg. 341.		

A. 4926 pr. 10. Mai 1896. a. m.

Tokio, den 9. April 1896.

A. 73.

An Seine Durchlaucht
den Herrn Reichskanzler
Fürsten zu Hohenlohe - Schillingsfürst.

Als ich gestern den noch immer recht kranken Grafen Mutsu, welcher seit einigen Tagen die Leitung des Ministeriums der Auswärtigen Angelegenheiten wieder übernommen hat, seit zehn Monaten zum ersten Male wieder sah, leitete ich die Unterredung, welche sich hauptsächlich um unseren eben abgeschlossenen Vertrag bewegt hatte, zum Schluß auf die koreanische Angelegenheit.

Auf meine Frage, ob Rußland Ungeduld zeige, erwiderte der Minister etwa wie folgt:

Nach den Ereignissen vom 8. Oktober v. J. (Ermordung der Königin etc.:) habe die Russische Regierung allerdings ihrer Unzufriedenheit über die dortige Lage Ausdruck und gleichzeitig zu verstehen gegeben, daß dieselbe unhaltbar seil. Seitdem aber, namentlich seit der Flucht des Königs in die Russische Gesandtschaft, scheine Fürst Lobanow einer abwartenden Politik, der auch Japan hinneige, günstiger gestimmt. Herr Waeber habe dem König, wie er dem Japanischen Vertreter letzthin mitgetheilt, wiederholt gerathen, in den Palast zurückzukehren. Derselbe sei auch scheinbar Willens, diesen Rath zu befolgen, werde aber durch die Intriguen seiner näheren Umgebung, welche ihm die Gefahren, denen er sich bei Rückkehr in seinen Palast aussetze, vorspiegelten, davon abgehalten. Japan habe gegenüber den Excessen, welche im Innern der Halbinsel während der letzten Monate begangen worden und denen vierzig Japaner zum Opfer gefallen seien, große Langmuth an den Tag gelegt. Das Kabinet habe sich vergegenwärtigt, daß die schwache und unfähige Regierung des Königs von Korea für diese Missethaten nicht eigentlich direkt verantwortlich gemacht werden könne. Man habe sich daher darauf beschränkt, die Aufständischen da, wo sie erreichbar seien, mit den disponibelen geringen Japanischen Streitkräften anzugreifen und niederzuwerfen. Die eigentlichen Schuldigen bei den Ermordungen von Japanern seien, namentlich wo es sich um Vorgänge im Innern der Halbinsel handele, doch nicht ausfindig zu machen. Den wohlbegründeten Anlaß, den Japan in der letzten Zeit gehabt habe, seine Truppen in Korea zu verstärken, habe die Regierung nicht benutzt, um Mißhelligkeiten mit Rußland aus dem Wege zu gehen. Gegenwärtig herrsche gutes Einvernehmen zwischen dem Russischen und Japanischen Vertreter in Korea.

Gutschmid.

Inhalt: Aeußerung des Ministers der Auswärtigen Angelegenheiten über die koreanische Frage.

Politische Vorgänge in Korea.

PAAA_RZ201-018922_020 ff.			
Empfänger	Fürst zu Hohenlohe - Schillingsfürst	Absender	Krien
A. 4927. pr. 10. Mai 1896. a. m.		Söul, den 23. März 1896.	
Memo	mtg. 13. 5. London 472, Petersburg 342. J. № 156.		

A. 4927. pr. 10. Mai 1896. a. m.

Söul, den 23. März 1896.

Kontrol № 22.

An seine Durchlaucht
den Herrn Reichskanzler
Fürsten zu Hohenlohe - Schillingsfürst.

Euer Durchlaucht beehre ich mich im Verfolg meines Berichtes № 20 vom 2. d. Mts.[22] ganz gehorsamst zu melden, daß die Japanischen Soldaten zwei Kompagnien von je 200 Mann, gestern und vorgestern die Kaserne neben dem Königlichen Palaste geräumt und in der Nähe der Japanischen Ansiedlung Quartiere bezogen haben.

Am 12. d. Mts. stattete der Japanische Minister-Resident dem Russischen Gesandten einen Besuch ab, den Herr Waeber am folgenden Tage erwiderte. Wie mir Herr Hillier erzählte, hat Herr Komura dabei den Russischen Vertreter gefragt, warum der König noch immer nicht in den Palast zurückgekehrt sei. Darauf habe ihm Herr Waeber erwidert, er nähme an, daß der Fürst um seine Sicherheit besorgt sei. Am 8ten Oktober sei die Königin ermordet worden, wer stünde dafür, daß man davor zurückschrecken würde, den König anzutasten? Zudem sei das Gesuch der koreanischen Regierung, die Truppen aus der Nähe des Palastes zu entfernen, noch immer nicht berücksichtigt worden.

Mir selbst sagte Herr Komura, er könne sich absolut dafür verbürgen, daß dem Könige von Japanischer Seite kein Leid geschehen werde; und wenn jedem Japaner in Söul zehn Polizisten beigegeben werden müßten, ein 8. Oktober solle nie wieder vorkommen. Er sei bereit, Alles zu thun, was in seiner Macht stünde, um die Rückkehr des Königs in den Palast zu erleichtern und dadurch zur Beruhigung des koreanischen Volks beizutragen, das

22 A. 3921 ehrerbietig beigefügt.

über den langen Aufenthalt des Königs in der Russischen Gesandtschaft sehr aufgeregt sei.

Der Japanische Minister-Resident hat ferner den amtlichen schriftlichen Verkehr mit dem koreanischen Minister der Auswärtigen Angelegenheiten aufgenommen. Sein Gesuch um eine Zusammenkunft mit Herrn I Wan-Yong ist jedoch bisher nicht erfüllt worden, weil dieser sich fürchtet, die Russische Gesandtschaft zu verlassen.

Anknüpfend an eine Notiz in der Englischen Zeitung „Shanghai Mercury" wonach Herr Waeber seit Jahren wegen der Erwerbung eines Hafens südlich vom Tumen durch Rußland mit der koreanischen Regierung verhandelt habe, erklärte mir der Russische Gesandte, daß er über die beregte Angelegenheit weder mündlich noch schriftlich auch nur ein Wort verloren habe. Gleichzeitig äußerte Herr Waeber, die Behauptung des Herrn Curzon im Englischen Parlamente, daß Rußland sich verpflichtet habe, weder von Korea selbst noch von irgend einem Theile seines Gebietes jemals Besitz zu ergreifen, stützten sich auf keine schriftlichen Dokumente. Das Einzige, das geschehen wäre, sei eine unbefugte Erklärung des Herrn Ladigensky, der übrigens aus dem Dienste entfernt worden sei, an Herrn Li-Hung-Chang „über einem Glase Champagner" gewesen. Herr Hillier bemerkte mir dazu, daß seine Regierung allerdings von Rußland nichts Schriftliches in Händen hätte. Das Tsungli Yamen habe aber gelegentlich der Rückgabe von Port Hamilton die amtliche Erklärung abgegeben, daß Rußland eine solche Verpflichtung übernommen hätte.

[Ein Neffe der Königin, Min Yong-Huan, ist zum Spezial-Gesandten ernannt worden mit dem Auftrage, sich zur Krönungsfeier nach Moskau zu begeben. In seinem Gefolge werden sich der bisherige stellvertretende Unterrichtsminister Yun Chi-Ho, und zwei koreanische Dolmetscher befinden. Der Russische Dolmetscher-Eleve Stein wird die Mission begleiten.

Der Gouverneur von Söul, I Ha-Yong, ist zum Gesandten für Japan ernannt worden.

Der Englische Rathgeber im Finanzministerium und General-Zolldirector, Mc Leavy-Brown, hat von dem Könige auf Veranlassung des Russischen Vertreters die Befugniß erhalten, alle Geldanweisungen dieses Ministeriums gegenzuzeichnen. Ohne seine Unterschrift soll keine solche Anweisung gültig sein. Die Japanischen Ratgeber hatten schon vorher ihre Stellungen in dem Ministerium aufgegeben.

Der Russische Oberst Karneieff hat sich in Begleitung von einem Offizier und vier Kosaken über Land nach Fusan zurückbegeben.

Vierundzwanzig Japanische Fischer wurden vor Kurzem an der Ostküste im Norden der Provinz Kiong-sang-do von aufständischen Koreanern überfallen. Fünfzehn von ihnen wurden getödtet und acht verwundet, die Ueberlebenden retteten sich durch Schwimmen auf ihre Boote, mit denen sie in Fusan eintrafen.

Der hiesige Japanische Konsul hat seine Landsleute öffentlich aufgefordert, ihre

Ersatzansprüche für Schäden die sie durch die Rebellen erlitten habe, bei dem Konsulate enzureichen.

Die Bergfeste Nam-Han in der Nähe der Hauptstadt ist gestern von den Regierungstruppen zurückerobert worden.

Abschriften dieses ganz gehorsamen Berichtes sende ich an die Kaiserlichen Gesandtschaften zu Peking und Tokio.

Krien.

Inhalt: Politische Vorgänge in Korea.

Berlin, den 13. Mai 1896.

zu A. 4926.

An
die Botschaften in
1. London № 471.
2. St. Petersburg № 341.

J. № 3190.

Eurer pp. übersende ich anbei ergebenst Abschrift eines Berichts des Kais. Gesandten in Tokio vom 9. v. Mts., betreffend Äußerungen des japanischen Ministers der Auswärtigen Angelegenheiten über die Koreanische Frage zu Ihrer gefälligen Information.

N. S. E.

Berlin, den 13. Mai 1896.

zu A. 4927.

An
die Botschaften in
1. London № 472.
2. St. Petersburg № 342.

J. № 3191.

Eurer pp. übersende ich anbei ergebenst auszugsweise Abschrift eines Berichts des Kais. Konsuls in Söul vom 23. März d. J., betreffend politische Vorgänge in Korea

zu Ihrer gefälligen Information.

N. S. E.

[ ]

PAAA_RZ201-018922_031			
Empfänger	Auswärtiges Amt in Berlin	Absender	Krien
A. 5152. pr. 16. Mai 1896. p. m.		Söul, den 15. Mai 1896.	
Memo	Umst. mtg. 20. 5. Mokau 351.		

A. 5152. pr. 16. Mai 1896. p. m.

Telegramm.

Söul, den 15. Mai 1896. 6 Uhr 44 Min. p. m.
Ankunft: 16. 5. 3 Uhr 30 Min. p. m.

Entzifferung.

№ 3.

Im Anschluß an Telegramm № 2.[23]

Vereinbarung beider Vertreter künftige japanische Truppe 300 hier je 150 Fusan Wonsan 200 Gensdarmen Telegraphenlinie Söul Fusan, entsprechend Zahl russischer Truppen in Söul und eventuell russischen Konsulaten. Wenn keine Besorgniß mehr werden beide Vertreter dem König Rückkehr in Palast empfehlen.

Krien.

23 A. 4725 ehrerbietigt beigefügt.

[ ]

PAAA_RZ201-018922_033 ff.			
Empfänger	[o. A.]	Absender	[o. A.]
A. 5200 pr. 17. Mai 1896. p. m.		Wladiwostok, den 3. Mai [o. A.]	

A. 5200 pr. 17. Mai 1896. p. m.

Novoje Wremia
5. (17.) Mai 1896.

Telegraphische Korrespondenz Wladiwostok 3 Mai.

Aus Yokohama wird gemeldet, daß die Regierung und ein erheblicher Theil der Presse das offenbar ganz aufrichtige Streben und den Wunsch an den Tag legen mit Rußland ein gutliches Einvernehmen in allen ostasiatischen Streitfragen zu schließen. Die korrekte Aufführung Rußlands in Korea erwirbt ihm allgemeine Achtung. Die Erkenntniß hat sich Bahn gebrochen, das wir, als wir dem König von Korea eine nothwendige Zufluchtsstätte gaben, ohne allen Hintergedanken handelten, allein vom Gefühl der Humanität und vom Wunsche, im Lande Ordnung und Gesetzlichkeit ohne Angriff auf die Unabhängigkeit des Königthums wieder herzustellen, geleitet waren. Unsere Interessen in Korea werden als die Vorgehenden anerkannt.

In kurzer Zeit wird der König, da vollständige Ruhe in Söul herrscht, an seinen Hof zurückkehren, wo eine gut bewaffnete und von russischen Instruktoren geschulte Palastwache organisirt ist. Unsere Mannschaft trifft Vorbereitungen zur Rückkehr auf ihre Schiffe. Auf der Halbinsel kehrt allmählich die Ruhe wieder ein in Folge der Vernichtung aller königlichen Edikte, die auf das Drängen des japanischen Vertreters in Söul und der japanischen Partei ausgegeben sind oder Thronfolger wird Europa bereisen, um sich die nöthigen Kenntnisse zu erwerben. Der König wird bestrebt sein, im Lande Ordnung, Gesetze und Verwaltung einzuführen, wobei er die Rathschläge des russischen Gesandten benutzen wird.

Aus Söul wird gemeldet, daß der König den koreanischen Studenten, die in Tokio studieren, befohlen habe, nach der Heimath zurückzukehren. Eine russische Compagnie erhielt die Concession für Goldschürfung in Korea auf fünfzehn Jahre mit Abzahlung eines Viertels der Ausbeute an die Regierung und auch für Gewinnung anderer Metalle auf fünf und zwanzig Jahre auf die gleichen Bedingungen.

Berlin, den 20. Mai 1896.

A. 5152.

An (tit) Fürst Radolin
Durchl.
Moskau № 351.
Sicher!

J. № 3335.

Eurer pp. beehre ich mich im Anschluß an den Erlaß vom 8. d. M. (№ 331), betr. russisch-japanische Verhandlungen wegen Korea, anbei Abschrift eines weiteren Telegramms des Kais. Konsuls in Söul vom 15. d. M. zu Ihrer gefl. Information zu übersenden.

N. S. E

[ ]

PAAA_RZ201-018922_037			
Empfänger	[o. A.]	Absender	Krien
A. 5152 pr. 16. Mai 1896. p. m.		Söul. [o. A.]	
Memo	In nachst. Umstllg. mtg. 20. 5. Moskau 351.		

Abschrift für die Acten.

A. 5152 pr. 16. Mai 1896. p. m.

Söul.

Japanischer und russischer Vertreter vereinbarten: künftige japanische Truppen 300 hier, je 150 in Fusan und Wonsan, ferner 200 Gendarmen für Telegraphenlinie Fusan-Söul, russische Truppen in entsprechender Zahl in Söul und eventuell russischen Konsulaten. Beide Vertreter werden dem König Rückkehr in Palast empfehlen, sobald keine Besorgniß mehr.

gez. Krien.

Auszug.

Kommando der Kreuzerdivision

J. № 657 I.

Thätigkeitsbericht für den Monat März 1896.

Yokohama, den 2. April 1896.
eingereicht mit Schrb. des Kom. Admirals v. 16. 5.
i. a. China 20 № 1. (A. 5262, pr. 19. 5. 96, p. m.)

An den kommandirenden Admiral Berlin.

pp. Der Kaiserliche Konsul zu Söul bezeichnete zwar auf meine Anfrage die Anwesenheit eines Schiffes in Chemulpo als erwünscht, begründete dies jedoch lediglich mit der dauernden Anwesenheit von Schiffen anderer Nationen daselbst, von denen die Russen, Engländer und Amerikaner schon seit Monaten Detachements als Gesandtschaftswachen in Söul gestellt haben. Ein akutes Bedürfniß für eines unserer Schiffe lag sonach nicht vor. Ich werde daher dem Wunsch des Konsuls Rechnung tragen, nachdem die vier Schiffe hier einige Wochen zusammengelegen haben. pp.

gez. Hoffmann.

Haltung Rußlands bezüglich Koreas.

PAAA_RZ201-018922_039 ff.			
Empfänger	Fürst zu Hohenlohe - Schillingsfürst	Absender	Gutschmid
A. 5336 pr. 22. Mai 1896. a. m.		Tokio, den 14. April 1896.	
Memo	mtg. 24. 5. London 507, Moskau 360.		

A. 5336 pr. 22. Mai 1896. a. m.

Tokio, den 14. April 1896.

A. 77.

An Seine Durchlaucht, den Herrn Reichskanzler
Fürsten zu Hohenlohe - Schillingsfürst.

Gelegentlich einer Konversation, die ich gestern mit dem Russischen Geschäftsträger hatte, bemerkte derselbe, er habe zwar für den Sommer ein Haus in den Bergen bei Nikko gemiethet, auch gedenke er, seine Familie dort zu installiren, werde selbst aber wahrscheinlich den größten Theil der heißen Jahreszeit in Tokio verbleiben müssen, da er wichtige Verhandlungen mit der Japanischen Regierung bezüglich Koreas erwarte, die ihm kaum gestatten würden, sich aus der Hauptstadt zu entfernen.

Verstehende Aeußerung des Herrn von Speyer, in Verbindung mit der Bemerkung des Fürsten Lobanow zu dem Fürsten von Radolin, daß Japan sich mit der Räumung Korea´s recht viel Zeit zu nehmen scheine, sowie der Meldung des Freiherrn von Plessen aus Athen, daß ein Theil des Russischen Mittelmeergeschwaders nach Wladiwostok in See gegangen sei, scheinen der in meiner Berichterstattung erwähnten Befürchtung hiesiger Staatsmänner, daß Rußland nach Beendigung der Krönungsfeierlichkeiten die Lösung der Koreanischen Frage ernstlich in die Hand zu nehmen beabsichtige, eine sichere Unterlage zu geben. Die Anwesenheit des Gesandten Hitrovo in Petersburg dürfte gleichfalls dazu beitragen, weitreichende Entschlüsse des dortigen Kabinets herbeizuführen.

Gutschmid.

Inhalt: Haltung Rußlands bezüglich Koreas.

Berlin, den 24. Mai 1896.

zu A. 5336.

An
die Botschaften in
1. London № 507.
2. Moskau № 360.

J. № 3450.

Eurer pp übersende ich anbei ergebenst Abschrift eines Berichts des Kais. Gesandten in Tokio vom 14. v. Mts., betreffend die Haltung Rußlands bezüglich Koreas,

zu Ihrer gefälligen Information.

N. S. E.

Japanisches Anerbieten, durch Marschall Yamagata über Korea verhandeln zu lassen.

PAAA_RZ201-018922_044 ff.			
Empfänger	Fürst zu Hohenlohe - Schillingsfürst	Absender	Gutschmid
A. 5558 pr. 28. Mai 1896. p. m.		Tokio, den 19. April 1896.	
Memo	mtg. 1. 6. London 529, Moskau 373. (Petersb)		

A. 5558 pr. 28. Mai 1896. p. m.

Tokio, den 19. April 1896.

A. 80.

An Seine Durchlaucht, den Herrn Reichskanzler
Fürsten zu Hohenlohe - Schillingsfürst.

Von zuverlässiger und stets gut informirter Seite wird mir mitgetheilt, die Japanische Regierung habe durch ihren Gesandten in Petersburg den Fürsten Lobanow benachrichtigt, daß Marquis Yamagata ermächtigt sei, über eine Auseinandersetzung hinsichtlich Koreas zu verhandeln, falls das Petersburger Kabinet diesbezüglichen Wunsch äußern sollte.

Demnach soll nach diesseitiger Auffassung die Initiative von Rußland ausgehen. Ob aber der Marschall wirklich so weitgehende Vollmachten bei sich führte, um die für Japan so außerordentlich wichtige Koreanische Frage zu "lösen", erscheint mir doch zweifelhaft. Vermuthlich will Marquis Ito den Versuch machen, die innersten Absichten Rußlands zu ergründen und glaubt, daß eine so hervorragende Persönlichkeit wie Yamagata genügendes Vertrauen in Petersburg einflößen wird, um den Fürsten Lobanow zu vermögen, rückhaltslos das Russische Programm im gegenüber zu entwickeln. Beunruhigt ist man hier jedenfalls über das Schweigen, in welches sich seit einiger Zeit die leitende Stelle in Petersburg hüllt.

Gutschmid.

Inhalt: Japanisches Anerbieten, durch Marschall Yamagata über Korea verhandeln zu lassen.

Russisch-Japanische Verhandlungen in Söul.

PAAA_RZ201-018922_048 ff.			
Empfänger	Fürst zu Hohenlohe - Schillingsfürst	Absender	Gutschmid
A. 5562 pr. 28. Mai 1896. p. m.		Tokio, den 25. April 1896.	

A. 5562 pr. 28. Mai 1896. p. m.

Tokio, den 25. April 1896.

A. 84.

An Seine Durchlaucht
den Herrn Reichskanzler
Fürsten zu Hohenlohe - Schillingsfürst.

Die offiziöse Zeitung „Nichi Nichi" brachte in ihrer gestrigen Ausgabe die anscheinend aus amtlicher Quelle stammende Notiz, es fänden gegenwärtig in Tokio zwischen dem Grafen Mutsu und dem Russischen Geschäftsträger von Speyer Verhandlungen über einen modus vivendi in Korea statt, die voraussichtlich zu einem Notenaustausch führen würden.

Eine Besprechung benutzt, die ich am heutigen Vormittag mit dem Rath Motono, dem Vertrauensmann des Grafen Mutsu, in Abwesenheit des Letzteren in Sachen der Chinesischen Kriegsentschädigung hatte, fragte ich denselben, ob die Zeitungsnotiz begründet sei, er könne versichert sein, daß ich seine Mittheilung streng vertraulich behandeln und namentlich keinem meiner Kollegen hinterbringen werde.

Herr Motono erwiderte, es fänden allerdings in diesem Augenblicke Verhandlungen statt, aber nicht hier in Tokio zwischen Graf Mutsu und Herrn von Speyer, sondern in Söul zwischen dem Japanischen und dem Russischen Vertreter. Man hoffe zu einem modus vivendi in der Koreanischen Frage zu gelangen, wenn auch nicht zu einer definitiven Auseinandersetzung. Es sei nicht unwahrscheinlich, daß das Ergebniß der Besprechungen durch einen Notenaustausch festgelegt werden würde.

Näheres gab Herr Motono nicht an, auch konnte ich ihn nicht wohl zu weiteren Mittheilungen drängen. Konsul Krien dürfte dank seiner freundschaftlichen Beziehungen zum Gesandten Komura eher in der Lage sein, Einzelheiten über die Verhandlungen, eventuell über den Inhalt der scheinbar projektirten Noten in Erfahrung zu bringen.

Gutschmid.

Inhalt: Russisch-Japanische Verhandlungen in Söul.

[ ]

PAAA_RZ201-018922_052 f.			
Empfänger	[o. A.]	Absender	[o. A.]
A. 5570 pr. 28. Mai 1896. p. m.		Wladiwostok, den 14. Mai [o. A.]	

A. 5570 pr. 28. Mai 1896. p. m.

Novoje Vremia
16. (28.) Mai 1896
Telegraphische Korrespondenz.
Wladiwostok 14. Mai.

Aus Söul meldet man, daß weitere Fälle des Angriffs von Koreanern auf Japaner vorkommen. Die Insurgenten sind zerstreut, die Ordnung ist wieder hergestellt. Die Bevölkerung hat die Aussaat begonnen. Die japanischen Fischer haben ihr Handwerk eingestellt und sich nach Fusan begeben. Der Telegraph von Söul nach Hensan ist zerstört, die Reparatur ist aufgeschoben, angeblich wegen der Theuerkeit der Bewachung, aber in Wirklichkeit ist es für die Japaner vortheilhaft, Andern den Empfang von Nachrichten aus den Provinzen Koreas zu erschweren. Die geplante Ablösung der japanischen Truppen durch Frische ist aus diplomatischen Beweggründen hinausgeschoben.

Gleichzeitig mit der Aufhebung der Berufung des Vertreters von Söul nach Tokio bewerben sich die französischen Kapitalisten um die Erbauung einer Eisenbahn von Söul nach der Mündung Hala. Die Japaner bewerben sich um die Erbauung einer Linie von Söul nach Fusan, die Amerikaner von Söul nach Tschemulpo, die Russen von Söul nach Hensan.

Die Regierung hat dem bekannten Prinzen, der vor der Ermordung der Königin nach Amerika entflohen ist, angeboten, in den Dienst zurück zu kehren. Der japanische Vertreter Komura führt die Untersuchungsverhandlungen, welche ergeben, daß Japaner Mörder der Königin sind. Der König befindet sich immer noch in der russischen Mission unter dem Schutz einer Abtheilung von Matrosen.

Berlin, den 1. Juni 1896.

zu A. 5558.

An
die Botschaften in
1. London № 529.
2. Moskau № 373.

J. № 3655.

Eurer pp übersende ich anbei ergebenst Abschrift eines Berichts des K. Gesandten in Tokio vom 19. April d. J., betreffend die Sendung des Marquis Iamagata nach Moskau,

zu Ihrer gefl. Information.

N. S. E

Russisch-Japanische Verhandlungen betreffend Korea.

PAAA_RZ201-018922_056 ff.			
Empfänger	Fürst zu Hohenlohe - Schillingsfürst	Absender	Gutschmid
A. 5817. pr. 5. Juni 1896. a. m.		Tokio, den 29. April 1896.	
Memo	mtg. 10. 6. London 538, Petersbg. 400.		

A. 5817. pr. 5. Juni 1896. a. m.

Tokio, den 29. April 1896.

A. 89.

An Seine Durchlaucht
den Herrn Reichskanzler
Fürsten zu Hohenlohe - Schillingsfürst.

Am gestrigen Tage machte mir der Russische Geschäftsträger von Speyer folgende vertrauliche Mittheilungen über den Stand der die koreanische Angelegenheit betreffenden Russisch-Japanischen Verhandlungen:

Herr Waeber habe vor einigen Wochen aus Petersburg allgemeine, in fünf Punkten zusammengefaßte Instruktionen wegen übereinstimmenden Verhaltens mit dem Japanischen Gesandten in Söul erhalten, welche der Japanischen Regierung mitgetheilt worden seien. Letztere habe daraufhin Herrn Komura dieselben Weisungen ertheilt. Die in Rede stehenden Instruktionen seien, wie gesagt, ganz allgemeiner Natur und bezweckten nur einen vorläufigen modus vivendi. Auf Grund derselben habe der Japanische Gesandte in Korea ein Memorandum ausgearbeitet, welches zu Verhandlungen, einerseits zwischen demselben und Herrn Waeber, andererseits zwischen Graf Mutsu und ihm, geführt hätten. Die ganze Angelegenheit sei für die endgültige Auseinandersetzung zwischen Japan und Rußland von so geringer Bedeutung, daß er nur diejenigen Punkte, welche allenfalls als wichtig erscheinen könnten, erwähnen wolle. Japan verpflichte sich, bis zur definitiven Regelung der koreanischen Frage nur folgende Truppen in Korea zu belassen: 2 Bataillone zu je 200 Mann in Söul, 1 Bataillon in den drei geöffneten Häfen Koreas und 200 Mann zum Schutz der Telegraphenlinie zwischen Söul und Fusan.

Auf dringendes Ersuchen der Japanischen Regierung, welche einer derartigen Gegen-Konzession aus Rücksichten der inneren Politik zu bedürfen erklärt habe, habe er, Herr von Speyer, Rußland verpflichtet, für dieselbe Zeitdauer die Zahl der Russischen

Truppen in Korea auf 200 Mann zu beschränken.

Herr Waeber erhebe noch Schwierigkeiten hinsichtlich mehrerer Punkte des Japanischen Memorandums, er habe ihm aber dringend gerathen, seine Bedenken Angesichts der Bedeutungslosigkeit des Arrangements, welches nur bestimmt sei, der Japanischen Regierung über innere Schwierigkeiten hinwegzuhelfen, fallen zu lassen. In diesem Sinne habe er nach Petersburg berichtet. Das Japanisches Memorandum mit einigen Abänderungen werde voraussichtlich durch Notenaustausch acceptirt werden und die Basis des modus vivendi bilden.

Zum Schluß theilte mir Herr von Speyer mit, daß Marschall Yamagata seines Wissens ausgedehnte Vollmachten für eine definitive Regelung der Koreanischen Frage bei sich führe und daß eine endgültige Auseinandersetzung sehr bald nach Beendigung der Krönungsfeierlichkeiten beinahe mit Sicherheit zu erwarten sei.

Gutschmid.

Inhalt: Russisch-Japanische Verhandlungen betreffend Korea.

Russisch-Japanische Verhandlungen, betreffend Korea.

PAAA_RZ201-018922_063 ff.			
Empfänger	Fürst zu Hohenlohe - Schillingsfürst	Absender	Gutschmid
A. 5819 pr. 5. Juni 1896. a. m.		Tokio, den 5. Mai 1896.	
Memo	mtg. 8. 6. Petersbg. 394.		

A. 5819 pr. 5. Juni 1896. a. m.

Tokio, den 5. Mai 1896.

A. 91.

An Seine Durchlaucht
den Herrn Reichskanzler
Fürsten zu Hohenlohe - Schillingsfürst.

Herr von Speyer sagte mir gestern, sein Kollege Waeber in Söul bleibe bei den Verhandlungen über das von dem Japanischen Gesandten Komura ausgearbeitete Memorandum, welches bekanntlich bis zur definitiven Regelung der Koreanischen Frage als Anhaltspunkt für einen modus vivendi zwischen Japan und Rußland dienen soll, „récalcitrant". Graf Mutsu habe sich jetzt bei ihm darüber beschwert, daß Herr Waeber wenig guten Willen an den Tag lege und auf ein harmonisches Zusammenwirken mit dem Japanischen Vertreter nur geringen Werth zu legen scheine.

Der Russische Geschäftsträger meint, bei dieser Haltung des Herrn Waeber werde nichts im übrigen als die Entscheidung aus St. Petersburg abzuwarten, er glaube, daß Fürst Lobanow das Verhalten desselben mißbilligen und ihn möglicher Weise veranlassen werde, den ihm übertragenen Gesandtenposten in Mexico schleunigst anzutreten.

Ob wirklich ein so scharfer Gegensatz zwischen den Herren von Speyer und Waeber besteht, wie Ersterer mich glauben machen möchte, entzieht sich für's Erste meiner Beurteilung. Ich kann mich nicht ganz des Verdachtes erwehren, daß sie abgekartertes Spiel treiben, dessen Zweck ist, die Japanische Regierung, indem sie gewissermaßen von Pontius zu Pilatus geschickt wird, einfach hinzuhalten - ob mit Wissen des St. Petersburger Kabinets bleibt dahingestellt.

In dem gegenwärtigen Stadium der Verhandlungen vermeide ich es, den Japanischen Minister des Auswärtigen durch Fragen in Verlegenheit zu setzen.

Gutschmid.

Inhalt: Russisch-Japanische Verhandlungen, betreffend Korea.

politische Vorgänge in Korea.

PAAA_RZ201-018922_067 ff.			
Empfänger	Fürst zu Hohenlohe - Schillingsfürst	Absender	Krien
A. 5820 pr. 5. Juni 1896. a. m.		Söul, den 20. April 1896.	
Memo	J. № 209.		

A. 5820 pr. 5. Juni 1896. a. m.

Söul, den 20. April 1896.

Kontrol № 28.

An Seine Durchlaucht
den Herrn Reichskanzler
Fürsten zu Hohenlohe - Schillingsfürst.

Euer Durchlaucht beehre ich mich im Anschluß an meinen Bericht № 22. vom 23. v. Mts.[24] ganz gehorsamst zu melden, daß das Detachement von dem Russischen Kreuzer „Admiral Korniloff" Ende v. Mts. Söul verlassen hat und bisher nicht ersetzt worden ist. Das Schiff ist nach Nagasaki gegangen. Seitdem besteht die Russische Gesandtschaftswache aus 1 Offizier und 41 Matrosen von dem Kanonenboote „Koreyets". Auf der Amerikanischen Gesandtschaft befinden sich jetzt 1 Offizier mit 15 Marinesoldaten und auf dem Englischen General-Konsulate 1 Offizier mit 8 Marinesoldaten. Von Japanischen Truppen sind gegenwärtig 8 Kompagnien von je 200 Mann Infanterie und 150 Gensdarmen in Korea stationirt, davon 3 Kompagnien in Söul.

Auf der Rhede von Chemulpo ankern die Russischen Kriegsschiffe „Admiral Nachimoff" und „Koreyets", die Englischen „Narcissus" und „Linnet", das Französische „Alger", das Amerikanische „Charleston", und das Japanische „Atago". Seiner Majestät Kreuzer „Cormoran" traf daselbst am 24. v. Mts. ein, dampfte jedoch bereits am 26. wieder nach Yokohama ab.

[Die nach Moskau bestimmte Koreanische Mission ist Anfangs d. Mts. auf einem Russischen Kanonenboot nach Shanghai abgereist. Zur Bestreitung der Ausgaben sind dem Gesandten Min Yong Huan 40000 Yen angewiesen worden. Wie mir Herr Yun Chi-ho vor seiner Abreise mittheilte, besteht die Absicht, nach der Russischen Krönungsfeier

24 A. 4927 ehrerbietigt beigefügt.

Berlin, Wien, Rom, Paris, London und Washington zu besuchen, falls das Geld dafür ausreicht.]

Seit einigen Monaten bereisen verschiedene Russische Offiziere, angeblich zu wissenschaftlichen Zwecken, das Innere von Korea. Ein Offizier und 2 Kosaken wurden vor kurzem auf dem Wege von Fusan hierher in der Provinz Kyöng-sang-do von koreanischen Rebellen angegriffen. Es gelang ihnen jedoch, unter Zurücklassung eines Theils ihres Gepäcks zu entfliehen. Sie kamen vor einigen Tagen hier an.

Ein Japanische Kanonenboot kreuzte neulich an der Ostküste von Korea, um die Leichen der vor kurzem ermordeten Japanischen Fischer abzuholen und die in den dortigen Gegenden am Lande befindlichen Japaner aufzunehmen. Nach den Angaben des hiesigen Japanischen Konsuls sind bisher im Ganzen 45 Japaner in Korea getödet worden. Im Inlande sollen sich jetzt nur noch wenige Japanische Civilisten aufhalten.

Am 1. d. Mts. erließ der König wiederum einen Aufruf an die Aufständischen, worin er sie aufforderte, nach Hause zurückzukehren und die Felder zu bestellen, und sie vor der Ermordung von Ausländern warnte.

Der Japanische Vertreter Komura ist zum Außerordentlichen Gesandten und Bevollmächtigten Minister befördert worden.

Für den Bau der Eisenbahn von Söul nach Chemulpo ist dem Amerikaner Morse von der Koreanischen Regierung eine auf fünfzehn Jahre lautende Concession ertheilt worden. Wie mir der Japanische Gesandte vorgestern mittheilte, hat er dagegen Protest eingelegt. Euer Durchlaucht werde ich nicht verfehlen, über die Angelegenheit besonderen Bericht zu erstatten.

Am Anfange dieses Monats stattete der Minister des Aeußern den fremden Vertretern Besuche ab. Seitdem versieht er die Geschäfte im Gebäude des Auswärtigen Amtes.

Das Zollamt zu Chemulpo hat die Leitung der dortigen Münze übernommen. Für das Finanzministerium ist vor kurzem ein im Chinesischen Zolldienste angestellter junger Russe, von Rautenfeld, aus Peking hier eingetroffen.-

In der Anlage beehre Euer Durchlaucht ich mich die angebliche Englische Uebersetzung eines vorläufigen Berichtes des Vize-Justizministers an den Justizminister über die Ermordung der Königin - in Wirklichkeit ist der Bericht von dem Amerikaner Greathouse verfaßt worden - ganz gehorsamst zu überreichen.

Der Bericht stellt zunächst fest, daß seit der Einnahme des Palastes durch Japanische Truppen am 23. Juli 1894 die ganz in der Nähe gelegene Kaserne von Japanischen Soldaten besetzt gehalten wurde, daß die Beziehungen zwischen Korea und Japan stets die freundlichsten waren, daß eine große Anzahl Japanischer Instruktoren und Rathgeber von der Koreanischen Regierung engagirt worden war und daß Japanische Truppen am 8ten

Oktober v. Js. Japanische Soshi´s in den Palast einführten, daß diese die Königin ermordeten, daß der damalige Japanische Gesandte Vicomte Miura und mehr als 40 andere Japaner wegen Verdachts der Ermordung der Königin und der Beihülfe bei dem Verbrechen von den Japanischen Behörden verhaftet wurden, und führt dann das Urtheil des Untersuchungsrichters in Hiroshima an, durch welches die Schuld der Verhafteten unzweifelhaft constatirt wurde, sämmtliche Beschuldigte aber trotzdem vollständig freigesprochen wurden. Der Bericht giebt dann Einzelheiten bei der Ermordung der Königin und verbreitet sich über die Mißhandlung des Kronprinzen und die unwürdige Behandlung des Königs durch die Soshi´s, sowie über die von dem früheren Staatsministerium gegen den Willen des Königs angeordnete Degradirung und Beschimpfung der Königin, die Verurtheilung von unschuldigen Koreanern und die in Folge der Ermordung der Landesmutter ausgebrochenen Aufstände im Lande und schließt mit der Flucht des Königs nach der Russischen Gesandtschaft.

Von den im Februar d. Js. wegen Mitschuld bei dem Verbrechen des 8. Oktober v. Js. verhafteten Koreanern sind durch Erkenntniß von 18. d. Mts. einer zum Tode, vier (darunter der vormalige Gouverneur von Söul) zu lebenslänglicher Verbannung, zwei zu 15, zwei zu 10 Jahren und einer zu einem Jahre Zuchthaus verurtheilt worden.

Abschriften dieses ganz gehorsamen Berichtes sende ich an die Kaiserlichen Gesandtschaften zu Peking und Tokio.

Krien.

Inhalt: politische Vorgänge in Korea. 1 Anlage.

[ ]

PAAA_RZ201-018922_075 f.			
Empfänger	Fürst zu Hohenlohe - Schillingsfürst	Absender	Gutschmid
A. 5829 pr. 5. Juni 1896. p. m.		Tokio, den 28. April 1896.	
Memo	Umstellg. mtg. 7. 6. London m. Erl. 547, Petersbg. 389 Peking A. 11.		

A. 5829 pr. 5. Juni 1896. p. m.

Tokio, den 28. April 1896.

A. 88.

Sr. Durchlaucht
dem Herrn Reichskanzler
Fürsten zu Hohenlohe - Schillingsfürst.

Entzifferung.

Der russische Geschäftsträger machte mir heute nachstehende vertrauliche Mittheilung:

Am 1. März habe Vicomte Aoki den englischen Botschafter in Berlin gefragt, ob seine Regierung auf die Unterstützung Englands in der Koreanischen Frage, insoweit es sich um Japans Stellungnahme gegen Rußland handele, rechnen könne. Sir Frank Lascelles habe erwidert, Japan solle sich Rußland gegenüber der äußersten Vorsicht befleißigen, auf englischen Beistand dürfe es nicht rechnen. Kurz darauf habe der Botschafter einer Macht, der die vorstehende Unterredung zu Ohren gekommen sei, die er aber nicht nennen wolle, Lord Salisbury gefragt, ob Sir Frank wirklich dem japanischen Gesandten diese Antwort ertheilt habe. Der englische Premier habe dies mit kurzen Worten bejaht.

Herr von Speyer bemerkte, diese Demarche des Vicomte Aoki, der übrigens, wie er glaube, oft eigene Politik treibe, beweise, daß Japan bei allem scheinbaren Entgegenkommen gegen Rußland doch nicht ganz aufrichtig sei und sich mit Hintergedanken trage.

Gutschmid.

Berlin, den 7. Juni 1896. A. 5829.

An
1. Botschafter
London № 547
cfr A. 6278.

2. Botschafter Fürst Radolin
Moskau № 389.

3. Gesandten Frhrn. v. Heyking
Peking A. № 11.

J. № 3763.

Eurer pp. beehre ich mich den in Abschrift beifolgenden Bericht des Kais. Gesandten in Tokio vom 28. April d. J., [betr. Äußerungen des Herrn von Speyer über Japans und Englands Haltung in Bezug auf Korea,] zur gefl. vertraul. Information zu übersenden.

Es würde nicht ohne Interesse sein, zu erfahren, ob etwa Frankreich die darin gemeinte, jedoch nicht genannte dritte Macht ist. Eure pp. werden vielleicht eine passende Gelegenheit finden, Baron Courcel lediglich zu fragen, ob er glaube, daß Japan für den Fall eines Konfliktes mit Rußland wegen Koreas auf englischen Beistand rechnen könne. Aus seiner Antwort, die ich mir mitzutheilen bitte, werden wir das Weitere schließen können.

N. S. E.

Ew. pp. z. 2: beehre ich mich
z. 3: übersende ich anbei Abschrift eines Berichts des Kais. Gesandten in Tokio vom 28. April d. J. [ins. aus ad 1.]
zu Ihrer gefl. z. 2: vertraul.
z. 3: persönl.
Information z. 2: zu übersenden.
z. 3: [2]

N. S. E.

[ ]

PAAA_RZ201-018922_081 f.			
Empfänger	Fürst zu Hohenlohe - Schillingsfürst	Absender	Gutschmid
A. 5829 pr. 5. Juni 1896. p. m.		Tokio, [o. A.]	
Memo	In nachstehender Fassung mitgeth. 7. 6. n. London 547, Petersbg 389, Peking A. 11.		

Abschrift.

A. 5829 pr. 5. Juni 1896. p. m.

Tokio.

Seiner Durchlaucht
dem Herrn Reichskanzler
Fürsten zu Hohenlohe - Schillingsfürst.

Heut erhielt ich vom russischen Geschäftsträger vertraulich die nachstehende Mittheilung:

Vicomte Aoki habe am 1. März den englischen Botschafter in Berlin gefragt, ob seine Regierung auf Englands Unterstützung in der Koreanischen Frage insoweit rechnen könne, als es sich um Japans Stellungnahme gegen Rußland handele. Darauf habe Sir Frank Lascelles erwidert, Japan solle Rußland gegenüber die äußerste Vorsicht beobachten, es dürfe auf englischen Beistand nicht rechnen. Kurze Zeit darauf habe der Botschafter einer Macht, die er nicht nennen wolle, der aber die vorstehende Unterredung zu Ohren gekommen sei, Lord Salisbury gefragt, ob wirklich Sir Frank diese Antwort dem japanischen Gesandten ertheilt habe. Dies sei von dem englischen Premier mit kurzen Worten bejaht worden.

Herr von Speyer fügte hinzu, diese Demarche des Vicomte Aoki, von dem er übrigens glaube, daß er oft eigene Politik treibe, liefere den Beweis, daß bei allem scheinbaren Entgegenkommen gegen Rußland Japan doch nicht ganz aufrichtig sei und Hintergedanken hege.

gez. von Gutschmid.

Berlin, den 8. Juni 1896.

zu A. 5819.

An
die Botschaft in
St. Petersburg № 394.

J. № 3784.

Eurer pp. übersende ich anbei ergebenst Abschrift eines Berichts des Kais. Gesandten in Tokio vom 5. v. Mts., betreffend russisch-japanische Verhandlungen über Korea,

zu Ihrer gefälligen Information.

N. S. E.

Berlin, den 10. Juni 1896.

zu A. 5817.

An
die Botschaften in
1. London № 558.
2. Moskau № 400.

J. № 3853.

Eurer pp. übersende ich anbei ergebenst Abschrift eines Berichts des Kais. Gesandten in Tokio vom 29. April d. J., betreffend Rußland u. Japan in Korea,

zu Ihrer gefälligen Information.

N. S. E.

[ ]

PAAA_RZ201-018922_085 ff.			
Empfänger	[o. A.]	Absender	[o. A.]
A. 5985. pr. 10. Juni 1896. p. m.		[o. A.]	

A. 5985. pr. 10. Juni 1896. p. m. 1 Anl.

Extract from
THE KOREAN REPOSITORY,
March, 1896.

TRANSLATION OF OFFICIAL REPORT

CONCERNING
THE ATTACK ON THE ROYAL
PALACE AT SEOUL, KOREA.
AND
The Murder of Her Majesty,
THE QUEEN,
ON
October, 8th, 1895.

THE TRILINGUAL PRESS
SEOUL

EDITORIAL DEPARTMENT.

THE QUEEN'S DEATH AGAIN INVESTIGATED.

OUR readers will be interested in the official report made by a Vice-Minister of Justice to Yi Pom Chin, Minister of Law, which we print in full. As soon as the King was in a position where he could act with freedom, he ordered a thorough and impartial investigation to be made into the circumstances of the death of his Queen. Thirteen Koreans were arrested charged with participation in the crime and their trials are now in progress.

At the special request of His Majesty, his Foreign Adviser, C. R. Greathouse, attended the sessions of the Court, examined the witnesses and supervised the proceedings. The Court has been in session about fifteen days, a large number of witnesses have been examined and full access has been given to all official documents.

We believe, therefore, that this report, while at variance with the statements in the Judgments rendered by the Courts under the control of the late Cabinet and which were reproduced from the *Official Gazette* in the January issue of THE REPOSITORY, will be found reliable and that we have at last a faithful account of the circumstances under which the Queen of Korea died.

On the 16th inst., under escort of General Hyen, Commander of the Palace Guards on the 8th of October and one of the few officers (as far as we know) besides Col. Hong, who did not doff his uniform and run, we were privileged to visit the house and rooms where the savage and horrible butchery of Her Majesty took place. The ground-plan of the buildings which we print was taken on the spot.

After a full survey of the grounds, the several gates through which the assailants entered, and the rooms occupied by Their Majesties, it is difficult to see how the poor Queen could have escaped from the murderous band that rushed into and surrounded the building where she was. They hounded her into a small room sixteen feet long, eight feet wide and seven feet high and there killed her, as stated in the report.

To revert to the trials, Mr. Greathouse states to us that they have been fairly and carefully conducted and that no torture has been used. And we feel assured that so long as he is connected with the matter, this course will be continued. It appears to us, and we base our opinion on information furnished us by others in addition to that of Mr. Greathouse, that these trials have not only been free from the gross faults that frequently disfigure the proceedings of Eastern courts, but that for purity and honesty of procedure, for patient and thorough-going investigation, and for general approximation to Western notions of justice and integrity, they are in every way remarkable.

Official Report on Matters connected with the Events of October 8th, 1895, and the Death of the Queen.

HIS EXCELLENCY YI POM CHIN,

Minister of Law.

Your Excellency.

Having been ordered to examine and report respecting the attack on the Palace and the murder of Her Majesty the Queen and others on the 8th day of October last, as well as into the affairs connected therewith, I beg to say, That we have examined many witnesses and papers and have also partially tried a number of Koreans who are charged with participation in said affair. Each of these persons is being accorded a fair and full trial, and as soon as all the evidence is taken I will submit to you a full report in each case, but in the meantime, I have sufficient evidence to make this general report and in doing so will endeavour to state the facts as briefly as possible.

When, on July 23rd, 1894, and just before the commencement of the Japanese-Chinese war, the Korean Palace at Seoul was taken possession of and occupied by the Japanese troops under the orders of Mr. Otori, then the Japanese Minister accredited to the Korean Government, the extensive Korean soldier barracks situated at the corner of the streets near the front and principal gate of the Palace grounds and not more than thirty paces from the gate, were also taken possession of and occupied by Japanese troops.

Before this time these barracks, which in fact command the chief entrance to the Palace grounds (such grounds being surrounded by walls from fifteen to twenty-five feet high), had been used by the Korean Palace guard. In August, 1894, the Japanese troops were withdrawn from the Palace, but they continued to occupy these very important barracks and have continued so to do until the present time.

The Japanese Minister, Mr. Otori, was recalled and Count Inouye appointed in his place, and some time afterwards the latter was also recalled and Viscount Miura appointed Minister and he took official charge of the Japanese Legation in Seoul on September 3rd, 1895.

At no time had there been war between Korea and Japan, and indeed it was supposed that the relations between the two Governments were exceedingly amicable; the Japanese Ministers exercised much influence in Korean affairs and advised and brought about many changes in the Government and laws. A large number of Japanese instructors and advisers were employed and paid by the Korean Government, especially in the War Police and Law Departments.

After the attack on the Palace on October 8th last, when it was reported that the Japanese troops had led in this attack and that a numerous band of Japanese, usually called *Soshi*, had gone with them into the Palace and, under their protection and by their aid, murdered the Queen and burnt her body. Viscount Miura was recalled by the Japanese Government and he and Mr. Sugimura, Secretary of the Japanese Legation at Seoul, as well as more than forty other Japanese sent by the Japanese Government from Seoul to Japan, were arrested for participation in said affair and tried by the Japanese courts in Japan sitting at Hiroshima and duly acquitted and discharged as innocent of any crime.

The judgement of that court has been published; and as it states very many facts and as, in quoting it, I can not be said to misrepresent the facts if I adopt them from the judgement of the Japanese court, 1 here give a copy of that judgement in full.

"COPY OF THE DECISION OF THE JAPANESE COURT OF PRELIMINARY INQUIRIES.

"Okamoto Ryunosuke, born the 8th month of the 5th year of *Kaei* (1852), Adviser to the Korean Departments of War and of the Household, *shizoku* of Usu, Saiga Mura, Umibe Gun, Wakayama Ken.

"Miura Goro, Viscount, Sho Sammi, First Class Order, Lieutenant-General (First Reserve), born 11th month 3rd year *Kokwa* (1846), *kwazoku* of Nakotomisaka Cho, Koishikawa ku, Tokyo Shi, Tokyo Fu.

"Sugimura Fukashi, Sho Rokui, First Secretary of Legation, born 1st month 1st year *Kaei* (1848), *heimin* of Suga Cho, Yotsuyaku, Tokyo Shi, Tokyo Fu, and forty-five others.

"Having, in compliance with the request of the Public Procurator, conducted preliminary examinations in the case of murder and sedition brought against the above mentioned Okamoto Ryunosuke and forty-seven others, and that of willful homicide brought against the aforementioned Hirayama Iwawo, we find as follows: —

"The accused, Miura Goro, assumed his official duties as His Imperial Majesty's Envoy Extraordinary and Minister Plenipotentiary at Seoul on the 1st of September, the 28th year of Meiji (1895). According to his observations, things in Korea were tending in a wrong direction. The Court was daily growing more and more arbitrary, and attempting wanton interference with the conduct of State affairs. Disorder and confusion were in this way introduced into the system of administration that had just been reorganized under the guidance and advice of the Imperial Government. The Court went so far in turning its back upon Japan that a project was mooted for disbanding the *Kunrentai* troops, drilled by Japanese officers, and punishing their officers. Moreover, a report came to the knowledge of the said Miura that the Court had under contemplation a scheme for usurping all political power by degrading some and killing others of the Cabinet Ministers suspected of devotion to the cause of progress and independence. Under these circumstances, he was greatly perturbed, inasmuch as he thought that the attitude assumed by the Court not only showed remarkable ingratitude towards this country, which had spent labour and money for the sake of Korea, but was also calculated to thwart the work of internal reform and jeopardize the independence of the Kingdom. The policy pursued by the Court was consequently considered to be injurious to Korea, as well as prejudicial, in no small degree, to the interests of this country. The accused felt it to be of urgent importance to apply an effective remedy to this state of affairs, so as on the one hand to secure the independence of the Korean Kingdom, and on the other, to maintain the prestige of this Empire in that country. While thoughts like these agitated his mind, he was secretly approached by the Tai Won-kun with a request for assistance, the Prince being indignant at the untoward turn that events were taking and having determined to undertake the reform of the Court and thus discharge his duty of advising the King. The accused then held at the Legation a conference with Sugimura Fukashi and Okamoto Ryunosuke, on the 3rd of Oct. last. The decision arrived at on that occasion was that assistance should be rendered to the Tai Won-kun's entry into the Palace by making use of the *Kunrentai* who, being hated by the Court, felt themselves in danger, and of the young men who deeply lamented the course of events, and also by causing the Japanese troops stationed in Seoul to offer their support to the enterprise. It was further resolved that this opportunity should be availed of for taking the life of the Queen, who exercised overwhelming influence in the Court. They at the same time thought it necessary to provide against the possible danger of the Tai Won-kun's interfering with the conduct of State affairs in the future--an interference that might prove of a more evil character than that which it was now sought to overturn. To this end, a document containing pledges required of the Tai Won-kun on four points was drawn by Sugimura Fukashi. The document was carried to the country residence of the Tai Won-kun at Kong-tok-ri on the 5th of the month by Okamoto Ryunosuke, the latter being on intimate terms with His Highness. After informing the Tai Won-kun that the turn of events demanded His Highness's intervention once more, Okamoto presented the document to the Prince, saying that it embodied what Minister Miura expected from him. The Tai Won-kun, together with his son and grandson, gladly assented to the conditions proposed and also wrote a letter guaranteeing his good faith. Miura Goro and others decided to carry out the concerted plan by the middle of the month. Fearing lest Okamoto's visit to Kong-tok-ri (the Tai Won-kun's residence) should excite suspicion and lead to the exposure of their plan, it was given out that he had proceeded thither simply for the purpose of taking leave of the Prince before departing for home, and to impart an appearance of probability to this report, it was decided that Okamoto should leave Seoul for Ninsen (Inchhon), and he took his departure from the capital on the 6th. On the following day An Keiju, the Korean Minister of State for War, visited the Japanese Legation by order of the Court. Referring to the projected disbanding of the *Kunrentai* troops, he asked the Japanese Minister's views on the subject. It was now evident that the moment had arrived, and that no more delay should be made. Miura Goro and Sugimura Fukashi consequently determined to carry out the plot on the night of that very day. On the one hand, a telegram was sent to Okamoto requesting him to come back to Seoul at once, and on the other, they delivered to Horiguchi Kumaichi a paper containing a detailed programme concerning the entry of the Tai Won-kun into the Palace, and caused him to meet Okamoto at Yong-san so that they might proceed to enter the Palace. Miura Goro further issued instructions to Umayabara Muhon Commander of the Japanese Battalion in Seoul, ordering him to facilitate the Tai Won-kun's entry into the Palace by directing the disposition of the *Kunrentai* troops, and by calling out the Imperial force for their support. Miura also summoned the accused Adachi Kenzo and Kunitomo Shigeakira, and requested them to collect their friends, meeting Okamoto at Yongsan, and act as the Tai Won-kun's bodyguard on the occasion of His Highness's entrance into the Palace. Miura told them that on the success of the enterprise depended the eradication of the evils that had done so much mischief to the Kingdom for the past twenty years, and instigated them to dispatch the Queen when they entered the Palace. Miura ordered the accused Ogiwara Hideiiro to proceed to Yongsan, at the head of the police force under him, and after consultation with Okamoto, to take such steps as might be necessary to expedite the Tai Won-kun's entry into the Palace.

"The accused, Sugimura Fukashi, summoned Suzuki Shigemoto and Asayama Kenzo to the Legation, and after acquainting them with the projected enterprise, directed the former to send the accused, Suzuki Junken, to Yongsan to act as interpreter, and the latter to carry the news to a Korean named Li Shukwei, who was known to be a warm advocate of the Tai Won- kun's return to the Palace. Sugimura further drew up a manifesto, explaining the reasons of the Tai Won-kun's entry into the Palace, and charged Ogiwara Hidejiro to deliver it to Horiguchi Kumaichi.

"The accused Horiguchi Kumaichi at once departed for Yongsan on horseback. Ogiwara Hidejiro issued orders to the policemen that were oft (bitte überprüfen) duty to put on civilian dress, provide themselves with swords and proceed toYongsan. Ogiwara himself also went to the same place.

"Thither also, repaired by his order, the accused Watanabe Takajiro, Nariai Kishiro, Oda Yoshimitsu, Kiwaki Sukunori and Sakai Masataro.

"The accused Yokowo Yutaro joined the party at Yongsan. Asayama Kenzo saw Li

Shukwei, and informed him of the projected enterprise against the Palace that night. Having ascertained that Li had then collected a few other Koreans and proceeded toward Kong-tok-ri, Asama at once left for Yongsan. Suzuki Shigemoto went to Yongsan in company with Suzuki Junken. The accused Adachi Kenzo and Kunitomo Shigeakira, at the instigation of Miura, decided to murder the Queen, and took steps for collecting accomplices. The accused Hirayama Iwabiko, Sassa Masayuki, Matsumura Tatsuki, Sasaki Tadasu, Ushijima Hidewo, Kobayakawa Hidewo, Miyazumi Yuki, Sato Keita, Sawamura Masao. Katano Takewo, Fuji Masashira, Hirata Shizen, Kikuchi Kenjo, Yoshida Tomokichi, Nakamura Takewo, Namba Harukichi, Terasaki Taikichi, lyuiri Kakichi, Tanaka Kendo, Kumabe Yonekichi, Tsukinari Taru, Yamada Ressei, Sase Kumatetsu, and Shibaya Kotoji responded to the call of Asashi Kenjo and Kunitomo Shigeakira, by Miura's order to act as bodyguard to the Tai Won-kun on the occasion of his entry into the Palace. Hirayama Iwahiko and more than ten others were directed by Adachi Kenzo, Kunitomo Shigeakra and others to do away with the Queen, and they resolved to follow the advice. The others, who were not admitted into this secret but who joined the party from mere curiosity also carried weapons, With the exception of Kunitomo Shigeakira, Tsukinori Toru, and two others, all the accused mentioned above went to Yongsan in company with Adachi Kenzo.

"The accused Okamoto Ryunosuke, on receipt of a telegram saying that time was urgent, at once left Ninsen for Seoul. Being informed on his way, at about midnight, that Hoshiguchi Kennaichi was waiting for him at Mapho, he proceeded thither and met the persons assembled there. There he received one from Horiguchi Kumaichi a letter from Miura Goro, the draft manifesto already alluded to, and other documents. After he had consulted with two or three others about the method of effecting an entry into the Palace, the whole party started for Kong-tok-ri, with Okamoto as their leader. At about 3 a. m. on the 8th, they left Kong-tok-ri, escorting the Tai Won-kun's palanquin, together with Li Shukwei and other Koreans. When on the point of departure, Okamoto assembled the whole party outside the front gate of the Prince's residence, declared that on entering the Palace the "fox" should be dealt with according as exigency might require, the obvious purport of this declaration being to instigate his followers to murder Her Majesty the Queen. As the result of this declaration. Sakai Masataro and a few others, who had not yet been initiated into the secret, resolved to act in accordance with the suggestion. Then slowly proceeding toward Seoul, the party met the *Kunrentai* troops outside the West Gate of the capital where they waited some time for the arrival of the Japanese troops. With the *Kunrentai* as vanguard, the party then proceeded toward the Palace at a more rapid rate. On the way, they were joined by Kunitomo Shigeakira, Tsukinari Teru, Yamada

Ressei, Sase Kumatetsu, and Shibuya Katoji. The accused Hasumoto, Yasumaru and Oura Shigehiko, also joined the party, having been requested by Umagabara Muhon to accompany as interpreters the military officers charged with the supervision of the *Kunrentai* troops. About dawn, the whole party entered the Palace through the Kwang-hwa Gate, and at once proceeded to the inner chambers.

"Notwithstanding these facts there is no sufficient evidence to prove that any of the accused actually committed the crime originally meditated by them. Neither is there sufficient evidence to establish the charge that Hirayama Iwahiko killed Li Koshoku, the Korean Minister of the Household, in front of the Kön-Chhöng Palace.

"As to accused Shiba Shiro, Osaki Masakichi, Yoshida Hanji, Mayeda Shunzo, Hirayama Katsukuma, and Hiraishi Yoshitaro, there is not sufficient evidence to show that they were in any way connected with the affair.

"For these reasons the accused, each and all, are hereby discharged in accordance with the provisions of Article 165 of the Code of Criminal Procedure. The accused Miura Goro, Sugimura Fukashi, Okamoto Ryunosuke, Adachi Kenzo, Kunitomo Shigeakira, Terasaki Taikichi, Hirayama Iwahiko, Nakamura Tatowo, Fuji Masaakira, lyuiri Kakichi, Kiwaki Sukenori and Sokoi Masutaro are hereby released from confinement. The documents and other articles seized in connection with this case are restored to their respective owners.

"Given at the Hiroshima Local Court by
"YOSHIDA YOSHIHIDE,
"Judge of Preliminary Inquiry.
"TAMURA YOSHIHARU,
"Clerk of the Court.

"Dated 20th day of the 1st month of the 29th year of Meiji.

"This copy has been taken from the original text. Clerk of the Local Court of Hiroshima."

It will be noticed that the judgement of the Japanese Hiroshima Court, after stating that "about dawn the whole party" (viz., Japanese soldiers, *soshi* and others) "entered the Palace through the Kwang Hwa Gate," (the front gate which we mentioned above) "*and at once proceeded to the inner chambers*," stops abruptly in its statement of facts, but says, "Notwithstanding these facts there is no sufficient evidence to prove that any of the accused actually committed the crime originally meditated by them."

It now becomes my unpleasant duty to supply some facts and to report what was done by "this party" when they arrived at the "inner chambers" of the Palace.

The grounds of the Royal Palace are spacious, comprising many acres surrounded, as

I have said, by high walls. There are many detached and different buildings within these outer walls, and in most cases these buildings are surrounded by lower walls with strongly barred gates. The building occupied by Their Majesties, the King and Queen, on this eventful morning, has a narrow court-yard in front and is about a quarter of a mile from the front gate.

The Japanese soldiers, entering at this front gate, proceeded rapidly to this building, and to other points of the Palace grounds meeting on the way some of the Korean soldiers who composed the Palace guard, and here some of these latter were killed. They made, however, an ineffectual resistance and the Japanese soldiers went on.

When the Japanese arrived at the building occupied by Their Majesties, some of them formed in military order, under command of their officers, around the small court-yard and only a few paces from the building itself and also guarded the gates of the court-yard and thus protected the *soshi* and other Japanese who had come with them in their awful work of searching for and killing Her Majesty the Queen.

These Japanese *soshi*, numbering thirty or more, under the leadership of a head Japanese, rushed with drawn swords into the building, searching the private rooms, seizing all the Palace women they could catch, dragging them round by the hair and beating them and demanding where the Queen was. This was seen by many, including Mr. Sabatin, a foreigner connected with His Majesty's guard, who was in this court-yard for a short time. He saw the Japanese officers in the court-yard in command of the Japanese troops, saw the outrages committed on the Korean court ladies and was himself asked often by the Japanese where the Queen was and was threatened and put in danger of his life because he would not tell.

His statement shows conclusively that officers of the Japanese troops were in the court-yard and knew all that was being done by the Japanese *soshi*, and that Japanese soldiers were surrounding the court-yard and in fact guarding the court-yard gates while the *soshi* were doing their murderous work.

After searching the various rooms, the *soshi* found the Queen in one of the side rooms where she was attempting to hide, and catching hold of her cut her down with their swords.

It is not certain whether, although so grievously wounded, she was then actually dead: but she was laid upon a plank, wrapped up in a silk comfort (used as bed-clothing) and taken out into the court-yard. Very soon afterwards, under the direction of the Japanese *soshi*, the body was taken from the court-yard to a grove of trees not far distant, in the deer park, and there kerosene oil was poured over the body and faggots of wood piled around and all set on fire.

It appears from the evidence that only a few bones remained unconsumed. It also appears that these Japanese *soshi* who had been charged with the horrible duty of murdering Her Majesty the Queen, in order to make sure that they had done their work as ordered, took several of the women of the Court to the body and compelled them to identify it as that of Her Majesty. It also appears that every precaution had been taken by the Japanese and the Korean traitors who were assisting them, to prevent Her Majesty the Queen from escaping.

It was thus that our beloved and venerated Queen of Korea and mother of His Royal Highness, the Crown Prince, was cruelly assassinated and her body burned to destroy the evidence of the crime.

After the Korean Household Guard had been dispersed and the Japanese had arrived in the court-yard and were entering the building, His Majesty, hoping to divert their attention and to enable Her Majesty to hide or flee away, if possible, came from the inner rooms of the building to a front room which had large doors opening out upon the court-yard and stood where he could be plainly seen by the Japanese. Many of the Japanese *soshi* rushed into the room brandishing their swords, and other Japanese also came in and passed into the other rooms — some of them being officers of the Japanese army in uniform. A servant standing by His Majesty announced from time to time that this was His Majesty, but, notwithstanding that, His Majesty was subjected to many indignities. One of the Japanese caught him by the shoulder and pulled him a little distance, pistols were also fired in the room close to him; some of the Palace ladies were beaten and pulled about and dragged by the hair in his presence and Yi Kiung Chik[25] (of noble blood and then Minister of the Royal Household), who had been attacked and badly wounded in another room, but who managed to crawl along the verandah, was followed and killed with swords by the Japanese in His Majesty's presence.

His Royal Highness, the Crown Prince, who was in one of the inner rooms, was seized, his hat torn off' and broken, and he was pulled about by the hair and otherwise maltreated; the Japanese doing this at the same time demanded of him where the Queen was and threatened him with their swords; but he managed to get into the front room where His Majesty was without serious injury, and remained with him.

The part taken by Koreans in this business will be mentioned later in this report.

Before daybreak of October 8th, His Majesty, having heard that additional Japanese troops had just been marched into the barracks at the front gate, and some other alarming rumors, sent a messenger to Viscount Miura to inquire into the matter.

25 Called in the judgement of the Japanese Court, Li Koshoku.

Although the messenger arrived at this very early hour, he found Viscount Miura, his secretary, Mr. Sugimura, and an interpreter who spoke Korean, fully dressed and also three chairs waiting at the door.

Viscount Miura told him that he had heard from a Japanese colonel that additional troops had been marched into the barracks, but that he (Miura) did not know why this was done. While they were talking, firing was heard from the direction of the Palace and Miura told the messenger to return at once and be would go to the Palace immediately.

Viscount Miura, Mr. Sugimura and their interpreter soon proceeded to the Palace. On their arrival the Japanese were still in the Palace grounds on guard and most, if not all, the *soshi* and others who had murdered the Queen were still there; but after Viscount Miura's arrival no more murders or outrages were committed, and soon the Japanese *soshi* dispersed. On his arrival at the Palace, he sought and obtained an audience with His Majesty who, for that purpose, had left the room where he had been standing, as detailed above, during the terrible troubles and had gone to the adjoining building called Chang An Tang.

At this audience, not only Mr. Sugimura and the interpreter accompanied Viscount Miura and were present, but also a certain Japanese who had come to the Palace with the *soshi* and had apparently been their leader and had been seen by His Majesty as an active participant in their work. The Tai Won-kun, who had come to the Palace with the Japanese troops, was also present. Here, at this audience, three documents were prepared by those present and presented to His Majesty for signature, one of them being, in substance, that the Cabinet should thereafter manage the affairs of the country; another, appointing Prince Yi Chai Miun, who had accompanied the Tai Won-kun on his entrance into the Palace, Minister of the Royal Household in place of Yi, who had been killed scarcely more than an hour before, and the other appointing a Vice-Minister of the Royal Household.

His Majesty signed all these documents.

The Japanese troops were then withdrawn from the Palace, and Korean soldiers (*i. e.*, troops drilled by Japanese instructors and generally known as *Kunrentai*) were left on guard.

Later in the day, the Ministers of the War and Police Departments were dismissed, and Cho Hui Yen was made Minister of War and Acting-Minister of Police, and, on the 10th, Kwan Yung Chin was made full Minister of Police. Both of these men were and are supposed to be privy to the plot to attack the Palace, and both were recently denounced (on Feb. 11th) by the Proclamation of His Majesty and have fled to parts unknown. In this way, all the armed forces of the Korean Government, and even the personal attendants of His Majesty, were put under the control and orders of officials who had been more or less connected with the attack on the Palace.

Within an hour or two after Viscount Miura's audience, and while he still remained in a building near the audience chamber, His Excellency Mr. Waeber, Russian *Chargé d` Affaires* and Dr. Allen, *Chargé d` Affaires* (*ad interim*) of the United States, came to the Palace and saw Yi Chai Miun, the recently appointed Minister of the Royal Household, who informed them that His Majesty was very much excited and could not receive them. Mr. Waeber called attention to the fact that the Japanese Minister's chair was in front of the audience chamber, and that he knew no reason why the Representatives of the United States and Russia should not also be given an audience. The Minister of the Royal Household retired from the waiting room, went away to consult, and, after some delay, came back and said that an audience would be given to the Representatives of these two countries. At the audience, His Majesty, who had not then been apprised of the killing of the Queen, said he understood that an attempt had been made to capture and harm the Queen, but that he still had hopes that she had escaped and at the same time asked the friendly offices of these Representatives to prevent any further violence or outrage.

Later in the day Representatives of other Powers went to the Palace and were received in audience by His Majesty.

At first it was evidently the intention of those who were privy to the plot to throw the whole blame of the attack on the Palace and the outrages committed there, upon the Koreans and entirely to exonerate the Japanese from any participation therein, except to state that they had gone in after the disturbances had commenced and had suppressed them. In an official dispatch from Viscount Miura to the Korean Minister of Foreign Affairs, dated October 9th, after stating that early on the morning of the 8th a messenger from His Majesty had come to the Legation requesting him to proceed to the Palace to maintain order, the Viscount says, among other things—

"On receiving the message I promptly proceeded thither, but our garrison [Japanese troops] had already gone to suppress the disturbance, with the result that quiet was at once restored.

"I gathered that the origin of the *émeute* was a conflict between the drilled [Korean] troops, who desired to lay a complaint in the Palace, and the guards and police who prevented their entrance."

The next day Viscount Miura addressed another dispatch to the Minister of Foreign Affairs, of which the following is a full copy.

TRANSLATION.

"October 10th, 1895.

"Sir. — I have earlier done myself the honour to acknowledge receipt of your despatch explaining the origin of the military *émeute* of the day before yesterday. There has, however, been abroad of late a story that when at daybreak on the 8th inst., the drilled troops made their sudden entrance into the Palace to state their grievances, a number of Japanese in plain clothes were observed to be mingled with them and to be taking part in the riotous proceedings within the Palace. I am aware that this story is a fabrication based on hearsay and unworthy of credence; but as the matter is of considerable importance I cannot pass it altogether by. Your Excellency will, I presume, by now have ascertained the true facts of the late military *émeute*. I am therefore doing myself the honour to request that you will be good enough to determine whether the story in question is or is not correct, and to favour me with a speedy reply.

"I have, &c.,"

Signature and Seal of Viscount Miura.

Two days later the Korean Minister of Foreign Affairs, in answer to the above despatch of Viscount Miura. replied as follows: —

TRANSLATION.

"October 12th, 1895.

"Sir — I have the honour to acknowledge receipt of your Excellency's despatch (here quotes the foregoing).

"I communicated the matter to the Minister for War in order that he might institute a thorough enquiry into all the circumstances. I am now in receipt of his reply, which is to the following effect: —

"'The battalion reports that when at dawn on the day in question they were about to proceed and complain they were apprehensive that if they met with the guards, in the flurry and impossibility of discriminating, there was every chance of a collision. So they dressed themselves out in foreign clothes, in the hope of avoiding anything so disastrous as having to cross swords. They made their leading men imitate the Japanese civilian dress, with the idea of letting it appear that they were not soldiery; but as a matter of fact not a single Japanese was present.

"That the battalion, fearing lest there should be a collision, temporarily adopted this expedient is an absolute fact. In communicating the circumstance to you I have the honour to request that you will favour me with an acknowledgment."

"I replied to the Minister of War as he desired, and I now beg to request the same honour from Your Excellency.

"I have, &c.,"

(Seal.)

It will be noticed that the statements of the Foreign Minister are based upon the report of Cho Hui Yen, the Minister of War, who had been appointed, as I have said, the day Her Majesty was murdered, and his readiness to furnish an official report for Viscount Miura's use, so utterly variant from the actual facts and so damaging to his own Korean troops and so completely exonerating the Japanese from any connection with the business, clearly shows his complicity and the part he had taken and was willing to take in the conspiracy. The judgement of the Hiroshima Japanese Court, quoted above, distinctly states that Viscount Miura

"held at the Legation a conference with Sugimura Fukashi and Okamoto Ryunosuke, on the 3rd of October last. The decision arrived at on that occasion was that assistance should be rendered to the Tai Won-kun's entry into the Palace by making use of the *Kunrentai* who, being hated by the Court, felt themselves in danger, and of the young men who deeply lamented the course of events, and also by causing the Japanese troops stationed in Seoul to offer their support to the enterprise. It was further resolved that this opportunity should be availed of for taking the life of the Queen, who exercised overwhelming influence in the Court."

The judgement further states that Viscount Miura, on the 7th of October, |

"further issued instructions to Umayabara Muhon, Commander of the Japanese Battalion in Seoul, ordering him to facilitate the Tai Won-kun's entry into the Palace by directing the disposition of the *Kunrentai* troops, and by calling out the Imperial force for their support. Miura also summoned the accused Adachi Kenzo and Kunitomo Shigeakira, and requested them to collect their friends, meeting Okamoto at Yongsan, and act as the Tai Won- kun's bodyguard on the occasion of His Highness's entrance into the Palace. Miura told them that on the success of the enterprise depended the eradication of the evils that had done so much mischief to the Kingdom for the past twenty years, and instigated them to despatch the Queen when they entered the Palace. Miura ordered the accused Ogiwara Hidejiro to proceed to Yongsan, at the head of the police force under him, and after consultation with Okomoto, to take such steps as might be necessary to expedite the Tai Won-kun's entry into the Palace."

The judgement also shows that the whole party, Japanese troops, *soshi* and others, went into the Palace grounds about dawn and proceeded to the inner chambers, and yet the Korean Minister of War says "that as a matter of fact not a single Japanese was present at the disturbance"!

It is not known what use Viscount Miura made of this correspondence, but its purpose is evident.

As a part of the history of the events, I give below extracts from a despatch sent by Count Inouye to his Government while he was the Minister at Seoul. These extracts were recently read in the Japanese Parliament and published in the newspapers. Count Inouye, referring to an interview with the Queen, says: —

"On one occasion, the Queen observed to me:—During the disturbance in the Royal Palace last year the Japanese troops unexpectedly escorted to the Palace the Tai Won-kun, who regarded Japan from the first as his enemy. He resumed the control of the Government, the King becoming only a nominal ruler. In a short time, however, the Tai Won-kun had to resign the reins of government to the King through your influence, and so things were restored to their former state. The new Cabinet, subsequently framed rules and regulations, making its power despotic. The King was a mere tool, approving all matters submitted by the Cabinet. It is a matter of extreme regret to me (the Queen) that the overtures made by me towards Japan were rejected. The Tai Won-kun, on the other hand, (who showed his unfriendliness towards Japan) was assisted by the Japanese Minister to rise in power. * * * [Count Inouye] gave as far as I could an explanation of these things to the Queen, and after so allaying her suspicions, I further explained that it was the true and sincere desire of the Emperor and Government of Japan to place the independence of Korea on a firm basis and in the meantime to strengthen the Royal House of Korea. *In the event of any member of the Royal family, or indeed any Korean, therefore, attempting treason against the Royal House, I gave the assurance that the Japanese Government would not fail to protect the Royal House even by force of arms and so secure the safety of the Kingdom.* These remarks of mine seemed to have moved the King and Queen, and their anxiety for the future appeared to be much relieved."

This audience took place not long before Count Inouye was relieved by Viscount Miura, which was little more than a month before Her Majesty was murdered. Their Majesties had a right to rely upon these unequivocal assurances, made, in the name of the Emperor and Government of Japan, by the Minister, one of the most eminent and distinguished statesmen of Japan, whose record through a long series of years inspires confidence and respect, and no doubt Their Majesties, relying on these assurances, failed to take precautions which otherwise would have been adopted.

How completely Viscount Miura departed from the policy and failed to keep the promises of his eminent predecessor fully appears from the Hiroshima judgement. There can be no doubt that Count Inouye's despatch containing the assurance made to Their Majesties was on file in the Japanese Legation at Seoul and had been read by Viscount Miura.

As was seen above, the people in the Palace were alarmed and had notice that unusual occurrences were taking place some time (sometime ?) before the attack was made. Chung Pyung Ha, then Vice-Minister of Agriculture and a man whom Their Majesties had raised from a comparatively humble position and loaded with favors, and in whom they had the greatest confidence, was in the Palace during the night of the 7th and the morning of the 8th of October. We have much evidence now, however, that he was then a traitor and engaged in the conspiracy and that he had gone to the Palace for the purpose of watching Her Majesty and preventing her from escaping. It appeals from the evidence that, after the alarm had been given and before any entrance to the Palace had been made, he went to Her Majesty and assured her that he knew something of what was going on, that Japanese troops were coming into the Palace, but that they would protect her and she need fear no harm. He advised her not to hide, and kept himself constantly informed of all her movements. It is fair to infer that Her Majesty, having the assurances above mentioned of such a distinguished and honest official as Count Inouye listened all the more readily to this traitorous advice of Chung Pyung Ha and made no effort to escape when she could probably have done so. Unfortunately she remained in the building until it was surrounded and all egress effectually barred. Chung Pyung Ha was arrested on the 11th of February, but was killed during the tumult of that day.

As soon, on the morning of the 8th, as His Majesty was induced to sign a decree transferring the business of the nation to the Cabinet, that Cabinet managed everything, and it is certain that at least for a time Viscount Miura was apprised of all they were doing and influenced their action. On October 11th there was published in the *Official Gazette* a so-called Royal Edict with respect to Her Majesty the Queen, of which the following is copy.

It is now thirty-two years since We ascended the throne, but Our ruling influence has not extended wide, The Queen Min introduced her relatives to the court and placed them about Our person, whereby she made dull Our senses, exposed the people to extortion, put Our Government in disorder, selling offices and titles. Hence tyranny prevailed all over the country and robbers arose in all quarters. Under these circumstances the foundation of Our dynasty was in imminent peril. We knew the extreme of her wickedness, but could not dismiss and punish her because of helplessness and fear of her party.

We desire to stop and suppress her influence. In the twelfth moon of last year we took an oath at Our Ancestral Shrine that the Queen and her relatives and Ours should never again be allowed to interfere in State affairs. We hoped this would lead the Min faction to mend their ways. But the Queen did not give up her wickedness, but with her party aided a crowd of low fellows to rise up about Us and so managed as to prevent the Ministers of State of 8th consulting Us. Moreover they have forged Our signature to a decree to disband Our loyal soldiers, thereby instigating and raising a disturbance, and when it occurred she escaped as in the Im O year. We have endeavored to discover her whereabouts, but as she does not come forth and appear We are convinced that she is not only unfitted and unworthy of the Queen's rank, but also that her guilt is excessive and brimful. Therefore with her We may not succeed to the glory of the Roya Ancestry. So We hereby depose her from the rank of Queen and reduce her to the level of the lowest class.

Signed by

YI CHAI MYON, Minister of the Royal Household.
KIM HONG CHIP, Prime Minister.
KIM YUN SIK, Minister of Foreign Affairs.
SHIM SANG GUN, Minister of Finance.
CHO HEUI YON, Minister of War
SO KWANG POM, Minister of Justice.
SO KWANG POM, Minister of Education.
CHONG PYONG HA, Vice-Minister of Agriculture and Commerce.

It grieves me to have even to mention this infamous matter, but a report upon the case would be incomplete without it. That Edict was fraudulent; no one has ever supposed that it came from His Majesty. It purports to have been signed by all the Minister, when, in point of fact, Shim Sang Hun, Minister of Finance, had left the Cabinet, was a fugitive from Seoul and Home Affairs, refused to have anything to do with the nefarious business, never signed the Edict but resigned his office.

The fact that such an edict was issued shows what extraordinary and wicked measures the controlling members of the Cabinet were prepared to force and carry out and also to what extreme lengths they were willing to go in throwing obloquy upon their great and good Queen and in misstating the facts as to her cruel fate.

After falsely accusing her of many crimes and declaring that she had forged His Majesty's signature to decree disbanding the loyal soldiers, "thereby instigating and raising a disturbance," they say that she "escaped" (as upon a former occasion), that they have endeavored to discover her whereabouts, but "as she does not come forth and appear," they "are convinced that she is not only unfitted and unworthy. of the Queen's rank, but also that her guilt is excessive and brimful." For these reasons she was deposed from the rank of Queen and reduced "to the level of the lowest class." And yet these people knew full well that so far from escaping she had been oully [*sic.*] murdered and so far from willfully keeping out of the way her body had been actually burned.

On the 11th, the Cabinet caused an official letter to be sent to all the Foreign Representatives resident in Seoul in which a copy of this edict was set forth in full and in addition the statement "that His Majesty had decided to take the steps mentioned in that decree purely for regard for his royal line and the well-being of his people."

On the next day, in answer to this Circular letter, Viscount: Miura made to the Korean Foreign Office the following reply—

TRANSLATION.

October 12th, 1895.

SIR. —I have the honour to acknowledge receipt of Your Excellency's communication N 21 of the 11th inst., informing me that his Majesty had been obliged to degrade the Queen Min Yi to the level of the lowest caste on account of her failure to perform her exalted duties.

This intelligence has profoundly shocked and distressed me. I am aware that the August determination of His Majesty has proceeded from a thoughtful regard for his Royal line and the wellbeing of his people: Still in so unfortunate an event cannot refrain from expressing my sympathy and sorrow for Your Excellency's country.

I have reported by telegraph the news to my government and have the honour to be, &c.,

(Seal)

Dr. Allen, the Representative of the United States, replied in a single sentence,

"I cannot recognize this decree as coming from His Majesty:"

and all the other Foreign Representatives, with one exception, wrote to the Foreign Minister in substantially identical terms.

Some ten days later, when the Japanese Government was fully apprised of the events of 8th October, it recalled its representative, Viscount Miura, Mr. Sugimura, Secretary of Legation, several military officers and many others, who, on their arrival in Japan were arrested and charged with complicity in said affairs, as is shown above. Two of the Korean military officers fled, but the Cabinet continued to transact the business of the nation and to deprive His Majesty of all control.

Many decrees were promulgated and measures taken or proposed which caused great dissatisfaction. Although all classes of the Koreans—and all the Foreign Representatives in explicit despatches—were demanding that the occurrences of the 8th should be investigated and the murderers of the Queen brought to trial, nothing was done but the fiction was still kept up that she had escaped and was in hiding. The position became so strained that, even to the Cabinet, it was manifest that something must be done, and accordingly, on the 26th of November, 1895, the Foreign Representatives and many other foreigners and others were asked to go to the Palace, and it was announced in the presence of His Majesty that Cho Hui Yen, Minister of War, and Kwan, Minister of Police, were dismissed; that the so-called edict degrading Her Majesty was set aside and treated as void from the beginning; that the facts connected with the attack on the Palace were to be investigated by the Department of Justice and all guilty persons arrested, tried and punished. At the same time the death of Her Majesty was formally announced.

It was supposed by some that these measures would allay the popular discontent, but before daybreak on the morning of 28th November, a number of Koreans, disappointed that nothing more was done and incensed at the prospect of the obnoxious members of the Cabinet still remaining in control of affairs and in virtual possession of the King's person, made an attempt to enter the Palace, claiming that they were loyal to His Majesty and intended to rescue and restore him to his hereditary power. The attempt was ill managed and proved abortive. While many persons went to the gates and round the walls with much noise, none got into the Palace grounds proper, but a few did penetrate to the Quagga(Examination) grounds at the rear of the Palace, but were easily dispersed and several of them captured. No one was injured, and so far as can be ascertained no foreigner, Japanese or Westerner, was engaged in the affair which, compared with that of 8th October, was quite insignificant and trivial.

The Cabinet, however, pretended to regard the matter as very serious, and subsequently a number of persons were arrested. At the same time three other persons were arrested for alleged connection with the murder of Her Majesty. It is certain that there was no disposition on the part of the Cabinet and especially on that of the Department of Justice, to investigate fully the offence of October 8th or to detect and punish the real offenders. But something had to be done, the more because it was the intention to punish a number for the second attack, which had been directed against the Cabinet itself. All the three who were arrested for the Queen's murder were executed, but it is certain that two were innocent

One of the three, Pak Sen by name, was scarcely more than a boy, and was already in prison charged with a minor offence, at the time of his arrest on the more serious charge. It is in evidence that a high official of the Law Department went to the prison and asked to see the prisoners. After inspecting them, he picked out and called attention to Pak Sen. It is fair to infer that that official, who since February 11th has been a fugitive, went to the prison for the purpose of finding some poor fellow on whom the crime could be fastened. The fiction that the deed had been committed by Koreans disguised as Japanese was still to be kept up, and Pak Sen answered this purpose because, being a Fusan man, he had associated much with Japanese and spoke their language, had cut off his top-knot and generally dressed in Japanese or western clothes. He seems to have been a drunken irresponsible character without friends. The evidence upon which he was convicted is before us, and consists entirely of a statement made by a woman who said that sometime in November last, being anxious to enforce the collection of some money due her from a Korean, she was advised to get the assistance of someone who had influence with the Japanese. Pak Sen was brought to her. He told her that at any time he could get fifty Japanese soldiers and fifty Japanese policemen to help him to collect debts. In point of fact, he did get some of the money, but of course without the help of soldiers of police. When the money, amounting to about 60,000 cash was collected, he demanded and received half of it, and afterwards while drunk went to the woman's house to get the balance and other receipts of money from her, and for this purpose threatened her with a sword, hold her, as she said, that he was a great man, had killed many people and women a hundred times higher than she, and would kill her unless she gave him the money. He further told her that on the night of 7th October, he had gone down to the residence of the Tai Won-kun [near Yongsan, some three miles from Seoul] and there advised the Tai Won-kun as to the state of the nation and what he ought to do, and that next morning he went to the Palace gate, cut down and killed General Hong with a sword [General Hong, in point of fact, was shot] and had then gone into the Palace, seized the Queen, killed her and burned the body. It is possible that in his drunken efforts to make this Korean woman give him some money he may have told her this improbable tale. But no officer of law could possibly have believed it, and it is evident that the Department of Justice did not do so. Pak Sen denied the whole story and said that on the night of the 7th he was drunk and had slept at a house a long distance form the Palace, was there the next morning when the people were awakened by the firing at the Palace and had stayed at that house until late in the day. He named the people of the house and demanded that they be sent for, which was done, and they fully confirmed his story in every particular and showed conclusively that he could not have been at the Palace. There was not the slightest suspicion of collusion between him and them, because he had no means of communication with them before they were questioned. When his innocence of that crime had been so completely established, the Minister of Law, Chang, although told by the trial judge that he was innocent, ordered that he be tortured until he confessed his guilt; and the trial judge states that if he had in fact carried out fully the order of Chang, the man would have died under the torture. As it was, Pak Sen was twice subjected to horrible torture but all the time asserted his innocence and no confession of guilt could be extorted from him. Nevertheless Chand rendered a judgement declaring that the prisoner killed General Hong and then, going into the Palace, murdered the Queen and burned her body.

The case of YunSuk Wu was, if possible, even more remarkable. There was no evidence taken by the Court except his own statement, and that conclusively showed that he had not been guilty of any wrong-doing. He was a Lieutenant of the *Kunrentai*, and long before dawn on the morning of the 8th was ordered by his Colonel to march his soldiers from their barracks to a place some distance in the rear of the Palace, the explanation being given him that they intended to have a night-drill as had been done before. He obeyed the orders and a Japanese military instructor accompanied the troops. Afterwards, the gates being then open, one of the Colonels (since fled) ordered him to take his troops through the Quagga ground into the Palace grounds, which he did, and they arrived after the disturbance was over. He was then ordered to station guards at several gates within the Palace grounds and in going his rounds for that purpose saw a body being burned and on inquiry was told that it was the body of a waiting-maid. Late the next day he told his Colonel, Woo Pom Sun, that a body had been burned close to where His Majesty was staying and that it was bad to have the remains so close to him. His Colonel ordered him to clean up the place and if he found any bones unconsumed to throw them into the artificial lake nearby. This Colonel, it is now known, was one of the conspirators and has fled. Yun Suk Wu went to the place and found some bones, but instead of throwing them into the lake, as ordered by his Colonel, he reverently wrapped them up and buried them at a distant spot in the Palace. He said at the trial that he had heard on that day that Her Majesty was missing, but that all he knew was that these were the bones of some lady connected with the Palace and that he did not like to cast them away. Upon this evidence, Chang, the Minister of Law, condemned him and he was executed. Chang's judgement concludes as follows: —

"There is much that excites suspicion in his conduct. Moreover it was an act of great impudence and impropriety on his part to have dared to move the sacred corpse which he knew to be whose is was."

From the evidence before us it may be fairly inferred that this prisoner was condemned to death not for disturbing the bones but because he devoutly buried instead of throwing them into the lake as ordered by his traitorous Colonel. The questions put to him indicate that he was under suspicion of having preserved the bones with the object of showing them to western foreigners and thus furnishing evidence of the horrible crime that had been committed. While there were military officers whom the Cabinet knew to be traitors and in complicity with the events of the 8th (who were not arrested), this man was clearly innocent.

The third person convicted, Yi Ju Hoi, was formerly a Vice-President of the War Department. From evidence we have ourselves taken we believe that he was really guilty of complicity in the affairs of the 8th, but the evidence taken by the Court which condemned him certainly does not establish his guilt and there was nothing before that Court which justified his condemnation. That Court took no evidence except the statement of the prisoner, and according to his account he went into the Palace from purely patriotic motives and while there performed several meritorious acts. But he intimated that the Cabinet people knew all about the affair and by name mentions Chung Pyung Ha.

It is believed that Yi was selected by the Cabinet for condemnation not because he was guilty, for there were others even more deeply involved than he, but (1) because, although he had been a Vice-Minister, their relations with him had become very hostile and they were bitter enemies, and they also feared that he might be induced to expose the whole plot; (2) because, realizing that the other two persons, Pak and Yun, were of little or no importance, the one being an irresponsible vagabond and the other a mere Lieutenant in the army, they recognized that it was necessary, for the sake of appearances and in order to shield the higher officials, to convict and execute some one of rank and reputation.

Although, as I have said, only three persons were arrested for complicity in the attack on the Palace and the murder of Her Majesty on the 8th of October, thirty-three persons were arrested for the trivial affair of 28th November, which, however, was directed against the Cabinet itself. The trials in both cases proceeded simultaneously and were concluded in the latter part of December. Of those arrested for the later affair, two were sentenced to death, four to exile for life and four to three years' imprisonment and of these ten all but three were subjected to torture during the trials.

Among the convicted was Yi Chai Sun, a cousin and faithful adherent of the king, a man in whom His Majesty reposed the greatest confidence, and who since 11th February has been Minister of the Royal Household. The evidence upon which he was convicted shows that early in November a Korean named Im called upon him and showed him two edicts purporting to come from the king. Prince Yi managed to get hold of the papers and showed them to His Majesty, who at once pronounced them false and directed him to burn them. This he did and thereafter refused to have anything to do with Im. The judgement rendered by Chang, Minister of Justice, finds that Prince Yi was guilty "because he kept a secret which he should at once have divulged to *the proper authorities*,"(!) and sentenced him on that ground to three years' imprisonment. In other words, this faithful confidant and near relation of His Majesty was sentenced to three years' imprisonment because he had consulted with His Majesty, had shown him the papers, had obeyed his orders in burning them but had not taken them to the Cabinet.

The proof before us shows that all the evidence and proceedings in all the above-mentioned cases were, from time to time, submitted to the consideration of the Cabinet, and that they had full knowledge of all that had been done before the final judgements were rendered.

During December, January and the early part of February, several far-reaching measures were taken by the Cabinet, among them the issuance of an edict ordering the people to cut off their top-knots. This proved most unpopular. The whole country was violently agitated and in many places rebellions broke out. All this time His Majesty had no power to control affairs. His Palace guard was under the command of Yi Chin Ho [denounced in the Proclamation of 11th Feb.], a man entirely subservient to the Cabinet and ready at any time to do their bidding; those who possessed his confidence, and others supposed to be in his interest, had been, like Prince Yi, expelled from the Palace grounds, and he was surrounded by persons, who were not only the tools of his enemies the Cabinet, hut some of them directly concerned in the assassination of his royal Consort. Among these latter was Chung Pyung Ha, who had not only, as stated above, traitorously prevented Her Majesty from escaping, but was also very active in the matter of the edict which degraded her to the lowest class. This man, on December 30th, was appointed a full Minister of the Cabinet. Cho, who had been dismissed from office under circumstances which are also narrated above, was on January 30th reinstated Minister of War, and thus put in command of all the troops, and it was understood that Kwan, the dismissed Minister of Police, then absent in Japan, would be reappointed Minister of Police.

The Hiroshima judgement in Japan, acquitting the Japanese whom the judgement itself showed were guilty of connection with the conspiracy of October 8th, had been rendered and published and it was openly stated that one or more of these Japanese would be brought back to Korea and given important advisory positions in the Korean Government.

The people were rising in insurrection on all sides; had killed officials in several places and were threatening to march upon the Capital. Under these circumstances His Majesty, finding the situation intolerable both for himself and for the nation, and having reason to believe that a plot was then on foot which threatened his personal safety as well as that of the Crown Prince, determined to take decisive steps and on February 11th left the Palace and went to the Russian Legation.

His Majesty confided his intention to no official in the Palace nor to anyone connected with the Cabinet, and although closely watched managed, early in the morning, to go out through the East Gate of the Palace in a closed chair such as is used by the Palace women. The Crown Prince accompanied him in a similar chair. It had been customary for ladies of the Court and the women connected with the Palace to pass in and out of this gate in such chairs and the guards, supposing that they contained women, permitted them to pass without question.

His Majesty and the Crown Prince had no escort, and the people in the Palace, supposing that they were asleep, did not discover for some time that they had left. They proceeded at once to the Russian Legation, where they arrived about twenty minutes past seven, and at once summoned a number of Koreans whom His Majesty knew to be faithful to himself, and issued edicts dismissing most of the members of the old Cabinet, appointing others in their place and denouncing six persons, viz., Cho Hui Yen, Minister of War, Woo Pom Sun, Yi Tu Hwang and Yi Pom Nai, Colonels in the army and connected with the attack on the Palace of October 8th, Kwan Yong Chin, the ex-Minister of Police, and Yi Chin Ho, who, up to the issuing of the Edicts had been in command of the Palace guards. Three of these persons, Woo Pum Sun, Yi Tu Hwang and Kwan Yong Chin, were at the time absent from Seoul and supposed to be in Japan. Cho, the Minister of War, and the two others immediately fled. All the soldiers and all the police with their officers rallied to the support of His Majesty as soon as they learned what had been done. The Prime Minister of the old Cabinet, Kim Hong Chip and the Minister for Agriculture, Chung Pyung Ha, although not denounced in any proclamation, were arrested by the police and in the tumult and excitement were killed and their bodies exposed upon the street, where they were stoned and otherwise maltreated by the infuriated populace. No one else was arrested or killed on that day except a young Japanese who had gone with others to view the dead bodies, got into an altercation and was stoned, dying shortly afterwards. In the city, order and quiet was almost immediately restored.

As to the part taken by Koreans other than those I have mentioned, in the occurrences of October 8th, I have to report. That where the plot originated and by whom it was carried out appears from the Hiroshima judgement given above. If any suggestion or suspicion of such a plot, involving, as it did, the death of Her Majesty and such radical changes in the affairs of the nation, had got abroad, it would have been easily frustrated, and therefore few persons were entrusted with the secret and brought into the conspiracy. It appears that none of the Korean common soldiers and but few of their officers had any idea of what was intended or what use was to be made of them. Woo Pom Sun and Yi Tu Hwang, who were Colonels and in immediate command of the soldiers in the barracks, were among the few involved and they gave orders long before dawn on the morning of the 8th for the soldiers to be called out for night drill; and under such orders, which had been given on one or two previous occasions, the soldiers were marched to various points - in some instances accompanied by their Japanese military instructors. Some of them were marched into the Palace through the front gate, behind the advance guard of the Japanese troops, and others were afterwards marched in through other gates and placed on duty ostensibly and so far as they knew to protect the Palace. There is no evidence that any of them engaged in any fighting or committed any outrages. It is true that a very small detachment were marched into the court-yard in front of the building in which the outrages were committed, but it was noticed that Japanese soldiers were mixed with them, and it is supposed that they were taken there in order that it might be stated that Korean soldiers were present. The story, afterwards so industriously circulated, that they went to the Palace to ventilate their grievances before His Majesty and that many of them disguised themselves as Japanese, is entirely without foundation. The Koreans, like the Japanese subalterns and their soldiers, were under strict discipline, and in marching with the Japanese into the Palace, like them simply obeyed the orders of their superior officers. And so far from Koreans disguising themselves in foreign or Japanese costume, the facts are that a squad of ten Korean Police who had been stationed at Kong-tok-ri near Yong San were captured at that place and their uniforms taken from them by the Japanese who then dressed themselves in these uniforms, and proceeded in the direction of the Palace.

It appears that there were Korean civilians, some of them high officials, connected with the conspiracy. Unfortunately for the ends of justice, many of these have fled and are now supposed to be in a foreign country. We are making a full investigation of all their cases and shall report further to your Excellency.

In the committed report we have not undertaken to state all the outrages committed in the Palace. And of the Japanese, dressed in plain clothes and armed with swords and pistols, who were directly engaged in the affairs, there were many who probably are not ordinarily classed as *soshi*, some of them being Japanese advisers to the Korean Government and in its pay and others Japanese policemen connected with the Japanese Legation. These, together with the *soshi*, and exclusive of the Japanese soldiers, who went into the Palace numbered about sixty persons.

KWON CHAI HIUNG,

Vice-Minister of Law Department

Ko Teung Chai Pan-So (Judge of Supreme Court.)

His Excellency, YI POM CHIN,

Minister of Law.

Your Excellency;—

I have attended the Sessions of the Supreme Court investigating the events of Oct. 8th,

1895, and have examined the evidence upon which the foregoing report has been made and believe said report to be a true statement of the facts.

C. R. Greathouse,
Foreign Adviser.

Anlage zu A. 5985.

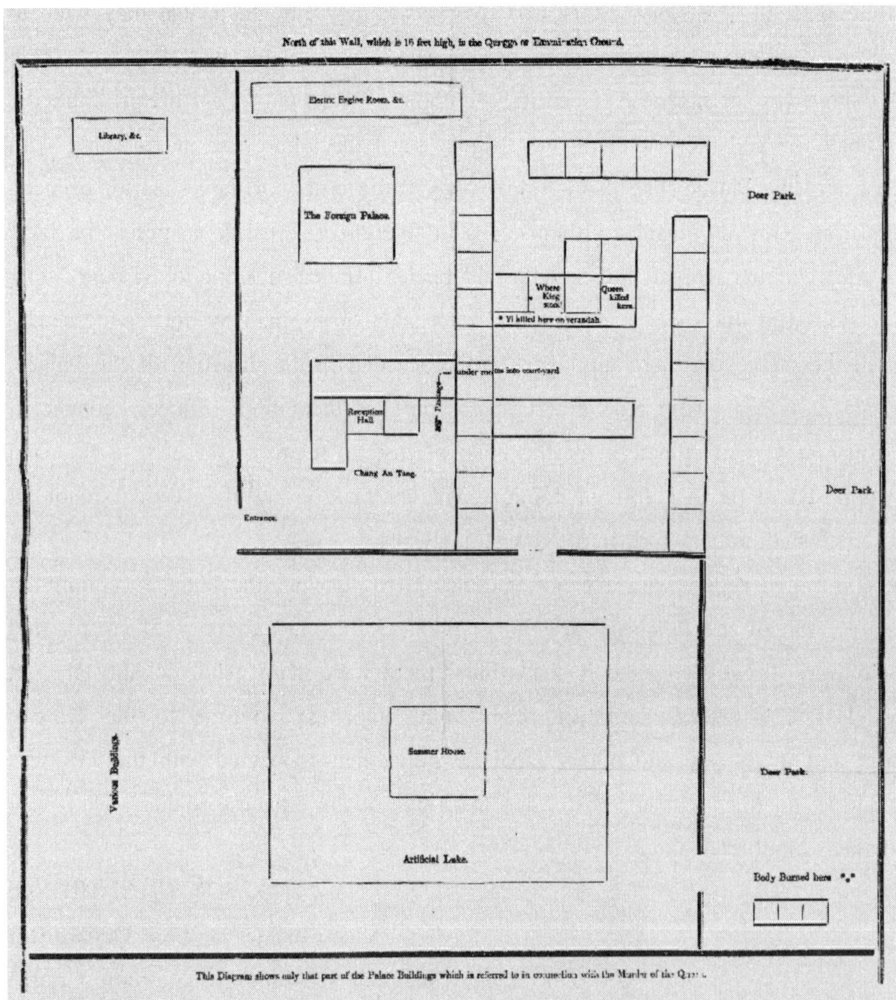

THE KOREAN REPOSITORY

is a monthly magazine of forty pages devoted to matters Korean. Being the only English publication in Korea and having access to the most reliable sources of information among foreigners and natives alike, it naturally commands the custom of those who are interested in the stirring events which are taking place here.

KOREA

is and will continue to be a focal point of interest. It is a pivotal point politically and it bids fair to be so from a philological standpoint as well.

Price $3.00 per annum. Complete volumes of 1895 for $3.00 a set. Apply to Kelly and Walsh, Shanghai and Hongkong, and to J. W. Wadman, Tsukiji, Tokyo, Japan, or to

Business Manager
Korean Repository.
Seoul, Korea.

Projektiertes Russisch-Japanisches Abkommen hinsichtlich Koreas.

PAAA_RZ201-018922_117 ff.			
Empfänger	Fürst zu Hohenlohe - Schillingsfürst	Absender	Gutschmid
A. 6066 pr. 12. Juni 1896. a. m.		Tokio, den 10. Mai 1896.	
Memo	(cfr A. 7288.)		

A. 6066 pr. 12. Juni 1896. a. m. 1 Anl.

Tokio, den 10. Mai 1896.

A. 95.

An Seine Durchlaucht
den Herrn Reichskanzler
Fürsten zu Hohenlohe - Schillingsfürst.

Die offiziöse Zeitung Nichi Nichi Shimbun veröffentlicht eine, wie ich glaube, auf amtlicher Information beruhende Notiz über das noch immer den Gegenstand von Verhandlungen hier und in Söul bildende vorläufige Russisch-Japanische Abkommen, betreffend Korea. Die drei aufgeführten Punkte, nämlich

1. Rückkehr des Königs nach seinem Palast,

2. Bestimmung über die Anzahl der in Korea einstweilen zu belassenden Japanischen (:und Russischen:) Truppen und

3. Bestimmung über die noch im Japanischen Besitz befindliche Telegraphenlinie zwischen Söul und Fusan werden mir auch von Herrn von Speyer als diejenigen bezeichnet, welche den Hauptgegenstand der Besprechungen bilden. Der Widerstand des Herrn Waeber betrifft, wie der Russische Geschäftsträger mir schon vor einigen Tagen mittheilte, hauptsächlich die Japanischen Vorschläge ad 3, indem Ersterer die Uebernahme der erwähnten Telegraphenlinie Seitens Koreas gegen eine mäßige Abfindung verlangt, um Japan den Vorwand zur Belassung von Truppen behufs Schutzes derselben zu nehmen.

Graf Mutsu bemerkte zu mir gesprächsweise, daß er an und für sich dem Abkommen eine ebenso geringe Bedeutung beimesse, wie Herr von Speyer dies zu thun scheine. Daher seien ihm auch die Schwierigkeiten, die Herr Waeber dem Zustandekommen des Arrangements entgegensetze, nicht recht begreiflich.

Euerer Durchlaucht beehre ich mich in der Anlage eine Englische Uebersetzung der in Rede stehenden Auslassung der Nichi Nichi in einem Ausschnitt der „Japan Gazette“

vom gestrigen Tage gehorsamst zu überreichen.

Gutschmid.

Inhalt: Projektirtes Russisch-Japanisches Abkommen hinsichtlich Koreas. 1 Anlage.

Anlage zu Bericht A. 95. vom 10. Mai 1896.

The Japan Gazette
YOKOHAMA 9TH MAY, 1896.
TERMS OF THE RUSSO·JAPANESE UNDERSTANDING.

The Russo-Japanese negotiations on the Corean question are going on between Tokyo and the Russian capital, Mr. Speyer representing Russia in Tokyo in this connection, and between Mr. Komura and Mr. Waeber in Seoul. The questions under discussion relate (1) to the return of the King to his Palace, (2) to the Japanese troops in Corea, and (3) to the Japanese telegraph line. As to the first item, the Corean Government itself has been anxious to let the King return to the Palace, and there is no reason, under whatever circumstances, that the sovereign of an independent state should remain so long in a foreign legation. Inasmuch as the legation in question belongs to Russia, it is probably necessary to confer with that Power on this point. As to the second item, in stationing the Japanese and Russian troops as at present there is the fear of not only impairing the dignity of Corea as an independent state but also of causing a collision, and therefore it is perhaps necessary to restrict the despatch of troops thither by the two Powers under certain conditions. As to the third item, it is necessary for Japan either to sell the telegraph line to the Corean Government or to continue holding it under some special arrangement, as the line has necessitated the stationing of troops to guard it and caused in consequence the rising of rebels and all the attendant troubles. The Russo-Japanese understanding is not of any such permanent nature as to be contained in a Treaty, and when satisfactorily arrived at the only formality will be limited to the exchange of official correspondence. - *Nichi Nichi.*

[ ]

PAAA_RZ201-018922_122 f.			
Empfänger	Fürst zu Hohenlohe - Schillingsfürst	Absender	Gutschmid
A. 6069 pr. 12. Juni 1896. a. m.		Tokio, den 14. Mai 1896.	

Abschrift.

A. 6069 pr. 12. Juni 1896. a. m.

Tokio, den 14. Mai 1896.

A. 98.

An Seine Durchlaucht
den Herrn Reichskanzler
Fürsten zu Hohenlohe - Schillingsfürst.

Herr von Speyer erzählt mir über seine vorgestrige Unterredung mit Marquis Ito (Bericht A97 von gestern) Folgendes:

Der Ministerpräsident habe sich Anfangs sehr erstaunt darüber gezeigt, daß ihm geheime politische Verhandlungen mit England vorgeworfen würden. Er habe sich dahin geäußert, daß, wenn England zwischen Japan und Rußland interveniren wolle, worüber er nichts wisse, die Japanische Regierung es nicht daran hindern könne. Letztere werde aber unter keinen Umständen eine Einmischung Englands herbeizuführen suchen („Provoquer" war der von Herrn von Speyer gewählte Ausdruck). Wenn Vicomte Aoki wirklich die Demarche bei Sir Frank Lascelles gemacht und angefragt habe, ob Japan auf englischen Beistand rechnen dürfe, so habe er ohne jeden Auftrag und ganz und gar aus eigener Initiativ gehandelt. Japan werde ehrlich vorgehen und sich ohne Zuziehung Dritter mit Rußland direkt zu verständigen suchen.

Ich hatte dem russischen Geschäftsträger, als er mir vorgestern seine Absicht, den Premier direkt zu interpelliren, kundgab, die Antwort des Letzteren vorausgesagt und er gab zu, daß der Schritt ihm keine weiteren éclaircissements gebracht habe. Immerhin erwartet er von demselben insofern günstige Resultate, als er der Japanischen Regierung die Gefahren vor Augen geführt zu haben glaubt, welche ein doppeltes Spiel Rußland gegenüber zur Folge haben müßte.

gez. v. Gutschmid.

orig. i. a. England 94.

[ ]

PAAA_RZ201-018922_124 ff.			
Empfänger	Fürst zu Hohenlohe - Schillingsfürst	Absender	Gutschmid
A. 6070 pr. 12. Juni 1896. a. m.		Tokio, den 14. Mai 1896.	
Memo	mtg. 19. 6. London 588, Petetsbg. 420, Wien 515		

Abschrift.

A. 6070 pr. 12. Juni 1896. a. m.

Tokio, den 14. Mai 1896.

A. 99.

Seiner Durchlaucht
dem Herrn Reichkanzler
Fürsten zu Hohenlohe - Schillingsfürst.

Nachdem Herr von Speyer mir bei unserer letzten Unterredung über die Gerüchte und Anzeichen einer eventuell beabsichtigten Intervention Englands in der koreanischen Frage durch sehr offene Mittheilungen großes Entgegenkommen gezeigt hatte, sandte ich heute Morgen Herrn von Treutler zu dem russischen Geschäftsträger mit dem Auftrage, das Gespräch, dem er im Uebrigen einen kollegialen Anstrich geben sollte, auf eine Zeitungsmeldung der „Japan-Gazette" vom gestrigen Tage über Ansammlung von 16 englischen Kriegsschiffen in Port Hamilton zu bringen.

Herr von Speyer hat der Nachricht eine große Bedeutung beigelegt und sofort nach Petersburg telegraphiren zu müssen geglaubt mit dem Hinzufügen, daß er sich die Bestätigung der Meldung noch vorbehalte. Nach seiner Ansicht würde die erwähnte Maßregel der Engländer, wenn sie sich bewahrheiten sollte, den Beweis liefern, daß England in der That sich nicht scheut, Complikationen heraufzubeschwören.

Ich glaube jedoch, daß doch immer wenigstens mit der Möglichkeit gerechnet werden muß, daß die Zusammenziehung der Schiffe in Port Hamilton nur die Einleitung für das alljährliche Abgehen des Gros der Englischen Flotte nach Hakodate bedeutet.

Freilich klingen Einzelheiten, welche Herr von Speyer über seinen in meiner früheren Berichterstattung erwähnten Besuch bei Marquis Ito heute Herrn von Treutler gegenüber noch nachholte, ziemlich verfänglich. Danach soll der Premierminister allerdings mit der Erklärung begonnen haben, daß er noch genau auf dem Standpunkt wie vor Abreise des

Herrn Hitrowo stünde, dem er gesagt hatte, die Regelung der Koreanischen Frage müsse von Rußland und Japan allein in die Hand genommen werden; auf eine direkte Frage des russischen Geschäftsträgers habe er aber gesagt, daß keine ernsten pourparlers mit England stattgefunden hätten und als Herr von Speyer dies als ein halbes Zugeständniß auffassen wollte, hätte er erklärt, die koreanische Regierung habe den Fehler begangen, neuerdings an Fremde zu viele Concessionen zu ertheilen. England werde vielleicht, Falls es interveniren wollte, damit seinen Wunsch begründen. Japan habe damit nichts zu thun und Rußland sei ja England gegenüber in gleicher Lage als Japan. Herr von Speyer hat ihm darauf erwidert: ja aber die russische Antwort einem eventuell englischen Interventionsversuche gegenüber würde, der Abmachung mit Japan entsprechend, ablehnend sein und weiter verlange er auch gar nichts von dem Leiter der Japanischen Politik.

gez. v. Gutschmid.

Orig. i. a. England 94.

[ ]

PAAA_RZ201-018922_127 f.			
Empfänger	Auswärtiges Amt in Berlin	Absender	Hatzfeldt
A. 6278 pr. 17. Juni 1896. p. m.		London, den 17. Juni 1896.	
Memo	Original mit den Vorgängen ehrerbiet. beigefügt. Erlaß № 547 vom 7. d. Mts. erhalten.		

A. 6278 pr. 17. Juni 1896. p. m.

Telegramm.

London, den 17. Juni 1896. 1 Uhr 3 Min. p. m.
Ankunft: 3 Uhr 38 Min. p. m.

Entzifferung.

№ 123.

Auf die gelegentlich und gesprächsweise von mir gestellte Frage erwiderte Baron de Courcel, wie ich erwartet hatte, er glaube nicht, daß Japan im Falle eines Conflicts mit Rußland wegen Koreas auf thatsächlichen Beistand Englands rechnen könnte. Er fügte aber hinzu, daß man hier die Vorgänge im fernen Osten mit Aufmerksamkeit verfolge und daß es nach seiner Ansicht ein Irrthum wäre anzunehmen, daß England sich unter allen Umständen der Betheiligung an den dort möglicherweise eintretenden sonstigen Verwickelungen enthalten würde.

Hatzfeldt.

Politische Vorgänge in Korea.

PAAA_RZ201-018922_129 ff.			
Empfänger	Fürst zu Hohenlohe - Schillingsfürst	Absender	Krien
A. 6384 pr. 20. Juni 1896. a. m.		Söul, den 4. Mai 1896.	
Memo	cfr. A. 6823. J. № 236.		

A. 6384 pr. 20. Juni 1896. a. m.

Söul, den 4. Mai 1896.

Kontrol № 32.

An Seine Durchlaucht
den Herrn Reichkanzler
Fürsten zu Hohenlohe - Schillingsfürst.

Euer Durchlaucht habe ich die Ehre im Verfolg meines Berichtes № 28 vom 20. April[26] ganz gehorsamst zu melden, daß seit einigen Wochen zwischen den Russischen und Japanischen Vertretern über die Rückkehr des Königs in den Palast und über die Zurückziehung der Japanischen Truppen aus Korea Verhandlungen gepflogen werden, die jedoch anscheinend bis jetzt zu keinem Ergebniß geführt haben. Herr Komura erklärte mir, daß bisher über diese Fragen nur ein mündlicher Meinungsaustausch zwischen ihm und Herrn Waeber stattgefunden hätte, während Herr Waeber mir sagte, daß er und Herr Komura versucht hätten, ihre beiderseitigen Ansichten schriftlich niederzulegen. Wie mir der Japanische Gesandte ferner mittheilte, hat die koreanische Regierung ihn vor einigen Monaten ersucht, die Japanischen Truppen zurückzuziehen, dieses Verlangen sei aber rundweg abgelehnt worden. Herr Waeber hat sich nach Herrn Komura's Aeußerungen außerdem bereit erklärt, die Rückkehr in den Palast dem Könige zu empfehlen, sobald für dessen Sicherheit Nichts zu befürchten stände.

Ueber die in Japanischen Zeitungen in letzter Zeit erschienenen Telegramme, wonach die hiesigen Russischen und Japanischen Vertreter über die von ihren beiden Ländern gemeinschaftlich auszuübende Kontrolle über Korea zu einem schriftlichen Einverständniß gelangt wären, äußerte der Japanische Legationssekretär Hioki, daß diese Telegramme

26 A. 5820 ehrerb. beigefügt.

wohl vielmehr die Wünsche der Japanischen Regierung darstellten.

Herr Collin de Plancy, der in den Jahren 1888 bis 1891 hier als Französischer Kommissar fungirte, ist zum Geschäftsträger der Französischen Republik ernannt worden. Am 28. v. Mts. hat er dem Minister der Auswärtigen Angelegenheiten sein Einführungsschreiben übergeben und die Gesandtschaftsgeschäfte übernommen. Seine Antritts-Audienz bei dem Könige hatte er in der Russischen Gesandtschaft.

Ende vorigen Monats traf der Chef des Englischen Geschwaders in Ostasien, Vize-Admiral Buller hier ein, kehrte aber, nachdem er von dem Könige in der Russischen Gesandtschaft empfangen worden war, sofort wieder nach Chemulpo zurück, um sich von dort auf dem Aviso „Alacrity" unverzüglich nach Nagasaki zurückzubegeben. Bald darauf kam der Chef des Russischen Geschwaders in Ostasien, Contre-Admiral Alexeieff, der auf dem Kreuzer „Pamiat Arova" in Chemulpo angelangt war, hier an und kehrte nach einem kurzen Aufenthalt heute dorthin zurück.

Der Englische Schiffslieutenant Callwell, dessen zweijähriger Vertrag mit der koreanischen Regierung abgelaufen ist, hat vorgestern Korea verlassen.

Der Amerikaner General Dye, dessen Vertrag ebenfalls abgelaufen war, hat eine Stelle bei der Regierungsfarm in der Nähe von Söul mit einem Gehalte von $ 300 monatlich angenommen, der Amerikaner Nienstead wird jetzt bei der Intendantur der Koreanischen Truppen beschäftigt, die gegenwärtig ohne fremde Militär-Instrukteure sind.

Abschriften dieses ganz gehorsamen Berichtes sende ich an die Kaiserlichen Gesandtschaften zu Peking und Tokio.

Krien.

Inhalt: Politische Vorgänge in Korea.

[ ]

PAAA_RZ201-018922_135			
Empfänger	Auswärtiges Amt in Berlin	Absender	Gutschmid
A. 6401 pr. 20. Juni 1896. a. m.		Tokio, den 20. Juni 1896.	
Memo	mtg. 20. 6. London 596, Petersb. 423.		

A. 6401 pr. 20. Juni 1896. a. m.

Telegramm.

Tokio, den 20. Juni 1896. 11 Uhr 25 Min. a. m.
Ankunft: 10 Uhr 16 Min. a. m.

Entzifferung.

№ 13.

Viceminister der auswärtigen Angelegenheiten theilt mir vertraulich mit, Yamagata habe mit Fürst Lobanow eine definitive Verständigung hinsichtlich Koreas erzielt. Nähere Auskunft war nicht zu erlangen.

Gutschmid.

Berlin, den 20. Juni 1896.

A. 6401.

An Botschafter
1. London № 596.
2. St. Petersburg № 423.

J. № 4116.

Euerer pp. beehre ich mich nachstehend zu Ihrer gefl. Information Abschrift eines Telegramms des Kais. Gesandten in Tokio vom heutigen Tage mitzutheilen:

„Vom Vizeminister des Auswärtigen wird mir vertraulich mitgetheilt, daß Yamagata mit dem Fürsten Lobanow eine definitive Verständigung wegen Korea erzielt hat. Näheres war nicht zu erfahren.“

N. S. E.

[ ]

PAAA_RZ201-018922_139 f.			
Empfänger	Fürst zu Hohenlohe - Schillingsfürst	Absender	Radolin
A. 6709 pr. 28. Juni 1896. a. m.		St. Petersburg, den 25. Juni 1896.	
Memo	Durch Italienischen Kurier.		

Abschrift.

A. 6709 pr. 28. Juni 1896. a. m.

St. Petersburg, den 25. Juni 1896.

№ 280.

Seiner Durchlaucht
dem Herrn Reichkanzler,
Fürsten zu Hohenlohe - Schillingsfürst.

pp. Das frühere Entzücken über die chinesische Mission ist entschieden kühler geworden und Fürst Lobanow spricht jetzt mit lebhaftem Interesse und Sympathien vom Marschall Yamagata, der doch ein viel verdienstvollerer Mann sei wie Li Hung Tschang, der nichts weiter geleistet habe, als seine Taschen mit Millionen zu füllen, die für die Armee bestimmt gewesen seien.

Es wird hier viel von einem geheimen russisch-japanischen Abkommen gesprochen, das zwischen Fürst Lobanow und dem Marschall Yamagata abgeschlossen sein soll. Es ist weder mir noch meinen Kollegen möglich gewesen, irgend etwas Positives darüber zu erfahren. Der Gesandte Nissi verhielt sich sehr schweigsam und ist angeblich aus Gesundheitsgründen nach Wien abgereist.

Mein englischer Kollege glaubt, daß das fragliche Abkommen eine Verständigung Rußlands mit Japan bezüglich Korea enthalte und daß Rußland möglicher Weise den Japanern seine Einwilligung geben würde, eine Garnison in Korea zu halten, um die Eisenbahn Fusan-Söul zu schützen, wogegen Japan sich verpflichten sollte, den König zu respektiren.

Dies Alles scheint mir aber nur eine Vermuthung, denn etwas Positives meint Sir N. O'Conor nicht erfahren zu haben.

gez. Radolin.

orig. i. a. China 9 № 2

[ ]

PAAA_RZ201-018922_141 f.			
Empfänger	Fürst zu Hohenlohe - Schillingsfürst	Absender	Gutschmid
A. 6810 pr. 1. Juli 1896. p. m.		Tokio, den 22. Mai 1896.	

Abschrift.

A. 6810 pr. 1. Juli 1896. p. m.

Tokio, den 22. Mai 1896.

A. 100.

Seiner Durchlaucht
dem Herrn Reichkanzler,
Fürsten zu Hohenlohe - Schillingsfürst.

Graf Mutsu sagte mir gestern gelegentlich einer längeren Unterredung, der russische Geschäftsträger scheine sich sehr durch die Presse entnommene Nachrichten beeinflussen zu lassen. Anders könne er sich die Haltung des Herrn von Speyer während der letzten 14 Tage nicht recht erklären, es sei denn, daß derselbe auf Grund von Instructionen seiner Regierung handle. Der Minister nahm hierbei ausdrücklich auf die Unterredung Bezug, welche der Geschäftsträger vor etwa einer Woche mit dem Marquis Ito gehabt hat und über welche ich unter A. 98 und A. 99 berichtete.

Meine Bemerkung, daß Herr von Speyer, wie er mir selbst zugestanden, etwas nervös sei und in seiner verantwortungsvollen Stellung wahrscheinlich befürchte, seiner Aufgabe, über ein unvermitteltes Zusammengehen Rußlands mit Japan in der koreanischen Frage zu wachen, nicht gerecht zu werden, wenn er nicht alle diejenigen Anzeichen, welche ein Abweichen Japans von dieser ligne de conduite andeuteten, mit aufmerksamem Auge verfolgte, bezeichnete Graf Mutsu als wahrscheinlich zutreffend und erklärte ihm, wie er sich ausdrückte, die augenscheinliche Besorgniß des russischen Geschäftsträgers, daß Japan eine Anlehnung an England suche.

Auf mich machten die Aeußerungen des Ministers der auswärtigen Angelegenheiten den Eindruck, als ob Japan, wenigstens im gegenwärtigen Moment, keine ernstlichen Schritte thun, um ein Eingreifen Englands in die Verhandlungen mit Rußland herbeizuführen.

Sir Ernest Satow ließ gestern im Laufe einer Besprechung über formosanische

Reklamationen deutscher und britischer Unterthanen gegen mich die Bemerkung fallen: „Japan scheint einen Verbündeten zu suchen, findet aber keinen." Diese Aeußerung schien mir darauf hinzudeuten, daß er von dem verfehlten Schritt des Vicomte Aoki bei Sir Frank Lascelles Kenntniß hat.

gez. von Gutschmid.

orig. i. a. England 94.

Japanisch-Russische Abmachung. Politische Ereignisse.

PAAA_RZ201-018922_143 ff.			
Empfänger	Fürst zu Hohenlohe - Schillingsfürst	Absender	Krien
A. 6823 pr. 1. Juli 1896. p. m.		Söul, den 15. Mai 1896.	
Memo	cfr A. 6510/97; A. 7228; A. 7607. mtg. 4. 7. London 655, Petersburg 451. J. № 241.		

A. 6823 pr. 1. Juli 1896. p. m.

Söul, den 15. Mai 1896.

Kontrol № 33.

An Seine Durchlaucht
den Herrn Reichkanzler
Fürsten zu Hohenlohe - Schillingsfürst.

Euer Durchlaucht beehre ich mich ganz gehorsamst zu berichten, daß nach einer vertraulichen Mittheilung des Herrn Komura die hiesigen Japanischen und Russischen Vertreter die folgenden Punkte vereinbart und in formloser Weise festgesetzt haben:

1) Zum Schutz der hiesigen Japanischen Gesandtschaft, des Konsulats und der Japanischen Ansiedler sollen künftig 300 Japanische Soldaten, zum Schutze der Japanischen Konsulate in Fusan und Wönsan je 150 Japanische Soldaten und zum Schutze der Japanischen Telegraphen-Linie von Fusan nach Söul 200 Japanische Gensdarmen stationirt werden.

2) Die Russische Regierung kann ebenfalls 300 Mann Russische Truppen für die Gesandtschaft in Söul und für etwaige Russische Konsulate in Fusan und Wönsan - bis jetzt sind Russische Konsulate in Korea nicht eingerichtet worden - je 150 Mann halten.

3) Wenn für die Sicherheit des Königs keine Besorgnisse mehr vorhanden sind, werden die Japanischen und Russischen Vertreter gemeinsam dem Könige empfehlen, in den Palast zurückzukehren. -

Die bisher hier detachirt gewesenen 3 Kompagnien Japanischer Reserve-Truppen haben vorgestern Söul verlassen; an ihrer Statt sind an demselben Tage zwei Kompagnien des 1ten Bataillons des 1ten Linien-Infanterie- Regiments hier eingerückt.

Auf der Russischen Gesandtschaft stehen gegenwärtig 95 Matrosen und 2 Offiziere von dem Kreuzer „Dmitry Donskoi“. Auch die Englischen und Amerikanischen Detachements sind bis jetzt hier verblieben.

Vor einigen Tagen trafen in Chemulpo 3000 Berdan-Gewehre mit 600000 Patronen aus Wladiwostok ein, die anscheinend der hiesigen Regierung von der Russischen geschenkt worden sind.

Erdarbeiten auf Roze-Island im Hafen von Chemulpo lassen darauf schließen, daß die Anlage einer Russischen Kohlenstation daselbst beabsichtigt wird. Der dortige Hafen wird von Russischen Kriegsschiffen genau vermessen.

Wie mir Herr Komura gesprächsweise mittheilte, wird er sich binnen kurzem nach Japan begeben, angeblich um seine Familie hierher zu holen. Der Japanische Konsul in Fusan, Herr Kato, der zum Sekretär der hiesigen Gesandtschaft ernannt worden und vor etwa einer Woche hier eingetroffen ist, wird ihn während seiner Abwesenheit vertreten. - Herr Kato ist längere Zeit in Rußland gewesen, zuletzt als Legations-Sekretär in St. Petersburg. Er soll fertig Russisch sprechen.

Der Japanische Gesandte wird morgen sein neues Beglaubigungsschreiben in einem neben dem Britischen General-Konsulate gelegenen Königlichen Palais, worin die Großmutter des Königs, und die Kronprinzessin seit dem 11. Februar wohnen, dem Könige überreichen, der sich zu diesem Zwecke von der Russischen Gesandtschaft dorthin begeben wird.

Zum Premier-Minister ist der frühere Finanz-Minister Yun Yong Son berufen worden, er hat jedoch bereits viermal um seine Enthebung von dem Posten gebeten. Zum Nachfolger des auf seinen Antrag entlassenen Justiz-Minister I Pom-Chin ist General Han Kin Sol, der bis zum Ausbruch des Japanisch- Chinesischen Krieges verschiedene einflußreiche Aemter bekleidet hatte, ernannt worden.

Da die Provinz Pyöng-An-Do als vollständig beruhigt gilt, so ist es Japanischen Kaufleuten von ihrem hiesigen Konsulate gestattet worden, dort zu reisen und sich aufzuhalten. Dagegen haben die Unruhen in der hauptstädtischen Provinz Kyöng-Kui-Do und in Chung-Chong-Do in neuerer Zeit wieder zugenommen.

Die Telegraphen-Linie von Söul nach Fusan ist seit einiger Zeit wiederhergestellt, inzwischen aber zu verschiedenen Malen wieder unterbrochen worden.

Abschriften dieses ganz gehorsamen Berichtes sende ich an die kaiserlichen Gesandtschaften zu Tokio und Peking.

Krien.

Inhalt: Japanisch-Russische Abmachung. Politische Ereignisse.

Berlin, den 4. Juli 1896.

zu A. 6823.

An
die Botschaften in
1. London № 655.
2. St. Petersburg № 451.

J. № 4448.

Euerer pp. übersende ich anbei ergebenst Auszug eines Berichts des K. Konsuls in Söul vom 15. Mai d. J., betreffend die russisch-japanische Vereinbarung über Korea,

zu Ihrer gefl. vertrl. Information.

N. d. Hrn. st. N. S.

[ ]

PAAA_RZ201-018922_151 ff.			
Empfänger	Fürst zu Hohenlohe - Schillingsfürst	Absender	Waecker-Gotter
A. 6922 pr. 4. Juli 1896. p. m.		Belgrad, den 22. Juni 1896.	
Memo	mtg. 13. 7. n. Peking A16, Petersburg 483.		

Abschrift.

A. 6922 pr. 4. Juli 1896. p. m.

Belgrad, den 22. Juni 1896.

№ 96.

Seiner Durchlaucht
dem Herrn Reichskanzler
Fürsten zu Hohenlohe - Schillingsfürst.

Bei meinem hiesigen Hausarzt weilte einige Tage zum Besuch sein Bruder, der russische General Subbotic, der ein Kommando in der Amur Provinz hat. Ich wurde mit dem Herrn bekannt und bitte einiges mittheilen zu dürfen von dem, was er mir erzählt hat.

„Das Leben in jener entfernten Provinz - so sagte der General - ist durchaus nicht so trostlos als man im Allgemeinen glaubt und ich finde nicht, daß wir z. B. die Bewohner von Belgrad um Vieles zu beneiden hätten. Unser Kreis von Beamten und Offizieren, der seit der Verstärkung der Garnison in letzter Zeit sich bedeutend erweitert hat, ist ein Milieu, welches der Unterhaltung und Anregung nicht entbehrt. Für alle articles de première nécessité haben wir an den zahlreichen Ansiedelungen russischer Kolonisten in der Amur- und der Küstenprovinz eine reichliche Bezugsquelle. Das Element für die dienende Klasse liefern hauptsächlich die Koreaner, von denen viele Tausende in die russischen Besitzungen übergetreten sind, zum Theil übrigens aber als Landbau Treibende. Feineren Lebensbedarf beziehen wir über Wladiwostok, welches nach dem russischen Hinterlande einen recht bedeutenden Handel treibt und sich zu einem wichtigen Hafenplatz auswächst.“

„Das benachbarte Korea hat in der letzten Zeit begreiflicher Weise eine noch höhere Bedeutung für das russische Ostasien gewonnen als früher. Die Zustände dort sind bekanntlich höchst ungefestigte, da der König es noch nicht einmal gewagt hat, das Asyl der russischen Gesandtschaft zu verlassen. Die Ordnung wird nothdürftig aufrecht erhalten durch die japanische Polizeitruppe, welche nach Abzug der Occupationstruppe zurückblieb. Die Japanesen sind außerordentlich verhaßt bei den Koreanern, doch ist das Volk zu feige, um wirkliche Aufstände zu machen."

„Japan kann freilich die Hand, die es auf Korea gelegt hat, heutigen Tages nicht ohne Weiteres ganz abziehen; da seine Nationalen, welche in großer Anzahl, namentlich als Kaufleute, in den Hafenplätzen der Halbinsel sich niedergelassen haben, sonst zweifellos dem, seit dem Kriege noch verschärften, Hasse der eingeborenen Bevölkerung zum Opfer fallen würden. Nach Sprache und Abstammung steht diese den Chinesen näher und würde sich auch von diesen leichter regieren lassen. Das wird indessen Japan niemals zugeben. Ich glaube es wird darauf hinauskommen, daß dieses Land und Rußland sich über die Bedingungen verständigen werden, unter denen in Korea annähernd stabile Verhältnisse geschaffen werden könnten."

„Was Japan sonst betrifft, wo ich mich häufig längere Zeit aufgehalten habe, so glaube ich, daß der Ausgang des letzten Krieges die Verhältnisse des Landes in verschiedenen Richtungen ungünstig beeinflußt hat. Das japanische Volk, dem es überhaupt an Selbstgefühl nicht fehlt, war sehr stolz auf die errungenen kriegerischen Erfolge und hat sich nur grollend darein gefügt, die mit so vielen Opfern erkaufte Siegesbeute wiederherausgeben zu müssen. Die allgemeine Unzufriedenheit, welche auf diese Wiese der Krieg zurückließ, wird noch erheblich vermehrt durch die große Theuerung, welche in seinem Gefolge im Lande Platz gegriffen hat. Japan war in früheren Zeiten eins der billigsten Länder der Welt in Bezug auf den Lebensbedarf, bei meiner letzten Durchreise vor einigen Monaten fand ich alle Preise um fünfzig und auch hundert Prozent gegen früher gestiegen."

„Die Abtretung von Formosa, die übrigens im Grunde nur soviel bedeutete als die Erlaubniß, sich die Insel zu erobern, wird in Japan als eine fast werthlose fiche de consolation betrachtet. Das heiße und ungesunde Klima, die wenigen, vom Teifun geplagten Häfen, die wilde und kriegerische Bevölkerung machen die Insel ziemlich unbrauchbar für japanische Ansiedelung. Ich glaube daher, und habe dies auch in Japan vielfach verkünden hören, daß das übervölkerte Reich in anderen Richtungen seine Expansionskraft ausüben wird. In erster Reihe werden die Philippinen in Angriff genommen werden als Zielpunkt der japanischen Auswanderung und später wird das Festland von Australien daran kommen. Nach dem Vorbilde der havaischen Inseln, wo heute die eingewanderten Japanesen bereits im Drittel der Gesammtbevölkerung ausmachen, dürften zunächst die oben genannten spanischen und englischen Kolonien durch eine, vorwiegend agrikole, japanische Einwanderung überfluthet werden. Im Laufe der Zeit wird sich dann die politische Angliederung von selbst ergeben.“

„Ich habe bei meinem letzten Aufenthalt in Japan natürlich auch viel in militärischen Kreisen verkehrt und mein Verständniß vom Hergange des letzten Krieges, dem wir als Nachbarn mit regstem Interesse gefolgt sind, vervollständigen können. Es muß für jeden Menschen unzweifelhaft sein, daß die großen Erfolge der Japanesen der Schulung zu verdanken sind, welche ihr Offizierkorps aus Deutschland mitgebracht resp. bezogen hat. Dies gilt in beiden Richtungen, Strategie wie Taktik. Der umsichtige Entwurf der Angriffspläne und dann die planmäßige und präcise Durchführung derselben haben uns und alle Welt in das größte Erstaunen versetzen müssen. Wichtiger aber noch war, nach meiner Ansicht, die taktische Ausbildung des gemeinen Mannes, der preußische Drill, welche der Truppe einen so festen Halt gegeben hatte, daß auch die Anfangs (z. B. in der Schlacht am Yalu Fluß) begangenen strategischen Fehler dadurch wieder gut gemacht worden sind. Übrigens war der vielgerühmte Feldmarschall Yamagata durchaus nicht ein Repräsentant dieser neuen Schule, sondern vielmehr nur ein Haudegen vom alten Schlage. Das eigentliche Verdienst gebührt den jüngeren Offizieren des Generalstabs, welche europäisch gebildet waren und zu dieser Kategorie gehörte z. B. auch der General Nodzu, der Nachfolger Yamagata's im Kommando, sowie der Führer der 2ten Division, General Oyama.“

Als ich Herrn Subbotic auf die augenblicklich schwebende Frage des Eisenbahnbaues brachte, zeigte sich derselbe sehr reservirt in seinen Auskünften. Ich sagte ihm, daß ich kürzlich von einer Recognoscirungsreise russischer Ingenieure gelesen habe, welche eine von Chabarowka ausgehende Eisenbahn im Thale des Ussuri Flusses aufwärts in der Richtung von Wladiwostok und weiterhin nach Korea abstecken sollten. Der General behauptete, daß dies nur eine Privat-Expedition gewesen sei und daß die von mir hervorgehobene militärische Begleitung bei allen diesen Explorationen üblich sei. Derartige Prospekte für Privatunternehmungen seien dort überhaupt schon viele gemacht worden.

Was die Richtung betrifft, welche der großen sibirischen Bahn östlich vom Baikalsee gegeben werden würde, so sagte der General auf meine diesbezügliche Frage, daß die Entscheidung darüber noch nicht gefallen sei. Die geographische Lage weise natürlich darauf hin, den großen nördlichen Umweg zu vermeiden und von Nertschinsk durch die chinesische Mandschurei in gerader Linie auf Wladiwostok zu bauen, wobei eventuell von Zizichar ab eine südliche Gabelung nach dem Hafen von Niutschuang oder auch Port Arthur geführt werden könnte. Er glaube zu wissen, daß in Betreff dieser Durchkreuzung von chinesischen Gebiet und bezw. Benutzung eines chinesischen Hafens zwischen der russischen Regierung und China Verhandlungen im Gange seien, wisse indessen nicht, in welchem Stadium sich dieselben befinden. Es dürfte schwer sein, von der chinesischen Regierung die Zustimmung zu diesen Eisenbahnbauten anders zu erreichen als unter der Bedingung, daß die Bahn, soweit sie auf chinesischem Gebiet liegt, auch unter chinesischer Leitung stehen müsse. Dies würde aber die russischen Zwecke nur unvollkommen erfüllen.

General Subbotic hat sich bereits auf den Rückweg nach Ostasien begeben, wollte aber auf seiner Reise noch einen kurzen Aufenthalt in Frankreich nehmen, um dort gewisse militärische Studien zu machen. Er war hierher von Rußland aus gekommen, wo er der Krönung beigewohnt hatte.

gez. Waecker-Gotter.

Orig. i. a. Rußland 97c

[ ]

PAAA_RZ201-018922_158			
Empfänger	[o. A.]	Absender	[o. A.]
A. 6931 pr. 4. Juli 1896. p. m.		[o. A.], den 4. Juli 1896.	

A. 6931 pr. 4. Juli 1896. p. m.

Berliner Tageblatt

4. 7. 96.

Berliner Tageblatt

* Der koreanische Staatsmann Prinz Bokuyei-Ko, der schon öfters die Aufmerksamkeit der europäischen Mächte auf sich gelenkt hat, ist aus den Vereinigten Staaten Ende Mai nach Yokohama zurückgekehrt. Er lebte dort fast ein Jahr lang von der Unterstützung der Vereinigten Staaten und zwar aus Dankbarkeit dafür, daß er, dem Fremdenhasse seiner Landsleute zum Trotz, Korea den Amerikanern als den Ersten nach den Japanern im Jahre 1877 erschloß. Allein im Jahre 1884 brach eine Revolution aus, die den Prinzen als das Oberhaupt der Reformpartei stürzte; und er konnte kaum sein Leben retten, während alle seine Angehörigen ermordet wurden. Sein Gesinnungsgenosse, Exminister Kin-oh-Kin, der mit ihm nach Japan geflohen war, wurde bekanntlich 9 Jahre später, 1893, nach Schanhai gelockt und dort von einem koreanischen Mörder getödtet. Nach Ausbruch des chinesisch-japanischen Krieges im August 1894 kehrte Prinz Bokuyei-Ko nach Korea zurück und führte als Minister des Innern verschiedene Reformen ein, bis er durch ein anonymes Schreiben bei dem König angeschuldigt wurde, daß er nach seinem Thron strebe, worauf im Juli 1895 der Prinz abermals seiner Ermordung nur durch schleunige Flucht nach Japan entging, von wo er nach Nordamerika reiste. Seine Rückkehr ist sicherlich ein Zeichen, daß in Korea wieder größere Aenderungen bevorstehen.

Berlin, den 12. Juli 1896.

zu A. 7027.

J. № 4688.

Der beifolgende Bericht des Kaiserlichen Gesandten in Peking vom 21. Mai d. J., Niederlassung der Russen in Ross Island betreffend, wird nebst Anlage Seiner Excellenz dem Staats-Sekretär des Reichmarine- Amts, Herrn Vice-Admiral Hollmann mit dem Ersuchen, denselben auch dem Oberkommando der Marine zugängig machen zu wollen, ergebenst übersandt.

N. S. E.

Roze Island Russische Garnison.

PAAA_RZ201-018922_160 ff.			
Empfänger	Fürst zu Hohenlohe - Schillingsfürst	Absender	Schenk
A. 7228 pr. 12. Juli 1896. a. m.		Peking, den 26. Mai 1896.	
Memo	cop. mtg. 15/ an R. Marine A.		

A. 7228 pr. 12. Juli 1896. a. m.

Peking, den 26. Mai 1896.

A. 71.

An Seine Durchlaucht
den Herrn Reichskanzler
Fürsten zu Hohenlohe - Schillingsfürst.

Der Kaiserliche Konsul in Söul hat Euerer Durchlaucht unter dem 15. d. M.[27] gemeldet, daß die Russen auf Roze Island im Hafen von Chemulpo Erdarbeiten vornehmen. Die Richtigkeit dieser Meldung vorausgesetzt - äußerte mein hiesiger Japanischer Kollege Baron Hayashi - würden die Russen wohl die Absicht haben, die 300 Mann Truppen, welche sie zum Schutz der Russischen Gesandtschaft in Söul der vorläufigen Vereinbarung mit Japan zufolge halten dürfen, nach Roze Island in Garnison zu legen. Diese Insel sei wichtig insofern, als sie den Weg nach Söul beherrsche.

Als Ankerplatz für Kriegsschiffe soll der Hafen von Chemulpo nicht viel werth sein. Zwischen Roze Island und dem Ort Chemulpo auf dem Festland ist nicht mehr Platz als für ein bis zwei Kriegsschiffe, die nicht herauskönnten, wenn außen feindliche Kriegsschiffe lägen. Seien mehr Kriegsschiffe da, so ankerten dieselben westlich Roze Island. Der Hafen von Chemulpo sei dem Versanden durch die Gewässer des Han River ausgesetzt.

Übrigens sei die Vereinbarung zwischen dem Russischen und Japanischen Vertreter wegen des Haltens von Truppen in Korea noch nicht als ein bindender Vertrag anzusehen. Voraussichtlich würde es zu einem solchen erst jetzt in Tokio kommen, wohin Herr Komura sich von Söul begeben hat.

Ross Island, 50 bis 70 Seemeilen nordwestlich von Quelpart, wo einer Meldung des

27 A. 6823 ehrerbietigst beigefügt.

Kaiserlichen Vicekonsuls in Chefoo (vergl. diesseitigen Bericht A. 69 vom 21. d. Mts.)[28] zufolge, die Russen Observationen anstellen, hält Baron Hayashi für werthlos. Dagegen wies er auf die direkt nördlich von Quelpart an der Südspitze von Korea liegende Bucht mit vorliegender langgestreckter Insel, chinesisch Huangtao, sowie auf die Tatung Bucht an der Mündung des Tatung River, an dem Pingyang liegt, als gute Flottenstationen bezw. Kriegshäfen hin.

Schenk.

Inhalt: Roze Island Russische Garnison.

---

28 A. 7027 liegt E. E. als Concept vor.

Russisch-Japanisches Protokoll, betreffend Korea.

PAAA_RZ201-018922_164 ff.			
Empfänger	Fürst zu Hohenlohe - Schillingsfürst	Absender	Gutschmid
A. 7288 pr. 14. Juli 1896. a. m.		Tokio, den 4. Juni 1896.	
Memo	cfr A. 7939/96. mtg. 23. 7. n. London 732, Petersburg 499.		

A. 7288 pr. 14. Juli 1896. a. m.

Tokio, den 4. Juni 1896.

A. 109.

An Seine Durchlaucht
den Herrn Reichskanzler
Fürsten zu Hohenlohe - Schillingsfürst.

Der Russische Geschäftsträger theilt mir im Vertrauen mit, daß vor einigen Tagen zwischen den Herren Waeber und Komura in Söul ein Protokoll untergezeichnet worden sei, welches einen vorläufigen modus vivendi zwischen Rußland und Japan in Korea festsetze. Herr Waeber habe sich endlich dazu verstanden, seine Forderungen hinsichtlich der Telegraphenlinie Söul-Fusan fallen zu lassen. Dieser Punkt sei nunmehr überhaupt eliminirt worden und das Protokoll, welchem jede politische Bedeutung abgehe, beziehe sich der Hauptsache nach jetzt nur noch auf die Regelung des beiderseitigen Verkehrs mit dem König sowie auf die Anzahl der in Korea zu belassenden Japanischen und Russischen Truppen.

Gutschmid.

Inhalt: Russisch-Japanisches Protokoll, betreffend Korea.

Berlin, den 15. Juli 1896.

zu A. 7228.

J. № 4800.

Die anliegende Abschrift des Berichts des K. Gesandten in Peking vom 26. Mai d. J., betreffend Roze Island, wird Seiner Excellenz dem Staats-Sekretär des Reichsmarine-Amts, Herrn Vice-Admiral Hollmann mit dem ergebensten Ersuchen übersandt, den Bericht auch dem Oberkommando der Marine zugänglich machen zu wollen.

N. S. E.

Abreise des Japanischen Gesandten. Äußerungen desselben zu der Koreanischen Frage.

PAAA_RZ201-018922_168 ff.			
Empfänger	Fürst zu Hohenlohe - Schillingsfürst	Absender	Krien
A. 7607 pr. 22. Juli 1896. a. m.		Söul, den 31. Mai 1896.	
Memo	Vertraulich. mtg. 24. 7. London 736, Petersburg 504. J. № 267.		

A. 7607 pr. 22. Juli 1896. a. m.

Söul, den 31. Mai 1896.

Kontrol № 34.

An Seine Durchlaucht
den Herrn Reichskanzler
Fürsten zu Hohenlohe - Schillingsfürst.

Euer Durchlaucht beehre ich mich im Verfolg meines Berichtes № 33. vom 15. d. Mts. ganz gehorsamst zu melden, daß der Japanische Gesandte heute Söul verlassen hat, um sich nach Japan zu begeben. Nach seiner amtlichen Anzeige ist er von seiner Regierung zurückbeordert worden. Seine Abschiedsaudienz bei dem König, die er als eine private bezeichnete, fand gestern in der Russischen Gesandtschaft statt. Während seiner Abwesenheit wird ihn der Legationssekretär Kato vertreten.

Bei einem Besuche, den ich ihm vorgestern abstattete, äußerte er zu mir, er habe gehört, daß je 10 Russische Offiziere und Unteroffiziere schon im Laufe des nächsten Monats hier eintreffen würden, um die Koreanischen Truppen auszubilden. Nach dem Eindrucke, den er bei seiner letzten Unterredung mit Herrn Waeber erhalten habe, sollten diese Russischen Instrukteure im Königlichen Palaste wohnen und würde der König dann in den Palast zurückkehren. Seine Regierung würde aber die ständige Anwesenheit der Russen im Palaste nicht dulden, weil die Japanischen Militär-Instrukteure dort auch nicht gewohnt hatten. Dann wäre sogar der Aufenthalt des Königs in der Russischen Gesandtschaft vorzuziehen.

Rußland würde, namentlich wenn Japan dazu schweigen sollte, in wenigen Monaten einen viel besseren Hafen als Port Lazareff in Korea erhalten. Die Japanische Regierung würde übrigens nichts dagegen haben, wenn Rußland einen Handelshafen in Korea erlangte, selbst wenn der Endpunkt der Sibirischen Bahn dorthin verlegt werden sollte. Aber eine Befestigung dieses Hafens oder eine Russische Marinestation in Korea würde seine Regierung nicht zulassen, selbst wenn es darüber zum Kriege kommen sollte. Herr Komura setzte dann lachend hinzu, daß Japan einen Krieg mit Rußland wohl riskiren könnte. Die Russische Flotte in Ostasien sei der Japanischen zwar bedeutend überlegen, dagegen habe aber Japan den großen Vortheil einer nahen Operationsbasis. In den Amur-Provinzen ständen 48 000 Russische Truppen. Hinzu kämen die Soldaten, die Graf Muraview "Kosaken" getauft hätte; diese bestünden zum größten Theile aus Mischlingen zwischen Russen und Eingeborenen und seien wenig kriegstüchtig.

Herr Hillier schiene mit der Wendung der Dinge, wie sie sich in den letzten Monaten vollzogen hätte, recht unzufrieden zu sein, denn er habe ihm gesagt, er sei herzlich Koreamüde und "thoroughly disgusted".

Ich darf hier ehrerbietigst hinzufügen, daß Herr Komura mir die obigen Mittheilungen ganz aus freien Stücken machte.

Nach der Ansicht des Englischen General-Konsuls haben die Russen ihr Augenmerk auf den Hafen von Masampo bei Fusan gerichtet.

Abschriften dieses ganz gehorsamen Berichtes sende ich an die Kaiserlichen Gesandtschaften zu Tokio und Peking.

Krien.

Inhalt: Abreise des Japanischen Gesandten. Äußerungen desselben zu der Koreanischen Frage.

Berlin, den 23. Juli 1896.

zu A. 7288.

An
die Botschaften in
1. London № 732.
2. St. Petersburg № 499.

J. № 4978.

Euerer pp. übersende ich anbei ergebenst Abschrift eines Berichts des K. Gesandten in Tokio vom 4. v. Mts., betreffend ein russisch-japanisches Abkommen bezüglich Korea's zu Ihrer gefälligen vertraul. Information.

N. d. st. U. St. S.

Berlin, den 24. Juli 1896.

zu A. 7607.

An
die Botschaften in
1. London № 736.
2. St. Petersburg № 504.

J. № 5001.

Euerer pp. übersende ich anbei ergebenst Abschrift eines Berichts des K. Konsuls in Söul vom 31. Mai d. J., betreffend Äußerungen des dortigen japanischen Gesandten zur koreanischen Frage,

zu Ihrer gefl. Information.

N. d. Hrn. st. St. S

Das Russisch-Japanische Protokoll, betreffend Korea. Ergebniß der Mission Yamagata.

PAAA_RZ201-018922_174 ff.			
Empfänger	Fürst zu Hohenlohe - Schillingsfürst	Absender	Gutschmid
A. 7939 pr. 30. Juli 1896. p. m.		Tokio, den 19. Juni 1896.	

A. 7939 pr. 30. Juli 1896. p. m.

Tokio, den 19. Juni 1896.

A. 115.

An Seine Durchlaucht
den Herrn Reichskanzler
Fürsten zu Hohenlohe - Schillingsfürst.

Mein Britischer Kollege theilt mir im engsten Vertrauen mit, daß das Russisch-Japanische Protokoll, betreffend Korea, über welches ich unter dem 4. d. M. -A 109-[29] zu berichten die Ehre hatte, wie er positiv wisse, eine Bestimmung über die Telegraphenlinie Söul-Fusan des Inhalts enthalte, daß Japan berechtigt sein solle, der ganzen Länge derselben nach und bis zu einer Entfernung von 2 ri (: 5 Englischen Meilen:) auf jeder Seite der gedachten Linie die erforderliche Anzahl Gensdarmen zur Bewachung derselben zu postiren.

Sir Ernest Satow fügte hinzu, er habe sich direkt bei dem Minister der Auswärtigen Angelegenheiten nach der Sachlage erkundigt und von Marquis Saionji die erwähnte Auskunft erhalten, nachdem er diesem bemerklich gemacht, daß England mit Rücksicht auf seine eigenen Verträge mit Korea ein direktes Interesse daran habe, zu wissen, was zwischen Japan und Rußland verabredet worden sei.

Beiläufig bemerkte Sir Ernest noch, nach seinen Wahrnehmungen sei dem Marschall Yamagata in Petersburg kein besonders herzlicher Empfang bereitet worden; er bezweifele daher, daß ernstere Verhandlungen zwischen ihm und dem Fürsten Lobanow stattgefunden hätten.

Im Gegensatz hierzu theilt mir der Vice-Minister des Äußern, Herr Komura, vertraulich mit, Marquis Yamagata habe bei dem Fürsten Lobanow eine sehr gute Aufnahme

29 A. 7288 ehrerbietigst beigefügt.

gefunden; es sei ihm in Folge des Russischerseits an den Tag gelegten Entgegenkommens und trotz seines nur kurzen Aufenthalts in Rußland gelungen, ein "definite understanding" zwischen Japan und Rußland in der Koreanischen Frage zu erzielen. Ob dieses Übereinkommen in Form eines Notenaustausches oder Protokolls erfolgt sei, wisse er nicht. Er könne einstweilen nur sagen, daß von beiden Seiten mit äußerster Vorsicht zu Werke gegangen worden sei, wie dies ja auch die delikate Situation in Korea erheische.

Meine Frage, ob es sich vielleicht um ein gemeinsames Protektorat über das Halbinselkönigreich handele, beantwortete Herr Komura mit einem entschiedenen „Nein".

Gutschmid.

Inhalt: Das Russisch-Japanische Protokoll, betreffend Korea. Ergebniß der Mission Yamagata.

Resultat der Mission Yamagata.

PAAA_RZ201-018922_180 ff.			
Empfänger	Fürst zu Hohenlohe - Schillingsfürst	Absender	Gutschmid
A. 7940 pr. 30. Juli 1896. p. m.		Tokio, den 25. Juni 1896.	

A. 7940 pr. 30. Juli 1896. p. m.

Tokio, den 25. Juni 1896.

A. 116.

An Seine Durchlaucht
den Herrn Reichskanzler
Fürsten zu Hohenlohe - Schillingsfürst.

Der Minister des Äußern bestätigte mir heute, daß der Marschall Marquis Yamagata mit der Russischen Regierung ein Einvernehmen in der Koreanischen Frage erzielt habe. Der Inhalt des Abkommens sei indessen bis zur Rückkehr des Marschalls, welcher in den ersten Tagen des August hier wieder eintreffen werde, „sacré". Alsdann werde er nicht unterlassen, mir eine vertrauliche Mittheilung über die getroffenen Verabredungen, die mehr allgemeiner Natur seien, zu machen.

Gutschmid.

Inhalt: Resultat der Mission Yamagata.

Aufenthalt S. M. S. „Arcona“ in Chemulpo. Audienz des Kommandanten bei dem Könige.

PAAA_RZ201-018922_183 ff.			
Empfänger	Fürst zu Hohenlohe - Schillingsfürst	Absender	Krien
A. 7941 pr. 30. Juni 1896. p. m.		Söul, den 13, Juni 1896.	
Memo	J. № 293.		

A. 7941 pr. 30. Juni 1896. p. m.

Söul, den 13, Juni 1896.

Kontrol № 36.

An Seine Durchlaucht
den Herrn Reichskanzler
Fürsten zu Hohenlohe-Schillingsfürst.

Euer Durchlaucht beehre ich mich ganz gehorsamst zu berichten, daß Seiner Majestät Schiff „Arcona“, Kommandant Kapitän zur See Sarnow, am 1. d. Mts. von Nagasaki kommend in Chemulpo eintraf und am 11. d. Mts. die dortige Rhede wieder verließ, um sich nach Chefoo zu begeben.

Herr Kapitän Sarnow kam am 4. d. Mts. mit zwei Offizieren nach Söul und wurde nebst Gefolge am Tage darauf von dem Könige von Korea in der Russischen Gesandtschaft in Audienz empfangen. Ich hatte die Ehre die Herren dem Könige vorzustellen.

Abschriften dieses ganz gehorsamen Berichtes sende ich an die Kaiserlichen Gesandtschaften zu Peking und Tokio.

Krien.

Inhalt: Aufenthalt S. M. S. „Arcona“ in Chemulpo. Audienz des Kommandanten bei dem Könige.

Politische Ereignisse.

PAAA_RZ201-018922_186 ff.			
Empfänger	Fürst zu Hohenlohe - Schillingsfürst	Absender	Krien
A. 7942 pr. 30. Juli 1896. p. m.		Söul, den 15. Juni 1896.	
Memo	cfr A. 9191. J. № 295.		

A. 7942 pr. 30. Juli 1896. p. m. 1 Anl.

Söul, den 15. Juni 1896.

Kontrol № 37.

An Seine Durchlaucht
den Herrn Reichskanzler
Fürsten zu Hohenlohe - Schillingsfürst.

Euer Durchlaucht beehre ich mich im Anschluß an meinen Bericht № 34. vom 31. v. Mts.[30] ganz gehorsamst zu melden, daß der Japanische Gesandte Komura von seinem Posten enthoben und als sein Nachfolger der Vize-Minister der Auswärtigen Angelegenheiten in Tokio, Herr Hara, ernannt worden ist. Herr Komura soll an Stelle Herrn Hara zum Vize-Minister des Auswärtigen ernannt worden sein. -

Der Koreanische Unterrichtsminister Shin Ki Sun hat um seine Entlassung gebeten und dieses Gesuch damit begründet, daß er ein Feind aller Neuerungen sei, die von dem früheren hochverrätherischen Staatsministerium eingeführt worden seien. Man müsse zu der alten Tracht zurückkehren, um nicht in den Zustand von Barbaren zu verfallen, die Chinesischen Klassiker müßten wieder studirt, der Gebrauch der Koreanischen Silbenschrift, wodurch die Koreaner zu Thieren erniedrigt würden, und der neue Kalender abgeschafft und das Unterthanenverhältniß zu China aufrecht erhalten werden. Gegen diese Denkschrift wendet sich die hier seit April d. Js. dreimal wöchentlich in Englischer Sprache und in Koreanischer Silbenschrift erscheinende Zeitung „The Independent" vom 6. d. Mts. in einem scharfen Artikel, der schließlich die Hoffnung ausdrückt, daß das Entlassungsgesuch des Unterrichtsministers angenommen werden werde. Der Herausgeber und Redakteur der Zeitung ist ein Koreaner So Jai-Pil, der in die Palast-Revolution vom Jahre 1884 verwickelt

30 A. 7607 ehrerbietigst beigefügt.

war, sich nach Amerika flüchtete, dort Medizin studirte, unter dem Namen Philip Jaisohn Amerikanischer Bürger wurde und als solcher im Oktober v. Js. hierher zurückkehrte. Hier wurde er als Berather im Senate du (zu ?) dem Handelsministerium, sowie als Militär-Chefarzt engagirt. Er ist um die Einführung von Reformen eifrig bemüht; seine Zeitung wird von der Regierung unterstützt. -

In der Anlage verfehle ich nicht Euer Durchlaucht ein Exemplar des "Independent" vom 6. d. Mts. ehrerbietigst zu überreichen.

Das Entlassungsgesuch des Unterrichtsministers ist bisher von dem Könige nicht genehmigt worden.

In Folge des langen Aufenthalts des Königs in der Russischen Gesandtschaft macht sich hier jetzt eine reaktionäre Strömung bemerkbar und die konservative, chinesische Partei gewinnt an Boden. In der Provinz Chung-chöng do sind die Tonghak-Rebellen wieder aufgetreten und die Unruhen haben dort bedeutend zu genommen.

Am 4ten d. Mts. traf der Russische Grenzkommissar für Süd-Ussuri und Handelsagent des Russischen Finanzministeriums, Herr Matunin, hier ein, reiste aber schon am 11ten wieder ab. Man hat seine hiesige Anwesenheit mit einer in Rußland aufzunehmenden Koreanischen Anleihe in Verbindung gebracht; doch habe ich bisher etwas Zuverlässiges darüber nicht erfahren können.

Abschriften dieses ganz gehorsamen Berichtes sende ich an die Kaiserlichen Gesandtschaften zu Tokio und Peking.

Krien.

Inhalt: Politische Ereignisse. 1 Anlage.

Anlage zu Bericht № 37.

THE INDIPENDENT

EDITORIAL

The Minister of Education, Sin Ki Sun, has memorialized the Throne to the effect that the adoption of foreign clothes by the soldiers, policemen and Government students and the cutting of the hair is the first step toward making them barbarians; that the use of the *unmun* and the adoption of the western calendar is the first step toward throwing off the yoke of China, that the new regulations for the Cabinet, giving them freedom to discuss public matters, deprives His Majesty of some of his power and encourages the freedom and liberty of the people. These were things contemplated by the former traitorous Cabinet. He has been appointed Minister of Education but he cannot perform the duties of the office so long as the students have their hair but and wear foreign clothes. The use of the *unmun* is the act of a beast and is like going into the fire with powder, and is the beginning of the destruction of the government and the venerable Chinese classics. He therefore hopes His Majesty will dismiss him from the Cabinet.

We are sincerely glad the Minister has thus delivered his opinion. Nothing could have been better for the country; for, as the mouth-piece of the conservative party, he has put himself and his following into such an extreme situation that they must be discredited before the Korean Government and people. In this memorial he completely disarms himself and his party. The "yoke of China" forsooth! It is refreshing; the best joke of the season. Let someone tell the venerable Minister that Yuan no longer brow-beats the Korean ministry and court, that China herself is tottering to her fall, that the boasted classics which have striven for three thousand years to elevate Korea have only plunged her deeper and deeper into the mire. Let someone tell him that Korea can no more go back to ten years ago than he can go back to his swaddling clothes. He must have been asleep these last two years not to see the impossibility of his proposition. It will be a glad day for Korea when the generation which hob-a-nobbed with the sometime Chinese "resident" and his fellows is dead and gone. He thinks that discussion of public questions by the Cabinet infringes upon the Royal prerogative, and wants to go back to the time when the King, hedged about and kept in ignorance of the actual state of things, was at the mercy of anyone who could by hook or crook gain his ear. In other words a return to an utterly corrupt and corrupting form of Government. He wants, again, to make the provinces the prey on which the officials of the capital shall batten. He wants to make the government, again, a field for personal exploitation, for indirection and intrigue. This is what his memorial means and what everyone knows it means. It should call down upon itself the scorn and ridicule of the world for its utter lack of knowledge of the actual state of things today and the needs of the country. We sincerely hope his request will be granted and that he will retire to some quiet place and watch the evolution of his country which he has vainly tried to obstruct.

뎨일권 **독립신문** 이십칠호

죠션 서울 건양 원년 륙월 뉵일 토요일 ᄒᆞᆫ장 갑 오푼

광고

독립신문이 본국과 외국 ᄉᆞ정을 자세히 긔록ᄒᆞ며 정부와 민간 소문을 다 말ᄒᆞ며 정치상 일과 농ᄉᆞ 장ᄉᆞ 의술상 일을 미일 조곰식 긔록ᄒᆞᆷ
신문 갑 ᄒᆞᆫ장 동젼 ᄒᆞᆫ푼 ᄒᆞᆫ달치 동젼 셜이젼 일년치 일원 삼십젼 션급ᄒᆞᆷ
경향간에 누구든지 이 신문을 바다 파ᄂᆞᆫ이ᄂᆞᆫ 빅장에 리조 엽젼 ᄒᆞᆫ푼

물가

○쌀 상픔 ᄒᆞᆫ되 서량 두돈 중픔 셔량 하픔 두량 닙곱돈 ○찹쌀 ᄒᆞᆫ되 서량 닙곱돈 팟 상픔 ᄒᆞᆫ되 두량 닷돈 중픔 두량 서돈 오푼 하픔 두량 두돈 오푼 ○콩 상픔 ᄒᆞᆫ되 ᄒᆞᆫ량 닙곱돈 중픔 ᄒᆞᆫ량 엿돈 하픔 ᄒᆞᆫ량 너돈 ○셔양목 상픔 ᄒᆞᆫ자 두량 두돈 중픔 두량 ○무명 상픔 ᄒᆞᆫ자 ᄒᆞᆫ량 두돈 중픔 ᄒᆞᆫ량 ○베 상픔 ᄒᆞᆫ자 닷량 중픔 셔량 하픔 ᄒᆞᆫ량 두돈 ○모시 상픔 ᄒᆞᆫ자 석량 중픔 두량 두돈 하픔 ᄒᆞᆫ량 여ᄃᆞᆲ돈 ○석유 ᄒᆞᆫ궤 칠십이량 ○소곰 상픔 ᄒᆞᆫ셤 오십삼량 중픔 삼십오량 하픔 이십구량 ○면쥬 ᄒᆞᆫ자 상픔 셔량 중픔 두량 닷돈 하픔 두량 ᄒᆞ더라

논셜

남편과 안히란 거슨 평싱에 쓰고 단거슬 ᄒᆞᆷᄭᅴ 견ᄃᆡ고 만ᄉᆞ를 서로 의론ᄒᆞ야 집안 일을 ᄒᆞ며 서로 밋고 서로 공경ᄒᆞ고 서로 ᄉᆞ랑ᄒᆞ야 안히ᄂᆞᆫ 남편이 무ᄉᆞᆷ 일을 ᄒᆞᄂᆞᆫ지 알고 남편은 안히가 무ᄉᆞᆷ 일을 ᄒᆞᄂᆞᆫ지 알아 서로 돕고 서로 훈슈ᄒᆞ야 셰상에 뎨일 죠흔 친구 ᄀᆞᆺ치 지내야 ᄒᆞᆯ터인ᄃᆡ 죠션 사ᄅᆞᆷ들은 당초에 안히를 엇을 ᄯᅢ에 그 부인이 엇던 사ᄅᆞᆷ인줄도 모로고 녀편네가 그 사나희를 엇던 사ᄅᆞᆷ인줄도 모로면서 놈의 말만 듯고 혼인 ᄒᆞᆯ ᄯᅢ 샹약ᄒᆞ기를 둘이 서로 ᄉᆞ랑ᄒᆞ고 공경ᄒᆞ며 빗부게 평싱을 ᄀᆞᆺ치 살자 ᄒᆞ니 이런 쇼즁ᄒᆞᆫ 약속을 서로 ᄒᆞ며 서로 보지도 못ᄒᆞ고 서로 셩픔이 엇던지 모로고 이런 약죠를 ᄒᆞ니 이러케 ᄒᆞᆫ 약죠가 엇지 셩실이 되리요 집에 하인을 ᄒᆞ나 두랴고 ᄒᆞ드리도 그 하인을 미리 보와 얼골이 엇더케 싱겻ᄂᆞᆫ지나 알고 그 하인이 이왕에 엇던 사ᄅᆞᆷ인지나 무러 보아 대강 짐작ᄒᆞᆫ 후에야 하인으로 작졍ᄒᆞ고 몃 ᄒᆡ를 부려 본 후에 만일 사ᄅᆞᆷ이 착실ᄒᆞ면 그 ᄯᅢ는 더 친밀이 부리고 더 즁ᄒᆞᆫ 쇼임을 맛기거ᄂᆞᆯ 사나희와 녀편네가 평싱을 ᄀᆞᆺ치 살며 집안을 보호ᄒᆞ고 ᄌᆞ식을 싱산ᄒᆞ자 ᄒᆞ면서 빅디에 모로ᄂᆞᆫ 사ᄅᆞᆷ들이 이런 약죠를 ᄒᆞ니 실샹을 싱각ᄒᆞ면 엇지 우습지 안ᄒᆞ리오 놈의 나라에서ᄂᆞᆫ 사나희와 녀편네가 나히 지각이 날만ᄒᆞᆫ 후에 서로 학교든지 교당이든지 친구의 집이든지 못고지 ᄀᆞᆺ흔 ᄃᆡ셔 만나 만일 사나희가 녀편네를 보아 ᄉᆞ랑ᄒᆞᆯ 싱각이 잇슬것 ᄀᆞᆺᄒᆞ면 그 부인 집으로 가서 자죠 차자 보고 서로 친구 ᄀᆞᆺ치 이삼년 동안 지내 보아 만일 서로 참 ᄉᆞ랑ᄒᆞᄂᆞᆫ ᄆᆞᄋᆞᆷ이 싱길것 ᄀᆞᆺᄒᆞ면 그 ᄯᅢᄂᆞᆫ 사나희가 부인 드려 ᄌᆞ긔 안히 되기를 쳥ᄒᆞ고 만일 그 부인이 그 사나희가 ᄆᆞᄋᆞᆷ에 맛지 안ᄒᆞᆯ것 ᄀᆞᆺᄒᆞ면 안히 될슈가 업노라고 ᄃᆡ답ᄒᆞᄂᆞᆫ 법이요 만일 ᄆᆞᄋᆞᆷ에 합의 ᄒᆞᆯ것 ᄀᆞᆺᄒᆞ면 허락ᄒᆞᆫ 후에 몃 ᄃᆞᆯ이고 몃 ᄒᆡ 동안을 또 서로 지내 보아 영령 서로 단단히 ᄉᆞ랑ᄒᆞᄂᆞᆫ ᄆᆞᄋᆞᆷ이 잇스면 그 ᄯᅢᄂᆞᆫ 혼인 턱일 ᄒᆞ야 교당에 가서 하ᄂᆞ님ᄭᅴ 서로 ᄆᆡᆼ세ᄒᆞ되 서로 ᄉᆞ랑ᄒᆞ고 서로 공경ᄒᆞ고 서로 돕겟노라고 ᄒᆞ며 관가에 가서 관허를 맛하 혼인 ᄒᆞᄂᆞᆫ 일ᄌᆞ와 남녀의 셩명과 부모들의 셩명과 거쥬와 나흘 다 정부 문젹에 긔록ᄒᆞ여 두고 만일 사나희든지 녀편네가 이 약속 ᄒᆞᆫᄃᆡ로 ᄒᆡᆼ신을 아니 ᄒᆞᆫ면 그 ᄯᅢᄂᆞᆫ 관가에 쇼지 ᄒᆞ고 부부의 의를 ᄭᅳᆫᄂᆞᆫ 법이라 이런 고로 사나희가 언제든지 ᄌᆞ긔의 안히를 ᄉᆞ랑ᄒᆞ고 위ᄒᆞ고 밋고 도와주고 녀편네가 ᄌᆞ긔의 남편을 ᄉᆞ랑ᄒᆞ고 공경ᄒᆞ고 밋고 의지 ᄒᆞ거니와 죠션 모양으로 서로 모로ᄂᆞᆫ 사ᄅᆞᆷ들 세리 사ᄅᆞᆷ의 평싱에 뎨일 쇼즁ᄒᆞᆫ 약죠를 ᄒᆞ고 안히 ᄀᆞᆺ흔 쇼즁ᄒᆞᆫ 직무와 남편 ᄀᆞᆺ흔 즁ᄒᆞᆫ 직칙을 서로 맛기니 첫재ᄂᆞᆫ 모로ᄂᆞᆫ 사ᄅᆞᆷ들 세리 잇지 ᄎᆞᆷ ᄉᆞ랑ᄒᆞᄂᆞᆫ ᄆᆞᄋᆞᆷ이 서로 잇스며 또 혼인 ᄒᆞ기를 ᄋᆞᄒᆡ들 세리 ᄒᆞ니 이 ᄋᆞᄒᆡ들이 무ᄉᆞᆷ 지각이 잇서 사나희가 안히를 ᄃᆡ접ᄒᆞᆯ 줄을 엇지 알며 계집 ᄋᆞᄒᆡ가 남편이 무엇신지 알 묘리가 잇스리요 사ᄅᆞᆷ이 스믈이 삼셰가 되여야 겨오 지각이 나고 셰상이 엇던줄을 알고 올코 그르고 ᄌᆞ긔가 무ᄉᆞᆷ 일 ᄒᆞᄂᆞᆫ지 아ᄂᆞᆫ 거슬 조곰만ᄒᆞᆫ어

ᄅᆞᄒᆞᄂᆞᆫ 옴 인재로 혼인을 식혀 서로 살나ᄒᆞ니 이 ᄋᆞᄒᆡ들이 어려슬 때에 혼인이 무엇ᄉᆞᆫ줄 모로고 부모가 ᄒᆞ란ᄃᆡ로 ᄒᆞ엿거니와 지각들이 난 후에는 후회 ᄒᆞᄂᆞᆫ 사ᄅᆞᆷ들이 만히 잇ᄂᆞᆫ지라 그런 고로 욕심 잇ᄂᆞᆫ 사나회들은 쳡을 엇고 음휘을 ᄒᆞᄂᆞᆫ 폐단이 싱기ᄂᆞᆫ거슨 다름이 아니라 ᄌᆞ긔의 안해를 츙ᄉᆞ랑 ᄒᆞ지 아니 ᄒᆞᄂᆞᆫ거시요 죠션 녀편네들을 압제로 풍속을 문드러 ᄒᆞ고 ᄉᆞ픈 말도 못ᄒᆞ게 ᄒᆞᄂᆞᆫ 셔ᄃᆞ에 속에 분ᄒᆞ고 원통ᄒᆞᆫ 일이 잇서도 감히 말을 못ᄒᆞ니 이런 부부 사ᄂᆞᆫ 집 안이 엇지 화목ᄒᆞ며 복이 잇스리요 ᄯᅩ 뎨일 국가에 히론 일은 골격이 자라기 젼에 ᄋᆞᄒᆡ들이 혼인을 ᄒᆞ야 ᄌᆞ식들을 나흐니 그 ᄌᆞ식들이 듣든치가 못ᄒᆞ고 사ᄅᆞᆷ의 씨가 차차 주러 가ᄂᆞᆫ지라 ᄋᆞᄒᆡ들이 혼인 ᄒᆞᄂᆞᆫ 일은 졍부에셔 금치 안ᄒᆞ여셔ᄂᆞᆫ 못ᄒᆞᆯ터이요 ᄯᅩ 사나회가 혼인ᄒᆞᆯ때에 무ᄉᆞᆷ 버리를 ᄒᆞ든지 ᄌᆞ긔 안해의 의복 음식을 ᄯᅡᆼ히 쥴만ᄒᆞ지 못ᄒᆞ면 놈의 녀ᄌᆞ를 ᄌᆞ긔 안해로 다려 오ᄂᆞᆫ거시 무렴치ᄒᆞ고 무경계ᄒᆞᆫ줄노 만국이 다 싱각ᄒᆞ더라

관보

륙월 ᄉᆞ일

륙진관 졍범죠 장례원경 민죵묵 림 장례원경 죠병호 의원 면본관 챵능 령 김진현 면본관

륙월 오일

군부 쥬ᄉᆞ 리종원 경무쳥 춍슌 리학슌 면본관 탁지부 쥬ᄉᆞ 신장휘 의원 면본관

잡보

○ 륙월 이일에 경무 쥬셔가 그젼 좌포쳥으로 반이 ᄒᆞ엿다더라

○ 시골 츌쥬ᄒᆞᆫ 장관들이 군부에 보고를 ᄒᆞ엿ᄂᆞᆫᄃᆡ 의셩과 안동과 례쳔과 홍히와 쳥히와 영히와 제쳔 비도들을 다 평경ᄒᆞ고 려쥬 비도들이 만ᄒᆞ나 장ᄎᆞ 진계ᄒᆞ들 ᄒᆞᆫ다더라

○ 이ᄃᆞᆯ ᄒᆞ로 날 쳔위 삼대ᄃᆡ가 원쥬 그젼 북일영으로 반이 ᄒᆞ엿ᄂᆞᆫᄃᆡ 군부 대신 리윤용씨가 장관들과 그외 병졍들을 모화 ᄂᆞᆺ코 연셜 ᄒᆞᄂᆞᆫᄃᆡ 우리가 츙심을 다 ᄒᆞ야 나라를 도와 독립권을 셰워 놈의 나라 압수히 넉입이 쉽게 ᄒᆞ자고 ᄒᆞ엿다더라

○ 내쥬부 시찰관 박셩츈씨가 시찰관 노릇슬 잘 ᄒᆞᆫ다고 거긔 빅셩들이 여러번 신문샤에 편지를 ᄒᆞ엿더라

○ 이ᄃᆞᆯ ᄉᆞ일 한셩 지판쇼에셔 춍슌 리학슌과 슌검 너히 목은 영당에 실례 ᄒᆞ엿다 ᄒᆞ기로 래 팔십에 쇽젼을 미명하에 오빅 륙십 냥식 밧고 방숑 ᄒᆞᆫ 졔 경무쳥 슌검들이 츙령을 내여 그 쇽젼 ᄒᆞᆫ 보조 ᄒᆞ엿다더라

○ ᄉᆞ대문 우회와 셩 우회셔 ᄋᆞᄒᆡ들과 혹 지긱 업ᄂᆞᆫ이 드이 돌질 ᄒᆞᄂᆞᆫ거슬 슌검들이 엄히 신칙 ᄒᆞᄂᆞᆫᄃᆡ 이ᄃᆞᆯ ᄉᆞ일에 남대문 우희셔 리런회관 놈이 일본 사ᄅᆞᆷ의 집에 돌질ᄒᆞᆫ 죄로 경무쳥에 잡혀 가셔 죵치를 당ᄒᆞ엿다니 ᄉᆞ대문 근쳐와 셩 근쳐에 사ᄂᆞᆫ 사ᄅᆞᆷ들은 집안 ᄋᆞᄒᆡ들을 단속ᄒᆞ여 죠션 사ᄅᆞᆷ 집이나 외국 사ᄅᆞᆷ 집에 돌질 말베ᄒᆞ여 죄를 면ᄒᆞ기을 ᄇᆞ라노라

○ 그젼 한셩 지판쇼 판ᄉᆞ 리도익씨 말을 일젼 신문에 말ᄒᆞ엿거니와 본쇼 방직이 젼뎡용 죄복동이가 리홍녹 안혹길과 더의 세리 샹의ᄒᆞ야 ᄉᆞᄉᆞ로 뎨를 셰졔가 셕됴인뎌 뎌샥에 일원식 원 방직이를 쥬거시요 리판ᄉᆞ를 쥬거시 아니라더라

○ 아라샤 공ᄉᆞ 위폐씨와 공ᄉᆞ 부인과 불란셔 공ᄉᆞ 뒤콜남씨가 지내 간 화요 일에 불란셔 말 ᄀᆞᄅᆞ치ᄂᆞᆫ 학교에 가셔 구경ᄒᆞᄂᆞᆫᄃᆡ 학도 ᄒᆞᆫ나히 죠흔 ᄉᆡᆼ혼 풍뎡이ᄅᆞᆯ 비단 오라지로 잡아 ᄆᆡ여 공ᄉᆞ 부인ᄭᅦ 드리고 교ᄉᆞ와 학도들의 레문이라 ᄒᆞᆫ며 불란셔 말노 부인ᄭᅴ 연셜을 ᄒᆞ엿다라 비단 빗ᄎᆞᆫ즉 희고 붉고 푸러ᄒᆞᆫ니 그 거ᄉᆞᆫ 아라사와 불란셔 국긔 빗출 응ᄒᆞ야 그 ᄉᆡᆨ들을 잡아 미엿스니 이런 기슬 보거드면 죠션 학도들도 차차 놈의 나라 학도들과 ᄀᆞᆺᄒᆞᆯ줄 ᄒᆞᆫ더라

○ 비지 학당 학도들이 근 빅여명이 되ᄂᆞᆫᄃᆡ 목요일 날이면 독립 신문샤 장이 구름치 ᄂᆞᆫ 학문을 잘 비혼다더라

○ 모화관 도졍ᄉᆞ의 보고를 보니 홍쥬 리참판이 슌장ᄉᆞ 방윤군의게 돈과 량식과 슐을 로셕ᄒᆞ고 동리 사ᄅᆞᆷ들의게 도 도셕ᄒᆞᆫ 일이 만닥고 ᄒᆞ엿더라

○ 박동 리희평이가 원동 젼윤긔 신젼에 신 닐곱 편네들 이빅 ᄉᆞ십 구냥에 홍졍ᄒᆞᆫ여 거긔 삭군으로 지어 가지고 가다가 길에셔 어을 혼장을 내 주면서 젼동 ᄉᆞ긔 젼에 가 차지라 ᄒᆞ기로 삭군이 가셔 차지라 ᄒᆞᆫ즉 위조 어음인 고로 엇이 발각이 되야 젼동 교번쇼 슌검 리샹연이가 그 도적 놈 리 가를 잡아 경무쳥으로 보내엿다더라

○ 젼 탁지 대신 어윤즁씨가 용인 ᄯᅡ에셔 피히ᄒᆞᆫ 후에 그 죄인 정원노와 림녹긴과 안관현과 그 교을 원 김슌병을 고등 지판쇼에 잡아 와서 오월 이십일 후에 지판이 되얏ᄂᆞᆫᄃᆡ 일간 션고 ᄒᆞᆫ다더라

○ 몃날 젼에 훈련원에셔 학도들 운동회 ᄒᆞᆯ때에 언젼된 학도ᄂᆞᆫ 잇거니와 어느 신문을 보니 마셩룡이란 학도가 경무쳥에 잡혀 갓첫단 말이 오젼ᄒᆞᆫ 말이더라

○ 한셩 지판쇼 고원 최경슌이가 지판쇼 고원 조세ᄒᆞ고 슐을 대취ᄒᆞ여 승동 김경시을 치고 의관을 낫낫치 ᄶᅵ진 죄로 이ᄃᆞᆯ 일일에 본지판쇼에셔 션고 ᄒᆞ엿다더라

GREATCLEARINGSALE.

The undersigned hereby notifies his patrons and the public generally that he will sell off his stock preparatory to closing his store. The entire stock, consisting of groceries, wines, canned provisions, liquors of all kinds, German and Russian fruits, jams jellies in glass jars, cigars, tobacco, toilet articles, stationery, confectionary, various patent medicines and drugs. They will be sold at 20 % discount being less than the actual cost. Price lists will be issued. Send your orders in soon or you will be too late. Sale begins 1st May.

F. H. Morsel
Chemulpo

A. GORSHALKI.

General Store Keeper, Commission agent and Auctioneer.

Just received a lot of fine potatoes, cost 4 cents a pound. Elegant Cantonese slippers 20 to 25 cents a pair. Expect variety of new goods in a few days.

Chong Dong, Seoul

고샬기 샹회

뎡동

○이 집에 각석 셔양 물건이 쉬 올터이요 지금 샹픔 바놀과 실이 만히 잇고 죠흔 북갑ᄌᆞ가 여러 셤이 잇ᄂᆞᆫᄃᆡ 갑도 빗사지 안코 물픔도 다 훌륭ᄒᆞ더라

잡보 연속

○ 오월 이십 륙일 밤 새로 두시에 새동 교번쇼 슌검 김상복이가 슌힝ᄒᆞ다가 길갓 집에 웬 사ᄅᆞᆷ 목 맛친 소리가 나기로 급히 그 대문을 ᄯᅳ다려 열나 ᄒᆞ여 드려가 본즉 그 집 쥬인 리챵식이가 그날 밤에 슐을 취케 먹고 자다가 나와셔 안방 문을 밧긔로 걸고 건넌방에 가셔 목을 미ᄂᆞᆫ거슬 김 슌검이 급히 살녀 누이고 구완ᄒᆞ여 죽기를 면ᄒᆞ엿다더라

THE KOREAN REPOSITORY.

A monthly magazine dealing with all Korean questions of general or special interest. Price $3.00. Apply to Kelly & Walsh, Shanghai or to J. W. Wadman, Tokyo Japan.

READ THE FOLLOWING
or have it translated to you.

ᄉᆞ민필지

세계 지리셔를 한문으로 번역ᄒᆞ거신ᄃᆡ 사ᄅᆞᆷ마다 볼만ᄒᆞᆫ ᄎᆡᆨ이니 학문상에 유의ᄒᆞᄂᆞᆫ 이ᄂᆞᆫ 이ᄎᆡᆨ을 죵노ᄎᆡᆨ젼에셔 사시옵 갑슨 여덜냥

한영ᄌᆞ뎐

죠션 사ᄅᆞᆷ이 영국 말을 ᄇᆡ호라면 이 두 ᄎᆡᆨ 보다 더 긴ᄒᆞᆫ 거시 업ᄂᆞᆫ지라 이 두 ᄎᆡᆨ

한영문법

이 미국인 원두우 ᄆᆞᆫ든 거시니 한영ᄌᆞ뎐은 영국 말과 언문과 한문을 합ᄒᆞ야 ᄆᆞᆫ든 ᄎᆡᆨ이오 한영문법은 영국 문법과 죠션 문법을 서로 견주어 엇시니 말이 간단ᄒᆞ야 영국 말을 ᄌᆞ셰히 ᄇᆡ호라면 이 ᄎᆡᆨ이 잇서야 ᄒᆞᆯ 거시니라 갑슨 한영ᄌᆞ뎐 ᄉᆞ원 한영문법 삼원 ᄇᆡ재학당 한미화활판소에 와 사라

H. C. CLOUD & Co.

Chemulpo, Korea.

Navy contractors, compredores and Bakers.

The only American Firm in Korea.

가메야 회샤

셔울 졍동

각석 집으로 ᄆᆞᆫ든 갓과 죠흔 우산과 샹등 지권연들이 만히 왓ᄂᆞᆫᄃᆡ 갑도 ᄂᆡ우 헐ᄒᆞ더라

Tsuji & Co.

CHONG DONG. SEOUL

Just received the following Summer goods;

LADIES' & GENTLEMENS' STRAW HATS, PITH HATS, HELMETS, NECK-TIES, UNDERGARMENTS, PERFUMES, ETC.

American cigarettes and Manila cigars. All first class quality and prices moderate. Come and examine them.

K. KAMEYA

Chong Dong, Seoul.

Golden Gate Flour, per 50 lbs.		$2.75
Gold Drop ,,	do.	,, 2.50
Spezzy ,,	do.	,, 2.40
Crown ,,	do.	,, 2.50
Nestles Milk, per dozen;		,, 3.50
"Peerless" Cream,	do.	,, 4.00
Eagle Milk,	do.	,, 4.50

쥬식회샤

광쳥교 북쳔변에 잇ᄂᆞᆫᄃᆡ 회ᄉᆞᄂᆞᆫ 니부와 군부와 경무쳥에 슈용지물을 공납ᄒᆞᆫ 량으로 언약ᄒᆞ고 갓과 신과 옷슬 샹픔 물건으로 팔되 빗ᄉᆞ지 아니ᄒᆞ니 사가시기를 ᄇᆞ라오

J. GAILLARD JEUNE.

Chemulpo, Korea.

Provisioner of French men of war, General Store-Keeper, Naval Contractor and Commission Merchant.

—:o:—

We can supply you with the following articles upon receiving your order:—

American, English, French and German Preserves; Wines and Liquors of best quality. Table Claret $4.00 (a doz. Russian Caviar, Gruyere, Roquefort, American & Dutch Cheese; American & English Ham and Bacon; French & German Sausages; Pure Olives; Salad Oils; Toilet articles; French soap; Cigars, Tobacco, etc. etc. etc.

Branch Offices { Shanghai & Nagasaki.

J. Giarinti,
Manager.

Verhältnisse in Korea.

PAAA_RZ201-018922_196			
Empfänger	Fürst zu Hohenlohe - Schillingsfürst	Absender	Tschirschky
A. 8362 pr. 10. August 1896. a. m.		St. Petersburg, den 5. August 1896.	

A. 8362 pr. 10. August 1896. a. m. 1 Anl.

St. Petersburg, den 5. August 1896.

№ 339.

Seiner Durchlaucht
dem Herrn Reichskanzler
Fürsten zu Hohenlohe - Schillingsfürst.

Euerer Durchlaucht beehre ich mich beifolgend Übersetzung zweier Specialtelegramme der „Nowoje Wremja" aus Wladiwostok vom 21. Juli/ 2. August und 22. Juli/ 3. August d. J. gehorsamst einzureichen, welche sich mit den Verhältnissen in Korea und den von der dortigen Regierung ertheilten Concessionen beschäftigen.

von Tschirschky.

Inhalt: Verhältnisse in Korea.

Übersetzung.

Nowoje Wremja № 7327. vom 3. August/ 22. Juli 1896.

---

1) Specialtelegramm, Wladiwostok d. d. 21. Juli

In Söul fährt der König fort, den nächsten Rathgebern zu mißtrauen und fürchtet sich ins Schloß zurückzukehren aus Angst vor einem Attentate. Es beunruhigen ihn die Unruhen in den Provinzen, welche durch räuberische Handlungen der koreanischen Beamten hervorgerufen werden; alle Welt, angefangen von den Gouverneuren und endigend mit den letzten Polizisten, mißbraucht die Bevölkerung in der aller empörendsten Weise, die Bestechlichkeit ist im höchsten Grade entwickelt, das Volk besitzt ein Eigenthum, Alles wird von der gierigen, verhaßten Administration, welche die Wurzel des ganzen besehenden Übels ist, geplündert. Die Insurgenten vertheidigen ihr Hab und Gut, sowie ihr Leben vor den Anschlägen der Beamten, gegen welche die jetzige aufständische Bewegung auf der Halbinsel eigentlich gerichtet ist. Die Insurgenten tödten die räuberischen Beamten, sowie auch die Japaner, welche gleichsam an allem Unglück und Ungemach Korea´s schuld sind. Den Unruhen kann nur durch die Wiederherstellung des Rechts und durch Erlaß von Gesetzen, welche das Leben und das Eigenthum der Unterthanen sichern, ein Ende gemacht werden."

Nowoje Wremja, 4. August / 23. Juli 1896.

Specialtelegramm aus Wladiwostok v. 22. Juli

In Söul haben definitive Concessionen erhalten: die Amerikaner: zu einer Eisenbahn Söul-Tschemulpo und zur Gewinnung der mineralischen Schätze; die Franzosen zu einer Eisenbahn Pinjar-Söul; die Russen zur Gewinnung von Gold in der Provinz Cham-Kion. In der Hauptstadt ist es ruhig; die Engländer haben ihre Landungstruppen zurückgezogen; die Amerikaner schicken sich an, ihre Landungstruppen abziehen zu lassen; die russischen Landungstruppen sind vermindert worden. Die Regierung projektirt eigene Telegraphenlinien nach Pinjan, welche man mit den chinesischen und russischen Telegraphenlinien zu verbinden beabsichtigt, um eine Abhängigkeit von der japanischen Telegraphenlinie Söul-Fusan zu vermeiden. In der nächsten Zukunft erwartet man in der Hauptstadt die Eröffnung einer Filiale der russisch-chinesischen Bank, wonach man ein großes Bedürfniß empfindet."

[ ]

PAAA_RZ201-018922_201 f.			
Empfänger	Fürst zu Hohenlohe - Schillingsfürst	Absender	Tschirschky
A. 8369 pr. 10. August 1896. a. m.		St. Petersburg, den 8. August 1896.	
Memo	I. mtg. 14. 8. London 871. II 〃 14. 8. Peking A. 20.		

Abschrift.

A. 8369 pr. 10. August 1896. a. m.

St. Petersburg, den 8. August 1896.

№ 346.

Sr. Durchlaucht
dem Herrn Reichskanzler,
Fürsten zu Hohenlohe - Schillingsfürst.

Ich hatte Gelegenheit mit dem hiesigen japanischen Gesandten über die etwaigen russisch-chinesischen Abmachungen wegen Fortführung der sibirischen Bahn durch die Mandschurei zu sprechen. Herr Nissi sagte mir, er habe trotz seiner Bemühungen nichts Sicheres über diese Angelegenheit erfahren können. Gehört habe er, daß zwischen Li Hung Chang und der russischen Regierung noch vor den Krönungsfestlichkeiten ein Abkommen dahin getroffen worden sei, die bekannte Linie von Nertschinsk direkt nach Wladiwostok zu bauen. Soweit erscheine ihm diese Nachricht auch wahrscheinlich, nur glaube er, werde das betreffende Abkommen erst in Peking ratificirt werden müssen.

Daß bereits Abmachungen wegen des Baues der Liaotong-Linie beständen, glaubt Herr Nissi keinesfalls.

Der Gesandte kam dann auf die Nachrichten zu sprechen, die sich die Nowoje Wremja regelmäßig aus Wladiwostok über die Verhältnisse in Korea telegraphiren läßt. Sie rührten, wie er wisse, von einem früheren russischen Marine-Offizier her, der lange in Kronstadt gelebt und dann zwar einige Reisen in Ostasien unternommen habe, über irgendwie zuverlässige Verbindungen jedoch nicht verfüge. Er bekomme aber für jedes Telegramm eine namhafte Summe und gäbe deshalb jede Nachricht, die er höre, ohne Prüfung weiter. Soweit er, Herr Nissi, diese Nachrichten verfolgt und controlirt habe, hätten dieselben sich fast durchgängig als falsch erwiesen.

gez. v. Tschirschky.
orig. i. a. Rußland 97c

Auswärtiges Amt

Abth. A.

Politisches Archiv d. Auswärt. Amts

Acta

Betreffend

Korea

Vom 11. August 1896

Bis 31. Dezember 1896

Vol.: 23

conf. Vol.: 24

Politisches Archiv des Auswärtigen Amts

R 18923

KOREA. № 1.

Inhalts-Verzeichniß 1896.	
Ber. a. Tokio v. 11. 7. A. 122: Der Gesandte Hitrowo sucht Rußland zum Zusammengehen mit Japan in Korea zu bestimmen, während Herr Witte für ein Zusammengehen mit China neigt.	8551. 15. 8.
Ber. a. Petersburg v. 10. 8. № 352: Verlängerter Aufenthalt der Koreanischen Krönungsgesandtschaft in Petersburg. Lobanow lehnt das Verlangen der Koreaner, den König in seinen Palast zurückkehren und den Letzteren durch russische Truppen besetzen zu lassen, ab.	8670. 17. 8.
Schr. des Obercommandos der Marine v. 22. 8.: Erwerbung eines Terrains auf Roce-Island durch Rußland zur Errichtung einer Kohlenstation und eines Marinehospitals daselbst.	8915. 24. 8.
Ber. a. Tokio v. 3. 7. A. 120: Die russisch-japanischen Abmachungen über Korea sollen 4 Punkte betreffen: 1. Rückkehr des Königs in seinen Palast und Maßnahmen zu seinem Schutz, 2. Regelung der koreanischen Finanzen, 3. Unterdrückung von Aufständen, 4. Schutz der japanischen Telegraphenlinien.	8455. 12. 8.
Ber. a. Tokio v. 20. 7. A. 134: „Mainichi Shimbun" über den Inhalt des russisch-japanischen Abkommens betr. Korea: Danach sollen beide Contrahenten dort Truppen halten dürfen und Korea in seiner inneren und äußern Politik unterstützen. Das Abkommen sehe dem chinesisch-japanischen Vertrag von Tientsin 1885 ähnlich.	9034. 27. 8.
Ber. a. Petersburg v. 10. 8. № 355: Anstellung eines Lehrers der russischen Sprache in Söul.	8507. 14. 8.
Ber. a. Tokio v. 21. 7. A. 135: Frankreich soll Korea eine Anleihe von 3.000.000 Yen auf 50 Jahre angeboten haben und verlangt als Gegenleistung die Konzession zum Bau einer Eisenbahn von Söul nach Moppo.	9035. 27. 8.
Le Nord v. 30. 8.: Japanische Bewegung in Korea, die zum Zweck die Rückkehr des Königs in seinen Palast hat.	9133. 30. 8.
Ber. a. Tokio v. 20. 7. A. 132: Nach Meinung des englischen Gesandten in Tokio wolle Japan durch seine Verhandlungen mit Rußland nur Zeit gewinnen, um sich zu einem erfolgreichen Kriege gegen dasselbe zu rüsten.	9032. 27. 8.

Schr. des Obercommandos der Marine v. 26. 8.: Bericht des Commandanten S. M. S. „Arcona“ über seine Audienz bei dem König von Korea, russische u. japanische Bestrebungen dortselbst und Angaben über den Handel von Korea. Thätigkeit der Firma Meyer & Co in Chemulpo und deren Hinweis auf die Wichtigkeit des gelegentlichen Besuches eines deutschen Kriegsschiffes in Korea.	9094. 29. 8.
Ber. a. Söul v. 14. 7. № 42: Eintreffen des neuen japanischen Gesandten Takashi Hara, japanische Forderungen für die Tödtung von Japanern in Korea, Uebertragung der Eisenbahnconcession Söul-Wiju an ein französisches Syndikat, Unruhen im Innern des Landes.	9191. 1. 9.
Ber. a. Tokio v. 8. 8. A. 141: Rückkehr des Grafen Yamagata aus Europa. Von den Resultaten seiner Mission in Rußland ist nichts in Erfahrung zu bringen.	9664. 15. 9.
Ber. a. London v. 22. 9. № 609: Nach Meldung der „Times“ ist das russisch-japanische Abkommen, betr. ein gemeinsames Protektorat über Korea, zum Abschluß gekommen.	9945. 24. 9.
Ber. a. Tokio v. 17. 8. № A. 146: Äußerungen des Marquis Ito, daß die Verhandlungen des Marquis Yamagata mit Fürst Lobanow in Moskau über die Koreanische Angelegenheit lediglich den Zweck verfolgten, einen modus vivendi ohne bestimmte Zeitdauer herbeizuführen.	9933. 24. 9.
Desgl. v. 13. 7. A. 125: Nach Mittheilung der Zeitung „Nichi Nichi Shimbun“ besteht ein Abkommen zwischen Rußland und England, demzufolge Ersteres koreanisches Gebiet nur besetzen werde, wenn Letzteres es auch thue.	8554. 15. 8.
Desgl. v. 29. 8. A. 151: Rußland soll der japanischen Regierung gerathen haben, ihre in Korea befindlichen Truppen durch Gensdarmen zu ersetzen. Rußland verfolgt vielleicht den Zweck, China's Einfluß in Korea zu verstärken, um durch Ersteres seine Geschäfte in Korea besorgen zu lassen.	10377. 8. 10.
Ber. a. London v. 23. 9. № 610: Die „Morning Post“ über Rußlands Pläne bezüglich der Häfen Port Lazareff u. Port Hamilton.	9977. 25. 9.
Ber. a. Petersburg v. 26. 8. № 382: Ansichten des japanischen Gesandten in Petersburg über die Fortschritte Rußlands in Korea.	9146. 31. 8.

Desgl. v. 28. 8. № 383: Die „Nowoje Wremja" meldet, Deutschland werde von Korea die Konzession zum Bau einer Bahn von Söul nach Fusan erhalten.	9147. 31. 8.
Ber. a. Söul v. 6. 8. № 44: Richtigstellung der Nachricht von der Gewährung eines zinsfreien Darlehens Seitens Frankreichs an Korea. Die Ertheilung der Konzession zum Bau einer Bahn von Söul nach Mokpo an ein französisches Consortium ist nicht erreicht worden.	9940. 24. 9.
Ber. a. Söul v. 11. 8. № 45: Ausscheiden des englischen Generalkonsuls Hillier in Korea aus dem Dienste, Wunsch der Japaner wegen Erlangung einer Konzession zum Bau der Bahn Söul-Fusan, geplante Wiederherstellung der Telegraphenlinien Söul-Chemulpo, Fusan-Wönsan, Neu-Eintheilung des Landes in 13 Regierungsbezirke.	9984. 25. 9.
Le Nord v. 7. 11.: Richtigstellung der Meldung englischer Blätter, wonach zwischen Rußland und Japan wegen der koreanischen Frage Schwierigkeiten beständen.	11486. 7. 11.
Ber. a. Söul v. 22. 8. № 49: Dekret des Königs, betr. Regelung der Abgaben-Erhebung und Verbot des Verkaufs von Ämtern, Bau eines neuen Palastes für den König, Russische Arbeiten auf Roce Island und Verhandlungen mit der koreanischen Regierung über Aufnahme einer Anleihe.	10474. 11. 10.
Ber. a. Söul v. 21. 9. № 53: Empfang der fremden Vertreter am Geburtstage des Königs von Korea in der russischen Gesandtschaft, Protest des japanischen Gesandten gegen seinen Ausschluß von einer Feierlichkeit, Ertheilung einer Forstconcession an einen Russen, Einsprache der japanischen Regierung gegen Entsendung russischer Instrukteure nach Korea.	11691. 13. 11.
Le Nord v. 28. 11.: Erklärung der Beziehungen der russischen Regierung zum König von Korea und die Art des Schutzverhältnisses.	12228. 28. 11.
Berliner Neueste Nachrichten v. 25. 11.: Energischere Haltung des neuen Ministers Grafen Okuma gegenüber Korea. Eine dem Minister ergebene Zeitung empfiehlt die Besetzung einer koreanischen Insel.	12109. 25. 11.

Ber. a. Söul v. 4. 10. K. № 57: Abreise des japanischen Gesandten aus Söul, Weigerung der koreanischen Regierung einer japanischen Gesellschaft die Konzession zum Eisenbahnbau Söul-Fusan zu ertheilen, Schaffung eines koreanischen Staatsrathes nach Muster des russischen, Entlassung des Unterrichtsministers.	12030. 23. 11.
Ber. a. Tokio v. 6. 10. A. 172: Der russische Gesandte bedauert die Abberufung des japanischen Gesandten Hara aus Korea und erklärt gegen die Ernennung des H. Oishi eventuell protestiren zu wollen.	11688. 13. 11.
Ber. a. Söul v. 26. 10. № 59: Auf Roze Island sind für die russische Marine 2 Kohlenschuppen, in denen 2000 t. Kohlen liegen, erbaut und die Errichtung eines Marine-Lazareths ist geplant. Eine englische Firma will für englische Marinezwecke auf Roze Island ein Grundstück miethen.	12597. 19. 12.
Ber. a. Söul v. 2. 11. № 62: Eintreffen des neuen englischen Generalkonsuls Jordan, Besuch eines japanischen Geschwaders in Chemulpo, Beschleunigung des Baues des neuen Königspalastes, voraussichtliche Öffnung der Häfen von Chinnampo, Pyong yang und Mokpo für den fremden Handel.	12920. 17. 12.
Ber. a. Tokio v. 15. 10. B. 159: Bericht des Premierlieutenants Meincke über die koreanische Armee und Marine, die Zahl der in Korea befindlichen japanischen und russischen Truppen, die Kohlenstation auf Roze Island und koreanische Eisenbahnbauten.	12026. 23. 11.

Russisch-Japanische Abmachungen hinsichtlich Korea's.

PAAA_RZ201-018923_012 ff.			
Empfänger	Fürst zu Hohenlohe - Schillingsfürst	Absender	Gutschmid
A. 8455 pr. 12. August 1896. p. m.		Tokio, den 3. Juli 1896.	
Memo	mtg. 15. 8. London 873, Peterbg. 573, Peking A. 21.		

A. 8455 pr. 12. August 1896. p. m.

Tokio, den 3. Juli 1896.

A. 120.

An Seine Durchlaucht
den Herrn Reichskanzler
Fürsten zu Hohenlohe - Schillingsfürst.

Ein Theil der Japanischen Presse ergeht sich bereits in Muthmaßungen über den Inhalt und die Tragweite des zwischen dem Fürsten Lobanow und dem Marschall Yamagata geschlossenen Abkommens hinsichtlich Korea's.

Das unabhängige und in Folge seiner Beziehungen zu einzelnen maßgebenden Persönlichkeiten oft gut informirte Blatt Jiji Shimpo will wissen, daß die Abmachungen folgende vier Punkte beträfen:

1. Rückkehr des Königs von Korea in sein Schloß und Maßnahmen zum Schutze Seiner Person;
2. Regelung der Koreanischen Finanzverhältnisse;
3. Unterdrückung von Aufständen und
4. Schutz der Japanischen Telegraphenlinien.

Was über diese Punkte vereinbart sei, fügt die Jiji hinzu, werde erst nach Yamagata's Rückkehr bekannt gegeben werden.

Sollten vorstehende Ausführungen zutreffend sein, so wäre demnach doch eine Art gemeinsamen Protektorats, welches sich über einige der wichtigsten Zweige der inneren Verwaltung erstreckte, in Aussicht genommen, eine definitive Auseinandersetzung zwischen beiden Regierungen aber, wie der Vice-Minister Komura kürzlich behauptete, durchaus noch nicht erzielt.

Es wäre wohl denkbar, daß Rußland, Angesichts der seit Kurzem erfolgten starken Vermehrung der Englischen Streitkräfte in den hiesigen Gewässern, die durch die

Ernennung des Kontre-Admirals Oxley zum zweiten Kommandirenden des unter dem Oberbefehl des Vice-Admirals Sir Alexander Buller stehenden Geschwaders ihren bezeichnenden Ausdruck gefunden hat, es für angezeigt hält, vorerst ein langsameres Tempo einzuschlagen und Japan nicht zu sehr zu drängen.

Die Japaner erklären ihrerseits, daß sie mit dem Ergebniß der Mission Yamagata außerordentlich zufrieden sind.

Gutschmid.

Inhalt: Russisch-Japanische Abmachungen hinsichtlich Korea's.

Anstellung eines Lehrers der russischen Sprache in Söul.

PAAA_RZ201-018923_016 f.			
Empfänger	Fürst zu Hohenlohe - Schillingsfürst	Absender	Tschirschky
A. 8507 pr. 14. August 1896. a. m.		St. Petersburg, den 10. August 1896.	

A. 8507 pr. 14. August 1896. a. m.

St. Petersburg, den 10. August 1896.

№ 355.

Seiner Durchlaucht
dem Herrn Reichskanzler
Fürsten zu Hohenlohe - Schillingsfürst.

Die „Nowoje Wremja" von gestern druckt eine Nachricht der „Amur Zeitung" ab, derzufolge der koreanische Unterrichtsminister einen russischen Philologen aufgefordert hat, in Söul die russische Sprache zu lehren. Das Gehalt für denselben ist auf 1800 Yen pro Jahr festgesetzt worden.

von Tschirschky.

Inhalt: Anstellung eines Lehrers der russischen Sprache in Söul.

Berlin, den 15. August 1896.

zu A. 8455.

An
die Missionen in
1. London № 873.
2. St. Petersburg № 573.
3. Peking № A. 21.

J. № 5619.

Euerer pp. übersende ich anbei ergebenst Abschrift eines Berichts des K. Gesandten in Tokio vom 3. v. Mts, russisch-japanische Abmachungen hinsichtlich Korea's betreffend, zu Ihrer gefälligen Information.

N. S. E.

Mittheilungen des Oesterreichischen Gesandten über Japanisch-Russische und Chinesisch-Russische Beziehungen.

PAAA_RZ201-018923_020 f.			
Empfänger	Fürst zu Hohenlohe - Schillingsfürst	Absender	Gutschmid
A. 8551 pr. 15. August 1896. a. m.		Tokio, den 11. Juli 1896.	
Memo	mtg. 17. 8. London 894, Petersbg. 585, Peking A. 22.		

A. 8551 pr. 15. August 1896. a. m.

Tokio, den 11. Juli 1896.

A. 122.

Seine Durchlaucht
Herrn Reichskanzler
zu Hohenlohe - Schillingsfürst.

Dem Oesterreichisch-Ungarischen Gesandten ist von seiner Regierung ein Bericht des Prinzen Liechtenstein aus Petersburg mitgetheilt worden, Inhalts dessen Herr Hitrovo eifrig bemüht ist, den Fürsten Lobanow zu bestimmen, in Korea mit Japan Hand in Hand zu gehen und überhaupt eine Japan freundliche Politik zu verfolgen. Im Gegensatz hierzu suche der Finanzminister Witte seinen Einfluß beim Kaiser Nikolaus dahin geltend zu machen, die an sich schon sehr engen Beziehungen Rußlands zu China noch vertrauensvoller zu gestalten und auf eine freundschaftliche Verständigung mit Japan, soweit eine solche nicht im wohlverstandenen Interesse Rußlands liege, weniger Gewicht zu legen.

Gutschmid.

Inhalt: Mittheilungen des Oesterreichischen Gesandten über Japanisch-Russische und Chinesisch-Russische Beziehungen.

[ ]

PAAA_RZ201-018923_022 f.			
Empfänger	Fürst zu Hohenlohe - Schillingsfürst	Absender	Gutschmid
A. 8554 pr. 15. August 1896. a. m.		Tokio, den 13. Juli 1896.	

Abschrift.

A. 8554 pr. 15. August 1896. a. m.

Tokio, den 13. Juli 1896.

A. 125.

Sr. Durchlaucht, dem Herrn Reichskanzler, Fürsten zu Hohenlohe - Schillingsfürst.

Vor einigen Tagen veröffentlichte die offiziöse Zeitung „Nichi Nichi Shimbun" einen Artikel, in welchem die Frage erörtert wird, ob Rußland Absichten auf Korea habe. Derselbe ist um deswillen nicht uninteressant, weil er ein gewisses Mißtrauen in die russische Politik, welches, wie ich glaube, von dem hiesigen englischen Gesandten genährt wird, durchblicken läßt. Es wäre sogar nicht zu verwundern, wenn Sir Ernest Satow der intellektuelle Urheber der Zeitungsauslassung wäre.

Der Inhalt läßt sich kurz wie folgt resumiren:

„Rußland hat sich durch Vermittelung der chinesischen Regierung England gegenüber verpflichtet, keinen Theil Koreas zu nehmen, falls England dies auch nicht thue. Rußland breitet sich überhaupt mehr dadurch aus, daß es angrenzende Länder zuerst kulturell und dann politisch erwirbt. Daher können wir nicht glauben, daß es die Absicht habe, Korea oder einen Theil desselben sich einzuverleiben. Immerhin aber ist es besser, daß Japan rüste und sich mehr auf eine starke Wehrkraft verlasse als auf politische Verhandlungen und Listen.

gez. v. Gutschmid.

orig. i. a. Korea 1

Berlin, den 17. August 1896.

zu A. 8551.

An
die Missionen in
1. London № 894.
2. St. Petersburg № 585.
3. Peking № A22.

J. № 5682.

Euerer pp. übersende ich anbei ergebenst Abschrift eines Berichts des K. Gesandten in Tokio vom 11. v. Mts, japanisch-russische und chinesisch-russische Beziehungen betreffend

zu Ihrer gefälligen Information.

N. S. E.

Die außerordentliche koreanische Gesandtschaft in Petersburg.

PAAA_RZ201-018923_026 ff.			
Empfänger	Fürst zu Hohenlohe - Schillingsfürst	Absender	Tschirschky
A. 8670 pr. 17. August 1896. a. m.		St. Petersburg, den 10. August 1896.	
Memo	mtg. 20. 8. London 929, Washington A. 64, Dresden 436, München 417, Stuttgart 428, Weimar 186, Peking A. 23, Staatsmin.		

A. 8670 pr. 17. August 1896. a. m.

St. Petersburg, den 10. August 1896.

№ 352.

Seiner Durchlaucht
dem Herrn Reichskanzler
Fürsten zu Hohenlohe - Schillingsfürst.

Die außerordentliche Gesandtschaft, welche der König von Korea zu Krönungsfeierlichkeiten nach Moskau entsandt hatte, weilt gegenwärtig noch immer in Petersburg. Man ist hier über diesen allzu ausgedehnten Besuch dieser Herren nicht sonderlich erfreut und zerbricht sich den Kopf, mit was man sie beschäftigen soll, nachdem alle Sehenswürdigkeiten Petersburgs und dessen Umgebung, einschließlich Kronstadt, erschöpft sind.

Speciell Fürst Lobanow würde die Abreise dieser Leute aus dem fernen Osten gern sehen. Je weniger sie sonstige Beschäftigung haben, desto öfter beehren sie den Minister mit ihrem Besuche, den sie nach orientalischer Sitte immer beträchtlich in die Länge ziehen. Fürst Lobanow klagt darüber, daß sie mit allerhand politischen Anliegen an ihn herantreten, die er in den meisten Fällen überhaupt nicht ernst nehmen könne, die aber, trotz aller seiner Bemühungen sie davon abzubringen, von den Koreanern mit ermüdender Hartnäckigkeit immer und immer wieder vorgebracht würden.

Augenblicklich handelt es sich vor Allem um die Rückkehr des Königs aus der russischen Gesandtschaft in seinen Palast. Der König wünscht diese Rückkehr und Fürst Lobanow meinte, er finde diesen Wunsch auch ganz begreiflich, denn, soviel er wisse, lebe der König mit mehreren Frauen und vielen Kindern zusammen mit einem seiner Brüder, der ebenfalls Frauen und Kinder mit sich habe, in einem einzigen Zimmer der Gesandtschaft. Die Koreaner möchten aber Rußland dazu bewegen, die Bewachung des

Königspalastes durch russische Truppen zu übernehmen. Dies hat Fürst Lobanow jedoch bestimmt verweigert, da die Besetzung des Palastes mit russischen Truppen gleichbedeutend mit der Proklamirung des russischen Protektorats sein würde. Um aber den drängenden Koreanern etwas entgegenzukommen, hat er ihnen folgenden Vorschlag gemacht. In allernächster Nähe der russischen Gesandtschaft liege ein kleiner dem König gehöriger Palast; diesen solle die russische Gesandtschaft beziehen und das eigentliche Gesandtschaftsgebäude zur freien Benutzung dem Könige und seiner Familie überlassen.

von Tschirschky.

Inhalt: Die außerordentliche koreanische Gesandtschaft in Petersburg.

Berlin, den 20. August 1896.

A. 8670.

An
die Missionen in
1. London № 929.
2. Washington № A. 64.
3. Dresden № 436.
4. München № 417.
5. Stuttgart № 428.
6. Weimar № 186.
7. Peking(Sicher!) № A23.

Ew. p. übersende ich anbei ergebenst Abschrift eines Berichts des K. Geschäftsträgers in St. Petersburg vom 10. d. Mts., die koreanische Gesandtschaft betreffend

ad 1-2 u. 7: zu Ihrer gefälligen Information.
ad 3-6: unter Bezugnahme auf den Erlaß vom 4. März 1885 mit der Ermächtigung zur Mittheilung.

\+ \+ \+

An die Herren
Staatsminister Excellenzen

J. № 5781.

Eueren Excellenzen beehre ich mich anbei Abschrift eines Berichts des K. Geschäftsträgers in St. Petersburg vom 10. d. Mts., die koreanische Gesandtschaft betreffend,

zur gef. Kenntnißnahme zu übersenden.

N. S. E.

[ ]

PAAA_RZ201-018923_031			
Empfänger	Auswärtiges Amt in Berlin	Absender	Stiege
A. 8915 pr. 24. August 1896. a. m.		Berlin, den 22. August 1896.	
Memo	s. Erl. i. Z. v. 28. 8. Söul A. 1.		

A. 8915 pr. 24. August 1896. a. m.

Berlin, den 22. August 1896.

An den Königlichen Staatsminister
und Staatssekretär des Auswärtigen Amts
Herrn Freiherrn Marschall v. Bieberstein
Excellenz

Euerer Excellenz beehre ich mich anliegend Abschrift des Berichts des Kommandanten S. M. S. „Arcona", Kapitän zur See Sarnow d. d. Chefoo, den 20. Juni d. Js. -578 Geh.- betreffend die Besetzung von Roce Island durch die Russen, ganz ergebenst zu übersenden.

Der kommandirende Admiral
Im Auftrage.
Stiege

[ ]

PAAA_RZ201-018923_032 f.			
Empfänger	Kaiserlicher Kommando der Kreuzerdivision.	Absender	Sarnow
[o. A.]		Chefoo, den 20. Juni 1896.	
Memo	zu A. 3971 I A. 8915		

Auszug.

Chefoo, den 20. Juni 1896.

Kommando S. M. S. „Arcona"

- G J. № 578 -

Geheim

Sonderbericht

Betrifft Besetzung von Roce Island durch die Russen.

An das Kaiserliche Kommando der Kreuzerdivision.

Hier

Dem Kaiserlichen Kommando berichte ich in Verfolg der hohen Segelordre vom 23. Mai J. № 1067 I gehorsamst das Folgende:

An der Südseite von Roce-Island haben die Russen ein Terrain von der koreanischen Regierung angekauft und abgegrenzt. Sie beabsichtigen hier ein Marinehospital und eine Kohlenstation anzulegen, doch konnte nicht ermittelt werden, ob Befestigungen geplant sind. Während des Aufenthaltes S. M. S. „Arcona" in Chemulpo wurde die Insel von den Russen vermessen. pp Zugleich bemerke ich gehorsamst, daß an der Nordseite der Insel sich ein japanisches Kohlendepot befindet, welches seiner Zeit ohne Genehmigung der Koreaner errichtet ist und noch jetzt von den Japanern benutzt wird.

gez. Sarnow.

[ ]

PAAA_RZ201-018923_035 f.			
Empfänger	Fürst zu Hohenlohe - Schillingsfürst	Absender	Gutschmid
A. 9032 pr. 27. August 1896. p. m.		Tokio, den 20. Juli 1896.	
Memo	mtg. 3. 9. London 1009, Petersburg 676. mtg. 19. 10. Peking (A. 10814)		

Abschrift.

A. 9032 pr. 27. August 1896. p. m.

Tokio, den 20. Juli 1896.

A. 132.

Seiner Durchlaucht
dem Herrn Reichskanzler,
Fürsten zu Hohenlohe - Schillingsfürst.

Es ist nicht ganz ohne Interesse, die Äußerungen der japanischen Presse über das Ableben des Herrn Hitrovo zu verfolgen, weil sich aus denselben ein Schluß auf die Gesinnungen der Japaner gegen Rußland ziehen läßt.

Das offiziöse Blatt „Nichi Nichi Shimbun" widmet dem Verstorbenen einen auffallend kühl gehaltenen Nachruf, dem ein Lebenslauf vorangeht, spendet aber seinen diplomatischen Fähigkeiten Anerkennung. Freundlicher sprechen sich mehrere oppositionelle und unabhängige Blätter aus. Sie heben hervor, daß Herr Hitrovo sich um die Unterhaltung guter Beziehungen zwischen Japan und Rußland sehr verdient gemacht habe. Ihm sei auch voraussichtlich in erster Linie das mit dem Marschall Yamagata getroffene Abkommen zu verdanken. An Energie könne er sich wohl mit Sir Harry Parkes messen, vor welchem er aber das voraus gehabt habe, daß er auch die unangenehmsten Missionen in ein liebenswürdiges Gewand zu kleiden wußte.

Mein britischer Kollege, der bekanntlich auf Grund alter langjähriger Beziehungen viel mit Japanern, deren Sprache er wie seine Muttersprache beherrscht, verkehrt, sagte mir vorgestern gelegentlich einer die Japanisch-Russischen Beziehungen betreffenden Unterhaltung, er habe den Eindruck, daß die hiesige Regierung im Grunde gar keine definitive Verständigung mit Rußland über die Koreanische Frage erstrebe. Eine solche sei bei den Ansprüchen, die Rußland erhebe, überhaupt unmöglich. Die Abmachungen

Yamagata's in Petersburg, welcher Art dieselben auch seien, bezweckten vielmehr seines Erachtens nur, Zeit zu gewinnen, damit Japan in etwa 3 Jahren hinreichend gerüstet dastehe, um den Kampf mit dem Koloß des Nordens mit einiger Aussicht auf Erfolg aufnehmen zu können. Man verhehle sich hier zwar nicht, daß auch Rußland während dieser Frist seine Rüstungen betreiben und namentlich die sibirische Eisenbahn nahezu vollenden werde; indessen glaube man doch, daß der Aufschub Japan in höherem Grade als seinem Gegner zu Gute kommen und daß es letzterem einen Vorsprung abgewinnen werde.

gez. v. Gutschmid.

orig. i. a. Japan 7

Preßäußerung über die Mission Yamagata.

PAAA_RZ201-018923_037 f.			
Empfänger	Fürst zu Hohenlohe - Schillingsfürst	Absender	Gutschmid
A. 9034 pr. 27. August 1896. p. m.		Tokio, den 20. Juli 1896.	

A. 9034 pr. 27. August 1896. p. m.

Tokio, den 20. Juli 1896.

A. 134.

An Seine Durchlaucht den Herrn Reichskanzler, Fürsten zu Hohenlohe - Schillingsfürst.

Das Organ des Grafen Okuma und der Fortschrittspartei, die Mainichi Shimbun (:zu deutsch „Tageblatt“:), eine Zeitung, welche in Folge naher Beziehungen zu vielen leitenden Persönlichkeiten meist gut informirt ist, will über den Inhalt des zwischen dem Fürsten Lobanow und Marquis Yamagata abgeschlossenen Übereinkommens betreffend Korea, noch Folgendes in Erfahrung gebracht haben.

Japan und Rußland gestehen sich gegenseitig das Recht zu, in Korea eine bestimmte, für Beide gleiche Anzahl von Truppen zu unterhalten, dieselbe auch im Bedarfsfalle nach vorheriger Anzeige an den anderen Theil zu vermehren. Ferner wollen beide Mächte die Koreanische Regierung in ihrer äußeren und inneren Politik gemeinschaftlich unterstützen, doch nur insoweit dadurch die Selbständigkeit Korea's nicht gefährdet wird.

Dieser Vertrag, fährt das Blatt fort, sehe dem Chinesisch-Japanischen Vertrag von Tientsin (1885) sehr ähnlich. Aber an die Stelle des schwachen China sei ein starkes Rußland getreten. Jener Vertrag habe seine Aufgabe, das politische Gleichgewicht zwischen Japan und China in Korea aufrechtzuerhalten, nicht zu erfüllen vermocht. Werde dieser neue Vertrag es können?

Marschall Yamagata wird in den ersten Tagen des August in Japan zurückerwartet.

Gutschmid.

Inhalt: Preßäußerung über die Mission Yamagata.

Angebliches Darlehen Frankreichs an Korea.

PAAA_RZ201-018923_039 ff.			
Empfänger	Fürst zu Hohenlohe - Schillingsfürst	Absender	Gutschmid
A. 9035 pr. 27. August 1896. p. m.		Tokio, den 21. Juli 1896.	
Memo	mtg. 29. 8. London 982, Paris 555, Petersbg. 656 ent. mtg. 19. 10. Peking (A. 10814) cfr. A. 9940		

A. 9035 pr. 27. August 1896. p. m.

Tokio, den 21. Juli 1896.

A. 135.

An Seine Durchlaucht den Herrn Reichskanzler
Fürsten zu Hohenlohe - Schillingsfürst.

Nach Inhalt einer in der oft gut unterrichteten Zeitung „Asahi" veröffentlichten Notiz, die allerdings bisher anderweitig nicht verbürgt ist, soll Frankreich der Koreanischen Regierung ein zinsloses Darlehen von 3 Millionen Yen auf 50 Jahre zu dem Zweck angeboten haben, um damit die Anleihe zu tilgen, welche Korea bekanntlich im Sommer vorigen Jahres bei der Japanischen Regierung gemacht hat.

Als Gegenleistung verlange Frankreich, wie das Blatt behauptet, die Konzession zum Bau einer Eisenbahn von Söul nach Moppo, einem im Norden Korea's gelegenen Holzausfuhrhafen.

Sollte sich diese Nachricht, über deren Richtigkeit ich Erkundigungen einziehen werde, bestätigen, so dürfte das Vorgehen Frankreichs als ein neuer Dienst, den es Rußland in Ostasien leisten will, angesehen werden, da es offenbar im Interesse der letzteren Macht liegt, Korea aller finanzieller Verpflichtungen gegen Japan, die letzterem einen Grund zur Einmischung in die inneren Verhältnisse des Halbinselkönigreichs geben könnten, entbunden zu sehen.

Gutschmid.

Inhalt: Angebliches Darlehen Frankreichs an Korea.

Berlin, den 28. August 1896. A. 8915.

An
das Kais. Konsulat
in Söul № A. 1.

J. № 5979.

Postziffern!

Nach hierher gelangter Nachricht sollen die Russen auf der Südseite von Roce-Island Terrain gekauft haben, um dort Marine-Hospital und Kohlenstation anzulegen.

Bitte, was dort darüber bekannt, zu berichten und das Unternehmen auch ferner im Auge zu behalten.

N. S. E.

Berlin, den 29. August 1896.

zu A. 9035.

An
die Botschaften in
1. London № 982.
2. Paris № 555.
3. St. Petersburg № 656.

J. № 6014.

Euerer pp. übersende ich anbei ergebenst Abschrift eines Berichts des K. Gesandten in Tokio vom 21. v. Mts., Korea betreffend,

zu Ihrer gefälligen Information.

N. S. E.

[ ]

PAAA_RZ201-018923_045			
Empfänger	Auswärtiges Amt	Absender	Schäfer
A. 9094 pr. 29. August 1896. p. m.		Berlin, den 26. August 1896.	
Memo	Druckanlage zk. m. Schreib v. 6. 9. an Oberkommando.		

A. 9094 pr. 29. August 1896. p. m. 3 Anl.

Berlin, den 26. August 1896.

An
den Königlichen Staatsminister,
Staatssekretär des Auswärtigen Amts,
Herrn Frhrn. Marschall v. Bieberstein
Excellenz

Euerer Excellenz beehre ich mich anliegend Abschrift des Berichts des Kommandanten S. M. S. „Arcona", Kapitän zur See Sarnow, über die Verhältnisse auf Korea, d. d. Chefoo, den 19. Juni d. Js. - Geh. 577 - nebst Abschrift des Schreibens der Handelsfirma E. Meyer & Co. zu Chemulpo vom 6. Juni d. Js., sowie eine Drucksache, Letztere mit der Bitte um Rückgabe, ganz ergebenst zu übersenden.

Der Kommandirende Admiral.
Im Auftrage.
Schäfer

Abschrift!

Chefoo, den 19. Juni 1896.

Kommando S. M. S. „Arcona"
G. J. № 577
Geheim!

II. Militärmaritimer und militärpolitischer Bericht über Korea.

Beim Eintreffen S. M. S. „Arcona" in Chemulpo am 1. Juni cr. wurde in Verfolg der Segelordre vom 25. Mai cr. -1067. I- dem in Söul residirenden deutschen Konsul Krien die Ankunft und Dauer des Aufenthalts S. M. S. „Arcona" mitgetheilt, worauf derselbe ein Schreiben folgenden Inhalts sandte: „Euer Hochwohlgeboren würden mich zu großem Danke verpflichten, wenn Sie sich mit Gefolge, vielleicht 2 Offizieren, nach Söul zur Audienz bei Sr. Majestät dem König von Korea begeben würden. Die Kommandanten aller, in den letzten Jahren Chemulpo berührenden Kriegsschiffe, welche sich länger als 3 Tage dort aufhielten, haben stets diese Audienz nachgesucht und würde es gerade der deutschen Vertretung von großem Nutzen sein, da seit Jahren kein´s S. M. Schiffe Korea besucht hat - (S. M. S. „Cormoran" nur 1 Tag) und ich bereits gefragt bin, ob der Kaiser von Deutschland gar keine Kriegsschiffe habe!" pp. Da ich laut der vorher erwähnten Segelordre sowieso einen geheimen Auftrag mit dem Konsul in Söul zu erledigen hatte, so fuhr ich am 4. Juni in Begleitung des Navigationsoffiziers und dienstthuenden Adjutanten nach Söul.

Söul ist von Chemulpo zu erreichen durch kleine Flußdampfer, welche aber von der Fluth abhängig sind, ca 8-10 Stunden gebrauchen und nur bis 1 1/2 Wegstunden von der Hauptstadt befördern, welche letztere Distanz zu Fuß zurückgelegt werden muß, oder auf dem Landwege zu Fuß oder im Tragstuhl resp. mit Ponnie, welche Tour ebenfalls 8-10 Stunden in Anspruch nimmt.

Die Audienz bei dem König fand am 5. Juni Nachmittags 3h. in der russischen Gesandtschaft statt, wo derselbe seit dem 11. Februar cr. seine Residenz aufgeschlagen hat.

Der König, wie alle Prinzen und Würdenträger trugen Trauerkleidung (hellgelbe rohseidene Gewänder ohne jedes äußere Abzeichen oder Schmuck, mit hellgelbem koreanischen Hut über der schwarzen Kappe, welche die Kopfhaare der Koreaner bedeckt, - das ganze Volk trauert in demselben Kostüm) um die am 8. Oktober 1895 ermordete Königin.

Der König sprach nach Vorstellung der deutschen Offiziere durch den Konsul Krien, seine Freude aus, ein deutsches Kriegsschiff in seinen Gewässern zu wissen, erkundigte sich nach dem Wohlbefinden Sr. Majestät des Kaisers von Deutschland, betonte die guten Verhältnisse beider Staaten, und entließ uns nach entsprechender Erwiderung sehr gnädig und anscheinend hoch erfreut.

Einem hier üblichen Gebrauche folgend, wurden dann Besuche mit den Vertretern der fremden Staaten ausgewechselt. Der König sandte noch an demselben Tage seinen Premier-Minister in´s deutsche Consulat, um seinen Dank für den Besuch aussprechen zu lassen.

Politische Lage.

Die Lage des Königreiches Korea (bei Ausbruch des Krieges zwischen Japan und China von ersterem besetzt, nach Friedensschluß durch russischen Einfluß wieder geräumt) ist etwa folgende:

Die Japaner beanspruchen den Besitz Koreas, als ältesten Streitobjekts, seit langem, und wenn ihnen auch durch das souzeraine Verhältniß Koreas zu China eine förmliche Besitzergreifung bis jetzt nicht gelungen war, so ist doch moralisch Korea von den Japanern genommen gewesen, bis die Russen vor etwa Jahresfrist ein Veto einlegten.

Die Japaner haben durch eine ihnen ergebene koreanische Adelsparthei, welche sie an´s Ruder zu bringen verstanden hatten, vor etwa 2 Jahren die Vollziehung neuer Gesetze dem König von Korea abgerungen, wie Änderung der Haartracht, der Trauerbestimmungen, der Verwaltung, welche das böseste Blut erzeugten und den Haß gegen den Erbfeind von neuem entflammten.

Dann haben sie mit Hilfe dieser Parthei wiederholt den regierenden König bedroht, Palast-Revolutionen und Rebellionen im Lande inscenirt und endlich am 8. Oktober die Königin wegen ihrer Abneigung gegen alles Japanische, ihrer Neigung zu China - Rußland und ihres großen Einflusses, meuchlings ermordet.

Sie haben dann, durch die energische Einmischung Rußlands in Schach gehalten, nur kleinere Putsche versucht, aber doch den König überzeugt, daß derselbe in seinem Palast nicht sicher sei, sodaß derselbe am 11. Februar cr. verkleidet, sich in die russische Legation flüchtete, woselbst derselbe mit seinem Hofstaat und seiner Regierung wohnt und regiert.

Die mit starker Mauer umgebene russische Gesandtschaft wird von 100, vom Kreuzer „Dimitry Donskoi“ ausgeschifften Matrosen bewacht, ein Landungsgeschütz steht vor dem Portal, außerhalb der Mauer halten koreanische Einzel- und Doppelposten Wacht, kein Koreaner passirt ohne Erlaubnißpaß, Europäer nur frei, wenn sie bekannt sind.

Das Volk selbst steht noch auf einer Stufe, wie etwa die Japaner 1870; die vor 12

Jahren stattgefundene Erschließung des Landes hat noch keiner europäischen Kultur Eingang verschafft, einige Adelsfamilien umgeben den König und seine Familie mit festem Ring, sodaß von Königlicher Regierung nicht die Rede ist.

Das Volk, schöne Männergestalten von ca. 6 Fuß Höhe mit fast weißem Teint, kleine körperlich reizlose, verarbeitete Weiber, erinnert weder an Chinesen noch Japaner, eher an Tungusen und macht einen guten Eindruck.

Leider soll es durch die Regierung der Mandarine so demoralisirt sein, daß es keine Tugend irgend welcher Art besitzt, es wird nach allen Richtungen hin ausgesogen, die Mandarine kaufen ihre Stellungen so gut, wie die Minister, erstere von den letzteren, letztere von dem einflußreichen Corps der Eunuchen und Tänzerinnen resp. Haremsweiber, die ohne diese Sporteln nicht existiren könnten, da ihre Einkünfte unzureichend sind.

Die Folge dieses Aussaugens des Volkes ist, daß nur soviel produzirt resp. Ackerbau getrieben wird, als zum Leben und den gesetzlichen Abgaben unumgänglich nothwendig ist und eine Ausnutzung der Kräfte und des Landes nicht stattfindet.

Im Innern tummeln sich Rebellenbanden seit Beginn des Krieges, die eigentlich gar nicht wissen, gegen wen sie kämpfen wollen.

Der König steht so hoch und heilig im Ansehen bei seinen Unterthanen, daß gegen seine Person die Auflehnung nicht gerichtet ist, vielmehr soll der Aufstand gegen die einflußreichen, dem Thron ergebenen Adelsfamilien gerichtet sein, welche das Aussaugungs-Princip durch Besetzung aller Mandarinenposten im ganzen Lande mit eiserner Kraft festhalten.

Zeitweise sind die Rebellen bis an die Thore Söuls gekommen, haben die Regierungstruppen zurückgeworfen, welche heimlich mit denselben sympathisiren, und sind im Begriff gewesen, Söul zu besetzen.

Dies und die in der Umgegend der Hauptstadt stehenden japanischen Truppen haben den König bewogen, seinen Palast zu verlassen und sich unter russischen Schutz zu begeben. Dahin wagen sich weder Rebellen noch Japaner. Im Lande herrscht mehr oder minder Anarchie.

Einfluß und Unternehmungen der Russen.

Seit die Russen nach Dictirung der Friedens-Präliminarien die Japaner aus der Mongolei zurückgewiesen und eine japanische Annexion Koreas verhindert haben, ist ihr Einfluß in Korea rapide gestiegen.

Die Ermordung der Königin, die Flucht des Königs in die russische Gesandtschaft, einige wohlwollende Reformen, welche der König unter russischem Einfluß erließ, haben sie zu Herren der Situation gemacht. Der Russe behandelt den Koreaner wohlwollend, die russischen Streitkräfte - Flotte und 49000 Mann an der koreanischen Grenze - sichern sie gegen Übergriffe des Erbfeindes und versprechen ihnen ein besseres Los, als sie je unter japanischer Herrschaft zu erwarten hätten.

Die Russen haben augenblicklich keine anderen Streitkräfte, als das Detachement von 100 Matrosen zum Schutz der Legation in Söul gelandet und 2 Schiffe „Dimitri Donskoy“ und „Korejetz“ in Korea, und beschäftigen sich (außer mit diplomatischen Verhandlungen) mit Aufnahme der Gewässer bei Chemulpo und der Zugänge dorthin, des Flußweges nach Söul und mit Erforschung des Geländes bis Söul behufs einer evtl. Invasion.

Der französische Generalkonsul und speziell die einflußreichen französischen Missionare, welche bis zu 30000 Koreaner in allen Theilen des Landes bekehrt haben sollen (dagegen soll es nur ca. 2000 protestantische Koreaner geben trotz großer amerikanischer und englischer Missionen) und durch welche der sehr einflußreiche und gewandte Bischof ausgezeichnet über die Verhältnisse des Inneren Koreas orientirt ist, unterstützen sie auf das werthvollste.

An der Südseite der Roce Insel haben die Russen ein Terrain angekauft und abgegrenzt zur Anlage eines Marine Hospitals und einer Kohlenstation, welche gerade vermessen wurde; ob Befestigungen geplant sind, konnte nicht entdeckt und nicht in Erfahrung gebracht werden.

Die Russen gehen langsam aber sicher vor, russische Instrukteure verbessern die koreanische Armee, russische Diplomatie und Rubel werden, wenn auch nicht den Besitz, doch das Protectorat über Korea gewinnen und in dem eisfreien Hafen Gensan wird bald die russische Flagge wehen. Ob es darüber zum Kriege mit Japan oder England kommt, ist kaum anzunehmen.

Einfluß und Unternehmungen der Japaner.

Nachdem die Japaner bei Ausbruch des Krieges Korea besetzt hatten, Post-Telegraph-Dampferverbindungen eingerichtet hatten und sich Herren des Landes dünkten, sind dieselben, wie aus Vorstehendem ersichtlich, jetzt um die Früchte ihres Sieges, um Korea, durch die Russen gebracht; zudem sind sie die bestgehaßten Menschen in Korea. Allerdings haben sie starke Handelskolonien in den Hafenstädten und der Hauptstadt, noch jetzt gehören ihnen die Post, Telegraph, fast nur japanische Dampfer unterhalten die Verbindung mit Japan und China, 300 Mann aktive Truppen und eine sehr zahlreiche, gut disciplinirte Polizeitruppen stehen zum Schutz der Japaner in kleineren Detachements in Söul, Chemulpo, Fusan und Gensan, auch sollen im japanischen Settlement in Söul bis 3000 Soldaten in Civil existiren, welche ihre Waffen dort untergebracht haben; aber auf einen Putsch zur Wiedererlangung ihres Einflusses dürften dieselben sich unter den augenblicklichen Verhältnissen kaum einlassen können.

Die telegraphische Verbindung - japanisches Kabel - Chemulpo, Söul, Fusan-Gensan und das chinesische Kabel - Chemulpo, Söul, Pingyang, Tientsin - sind beide unterbrochen. Die erstere Verbindung soll benutzbar sein, von Japanern im militärisch-diplomatischen Dienste gebraucht werden, offiziell ist die Verbindung gestört und werden Depeschen nicht befördert resp. erst von Fusan aus; die letztere ist seit Beginn des Krieges durch die Japaner bezw. Rebellen unbenutzbar gemacht.

Die Japaner haben auf der Nordseite der Roce-Insel, seit einigen Jahren bereits, ein Kohlendepot, welches aus eigner Machtvollkommenheit, ohne daß die koreanische Regierung jemals ihr Einverständiß erklärt hätte, angelegt ist und auch jetzt noch benutzt wird.

Die Japaner dürften langsam, aber sicher verdrängt werden, wenn die koreanische Armee mit Hülfe russischer Instrukteure erstarkt ist resp. im kommenden Kriege die Russen Sieger sind, woran wohl nicht zu zweifeln ist.

Handel und Verkehr.

Korea ist ein Gebirgsland, von etwa 12 Millionen Einwohnern bewohnt. Die Gebirge enthalten Gold, Silber, Kupfer; die vielen sehr fruchtbaren Thäler gestatten das Anbauen von fast allen Getreide-Sorten und nützlichen Pflanzen. Der Reis ist von vorzüglicher Güte, die Hülsenfrüchte gedeihen auffallend gut, in den Thälern des südwestlichen Theils gedeihen subtropische Pflanzen aller Art, aber sein Hauptreichthum ist das Meer, besonders an der Ostküste für Fisch-, Perlmuttermuscheln- und Trepang-Fang, an der Westküste für Fischfang- und Perlfischerei.

Die Ausfuhr besteht hauptsächlich aus Reis, Fischen, Trepang, Perlmuttermuscheln, Papier pp, Silber, Gold und Erze. Die Einfuhr aus Manufacturwaaren, Nadeln, Cochenille Farben, Rohseide und Baumwolle.

Sobald das Land durch Eisenbahnen erschlossen ist und durch rationellen Anbau der Reichthum besser ausgenutzt wird, dürfte die Ausfuhr und Einfuhr in ungeahnter Weise zunehmen.

Augenblicklich ist der Bau einer Eisenbahn von Chemulpo nach Söul, welcher 1897 zu beendigen ist, an eine amerikanische Gesellschaft vergeben und soll die Regierung geneigt sein, einer französisch-russischen Gesellschaft die Conzession zum Bau eines Eisenbahnnetzes, etwa analog den bestehenden Telegraphenlinien, zu ertheilen mit dem Zugeständniß des Besitzes resp. Ausnutzungs-Rechts von 20 ri zu beiden Seiten der Bahnlinien.

Der Minenbetrieb wird neuerdings energisch von Amerikanern in die Hand genommen.

Über deutschen Handel und seine Bedeutung und Zukunft giebt am besten anliegendes Schreiben der bedeutendsten Handelsfirma Koreas „Meyer & Co.“ Auskunft.

Danach müßte, wenn überhaupt noch etwas für deutschen Handel zu erreichen ist, sofortige Unterstützung der deutschen Interessen stattfinden, bevor Alles vergeben ist.

Vertheidigungsmittel.

Korea unterhält eine Armee von 4 Infanterie-Regimentern zu 3 Bataillonen à 800 Mann und 150 Mann Kavallerie, in Summa ca. 10000 Mann. Hiervon befinden sich ca. 2000 Mann Infanterie und 75 Mann Kavallerie in Söul zum Schutz der Hauptstadt resp. des Königs.

Die Soldaten machen einen schlechten Eindruck, obgleich es hochgewachsene, kräftige Gestalten mit schönen Gesichtern sind; Waffen und Uniformen sind schmutzig, Ausbildung schlecht, dabei sollen sie feiger selbst wie die Chinesen sein. Ihr Gefechtswerth wird von den hier residirenden Europäern auf Null geschätzt. Befestigungen sind überhaupt nicht vorhanden, wenn man nicht einige alte verfallene Forts an der koreanischen Mauer, welche sich an beiden Ufern des Flusses nach Söul hinzieht, so nennen will; eine koreanische Marine existirt nicht.

gez. Sarnow.

[   ]

PAAA_RZ201-018923_061 ff.			
Empfänger	[o. A.]	Absender	[o. A.]
zu A. 3966 I. A. 9094.		Chemulpo, den 6. Juni 1896.	

Abschrift
zu A. 3966 I. A. 9094.

Chemulpo, den 6. Juni 1896.

E. Meyer & Co.
Korea

Sehr geehrter Herr Kapitän,

Unter höflicher Bezugnahme auf unsere Unterredung über die hiesigen Handelsverhältnisse in Verbindung mit den kürzlichen bedeutenden Erfolgen, welche die Amerikaner in Abschlüssen mit der koreanischen Regierung zu verzeichnen hatten, gestatte ich mir, Ihnen in Nachstehendem - zu Ihrer freien Benutzung - einige weitere Mittheilungen zu machen.

Nachdem im Mai 1882 das bis dahin jedem Verkehr mit dem Auslande verschlossene Korea dem fremden Handel eröffnet wurde, gründeten wir im Juni 1884 unsere Firma in Chemulpo und faßten schon damals vorzugsweise Versuche zu Abschlüssen mit der koreanischen Regierung als deren Hauptthätigkeit ins Auge.

Unsere Bemühungen in dieser Richtung waren auch nicht ohne Erfolg.

Gleich im Anfang gelang es uns, eine Anleihe von £ 20,000.-.-. in Deutschland unterzubringen, darauf folgte ein Abschluß für die Lieferung von Maschinen zur Errichtung einer Münzstätte in Söul und das Engagement deutscher Fachleute für den Betrieb derselben und für die Lieferung verschiedener Waffen.

Im Jahre 1887 lieferten wir der Regierung zwei Seedampfer und einen Flußdampfer, sowie das Material für die Telegraphenlinie von Söul nach Fusan. Naturgemäß lenkten unsere Erfolge die Augen der Konkurrenz auf sich. Seitdem wir die vorstehenden Abschlüsse gemacht hatten, standen wir mit befreundeten koreanischen Beamten fortwährend über den Bau einer Eisenbahn von hier nach der Hauptstadt Söul in Unterhandlung, mit der Absicht, das nöthige Material (wie dies auch - mit Ausnahme des Telegraphenmaterials - früher der Fall gewesen war) aus Deutschland zu beziehen.

Unsere Bemühungen schienen denn auch diesmal den gewünschten Erfolg zu haben, und mein Associé, Herr Wolter, begab sich im Frühjahr 1894 nach Deutschland, wo er mit Interessenten eingehende Besprechungen hatte. Der im Sommer desselben Jahres zwischen China und Japan ausbrechende Krieg machte, da Korea zunächst der Kriegsschauplatz war, damals den Abschluß unmöglich, und seitdem sind uns die Amerikaner nicht nur hierin, sondern auch in der Erlangung von Minen-Concessionen, zuvor gekommen.

Auch für letztere bemühen wir uns, seitdem wir in Korea etablirt sind, und haben weder Arbeit noch Kosten gescheut, solche Koncessionen zu erlangen. Im Jahre 1888 hatten wir für ungefähr 7 Monate einen deutschen Minen-Ingenieur hier, welcher für uns verschiedene Plätze im Innern besuchte.

Wenn wir uns nun fragen, worin der Grund liegt, daß es den Amerikanern jetzt verhältnißmäßig leicht wird, mit Abschlüssen zu reüssieren, während unsere Arbeit scheinbar unbelohnt bleibt, so glauben wir denselben darin finden zu müssen, daß die Vereinigten Staaten in Korea mehr für die Repräsentation ihres Landes thun, als dies bei uns der Fall ist. Abgesehen davon, daß die Vereinigten Staaten einen Minister-Residenten nebst Legations-Sekretär in Söul halten, während das deutsche Reich daselbst nur durch einen Konsul vertreten ist, so haben die ersteren es schon seit Jahren für angebracht und nothwendig befunden, fast fortwährend eins ihrer Kriegsschiffe auf der Rhede von Chumulpo zu halten. Für den Asiaten - und ganz besonders für den Koreaner - ist Repräsentation Alles. Ich habe während meines nahezu zehnjährigen Aufenthalts in Korea gesehen, wie der jeweilige amerikanische Admiral mit seinen Schiffen nach Chemulpo kam, sich in Söul dem Könige vorstellte - meistens ging die betreffende Schiffskapelle mit nach der Hauptstadt, um dem Könige in seinem Palaste vorzuspielen; bei der Beerdigung der Königin Mutter im Herbst 1890 stellten die in Chemulpo anwesenden amerikanischen Schiffe eine Abtheilung Matrosen, welche dem Sarge der hohen Entschlafenen folgte. Mit anderen Staaten ist´s ähnlich. Der englische und der französische Admiral zeigen sich hier ab und zu. Rußland hält hier stets ein oder zwei Schiffe, nur die deutsche Flagge zeigt sich hier leider äußerst selten und ist es nur einige Jahre zurück, daß ein koreanischer Beamter an uns die Frage richtete, ob eigentlich das deutsche Reich auch Kriegsschiffe besitze. So eigenthümlich die Frage klingen mag, so darf man sie einem Koreaner, der eben nur glaubt, was er sieht, nicht verdenken. Bis zum Ausbruch des chinesisch-japanischen Krieges haben wir - mit Ausnahme der „Alexandrine" im Herbst 1891, eigentlich nur den „Wolf" (im Jahre 1886 und 1894) und den „Iltis" (diesen ab und zu in langen Zwischenräumen) hier gesehen, wir hatten auch zu unserem Bedauern, wo doch die ostasiatische Station jetzt besser besetzt ist, bis zu Ihrer Ankunft nicht das Vergnügen, die deutsche Kriegsflagge hier zu sehen; den ganz vorübergehenden

Aufenthalt des „Kormoran“ kann man wohl nicht rechnen.

Ich bin überzeugt, es wäre, gerade um dem amerikanischen Einfluß zu begegnen, von ungemein großem Vortheil für unsere Firma gewesen, wenn der Herr Admiral einmal mit unseren stattlichen Schiffen auf einige Zeit nach Chemulpo gekommen wäre, vielleicht - und sogar wahrscheinlich - wäre dies schon jetzt der heimathlichen Industrie zu Gute gekommen.

Ich unterschätze das große Arbeitsfeld, welches der deutschen Flotte hier im Osten zu bestreiten gestellt ist, nicht, aber die jüngsten Vorgänge hier in Korea haben wieder bewiesen, wie durchaus nothwendig es ist, daß das deutsche Reich seine Flottenmacht im Auslande vermehrt, und es ist sehr zu bedauern, daß gewisse Kreise im Reichstag nicht einsehen können oder wollen, daß jede Mark, in dieser Richtung auszugeben, deutscher Industrie und deutschem Fleiße vervielfacht zu Gute kommen muß.

Indem ich Sie, verehrter Herr Kapitän, ersuche, meine Mittheilungen nach Ihrem Ermessen zu verwerthen, verbleibe ich

Ihr sehr ergebener
gez. (Unterschrift)
in Firma E. Meyer & Co.
Chemulpo, Korea.

[ ]

PAAA_RZ201-018923_069			
Empfänger	[o. A.]	Absender	[o. A.]
A. 9133 pr. 30. August 1896. p. m.		[o. A.]	

A. 9133 pr. 30. August 1896. p. m.

Le Nord
30. 8. 96.

Les nouvelles, données par certains journaux anglais, que l'agitation à Séoul prenait un caractère des plus inquiétants pour la sécurité des Européens dans cette capitale Coréenne, sont exagérées.

L'agitation dont il s'agit a été produite par les Japonais résidant à Séoul, qui, sur les inspirations qui leur viennent de Yeddo, essaient d'obtenir, par voie d'intimidation, le retour à son palais du roi de Corée et de sa famille, - qui se trouvent toujours abrités dans les locaux de la légation de Russie. Cette agitation cessa aussitôt que le ministre de Russie en rendit responsable son collègue du Japon, qui a pris toutes les mesures nécessaires pour calmer les esprits de ses nationaux.

[ ]

PAAA_RZ201-018923_070			
Empfänger	Fürst zu Hohenlohe - Schillingsfürst	Absender	Tschirschky
A. 9146 pr. 31. August 1896. a. m.		St. Petersburg, den 26. August 1896.	

Auszug.

A. 9146 pr. 31. August 1896. a. m.

St. Petersburg, den 26. August 1896.

№ 382.

Seiner Durchlaucht
dem Herrn Reichskanzler
Fürsten zu Hohenlohe - Schillingsfürst.

pp.

Bei einer Besprechung der Verhältnisse in Ostasien konnte ich eine gewisse Niedergeschlagenheit bei dem japanischen Gesandten Herrn Nissi wahrnehmen, als er auf Corea zu sprechen kam. Er meinte, die Russen machten mit jedem Tage dort größere Fortschritte, sie hielten den König fortgesetzt in ihrer Gewalt und wären eigentlich die Herren des Landes. Wie mir einer meiner hiesigen Kollegen mittheilt, hat Herr Nissi diesem gegenüber in gleichem Tone gesprochen und noch hinzugefügt, Japan sei vollkommen um die Früchte seines Sieges gekommen, denn vor dem Kriege habe es nur das schwache Corea zum Nachbar gehabt, jetzt sei aber Rußland an dessen Stelle getreten und Japan könne nichts thun als mit Bedauern die Fortschritte der russischen Vorherrschaft dort zu beobachten. Formosa sei kaum ein Gewinn für Japan zu nennen, denn es koste viel Geld und Truppen.

gez. von Tschirschky.

orig. i. a. Japan 6

Telegramme der Nowoje Wremja über Conzession einer Eisenbahn an Deutschland und Anwachsen des Aufstandes auf Formosa.

PAAA_RZ201-018923_071			
Empfänger	Fürst zu Hohenlohe - Schillingsfürst	Absender	Tschirschky
A. 9147 pr. 31. August 1896. a. m.		St. Petersburg, den 28. August 1896.	

A. 9147 pr. 31. August 1896. a. m. 1 Anl.

St. Petersburg, den 28. August 1896.

№ 383.

Seiner Durchlaucht
dem Herrn Reichskanzler
Fürsten zu Hohenlohe - Schillingsfürst.

Euerer Durchlaucht beehre ich mich in der Anlage Übersetzung zweier Telegramme gehorsamst vorzulegen, die die Nowoje Wremja aus Wladiwostok erhalten hat. Das erstere enthält die Nachricht, daß Deutschland die Conzession einer Eisenbahn von Söul nach Fusan erhalten habe; das andere spricht von dem Anwachsen des Aufstandes auf Formosa.

von Tschirschky.

Inhalt: Telegramme der Nowoje Wremja über Conzession einer Eisenbahn an Deutschland und Anwachsen des Aufstandes auf Formosa.

Übersetzung
Anlage zum Bericht № 383.

Specialtelegramme aus Wladiwostok.
15. August.

„Aus Söul wird gemeldet, daß die Regierung den Japanern die Conzession zum Bau einer Eisenbahn Söul-Fusan verweigert habe. Diese Ablehnung hat eine große

Unzufriedenheit der japanischen Regierung hervorgerufen. Die Conzession wird den deutschen übergeben werden.

In der Hauptstadt ist es ruhig; die Unruhen in den Provinzen dauern fort."

---

15. August.

„Aus Shanghai meldet man, daß die Unruhen auf Formosa in Folge der empörenden Gewaltthätigkeiten und Grausamkeiten der Japaner zunehmen. Die Insurgenten, welche an der Zahl zunehmen, haben an einigen Punkten der Insel einen bedeutenden Erfolg. Es werden Verstärkungen verlangt. Unser Botschafter in Peking geht im September auf Urlaub nach Rußland."

Politische Ereignisse in Korea.

PAAA_RZ201-018923_075 ff.			
Empfänger	Fürst zu Hohenlohe - Schillingsfürst	Absender	Krien
A. 9191 pr. 1. September 1896. a. m.		Söul, den 14. Juli 1896.	
Memo	cfr. A. 9984 J. № 333.		

A. 9191 pr. 1. September 1896. a. m.

Söul, den 14. Juli 1896.

Kontrol № 42.

An Seine Durchlaucht
den Herrn Reichskanzler
Fürsten zu Hohenlohe - Schillingsfürst.

Euer Durchlaucht beehre ich mich im Verfolg meines ganz gehorsamen Berichtes № 37 vom 15. v. Mts.[31] ebenmäßig zu melden, daß der neue Japanische Gesandte Takashi Hara am 7. d. Mts. hier eingetroffen ist. Der stellvertretende Geschäftsträger Kato ist an Stelle des bisherigen Konsuls Uchida, der sich nach Japan begeben hat, zum Konsul für Söul ernannt worden.

Nach einer Mittheilung, die mir neulich der hiesige Vize-Minister des Auswärtigen Herr Ko machte, hat der frühere Japanische Gesandte Herr Komura kurz vor seiner Abreise nach Japan an den Minister der Auswärtigen Angelegenheiten ein Schreiben gerichtet, worin er die folgenden Forderungen an die Koreanische Regierung stellte:

1) Zahlung von 146 000 Yen für 42 in Korea ermordete und 20 verletzte Japaner. - (Eine Aufstellung der wirklichen Vermögens-Verluste Japanischer Unterthanen im letzten Winter und Frühjahr würde der Koreanischen Regierung später zugesandt werden);

2) Entlassung und Bestrafung der Beamten, in deren Bezirken Japaner getödtet oder verwundet worden sind;

3) Erlaß eines Königlichen Dekrets, worin die Koreaner vor Ausschreitungen gegen Japaner gewarnt werden. -

Herr Ko setzte hinzu, daß in der Angelegenheit bis dahin von Japanischer Seite nichts

31 A. 7942 ehrerb. beigefügt.

weiter geschehen sei.

Der frühere Justizminister und Vertraute des Königs, I Pom Chin, der sich mit Herrn Waeber so überworfen hat, daß dieser ihm die russische Gesandtschaft verboten hat, ist zum Gesandten in Washington ernannt worden.

Sowohl die Englischen als auch die Amerikanischen Marine-Detachements haben Söul wieder verlassen.

Im Anschluß an den Bericht № 30 vom 30. April d. J.[32] beehre Euer Durchlaucht ich mich ganz gehorsamst zu melden, daß die Konzession für die Eisenbahn von Söul nach Wiju Anfangs d. Mts. einem Französischen Syndikate verliehen worden ist. Der Bau der Bahn soll innerhalb dreier Jahre begonnen werden und binnen weiteren 9 Jahren beendet sein. Im Übrigen entsprechen die Bedingungen denen des Amerikanisch-Koreanischen Eisenbahn-Vertrages. Euer Durchlaucht werde ich nicht verfehlen, über die Angelegenheit gesondert zu berichten.

Ein Anhänger der konservativen Partei, der an den König eine Denkschrift gerichtet hatte, worin er die fortschrittlich gesinnten Minister beschuldigt, aus Eigennutz den Ruin des Landes herbeizuführen, ist von diesen bei dem obersten Gerichte in Söul verklagt worden. Die beschuldigten Minister, die ihre Ämter niedergelegt und sich dem Gerichte gestellt hatten, um ihre Aussagen abzugeben, haben gestern ihre Funktionen wieder aufgenommen. Das Gerichtsverfahren war öffentlich. Das Urtheil des Gerichtes ist bis jetzt nicht bekannt geworden.

In den Provinzen dauern die Unruhen fort. Die Partei des Tai-wön-kun ist in der letzten Zeit wieder rühriger gewesen. Ihre Agitation richtet sich hauptsächlich gegen den Aufenthalt des Königs in der Russischen Gesandtschaft. Eine vor Kurzem an die hiesigen Vertretungen gesandte Denkschrift der „Patrioten" führt aus: Früher war Korea dem Namen nach (von China) abhängig, in Wirklichkeit aber frei; mit Abschluß der Verträge wurde das Land sowohl de jure als auch de facto unabhängig, jetzt aber ist das Königreich zwar dem Namen nach frei, in der That aber (von Rußland) abhängig. Dieser bedauerliche Zustand verstößt auch gegen die Würde der fremden Staatshäupter, die ihre Vertreter bei einem unabhängigen Souverän beglaubigt haben. Die „Patrioten" bitten schließlich die fremden Vertreter ihnen keine Hindernisse in den Weg zu legen, wenn sie hierher kommen würden, um den König zu befreien und in den Palast zurückzuführen.

Die Koreanische Regierung beabsichtigt, die Telegraphen-Linie von Söul nach Wiju wieder herzustellen.

Abschriften dieses ehrerbietigen Berichtes sende ich an die Kaiserlichen Gesandtschaften

32 II 17959 ehrerb. beigefügt.

zu Peking und Tokio.

Krien.

Inhalt: Politische Ereignisse in Korea.

Berlin, den 6. September 1896.

zu A. 9094.

An
den (tit) v. Knorr
Excellenz

J. № 6228.

Ew. pp. beehre ich mich anbei die mir mit dem gefälligen Schreiben vom 26. v. M., A. 3966 I, übersandte Drucksache, die Ermordung der Königin von Korea betreffend, nach genommener Kenntniß mit verbindlichstem Danke zurückzusenden.

N. S. E.

Rückkehr des Marquis Yamagata aus Europa. Seine Mission in Rußland.

PAAA_RZ201-018923_083 ff.			
Empfänger	Fürst zu Hohenlohe - Schillingsfürst	Absender	Gutschmid
A. 9664 pr. 15. September 1896. p. m.		Tokio, den 8. August 1896.	

A. 9664 pr. 15. September 1896. p. m.

Tokio, den 8. August 1896.

A. 141.

An Seine Durchlaucht
den Herrn Reichskanzler
Fürsten zu Hohenlohe - Schillingsfürst.

Marquis Yamagata ist zwar am 28. v. M. von seiner Mission als Krönungsbotschafter in Moskau nach Japan zurückgekehrt, über die Resultate seiner politischen Thätigkeit am Petersburger Hofe verlautet indessen bisher noch nichts Authentisches. In den hiesigen Regierungskreisen wird strengstes Stillschweigen beobachtet.

Auf eine indirekte Anfrage meinerseits wurde mir die Antwort zu Theil: „Soyez sûr, que nous ne nous battrons pas avec la Russie pour les beaux yeux de la Corée"!

Der Russische Geschäftsträger ist gleichfalls sehr reservirt; ich habe den Eindruck, als ob er selbst nicht eingeweiht sei.

Alsbald nach seiner Landung ist der Marschall von Zeitungskorrespondenten interviewt worden, denen gegenüber er sich indessen über die politische Frage erklärlicher Weise nicht ausgelassen hat. Einem Korrespondenten gegenüber hat er seiner großen Befriedigung über seinen Aufenthalt in Berlin und über den gnädigen Empfang, der ihm von Seiten Seiner Majestät des Kaisers und Königs zu Theil geworden sei, Ausdruck gegeben. Diese Äußerung ist von der gesammten einheimischen Presse reproduzirt worden. Bei mir hat er alsbald nach seiner Rückkehr in die Hauptstadt eine Karte abgegeben.

Nach mehreren Konferenzen mit dem Minister-Präsidenten hat er sich - wie verlautet für längere Zeit - auf das Land begeben.

Ich halte die mehrfach hier ausgesprochene Vermuthung, daß außer dem Mikado nur der Marquis Ito über Zweck und Ergebniß der politischen Mission des Marquis Yamagata genau informirt ist, nicht für unzutreffend.

Gutschmid.

Inhalt: Rückkehr des Marquis Yamagata aus Europa. Seine Mission in Rußland.

Mittheilung des Marquis Ito über das Ergebniß der Mission Yamagata.

PAAA_RZ201-018923_087 ff.			
Empfänger	Fürst zu Hohenlohe - Schillingsfürst	Absender	Gutschmid
A. 9933 pr. 24. September 1896. a. m.		Tokio, den 17. August 1896.	
Memo	mtg. 26. 9. London 1099, Petersbg. 750.		

A. 9933 pr. 24. September 1896. a. m.

Tokio, den 17. August 1896.

A. 146.

An Seine Durchlaucht
den Herrn Reichskanzler
Fürsten zu Hohenlohe - Schillingsfürst.

Nach Äußerungen, die Marquis Ito kürzlich gegen mich fallen ließ, haben die Verhandlungen, welche Marquis Yamagata in Moskau mit dem Fürsten Lobanow über die Koreanische Angelegenheit gepflogen hat, lediglich den Zweck verfolgt, einen modus vivendi ohne bestimmte Zeitdauer herbeizuführen. Dieser Zweck sei auch erreicht worden. Eine große Tragweite lege er übrigens den betreffenden Abmachungen nicht bei.

Gutschmid.

Inhalt: Mittheilung des Marquis Ito über das Ergebniß der Mission Yamagata.

Das angebliche zinsfreie Darlehen Frankreichs an Korea betreffend.

PAAA_RZ201-018923_090 ff.			
Empfänger	Fürst zu Hohenlohe - Schillingsfürst	Absender	Krien
A. 9940 pr. 24. September 1896. a. m.		Söul, den 6. August 1896.	
Memo	mtg. 20. 10. London 1179, Paris 711, Petersburg 816. J. № 358.		

A. 9940 pr. 24. September 1896. a. m.

Söul, den 6. August 1896.

Kontrol № 44.

An Seine Durchlaucht
den Herrn Reichskanzler
Fürsten zu Hohenlohe - Schillingsfürst.

Euer Durchlaucht habe ich die Ehre in der Angelegenheit betreffend ein angebliches zinsfreies Darlehen Frankreichs an Korea ganz gehorsamst zu melden, daß mir der hiesige Französische Geschäftsträger gestern darüber die folgenden mündlichen Mittheilungen machte:

Die Koreanische Regierung habe sich vor einiger Zeit an ihn mit der Anfrage gewandt, ob er ein Französisches Darlehen behufs Tilgung der Japanischen Anleihe von 3 Millionen Yen und der anderen auswärtigen Schulden der Regierung, vermitteln wolle. Er habe die Regierung darauf ersucht, ihm den Betrag, den dieselbe aufnehmen wolle, sowie die Sicherheiten, die sie zu stellen bereit sei, anzugeben. Bisher sei indes nur der Zinsfuß von 6% jährlich vereinbart worden. Seit anderthalb Monaten habe er von der Angelegenheit nichts weiter gehört.

In keinem Zusammenhange mit der Anleihe stehe die von einem Französischen Consortium nachgesuchte Conzession für eine Eisenbahn von Söul nach Mokpo. Ursprünglich sei von dem Consortium die Conzession für die Eisenbahn von Söul nach Wiju verlangt worden, später sei er dann außerdem über die Ertheilung von Conzessionen für Eisenbahnen von Söul nach Wönsan und von Söul nach Fusan mit der hiesigen Regierung in Verhandlung getreten. Nachdem er jedoch erfahren hätte, daß das vorige Staatsministerium der Japanischen Gesandtschaft für die Bahn von Söul nach Fusan gewisse Zusicherungen ertheilt hätte, habe er statt dieser Linie die Strecke Söul-Mokpo in Vorschlag gebracht, obwohl das jetzige Staatsministerium die Zusicherungen der letzten Regierung für ungültig erklärt hätte. Die Conzession für die Eisenbahn von Söul nach Wiju sei der Französischen Gesellschaft bekanntlich am 3. v. Mts. ertheilt worden. Hinsichtlich der anderen Eisenbahnen habe die Regierung nunmehr erklärt, daß sie bis auf Weiteres keine neuen Conzessionen ertheilen werde. Es sei ihm unerklärlich, daß Japanische Berichterstatter eine derartige ungereimte Nachricht, wie die von einem zinslosen Französischen Darlehen an Korea, in die Zeitungen brächten und daß diese Nachricht scheinbar bei der Japanischen Regierung Glauben fände. Wenn die Japanische Gesandtschaft, statt auf unglaubwürdige Gerüchte zu hören, ihn selbst darüber befragen wollte, so würde er ihr gern jeden gewünschten Aufschluß geben.

Ich darf hier ganz gehorsamst hinzufügen, daß der Hafen von Mokpo in der südwestlichen Provinz Chöllado liegt und daß dessen Eröffnung im Frühjahr v. Js. von dem damaligen Japanischen Gesandten, Grafen Inouge, in Anregung gebracht worden ist.

Krien.

Inhalt: Das angebliche zinsfreie Darlehen Frankreichs an Korea betreffend.

Korea.

PAAA_RZ201-018923_096 ff.			
Empfänger	Fürst zu Hohenlohe - Schillingsfürst	Absender	Hohenlohe
A. 9945 pr. 24. September 1896. a. m.		London, den 22. September 1896.	

A. 9945 pr. 24. September 1896. a. m. 1 Anl. bei 9977.

London, den 22. September 1896.

№ 609.

An Seine Durchlaucht
den Herrn Reichskanzler
Fürsten zu Hohenlohe - Schillingsfürst.

Der heutigen „Times“ zufolge ist das Abkommen zwischen Rußland und Japan betreffend ein gemeinsames Protektorat über Korea zum Abschluß gelangt.

Der Antheil Japans an diesem Condominium sei natürlich nur ein formeller. England aber könne diesen neuen Erfolg Rußlands ohne Neid betrachten, da die englische Politik im fernen Osten nur auf Erhaltung des Friedens und allmähliche Herstellung geordneter Zustände gerichtet sei und diese Erfordernisse durch das gegenwärtige Übereinkommen für Korea vollkommen gewährleistet erscheinen.

Den bezüglichen Leitartikel der „Times“ beehre ich mich anliegend im Ausschnitt gehorsamst zu überreichen.

Hohenlohe.

Inhalt: № 609. London, den 22. September 1896. Korea.

Politische Ereignisse in Korea.1 Anlage.

PAAA_RZ201-018923_099 ff.			
Empfänger	Fürst zu Hohenlohe - Schillingsfürst	Absender	Krien
A. 9984 pr. 25. September 1896. p. m.		Söul, den 11. August 1896.	
Memo	mtg. 17. 10. London 1166, Petersbg. 809. cfr. A. 10474; cfr. A. 12920 J. № 362.		

A. 9984 pr. 25. September 1896. p. m. 1 Anl.

Söul, den 11. August 1896.

Kontrol № 45.

An Seine Durchlaucht
den Herrn Reichskanzler
Fürsten zu Hohenlohe - Schillingsfürst.

Euer Durchlaucht beehre ich mich ganz gehorsamst zu melden, daß der Japanische Gesandte Hara am 16. v. Mts. dem Könige in dem neben dem Englischen General-Konsulate gelegenen Palais sein Beglaubigungsschreiben überreicht hat.

Einem Redakteur der hiesigen Zeitung „Independent" gegenüber hat Herr Hara seine Überzeugung ausgesprochen, daß Korea fortan Fortschritte machen werde, dies gereiche Japan zur Befriedigung auch wenn bei diesem Vorhaben ein anderes Land das Königreich unterstütze. Zwischen Japan und Rußland bestehe ein gutes Einvernehmen und die Befürchtungen wegen eines Zusammenstoßes der beiden Mächte seien grundlos. Nach dem Kriege seien Japanische Abenteurer hiehergekommen und hätten durch ihre unüberlegten Handlungen die Gefühle der Koreaner schwer verletzt. Seine Regierung hätte in Folge dessen Maßnahmen getroffen, um derartige Elemente von Korea fern zu halten. Auch werde er dafür sorgen, daß die Koreaner von seinen Landsleuten nicht ungerecht behandelt würden. Die Beziehungen zwischen Japan und anderen Ländern seien sehr freundschaftlich, ein geheimes Bündniß zwischen Japan und irgend einer Europäischen Macht bestehe aber nicht.

Der Britische General-Konsul, Herr Hillier, der seit langen Jahren an einer Augenkrankheit leidet, hat auf seinen Antrag seine Entlassung aus dem Dienste erhalten; als sein Nachfolger wird der erste Dolmetscher der Englischen Gesandtschaft in Peking,

Herr Jordan, genannt.

Nach einem Telegramme des Koreanischen Spezial-Gesandten, Min-Yong-huan, aus Petersburg wird Herr Waeber hier als Russischer Gesandter verbleiben. Dem Vernehmen nach sind die für Korea bestimmten Russischen Militär-Instrukteure, zwanzig Offiziere und Unteroffiziere, ein Arzt und, wie es heißt, ein Pope vor einigen Wochen von Rußland abgereist.

Eine Japanische Commission behufs Erlangung der Conzession für die Eisenbahn von Söul nach Fusan ist vor Kurzem hier eingetroffen. Die Japanischen Bestrebungen stoßen hier indeß auf bedeutenden Widerstand. Herr Waeber, der seit der Flucht des Königs in die Russische Gesandtschaft die hiesige Regierung vollständig leitet, äußerte neulich zu mir, daß der Bau und der Betrieb der Eisenbahn durch die Japaner erbitterte und anhaltende Aufstände der Bevölkerung der betreffenden Gegenden zur Folge haben würden. Zum Schutze der Japanischen Arbeiter und des Japanischen Eisenbahn-Personals würde eine große Anzahl Japanischer Soldaten erforderlich sein, da schon für die Telegraphen-Linie 200 Gensdarmen nothwendig seien.

Für die zu erbauenden Eisenbahnen ist von der Regierung eine Verordnung erlassen worden, welche die Spurweite auf die normale, 4 Fuß 8 1/2 Zoll englisch, festsetzt. Der Russische Gesandte bemerkte mir gegenüber, daß er, um Redereien vorzubeugen, der Regierung nicht die Russische Eisenbahnspur empfohlen hätte.[33]

Nach einer Mittheilung des seit dem 1. v. Mts. von der hiesigen Regierung engagirten Telegraphen-Ingenieurs Mühlensteth, beabsichtigt dieselbe, die Telegraphen-Linie von Söul nach Chemulpo, Fusan und Wönsan wiederherzustellen. Die Chinesische Linie von Söul nach Wiju ist von den Koreanern nothdürftig hergerichtet, dem öffentlichen Betriebe indeß noch nicht übergeben worden.

Durch Erlaß des Königs vom 6. d. Mts. ist die Eintheilung des Königreichs in 23 Präfekturen aufgehoben und die vorherige Verwaltungsordnung wieder eingeführt worden, mit der Maßgabe, daß die größeren Provinzen Ham-kyöng-do, Pyöng-an-do, Chölla-do, Kyöng-sang-do und Chung-Chöng-do in je zwei Theile zerlegt sind. Das Land besteht in Folge dessen jetzt aus 13 Regierungsbezirken, und zwar:

1) Kyöng-kui-do mit dem Regierungssitze in Su-won,
2) Nord-Chung-chöng-do mit Chung-ju,
3) Süd-Chung-chöng-do mit Kong-ju,
4) Nord-Chölla-do mit Chöng-ju,
5) Süd-Chölla-do mit Kuang-ju,

33 c. f. II 789/97 wonach durch Kgl. Dekret die Russ. Spurweite angeordnet worden ist.

6) Nord-Kyöng-sang-do mit Tai-ku,

7) Süd-Kyöng-sang-do mit Chin-ju,

8) Whang-hai-do mit Hai-ju,

9) Nord-Pyöng-an-do mit Chong-ju,

10) Süd-Pyöng-an-do mit Pyöng-yang,

11) Kang-wön-do mit Ch´un-chon,

12) Nord-Ham-kyöng-do mit Kyong-söng,

13) Süd-Ham-kyöng-do mit Ham-höng.

Die Stadt Söul mit Vorstädten bildet einen eigenen Bezirk unter einem Stadt-Präfekten.

Für die drei offenen Häfen sind wieder Handelsinspektoren (Kamni) ernannt worden.

Von Mitgliedern der Partei des Tai-wön-kun wurde Anfang d. Mts. dem Könige eine Bittschrift überreicht, worin er, nach einer Mittheilung des Konsulats-Linguisten, gebeten wurde, nach dem Palast zurückzukehren, die Königin beerdigen zu lassen und die Verträge mit dem Ausland so abzuändern, daß fremde Soldaten nicht mehr in Söul stationirt werden. Der Bescheid des Königs ist bisher nicht erfolgt.

Der Gesandte für die Vereinigten Staaten von Amerika, Yi-Pom-chin, ist abgereist; zum Legationssekretär in Washington ist der ehemalige Konsulats-Linguist, I-Ui-dam, ernannt worden.

Mit Bezug auf ein in den letzten Tagen des v. Mts. in Japanischen Zeitungen erschienenes Telegramm aus Söul, wonach der Russische Gesandte auf Weisung seiner Regierung den König vergeblich ersucht haben soll, in den Palast zurückzukehren, äußerte Herr Waeber zu mir, daß ihm von der Sache nichts bekannt sei. Er wisse sogar, daß die Japanische Regierung dieses Telegramm in die Zeitungen gebracht hätte, vermuthlich um den Anschein zu erwecken, als ob die Russische Regierung vollständig bereit wäre, die Japanischen Wünsche in dieser Hinsicht zu erfüllen.

Der Mörder des politischen Flüchtlings Kim-Ok-kiun wurde vor Kurzem zum Vorleser des Kronprinzen bestellt, nach einigen Tagen aber auf seinen Antrag wieder entlassen.

In dem Staatsministerium brechen fortwährend Zwistigkeiten und Zerwürfnisse aus. Der Premierminister und der Justizminister haben um ihren Abschied gebeten, sind aber von dem Könige abschlägig beschieden worden.

Der Ämter-Schacher steht wieder, und zwar hauptsächlich bei dem Ministerium des Königlichen Hauses, in größter Blüthe.

Krien.

Inhalt: Politische Ereignisse in Korea.1 Anlage.

Anlage zu Bericht № 45.

Aus der Zeitung „Independent" vom 14. Juli 1896.

A scrib of the *Independent* visited the Japanese Legation under the South Mountain a day or two ago and found the new Minister Mr. Hara in his library reading some Japanese magazines. He introduced himself and asked for an interview and was received cordially. His excellency's manner and appearance indicate that he is a refined and will educated Japanese gentleman. He speaks French and is well posted in international law and diplomatic usages. His general appearance is more like a Southern European than a Japanese. He has gray hair and a well proportioned face showing intelligence and geniality of disposition. He, like all diplomatists, declined to answer some pointed questions, but in general he says Korea will make progress hereafter. He does not care what country helps Korea as long as she makes progress, advances in education, develops her resources and increases her commerce. If so, the Japanese will be satisfied. What Japan hopes is that Korea may go ahead and become an important power in the Orient. If she does this by the help of any country even other than Japan, his people will be entirely satisfied. The only thing Japan hopes is Korea's progress and they care very little about who helps her to achieve the object. He says the *entente cordiale* between Russia and Japan is perfect. And the rumor of a coming conflict between the two nations is entirely groundless. He says after the war some Japanese adventurers came to Korea and wounded the feelings of Korean people by their rash and unfair dealings, but the Government makes special provisions now so that such people can not come to this country. He is also taking active steps since his arrival to prevent his people from doing any thing unjust or unfair to the Koreans. He says the relations between Japan and other countries are very friendly but there is no secret alliance with any European power.

Berlin, den 26. September 1896.

zu A. 9933.

An
die Botschaften in
1. London № 1099.
2. St. Petersburg № 750.

J. № 6622.

Euerer pp. übersende ich anbei ergebenst Abschrift eines Berichts des K. Gesandten in Tokio vom 17. v. Mts., betreffend die Mission Yamagata,

zu Ihrer gefälligen Information.

N. d. st. H. St. S.

Korea.

PAAA_RZ201-018923_112 f.			
Empfänger	Fürst zu Hohenlohe - Schillingsfürst	Absender	Hohenlohe
A. 9977 pr. 25. September 1896. a. m.		London, den 23. September 1896.	
Memo	mtg. 28. 9. Pena 569, Paris 646, Petersbg. 755, Rom 891, Wien 894, Peking A. 28, Tokio A. 23.		

A. 9977 pr. 25. September 1896. a. m. 1 Anl.

London, den 23. September 1896.

№ 610.

An Seine Durchlaucht
den Herrn Reichskanzler
Fürsten zu Hohenlohe - Schillingsfürst.

Im Gegensatze zu dem Artikel[34] der gestrigen „Times", welche sich den Anschein gab, als habe England gegen den stets wachsenden Einfluß Rußlands in Korea nicht das Geringste einzuwenden, bringt die heutige „Morning Post" einen Artikel, welcher die russischen Pläne weniger freundlich betrachtet.

Jedenfalls würde es sich, meint das genannte Blatt, in Anbetracht der Neugestaltung der Dinge empfehlen in Petersburg bezüglich der Häfen von Port Lazareff und Port Hamilton Aufklärungen zu verlangen.

Den bezüglichen Artikel der „Morning Post" beehre ich mich anliegend im Ausschnitt gehorsamst zu überreichen.

Hohenlohe.

Inhalt: № 610. London, den 23. September 1896. Korea.

34 allerunterthänigst beigefügt.

THE TIMES, TUESDAY, SEPTEMBER 22, 1896.

There seems to be little doubt that among the recent achievements of Russian diplomacy must be reckoned an arrangement with Japan on the Korean question. We do not know that there is any reason why this country should regret the formal recognition of such an understanding. The immediate object of our policy in the Far East is manifestly the avoidance of a disturbance of the peace in those regions. Both on political and on commercial grounds we must deprecate war in a quarter in which it seemed to be pregnant, a couple of years ago, with incalculable perils. There, at all events, its evils have been limited, beyond expectation, by the collapse of the power and prestige of China. Our first and greatest interest in the Far East is peace. We have other interests, of course, which it is our business to watch and guard, and which our Government must not neglect; but these in no way involve the maintenance of anarchy in Korea. It is believed that Russia and Japan have agreed to reestablish a *condominium* or joint protectorate, resembling that which was exercised over Korea before the war by the Chinese and the Japanese, and which was renounced, so far as China was concerned, by the Treaty of Shimonoseki. Russia, however, now assumes the position from which China has been compelled to withdraw, but which Japan has never abandoned. The two protecting Powers have entered, it is said, into an engagement to use their influence conjointly, and to confer together before tendering any advice to the Korean Government or taking any action should such advice be rejected. The tension of the situation in Korea is likely to be at once relaxed in consequence of the conclusion of this agreement. It is expected that the KING will leave the Russian Legation, where he had taken refuge after the disturbances in which the QUEEN was assassinated, and which were undoubtedly the work of some Japanese fanatics, in defiance of the influence of their own wiser statesmen.

The return of the KING in triumph to his palace, supported by the material and moral power of Russia, is a victory for the forces of reaction, and a defeat for the ambitions of the too impatient Japanese. It will be carried out simultaneously with the evacuation of Korea by Japan, and it undoubtedly leaves to Russia, a practical, though not a formal, ascendency in the peninsula where the original cause of quarrel with China arose. Yet sensible men in Japan will look upon the compromise as fair, and even favourable, taking into consideration the unfortunate failure of the Japanese to control the course of events in Korea and to suppress a dangerous outbreak of national discontent against the conquering State. The present arrangement has the advantage, from the Japanese point of view, of saving appearances and gaining time, while leaving the final solution for the future. For Russia it has, at least, equal advantages, and, perhaps, greater. British policy can but desire the maintenance of a reasonable measure of order in Korea, so that anarchy in that country may not disturb the peace of the Far East. It may be assumed that Japan will not allow Russia to obtain any territorial, aggrandisement which would interfere with the balance of power in those regions, and, if the existing equilibrium were to be endangered by a private "transaction" between the Russian and the Japanese Governments, other Powers would certainly have something to say. The situation, therefore, must be carefully watched. What has happened, however, up to the present moment is no more than might have been expected. Japan has missed one of the main objects of her ambition by her lack of patience and her incapacity to deal with a backward and ignorant dependency. Russia, partly by good luck and partly by sagacious diplomacy, has reaped a large part of the harvest sown by the Japanese, without either labour or risk on her own part.

Before the war Korea was subject to an ill-defined protectorate, exercised conjointly by China and Japan. The Koreans, detesting all that is known as order and progress, instinctively recoiled from Japan and leaned towards China. After the Japanese victories, China by treaty recognized "the full and complete independence and autonomy of Korea" renouncing, at the same time, all claim to tribute and to ceremonial homage. No such renunciation of the pre-existing rights of protectorate was made by Japan, and the Japanese evidently hoped that the authority derived from previous interference, confirmed by the practical dispossession of the rival Power, would silently and slowly grow into an absolute and undisputed predominance. This, it was hoped, would not involve the immediate risks and responsibilities of an annexation, which, in view of the attitude taken up by the European Powers in regard to the acquisition of territory on the mainland, could hardly have been accomplished without another and a greater war. The recent history of Tunis seemed to point to such a course as one combining many advantages. The Japanese, however, underrated the obstructive qualities of the Koreans. They forgot that the sympathies which China had cultivated for her own advantage might be attracted by Russia. Yet it would have been difficult for Russia to meddle in the internal affairs of Korea if the Japanese had not pushed their passion for innovation too fast and too far. Their extraordinary success in remodelling their own political and social institutions seems to have inspired them with the unhappy idea that Korea was equally ripe to enter upon a rivalry with the Western world. The reforms Japan desired to introduce were apparently admirable in themselves, but Korea was no more fitted to receive them than the Scottish Highlanders at the beginning of the last century were prepared to accept the manners and fall in with the ideas of the Court of Versailles. The violence and the intrigues of the factions at Seoul might, perhaps, have been checkmated in the end by patience and reason, but COUNT INOUYE, the ablest representative of Japanese policy, was supplanted at a critical moment by VISCOUNT MIURA, a politician of a less temperate school. Meanwhile, the Russian Legation maintained a judicious reserve and allowed it to be understood that they only wished the Koreans to be allowed to govern themselves. When the Japanese lent an ear to the suggestions of the party opposed to the QUEEN—the KING being a mere cipher—and took part in a *Coup d` État*, they became responsible for the events which followed. The QUEEN was murdered nearly a year ago during a civil conflict encouraged by the Japanese officials, and the KING became practically a prisoner in his own palace. When he escaped, a few months later, and threw himself on the protection of the Russian Legation, the Japanese Government acquiesced substantially in the transfer of power to another centre. The arrangement lately concluded appears only to have recognized and regularized accomplished facts. The new *condominium*, in which Russia takes the place of China, leaves Japan little more than a nominal share of control over Korea, but it is difficult to see how she could retain a greater share without asserting her strength in a way for which she is not at present prepared.

THE MORNING POST, WEDNESDAY, SEPTEMBER 23, 1896.

That the Russians should have opened a school at Seoul for the purpose of instructing the Koreans in the Russian language is not surprising to those who have followed events in the Far East. For many years past Russia has been developing relations, both commercial and political, with Korea, and in a manner which it is difficult to regard altogether as disinterested. By a commercial convention made in 1888 the Korean land frontier was opened to Russian traders, and a lower rate of customs dues was fixed for Russian land imports than for other foreign imports by sea. The same Power also secured the right to have agents in the northern portion of the peninsula. Later on the Russian authorities asked permission to found a Russian agricultural colony in Korea. Three years ago an overland telegraphic connection was established between the two countries, and a Russian Consul was appointed at Fusan, although there was but little trade for him to supervise. Subsidies, too, have been freely given, and the steam service now in active operation between Vladivostock and the Korean ports is practically financed by Russia. In fact, everything that can be done has been accomplished to foster friendship between Russia and Korea. In the towns across the borders schools have been opened for Korean children, who have been brought up in the Russian faith, and by means of these naturalised citizens Russia has been able to carry on, as Mr. CURZON puts it, "a campaign of political intrigue in the peninsula." It must not be supposed, however, that this is the first attempt to teach foreign languages in Seoul. The KING himself opened an academy some time ago in which it was sought to impart the elements of a modern education to young Koreans of good position, and notwithstanding the recent hostilities that school has survived. In fact, it is probable that the Russians, seeing that the school in question might possibly have to be closed for want of funds, suggested the substitution of a Russian seminary, in which we are told instruction in the Russian language is given free. But while Russia has been doing all she knows to gain a firm foothold in Korea, Japan has made but little progress. Long before the war she had virtually surrendered her suzerain rights to China. In fact it was only by taking advantage of the native disturbances in the Peninsula and the impotence of the Korean Government that Japan was able to make out a case for declaring war against China. Even then the insular Power essayed a task which she has since found too difficult to perform. To make a Japan of Korea was well-nigh an impossibility, but the MIKADO's Ministers imagined that much could be done in a few months, and accordingly a list of reforms was handed to the King of KOREA, with directions that he was at once to bring them into operation. What the KING failed to do and China declined to undertake Japan has endeavoured to perform, with the inevitable result that her efforts have signally failed. By the terms of the Shimonoseki Treaty China recognised the full and complete independence and autonomy of Korea, but Japan did not give up all claim to the suzerain privileges she undoubtedly possessed. Thus, when peace was proclaimed China retired from the Peninsula; and Japan, by the aid of her diplomatic representative, took the place of the greater Power. The mistakes made by her Minister at Seoul soon rendered things difficult, and in the end the QUEEN was murdered and the KING flew to his palace for safety, only to emerge therefrom to seek refuge in the Russian Embassy. This action alone showed that the Ruler of Korea was more amicably inclined towards Russia than Japan, notwithstanding that Japan had given him his Kingdom. The authorities at Tokio therefore again considered the position, and have ever since been in close consultation. The result of these deliberations have not yet been made public, but sufficient has become known to form a very strong suspicion that Japan has come to some arrangement with Korea by which Russia and Japan may be placed upon an equal footing. Virtually this means that Russia has taken the place of China with regard to the Peninsula, in which case it might be well to obtain some assurance from St. Petersburg concerning the questions of Port Lazareff and Port Hamilton.

Berlin, den 28. September 1896.

zu A. 9977.

An

die Botschaften

1. Constantinopel № 567.
2. Paris № 646.
3. St. Petersburg № 755.
4. Rom № 891.
5. Wien № 894.
6. Peking № A28.
7. Tokio Einschrieben! A. № 23.

J. № 6671.

Euerer pp. übersende ich anbei ergebenst Abschrift eines Berichts des K. Geschäftsträgers in London vom 23. d. Mts., betreffend Corea, zu Ihrer gefälligen Information.

N. d. st. H. St. S.

Die Koreanische Angelegenheit.

PAAA_RZ201-018923_118 ff.			
Empfänger	Fürst zu Hohenlohe - Schillingsfürst	Absender	Gutschmid
A. 10377 pr. 8. Oktober 1896. p. m.		Tokio, den 29. August 1896.	
Memo	mtg. 17. 10. Peterbg. 806.		

A. 10377 pr. 8. Oktober 1896. p. m.

Tokio, den 29. August 1896.

A. 151.

An Seine Durchlaucht
den Herrn Reichskanzler
Fürsten zu Hohenlohe - Schillingsfürst.

Von gut informirter Seite höre ich, daß Fürst Lobanow letzthin der Japanischen Regierung den Rath hat ertheilen lassen, die in Korea stationirten regulären Truppen durch Gensdarmen zu ersetzen. Dieser Rath dürfte im Hinblick auf die von Japan versprochene „Unabhängigkeit" des Halbinselkönigreiches gegeben worden sein, die, so lange fremde Heerestheile wichtige Plätze in Korea besetzt halten, ephemär bleiben müßte.

Mein Britischer Kollege hält es nicht für unwahrscheinlich, daß Rußland eine veränderte Haltung hinsichtlich Korea´s plane und daß mit Russischer Hülfe allmählich der chinesische Einfluß wieder zur Geltung kommen könnte. Die gänzlich unter Russischem Einfluß stehende Chinesische Regierung würde dann gewissermaßen für Rußland handeln und es letzterem, ohne daß dieses seine Beziehungen zu Japan und anderen Mächten zu kompromittiren brauchte, ermöglichen, seine Pläne auf indirektem Wege zu verwirklichen.

Abschriften dieses Berichtes gehen nach Peking und Söul.

Gutschmid.

Inhalt: Die Koreanische Angelegenheit.

Politische Ereignisse in Korea.

PAAA_RZ201-018923_122 ff.			
Empfänger	Fürst zu Hohenlohe - Schillingsfürst	Absender	Krien
A. 10474 pr. 11. Oktober 1896. a. m.		Söul, den 22. August 1896.	
Memo	mtg. 17. 10. London 1166, Petersbg. 809. cfr. A. 11691; cfr. A. 12597; cfr. A. 12920 J. № 381.		

A. 10474 pr. 11. Oktober 1896. a. m.

Söul, den 22. August 1896.

Kontrol № 49.

An Seine Durchlaucht
den Herrn Reichskanzler
Fürsten zu Hohenlohe - Schillingsfürst.

Euer Durchlaucht habe ich die Ehre ganz gehorsamst zu melden, daß in neuerer Zeit die conservative Partei wieder größeren Einfluß auf den König erlangt hat. Veranlassung dazu haben besonders die von dem Russischen Gesandten unterstützten Bemühungen der fortschrittlich gesinnten Minister gegeben, die von dem Ministerium des Königlichen Hauses seit einigen Monaten besonders arg betriebene Erhebung von ungesetzlichen Abgaben und den Ämter-Verkauf abzustellen. Der König hat unter einem starken Drucke des Herrn Waeber am 12. d. Mts. ein Edikt erlassen, worin betont wird, daß die Erhebung von Taxen und Steuern einzig und allein dem Finanzministerium zusteht und den andern Ministerien und Beamten streng verboten wird. Doch betrachtet der König diesen Eingriff des Russischen Gesandten als eine ungebührliche Beschränkung seiner Hoheitsrechte. Mitglieder der conservativen Partei, insbesondere der Mörder Kim-Ok-kiun's und ein anderer Koreaner Namens I-Il-chik, der im Frühjahr 1894 den politischen Flüchtling Pak-Yong-hio in Tokio zu ermorden trachtete, von den Japanischen Behörden aber verhaftet wurde, sind von dem Könige öfters heimlich empfangen worden, während verschiedenen Ministern der Zutritt, angeblich wegen Krankheit des Königs, verweigert wurde. Zu gleicher Zeit wurden Gerüchte über eine Verschwörung der Japanisch gesinnten Partei verbreitet und zwölf Koreaner, darunter der Neffe des früheren Premierministers Kim-Hong-jip verhaftet. Die Minister des Auswärtigen und des Krieges sowie verschiedene Ministerial-Beamte, die um ihre Sicherheit besorgt waren, hielten sich verborgen, haben aber seit vorgestern zum Theil ihre Funktionen wieder aufgenommen und sind von dem Könige empfangen worden.

Die hier umlaufenden Berichte, nach denen auf Veranlassung des Tai-wön-kun gegen Dreitausend Aufständische sich in die Stadt eingeschlichen haben, sind zum mindesten sehr übertrieben.

Der König beabsichtigt nunmehr, die Leichenfeierlichkeiten für die am 8. Oktober v. Js. ermordete Königin endlich stattfinden zu lassen. Zu diesem Zwecke sind die neben dem Englischen General-Konsulate liegenden Palastgründe durch Ankauf der anstoßenden Privathäuser bedeutend erweitert worden. Auf diesem Grundstücke werden jetzt Neubauten errichtet. Später soll dann, wie es heißt, der König die Russische Gesandtschaft verlassen und dort hinziehen. In der Nähe des Platzes sollen die im nächsten Monate erwarteten Russischen Militär-Instrukteure untergebracht werden.

Der Mörder Kim-Ok-kiun's ist zum Sekretär des Ministerium des Königlichen Hauses ernannt worden; I-Il-chik, der bei seiner damaligen Verhaftung in Japan einen, von der hiesigen Regierung allerdings für unecht erklärten, Befehl des Königs, den Flüchtling Pak-Yong-hio unschädlich zu machen, vorgewiesen hatte, war vor Kurzem für den Posten des Vize-Ministers der Auswärtigen Angelegenheiten in Aussicht genommen, in Folge des Widerstandes des Ministers des Äußern jedoch nicht ernannt worden.

Über die Russischen Arbeiten auf Roze-Island im Hafen von Chemulpo äußerte Herr Waeber neulich zu mir, daß dort eine Kohlen-Niederlage, wie sie auf derselben Insel auch für die Japanischen Kriegsschiffe besteht, und ein Spielplatz für die Russischen Matrosen beabsichtigt seien. Die Zeitungsnachrichten über Anlage eines Docks für die Russischen Kriegsschiffe seien dagegen vollständig unbegründet.

Vor einigen Tagen ist der Direktor der Russisch-Chinesischen Bank in Shanghai, Herr Pokotilow, hier eingetroffen, dem Vernehmen nach, um eine Koreanische Anleihe zu negoziiren. Derselbe äußerte mir gegenüber, daß er sich voraussichtlich einige Monate in Söul aufhalten werde.

Die Unruhen im Innern haben in der letzten Zeit wieder zugenommen.

Krien.

Inhalt: Politische Ereignisse in Korea.

Berlin, den 17. October 1896.

zu A. 10377.

An
die Botschaft in
St Petersburg № 806.

J. № 7095.

Euerer pp. übersende ich anbei ergebenst Abschrift eines Berichts des K. Gesandten in Tokio vom 29. Aug., betreffend Korea,

zu Ihrer gefälligen Information.

N. S. E.

Berlin, den 17. October 1896.

zu A. 9984. / A. 10474.

An
die Botschaften in
1. London № 1166.
2. St. Petersburg № 809.

J. № 7104.

Euerer pp. übersende ich anbei ergebenst Abschrift zweier Berichte des K. Konsulats in Söul vom 11. und 22. Aug., betreffend Politische Ereignisse in Korea,

zu Ihrer gefälligen Information.

N. S. E.

Berlin, den 20. October 1896.

zu A. 9940.

An
die Botschaften in
1. London № 1179.
2. Paris № 711.
3. St. Petersburg № 816.

J. № 7170.

Euerer pp. übersende ich anbei ergebenst Abschrift eines Berichts des K. Konsulats in Söul vom 6. Aug., betreffend das angebliche Darlehen Frankreichs an Korea,

zu Ihrer gefälligen Information.

N. S. E.

[ ]

PAAA_RZ201-018923_135			
Empfänger	[o. A.]	Absender	[o. A.]
A. 11486 pr. 7. November 1896. p. m.		[o. A.]	

A. 11486 pr. 7. November 1896. p. m.

Le Nord.

7. 11. 96.

Les journaux anglais reviennent, de temps en temps, à la question coréo-japonaise, pour donner des nouvelles inquiétantes à ce sujet, parlant des difficultés que les Japonais susciteraient à la Russie pour la pacification de la Corée et le règlement de cette question.

Ces nouvelles de journaux anglais sont entièrement inexactes. Nous savons que l'un des principaux obstacles au règlement de cette question coréenne est déjà écarté.

Les troupes japonaises ont déjà évacué la Corée, sauf quelques petits détachements que partiront à leur tour très prochainement.

Rußland und Japan in Korea. Die Zukunft der Philippinen.

PAAA_RZ201-018923_136 ff.			
Empfänger	Fürst zu Hohenlohe - Schillingsfürst	Absender	Gutschmid
A. 11688 pr. 13. November 1896. p. m.		Tokio, den 6. Oktober 1896.	
Memo	mtg. 22. 11. Petersb. 914, Peking A. 36.		

A. 11688 pr. 13. November 1896. p. m.

Tokio, den 6. Oktober 1896.

A. 172.

An Seine Durchlaucht
den Herrn Reichskanzler
Fürsten zu Hohenlohe - Schillingsfürst.

Der Russische Geschäftsträger bedauert, daß Herr Hara, der Vertrauensmann des Grafen Mutsu war und vor einigen Monaten als Gesandter nach Korea geschickt wurde, von dem Grafen Okuma abberufen worden ist. „C´était un être inoffencif", wie Herr von Speyer sich ausdrückte, und darin hat er Recht.

Falls, wie gerüchtweise verlautet, Herr Oishi - ein Parteigänger des Grafen Okuma - zum Nachfolger des Herrn Hara ausersehen sein sollte, beabsichtigt Herr von Speyer hiergegen energisch Einspruch zu erheben. Herr Oishi war bekanntlich in den Jahren 1892/93 Japanischer Vertreter in Söul und befürwortete damals das direkte Eingreifen Japans in die Angelegenheiten des Halbinselkönigreichs, agitirte auch für eine solche Politik in der hiesigen Presse. Er ward dem Grafen Ito so unbequem, daß er trotz der Rücksichten, welche der damalige Ministerpräsident auf die Japanische Fortschrittspartei (: die Kaishin-to, deren Chef Graf Okuma war:) nehmen zu müssen glaubte, abberufen wurde. Er hat jedenfalls zu der kriegerischen Entwickelung der Dinge erheblich beigetragen.

Mit dem neuen Minister der Auswärtigen Angelegenheiten hat Herr von Speyer die Koreanische Angelegenheit bisher noch nicht besprochen, will dies jedoch gelegentlich des nächsten Empfanges des Grafen Okuma thun. Der Geschäftsträger drückte mir gegenüber sein Befremden darüber aus, daß die Japanische Regierung es für nöthig erachtet habe, eine vor Kurzem durch die Reuteragentur übermittelte Mittheilung der „Times", wonach Japan sich Rußland gegenüber verpflichtet habe, sich vollständig aus Korea zurückzuziehen, durch die Zeitungen amtlich dementiren zu lassen.

Zum Schluß sagte mir Herr von Speyer halbscherzend, er werde die Aufmerksamkeit der Japaner auf die Ereignisse in den Philippinen lenken; vielleicht würde dann Korea bei ihnen mehr in den Hintergrund treten. Ich konnte mich bei dieser Äußerung des Gedankens nicht erwehren, daß, wenn Spanien je die Philippinen verlieren sollte, doch wohl Deutschland in erster Linie dazu berufen sei, als Erbe aufzutreten, und sich diesen reichen Besitz nicht entgehen lassen sollte.

Gutschmid.

Inhalt: Rußland und Japan in Korea. Die Zukunft der Philippinen.

Politische Ereignisse in Korea. Ertheilung einer Forst-Konzession an einen Russen.

PAAA_RZ201-018923_142 ff.			
Empfänger	Fürst zu Hohenlohe - Schillingsfürst	Absender	Krien
A. 11691 pr. 13. November 1896. p. m.		Söul, den 21. September 1896.	
Memo	cfr. A. 3536. 01. J. № 417.		

A. 11691 pr. 13. November 1896. p. m. 1 Anl.

Söul, den 21. September 1896.

Kontrol № 53.

An Seine Durchlaucht
den Herrn Reichskanzler
Fürsten zu Hohenlohe - Schillingsfürst.

Euer Durchlaucht beehre ich mich im Verfolg meines Berichtes № 49 vom 22. v. Mts.[35] ganz gehorsamst zu melden, daß die hiesigen fremden Vertreter am 2. d. Mts., dem Geburtstage des Königs von diesem in der Russischen Gesandtschaft empfangen wurden. Auch der Japanische Gesandte erschien bei der Audienz, nachdem ihm auf eine Anfrage erwidert worden war, daß der König die fremden Vertreter in der Russischen Gesandtschaft empfangen würde, weil die königlichen Paläste reparirt würden und deßhalb für den Empfang nicht geeignet wären.

Am 4. d. Mts. wurden die Leichenreste der Königin, sowie sechs Ahnenbilder des Königs von dem alten Palaste in den neben dem Britischen General-Konsulate gelegenen Palast hinübergeführt. Zu der Feier waren von dem Minister des Königlichen Hauses die Mitglieder sämmtlicher hiesigen Gesandtschaften und Konsulate mit alleiniger Ausnahme der Japanischen eingeladen worden.

In Folge von Anfragen und Beschwerden des Herrn Hara hat der Minister des Auswärtigen Iwan-Yong, der durch das eigenmächtige Vorgehen des Hausministers dem Japanischen Gesandten gegenüber in eine schiefe Stellung gerathen ist, bis jetzt dreimal seine Entlassung erbeten, ist aber jedes Mal von dem König abschlägig beschieden

35 A. 10474 ehrerbiet. beigefügt

worden, weil Herr Waeber den ihm durchaus ergebenen Minister nicht fallen lassen will. - Die Minister des Innern und der Finanzen haben gleichfalls um ihre Entlassung gebeten, diese ist ihnen indessen bisher nicht gewährt worden.

Der größere Theil der Russischen Gesandtschaftswache war am 4. d. Mts. zu der Feier nach dem neuen Palais kommandirt worden.

Einem naturalisirten Russen Namens Bryner ist am 9. d. Mts. von der Koreanischen Regierung die Erlaubniß ertheilt worden, auf der Koreanischen Uferseite der Tumen- und Yalu-Flüsse, sowie auf der Insel Ullondo (Dagelet-Island, Japanisch Matsu shima, unter 37 1/2° nördlicher Breite und 131° östlicher Länge) zwanzig Jahre lang Bauholz zu schlagen. Herr Bryner soll mit Koreanern eine Bauholz-Gesellschaft gründen, die die dortigen Staatsforsten nach forstwirthschaftlichen Grundsätzen abholzen soll. Bäume unter dreißig Jahren dürfen nicht gefällt werden. Für den Nachwuchs der abgeholzten Strecken soll gesorgt werden. Fünfundzwanzig Prozent des Vermögens der Gesellschaft soll der Koreanischen Regierung gut geschrieben werden, an die eine Abgabe von 25% des Reingewinns gezahlt werden muß. 15000 Rubel sind von Herrn Bryner bei der Russisch-Chinesischen Bank in Söul als Kaution zu hinterlegen. Demnach beabsichtigt die genannte Bank, sich hier niederzulassen.

In der Anlage beehre Euer Durchlaucht ich mich eine Englische Übersetzung des Vertrages ganz gehorsamst zu überreichen.

Die Konzession ist sehr werthvoll, weil die in Rede stehenden Gebiete an vorzüglichem Bauholz - namentlich Japanischen Cedern und Eschen - sehr reich sind. Der p. Bryner, ursprünglich Schweizer, wurde im Jahre 1879 in Shanghai wegen Betruges zu zwei Jahren Gefängnißstrafe verurtheilt und nahm nach Verbüßung seiner Strafe seinen Wohnsitz in Wladiwostok, wo er Russischer Unterthan wurde.

Der Chef der Russischen Militär-Mission, Oberst Putiata, befindet sich mit der im Frühjahr dieses Jahres nach Moskau entsandten Koreanischen Mission in Ostsibirien, auf dem Wege hierher. Wie mir der Japanische Konsul Kato neulich ganz vertraulich mittheilte, wären die Instrukteure selbst noch nicht abgereist, weil die Japanische Regierung gegen deren Verwendung in Korea in Petersburg Einsprache erhoben hätte.

Der Japanische Gesandte hat auf Weisung seiner Regierung die Verhandlungen über die Konzession der Eisenbahn von Söul nach Fusan wieder aufgenommen.

Der Zolldirektor von Chemulpo Herr Osborne, hat sich nach Pyöng-yang begeben, um Vorbereitungen für die Eröffnung eines Hafens an der Mündung des Tai-tong-Flusses zu treffen.

Abschriften dieses ganz gehorsamen Berichtes sende ich an die Kaiserlichen Gesandtschaften zu Peking und Tokio.

Krien.

Inhalt: Politische Ereignisse in Korea. Ertheilung einer Forst-Konzession an einen Russen. 1 Anlage.

Berlin, den 22. November 1896.

zu A. 11688.

An
die Missionen in
1. St. Petersburg № 914.
2. Peking № A. 36.

J. № 7935.

Euerer pp übersende ich anbei ergebenst Abschrift eines Berichts des K. Gesandten in Tokio vom 6. v. Mts, betreffend Korea und die Philippinen

zu Ihrer gefälligen Information.

N. S. E.

Arbeit des Premierlieutenant Meincke über die Koreanische Armee.

PAAA_RZ201-018923_151 ff.			
Empfänger	Fürst zu Hohenlohe - Schillingsfürst	Absender	Gutschmid
A. 12026 pr. 23. November 1896. a. m.		Tokio, den 15. Oktober 1896.	
Memo	I. orig. spr. 30. 11. R. Mar. Amt zck. 18. 1. cfr. A. 612. II. orig. s. p. r. 19. 1. an Kr. Min. zck. 6. 4. mit A. 4550.		

A. 12026 pr. 23. November 1896. a. m. 4 Anl.

Tokio, den 15. Oktober 1896.

B. 159.

An Seine Durchlaucht
den Herrn Reichskanzler
Fürsten zu Hohenlohe - Schillingsfürst.

Der zur Kaiserlichen Gesandtschaft kommandirte Premierleutnant Meincke hatte im Spätsommer mit meiner Genehmigung eine sechswöchentliche Reise nach Wladiwostok und Korea unternommen und die von mir durchaus gebilligte Absicht ausgesprochen, dieselbe zum Studium der militärischen Einrichtungen in Ostsibirien und im Halbinselkönigreich zu benutzen.

Der Genannte hat nunmehr auf Grund der während seiner Tour gesammelten Notizen zunächst seine Wahrnehmungen über die Koreanische Armee zu Papier gebracht.

Euerer Durchlaucht beehre ich mich die mit vielem Fleiß angefertigte diesbezügliche Arbeit des Premierleutnant Meincke nebst drei Anlagen mit dem Anheimstellen hochgeneigter weiterer Veranlassung hierneben zu überreichen.

Gutschmid.

Inhalt: Arbeit des Premierlieutenant Meincke über die Koreanische Armee. 4 Anlagen.

(A. 12026, A 6347, A. 6181, A. 213, A. 612, A. 4550)

Tokio, den 10. Oktober 1896.

An den Kaiserlichen Gesandten Herrn Freiherrn von Gutschmid Hochwohlgeboren.
Inhalt: die Koreanische Armee.

Während meines Aufenthalts in Korea im September dieses Jahres hatte ich Gelegenheit, folgendes über die dortigen Militärverhältnisse zu beobachten oder in Erfahrung zu bringen.

Die Armee des Landes ist eine sehr kleine im Verhältniß zu seiner Größe und seiner Bevölkerung von 10 Millionen; es sind annähernd 5000 Mann Infanterie und 100 Trainsoldaten.

Oberster Befehlshaber ist der König, allein derselbe hat noch niemals eine Uniform getragen, obwohl die Japaner ihm sowohl wie dem Kronprinzen eine solche geschenkt hatten, als sie nach dem Kriege eine neue Bekleidung für die Koreanische Armee einführten. Die Infanterie besteht aus 5 Regimentern, die sämmtlich in Söul liegen, und aus den Garnisonen von Penjang und Chunjong. Die 5 Regimenter sind zu einer Brigade vereinigt, jedoch ist ein Brigadekommandeur augenblicklich nicht vorhanden, ebensowenig wie ein Stellvertreter, dagegen giebt es einen Brigadestab, der aus 2 Hauptleuten besteht, welche die Functionen eines Ordonnanz- oder Signal-Offiziers haben, und je einem Sergeanten 1. und 2. Klasse und einem Korporal. Auch ein Kriegsministerium giebt es mit einem Kriegsminister und einem Vice-Kriegsminister, dagegen fehlt wiederum der im Etat vorgesehene Generalstabsoffizier, der ein Oberst sein soll. -

Ein Regiment hat 4 Bataillone zu je 3 Kompagnien und gehören zu demselben an Offizieren und Mannschaften:

1 Oberst als Kommandeur

1 Adjutant

5 Majore einschl. 1 Zahlmeister

13 Hauptleute einschl. 1 Zahlmeister

4 Sergeanten 1. Klasse

32 Sergeanten 2. Klasse

28 Korporale

48 Trompeter

752 Gemeine.

Das sind zusammen 20 Offiziere und 864 Unteroffiziere und Mannschaften; eine

Kompagnie zählt also 72 Köpfe. -

Die Garnisonen von Penjang und Chunjong haben jede 1 Major als Kommandeur, 6 Offiziere, 32 Unteroffiziere und 400 Mann. Zu erwähnen sind noch die alten Königlichen Haushalttruppen - 2 Kommandeure und 226 Mann - die aber als geschlossene Truppe nicht mehr auftreten, sondern zumeist als Diener Verwendung finden. Was die Chargen anbetrifft, so giebt es Hauptleute 1. und 2. Klasse, die Charge der Lieutenants fehlt ganz, und die 4 Sergeanten 1. Klasse sind die Schreiber der Bataillonskommandeure. - Dem Gesetze nach ist jeder waffenfähiger Koreaner heerpflichtig und hat der Staat auf dem Papier eine ungeheure Armee; in Wirklichkeit jedoch werden die Leute angeworben und rekrutiren sich schon seit Generationen zumeist aus denselben Familien, die somit eine Art Kriegerkaste bilden. Die Prüfung auf Brauchbarkeit ist eine sehr oberflächliche, man läßt den zu prüfenden 300 m hin und zurück laufen und darauf eine 90 [*sic.*] schwere Stange 3 Mal im Kreise herumtragen; ob der Mann ein Idiot ist, kommt nicht in Betracht.

Die Offiziere gehören fast durchgehend der höheren Klasse der Jangban an und erhalten ihre Patente je nach dem angelegten Kaufpreis oder dem Einfluß ihrer Familien. Um ein tüchtigeres Offizierkorps heranzubilden, ließ man von 4 Amerikanern, die 1887 zur Reorganisirung der Armee engagirt waren, eine Militärschule einrichten, in der 60 Zöglinge Aufnahme fanden. Als jedoch später bei der Vertheilung der Patente nach ganz denselben Grundsätzen verfahren wurde wie vordem, ohne auf die Leistungen in der Anstalt Rücksicht zu nehmen, ließ der Besuch sehr nach. Im vorigen Jahre nahmen die Japaner sich der Sache an, ließen durch ihre Offiziere Unterricht ertheilen, und viele Koreaner wurden nach Japan in die dortigen Kriegsschulen geschickt. Es war sogar beschlossen, für 1896 hundert Zöglinge einzustellen, und die Prüfungen waren bereits abgelegt, als der König am 11. Februar in die russische Gesandtschaft übersiedelte, und der Einfluß der Japaner damit zu Ende war. Die Militärschule hörte ganz auf und werden im Etat derselben nur noch 2 Majore, 2 Sekretäre, 1 Koch und 1 Diener geführt. Die Bewaffnung der Infanterie mit Gewehren ist seit dem Kriege keine einheitliche mehr, denn die Remington Gewehre, mit denen die Koreaner vorher ausgerüstet waren, wurden sammt der Munition von den Japanern in Beschlag genommen. Später wurde nur ein Theil (1700) und 300 000 Patronen zurückgegeben, die außerdem noch schlecht sein sollen. Die Koreaner holten daher für die größere Hälfte der Soldaten wieder ihre alten Sniderrifles hervor, welche vor den Remington´s in Gebrauch gewesen waren, und zu denen sich auch noch einige Munition fand. Schließlich erbarmten sich die Russen und schenkten der Koreanischen Regierung vor Kurzem 13000 Saden II Einzellader mit 600 000 Patronen; von denselben sind jedoch nur 872 ausgegeben und für die jedesmaligen Wachen und Posten bestimmt. Außerdem ist ein russischer Sachverständiger für die Herstellung von

Munition engagirt, so daß die Regierung darin nicht mehr vom Auslande abhängig ist. Für gewöhnlich hat der Mann 20 Patronen, die er in einer am Leibgurt befestigten Patronentasche trägt; rückt er ins Feld, bekommt er noch einen Zeuggürtel mit weiteren 40 Patronen. Die Mannschaften haben ein Seitengewehr in Lederscheide, die Offiziere einen Säbel in Metallscheide; ein Revolver ist für die letzteren nicht vorgeschrieben und wird daher nur von wenigen getragen.

An Bekleidung erhält der Mann geliefert:

1 Winteranzug von dunkelblauem Tuch mit rothem Kragen und Abzeichen, an den Beinkleidern breite rothe Streifen; wird im Sommer abgenommen.

2 Sommeranzüge von weißem Leinen mit gelben Abzeichen,

1 Mantel von dunklem Stoff,

1 Filzhelm mit rothem Band u. Knopf,

2 Paar niedrige Schuhe,

1 Paar Gamaschen

3 Paar Strümpfe

doppeltes Unterzeug

weißer Halskragen

Kammern mit weiteren Garnituren sind nicht vorhanden. Sämmtliches Lederzeug ist schwarz, und die Beschläge sowie Knöpfe sind von Messing. Die Regimentsnummern werden in arabischen Ziffern auf dem Oberarm getragen, die Rangabzeichen der Gemeinen und Unteroffiziere am Unterarm; der Korporal trägt eine breite Litze, der Sergeant hat darüber noch eine schmale und der Sergeant 1. Klasse deren 2. Eine schmale Litze allein bezeichnet den Gefreiten, 2 und 3 davon den Trompeter, der im übrigen an seinem Instrument mit rother Schnur zu erkennen ist. Alle Unteroffiziere tragen ferner am Filzhelm oberhalb des rothen Bandes noch einen rothen Streifen. -

Die Offiziere haben sich ihre Equipirung selber zu beschaffen; ihr Anzug war bisher gleich dem der Leute nur von besserem Stoff. Anfang September befahl der König plötzlich die Einführung eines anderen Rockes für seine Offiziere, da er nicht wollte, daß sie in den von den Japanern eingeführten Uniformen der Überführung der Leiche der Königin in den ganz neuen Palast beiwohnen sollten. Es wurde ein schwarzer Rock mit gleicher Verschnürung eingeführt und Litzen auf den Ärmeln, für den Hauptmann 2. Klasse mit einer beginnend und je eine mehr für jede nächst höhere Charge. Weiter haben die Offiziere goldne Achselstücke, die Hauptleute mit 1 Stern, die Stabsoffiziere mit 2; die Sterne sind auch am Helm über der Kokarde angebracht; außerdem hat der Offiziereshelm einen goldenen Knopf und 2 rothe Streifen über dem Band. Der Offizier vom Dienst trägt eine roth-weiße Schärpe nach Art unserer Adjutanten, und für

Paradezweck giebt es einen Federbusch. Die Zahlmeister tragen blau statt roth und Silber statt Gold. Man beabsichtigt den Offizieren noch Abzeichen am Kragen nach amerikanischer Art zu geben, damit ihr Rang leichter zu erkennen ist. Sämmtliche Ausrüstungs- und Bekleidungsgegenstände kommen aus Japan(Osaka), ausgenommen sind nur die Gewehre und dann die Filzhelme, die im Lande selbst hergestellt werden, dafür sind dieselben auch völlig unbrauchbar, denn bei Regen lösen sie sich auf. Nicht einmal die erforderlichen Schneider, Schuhmacher und sonstigen Handwerker-Arbeiten können die Koreaner selbst machen, sondern sind auch darin auf die in Söul im Stadttheil Shinkokei wohnenden Japaner angewiesen. Offiziere und Soldaten tragen die Haare geschnitten, jedoch in letzter Zeit lassen sich einzelne wieder Zöpfe wachsen, da die Zustände augenblicklich sehr unsichere sind und alle Augenblicke Offiziere sowohl wie Mannschaften entlassen werden, denn das Engagement ist nur ein monatliches, und eine Pension kennt man nicht. Haben sie aber die Uniform ausgezogen, so sehen sie mit ihren abgeschnittenen Haaren aus wie Mönche oder Priester, welche die verachtete Klasse sind, und auf dem Lande sind sie bei der herrschenden japanfeindlichen Stimmung sogar gefährdet, weil man sie in diesem Aufzuge für Japanerfreunde halten würde.

Die Verwaltung der Geldangelegenheiten hat der amerikanische Oberst Nienstead, der möglichst alles unter seiner persönlichen Aufsicht auszahlen läßt, um sicher zu sein, daß die Leute wirklich ihre richtige Löhnung erhalten, denn Beamten und Offiziere stehen in der Unterschlagungskunst ihren chinesischen Nachbarn in keiner Weise nach. Gehalt und Löhnung wird einmal im Monat gegeben und zwar am 26ten. Dasselbe beträgt für

den Kriegsminister	266$ 66 s.
Vice Kriegsminister	146$ 60 s.
Oberst(Generalstab)	91$ 80 s.
Oberst 12$ für Pferd u.	77$ - s.
Adjutant 12$ für Pferd u.	39$ - s.
Major	46$ - s.
Hauptmann 1. Klasse	34$ - s.
Hauptmann 2. Klasse	28$ - s.
Sergeant 1. Klasse	10$ - s.
Sergeant 2. Klasse	9 $ - s.
Korporal	8 $ - s.
Gemeine u. Trompeter	5 $ 50 s.

und 4 s. für jeden Tag, den sie auf Wache sind. Außerdem bekommen noch beim Empfang ihrer Patente der Oberst 70 $, der Major 60 $, Hauptmann 1. Klasse und Adjutant 55$ und der Hauptmann 2. Klasse 50$, was jedoch nicht ausreicht, um die

Equipirung zu beschaffen.

Untergebracht sind die Soldaten wie Offiziere in Baracken, und bedürfen diejenigen Offiziere, welche in ihren Privathäusern zu wohnen wünschen, einer besonderen Erlaubniß des Kriegsministeriums. Ich habe die Kaserne beim „Neuen Palais" gesehen, in der das 4. und 5. Regiment liegen, siehe Anlage 1.

Alle Räume sind gleich groß, ungefähr 6m tief und 3m breit, und jeder mit 10 Mann belegt. Offiziere haben einen Raum für sich, während die Unteroffiziere zu 3 oder 4 zusammen liegen. Der Raum ist völlig leer, nur der erhöhte Fußboden ist mit ganz dünnen Matten oder Ölpapier belegt, eine vorschriftsmäßige Ordnung existirt nicht, nur der Schmutz ist gleichmäßig über das Ganze vertheilt. Eine Eigenthümlichkeit dieser Kasernen ist, daß jedes Zimmer als „Kang" eingerichtet ist, d. h. es führt unter jedem im Mauerwerk entlang eine Röhre in der geheizt wird, so daß der Fußboden ständig warm ist; diese Einrichtung ist über ganz Korea und Nordchina verbreitet, nur daß in den Wohnungen der Bevölkerung nur eine kleine als Schlafstelle dienende Abtheilung so von unten gewärmt wird. Die Kaserne war ein Bild von Unsauberkeit, der Gang zwischen den Häuserreihen war voll übelriechender Pfützen, und an den schlimmsten Stellen befanden sich die Küchen. Der Gesundheitszustand kann unmöglich ein guter sein, trotzdem giebt es keine Ärzte bei der Truppe; nur wenn ins Feld gerückt wird, erhält jedes Regiment einen eingeborenen Medizinmann mit 15$ Monatsgehalt zugetheilt.

Unteroffiziere und Mannschaften erhalten auch Verpflegung vom Staate. Woraus dieselbe besteht und welche Kosten der Regierung daraus erwachsen, ist aus nachfolgender Zusammenstellung zu ersehen; dieselbe ist für den Monat August cr. gemacht, in welchem 72 372 Tagesportionen verabfolgt wurden; es sind nämlich augenblicklich in Söul nur etwa 2400 Mann, die anderen stehen im Felde gegen die Rebellen oder befinden sich auf Urlaub. Es wurde gebraucht an:

Reis	für	1533$ 80s.
rothe Bohnen		36$ - s.
Gemüse(bes. Kohl)		1045$ 32s.
Holz zum Kochen		160$ - s.
Holz zum Heizen		75$ - s.
Holzkohlen		10$ - s.
8 Kisten Kerasene		25$ 60s.
Gefäße, Eimer, Besen pp		189$ - s.
Papier, Tinte		43$ 47s.
zusammen		3118$ 19s.

Eine Tagesportion kommt also auf wenig über 4s.; Fleisch und Fisch haben sich die Leute selber zu beschaffen. Nimmt man Lohn, Ausrüstung, Bekleidung, Unterkunft und Verpflegung zusammen, so kostet 1 Soldat der Regierung nach der Berechnung des Oberst Nienstead im Sommer täglich 28,5s, im Winter 34,4s. Wenn die Truppe ins Feld rückt, erhalten Offiziere sowie Mannschaften täglich eine Zulage von 20s; die Offiziere außerdem 3$ monatlich für Tabak u. a. m., die Unteroffiziere und Leute jeden 3. Tag 10s zur Beschaffung von Strohsandalen, denn die Lederschuhe sind nicht für den Feldgebrauch gearbeitet und werden meistens zu Hause gelassen. Für die Verpflegung eines Pferdes im Felde wird 24s gerechnet, und jede Kompagnie erhält noch für besondere Ausgaben 45$ monatlich. Es sind augenblicklich viele Truppen gegen die Rebellen geschickt, welche besonders in den Ost- und Südprovinzen sich rühren und unter der Devise, den König aus den Händen der Russen erretten zu wollen, das Land plündern. Offiziere und Mannschaften sind von allen Regimentern entnommen und zwar vom

1. Regt	8 Offz	28 Uffz	455 Tr. u. Gem.
2. 〃	16 〃	43 〃	689 〃
3. 〃	1 〃	7 〃	67 〃
4. 〃	2 〃	5 〃	121 〃
5. 〃	2 〃	5 〃	96 〃
zusammen	29 〃	88 〃	1428 〃

Es fällt auf, daß besonders viele Leute aus den beiden ersten Regimentern sind, und das hat seinen Grund darin, daß diese beiden Regimenter 1895 durch japanische Instructeure ausgebildet wurden, und man daher den Offizieren sowohl wie den Mannschaften mißtraut. Auch ein neuer Nachschub - 161 Köpfe stark - der am 15 September Söul verließ, wurde auf des Königs speciellen Wunsch wieder diesen beiden Regimentern entnommen.

Die Ausbildung der Koreanischen Armee wurde zuerst von Amerikanern versucht, dann von den Japanern, und jetzt werden die Russen es übernehmen. Um dies Heer modernen Ansprüchen gemäß zu organisiren, hatte man im Jahre 87 vier Amerikaner engagirt. Die Erfahrungen derselben mit der Militärschule sind bereits erwähnt, und besser ging es ihnen auch nicht bei der Ausbildung der Truppen selbst, so daß nach Verlauf von 1 ½ Jahren zwei zurückkehrten. Von den beiden übrigen leitete General Dye die Trümmer der Kriegsschule weiter, während Oberst Nienstead die Truppen in den einfachsten Sachen ausbildete, vor allen Dingen im Wachtdienste, worauf der König großes Gewicht legte, dessen ganzer Wunsch es war, eine gute Palastgarde zu haben. Im Juni 95 übernahmen dann die Japaner die Leitung der Militärschule und ließen auch das 1. und 2. Regiment durch ihre Offiziere nach japanischem Reglement und Kommandos ausbilden. Aber nach dem 11. Februar zogen sie ihre Offiziere zurück, die Militärschule ging ein, die nach Japan geschickten koreanischen Offiziere kehrten ebenfalls nach und nach heim, und so ist momentan die Ausbildung wieder ganz in den Händen der Koreaner selbst, denn General Dye hatte ebenso wie Oberst Nienstead inzwischen den activen Dienst verlassen und ist jetzt der Direktor eines Gestütes, in dem amerikanische Hengste aufgestellt sind. Unter diesen Auspizien machten die beiden Bataillone, welche man mir vorexercirte, schon äußerlich keinen hervorragenden Eindruck, und doch war der Anzug noch das beste an ihnen. Es wurde eine Paradeaufstellung gemacht und salutirt, Vorbeimarsch in Kompagniefront, dann einzelne einfache Bewegungen in Kolonne und Linie und zuletzt als Höhepunkt ihrer Künste die Bildung des Karres mit Abgabe einiger Salzen. Vor allen Dingen fiel mir auf das langsame Marschtempo, 70mal in der Minute, mit einer Schrittlänge von höchstens 50 cm, was ich auch den Offizieren gegenüber bemerkte, worauf sie mir erwiderten, daß man sie darauf auch früher schon aufmerksam gemacht hätte; aber geändert hatten sie es nicht. Es wird überhaupt sehr wenig exercirt und höchstens 2 mal im Monat geschossen. Jetzt sollen Instructeure von Rußland kommen und zwar 19 Offiziere und 21 Unteroffiziere. Der Oberst Putiata, der chef de mission, ist bereits unterwegs, er reist mit dem zur Krönung nach Moskau gesandten Min-jong-wan zusammen und muß gegen Ende Oktober in Söul eintreffen. Die Offiziere und Unteroffiziere werden dann später von Wladivostok geschickt werden. Vorläufig unterrichtet der Lieutenant Honeleff, der Führer des russischen Wachtkommandos in der Gesandtschaft, die koreanischen Offiziere täglich 2 Stunden in russischen Kommandos und Reglement. Ein Reglement in die Landessprache zu übersetzen, dazu sind die Koreaner zu bequem; nur ein Militär-Strafgesetzbuch haben sie im vorigen Jahr fertig gebracht und am 27. 1. cr. die Zusatzbestimmung erlassen, daß der Oberst 5 Tage Arrest verhängen darf und Stockhiebe von 10 bis 100, der Major und Hauptmann 3 Tage und die gleiche Zahl von Stockhieben.

Der Train ist wie erwähnt 100 Köpfe stark und hat dieselbe Anzahl von Packpferden; er ist weder kasernirt noch einheitlich uniformirt, und die Pferde sind Eigenthum der Leute bezw. deren Familien. Diese 100 Mann Train sind die Überreste der früheren Kavallerie, die anfangs 600 Mann stark war und endgültig erst am 1. Juni cr. abgeschafft wurde, nachdem ein letzter Versuch des General Dye im Jahre 94 mit 400 Mann besonders daran gescheitert war, daß die Leute ihm immer andere Pferde brachten; überhaupt eignet sich der Koreaner ebenso wenig zum Reitersmann wie das kleine einheimische Pferd zum Reitthier.

Auch Artillerie hat es einmal gegeben, wie 18 Gatling Feld Kanonen und 12

Kruppsche 7 cm Gebirgsgeschütze beweisen, die im Arsenal stehen. Jedoch ist kein einziges Stück brauchbar, da die Verschlüsse und andere intergrirende Theile angeblich von den Japanern fortgenommen sind, jedenfalls fehlen sie. Ferner gab es bis zum Jahre 74 in den Befestigungen der Insel Kanghwa an der Han-Mündung, wo man sich im Kriegsfalle den Zufluchtsort der Königlichen Familie dachte, einige größere Kanonen, die aber gelegentlich der japanischen Expedition jenes Jahres mit nach Tokio gewandert sind und dort auf dem Kudan stehen; die wenig übrig gebliebenen sind eingeschmolzen worden, um cash daraus zu machen. Befestigungen sind sonst im Lande nicht vorhanden, nur daß Söul und verschiedene andere Städte noch aus alten Zeiten her eine mit Schießscharten versehene Mauer aus Geadersteinen besitzen, zumeist jedoch in zerfallenem Zustande.

Kriegsschiffe hat Korea nie gehabt; ein schwacher Versuch dazu wurde im Jahre 94 gemacht, man engagirte einen englischen Seeoffizier und einen Sergeanten, welche auf Kanghwa 100 Mann ausbilden sollten. Es verlautete, China oder England würden den Koreanern ein kleines Kanonenboot überlassen. Die Verhandlungen müssen jedoch gescheitert sein, denn nach Ablauf ihres 2jährigen Kontraktes sind die beiden Engländer wieder verschwunden, ohne ihre Schüler je aufs Wasser gebracht zu haben.

Der Koreaner ist ein schlechter Soldat, der seine Waffe fortwirft, sobald er es mit Japanern oder Europäern zu thun hat, vor allen Dingen jetzt bei der Panik, die im ganzen Lande herrscht. Der König ist sich der Unzuverlässigkeit seiner Soldaten sehr wohl bewußt und hat wiederholt sein Verlangen nach einer europäischen Leibwache ausgesprochen.

Die Japaner haben an Truppen im Lande 1 Bataillon (I. des 1. Regts) zu 600 Mann, davon stehen je 1 Kompagnie in Ginsan (1500 jap. Einwohner) und Fusan (3000 jap. E.) und 2 Kompagnien in der Kapitale (1800 jap. E.); nur ein kleiner Posten von 15 Mann befindet sich in Chemulpo (4000 jap. E.). Außerdem giebt es an den genannten 4 Plätzen an 100 japanische Polizisten, und 200 Gensdarmen schützen die Telegraphenlinie von Söul nach Fusan; dieselben genügen jedoch augenblicklich nicht, man hat Soldaten zu ihrer Verstärkung kommandiren müssen und läßt deshalb weitere 50 Gensdarmen aus Japan kommen. Bis zum 11. II. cr lagen die beiden Kompagnien in Söul in einer Kaserne beim „Neuen Palast", seitdem sind sie nach Shinkokei übergesiedelt. Das Bataillon wird jährlich im Mai abgelöst.

Die Russen haben 2 Offiziere und 74 Mann in der russischen Gesandtschaft; jedes der beiden vor Chemulpo ankernden Kriegsschiffe, Otralzny und Mandjur, hat die Hälfte dieses Kommandos aus seiner Bemannung gestellt. Im übrigen beschäftigen sich die beiden Schiffe damit, Roze Island zu vermessen und errichten dort eine Kohlenstation, siehe Anlage № 2 ; auf Station Island haben sie bereits ein Gebäude, Signalstangen und ein Taubenhaus, wahrscheinlich für Brieftauben.

Die Wege in Korea sind schlecht, besonders nach dem Thauwetter im Frühjahr und der Regenzeit im Juli; außerdem sind sie schmal und nur für Lastthiere berechnet.

Eisenbahnen giebt es noch nicht, doch sind bereits verschiedene Concessionen vergeben, so die aussichtvollste Linie Chemulpo-Söul an die Amerikaner und die Strecke Söul-Penjang-Jalu-Mündung an die Franzosen; letztere wollten auch noch die Linie Söul-Mogpo haben und boten da aufhin den Koreanern eine Anleihe an, jedoch die Regierung konnte bis jetzt darauf nicht eingehen, da man den Japanern die Linie Söul-Fusan nicht geben will und die Unsicherheit der Südprovinzen als Grund angegeben hat. Übrigens sollen Mogpo und der Hafen von Penjang in aller nächster Zeit dem fremden Verkehr geöffnet werden, der beste Hafen im Südosten soll jedoch Masampoh südlich von Fusan sein. Was Karten anbetrifft, so giebt es eine sogenannte Koreanische, von Europäern angefertigt, die leidlich gut aber veraltet ist. Dagegen giebt es jetzt eine japanische Aufnahme, siehe Anlage 3, die vor 2 Jahren vollendet wurde und noch geheim ist. Alle sonstigen Karten gründen sich entweder auf die erstgenannte oder eine frühere, schlechte japanische Karte. Augenblicklich fertigen die Russen eine Karte des Landes an, und reisen eine Menge von ihren Generalstabsoffizieren zu diesem Zweck in Korea herum.

Meincke.

Premierlieutenant im Feldartillerie-Regiment Prinz August von Preußen (Ostpr) № 1, kommandirt zur Gesandtschaft in Tokio.

Hierin 4 Anlagen zu A. 12026.

Anlage № 1.

Koreanische Kaserne.

(A. 12026, A 6347, A. 6181, A. 213, A. 612, A. 4550)

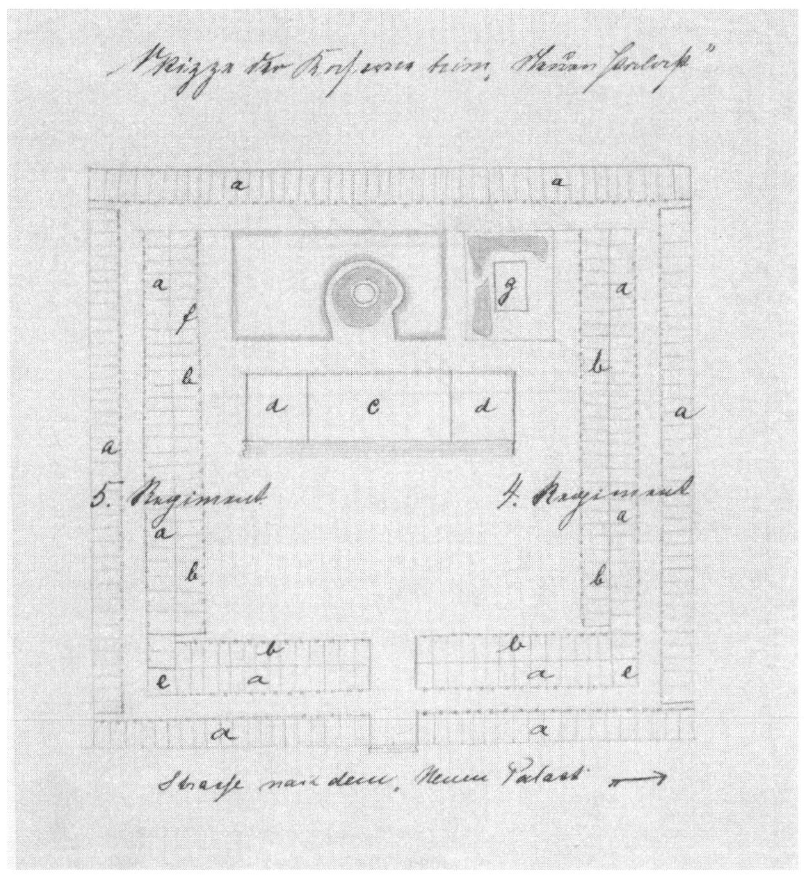

[Oben] Skizze der Kaserne beim „Neuen Palast“

[Mitte] 5. Regiment 4. Regiment

[Unten] Straße nach dem Neuen Palast

a. Wohnungen der Mannschaften, bedeutet den Eingang; das 4. Regiment bewohnt den rechten Theil der Kaserne, das 5. Regiment die linke Seite

b. Wohnungen der Offiziere und Unteroffiziere

c. Große Eingangshalle, eventuell Wohnung für den Kriegsminister

d. Wohnungen der beiden Regimentskommandeure.

e. Mannschaftsküchen

f. Offiziersküche

g. Zerfallener Tempel

Anlage № 2.

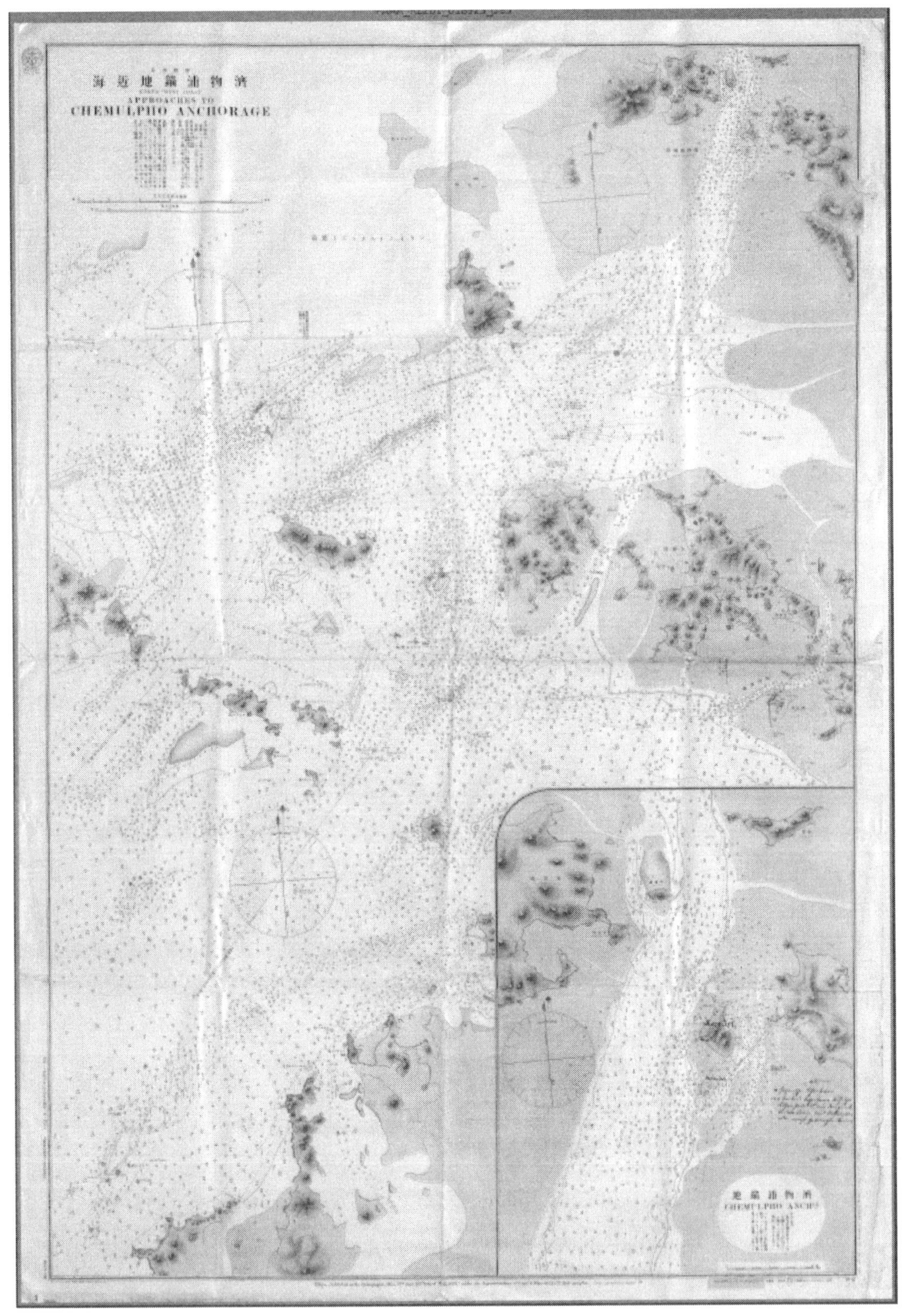

Anlage № 3.

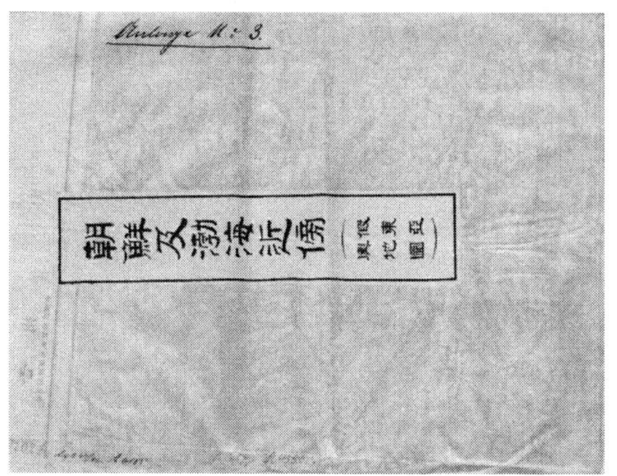

Politische Vorgänge in Korea. Abreise des Japanischen Gesandten. Veränderungen in der hiesigen Regierung pp.

PAAA_RZ201-018923_188 ff.			
Empfänger	Fürst zu Hohenlohe - Schillingsfürst	Absender	Krien
A. 12030 pr. 23. November 1896. a. m.		Söul, den 4. Oktober 1896.	
Memo	J. № 435.		

A. 12030 pr. 23. November 1896. a. m.

Söul, den 4. Oktober 1896.

Kontrol № 57.

An Seine Durchlaucht
den Herrn Reichskanzler
Fürsten zu Hohenlohe - Schillingsfürst.

Euer Durchlaucht beehre ich mich im Anschluß an meinen Bericht № 53 vom 21. v. Mts.[36] ganz gehorsamst zu melden, daß der Minister der Koreanischen Auswärtigen Angelegenheiten einen unbestimmten Kranken-Urlaub erhalten hat und gegenwärtig durch den Vize-Minister des Amtes vertreten wird.

Der Japanische Gesandte ist von seiner Regierung telegraphisch nach Tokio berufen worden und heute von hier abgereist. Während seiner Abwesenheit führt der erste Sekretär Herr Kato die Gesandtschaftsgeschäfte als interimistischer Geschäftsträger. Herr Hara theilte mir heute mündlich mit, daß die Koreanische Regierung laut schriftlicher Benachrichtigung des stellvertretenden Ministers der Auswärtigen Angelegenheiten vom gestrigen Tage es wiederum abgelehnt habe, der Japanischen Eisenbahn-Gesellschaft die Konzession für die Eisenbahn von Söul nach Fusan zu ertheilen, und daß er dagegen Protest eingelegt habe.

Durch Dekret des Königs vom 24. v. Mts. ist an Stelle des Staatsministeriums ein nach dem Muster des Russischen Reichsraths gebildeter „Staatsrath“ getreten, der sämmtliche Regierungs-Angelegenheiten zu berathen und zu entscheiden hat. Mitglieder des Staatsraths sind sämmtliche Staatsminister und außerdem fünf von dem Könige ernannte Angehörige der konservativen Partei. Herr Waeber, auf dessen Anregung diese oberste Behörde

36 A. 11691 liegt dem Hrn. Referenten vor.

geschaffen worden ist, hofft, wie er mir sagte, dadurch das Vertrauen der Bevölkerung in die Regierung zu stärken. Doch ist es kaum anzunehmen, daß die beiden Parteien in ersprießlicher Weise zusammenwirken werden.

Der Unterrichtsminister hat seine Entlassung erbeten und erhalten, weil er ein „Kette und Einschlag der Konfuzianischen Lehre" betiteltes Buch veröffentlicht hat, worin Europäer und Amerikaner im Allgemeinen und die christliche Religion im Besonderen in gröblicher Weise geschmäht werden. Der Verkauf des Buches, das in der Staatsdruckerei hergestellt worden war, ist von dem Könige verboten worden.

Der zum Russischen Militärbevollmächtigten in Söul ernannte Oberst Strelbitzky ist vor einigen Tagen hier eingetroffen.

Abschriften dieses ganz gehorsamen Berichtes sende ich an die Kaiserlichen Gesandtschaften zu Tokio und Peking.

Krien.

Inhalt: Politische Vorgänge in Korea. Abreise des Japanischen Gesandten. Veränderungen in der hiesigen Regierung pp.

[ ]

PAAA_RZ201-018923_192			
Empfänger	[o. A.]	Absender	[o. A.]
A. 12109 pr. 25. November 1896. p. m.		[o. A.]	

A. 12109 pr. 25. November 1896. p. m.

Berliner Neueste Nachrichten.
25. 11. 96.

Japan und Korea.

Die koreanische Frage wird die erste Kraftprobe des neuen japanischen Kabinets sein. Als die koreanische Regierung von der Ernennung des thatkräftigen und entschlossenen Grafen Okuma zum Minister des Auswärtigen hörte, wurde sie einigermaßen verlegen und berief sofort ihren Gesandten von Tokyo nach Söul, um sich von ihm über die politische Lage am japanischen Hofe unterrichten zu lassen. Ihre Verlegenheit wurde noch größer, als Graf Okuma den bisherigen Gesandten Hara, unter dem der Einfluß Japans auf Korea immer mehr gesunken war, von Söul abberief, um ihn wahrscheinlich, wie Zeitungen vom Anfang Oktober melden, durch den energischeren früheren Gesandten in Korea, Masami Oischi, zu ersetzen, der erst kurz vor dem Kriege zwischen China und Japan sich ins Privatleben zurückgezogen hatte. Als die koreanische Regierung vor einigen Jahren die Ausfuhr von Getreide und Hülsenfrüchten nach Japan verbot und dadurch den japanischen Handel sehr schwer schädigte, bewirkte Oischi durch sein Auftreten, daß sie ihr Verbot zurücknahm und eine genügende Geldentschädigung nicht nur wie sonst versprach, sondern auch sofort wirklich bezahlte. Bei der Abberufung des Gesandten Hara und dem Gerüchte von der abermaligen Auswahl Oischis zum Gesandten in Korea beschloß daher die Regierung von Söul, dem japanischen Gesandten Hara bei seiner Rückkehr nach Tokyo ein amtliches Schreiben an Graf Okuma mitzugeben, in dem sie unaufgefordert es als einen großen Fehler erklärte und um Verzeihung bat, weil sie den im letzten Kriege mit Japan geschlossenen Vertrag nicht innegehalten und sogar entgegen dem Vertrage Amerikanern statt Japanern den Bau der Eisenbahnlinie Söul-Chemulpo übergebe habe. Die zweite damals versprochene Linie Söul-Fusan würde sie dagegen gern den Japanern zur Ausführung übergeben, wenn sie nicht durch die großen Unruhen im Innern des Landes vorläufig noch verhindert wäre, ihr Versprechen einzulösen. (Daß diese Linie, wie russische Blätter vor einiger Zeit meldeten, bereits deutschen Kapitalisten übergeben worden ist, davon berichteten merkwürdiger Weise die ganzen japanischen Blätter der letzten Monate bis heute auch nicht ein einziges Wort.) Wie das Organ der „Kaischinto“, der Partei des Grafen Okuma, die „Yomiuri-Schinbun“ schreibt, will der neue auswärtige Minister diese koreanische Frage mit aller Entschiedenheit behandeln und das Blatt spricht sogar offen aus, Japan solle bis zur Erledigung der Eisenbahnfrage eine koreanische Insel besetzen. In ganz Japan ist jetzt die Aufmerksamkeit der Politiker auf Graf Okuma gerichtet und es herrscht die Meinung, daß mit einem Erfolge oder Mißerfolge in dieser Frage auch das neue Kabinet im Reichstage steht oder fällt.

[ ]

PAAA_RZ201-018923_193			
Empfänger	[o. A.]	Absender	[o. A.]
A. 12228 pr. 28 November 1896. p. m.		[o. A.]	

A. 12228 pr. 28 November 1896. p. m.

Le Nord.
28. 11. 96.

Les relations qui existent entre le Gouvernement impérial de Russie et celui de Corée, - dont le roi de ce pays est le seul représentant légal, - ne sont pas ce que semblent vouloir dire certains journaux anglais et américains. Le roi de Corée est un souverain indépendant qui s'est placé, de sa propre initiative, sous la protection de la Russie, uniquement pour défendre son indépendance contre des conquérants étrangers. La protection que lui accorde la Russie n'est ni une suzeraineté, ni un protectorat officiel ; elle est simple et ne tend qu'à protéger la personne de ce roi contre tout attentat, et à pacifier le pays protégé pour le rendre apte au développement et au progrès régulier.

zu A. 12026 I.

Der beifolgende Bericht des Kais. Gesandten in Tokio vom 15. v. M. eine Arbeit des Prem. Lieutenants Meincke über die Koreanische Armee wird nebst Anlagen

Seiner Excellenz

dem Staats-Sekretär des

Reichsmarine-Amts,

Herrn Admiral Hollmann

Z. g. K. u. R. und mit dem Anheimstellen der Mittheilung an den Kommandirenden Herrn Admiral ergebenst übersandt.

Berlin, den 30. Novbr. 1896.

N. S. E.

[ ]

PAAA_RZ201-018923_195 f.			
Empfänger	Fürst zu Hohenlohe - Schillingsfürst	Absender	Krien
A. 12597 pr. 9. Dezember 1896. p. m.		Söul, den 26. Oktober 1896.	
Memo	I mtg. 13. 12. London 1395, Petersburg 971. II mtg. 13. 12. R. Marine Amt.		

Abschrift.

A. 12597 pr. 9. Dezember 1896. p. m.

Söul, den 26. Oktober 1896.

Kontrol-№ 59.

An Seine Durchlaucht den Herrn Reichskanzler
Fürsten zu Hohenlohe - Schillingsfürst.

Euerer Durchlaucht beehre ich mich gehorsamst zu melden, daß auf Roze-Island nunmehr für die russische Flotte zwei Kohlenschuppen errichtet und bis jetzt etwa 2000 Tonnen Cardiff-Kohlen darin gelagert worden sind. Dem Vernehmen nach soll im nächsten Frühjahr auf dem abgesteckten Theile, der die ganze Südseite der Insel umfaßt, ein russisches Marine-Lazareth errichtet werden. Nach den von mir eingezogenen Erkundigungen hat die russische Regierung durch Vertrag mit der koreanischen das Gelände für eine Jahresmiethe von $ 380 (drei hundert und achtzig Dollar) auf unbestimmte Zeit gepachtet. Auf Observation-Island ist außerdem ein kleines Haus gebaut worden, vor dem beständig ein russischer Matrosenposten steht. Euerer Durchlaucht werde ich nicht verfehlen, über die Angelegenheit weiteren Bericht zu erstatten.

Wie mir Herr Hillier heute mittheilte, beabsichtigt eine englische Firma, auf Roze-Island ein Grundstück zu miethen und darauf einen Kohlenschuppen zu errichten, um für die britische Marine stets Kohlen vorräthig zu haben.

gez. Krien.

orig. i. a. Asien gle. 3

Politische Ereignisse in Söul.

PAAA_RZ201-018923_197 ff.			
Empfänger	Fürst zu Hohenlohe - Schillingsfürst	Absender	Krien
A. 12920 pr. 17. Dezember 1896. a. m.		Söul, den 2. November 1896.	
Memo	J. № 469.		

A. 12920 pr. 17. Dezember 1896. a. m.

Söul, den 2. November 1896.

Kontrol № 62.

An Seine Durchlaucht
den Herrn Reichskanzler
Fürsten zu Hohenlohe - Schillingsfürst.

Euer Durchlaucht beehre ich mich unter Bezugnahme auf meinen Bericht № 45 vom 11. August d. J.[37] ganz gehorsamst zu melden, daß Herr Jordan am 26. v. Mts. die Geschäfte des Britischen General-Konsulats in Söul von Herrn Hillier, der sich nach England in den Ruhestand begiebt, als General-Konsul übernommen hat.

Der Minister der hiesigen Auswärtigen Angelegenheiten hat seinen Posten wieder angetreten.

Am 24. v. Mts. traf ein Japanisches Geschwader, bestehend aus drei Kriegsschiffen, von Fusan in Chemulpo ein. Der an Bord eines der Schiffe befindliche Schiffslieutenant Prinz Komatsu kam hier am 25. an und wurde an nächsten Tage von dem Könige in dem neben dem Britischen General-Konsulate gelegenen neuen Palaste empfangen. Das Geschwader verließ Chemulpo am 28., um nach Nordchina zu gehen.

Durch Erlaß vom heutigen Tage hat der König befohlen, die Arbeiten an dem neuen Palaste zu beschleunigen, weil er möglichst bald dort einziehen wolle.

Die vor einigen Monaten wegen politischer Umtriebe verhafteten Koreaner

(Bericht № 49 vom 22. August d. J.)[38]

sind sämmtlich freigesprochen, ihre beiden Denunzianten mit Verbannung bestraft

37 A. 9984 ehrerbietigst beigefügt

38 A. 10474 ehrerbietigst beigefügt.

worden.

Der Zollkommissar Osborne ist von Chemulpo nach Mokpo gereist, um Vorbereitungen für die Eröffnung des dortigen Hafens zu treffen. Dem Vernehmen nach werden die Häfen von Chemulpo, bei Pyöng yang, und Mokpo im nächsten Frühjahre dem fremden Handel erschlossen werden.

Abschriften dieses ganz gehorsamen Berichtes sende ich an die Kaiserlichen Gesandtschaften zu Peking und Tokio.

Krien.

Inhalt: Politische Ereignisse in Söul.

Auswärtiges Amt

Abth. A.

Politisches Archiv d. Auswärt. Amts

Acta

Betreffend

Korea

Vom 1. Januar 1897

Bis 31. Oktober 1897

Vol.: 24

conf. Vol.: 25

Politisches Archiv des Auswärtigen Amts

R 18924

KOREA. № 1.

Inhalts - Verzeichniß 1897	
Ber. a. Söul v. 23. 11. № 67. Entdeckung einer Verschwörung unter Koreanischen Offizieren, deren Zweck die Zurückführung des Königs in seinen früheren Palast sein sollte.	197 6.1.
desgl. v. 30. 11. № 64. Die russischen Instruckteure haben ein koreanisches Regiment in der Stärke von 800 Mann zusammengestellt und bilden dasselbe aus. Anwesenheit eines russischen Geschwaders in Chemulpo.	196 6. 1.
desgl. v. 30. 11. № 69. Untersuchung gegen koreanische Offiziere wegen Anstiftung einer Verschwörung, Ernennung neuer hoher Würdenträger, Bau eines sog. „Unabhängigkeits - Bogens" in Söul.	350 11. 1.
Tel. a. Söul v. 20. 2. № 1. Der König von Korea hat die russische Gesandtschaft verlassen.	2103 20. 3.
St. Petersburger Zeitung v. 25. 2.: Offizielle Mittheilung der russischen Regierung, betr. den russisch - japanischen Vertrag über Korea. Derselbe bezweckt die Sanierung der Finanzen Korea's, die Schaffung einer Polizeitruppe und die Herstellung einer Telegraphenlinie von Söul zur Grenze. In einem weiteren Memorandum wird die Frage der Rückkehr des Königs in seinen Palast und die Stationierung russischer und japanischer Truppen in Korea behandelt.	2405 25. 2.
Ber. a. Petersburg v. 27. 2.: Einreichung der St. Petersburger Zeitung v. 25. 2. enthaltend die Mittheilung der russischen Regierung, betr. den russisch-japanischen Vertrag über Korea. (Der Ausschnitt der Zeitung ist identisch mit der vorstehenden № A. 2405.)	2597 2. 3.
Ber. a. Tokio v. 21. 1. A. 13.: Interpellation im japanischen Abgeordnetenhaus, betreffend die angebliche Verständigung zwischen Rußland und Japan hinsichtlich Koreas.	2616 2. 3.
Ber. a. Söul v. 29. 1. № 8.: Thätigkeit der russischen Militär-Instrukteure in Korea und der Aufenthalt des Königs in der russischen Gesandtschaft.	4065 29. 3.
Ber. a. Tokio v. 28. 2. A. 38.: Erklärungen des Ministers Grafen Okuma in dem japanischen Abgeordnetenhause über den Zweck und die Ziele des russisch-japanischen Abkommens über Korea.	4484 5. 4.

Russische Zeitung v. 13. 4. Mittheilung des Grafen Okuma im japanischen Abgeordnetenhause des Testes von 2 russisch - koreanischen Verträgen über koreanische Finanzen, Telegrafen, die Stellung des Königs und das Recht der beiden Vertragsstaaten Soldaten in Korea zu stationieren.	4867 13. 4.
Ber. a. Söul v. 22. 3. C. № 13.: Umzug des Königs aus der russischen Botschaft in seinen neuen Palast, dessen Wachen von den russischen Instruktionsoffizieren u. Unteroffizieren befehligt werden. Die konservativen Beamten wünschen die Rückkehr des Königs zum alten chinesischen Regierungssystem.	4967 15. 4.
Münchener Allgemeine Zeitung v. 16. 4. Rußland sichert sich Telegraphenlinien in Korea, gründet eine Dampferkompagnie und eine russische Schule in Söul und hat Korea zur Entsendung eines ständigen Gesandten nach Europa veranlaßt.	5011 16. 4.
Ber. a. Söul v. 11. 2. H № 11.: Die Verurtheilung koreanischer Verschwörer und Agitation in Söul, damit der König die russische Gesandtschaft verlasse u. in seinen Palast zurückkehre.	4481 5. 4.
Ber. a. Petersburg v. 9. 4. № 173. Bau neuer Telegraphenlienien von Söul aus zum Anschluß an die russischen, Gründung einer russischen Dampfercompagnie Wladiwostok-Korea-Shanghai, Ernennung Min-Fan-Chan's zum Gesandten für Europa und die Thätigkeit der russischen Instrukteure in Korea.	4801 12. 4.
Ber. a. Odessa v. 28. 3. Sendung russischer Geschütze mit Munition nach Korea und Abreise russischer Militär-Instrukteure dorthin.	3610 20. 3.
Ber. a. Söul v. 31. 1. № 9. Verhandlungen der koreanischen Regierung mit der russisch-japanischen Bank in Shanghai wegen Aufnahme einer Anleihe von 3.000.000 Yen zur Zurückzahlung der japanischen Anleihe Korea's.	4066 29. 3.
Ber. a. Tokio v. 28. 2. A. 37. Wortlaut der russisch-japanischen Abmachungen hinsichtlich Korea's.	4483 5. 4.
Ber. a. Söul v. 13. 2. № 12. Ankunft eines chinesischen Generalkonsuls in Söul zum Zweck der Anknüpfung von Verhandlungen über einen chinesisch - koreanischen Handelsvertrag.	4490 5. 4.

desgl. v. 12. 3. № 18. Russisch - japanische Abkommen v. 14. 5. 96. u. 9. Juni 1896 über Korea. Mißstimmung des Königs hierüber.	6510 16. 5.
desgl. v. 11. 3. № 17. Ankunft englischer Marinensoldaten vom „Narcisses“ in Söul, wo neue Unruhen eintreten können.	6509 16. 5.
Bericht aus Tokio v. 18. 2. A. 32. Erklärung des Ausw. Min. Gfen. Okuma, über seine Absicht, die mit Rußland getroffene Convention vom Jahre 1896 zu veröffentlichen. orig. i. a. Japan 13	4210 31. 3.
desgl. v. 5. 5. № A. 74. Gereizte Stimmung in Japan über das angebliche Engagement von 160 russischen Offizieren u. Soldaten für Korea	7606 11. 6.
Ber. a. Tokio v. 12. 5. A. 78. Die Absicht, in Söul Russische Soldaten als Instrukteure der Koreanischen Armee zu verwenden, ist von Rußland aufgegeben. Der neue Russische Gesandte Baron Rosen Nurawieff verweigerte den Übertritt der Hl. Waeber in koreanische Dienste.	7888 18. 6.
Ber. a. Söul v. 4. 5. A. 31. Infolge japanischen Widerstandes ist die Zahl der als Instrukteure für die Koreanische Armee in Aussicht genommenen Russischen Soldaten sehr beschränkt worden. Eintreffen des sibir. Militär - Gouverneurs v. Unterberger. Revision der Gesetze seit 1894. Verleihung des Chrysanthemum - Ordens an den König von Korea.	8350 1. 7.
Ber. a. Petersburg v. 23. 7. № 310. Artikel der Petersburger Zeitung, betr. Curzon´s Erklärung über England´s koreanische Politik.	9228 26. 7.
Ber. a. Tokio v. 17. 6. A. 90. Äußerungen des Russischen Geschäftsträgers v. Speyer über die zu Ungunsten Rußland in Korea veränderte Situation. Der neue Gesandte Baron Rosen wird im Juli erwartet.	9127 23. 7.
Ber. a. Söul v. 25. 5. № 32. Der König von Korea will den Kaisertitel annehmen. Zustimmung Japans, Widerspruch Chinas und Englands.	10053 19. 8.

dto. v. 25. 5. № 33. Plan des Obersten Putiata zur Vermehrung der Russischen Militär - Instrukteure. Scheitern infolge japanischen & koreanischen Widerstandes. Entlassungsgesuch des ausw. Ministers I Wan Yong, der sich in dieser Sache übergegangen fühlte.	10054 19. 8.
dto. v. 27. 5. № 34. Amerikanische Verordnung, wodurch die in Korea lebenden Amerikaner vor jeder Einmischung in die innern Angelegenheiten Koreas gewarnt werden. (infolge japanischer Beschwerde.)	10053 19. 8.
Ber. a. Tokio v. 27. 7. A. 98. Unbegründetes Gerücht, daß Rußland 800 Mann mit 30 Offizieren nach Korea senden werde, sowie von der Übernahme des Hl. Waeber in koreanische Dienste.	10521 1. 9.
Schreiben des E. Neyer & Co. Empfehlung des für alle europäischen Höfe zum Gesandten bestimmten Koreaners Min Fong Whang.	7618 11. 6.
Ber. a. Söul v. 29. 7. № 44. Eintreffen von 3 Russischen Instruktions-Offizieren und 10 Unteroffizieren, bestend der Militär - Kommission.	11341 24. 9.
dto. v. 31. 7. № 45. Absetzung des korean. Gesandten Min Yong Huan, wegen Verlassen seines Postens.	11342 24. 9.
dto. v. 14. 8. № 49. Einexerciren zweier koreanischer Infanterie - Regimenter durch die Russ. Militär - Instrukteure. Zweck der zu schaffenden Militär - und Polizeimacht. Berechtigung der koreanischen Regierung zur Engagierung der Russischen Instrukteure.	11855 pr. 8. 10.
Tel. i. Z. a. Söul v. 14. 10. № 3. Annahme des Kaisertitels durch den König von Korea.	12114 14. 10.
Ber. a. Petersburg v. 15. 9. № 352. Nowoje Wremja über den zunehmenden englisch-japanischen Einfluß in Korea. Beabsichtigter Eisenbahnbau Söul - Fusan und Chemulpo - Söul durch Japan.	11104 18. 9.
Ber. a. Söul v. 26. 7. № 41. Ankunft des Chefs der Kreuzerdivision v. Diederichs und S. M. S. Kaiser, Prinzeß Wilhelm, Arcona und Cormoran, sowie Irene. Audienz beim König. Abfahrt der Schiffe.	

Tägliche Rundschau v. 15. 10. „Das Werben - Rußlands - um Korea“ gemeinsames diplomatisches Vorgehen gegen Japan. Japans Handelsniederlassungen. Der koreanische Finanzminister Macleavy.	12171 20. 10
Ber. a. Tokio v. 1. 9. A. 111. Nach japanischen Zeitungsmeldungen hat Korea Rußland zugestanden, auf der Insel Tschöljong (Bear Island) eine Kohlenstation anzulegen. Japan besitzt dort bereits eine solche.	11861 8. 10.
Ber. a. Petersburg v. 14. 10. № 383. Absicht des Königs von Korea sich zum Kaiser zu proklamiren.	12188 16. 10.
Ber. a. Söul v. 31. 8. № 52. Minister - Veränderungen, Rückkehr des koreanischen Gesandten für Japan nach Tokio, Neubezeichnung der Reform - Aera, Beerdigung der Königin von Korea.	12465 23. 10.
The Standard v. 17. 9. Ankunft russischer Instruktions - Offiziere in Korea und Gründung einer Filiale der russisch-chinesischen Bank in Söul.	11095 17. 9.

Die Russischen Militär-Instrukteure und den Aufenthalt eines Russischen Geschwaders in Chemulpo betreffend.

PAAA_RZ201-018924_013 ff.			
Empfänger	Fürst zu Hohenlohe - Schillingsfürst	Absender	Krien
A. 196 pr. 6. Januar 1897. p. m.		Söul, den 20. November 1896.	
Memo	J. № 484.		

A. 196 pr. 6. Januar 1897. p. m.

Söul, den 20. November 1896.

Kontrol № 64.

An Seine Durchlaucht
den Herrn Reichskanzler
Fürsten zu Hohenlohe - Schillingsfürst.

Eurer Durchlaucht habe ich die Ehre im Verfolg meines Berichtes № 59 vom 26. v. Mts. ganz gehorsamst zu melden, daß die Russischen Militär-Instrukteure seit kurzem ein von ihnen zusammengestelltes Koreanisches Regiment von 800 Mann, dessen Offiziere und Mannschaften sie selbst ausgesucht haben, einexerziren und außerdem etwa 40 Offiziere und Kadetten unterrichten.

Am 12. d. Mts. traf der Kommandirende des Russischen Geschwaders in Ostasien, Contre - Admiral Alexejeff, auf anderen Kriegsschiffen von Fusan in Chemulpo ein, wo er von dem Russischen Vertreter, Herrn Waeber, empfangen wurde. Der Admiral kam mit dem Gesandten am 15. in Söul an und reiste am 18. d. Mts. wieder von hier ab. Gestern verließ Admiral Alexejeff mit den Schiffen den Hafen von Chemulpo, um sich nach Nagasaki zu begeben.

Abschriften dieses ehrerbietigen Berichtes sende ich an die Kaiserlichen Gesandtschaften zu Peking und Tokio.

Krien.

Inhalt: Die Russischen Militär-Instrukteure und den Aufenthalt eines Russischen Geschwaders in Chemulpo betreffend.

Die Entdeckung einer Verschwörung von Koreanischen Offizieren.

PAAA_RZ201-018924_016 ff.			
Empfänger	Fürst zu Hohenlohe - Schillingsfürst	Absender	Krien
A. 197 pr. 6. Januar 1897. p. m.		Söul, den 23. November 1896.	
Memo	mtg. 9. 1. Petersburg 27. J. № 491.		

A. 197 pr. 6. Januar 1897. p. m.

Söul, den 23. November 1896.

Kontrol № 67.

An Seine Durchlaucht, den Herrn Reichskanzler,
Fürsten zu Hohenlohe - Schillingsfürst.

Euer Durchlaucht beehre ich mich ganz gehorsamst zu berichten, daß vorgestern die Kommandanten und 4 Offiziere des 3ten und des 4ten Regiments (die Koreanische Armee zählt jetzt 5 Infanterie - Regimenter zu je 800 Mann) sowie 1 Polizei - Offizier verhaftet worden sind. Sie wurden beschuldigt, eine Verschwörung angezettelt zu haben in der Absicht, den König, wenn er sich zum Leben für die verstorbene Königin in den neuen Palast begeben würde, nach den alten Palast zu entführen und die fortschrittlich gesinnten Mitglieder des Staatsraths zu ermorden. Zwei Schriftstücke sollen in dem Hause eines der Verschworenen gefunden sein. Davon soll das eine den Entwurf eines Erlasses, wodurch der König einen Wechsel der Regierung anordnet, und das andere einen Brief des Königs enthalten haben, worin er dem Russischen Gesandten für seine Gastfreundschaft dankt und ihm anzeigt, daß er nicht mehr in die Russische Gesandtschaft zurückkehren werde.

Von den Verschworenen sind ein Oberst und ein Major nahe Verwandte des Justizministers Han Kui Sol, der in den Jahren 1889 bis 1893, wo er Königsminister war, maßgebenden Einfluß auf den König ausübte.

Abschriften dieses ganz gehorsamen Berichtes sende ich an die Kaiserlichen Gesandtenschaften zu Tokio und Peking.

Krien.

Inhalt: Die Entdeckung einer Verschwörung von Koreanischen Offizieren.

Berlin, den 9. Januar 1897.

zu A. 197.

An
die Botschaft in
St. Petersburg № 27.

J. № 210.

Euerer pp. übersende ich anbei ergebenst Abschrift eines Berichts des Kais. - Konsulats, in Söul vom 23. Nov. v. J., betreffend eine Verschwörung koreanischer Offiziere zu Ihrer gefälligen Information.

N. d. H. st. St. S.

Neuere politische Vorgänge.

PAAA_RZ201-018924_021 ff.			
Empfänger	Fürst zu Hohenlohe - Schillingsfürst	Absender	Krien
A. 350 pr. 11. Januar 1897. a. m.		Söul, den 30. November 1896.	
Memo	J. № 499.		

A. 350 pr. 11. Januar 1897. a. m.

Söul, den 30. November 1896.

Kontrol № 69.

An Seine Durchlaucht
den Herrn Reichskanzler
Fürsten zu Hohenlohe - Schillingsfürst.

Euer Durchlaucht beehre ich mich im Verfolg meines Berichtes № 67 vom 23. d. Mts. betreffend die Verschwörung koreanischer Offiziere ganz gehorsamst zu melden, daß inzwischen noch drei Unteroffiziere und zwei Soldaten verhaftet worden sind. Der frühere Chef des 3ten Regimentes soll nach übereinstimmenden koreanischen Nachrichten gefoltert worden sein. Der Polizeipräsident ist entlassen und durch den bisherigen Vize - Justiz - Minister ersetzt worden. Der Justiz - Minister selbst hat seine Entlassung eingereicht, ist aber abschlägig beschieden worden.

Der Mörder des politischen Flüchtlings Kim Ok Kiun ist zum Hof - Ceremonienmeister, der Koreaner I Il-Chik, der im Frühjahr 1894 einen Mordanschlag auf den Flüchtling Pak Yong Hio gemacht hatte, ist zum Rathe im Hausministerium ernannt worden. Als Vize - Minister des Unterrichts wurde der Linguist der Russischen Gesandtschaft ernannt, ein ganz ungebildeter Mensch, der Chinesisch, Koreanisch oder Russisch weder schreiben noch lesen kann und der außerdem dafür bekannt ist, daß er von allen neu angestellten Beamten eine Steuer erhebt, auf seinen Antrag aber von diesem Posten wieder enthoben und in eine höhere Hofbeamten - Stelle eingesetzt. Der König umgiebt sich überhaupt mehr und mehr mit Hofbeamten von höchst zweifelhaftem Charakter.

Der von Rußland zurückgekehrte Krönungs-Gesandte, Min Yong-Huan, ist zum Kriegsminister, der bisherige Inhaber dieses Postens zum Minister für Handel, Ackerbau und öffentliche Arbeiten ernannt worden.

Der Direktor der Russisch - Chinesischen Bank, Pokotilow, ist nach China abgereist und wird jedenfalls nicht vor Frühjahr nächsten Jahres hierher zurückkehren. Bei seinem Abschiedsbesuche äußerte er zu mir, die koreanische Regierung würde von Rußland kein Geld erhalten, sie sollte sehr zufrieden sein, daß sie von Japan drei Millionen Yen zu mäßigen Zinsen bekommen habe, und thäte besser, an dem Anleihe - Vertrage nicht zu rühren.

Am 21. d. Mts. wurde hier von Beamten der fortschrittlichen Partei an der Stelle, wo früher das Thor stand, unter dem die Könige von Korea die Chinesischen Abgesandten kniefällig zu empfangen hatten, der Grundstein zu einem sogenannten „Unabhängigkeits-Bogen" gelegt. Zu der Feier waren auch die fremden Vertreter und die meisten Ausländer geladen worden. Herr und Frau Waeber haben zu dem Bogen und einem in Aussicht genommen „Unabhängigkeits-Parke" je 50 Dollar beigesteuert.

Abschriften dieses ganz gehorsamen Berichtes sende ich an die Kaiserliche Gesandtschaft zu Tokio und Peking.

Krien.

Inhalt: Neuere politische Vorgänge.

[ ]

PAAA_RZ201-018924_027			
Empfänger	Marschall von Bieberstein	Absender	Timm
A. 612 pr. 18. Januar 1897. p. m.		Berlin, den 16. Januar 1897.	

A. 612 pr. 18. Januar 1897. p. m. 5 Anl.

Berlin, den 16. Januar 1897.

A. 213.

An den königlichen Staatsminister
Staatssekretär des Auswärtigen Amts
Herrn Freiherrn Marschall von Bieberstein
Exzellenz

Euerer Exellenz beehre ich mich beifolgend den mit sehr gefälligem Schreiben vom 30. November 1896 - A. 12026 - zugesandten Bericht des Kaiserlichen Gesandten in Tokio vom 15. Oktober 1896 nebst Anlagen betreffend eine Arbeit des Premierlieutenants Meincke über die Koreanische Armee nach Kenntnißnahme und Mittheilung an das Oberkommando der Marine mit verbindlichstem Danke ganz ergebenst zurückzusenden.

In Vertretung
Timm

Berlin, den 19. Januar 1897.

Zu A. 12026/96, A. 612/97

Geheim
Eigenhändig

Der beifolgende Bericht des Kais. Gesandten in Tokio vom 15. Okt. v. Js. eine Arbeit des Prem. Lieutenants Meincke über die Koreanische Armee betreffend, wird nebst Anlagen

Seiner Exzellenz
dem königlichen Staats- und Kriegsminister,
Generalleutnant

Herrn von Hohster, 3. 9. a. m. mit der Bitte um Mittheilung an den Chef des Generalstabes der Armee ergebenst übersandt.

Berlin, den 19. Jan. 1897.
N. S. E. d. H. N. St. S.

[ ]

PAAA_RZ201-018924_029			
Empfänger	Auswärtiges Amt	Absender	Krien
A. 2103 pr. 20. Februar 1897. p. m.		Seoul, den 20. Februar 1897.	

A. 2103 pr. 20. Februar 1897. p. m.

Telegramm.

Seoul, den 20. Februar 1897.: 3 Uhr 13 Min.
Ankunft: 3 Uhr 20 Min.

Der K. Konsul an Auswärtiges Amt.

Entzifferung.

№ 1.

König verließ Russische Gesandtschaft.

Krien.

[ ]

PAAA_RZ201-018924_030 f.			
Empfänger	[o. A.]	Absender	[o. A.]
A. 2405 pr. 25. Februar 1898.		Söul, den 2. (14.) Mai 1896.	

A. 2405 pr. 25. Februar 1898.

St. Petersburger Zeitung
25. 2. 97.

Mittheilung der Regierung.

Die nachstehend im Drucke veröffentlichten Uebereinkommen zwischen Russland und Japan sind in Moskau und Söul vereinbart worden, infolge unseres Wunsches jegliches Mißverständniß mit der japanischen Regierung bezüglich der koreanischen Angelegenheiten zu beseitigen.

Diese Uebereinkommen erscheinen als eine direkte Folge des chinesisch-japanischen Krieges und der durch den letzteren in Korea geschaffenen Situation. Sie verletzen die Grundlagen der koreanischen Unabhängigkeit, die durch den Art. 1 des zwischen Japan und China abgeschlossenen Friedenstraktats zu Simonoseki vorgesehen ist, in keiner Beziehung. Die koreanische Regierung behält vollkommene Freiheit des Handelns in allen Fragen, sowohl der inneren, als der auswärtigen Politik. Russland und Japan dokumentiren in den von ihnen unterzeichneten Uebereinkommen nur ihre gegenseitige Bereitwilligkeit dem Könige von Korea in Sachen der festen Sicherstellung der Ordnung behilflich zu sein, die zeitweilig infolge der durch den chinesisch-japanischen Zusammenstoß hervorgerufenen Erschütterungen gestört worden war. Als einziges sicheres Mittel für diesen Zweck kann die Formirung eingeborener Truppen und Polizei dienen, derer im Protokoll vom 28. Mai (9. Juni) Erwähnung geschieht, und die im Lande nicht vorhanden sind.

Andererseits erscheint indessen das von unserem Geschäftsträger, Wirklichen Staatsrath Waeber und dem Vertreter Japans Herrn Komura in Söul unterzeichnete Memorandum, obgleich es der Zeit nach dem obenerwähnten Protokoll vorhergegangen ist, als nothwendige Ergänzung dieses letzteren. Dieses Memorandum weist klar auf das gemeinschaftliche Ziel hin, das von beiden kontrahirenden Theilen verfolgt wird, nämlich:

die Räumung Koreas von jeglicher auswärtigen Besetzung einer wenn auch nur unbedeutenden Truppenzahl in möglichst kürzester Zeit.

Protokoll,

von der russischen und japanischen Regierung unterzeichnet in Moskau am 28. Mai (9. Juni) 1896.

Nachdem der russische Minister der auswärtigen Angelegenheiten, Staatssekretär Fürst Lobanow-Kostowski und der außerordentliche Botschafter Sr. Majestät des Kaisers von Japan, Marschall Marquis Yamagata ihre Ansichten bezüglich der Sachlage in Korea ausgetauscht haben, einigten sie sich über nachstehende Artikel:

I.

Die russische und japanische Regierung werden zwecks Beseitigung der finanziellen Schwierigkeiten Koreas, der koreanischen Regierung den Rath geben, die überflüssigen Ausgaben zu beseitigen und das Gleichgewicht zwischen Ausgaben und Einnahmen herzustellen. Wenn es im Falle der Dringlichkeit einiger Reformen sich als nothwendig erweisen sollte, zu ausländischen Anleihen die Zuflucht zu nehmen, so werden beide Regierungen mit vereinten Kräften Korea ihre Unterstützung zu Theil werden lassen.

II.

Die russische und japanische Regierung werden den Versuch machen, Korea, so weit es die finanzielle und ökonomische Lage des Landes gestattet, die Formirung und den Unterhalt eingeborener Truppen und Polizei in einer zur Aufrechterhaltung der inneren Ordnung genügenden Zahl ohne auswärtige Hilfe vollständig zu überlassen.

III.

Zum Zwecke der Erleichterung des Verkehrs mit Korea behält die japanische Regierung die Verwaltung der sich gegenwärtig in ihren Händen befindlichen Telegraphenlinien.

Russland ist es vorbehalten, eine telegraphische Verbindung zwischen Söul und seiner eigenen Grenze herzustellen.

Diese Linien können von der koreanischen Regierung erworben werden, so bald sie über die hierzu erforderlichen Mittel verfügt.

IV.

Falls eine genauere und ausführlichere Definition des Obenerwähnten erforderlich sein sollte, oder andere, Unterhandlungen beanspruchende Fragen auftauchen sollten, so werden die beiderseitigen Vertreter beider Regierungen den Auftrag erhalten, über die betr. Fragen eine gütliche Einigung zu erzielen.

gezeichnet:

„Lobanow“. „Yamagata“.

Memorandum.

Die Vertreter Russlands und Japans kamen nach gegenseitiger Uebereinkunft auf Grund identischer Instruktionen ihrer Regierungen zu nachstehenden Beschlüssen:

I. Die Frage über die Rückkehr in sein Palais dem eigenen Ermessen und der Entscheidung des Königs von Korea überlassend, werden beide Vertreter Sr. Majestät den freundschaftlichen Rath geben, nach diesem zurückzukehren, sobald jeglicher Zweifel bezüglich seiner Sicherheit geschwunden ist.

Der japanische Vertreter seinerseits giebt das Versprechen, daß die umfangreichsten und wirksamsten Maßregeln ergriffen werden sollen zur Beaufsichtigung der japanischen Soshi.

II. Die das gegenwärtige Kabinet bildenden Minister wurden nach freier Wahl von Sr. Majestät ernannt, nahmen in der Mehrzahl im Laufe der letzten zwei Jahre bereits Minister- und andere hohe Stellungen ein und sind als aufgeklärte und gemäßigte Männer bekannt.

Beide Vertreter werden sich allezeit bemühen Seiner Majestät zu rathen, aufgeklärte und gemäßigte Personen zu Ministern zu ernennen und seinen Unterthanen gegenüber Barmherzigkeit zu üben.

III. Der Vertreter Russlands theilt vollkommen die Ansicht des Vertreters Japans, daß bei der derzeitigen Sachlage in Korea es dem Anscheine nach erforderlich ist, an einigen Orten japanische Wachen zum Schutze der japanischen Telegraphenlinie zwischen Fusan und Söul zu unterhalten, und ebenso, daß diese aus drei Kompagnien Soldaten bestehende Wache sobald als möglich abzuberufen und durch Gendarmen zu ersetzen ist, die in folgender Weise zu vertheilen sind: fünfzig Mann in Taiku, fünfzig Mann in Kahcung und je zehn Mann auf jeder Zwischenstation zwischen Fusan und Söul. Diese Vertheilung kann einigen Abänderungen unterliegen, doch darf die Gesammtzahl der Gendarmen niemals zweihundert Mann überschreiten, die dann in der Folge allmählich aus den Ortschaften abberufen werden, in denen von der koreanischen Regierung Friede und Ordnung wiederhergestellt sind.

IV. Zum Schutze der japanischen Ansiedlungen in Söul und der offenen Häfen gegen mögliche Ueberfälle seitens der koreanischen Bevölkerung können japanische Truppen stationirt werden: in Söul - zwei Kompagnien, in Fusan - eine und in Gensan - eine Kompagnie, wobei die Stärke jeder Kompagnie zweihundert Mann nicht überschreiten darf. Diese Truppen werden in der Nähe der Ansiedlungen einquartiert und müssen zurückgezogen werden, sobald die Gefahr derartiger Ueberfälle gewichen ist.

Zum Schutze der russischen Legation und der Konsulate kann die russische Regierung ebenfalls eine Wache unterhalten, die die Anzahl der japanischen Truppen an diesen Orten nicht übersteigt; sie wird zurückgezogen, sobald die Ruhe innerhalb des Landes vollkommen wiederhergestellt ist.

Söul, den 2. (14.) Mai 1896.

gezeichnet:

C. Waeber,	J. Komura,
Vertreter Russlands.	Vertreter Japans.

Russisch - Japanisches Abkommen vom 26. Mai 1896.

PAAA_RZ201-018924_032 ff.			
Empfänger	Fürst zu Hohenlohe - Schillingsfürst	Absender	Radolin
A. 2597 pr. 2. März 1897. a. m.		St. Petersburg, den 27. Feb. 1897.	

A. 2597 pr. 2. März 1897. a. m. 1 Anl.

St. Petersburg, den 27. Feb. 1897.

№ 112.

Seiner Durchlaucht
dem Herrn Reichskanzler
Fürsten zu Hohenlohe - Schillingsfürst.

Euerer Durchlaucht beehre ich mich anliegend in der Übersetzung aus der St. Petersburger Zeitung das Abkommen und das Memorandum gehorsamst vorzulegen, welche zwischen Rußland und Japan in Betreff des beiderseitigen Einflußes in Korea am 26. Mai v. Jr. in Moskau bezw. am 2. Mai 1896 in Söul abgeschlossen und am 24. d. Mts. im offiziellen russischen „Regierungsboten" veröffentlicht worden sind.

Graf Murawiew, mit dem ich gelegentlich diese Veröffentlichung besprach, sagte mir, nach gemeinsamer Abmachung sei das Abkommen bisher geheim gehalten, auf Wunsch Japans aber nunmehr veröffentlicht worden. Für diesen Wunsch Japans seien parlamentarische Gründe maßgebend gewesen.

Von anderer, meist gut unterrichteter Seite erfahre ich zur Veröffentlichung obiger Dokumente dagegen folgendes.

Danach ist die Veröffentlichung allerdings auf Anregung Japans folgt, jedoch hauptsächlich aus anderen als parlamentarischen Gründen. Die Japaner sollen angeblich fürchten, daß nach der erfolgten Rückkehr des Königs von Korea aus dem Gebäude des russischen Konsulats in seinen eigenen Palast die russische Partei in Korea die Gelegenheit für günstig erachten könnte, den König abzusetzen und das russische Protektorat zu erklären. Um diesen Intrigen der russischen Partei in Korea von vornherein den Boden zu entziehen, habe Japan darauf bestanden jetzt das Abkommen zu veröffentlichen, durch welches die Unabhängigkeit Koreas und die Gleichberechtigung Japans mit Rußland bei der Überwachung dieser Unabhängigkeit klar dargelegt werde.

Mein Gewährsmann fügte noch hinzu, Japan trage durchaus kein Verlangen Korea an

Japan anzugliedern, werde aber andererseits scharf darauf achten, daß es nicht unter russischen Einfluß komme. Übrigens lägen die Dinge in Korea und in Ost - Asien so, daß sobald Japan mit England - und eventuell auch mit den Vereinigten Staaten von Nord - Amerika Hand in Hand ginge, Rußlands Aktion dort völlig lahm gelegt sei.

Radolin.

Inhalt: Russisch - Japanisches Abkommen vom 26. Mai 1896.

Anlage zum Bericht № 112 v. 27. 2. 97.

St. Petersburger Zeitung
25. Februar 1897.
№ 44.

Mittheilung der Regierung

Die nachstehend im Drucke veröffentlichten Uebereinkommen zwischen Russland und Japan sind in Moskau und Söul vereinbart worden, infolge unseres Wunsches jegliches Mißverständniß mit der japanischen Regierung bezüglich der koreanischen Angelegenheiten zu beseitigen.

Diese Uebereinkommen erscheinen als eine direkte Folge des chinesische-japanischen Krieges und der durch den letzteren in Korea geschaffenen Situation. Sie verletzen die Grundlagen der koreanischen Unabhängigkeit, die durch den Art. 1 des zwischen Japan und China abgeschlossenen Friedenstraktats zu Simonoseki vorgesehen ist, in keiner Beziehung. Die koreanische Regierung behält vollkommene Freiheit des Handelns in allen Fragen, sowohl der inneren, als der auswärtigen Politik. Russland und Japan dokumentiren in den von ihnen unterzeichneten Uebereinkommen nur ihre gegenseitige Bereitwilligkeit dem Könige von Korea in Sachen der festen Sicherstellung der Ordnung behilflich zu sein, die zeitweilig infolge der durch den chinesisch-japanischen Zusammenstoß hervorgerufenen Erschütterungen gestört worden war. Als einziges sicheres Mittel für diesen Zweck kann die Formirung eingeborener Truppen und Polizei dienen, derer im Protokoll vom 28. Mai (9. Juni) Erwähnung geschieht, und die im Lande nicht vorhanden sind.

Andererseits erscheint indessen das von unserem Geschäftsträger, Wirklichen Staatsrath Waeber und dem Vertreter Japans Herrn Komura in Söul unterzeichnete Memorandum, obgleich es der Zeit nach dem obenerwähnten Protokoll vorhergegangen ist, als nothwendige Ergänzung dieses letzteren. Dieses Memorandum weist klar auf das gemeinschaftliche Ziel hin, das von beiden kontrahirenden Theilen verfolgt wird, nämlich: die Räumung Koreas von jeglicher auswärtigen Besetzung einer wenn auch nur unbedeutenden Truppenzahl in möglichst kürzester Zeit.

Protokoll,

von der russischen und japanischen Regierung unterzeichnet in Moskau am 28. Mai (9. Juni) 1896.

Nachdem der russische Minister der auswärtigen Angelegenheiten, Staatssekretär Fürst Lobanow-Rostowski und der außerordentliche Botschafter Sr. Majestät des Kaisers von Japan, Marschall Marquis Yamagata ihre Ansichten bezüglich der Sachlage in Korea ausgetauscht haben, einigten sie sich über nachstehende Artikel:

I.

Die russische und japanische Regierung werden zwecks Beseitigung der finanziellen Schwierigkeiten Koreas, der koreanischen Regierung den Rath geben, die überflüssigen Ausgaben zu beseitigen und das Gleichgewicht zwischen Ausgaben und Einnahmen herzustellen. Wenn es im Falle der Dringlichkeit einiger Reformen sich als nothwendig erweisen sollte, zu ausländischen Anleihen die Zuflucht zu nehmen, so werden beide Regierungen mit vereinten Kräften Korea ihre Unterstützung zu Theil werden lassen.

II.

Die russische und japanische Regierung werden den Versuch machen, Korea, so weit es die finanzielle und ökonomische Lage des Landes gestattet, die Formirung und den Unterhalt eingeborener Truppen und Polizei in einer zur Aufrechterhaltung der inneren Ordnung genügenden Zahl ohne auswärtige Hilfe vollständig zu überlassen.

III.

Zum Zwecke der Erleichterung des Verkehrs mit Korea behält die japanische Regierung die Verwaltung der sich gegenwärtig in ihren Händen befindlichen Telegraphenlinien.

Russland ist es vorbehalten, eine telegraphische Verbindung zwischen Söul und seiner eigenen Grenze herzustellen.

Diese Linien können von der koreanischen Regierung erworben werden, so bald sie über die hierzu erforderlichen Mittel verfügt.

IV.

Falls eine genauere und ausführlichere Definition des Obenerwähnten erforderlich sein sollte, oder andere, Unterhandlungen beanspruchende Fragen auftauchen sollten, so werden die beiderseitigen Vertreter beider Regierungen den Auftrag erhalten, über die betr. Fragen eine gütliche Einigung zu erzielen.

gezeichnet:

„Lobanow“. „Yamagata“.

Memorandum.

Die Vertreter Russlands und Japans kamen nach gegenseitiger Uebereinkunft auf Grund identischer Instruktionen ihrer Regierungen zu nachstehenden Beschlüssen:

I. Die Frage über die Rückkehr in sein Palais dem eigenen Ermessen und der Entscheidung des Königs von Korea überlassend, werden beide Vertreter Sr. Majestät den freundschaftlichen Rath geben, nach diesem zurückzukehren, sobald jeglicher Zweifel bezüglich seiner Sicherheit geschwunden ist.

Der japanische Vertreter seinerseits giebt das Versprechen, daß die umfangreichsten und wirksamsten Maßregeln ergriffen werden sollen zur Beaufsichtigung der japanischen Soshi.

II. Die das gegenwärtige Kabinet bildenden Minister wurden nach freier Wahl von Sr. Majestät ernannt, nahmen in der Mehrzahl im Laufe der letzten zwei Jahre bereits Minister- und andere hohe Stellungen ein und sind als aufgeklärte und gemäßigte Männer bekannt.

Beide Vertreter werden sich allezeit bemühen Seiner Majestät zu rathen, aufgeklärte und gemäßigte Personen zu Ministern zu ernennen und seinen Unterthanen gegenüber Barmherzigkeit zu üben.

III. Der Vertreter Russlands theilt vollkommen die Ansicht des Vertreters Japans, daß bei der derzeitigen Sachlage in Korea es dem Anscheine nach erforderlich ist, an einigen Orten japanische Wachen zum Schutze der japanischen Telegraphenlinie zwischen Fusan und Söul zu unterhalten, und ebenso, daß diese aus drei Kompagnien Soldaten bestehende Wache sobald als möglich abzuberufen und durch Gendarmen zu ersetzen ist, die in folgender Weise zu vertheilen sind: fünfzig Mann in Taiku, fünfzig Mann in Kahcung und je zehn Mann auf jeder Zwischenstation zwischen Fusan und Söul. Diese Vertheilung kann einigen Abänderungen unterliegen, doch darf die Gesammtzahl der Gendarmen niemals zweihundert Mann überschreiten, die dann in der Folge allmählich aus den Ortschaften abberufen werden, in denen von der koreanischen Regierung Friede und Ordnung wiederhergestellt sind.

IV. Zum Schutze der japanischen Ansiedlungen in Söul und den offenen Häfen gegen mögliche Ueberfälle seitens der koreanischen Bevölkerung können japanische Truppen stationirt werden: in Söul - zwei Kompagnien, in Fusan - eine und in Gensan - eine Kompagnie, wobei die Stärke jeder Kompagnie zweihundert Mann nicht überschreiten darf. Diese Truppen werden in der Nähe der Ansiedlungen einquartiert und müssen zurückgezogen werden, sobald die Gefahr derartiger Ueberfälle gewichen ist.

Zum Schutze der russischen Legation und der Konsulate kann die russische Regierung ebenfalls eine Wache unterhalten, die die Anzahl der japanischen Truppen an diesen Orten nicht übersteigt; sie wird zurückgezogen, sobald die Ruhe innerhalb des Landes vollkommen wiederhergestellt ist.

Söul, den 2. (14.) Mai 1896.

gezeichnet:

C. Waeber, J. Komura,

Vertreter Russlands. Vertreter Japans.

Interpellation im Japanischen Abgeordnetenhaus betreffend angebliche Verständigung zwischen Rußland und Japan hinsichtlich Koreas.

PAAA_RZ201-018924_037 ff.			
Empfänger	Fürst zu Hohenlohe - Schillingsfürst	Absender	Gutschmid
A. 2616 pr. 2. März 1897. a. m.		Tokio, den 21. Januar 1897.	

A. 2616 pr. 2. März 1897. a. m. 1 Anl.

Tokio, den 21. Januar 1897.

A. 13.

An Seine Durchlaucht
den Herrn Reichskanzler
Fürsten zu Hohenlohe - Schillingsfürst.

Euerer Durchlaucht

beehre ich mich in der Anlage in Englischer Uebersetzung im Zeitungsausschnitt der „Japan Daily Mail" den Wortlaut einer, bereits in meinem gehorsamsten Bericht A. 11 vom gestrigen Tage erwähnten Interpellation, betreffend die angeblich bezüglich Koreas zwischen Japan und Rußland bestehende Verständigung, zu überreichen, welche von Mitgliedern der oppositionellen Liberalen Partei (Jiyu-to) am 19. d. M. im Japanischen Abgeordnetenhause eingebracht wurde.

Daß die Interpellation lediglich den Zweck verfolgt, dem Minister der Auswärtigen Angelegenheiten eine Verlegenheit zu bereiten, ergiebt sich noch mehr als aus dem Text derselben aus den Worten, mit denen der Redner der Interpellanten die Einbringung vorgestern vor dem Hause mündlich begründete. Anknüpfend an die Behauptung der Interpellation, daß die Koreanischen Truppen jetzt von Russischen Offizieren ausgebildet würden, und daß durch Vermittlung Rußlands Korea eine Anleihe von 3 Millionen Yen bei der Russisch - Chinesischen Bank aufgenommen habe, erklärte der Abgeordnete u. A., daß er selbst von seinem Aufenthalt in Korea wisse, von welcher immensen Bedeutung gerade diese beiden Punkte dort seien, und daß die Japanische Regierung dabei der Russischen unbedingt hätte zuvorkommen müssen. Graf Okuma, so fuhr er fort, scheine keineswegs im Sinne des Prinzips energischen Eingreifens zu handeln, mit dem man ihn bisher immer identifizirt habe, da er keinerlei besondere Schritte, besonders in Korea, gethan habe. Er lasse sogar den Posten eines Gesandten daselbst immer noch unbesetzt.

Der Minister werde drigend ersucht, sich darüber in eigener Person, und nicht blos schriftlich zu äußern.

Gutschmid.

Inhalt: Interpellation im Japanischen Abgeordnetenhaus betreffend angebliche Verständigung zwischen Rußland und Japan hinsichtlich Koreas. 1 Anlage.

Anlage zu Bericht A. 13 vom 21. Jan. 1897.

The Japan Daily Mail
YOKOHAMA WEDNESDAY, JANUARY 20. 1897.

When the Government despatched Marshal Marquis Yamagta last May as Representative of Japan to attend the Coronation of the Czar, it was repeatedly reported both by Japanese and foreign papers that a Convention about the future of Korea had been concluded between Japan and Russia. The Government has not ordered the withdrawal of those newspaper reports, and if the Convention really exists, the Government ought to inform the public of its provisions, exception of, of course, those of a secret nature, for such knowledge is required in order that the two contracting nations may conform with the terms of the Convention. Does the Convention really exist?

2. -According to reliable information, the Russian Government has sent a number of military officers to Korea, and they are now engaged in the training of Korean soldiers. Supposing that the Convention exists, does it contain any provision relating to such procedure?

3. -The Korean Government, through the good offices of the Russian Representative in Söul, has borrowed, it is said, a sum of 3 million *yen* from the Russo-Chinese Bank. Is nothing provided about it in the Convention?

4. -Supposing the above acts of the Russian Government to be covered by the Convention, did that Government open preliminary negotiations with Japan about them, and, if so, what steps did Japan take?

5. -Supposing that no such Convention exists between the two Powers, do the Japanese Government and people enjoy freedom of independent action in respect of Korean affairs, without any obligation whatever towards other Powers?

[ ]

PAAA_RZ201-018924_044			
Empfänger	Fürst zu Hohenlohe - Schillingsfürst	Absender	Focke
A. 3610 pr. 20. März 1897. p. m.		Odessa, v. 28. März 1897.	
Memo	I) 22. 3. R. Marine-Amt. II) 22. 3. Oberkommando.		

Abschrift.

A. 3610 pr. 20. März 1897. p. m.

Odessa, v. 28. März 1897.

Seiner Durchlaucht
dem Herrn Reichskanzler
Fürsten zu Hohenlohe - Schillingsfürst.

1500 Mann des hiesigen 16. Schützen - Regiments sind heute mit einem Dampfer der Russischen Handels - und Dampfschifffahrtsgesellschaft eingeschifft worden. Als Bestimmungsort vemuthet man Kreta.

Der am 28. v. M. nach Ostasien abgegangene Dampfer „Jekaterinoslow" hat 50 bis 60 Geschütze u. Munition mitgenommen. Wie ein russischer Offizier sagte, sind dieselben für Korea bestimmt, auch befanden sich mehrere Offiziere an Bord, welche als Militär - Instrukteure ebenfalls dorthin gehen.

gez. Focke.

Orig. i. a. Türkei 94

Die Russischen Militär - Instrukteure und den Aufenthalt des Königs in der Russischen Gesandtschaft betreffend.

PAAA_RZ201-018924_045 ff.			
Empfänger	Fürst zu Hohenlohe - Schillingsfürst	Absender	Krien
A. 4065 pr. 29. März 1897. a. m.		Söul, den 29. Januar 1897.	
Memo	mtg. 2. 4. n. Petersburg 377. J. № 53.		

A. 4065 pr. 29. März 1897. a. m.

Söul, den 29. Januar 1897.

Kontrol № 8.

An Seine Durchlaucht
den Herrn Reichskanzler
Fürsten zu Hohenlohe - Schillingsfürst.

Eurer Durchlaucht beehre ich mich im Anschluß an meinen Bericht № 59 vom 26. Oktober v. Js. ganz gehorsamst zu melden, daß die Russischen Militär - Instrukteure jetzt im Ganzen gegen 1000 Koreanische Soldaten ausbilden. Der frühere Adjutant des Russischen Militär-Attachés Obersten Strelbitzky, Premier - Lieutenant der Infantrie Kuzmin, ist vor kurzem von der Koreanischen Regierung ebenfalls als Militär - Instrukteur engagirt worden. Das hiesige Arsenal wird von einem Russischen Oberfeuerwerker geleitet.

Auf dem neuen Palastgrundstücke sind Wohnungen für die Russischen Offiziere und Unteroffiziere eingerichtet worden, deren Übersiedlung zugleich mit der des Königs in Aussicht genommen ist. Wie mir indeß Oberst Putiata neulich gesprächsweise mittheilte, weigert sich der König durchaus, die Russische Gesandtschaft zu verlassen („refuse absolument de quitter la légation russe“), obwohl der eine Palast so gut wie fertiggestellt ist, indem er angiebt, daß er seinen von den Russen einexerzirten Truppen noch nicht trauen könne.

Die diesjährigen Neujahrs - Audienzen fanden im neuen Palais statt. Die Berathungen des Staatsraths werden in einem an das Russische Gesandtschaftsgrundstück anstoßenden Hause abgehalten.

Oberst Putiata will im Mai d. Js. wieder von Korea abreisen. Nach seiner Angabe ist er auf ein Jahr nach Söul abkommandirt worden, um die für die Ausbildung der koreanischen Truppen nöthigen Schritte einzuleiten. Im August d. Js. müsse er sich in St. Petersburg zurückmelden. Von der koreanischen Regierung beziehe er kein Gehalt.

Abschriften dieses ganz gehorsamen Berichtes sende ich an die Kaiserlichen Gesandtschaften zu Peking und Tokio.

Krien.

Inhalt: Die Russischen Militär - Instrukteure und den Aufenthalt des Königs in der Russischen Gesandtschaft betreffend.

Betreffend eine Koreanische Anleihe bei der Russisch - Chinesischen Bank.

PAAA_RZ201-018924_049 ff.			
Empfänger	Fürst zu Hohenlohe - Schillingsfürst	Absender	Krien
A. 4066 pr. 29. März 1897. a. m.		Söul, den 31. Januar 1897.	
Memo	Auszug 2. 4. n. Petersburg 378. J. № 55.		

A. 4066 pr. 29. März 1897. a. m.

Söul, den 31. Januar 1897.

Kontrolle № 9.

An Seine Durchlaucht
den Herrn Reichskanzler
Fürsten zu Hohenlohe - Schillingsfürst.

Eurer Durchlaucht habe ich die Ehre im Verfolg meines Berichtes № 69 vom 30. November v. Js. ganz gehorsamst zu melden, daß nach einer Mittheilung des Rathgebers im koreanischen Finanzministerium, McLeavy Brown, die Russisch - Chinesische Bank in Shanghai sich bereit erklärt hat, der Koreanischen Regierung, die die Japanische Anleihe von 3 Millionen Yen zurückzuzahlen wünscht, das dafür nothwendige Geld vorzustrecken. Die Verhandlungen darüber seien indeß noch nicht abgeschlossen.

Abschriften dieses ganz gehorsamen Berichtes sende ich an die Kaiserliche Gesandtschaft zu Peking und Tokio.

Krien.

Inhalt: Betreffend eine Koreanische Anleihe bei der Russisch - Chinesischen Bank.

[ ]

PAAA_RZ201-018924_052			
Empfänger	Fürst zu Hohenlohe - Schillingsfürst	Absender	Gutschmidt
A. 4214 pr. 31. März 1897. p. m.		Tokio, den 18. Feb. 1897.	

Abschrift

A. 4214 pr. 31. März 1897. p. m.

Tokio, den 18. Feb. 1897.

A. 32.

Seiner Durchlaucht
dem Herrn Reichskanzler
Fürsten zu Hohenlohe - Schillingsfürst.

pp.

Schließlich berührte Graf Okuma die vor einiger Zeit (cfr. 5 pl. Bericht A. 13 vom 21. v. M.) an ihn gerichtete Interpellation wegen der japanisch - russischen Beziehungen rücksichtlich Koreas, indem er bemerkte, er werde die im vergangenen Jahre mit Rußland getroffenen Abmachungen in öffentlicher Sitzung bekannt geben, falls, was er nicht bezweifele, die russische Regierung ihre Zustimmung hierzu ertheilen sollte, Geheimnisse gebe es in dieser Frage für ihn nicht.

pp

gez.: Gutschmidt.
Orig. i. a. Japan 13

Berlin, den 2. April 1897.

zu A. 4065.

An
die Botschaften
St. Petersburg № 377.

J. № 2935.

Euerer pp. übersende ich anbei ergebenst Abschrift eines Berichtes des K. Konsulats in Söul vom 29. Jan., betreffend die Russischen Militär - Instrukteure in Korea
zu Ihrer gefl. Information.

---

zu Ihrer Information und mit der Ermächtigung, den Inhalt nach Ihrem Ermessen zu verwerthen.

---

mit dem Ersuchen, den Inhalt zur Kenntniß der dortigen Regierung bringen zu wollen.

N. S. E.

Berlin, den 2. April 1897.

zu A. 4066.

An
die Botschaften
St. Petersburg № 378.

J. № 2936.

Euerer pp. übersende ich anbei ergebenst Abschrift eines Berichtes des K. Konsulats in Söul vom 31. Jan., betreffend eine Koreanische Anleihe bei der Russisch-Chinesischen Bank zu Ihrer gefl. Information

---

zu Ihrer Information und mit der Ermächtigung, den Inhalt nach Ihrem Ermessen zu verwerthen.

---

mit dem Ersuchen, den Inhalt zur Kenntniß der dortigen Regierung bringen zu wollen.

N. S. E.

Die Verurtheilung koreanischer Verschwörer und den Aufenthalt des Königs in der Russischen Gesandtschaft betreffend.

PAAA_RZ201-018924_055 ff.			
Empfänger	Fürst zu Hohenlohe - Schillingsfürst	Absender	Krien
A. 4481 pr. 5. April 1897. a. m.		Söul, den 11. Februar 1897.	
Memo	mtg. 8. 4. London 545, Petersburg 395. J. № 71.		

A. 4481 pr. 5. April 1897. a. m.

Söul, den 11. Februar 1897.

Kontrol № 11.

An Seine Durchlaucht
den Herrn Reichskanzler
Fürsten zu Hohenlohe - Schillingsfürst.

Euer Durchlaucht habe ich die Ehre im Verfolg meines Berichtes № 69 vom 30. November v. Js. ganz gehorsamst zu melden, daß fünf der Angeklagten von dem Obersten Gerichtshofe wegen politischer Umtriebe zu fünfzehnjähriger Verbannung verurtheilt worden sind. Der König hat die Strafen bei dreien der Verurtheilten auf zehn und bei den beiden anderen auf sieben Jahre herabgesetzt. Die übrigen Beschuldigten - im Ganzen waren über zwanzig verhaftet worden - sind freigesprochen worden. Der frühere Justizminister Han Kiu-Sol, der ebenfalls festgenommen, nach kurzer Zeit aber wieder entlassen worden war, ist in seinen alten Posten wieder eingesetzt worden.

Unter der Bevölkerung der Hauptstadt und des Inlandes macht sich besonders seit Ende vorigen Monats eine größere Bewegung bemerkbar, um den König zu veranlassen, aus der Russischen Gesandtschaft in den Palast zurückzukehren. In diesem Zweck sind von Beamten, Gelehrten und Kaufleuten mannigfache Bittschriften an den König gerichtet worden. Nach der Ansicht des Russischen Vertreters sind die Leute von dem Tai-Won-Kun und dessen Anhängern entweder gekauft oder durch die unwahre Behauptung, der König wolle zwar die Gesandtschaft verlassen, werde aber von ihm (Herrn Waeber) zurückgehalten, bewogen worden, die Petitionen zu unterzeichnen. Doch ist dies nur zum Theil richtig, denn es ist nicht zu verkennen, daß namentlich unter den gebildeten Koreanern der lange Aufenthalt des Königs in einer fremden Gesandtschaft als eine Schmach für das Land empfunden wird.

Herr Waeber theilte mir ferner mit, daß er den König stets als seinen Gast betrachtet habe, der nach Belieben bleiben oder fortgehen könne. Niemals habe er auf ihn im Geringsten einzuwirken versucht, damit er in der Gesandtschaft verbliebe. Vielmehr habe er gleich nach der Ankunft des Königs in der Gesandtschaft - am 11. Februar v. Js. - eine Audienz nachgesucht und ihm dabei erklärt: „Selbst auf die Gefahr hin, sein Mißfallen zu erregen, müsse er ihn doch darauf aufmerksam machen, daß im Interesse der Ruhe des Landes sein Verweilen in der Gesandtschaft nicht allzu lange ausgedehnt werden möchte." Er habe öfters Gelegenheit gehabt, mit Beamten, von denen er wüßte, daß sie die Rückkehr des Fürsten befürworteten, zu sprechen und sie zu fragen, ob sie sich für die Sicherheit des Königs verbürgen könnten. Diese Frage hätten sie jedoch Alle stets verneinend beantwortet.

Aus den Aeußerungen des Russischen Vertreters habe ich den Eindruck erhalten, daß er den Fortgang des Königs sehr ungern sehen würde. -

Vorgestern hat der König eine Proklamation erlassen, worin er erklärt: „Er bedauere selbst, daß er bisher nicht in den Palast habe zurückkehren können. Wenn ihm dies möglich gewesen wäre, so würde er nicht die Bittschriften abgewartet haben, sondern aus eigenem Antriebe umgezogen sein. Er habe den Deputirten der Beamten und Gelehrten befohlen, nach Hause zu gehen. Das Volk solle sich nicht durch müßiges Gerede aufregen lassen und keinen unbegründeten Verdacht hegen (als ob er von dem Russischen Gesandten zurückgehalten werde). Der neue Palast sei wegen der Ungunst des Wetters noch nicht fertiggestellt worden. Nach dessen Vollendung werde er ihn beziehen."

Das Volk will sich aber dabei nicht beruhigen. Dem Vernehmen nach sind weitere Massen - Deputationen aus allen Theilen des Landes in Aussicht genommen und die Kaufleute der Hauptstadt wollen ihre Läden schließen, wenn der König nicht bald die Gesandtschaft verläßt.

Abschriften dieses ganz gehorsamen Berichtes sende ich an die Kaiserlichen Gesandtschaften zu Peking und Tokio.

Krien.

Inhalt: Die Verurtheilung koreanischer Verschwörer und den Aufenthalt des Königs in der Russischen Gesandtschaft betreffend.

Die Russisch - Japanischen Abmachungen hinsichtlich Koreas.

PAAA_RZ201-018924_061 ff.			
Empfänger	Fürst zu Hohenlohe - Schillingsfürst	Absender	Gutschmid
A. 4483 pr. 5. April 1897. a. m.		Tokio, den 28. Februar 1897.	
Memo	mtg. 10. 4. Petersburg 414, Peking A. 13.№		

A. 4483 pr. 5. April 1897. a. m. 2 Anl.

Tokio, den 28. Februar 1897.

A. 37.

An Seine Durchlaucht
den Herrn Reichskanzler
Fürsten zu Hohenlohe - Schillingsfürst.

In meinem gehorsamsten Bericht A. 32 vom 18. v. M. hatte ich die Ehre zu melden, daß Graf Okuma im Abgeordnetenhause erklärt habe, er werde die Abmachungen mit Rußland hinsichtlich Korea's bekannt geben, sobald die Russische Regierung ihre Zustimmung hierzu ertheilt habe.

Wie mir der Russische Geschäftsträger mittheilte, war in der That der Japanische Geschäftsträger in St. Petersburg telegraphisch angewiesen worden, die Genehmigung des dortigen Kabinets zu der Veröffentlichung des Moskauer Protokolls zu erlangen. Dieselbe sei unter der Bedingung ertheilt worden, daß gleichzeitig die in einem aide mémoire niedergelegten Verabredungen zwischen den Vertretern Rußlands und Japans in Söul publizirt würden. Ferner sei es in Petersburg als angemessen bezeichnet worden, daß die betreffenden Veröffentlichungen gleichzeitig auf beiden Seiten erfolgten.

Herr von Speyer konnte nicht recht begreifen, warum die Japanische Regierung die Publikation dieser Abmachungen wünsche, da ihr Inhalt kaum dazu angethan sei, das Prestige Japans zu erhöhen. Er gab aber zu, daß man hier aus parlamentarischen Rücksichten, namentlich um der Opposition die Basis für Angriffe gegen die Regierung zu entziehen, auf die Publizität vielleicht mit Recht Werth lege, umso mehr, als es das Ito-Kabinet gewesen sei, welches diese dem Japanischen Nationalstolz jedenfalls wenig zusagenden Abmachungen getroffen habe.

Nachdem die hiesige Regierung ihrerseits die Russischen Bedingungen acceptirt hatte und auch das Datum der Veröffentlichung vereinbart worden war, hat Graf Okuma in der vorgestrigen Sitzung des Abgeordnetenhauses den in deutscher Uebersetzung gehorsamst hier beigefügten Text des Moskauer Protokolls und des aide memoire von Söul vorgelesen.

Beide Dokumente stimmen mit dem überein, was ich seiner Zeit über die in Rede stehenden Vereinbarungen durch Unterredungen mit dem Russischen Geschäftsträger sowohl als mit dem hiesigen Minister der Auswärtigen Angelegenheiten in Erfahrung zu bringen in der Lage gewesen bin und worüber ich Euerer Durchlaucht von Zeit zu Zeit Bericht zu erstatten nicht unterlassen habe. Irgend etwas wesentlich Neues für uns enthalten dieselben demnach nicht. Namentlich bewahrheitet sich hierdurch die Aeußerung, die Marquis Ito damals gegen mich fallen ließ, daß die Abmachungen zwischen Marquis Yamagata und Fürst Lobanow nur einen modus vivendi ad hoc bezüglich Korea's bezweckten und denselben eine größere Tragweite nicht beizumessen sei.

Gutschmid.

Inhalt: Die Russisch - Japanischen Abmachungen hinsichtlich Koreas. 2 Anlagen.

Anlage 1 zu Bericht A. 37 vom 28. Feb. 1897.
Uebersetzung.

Memorandum.

Die Vertreter Japans und Rußlands in Söul sind in Gemäßheit identischer Instruktionen ihrer beiderseitigen Regierungen in Verhandlung getreten und zu folgendem Einverständniß gelangt

§ 1. Obwohl die Rückkehr des Königs von Korea in seinen Palast seiner eigenen freien Entschließung zu überlassen ist, so werden ihm doch die Vertreter der beiden Mächte die Rückkehr anrathen, sobald sie die Ueberzeugung gewinnen sollten, daß dieselbe ohne Besorgniß für die Sicherheit Seiner Majestät bewirkt werden könne.

Gleichzeitig soll sich der japanische Vertreter verpflichten, strenge Maßregeln zur Ueberwachung der japanischen Soshi (politischen Abentheurer) zu treffen.

§ 2. Die Minister des gegenwärtigen koreanischen Kabinets verdanken ihre Ernennung der eigenen Wahl Seiner Majestät. Die meisten derselben haben während der letzten beiden Jahre Ministerial- oder andere hohe Posten ausgefüllt und sind als Männer von liberalen und gemäßigten Ansichten bekannt. Die Vertreter der beiden Mächte werden immer bestrebt sein, dem König die Anstellung von Staatsministern mit liberalen und gemäßigten Ansichten sowie eine großherzige Behandlung des Volkes anzurathen.

§ 3. In Bezug auf die nachstehenden Punkte theilt der russische Vertreter völlig die Ansichten des Vertreters von Japan: nämlich,

daß es Angesichts der gegenwärtigen Zustände in Korea nöthig sei, zum Schutz der japanischen Telegraphenlinien zwischen Söul und Fusan japanische Wachen an bestimmten Punkten zu stationiren,

daß es sich aber empfehle, diese zur Zeit aus 3 Kompagnien Truppen gebildeten Wachen möglichst ruhig zu entfernen und durch Gendarmen zu ersetzen,

daß von diesen 50 Mann in Tai-ku, 50 Mann in Ka-heung und je 10 Mann an 10 verschiedenen Punkten zwischen Fusan und Söul stationirt werden sollen.,

daß die Vertheilung dieser Wachen verändert werden kann, die Gesammtzahl der Gendarmen aber 200 Mann nicht übersteigen soll,

daß endlich diese Gendarmen allmählich von solchen Plätzen, wo völlige Ordnung hergestellt ist, zurückgezogen werden sollen.

§ 4. Gegenüber etwaigen drohenden Angriffen der Koreaner auf die japanischen Niederlassungen in Söul und den geöffneten Häfen können zum Schutze derselben zwei Kompagnien japanischer Truppen in Söul und je eine Kompagnie in Fusan und Gensan stationirt werden. Die Stärke einer Kompagnie soll jedoch 200 Mann nicht übersteigen. Die Truppen sollen in der Nähe der Niederlassungen stationirt und zurückgezogen werden, sobald die Gefahr des Angriffes vorüber ist.

Auch die russische Regierung kann zum Schutz der russischen Gesandtschaft und Konsulate an den genannten Plätzen Wach-Truppen stationiren, deren numerische Stärke die der japanischen Truppen nicht übersteigen soll. Die genannten Truppen sollen zurückgezogen werden, sobald die Ruhe im Innern Koreas vollständig wieder hergestellt ist.

Söul, den 14. Mai 1896.
gez. Komura.
gez. Waeber.

Anlage 2 zu Bericht A. 37. vom 28. Februar 1897.
Uebersetzung.

Protokoll.

Der Marschall Marquis Yamagata, Außerordentlicher Botschafter Seiner Majestät des Kaisers von Japan, und Fürst Lobanoff, russischer Minister des Auswärtigen, haben nach einem Ideenaustausch über die koreanischen Angelegenheiten beschlossen folgendes Abkommen zu treffen:

Artikel 1. Um den finanziellen Schwierigkeiten Koreas abzuhelfen, werden die beiden Regierungen von Japan und Rußland der Koreanischen Regierung anrathen, daß dieselbe unter Vermeidung jeglicher überflüssiger Ausgabe sich bestreben möge, ein Gleichgewicht ihrer Ausgaben und Einnahmen herzustellen. Sollte in Folge unumgänglicher Reformen sich für Korea die Nothwendigkeit der Aufnahme einer auswärtigen Anleihe ergeben, so werden die beiden Regierungen in gegenseitigem Einverständniß Korea dabei Hülfe leisten.

Artikel 2. Die beiden Regierungen von Japan und Rußland werden Korea gestatten, soweit seine finanzielle und ökonomische Lage es ihm erlaubt, aus den Gliedern des Koreanischen Volks und ohne fremde Hülfe eine Militär- und Polizeimacht zu organisiren und zu unterhalten, wie sie zur Aufrechterhaltung der Ordnung in ihren Grenzen erforderlich erscheint.

Artikel 3. Zur Erleichterung der Kommunikation mit Korea wird die japanische Regierung die Kontrole über die zur Zeit thatsächlich in ihrem Eigenthum stehenden Telegraphenlinien haben. Rußland soll das Recht haben, Telegraphenlinien zwischen Söul und seiner eigenen Grenze anzulegen.

Korea soll berechtigt sein, die erwähnten Telegraphenlinien anzukaufen, sobald es dazu in der Lage sein wird.

Artikel 4. Falls es räthlich erscheinen sollte, bezüglich der genannten Punkte eine eingehendere oder bestimmtere Erklärung zu geben, oder falls später andere eine Berathschlagung erfordernde Gegenstände sich darbieten sollten, so sollen Vertreter der beiden Mächte bevollmächtigt werden, um in freundschaftlichem Sinn zu verhandeln.

Moskau, den 9/28. Juni 1896.
gez. Marquis Yamagata.
gez. Fürst Lobanoff.

Rede des japanischen Ministers des Auswärtigen über das Verhältniß Japans und Rußlands in Korea.

PAAA_RZ201-018924_080 ff.			
Empfänger	Fürst zu Hohenlohe - Schillingsfürst	Absender	Gutschmid
A. 4484 pr. 5. April 1897. a. m.		Tokio, den 28. Februar 1897.	

A. 4484 pr. 5. April 1897. a. m.

Tokio, den 28. Februar 1897.

A. 38.

An Seine Durchlaucht
den Herrn Reichskanzler
Fürst zu Hohenlohe - Schillingsfürst.

Die in dem gehorsamsten Bericht A. 37 vom heutigen Tage Euerer Durchlaucht bereits gemeldete Veröffentlichung des japanisch - russischen Abkommens betreffs Koreas in der vorgestrigen Sitzung des japanischen Abgeordnetenhauses hat Graf Okuma mit einigen einleitenden Worten begleitet, in denen er zunächst einen kurzen geschichtlichen Rückblick auf die Entwicklung der Beziehungen Japans zu Korea warf. Die in Folge der Ereignisse, welche sich im Herbst 1895 in Söul zugetragen, eingetretene Aenderung in den Beziehungen zu Korea sowohl, wie zu Rußland hätten es, so fuhr die Minister dann fort, nothwendig erscheinen lassen, die von Japan angestrebte Unabhängigkeit Koreas von nun an im Zusammengehen mit Rußland, mit dem man sich in diesem Ziele völlig einig gesehen habe, aufrechtzuerhalten. Dies sei der Entstehungsgrund des Abkommens, welches auch bereits in Korea durch Erhöhung der Sicherheit in Handel und Verkehr und Stärkung des Vertrauens zu Japan seine guten Früchte getragen habe.

Auf die Frage eines Abgeordneten, weshalb Japan nicht, wie es früher doch gewollt, die Unabhängigkeit Koreas allein zu schützen sich bemühe, erklärte Graf Okuma, daß es Japan lediglich auf die Unabhängigkeit Koreas, nicht aber darauf ankomme, ob dieselbe gerade von Japan allein hergestellt werde. Außerdem erklärte der Minister auf Fragen aus dem Hause noch, es sei unwahr, daß Korea von Rußland eine Anleihe von 3 Millionen Yen bewilligt erhalten habe, dagegen lehnte er ein Eingehen auf die Frage, wie es Angesichts der Verständigung mit Rußland gekommen sei, daß die koreanischen Truppen von russischen Offizieren ausgebildet würden, aus politischen Gründen ab, indem er sich auf die Bemerkung beschränkte, daß dies auf den Wunsch des Königs von Korea geschehen sei.

Gutschmid.

Inhalt: Rede des japanischen Ministers des Auswärtigen über das Verhältniß Japans und Rußlands in Korea.

Ankunft eines Chinesischen General - Konsuls in Söul.

PAAA_RZ201-018924_086 ff.			
Empfänger	Fürst zu Hohenlohe - Schillingsfürst	Absender	Krien
A. 4490 pr. 5. April 1897. a. m.		Söul, den 13. Februar 1897.	
Memo	J. № 73.		

A. 4490 pr. 5. April 1897. a. m.

Söul, den 13. Februar 1897.

Kontrol № 12.

An Seine Durchlaucht
den Herrn Reichskanzler
Fürsten zu Hohenlohe - Schillingsfürst.

Seiner Durchlaucht beehre ich mich ganz gehorsamst zu berichten, daß der zum General - Konsul beförderte frühere Chinesische Konsul und Legations - Sekretär S. Y. Jong Anfangs dieses Monats hier eingetroffen ist.

Wie mir der Britische General - Konsul Jordan vertraulich mittheilte, hat er auf ein amtliches Schreiben des Tsungli - Yamen an die Englische Gesandtschaft in Peking von dem dortigen Gesandten telegraphisch und schriftlich die Weisung erhalten, nach Eintreffen des Herrn Jong diesem die Chinesischen Geschäfte zu übergeben. Mangels eines Vertrages zwischen China und Korea habe aber Herr Jong die Geschäfte noch nicht übernommen. Derselbe wolle vielmehr, soweit ihm bekannt sei, hier zuvörderst feststellen, ob die koreanische Regierung geneigt sei, mit China einen Handels - Vertrag abzuschließen.

Abschriften dieses ganz gehorsamen Berichtes sende ich die kaiserlichen Gesandtschaften zu Peking und Tokio.

Kren.

Inhalt: Ankunft eines Chinesischen General - Konsuls in Söul.

[ ]

PAAA_RZ201-018924_089			
Empfänger	Fürst zu Hohenlohe	Absender	[*sic.*]
A. 4550 pr. 6. April 1897. p. m.		Berlin, den 5. April 1897.	

A. 4550 pr. 6. April 1897. p. m. 5 Anl.

Berlin, den 5. April 1897.

№ 736.

Dem Reichskanzler
Herrn Fürsten zu Hohenlohe
Durchlaucht
(Auswärtiges Amt)

anliegend den mittelst geneigten Schreibens vom 19. Januar d. J. A. 612 / № 471 mir übersandten Bericht des kaiserlichen Gesandten in Tokio vom 15. Dezember v. J., eine Arbeit des Premier-Lieutenants Meincke über die koreanische Armee betreffend, nebst Anlagen nach erfolgter Mittheilung an die betheiligten Militärischen Dienststellen ganz ergebenst zurückzusenden.

Im Auftrage des Kriegsministers.

[*sic.*]

Berlin, den 8. April 1897.

zu A. 4481.

An
die Botschaften in
1. London № 545.
2. Petersburg № 395.

J. № 3108.

Euerer pp. übersende ich anbei ergebenst Abschrift eines Berichts des K. Konsulats in Söul vom 11. Febr., betreffend den Aufenthalt des Königs in der russischen Gesandtschaft zu Ihrer gefl. Information.

---

zu Ihrer Information und mit der Ermächtigung, den Inhalt nach Ihrem Ermessen zu verwerthen.

---

mit dem Ersuchen, den Inhalt zur Kenntniß der dortigen Regierung bringen zu wollen.

N. S. E.

Berlin, den 10. April 1897.

zu A. 4483.

An
die Missionen in
1. Petersburg № 414.
2. Peking № A. 13.

J. № 3202.

Euerer pp. übersende ich anbei ergebenst Abschrift eines Berichts des K. Gesandten in Tokio vom 28. Febr., d. J., betreffend das russisch-japanische Abkommen über Koreanische Armee

zu Ihrer gefl. Information.

N. S. E.

Specialkorrespondenz der Nowoje Wremja aus Korea.

PAAA_RZ201-018924_092 ff.			
Empfänger	Fürst zu Hohenlohe - Schillingsfürst	Absender	von Tschirschky
A. 4801 pr. 12. April 1897. a. m.		St. Petersburg, den 9. April 1897.	

A. 4801 pr. 12. April 1897. a. m.

St. Petersburg, den 9. April 1897.

№ 173.

Seine Durchlaucht
dem Herrn Reichskanzler
Fürsten zu Hohenlohe - Schillingsfürst.

Die „Nowoje-Wremja" veröffentlicht eine Specialkorrespondenz aus Korea, in welcher der Bau mehrerer Telegraphenlinien angezeigt wird, welche die koreanische Regierung von Söul nach Gensan, von Söul nach Tschemulpo und von Söul nach Fusan auf ihre Kosten bauen wird. Die Linie Söul - Gensan soll alsdann bis zur Grenzstadt Kögen - pu am Flusse Tu - myna und von dort bis Possjet verlängert werden. Die Korrespondenz verweist darauf, daß die bisher vorhandenen Telegraphenlinien in Korea in japanischem Besitz wären und daher auch das Absenden von Depeschen ganz von der Willkür der Japaner abhänge. Zudem sei die japanische Telegraphentaxe eine für den Privatmann unerschwinglich hohe. Der König interessire sich sehr für den Bau der erwähnten Linien und folge demselben mit großer Aufmerksamkeit. Alsdann geschieht einer neuen russischen Dampferkompagnie Erwähnung, welche vier Mal im Monat Postreisen von Wladiwostok - Fusan - Nagasaki - Tschemulpo - Tschifu nach Shanghai unternehmen wird.

Min Jan Chan, der Gesandte zur heiligen Krönung, wird als Gesandter nach Europa ernannt, um eine beständige Verbindung mit den europäischen Mächten zu unterhalten und gleichzeitig die Erfolge junger nach Europa geschickter Koreaner fortlaufend zu verfolgen. Min Jan Chan wird Söul Anfang März verlassen. Seit drei Wochen (die Korespondenz ist vom 2. Februar datirt) haben die von russischen Offizieren einexercirten koreanischen Soldaten die Wache im neuen Palais bezogen. Der König sollte am 25. Januar übersiedeln, und das neue Palais beziehen, doch dürfte sich die Übersiedelung der rauhen Witterung wegen noch einige Zeit verziehen.

von Tschirschky

Inhalt: Specialkorrespondenz der Nowoje Wremja aus Korea.

[ ]

PAAA_RZ201-018924_096 f.			
Empfänger	[o. A.]	Absender	[o. A.]
A. 4867 pr. 13. April 1897. p. m.		[o. A.]	

A. 4867 pr. 13. April 1897. p. m.

Vossische Zeitung
13. 4. 97

Die Verträge zwischen Japan und Rußland über Korea.
(Eig. Ver.)

Im japanischen Reichstage machte Ende Februar d. J. der Minister des Auswärtigen Graf Okuma genaue Mittheilungen über den Abschluß von zwei Verträgen zwischen Rußland und Japan über die gegenseitigen Rechte in Korea. Der Hauptvertrag, der in den ersten drahtlichen Meldungen des vorjährigen Herbstes, worin einige Andeutungen über den Inhalt gegeben wurden, ausdrücklich als „geheimer Vertrag" bezeichnet wurde (einen Ausdruck, den der Minister wiederholt), ist in Moskau im Juli 1896 zwischen dem außerordentlichen Gesandten Feldmarschall Marquis Yamagata und dem russischen Reichskanzler Fürsten Lobanow abgeschlossen worden. Es geschah zur selben Zeit, als auch der russisch-chinesische Vertrag mit dem Vizekönig Li-Hung-Tschang in Moskau vollzogen wurde. Ein Nebenvertrag wurde im Juli 1896 in Söul zwischen dem japanischen und dem russischen Gesandten vereinbart, jedenfalls erst, nachdem die Unterzeichnung des Hauptvertrages drahtlich bekannt geworden war. Graf Okuma schickte der Mittheilung der Dokumente eine längere geschichtliche Uebersicht der Verhältnisse zwischen Japan und Korea seit den letzten 30 Jahren voraus, die der Tokioer Reichsanzeiger („Kampo") veröffentlicht. Diese Zwistigkeiten, die schließlich zu dem letzten Kriege führten, sind in der Hauptsache bekannt, zum Verständniß der Verträge genügt es, den Schluß der Rede des Ministers zu geben. Er fragte:

„Seit Erschließung Koreas im Jahre 1876 ist das Land immer mehr oder minder unruhig. Damals, bei der Erschließung, war der König noch sehr jung und sein Vater Taiwonkun übte für ihn die Herrschaft in seinem Namen aus. Viele Parteien bildeten sich seitdem am Hofe von Söul, außer denen des Königs, der Königin, seines Vaters auch noch die verschiedenen mit den Fremden zusammenhängenden Parteien, und jede neue

Bewegung hatte Beziehungen mit dem Auslande. Der König selbst ist ein ganz kluger Mensch, und wenn auch thatsächlich die meiste Macht in den Händen der Parteien liegt, so weiß er noch sehr geschickt zwischen den verschiedenen Parteien zu verhandeln. Man bedenke dabei, wie viele tüchtige Menschen in den letzten Jahrzehnten am Hofe von Söul getödtet wurden und daß der König in beständiger Furcht vor den unaufhörlichen gegenseitigen Ränken und Nachtstellungen der Parteien leben muß, ja nicht einmal vor seinen nächsten Verwandten, selbst seinem eigenen Vater ganz sicher ist! Nach den Unruhen vom Oktober 1895 und Februar 1896 glaubte die Mehrheit am Hofe wie im Volke, Japan wolle nur Korea schädigen, und deshalb sei es das Beste, sich völlig von Japan zu trennen. Japan und Rußland selbst leben in Freundschaft, aber die beiderseitigen Anhänger am Hofe von Söul haben die gute Gesinnung und das freundliche Verhältniß zwischen Japan und Rußland verschlechtert, und um einer weiteren Verfeindung zwischen den beiden Mächten vorzubeugen, hat Feldmarschall Marquis Yamagata mit dem russischen Minister des Auswärtigen im Juli 1896 einen Vertrag in Moskau geschlossen, den ich Ihnen nun mittheile:

I. Der Moskauer Vertrag enthält folgende Bestimmungen:

1) Die kaiserlich japanische und die kaiserlich russische Regierung haben zur Hebung der Finanzverhältnisse des koreanischen Staats beschlossen, gemeinsam der koreanischen Regierung mit ihren Rathe beizustehen, um sie vor unnützen Ausgaben zu bewahren und das Verhältniß ihrer Einnahmen und Ausgaben zu regeln. Falls jedoch Korea im Auslande Anleihen zu machen gezwungen ist, verpflichten sich beide Mächte, Korea dabei zu unterstützen.

2) Die beiden Regierungen werden möglichst sorgen, daß Korea keine Schulden im Auslande zu machen braucht und daß es ferner im Innern die Ruhe und Ordnung bewahrt, doch soll, wenn es irgend geht, es den Koreanern selbst überlassen bleiben, dafür Militär und Polizei zu unterhalten und zu benutzen.

3) Um den Verkehr mit Korea zu erleichtern, soll die japanische Regierung die bisher von ihr besessenen Telegraphenlinien weiter verwalten und Rußland das Recht haben, von Söul aus nach der russischen Grenze eine Telegraphenlinie zu errichten. Wenn jedoch die koreanische Regierung diese Linien kaufen will, müssen sie jederzeit zum Verkauf frei stehen.

4) Falls zu den vorstehenden Abmachungen noch nähere Zusätze oder später irgendwelche neuen Verhandlungen nöthig werden, so sollen die Vertreter beider Mächte alles möglichst in Freundschaft erledigen.

II. Außer diesem Hauptvertrage haben der japanische und der russische Gesandte in Korea im Juli 1896 zu Söul folgende Vereinbarung getroffen:

1) Die Rückkehr des Königs aus der russischen Gesandtschaft nach seinem Palaste muß dem Könige überlassen bleiben, noch soll der russische Gesandte, falls er glaubt, daß alles ruhig sei, dem Könige den Rath geben, die Gesandtschaft zu verlassen. Andererseits muß der japanische Gesandte für möglichst strenge Ueberwachung der japanischen Soschi (politische Fanatiker) sorgen.

2) Es wird von beiden Seiten anerkannt, daß die jetzigen koreanischen Minister nur vom Könige selbst nach freier Entschließung (nicht unter dem Drucke der Parteien) ernannt wurden, daß sie sämmtlich tüchtige, biedere Männer sind und daß Volk mit ihnen ganz zufrieden ist. Die Vertreter Japans und Rußlands wollen daher dem Könige und seinen Ministern nur den freundlichen Rath geben, das Volk möglichst milde und gerecht zu regieren.

3) Bei dem jetzigen Zustande Koreas ist es zum Schutze der japanischen Telegraphenlinie zwischen Söul und Fusan nöthig, eine Wache zu haben. Es sollen aber die drei Kompagnien japanischer Soldaten, welche sie bis jetzt bewachen, nach Japan zurückkehren, und dafür japanische Gendarmen nach Korea geschickt werden. Davon sollen in Taiku 50, in Kako auch 50 und auf zehn anderen Posten je zehn Mann stehen; im ganzen sollen sich also nur 200 und nicht über 200 japanische Gendarmen in Korea aufhalten, und zwar auch nur so lange in jeder Gegend, bis sie beruhigt ist.

4) Um die in Korea lebenden japanischen Unterthanen zu schützen, darf die japanische Regierung in Söul zwei und in Fusan und Gensan je eine Kompagnie Soldaten, aber jede Kompagnie nur in einer Stärke bis zu 200 Mann, vorläufig noch belassen. Wenn sich das ganze Land beruhigt hat, sollen auch diese Truppen zurückgezogen werden. Andererseits kann auch die russische Regierung zum Schutze ihrer Konsulate und ihrer Gesandtschaft Soldaten in Korea unterhalten, aber zu keiner Zeit mehr als Japan zugleich dort unterhält.

Der Minister fügte sodann bei: „Nach diesen Verträgen kann man erfahren, daß Japan und Rußland in völliger Uebereinstimmung darüber sind, die Selbständigkeit Koreas nach außen zu schützen und die Kultur und Ordnung im Innern zu fördern. Dadurch wird jetzt der Haß und die Abneigung der Koreaner gegen die Japaner von Tag zu Tag geringer, und während früher die in Korea ansässigen Japaner außer in den Städten Söul, Chemulpo, Fusan und Gensan ihres Eigenthums und Lebens nicht sicher waren, werden sie jetzt schon freundlich aufgenommen und dürfen überall reisen und Handel treiben, selbst in Pingjang bis nach Wittu hin, wo viele ruhig Geschäfte aufgemacht haben. So sehr hat sich die Gesinnung des koreanischen Volkes schon gebessert, und auch die Angst des koreanischen Königs vor den Japanern ist gänzlich geschwunden. Ein Beweis dafür ist schon die Aufnahme unseres Prinzen Komatsu-no-Mija gewesen, der im November vorigen Jahres als Marineoffizier an den Hof von Söul reiste und vom Könige, trotzdem dieser damals noch in der russischen Gesandtschaft wohnte, im Staatspalaste in feierlicher Audienz empfangen wurde. Einen zweiten Beweis hat der König beim Tode unserer Kaiserin-Mutter gegeben, indem er eine Hoftrauer anordnete und als einziger auswärtiger Herrscher einen besonderen Gesandten mit einer silbernen Blume zum Begräbniß nach Tokio schickte. Der Zweck des Vertrages ist nun erfüllt und die Freundschaft zwischen Korea und Japan so groß geworden, daß auch die russische Regierung damit vollständig zufrieden ist. Also haben sich die trüben Wolken zerstreut und ist heiteres Wetter über Ostasien eingetreten; und es freut mich sehr, daß ich diese bisher verheimlichten Verträge bei klarem Sonnenschein veröffentlichen darf."

Auf die Anfrage einiger Abgeordneten antwortete Graf Stumm noch folgendes: „Es ist Thatsache, daß russische Offiziere und Soldaten koreanische Soldaten ausbilden. Das geht uns aber nichts an, weil nichts davon im Vertrage bemerkt ist, und außerdem will sicherlich Rußland damit dem Könige von Korea auf seine Bitten nur einen Gefallen erweisen". Auf eine weitere Anfrage, ob es Thatsache sei, daß die koreanische Regierung durch Vermittelung des russischen Gesandten Waeber bei der russisch-chinesischen Bank eine Anleihe von 3 Millionen gemacht habe, erwiderte Graf Okuma noch: „Die Anleihe ist noch nicht eine Thatsache; ich habe von dem russischen Gesandten wohl eine Mittheilung über die Absicht erhalten, aber diese Absicht ist noch nicht ausgeführt. Wenn es dazu noch kommen soll, werden wir mit Rußland gemeinsam zum Wohle Koreas berathen."

Graf Okuma scheint sich hiernach dem Glauben hinzugeben oder will wenigstens glauben machen, Japan übe gemeinsam mit Rußland die Vormundschaft über Korea aus, während thatsächlich das Zarenreich die Regierung über das Land führt und Japan nur bescheidene Zugeständnisse gemacht hat.

Umzug des Königs aus der Russischen Gesandtschaft in den neuen Palast.

PAAA_RZ201-018924_098 ff.			
Empfänger	Fürst zu Hohenlohe - Schillingsfürst	Absender	Krien
A. 4967 pr. 15. April 1897. p. m.		Söul, den 22. Februar 1897.	
Memo	mtg. 17. 4. n. London 606, Petersburg 443, Dresden 288, München 293, Stuttgart 288. J. № 82.		

A. 4967 pr. 15. April 1897. p. m.

Söul, den 22. Februar 1897.

Control № 13.

An Seine Durchlaucht
den Herrn Reichskanzler
Fürsten zu Hohenlohe - Schillingsfürst.

Euer Durchlaucht
habe ich die Ehre im Verfolg meines Berichtes № 11 vom 11. d. Mts. ganz gehorsamst zu melden, daß der König von Korea auf den gemeinschaftlichen Rath sämmtlicher Staatsminister und Mitglieder des Staatsraths vorgestern mit dem Kronprinzen die Russische Gesandtschaft verlassen und sich in den an das Britische General - Konsulat anstoßenden neuen Palast (Kyong-Un-Kun) begeben hat. Es ist zweifellos, daß die Bittschriften der Deputationen von Beamten und Gelehrten (literati) den Fürsten zu dem Schritte bewogen haben. Von seiner Absicht, den Palast zu beziehen, hatte der König am 19ten d. Mts. die fremden Vertreter durch den Minister der Auswärtigen Angelegenheiten in Kenntnis setzen lassen.

Auf gestern Nachmittag ließ der König die Vertreter der Vertragsmächte zu einer Audienz einladen, in der er erklärte: „Unglückliche Umstände hätten ihn vor Jahresfrist veranlaßt, die Russische Gesandtschaft aufzusuchen. Dank der Freundlichkeit der Russischen Regierung und des hiesigen Russischen Gesandten habe er über ein Jahr in Sicherheit und Annehmlichkeit zugebracht. Jetzt sei wieder Ruhe und Frieden in das Land eingekehrt und deßhalb habe er sich entschlossen, den Palast zu beziehen. Er danke Herrn Waeber für die ihm gewährte Gastfreundschaft und allen Vertretern für die ihm geleistete Hülfe."

Aehnliche Proklamationen sind an das Volk erlassen worden.

Der Palast wird von den durch Russische Instrukteure ausgebildeten Koreanischen Truppen bewacht. Die zehn Russischen Unteroffizieren wohnen auf dem Palastgrundstück und beaufsichtigen die Wachen. Auch die drei Russischen Subaltern-Offiziere sollen dahin umziehen. Vorläufig hat dort stets einer derselben Tag und Nacht Dienst. Gegen Angriffe von außen gilt deßhalb der König als genügend geschützt.

Durch ihren Erfolg ermuthigt, wollen die Gelehrten und Beamten der konservativen Partei nun den König bestürmen, damit er die Reformen der letzten Jahre gänzlich einstellen und das alte, Chinesische, Regierungs-System wieder einführen.

Abschriften dieses ganz gehorsamen Berichts sende ich an die Kaiserlichen Gesandtschaften zu Peking und Tokio.

Krien.

Inhalt: Umzug des Königs aus der Russischen Gesandtschaft in den neuen Palast.

[ ]

PAAA_RZ201-018924_102 f.

Empfänger	[o. A.]	Absender	[o. A.]
A. 5011 pr. 16. April 1897. p. m.		[o. A.]	

A. 5011 pr. 16. April 1897. p. m.

Münchner Allgemeine Zeitung
16. 4. 97

Rußland.

Rußlands Fortschritte in Korea und in Abessinien.

-?- St. Petersburg, 12. April. Nach authentischer Meldung aus Söul wird Korea mit Beginn des Frühjahrs drei eigene Telegraphenlinien, Söul-Gensan, Söul-Chemulpo und Söul-Fusan bauen. Die beiden ersten Linien werden noch in diesem Jahre vollendet werden, während die dritte bis zur Hälfte fertig gestellt werden soll. Auch die Söul-Gensan-Linie wird von Gensan über Kögen-Pu nach Possjet Hafen weiter gebaut werden. Bekanntlich befinden sich die bisher in Korea existierenden Telegraphenlinien in Händen der Japaner, und die Koreaner und Europäer hingen in Bezug auf Depeschen ganz von der Gnade Japans ab. Diesen Uebelstand hat namentlich die russische Regierung sehr unangenehm empfunden und sie will nun, wie es in gut unterrichteten Kreisen heißt, die neuen Telegraphenbauten von sich aus subventioniren, damit nicht der Fall eintrete, daß Korea von Rußland abgeschnitten werde. Außerdem bezweckt Rußland durch den Bau dieser Linien eine Abberufung derjenigen japanischen Truppentheile, welche sich zur Bewachung der Telegraphenlinien in Korea befinden und alsdann völlig überflüssig sind. Die japanische Regierung erhebt eine derart hohe Telegraphengebühr, daß es einem Privatmann geradezu unmöglich ist, eine Depesche abzusenden. Da nun die koreanische Regierung eine sehr niedrige Telegraphengebühr festsetzen wird, so dürfte der japanische Telegraph binnen kurzem eingehen, wodurch seine Bewachung illusorisch wird.

- In Söul ist eine russische Dampfercompagnie zusammengetreten, welche, von der russischen Regierung subventionirt, einen ständigen Postverkehr zwischen Wladiwostok-Gensan-Fusan-Nagasaki-Tschemulpo-Tschiku und Schanghai aufrecht erhalten wird. Die Dampfer werden die angegebene Strecke allwöchentlich zurücklegen und russische Waaren nach Tschemulpo vertreiben. Auch eine russische Schule ist in Söul errichtet worden, und im nächsten Monat wird die russische Regierung bereits zwei Geistliche dahin absenden, um die Interessen der orthodoxen Kirche nach Möglichkeit zu fördern. Der König von Korea befindet sich unter dem russischen Schutze sehr wohl und will das Haus der russischen Gesandtschaft nur sehr ungern verlassen, doch sehen es seine Unterthanen jetzt, wo jede Gefahr für das Leben des Königs durch Rußlands Einfluß beseitigt ist, nur ungern, daß der König noch länger diesen Aufenthalt beibehält. So erschienen in den letzten Tagen des Februar die Einwohner der Umgegend von Söul vor der russischen Gesandtschaft, etwa 400 an der Zahl, und überreichten dem König eine Bittschrift, worin sie den Wunsch aussprachen, der König möchte in sein eigenes Palais übersiedeln. Die Bittschrift wurde nach Landessitte auf einem vor der Gesandtschaft aufgestellten Tisch niedergelegt. während die Petenten barhäuptig im Kreise herumstanden und darauf warteten, daß ihr Herrscher herausträte und die Bittschrift an sich nähme. 6 Stunden ließ der König die Bittsteller warten, dann trat er vor den Tisch, nahm die Bittschrift, las sie durch und sagte zum versammelten Volke, er werde in sein neues Palais übersiedeln, sobald dessen Einrichtung fertig und die Witterung wärmer geworden sei. Der neue Palast ist übrigens inzwischen fertig gestellt, und eine koreanische, von russischen Offizieren einexercirte Wache ist vorhanden. Mit neidischen Augen folgt Japan diesen Vorgängen, welche ihm zur Genüge bestätigen, daß sein Einfluß auf Korea in stetigem Niedergang begriffen ist. Es ist sogar von Japan aus im hiesigen Auswärtigen Amt angefragt worden, was Rußland mit jenen Telegraphenlinien u. bezwecken wolle, da Japan seine eigenen Linien in jenem Lande habe. Die sehr kurze Antwort konnte Japan unmöglich befriedigen. Auf Rußlands Initiative wird Korea einen ständigen diplomatischen Bevollmächtigten nach Europa schicken, um die beständige Verbindung des Königreichs mit den europäischen Mächten zu unterhalten. Wie von gut unterrichteter Seit mitgetheilt wird, ist der schon im vorigen Jahr zur Krönung nach Moskau delegirte Min-Jan-Chan für diesen Posten ausersehen und befindet sich gegenwärtig schon unterwegs nach Europa, so daß er Mitte April in St. Petersburg eintreffen könnte, von wo aus er sich aller Wahrscheinlichkeit nach zuerst nach Berlin und dann nach Frankreich begeben wird.

Berlin, den 17. April 1897.

A. 4967.

An
die Missionen in
1. London № 606.
2. St. Petersburg. № 443.
3. Dresden № 288.
4. München № 293.
5.Stuttgart № 283.

Euer p. übersende ich anbei ergebenst Abschrift eines Berichtes des K. Konsulats in Söul vom 22. Februar betreffend den Umzug des Königs in den neuen Palast.

ad 1-2: zu Ihrer gefälligen Information.

Euer p. sind ermächtigt, den Inhalt nach Ihrem Ermessen zu verwerthen.

ad 3-5: unter Bezugnahme auf den Erlaß vom 4. März 1885 mit der Ermächtigung zur Mittheilung

An
die Herren Staatsminister
Exzellenzen

Eueren Exzellenzen beehre ich mich anbei Abschrift eines Berichts des K. Konsulats in Söul vom 22. Febr. betreffend den Umzug des Königs in den neuen Palast zur gefälligen Kenntnißnahme zu übersenden.

N. S. E.

J. № 3414.

Ankunft Englischer Marine-Soldaten in Söul.

PAAA_RZ201-018924_105 ff.			
Empfänger	Fürst zu Hohenlohe - Schillingsfürst	Absender	Krien
A. 6509 pr. 16. Mai 1897. p. m.		Söul, den 11. März 1897.	
Memo	J. № 121.		

A. 6509 pr. 16. Mai 1897. p. m.

Söul, den 11. März 1897.

Kontrol № 17.

An Seine Durchlaucht
den Herrn Reichskanzler
Fürsten zu Hohenlohe - Schillingsfürst.

Euer Durchlaucht habe ich die Ehre ganz gehorsamst zu berichten, daß vorgestern ein Hauptmann, ein Sergeant und elf Mann Englischer Marine - Truppen aus Chemulpo von dem Britischen Kriegsschiffe „Narcissus" für das hiesige Britische General - Konsulat in Söul eintrafen. Wie mir Herr Jordan mittheilte, ist das Detachement lediglich zum Schutze Englischer Unterthanen bestimmt, da in dem dem Palaste gegenüber liegenden Grundstücke allein sechs barmherzige Schwestern wohnen und eine Palast leicht einen Angriff auf dieselben herbeiführen könnte. Zudem sei er in einer gewissen Zwangslage gewesen, weil Herr Hiller, als er im Sommer v. J. die letzte Konsulatswache zurückgeschickt hatte, berichtet habe, daß Unruhen nicht zu befürchten ständen, solange der König sich in der Russischen Gesandtschaft aufhielte, wenn dieser indeß wieder in den Palast ziehen sollte, dann Ruhestörungen in der Hauptstadt zu erwarten wären.

Diese Befürchtungen des Herrn Hiller würden sich wahrscheinlich verwirklichen, wenn die drei Russischen Subaltern - Offiziere (die vor Kurzem ebenfalls das Palastgrundstück bezogen haben) und die zehn Russischen Sergeanten nicht im Palaste Wache hielten.

Die Ankunft der Englischen Soldaten hat unter der Bevölkerung von Söul eine gewiße Aufregung verursacht, weil sie annimmt, daß der Britische General - Konsul Grund habe, erneute Unruhen in der Stadt zu befürchten.

Außer den Englischen Soldaten stehen hier gegenwärtig achtzig Russische Matrosen mit zwei Offizieren, sowie zwei Kompagnien Japanischer Infantrie.

Abschriften dieses ganz gehorsamen Berichtes sende ich an die Kaiserlichen

Gesandtschaften zu Peking und Tokio.

Krien.

Inhalt: Ankunft Englischer Marine-Soldaten in Söul.

Russisch - Japanische Uebereinkommen betreffs Koreas.

PAAA_RZ201-018924_109 ff.			
Empfänger	Fürst zu Hohenlohe - Schillingsfürst	Absender	Krien
A. 6510 pr. 16. Mai 1897. p. m.		Söul, den 12. März 1897.	
Memo	J. № 122.		

A. 6510 pr. 16. Mai 1897. p. m. 2 Anl.

Söul, den 12. März 1897.

Kontrol № 18.

An Seine Durchlaucht
den Herrn Reichskanzler
Fürsten zu Hohenlohe - Schillingsfürst.

Euer Durchlaucht beehre ich mich im Anschluß an meinen Bericht № 33[39] vom 15. März v. J. in der Anlage die Abschriften zweier von dem Russischen Vertreter, Herrn Waeber, mir zugegangener Russisch - Japanischer Abkommen bezüglich Koreas ganz gehorsamst zu überreichen.

Das am 14. Mai v. J. von den Vertretern Rußlands und Japans hierselbst unterzeichnete Memorandum setzt fest:

1) Beide Vertreter werden dem Könige anrathen, in den Palast zurückzukehren, wenn über seine Sicherheit keine Bedenken obwalten können. Der Japanische Vertreter verpflichtet sich, Japanische „Soshis" streng zu überwachen.

2) Es wird bestätigt, daß der König seine Minister aus freier Entschließung ernannt habe. Beide Vertreter werden dem Könige empfehlen, auch künftig liberale und gemäßigte Minister zu ernennen.

3) An die Stelle der zur Bewachung der Japanischen Telegraphenlinien von Söul nach Fusan abkommandirten Japanischen Soldaten sollen Gendarmen treten, deren Anzahl jedoch zweihundert nicht übersteigen darf.

4) Zum Schutze der Japanischen Niederlassungen in Söul und den offenen Häfen dürfen Japanische Truppen stationirt werden, und zwar in Söul zwei Kompagnien, in Fusan und Wonsan je eine Kompagnie. Die Kompagnie darf nicht mehr als 200 Mann

39 A. 6823.

enthalten. Zum Schutze der Russischen Gesandtschaft und der Konsulate darf die Russische Regierung ebenfalls Wachen halten, deren Anzahl jedoch die der Japaner nicht übersteigen soll.

Die Japanischen Truppen sollen zurückgezogen werden, wenn wegen etwaiger Angriffe der Koreanischen Bevölkerung keine Besorgnisse mehr obwalten, und die Russisschen Soldaten, wenn die Ruhe im Innern vollständig wieder hergestellt sein wird.

Das am 9. Juni von dem Russischen Minister der Auswärtigen Angelegenheiten, Fürsten Lobanow, und dem Japanischen Botschafter, Marquis Yamagata, in Moskau unterzeichnete Protokoll bestimmt:

1) Die beiden Regierungen werden der Koreanischen Regierung anrathen, alle unnützen Ausgaben zu vermeiden, und wenn behufs Ausführung von nothwendigen Reformen fremde Anleihen erforderlich sein sollten, ihr übereinstimmend ihre Unterstützung gewähren.

2) Die beiden Regierungen werden es der Koreanischen Regierung überlassen, eine genügende Polizei- und Heeresmacht zu schaffen und zu unterhalten, um die Ordnung im Lande aufrecht zu erhalten, ohne fremde Hülfe.

3) Die Japanische Regierung wird mit der Verwaltung ihre Telegraphenlinien in Korea fortfahren. Rußland behält sich das Recht vor, eine Telegrapenhlinie von Söul nach seiner Grenze herzustellen. Alle diese Linien können von der Koreanischen Regierung zurückgekauft werden.

4) Die Vertreter der beiden Mächte werden sich freundschaftlich verständigen, falls die im Vorstehenden dargelegten Grundsätze eine genauere Fassung erheischen oder andere Punkte entstehen sollten.

Eine Uebersetzung dieser beiden Uebereinkommen hat der Japanische Vertreter, Kato, dem hiesigen Minister der Auswärtigen Angelegenheiten mit dem Bemerken übersandt, er sei von seiner Regierung angewiesen worden, zu erklären, daß durch die Vereinbarungen die Unabhängigkeit Koreas keine Einbuße erlitte, sondern im Gegentheil gestärkt würde, und daß die Regierungen Japans und Rußlands dieses Ziel im Auge gehabt hätten. - - Der Minister hat in Gemäßheit eines Beschlußes des Staatsraths den Empfang bestätigt mit dem Hinzufügen, daß die Freiheit der Entschließungen der Koreanischen Regierung durch die beiden Abkommen, denen sie nicht beigetreten wäre, in keiner Weise beschränkt werden könne.

Die Koreanische Regierung fühlt sich verletzt darüber, daß wichtige die Halbinsel betreffende Bestimmungen, zwischen Rußland und Japan (die beide stets mehr noch als die andern Mächte die Unabhängigkeit des Landes betont haben) vereinbart worden sind, ohne daß sie selbst, oder der damals in Moskau anwesende Koreanische Gesandte „Min Yong Huan“ hinzugezogen oder gefragt worden wären.

Wie mir der Amerikanische Legations - Sekretär Dr. Allen mittheilte, ist der König besonders ungehalten darüber, daß Herr Waeber auf seine wiederholten Fragen ihm im vorigen Jahre stets geantwortet hat, daß die Gerüchte über den Abschluß irgendwelcher Vereinbarungen zwischen Rußland und Japan unbegründet wären. Das Vertrauen des Königs in den Russischen Gesandten ist in Folge dessen sehr erschüttert worden.

Das Japanische Ansehen in Korea ist seit Bekanntwerden der Uebereinkommen entschieden gestiegen, weil Rußland, von dessen Macht die Koreaner ganz übertriebene Vorstellungen hatten, sich herbeigelassen hat, Japan hier als gleichberechtigt anzuerkennen.

Abschriften dieses ehrerbietigen Berichtes sende ich an die Kaiserlichen Gesandtschaften zu Peking und Tokio.

Krien.

Inhalt: Russisch - Japanische Uebereinkommen betreffs Koreas. 2 Anlagen.

Anlage 1 zu Bericht № 18.
Abschrift.

Memorandum.

The Representatives of Russia and Japan at Seoul having conferred under the identical instructions from their respective governments have arrived at the following conclusions:

1. While leaving the matter of His Majesty's the King of Corea return to the palace entirely to his own discretion and judgement, the Representatives of Russia and Japan will friendly advise His Majesty to return to that place, when no doubts concerning his safety there could be entertained.

The Japanese Representative, on his part, gives the assurance that the most complete and effective measures will be taken for the control of Japanese Soshi.

2. The present Cabinet ministers have been appointed by His Majesty from his own free will and most of them held - ministerial or other high offices during the last two years and are known to be liberal and moderate men.

The two Representatives will always aim at recommending to His Majesty to appoint liberal and moderate men as Ministers and to show clemency to his subjects.

The Representative of Russia quite agrees with the Representative of Japan that at the present state of affairs in Corea it may be necessary to have Japanese guards stationed at some places for the protection of the Japanese telegraph line between Fusan and Soul, and that these guards now consisting of three companies of soldiers, should be withdrawn as soon as possible and replaced by gendarmes, who will be distributed as follows : fifty men at Taiku, fifty men of Khaheung and ten men each of ten intermediate posts between Fusan and Soul. This distribution may be liable to some changes, and the total number of the gendarme force shall never exceed two hundred men, who will afterwards gradually be withdrawn from such places where peace and order has been restored by the Corean government.

4. For the protection of the Japanese settlements at Seoul and the open ports against possible attacks by the Corean populace, two companies of Japanese troops may be stationed at Soul, one company at Fusan and one at Gensan, each company not to exceed two hundred men. These troops will be quartered near the settlements and shall be withdrawn, as soon as no apprehension of such attacks could be entertained.

For the protection of the Russian Legation and Consulates the Russian government may also keep guards not exceeding the number of Japanese troops at those places, and which will be withdrawn as soon as tranquillity in the interior is completely restored.

Seoul, May 14th, 1896.

gez. C. Waeber. gez. g. Komura.

Representative of Russia. Representative of Japan.

Anlage 2 zu Bericht № 18.

Abschrift.

Protocole

Le Secrétaire d'Etat Prince Lobanow-Rostovsky, Ministre des Affaires Etrangères de Russie, et le Maréchal Marquis Yamagata, Ambassadeur de Sa Majesté l'Empereur du Japon, ayant échangé leurs vues sur la situation de la Corée sont convenus des articles suivants :

Les Gouvernements Russe et Japonais, dans le but de remédier aux embarras financiers de la Corée conseilleront au Gouvernement Coréen de supprimer toute dépense inutile et d'établir un équilibre entre ses dépenses et ses revenues. Si, à la suite de réformes reconnus indispensables, il devenait nécessaire de recourir à des emprunts étrangers, les deux Gouvernements prêteront, d'un commun accord, leur appui à la Corée.

II.

Les Gouvernements Russe et Japonais essaieront d'abandonner à la Corée, autant que le permettra la situation financière et économique de ce pays, la création et l'entretien d'une force armée et d'une police indigènes dans des proportions suffisantes pour maintenir l'ordre intérieur, sans secours étranger.

III.

En vue de faciliter les communications avec la Corée, le Gouvernement Japonais continuera à administrer les lignes télégraphiques qui s'y trouvent actuellement entre ses mains.

Il est réservé à la Russie d'établir une ligne télégraphique de Séoul à ses frontières.

Les différentes lignes pourront être rachetées par le Gouvernement Coréen, aussitôt qu'il en aura les moyens.

IV.

Dans le cas où les principes ci-dessus exposés exigeraient une définition plus précise, ou bien si, par la suite, il surgissait d'autres points sur lesquels il serait nécessaire de se concerter, les Représentants des deux Gouvernements seront chargés de s'entendre là-dessus à l'amiable.

Fait à Moscou le 28 Mai / 9 Juin 1896.

(signé) Lobanow. Yamagata.

Russische Soldaten in Korea.

PAAA_RZ201-018924_123 ff.			
Empfänger	Fürst zu Hohenlohe - Schillingsfürst	Absender	Karl Georg von Treutler
A. 7606 pr. 11. Juni 1897. a. m.		Tokio, den 5. Mai 1897.	
Memo	mitg. ohne Anl. 14. 6. a. London 895, Petersburg 631.		

A. 7606 pr. 11. Juni 1897. a. m. 1 Anl.

Tokio, den 5. Mai 1897.

A. 74.

An Seine Durchlaucht
den Herrn Reichskanzler
Fürsten zu Hohenlohe - Schillingsfürst.

Die unrichtige Nachricht über das angeblich schon vollzogene Engagement von 160 Russischen Offizieren und Soldaten Seitens der Koreanischen Regierung hat hier viel böses Blut gemacht, da Regierung und die gesammte Presse in seltener Einmüthigkeit der Ansicht sind, daß ein solches Vorgehen im direkten Widerspruch zu der kürzlich veröffentlichten Moskauer Konvention zwischen Rußland und Japan stehen würde. Graf Okuma ist deshalb, wie er mir sagte, entschlossen, die Ausführung des allerdings bestehenden Planes unter keinen Umständen zu dulden. Nach den letzten Nachrichten aus Söul scheine eine befriedigende Lösung der Streitfrage bevorzustehen und es komme dabei zu Gunsten der Japaner in Betracht, daß ein großer Theil der Koreanischen Minister von Anfang an der Maßregel feindlich gegenübergestanden habe. Auf die ersten Vorstellungen des Japanischen Minister - Residenten, der übrigens von seinem Englischen Kollegen unterstützt worden sein soll, wäre eine Verringerung der Zahl der Russischen Sodaten erst auf die Hälfte und schließlich bis auf 10 ins Auge gefaßt worden, aber nach der hiesigen Auffassung handle es sich für Japan hierbei um eine Prinzipienfrage, die wohl nur durch die völlige Aufgabe des ganzen Planes ihre befriedigende Erledigung finden könne.

Zwei Lesarten sind über die Entstehung des fraglichen Arrangements verbreitet. Nach der einen soll Min, der Koreanische Vertreter bei der Krönung in Moskau das bezügliche Abkommen schon vor dem Zustandekommen der Lobanow-Yamagata-Konvention abgeschlossen haben, nach der anderen ist die ganze Angelegenheit nur auf eine Intrigue Herrn Waeber's zurückzuführen, der das Bedürfniß gehabt haben soll, vor seinem nahe bevorstehenden Scheiden aus Söul noch irgend etwas Besonderes zu leisten. Im hiesigen Auswärtigen Amt ist man der Ansicht, daß die erste Lesart die richtige ist.

Treutler.

Nachschrift vom 6. Mai 1897.

Soeben bestätigt mir der Russische Geschäftsträger, den ich in den letzten Tagen mehrfach verfehlt hatte, daß der Englische Generalkonsul nach einem Telegramm Herrn Waeber's in der lebhaftesten Weise gegen das Zustandekommen des Engagements Russischer Soldaten agitirt habe.

Nach der Darstellung, die Herr von Speyer von dem ganzen Hergang giebt, hat der koreanische Krönungs - Botschafter seiner Zeit den Kaiser von Rußland im Namen des Königs von Korea gebeten, die Anstellung Russischer Instrukteure für die Koreanische Armee in größerer Anzahl zu bewilligen. Eine Antwort sei damals nicht ertheilt worden, wohl aber habe Fürst Lobanow einige Tage darauf dem Marschall Yamagata gegenüber die Frage zur Sprache gebracht. An der Hartnäckigkeit des Letzteren habe es gelegen, wenn eine Einigung über diesen Punkt nicht erzielt worden sei. Jedenfalls könne Rußland nicht zugeben, daß der Wortlaut der Russisch-Japanischen Konvention für die Ausführung des nunmehr bestehenden Planes ein Hinderniß bilde, denn es sei keine „fremde Hilfe", wenn Korea aus eigenen Mitteln sich Instrukteure für seine Armee beschaffe!? Im Uebrigen sei die Anregung zu der nun schwebenden Angelegenheit ganz allein von Korea ausgegangen und entspringe lediglich der Sorge des Königs um seine persönliche Sicherheit. Rußland habe, das wisse er, eine definitire Antwort noch nicht ertheilt, er habe aber Grund zu glauben, daß unter Berücksichtigung der gegenwärtigen europäischen Komplikationen davon werde Abstand genommen werden, hier im Osten neue Verwicklungen zu schaffen. Jedenfalls sei Herr Waeber instruirt, sich seinerseits nicht für das Zustandekommen eines Arrangements zu engagiren.

Mit großem Freimuth fügte er hinzu, daß ohne die Rücksichtnahme auf die politische Lage in Europa wahrscheinlich ein fait accompli geschaffen worden wäre, welches erfahrungsgemäß England ruhig hinnehmen würde. Die Situation Rußlands Japan gegenüber würde auch dann wohl kaum zu Besorgnissen Anlaß geben!

Treutler.

Inhalt: Russische Soldaten in Korea.

Anlage zu Bericht A. 74 vom 5. Mai 1897.
Uebersetzung.

Protokoll.

Der Marschall Marquis Yamagata, Außerordentlicher Botschafter Seiner Majestät des Kaisers von Japan und Fürst Lobanoff, russischer Minister des Auswärtigen, haben nach einen Ideenaustausch über die koreanischen Angelegenheiten beschlossen, folgendes Abkommen zu treffen.

Art. 1. Um den finanziellen Schwierigkeiten Koreas abzuhelfen, werden die beiden Regierungen von Japan und Rußland der koreanischen Regierung anrathen, daß dieselbe unter Vermeidung jeglicher überflüssiger Ausgabe sich bestreben möge, ein Gleichgewicht ihrer Ausgaben und Einnahmen herzustellen. Sollte in Folge unumgänglicher Reformen sich für Korea die Nothwendigkeit der Aufnahme einer auswärtigen Anleihe ergeben, so werden die beiden Regierungen in gegenseitigem Einverständniß Korea dabei Hülfe leisten.

Art. 2. Die beiden Regierungen von Japan und Rußland werden Korea gestatten, soweit seine finanzielle und ökonomische Lage es ihm erlaubt, aus den Gliedern des koreanischen Volks und ohne fremde Hülfe eine Militär- und Polizeimacht zu organisiren und zu unterhalten, wie sie zur Aufrechterhaltung der Ordnung in ihren Grenzen erforderlich erscheint.

Art. 3. Zur Erleichterung der Kommunikation mit Korea wird die japanische Regierung die Kontrolle über die zur Zeit thatsächlich in ihrem Eigenthum stehenden Telegraphenlinien haben. Rußland soll das Recht haben, Telegraphenlinien zwischen Söul und seiner eigenen Grenze anzulegen.

Korea soll berechtigt sein, die erwähnten Telegraphenlinien anzukaufen, sobald es dazu in der Lage sein wird.

Art. 4. Falls es räthlich erscheinen sollte, bezüglich der genannten Punkte eine eingehendere oder bestimmtere Erklärung zu geben, oder falls später andere eine Berathschlagung erfordernde Gegenstände sich darbieten sollten, so sollen Vertreter der beiden Mächte bevollmächtigt werden, um in freundschaftlichem Sinne zu verhandeln.

Moskau, den 9/28 Juni 1896.
gez. Marquis Yamagata.
gez. Fürst Lobanoff.

[ ]

PAAA_RZ201-018924_163 ff.			
Empfänger	[o. A.]	Absender	[o. A.]
A. 7618. pr. 11 Juni 1897 p. m.		[o. A.]	

A. 7618. pr. 11 Juni 1897 p. m.

Min Yong Whan's Ernennung zum Gesandten für alle europäischen Höfe hat uns sehr wesentlich in der Minen-Angelegenheit geholfen. Er kam zu Herrn Consul Krien mit der Bitte um ein Einführungsschreiben für Berlin. Herr Consul Krien verweigerte ihm dasselbe, da die freundschaftlichen Beziehungen koreanischerseits zum Mindesten nicht gepflegt worden seien; denn sonst könne er sich nicht erklären, weshalb wir noch immer keine Concession erhalten hätten u.s.w. Min Yong Whan war diese Sache natürlich sehr fatal, und hat er, wie er uns selbst noch vorgestern, am Sonntag, ersicherte, dem König Vortrag gehalten, und [*sic.*] gar kein Zweifel darüber, daß wir den Contract erhielten.

Mit Min Yong Whan, der volle Botschafter ist (mithin den Rank eines Botschafters der Großmächte hat), sind wir schon seit 1884 bekannt und befreundet; wir haben hier viel zu thun gehabt mit ihm in den letzten Tagen, er ist bei und zum größer [*sic.*] Diner gewesen (er hat die Frau des Schreibers dt. zu [*sic.*] gesuchen), und wir haben ihm vermelden können, sich an Sie dort zu wenden.

Derselbe hat, da naher, in Wirklichkeit nächster Verwandter des Königs, [*sic.*] großen Einfluß, und wenn Sie ihn [*sic.*] erreichen und er darüber, daß der [*sic.*] von H. Meyer ? ihn gut aufgenommen hat, nach Seoul berichtet, so würde uns das hier sehr dienlich sein. -

Berlin, den 14. Juni 1897.

zu A. 7606.

An
die Botschaften in
1. London № 895.
2. St. Petersburg № 631.

J. № 5266.

Euerer pp. übersende ich anbei ergebenst Abschrift eines Berichts des K. Geschäftsträgers in Tokio vom 5. v. Mts., betreffend das angebliche Engagement russischer Offiziere und Soldaten für die Koreanische Regierung
zu Ihrer gefl. Information.

---

zu Ihrer Information und mit der Ermächtigung, den Inhalt nach Ihrem Ermessen zu verwerthen.

---

mit dem Ersuchen, den Inhalt zur Kenntniß der dortigen Regierung bringen zu wollen.

N. d. H. st. St. S.

Aufgabe des Engagements Russischer Soldaten in Söul.

PAAA_RZ201-018924_139 ff.			
Empfänger	Fürst zu Hohenlohe - Schillingsfürst	Absender	Treutler
A. 7888 pr. 18 Juni 1897. a. m.		Tokio, den 12. Mai 1897.	
Memo	mitg. 22. 6. a. Petersburg 667.		

A. 7888 pr. 18 Juni 1897. a. m.

Tokio, den 12. Mai 1897.

A. 78.

An Seine Durchlaucht
den Herrn Reichskanzler
Fürsten zu Hohenlohe - Schillingsfürst.

Die Absicht, in Söul Russische Soldaten als Instrukteure der Koreanischen Armee zu verwenden, ist und zwar Russischerseits nunmehr, wenigstens vorläufig aufgegeben worden.

Englische und wohl auch Amerikanische Diplomatische Hilfe wurde Japan in dieser Angelegenheit zu Theil, die durch Herrn Waeber vielleicht früher und eifriger betrieben worden ist, als es der Regierung in Petersburg selbst angenehm war. Der neu ernannte und hier im nächsten Monat erwartete Russische Gesandte, Baron Rosen, soll der Träger besonderer Instruktionen sein zur künftigen definitiven Regelung dieser Frage. Die Annahme meines Englischen Kollegen, daß die in der vorigen Woche geschehene Zusammenziehung der Russischen Flotte in Wladiwostock hiermit in Zusammenhang stehe, ist wohl jedenfalls irrig. Rußland wird jetzt ebenso sicher nur vielleicht noch vorsichtiger als bisher in Korea vorwärtsschreiten.

In diesem Lichte erscheint mir auch die Weigerung des Grafen Nuraview, seine Genehmigung zum Uebertritt des sehr regsamen Herrn Waeber in Koreanische Dienste zu ertheilen, obgleich man, wie ich aus guter Quelle erfahre, in Söul ein dahin zielendes Anerbieten des genannten Herrn gern angenommen hätte.

Wie dem auch sei, Graf Okuma hat augenblicklich einen kleinen Triumpf errungen, der in seiner Presse in entsprechender Weise gefeiert und von allen japanischen Zeitungen mit Genugthuung begrüßt wird.

Treutler.

Inhalt: Aufgabe des Engagements Russischer Soldaten in Söul.

Berlin, den 22. Juni 1897.

zu A. 7888.

An
die Botschaft in
Petersburg № 667.

J. № 5470.

Euerer pp. übersende ich anbei ergebenst Abschrift eines Berichts des K. Geschäftsträgers in Tokio vom 12. v. Mts., betreffend das Ausbleiben des Engagements Russischer Soldaten in Söul zu Ihrer gefl. Information.

N. d. H. st. St. S.

Die in Aussicht genommene Vermehrung der Russischen Militär-Instrukteure und andere politische Ereignisse betreffend.

PAAA_RZ201-018924_144 ff.			
Empfänger	Fürst zu Hohenlohe - Schillingsfürst	Absender	Krien
A. 8350 pr. 1. Juli 1897. a. m.		Söul, den 4. Mai 1897.	
Memo	Auszug mtg. 4. 7. Petersb. 691. J. № 191.		

A. 8350 pr. 1. Juli 1897. a. m.

Söul, den 4. Mai 1897.

Kontrol № 31.

An Seine Durchlaucht
den Herrn Reichskanzler
Fürsten zu Hohenlohe - Schillingsfürst.

Euer Durchlaucht beehre ich mich im Anschluß an meinen Bericht № 8 vom 29. Januar d. J. ganz gehorsamst zu melden, daß seit einiger Zeit zwischen dem hiesigen Russischen Vertreter und der Koreanischen Regierung wegen Vermehrung der Russischen Militär - Instrukteure Verhandlungen gepflogen worden sind. Nachdem der Oberst Putiata die Anstellung von insgesamt 161 Militär-Instrukteuren zur Ausbildung von 6000 Koreanischen Soldaten für nothwendig erklärt hatte, bemühte sich Herr Waeber, die hiesige Regierung zu veranlassen, einen entsprechenden Vertrag mit ihm abzuschließen. Die Russischen Offiziere und Unteroffiziere sollten in die Koreanische Armee eingereiht werden, um ihr mehr Haltung zu geben.

Der König, der um seine Sicherheit stets besorgt ist, war anfänglich geneigt, den Russischen Vorschlägen Gehör zu schenken. Die meisten Minister widerriethen ihm indeß die Ausführung des Planes, der die Armee, und damit ihn selbst und die Regierung, vollständig dem Russischen Einflusse unterworfen haben würde, zumal nachdem der hiesige Japanische Vertreter an den König und an die Regierung Vorstellungen gerichtet hatte. Insbesondere weigerte sich der Minister der Auswärtigen Angelegenheiten, einen derartigen Vertrag zu unterzeichnen.

Der Japanische Minister - Resident ist der Ansicht, daß das Engagement der ganz unverhältnißmäßig großen Anzahl Russischer Offiziere nicht die Ausbildung der

Koreanischen Soldaten, sondern das Kommando über dieselben bedeuten würde. Dagegen äußerte der Oberst Putiata bei einem Besuche, den er mir heute machte, daß ohne sehr viele Russische Instrukteure es niemals möglich sein würde, den Koreanischen Truppen Disziplin und militärischen Geist beizubringen.

Zu Folge des Japanischen Widerstandes ist der Plan bedeutend modifizirt worden. Man spricht jetzt davon, daß im Ganzen 21 Russische Instrukteure neu engagirt werden sollen.

Am 22. v. Mts. traf hier der Militär - Gouverneur der Sibirischen Küstenprovinz, General - Lieutenant von Unterberger, ein, der heute Söul wieder verließ, um sich nach Japan zu begeben.

Von der Japanischen drei Millionen Yen - Anleihe hat die Koreanische Regierung eine Million Yen Ende v. Mts. zurückgezahlt.

Behufs Revision der seit Juni 1894 erlassenen Gesetzte war eine aus acht höheren Koreanischen Beamten und den vier ausländischen Rathgebern Mc Leavy Brown, General Le Gendre, Greathouse und Dr. Jaisohn betreffende Kommission eingesetzt worden. Von den Koreanern haben indessen bisher sechs um ihre Entlassung gebeten. Die Kommission soll deßhalb wieder aufgelöst werden.

Der Kaiser von Japan hat dem Könige von Korea den Chrysanthemum - Orden verliehen, den der hiesige Japanische Minister-Resident dem Könige am 22. v. Mts. überreichte.

Abschriften dieses ganz gehorsamen Berichtes habe ich an die Kaiserlichen Gesandtschaften zu Peking und Tokio gesandt.

Krien.

Inhalt: Die in Aussicht genommene Vermehrung der Russischen Militär-Instrukteure und andere politische Ereignisse betreffend.

Berlin, den 4. Juli 1897. zu A 8350.

An
die Botschaft in
Petersburg № 691.

J. № 5757.

Euerer pp. übersende ich anbei ergebenst Abschrift eines Berichts des K. Konsulats in Söul vom 4. Mai, betreffend die Russischen Militär - Instrukteure,
zu Ihrer gefl. Information.

N. d. H. st. St. S.

Aeußerung des Russischen Geschäftsträgers über die Lage in Korea.

PAAA_RZ201-018924_149 ff.			
Empfänger	Fürst zu Hohenlohe - Schillingsfürst	Absender	Treutler
A. 9127 pr. 23. Juli 1897. a. m.		Tokio, den 17. Juni 1897.	
Memo	mtg. 24. 7. London 104, Petersbg. 720.		

A. 9127 pr. 23. Juli 1897. a. m.

Tokio, den 17. Juni 1897.

A. 90.

An Seine Durchlaucht
den Herrn Reichskanzler
Fürsten zu Hohenlohe - Schillingsfürst.

Der hiesige Russische Geschäftsträger sagte mir gestern vertraulich, seine Freude, bald nach Söul zurückzukehren, sei außerordentlich verringert, wenn er bedenke, wie sehr sich die Situation in Korea zu Ungunsten Rußlands geändert hätte, seitdem er vor mehr als Jahresfrist von da weggegangen sei. Augenscheinlich trage die Verwickelung im europäischen Osten die Schuld daran, man habe in Petersburg für Korea im Augenblick zu wenig Interesse und selbst ein kurzes Nachlassen in der nöthigen Bewachung der hiesigen Ereignisse müsse die schlimmsten Folgen zeitigen. „Tout est abimé" behauptete er und es werde schwer, wenn nicht unmöglich sein, das Verlorene wieder einzubringen.

Da nun nach allen andern Nachrichten, besonders auch nach den eigenen erst vor Kurzem gethanen Aeußerungen des Russischen Geschäftsträgers der Russische Einfluß in Korea, unbeschadet einiger Mißgriffe Herrn Waeber's, in stetem Wachsthum sich befindet und da Herr von Speyer im weiteren Verlauf der mehrstündigen Unterhaltung, als ich Korea wieder ins Gespräch brachte, ganz spontan von der schlechten Position der Japaner in Söul sprach, „die staatsmännischer handeln würden, wenn sie sich unbemerkt politisch immer mehr aus Korea zurückzögen", so kann ich den Gedanken nicht unterdrücken, daß der erwähnte auffallende Eingang des Gespräches absichtlich gewählt war, um Vorgänge der nächsten Zukunft in Korea in einem für Rußland möglichst harmlosen Lichte erscheinen zu lassen.

Jedenfalls darf man der Thätigkeit des neuen Russischen Gesandten, Baron Rosen, der im nächsten Monat hier erwartet wird, mit einiger Spannung entgegensehen, denn seine immer wieder verzögerte Abreise soll mit wichtigen Instruktionen, deren Träger er ist, zusammenhängen. Meldungen davon sind durch den Japanischen Gesandten in Petersburg hierhergelangt und Japanische Zeitungen haben irrthümlicher Weise sogar behauptet, Baron Rosen werde erst nach Peking und Söul gehen, ehe er die hiesigen Geschäfte übernehme.

Treutler.

Inhalt: Aeußerung des Russischen Geschäftsträgers über die Lage in Korea.

Berlin, den 24. Juli 1897.

zu A. 9127.

An
die Botschaften in
1. London № 1041.
2. St. Petersburg № 720.

J. № 6342.

Euerer pp. übersende ich anbei ergebenst Abschrift eines Berichts des K. Geschäftsträgers in Tokio vom 17. v. Mts. betreffend die Lage in Korea zu Ihrer gefl. Information.

N. d. H. st. St. S.

Englands Koreanische Politik.

PAAA_RZ201-018924_156 f.			
Empfänger	Fürst zu Hohenlohe - Schillingsfürst	Absender	Radolin
A. 9228 pr. 26 Juli 1897. a. m.		St. Petersburg, den 23. Juli 1897.	

A. 9228 pr. 26 Juli 1897. a. m. 1 Anl.

St. Petersburg, den 23. Juli 1897.

№ 310.

Seiner Durchlaucht
dem Herrn Reichskanzler
Fürsten zu Hohenlohe - Schillingsfürst.

Euerer Durchlaucht beehre ich mich in der Anlage einige von der St. Petersburger Zeitung wiedergegebene russische Preßstimmen gehorsamst vorzulegen, welche die jüngsten Erklärungen Curzons über Englands Koreanische Politik ziemlich scharf kritisiren.

Radolin.

Inhalt: Englands Koreanische Politik.

Anl. zum Bericht № 310 v. 23. 7. 1897.

St. Petersburger Zeitung
22/10 Juli 1897.
- № 191 -

- [Curzon's Erklärungen über Englands koreanische Politik] werden von unseren Blättern recht scharf kritisirt, während seine sonstigen Aeußerungen über die brennenden Fragen der internationalen Politik im Allgemeinen gebilligt werden.

„Der Ton Curzon's", erklärt der „Narod", gewinnt, sobald es sich um Korea handelt, eine ungewöhnliche Festigkeit, wenn er auch nicht von der Hinterlist frei ist, die einen charakteristischen Zug der englischen Politik bildet. „Auf Korea", sagt Curzon, „hat England keine großen Handelsinteressen. Das Hauptinteresse Englands ist die Aufrechterhaltung der Unabhängigkeit Koreas. Die koreanischen Häfen dürfen nicht als Stützpunkte für Operationen dienen, welche das Gleichgewicht im Osten stören könnten. Wenn Versuche dieser Art vorkämen, so müßte England seine eigenen Interessen wahren."

Diese Erklärung enthält eine direkte Warnung, wenn nicht eine offenbare Drohung, an die Adresse Russlands. Eine aufrichtige Note erklingt erst am Schlusse der Erklärung in den Worten „so müßte England seine eigenen Interessen wahren." Darauf hätte Curzon sich beschränken sollen und völlig überflüssig war es, daß er von irgend einem platonischen Streben, die Unabhängigkeit Koreas aufrechtzuerhalten, redete. Der Wunsch Englands ist augenscheinlich: es widersetzt sich dem russischen Einflusse auf Korea, hat aber nichts dagegen, selbst Einfluß auf dieses Land auszuüben. Es beeilt sich, Russland Absichten zuzuschreiben, welche unsere Regierung durchaus nicht an den Tag legt. An seine diplomatischen Listen gewöhnt, daran gewöhnt, alle Punkte des Erdkreises, die ihm nothwendig sind, womöglich ohne Kampf an sich zu reißen, kann England nicht begreifen, daß Russlands Vorschreiten zum Fernen Osten etwas Organisches und daher Unvermeidliches ist, etwas ebenso Unvermeidliches, wie die kommende Herrschaft unseres Reiches an den asiatischen Gestaden des Stillen Oceans. Das rechtzeitige Eintreten dieses Kommenden kann von Niemandem verhindert werden. Niemand beschleunigt es, niemand kann es aber auch irgend wie aufhalten, und am wenigsten durch müffige Reden über ein Gleichgewicht im Osten, das angeblich von Russland gestört werden kann. In keinem Gewässer der Erde besteht ein Gleichgewicht, überall wird es auf das Gröbste und Unerbittlichste durch Englands Seeherrschaft verletzt. Englands Macht ist derart, daß der Kampf gegen sie die natürliche und unbedingte Aufgabe aller Völker der Erde, besonders aber der europäischen, ist. Nichts kann Russland binden, seine ihm vom historischen

Geschick bestimmte Rolle in diesem edlen Kampf zu spielen, der da geführt wird, um das gestörte Gleichgewicht wiederherzustellen, um zu rein nationalen Zwecken die englische Hegemonie zu zerstören."

„Herrn Curzon müßte es bekannt sein", schreibt die „Now. Wr.", daß die russische Regierung in Korea, welches sie vor japanischen Attentaten und Annexionen schützt, einen unserem fernen Osten benachbarten unabhängigen Staat erblickt, der durch aufrichtige gute Beziehungen zu seinem mächtigen Nachbar nur gewinnen kann. Auf die Art und Weise, wie Russland diese Beziehungen ausnutzen gedenkt, können die gestrigen Bemerkungen des Herrn Curzon absolut keinen Einfluß ausüben. Russlands fällig berichtigten Bemühungen, im fernen Osten eine Situation zu schaffen, welche dem großen Sibirischen Eisenbahnunternehmen, das es zum Wohle der ganzen Menschheit auf sich genommen hat, erst die rechte „Weltbedeutung" verleiht, kann die Aussicht auf englische „Proteste" natürlicherweise nicht hinderlich sein. Herr Curzon hätte vernünftiger und taktvoller gehandelt, wenn er sich bei seiner Rede über Korea der prahlerischen Versprechungen enthalten hätte, welche die englische Regierung bei ihrer jetzigen isolirten Lage in Europa und bei der Abneigung der Regierung der Vereinigten Staaten nicht erfüllen kann. Die Zukunft Koreas hängt nicht von den englischen Anschauungen über das Wesen der britischen Interessen im fernen Osten ab. Nicht England, sondern Russland schützt die Unabhängigkeit dieses Landes, und wenn um dieses Schutzes willen die beständige Anwesenheit unserer Kriegsschiffe in dem einen oder andern koreanischen Hafen nothwendig erscheint, so kann Petersburg nicht in London nachfragen, wie der britische Minister des Auswärtigen und sein Gehilfe darüber denken. Was Herr Curzon gestern im Unterhause gesagt hat, wird natürlicherweise die Anschauungen der russischen Regierung über die Mittel zur endgültigen Festigung der russischen Position im fernen Osten nicht verändern."

Die Sprache der „Now. Wr." ist ebensowenig diplomatisch, wie die des Herrn Curzon, dafür aber noch deutlicher.

Betreffend den Wunsch des Königs von Korea, den Kaisertitel anzunehmen.

PAAA_RZ201-018924_159 ff.			
Empfänger	Fürst zu Hohenlohe - Schillingsfürst	Absender	Krien
A. 10053 pr. 19. August 1897. a. m.		Söul, den 25. Mai 1897.	
Memo	J. № 220.		

A. 10053 pr. 19. August 1897. a. m.

Söul, den 25. Mai 1897.

Kontrol № 32.

An Seine Durchlaucht
den Herrn Reichskanzler
Fürsten zu Hohenlohe - Schillingsfürst.

Euer Durchlaucht beehre ich mich im Verfolg meiner Berichte № 55[40] vom 18. und № 56[41] vom 29. Oktober 1895 ganz gehorsamst zu melden, daß der König von Korea seit einiger Zeit wieder von Beamten und Gelehrten (literati) mittels Petitionen und Denkschriften gebeten wird, den Titel eines Kaisers (hoang-chei oder tai-hoang-chei- „tai" bedeutet „groß" -) anzunehmen. Als Grund für diese Aenderung wird angeführt, daß der Fürst den Titel „tai-kun-shu" (König) bereits besaß, als das Land noch von China abhängig war, daß er also, seitdem dasselbe vollkommen selbständig geworden ist, den Rang und Titel der Kaiser von China und Japan annehmen muß, um seine volle Gleichberechtigung mit den Herrschern dieser Reihe darzuthun.

In dem Koreanischen Texte der Verträge zwischen Korea und den Europäischen Vertragsmächten wird der Titel „tai-hoang-Chei" den Kaisern, der Titel „tai-kun-shu" dagegen den Königen der betreffenden Länder, sowie der Königin von England gegeben. Es ist also kein Grund vorhanden, in der Koreanischen oder der Europäischen Bezeichnung des Koreanischen Herrschertitels eine Aenderung eintreten zu lassen.

Der König wünscht, wie mir ein höherer Koreanischer Beamter mittheilte, die Würde eines Kaisers anzunehmen, um der verstorbenen Königin vor ihrer Beerdigung den Rang einer Kaiserin verleihen zu können - aus diesem Grunde ist deren Leichenbegängniß

40 A. 12767. i. a. Korea 1 beigef.
41 A. 13377.

wieder verschoben worden. - und außerdem mit dem Kaiser von China mit gleichem Titel einen Vertrag abzuschließen. Er befürchtet indessen, daß er von den Europäischen Mächten nicht als Kaiser anerkannt werden möchte, und hat deshalb den Gesandten Min Yong Whan angewiesen, zunächst die Ansicht der Europäischen Vertrags-Regierungen darüber zu erforschen.

Herr Waeber ist der Meinung, daß die Japaner „dahinter stecken". Denn während die Europäischen Mächte den „unsinnigen" Anspruch des Königs abweisen würden, seien die Japaner bereit, ihn anzuerkennen, um dann sagen zu können: „Da seht Ihr Eure wahren Freunde!"

Herr Kato theilte mir im Laufe eines Gespräches mit, daß seine Regierung, abweichend von ihrer Gewohnheit, den Titel der Könige ebenfalls mit „Ko-Jei" (in der Koreanischen Aussprach „hoang-chei") zu übersetzen, dem Könige von Korea den Titel „tai-kun-shu" belassen habe, weil er selbst sich so bezeichnete. Sobald er sich jedoch „hoang-chei" oder, „tai-hoang-chei" nennen würde, wäre für die Japanische Regierung kein Anlaß vorhanden, ihm diesen Titel vorzuenthalten. Ob dieses Prädikat mit „Kaiser" oder „König" übersetzt würde, darnach hätte man in Tokio nicht zu fragen, weil beide Staaten in ihrem Schriftwechsel sich der Chinesischen Zeichen 皇帝 für den Titel bedienten.

Der in nichtamtlicher Eigenschaft noch immer hier weilende Chinesische General-Konsul Tong ist über das Vorhaben der Koreaner sehr aufgeregt. Er äußerte neulich zu mir, daß an den Abschluß eines Vertrages zwischen China und Korea nicht zu denken sei, wenn der König den Kaisertitel annehmen sollte.

Auch der Britische General-Konsul bezeichnete die Koreanischen Ansprüche als ganz ungereimte.

Abschriften dieses ganz gehorsamen Berichtes habe ich an die Kaiserlichen Gesandtschaften zu Peking und Tokio gesandt.

Krien.

Inhalt: Betreffend den Wunsch des Königs von Korea, den Kaisertitel anzunehmen.

Das Engagement Russischer Militär - Instrukteure betreffend.

PAAA_RZ201-018924_163 ff.

Empfänger	Fürst zu Hohenlohe - Schillingsfürst	Absender	Krien
A. 10054 pr. 19. August 1897. a. m.		Söul, den 26. Mai 1897.	
Memo	mtg. ohne Anl. 21. 8. Petersburg 768. J. № 227.		

A. 10054 pr. 19. August 1897. a. m. 2 Anl.

Söul, den 26. Mai 1897.

Kontrol № 33.

An Seine Durchlaucht
den Herrn Reichskanzler
Fürsten zu Hohenlohe - Schillingsfürst.

Euer Durchlaucht beehre ich mich im Anschluß an meinen Bericht № 31 vom 4. d. Mts.[42] in der Anlage eine mir von dem General - Zolldirektor Brown vertraulich zugegangene Uebersetzung des behufs Vermehrung der Russischen Militär-Instrukteure von dem Oberst Putiata entworfenen und von Herrn Waeber gutgeheißenen Plane ganz gehorsamst zu überreichen.

Darnach sollten im Ganzen 161 Offiziere, Unteroffiziere, Oekonomiehandwerker und Musiker zur Ausbildung von 6000 Mann auf fünf Jahre engagirt werden. Das jährliche Gehalt derselben sollte zusammen $ 92720 betragen. Die Gesammtkosten würden sich einschließlich freier Wohnung, Licht und Heizung, sowie Ortszulagen für den Aufenthalt der Instrukteure außerhalb Söul's, für Dolmetscher und für andere Ausgaben auf etwa $ 160 000 das Jahr belaufen haben, obwohl die Gehälter besonders der Unteroffiziere außerordentlich niedrig bemessen waren.

Der Plan ist an dem Widerstande der Japanischen Vertretung und der Mehrzahl der Koreanischen Minister gescheitert.

Der Britische General-Konsul sprach zu mir wiederholt seine Mißbilligung darüber aus, daß der Amerikanische Minister - Resident den Koreanischen Behörden die Annahme des „absurden" Russischen Vorschlages empfohlen hätte. - Herr Till äußerte in dieser Hinsicht

42 A. 8350.

zu mir, er habe allerdings anfänglich einigen Koreanischen Beamten auf deren Befragen erwidert, die Russischen Vorschläge schienen ihm für den Zweck, eine wirklich brauchbare Armee zu schaffen, sehr geeignet. Dies habe er gethan in der Annahme, daß sich von keiner Seite gegen das Projekt ein Widerstand erheben würde. Nachdem er sich indeß von seinem Irrthum überzeugt hätte, habe er jede weitere Meinungsäußerung zu der Frage abgelehnt.

Der Japanische Legationssekretär Hioki theilte mir mit, daß er im Auftrage seines Chefs Herrn Till in der Angelegenheit gesehen hätte, der ihm unter Anderem gesagt hätte, die Koreaner könnten nicht unabhängig sein, sie müßten einen Herrn haben („this people cannot be independent, they must have a master"). Seiner Ansicht nach wäre eine starke Russische Kontrole nothwendig. Er, Hioki, habe ihm darauf sein Erstaunen über diese Aeußerungen ausgedrückt, zumal da neben Japan besonders die Vereinigten Staaten stets die Unabhängigkeit Koreas betont hätten.

In der Folge wurde zwischen dem Stellvertretenden Kriegsminister Shim und dem Obersten Putiata ein anderer Plan vereinbart, wonach drei Russische Offiziere und zehn Unteroffiziere zum Einexerziren der Koreanischen Truppen, ein Offizier als Lehrer der Kadettenschule, ferner ein Ingenieuroffizier für das Arsenal, ein Kapellmeister, drei Handwerker und zwei Lazarettgehülfen engagirt werden sollten. Da der Minister der Auswärtigen Angelegenheiten gegen jede weitere Vermehrung der Russischen Instrukteure war, so richtete der Kriegsminister an den Russischen Vertreter das Ersuchen, die Russische Regierung zu bitten, die betreffenden Instrukteure nach Korea zu senden.

Herr Waeber schrieb darauf an den Minister des Aeußern, daß er das Gesuch des Kriegsministers erhalten hätte und es seiner Regierung unterbreiten würde. In Folge dessen erwiderte ihm Herr I Wan Yong, der sich verletzt fühlte, daß er übergangen worden war, daß er, der Russische Vertreter, das Schreiben des Kriegsministers nicht als amtlich anzusehen brauchte, weil der Minister der Auswärtigen Angelegenheiten allein zu einem amtlichen Schriftwechsel mit den fremden Vertretern berechtigt wäre, und reichte gleichzeitig im Anfange dieses Monats seine Entlassung ein, die der König indeß nicht bewilligte.

In der Anlage beehre ich mich Euer Durchlaucht eine Uebersetzung der Korrespondenz zwischen den Herrn Waeber und I Wan Yong ganz gehorsamst zu unterbreiten.

Wie mir der Japanische Minister-Resident, Herr Kato, heute mündlich mittheilte, hat die Russische Regierung beschlossen, dem Gesuche des Koreanischen Kriegsministers nicht stattzugeben, bis über die Verwendung von Militär - Instrukteuren für Korea zwischen der Russischen und der Japanischen Regierung ein Abkommen geschlossen worden ist. Der neue Russische Gesandte für Japan, Baron Rosen, der im Laufe des

Sommers in Tokio erwartet würde, sei mit Weisungen zum Abschlusse einer solchen Vereinbarung versehen worden.

Abschriften dieses ehrerbietigen Berichtes habe ich an die Kaiserlichen Gesandtschaften zu Peking und Tokio gesandt.

Krien.

Inhalt: Das Engagement Russischer Militär - Instrukteure betreffend. 2 Anlagen.

Anlage 2 zu Bericht № 33.
Abschrift.

Mr. Waeber(Minister of Russia) to Mr. yi wan yong(Korean Minister of Foreign Affairs).

I have the honor to inform you that I have received a communication from Shim Sang Hun, the Acting Minister of War, to the effect that he conferred with the Korean government on the question of engaging some Foreign Drill Instructors and other Officers for the purpose of reorganizing the army of Korea, and that he now begs me to secure for them the services of the undermentioned Officers and men :

3 Russian Commissioned Officers

10 Russian Non-Commissioned Officers

as Drill Instructors, and

1 Commissioned Officer as Teacher of the School for Military Cadets, or in all,

14 Officers, and besides these

1 Commissioned Officer acquainted of the Arsenal,

1 Band-Master,

3 Artificers

and 2 Surgeon's Assistants.

I have made myself thoroughly acquainted with the contents of this communication, and, being fully convinced of the importance of having the Korean Army reorganized and the soldiers instructed in their professional duties, I shall, at the time when in due course I communicate this request on the part of Korea to my government, avail myself of the opportunity to solicit from my government their support and assistance for Korea in this matter.

I now write this special communication to request your Excellency to take note of this matter and also to be so good as to inform the Acting Minister of War, and

I avail etc.

Mr. yi wan yong to Mr. Waeber.

I have only received your note [quoted in full] and beg leave in reply to paint out that in regard to all matters between the Korean government and Foreign Powers, this Department is the Channel through which all communications should pass with Foreign Representatives. In the present instance, the communication from the War office was not forwarded through me, but went direct from that Department, hence it cannot be considered of an official character, and I think your excellency need not treat it as official and make it the basis of a formal communication to me.

In furnishing this reply, I beg your excellency to accept, etc.

Anlage 1 zu Bericht № 33.
Abschrift.

Translation.
Confidential.

Articles of (Proposed) Agreement with Drill-Instructors.

1. The Drill Instructors are engaged by the Korean government for service for a term of 5 years, during which time six months leave of absence with (full) pay may be taken by each one of them.

2. A monthly pay list for the Instructors' salary shall be made out each time, and the Corean government will issue the amount on the 1st day of each month according to the Russian Calendar.

3. Any one of the Instructors appointed to the interior shall receive half as much more pay as he would receive in Seoul.

4. The Korean government shall provide houses as residences for the Instructors, which should be close to the place where they perform their duty:

For a 1st class Instructor a house of 4 rooms, for a 2nd class Instructor, 2 rooms, and for the petty officers, 1 room for every three persons, shall be provided, but all these houses must have servants quarters and other necessary rooms adjoining them.

For furnishing these houses, an allowance of $ 150 shall be made for that of a 1st class instructor, $ 75 for that of a 2nd class instructor, and $ 15 for that of the petty officers.

Fuel and light shall be provided by the Korean government for these houses, or money shall be paid for their purchase.

5. A pony shall be given to each of the Instructors who require to ride, or an allowance of $ 30 shall be paid instead. The allowance for horse-keep shall be $ 5 a month.

6. Any of the Instructors appointed to the interior or detached for other service shall receive extra allowance as follows: -

$ 5 a day for a 1st class Instructor, $ 3 a day for a 2nd class Instructor, and $ 1 a day for a petty officer.

7. The Instructors on coming from Russia, shall be paid by the Korean government an allowance for outfit at the rate of 4 400 to a 1st class officer, $ 250 to a 2nd class officer, and $ 150 to a petty officer.

Number of Instructors & their yearly Pay.

Officers	No	yearly pay to each	Total.
Petty Officers for Infantry, each commanding 60 men ※	97	$ 240	$ 23280
Commissioned Officers for Infantry each commanding 300 men ※	18	1800	32400
Artillery Officer, in change of 6 guns & upwards	1	1800	1800
carried forward	116	3840	57480
Officers	No	yearly pay to each	Total.
Brought forward	116	$ 3840	$ 57480
Special Officer to be in charge of Arsenal gunners	1	1800	1800
"	6	240	1440
"	2	240	480
Keepers of gun - carriage horses	4	240	960
Metal Caster and Saddle Maker	2	240	480
Cavalry training Officer	1	1800	1800
Cavalry training Petty Officers	4	240	960
Extra Metal Caster, Assistant for Surgeon and Saddle Maker	3	240	720
Officer directing Fort works	1	1800	1800
Petty Officers for various other services	4	240	960

Head teacher in School for Junior Officers a.	1	1800	1800
Head teacher in School for youths & Officers a.	1	1800	1800
Commandant	1	2400	2400
2nd in Command	1	1800	1800
Head Drill Instructor	1	4800	4800
Chief Surgeon	1	2400	2400
Surgeon	1	1800	1800
Assistants for Surgeon	4	240	960
Band Master	1	2000	2000
Musicians	3	360	1080
Total Officers 29 " under " 130 Artificers 2 Additional pay for Instructors Total Annual Estimate	 161		$ 89720 3000 $92720

Each two Commanding Officers will have one Interpreter. Each four Petty Officers will have one Interpreter, in all, 48 Interpreters, $ 35 per month each = $ 1680 or per annum $ 20 160 (not included in above).

Two Arsenal Artificers' pay (also not included in above) say $ 5000 a year more.

※ Note [by Minister of War] - These 18 Officers & 97 petty Officers are to train the whole army of 6000 odd men. But as this cannot be done at one time, and only two or three thousand are to be trained at first, this number of Officers & Petty Officers has to be reduced.

+ Two Artificers are also to be engaged.

a. As teachers must also be selected from among the Instructors, extra pay at the rate of $ 30 a month must be allowed to an Officer so selected and $ 10 a month to a Petty Officer. The yearly total of such extra pay shall be $ 3000.

Die Amerikaner in Korea werden von dem Auswärtigen Amte zu Washington vor der Einmischung in innere Koreanische Angelegenheiten gewarnt.

PAAA_RZ201-018924_178 ff.			
Empfänger	Fürst zu Hohenlohe - Schillingsfürst	Absender	Krien
A. 10055 pr. 19. August 1897. a. m.		Söul, den 27. Mai 1897.	
Memo	mitg 21. 8. a. Anl. Washington 154. J. № 228.		

A. 10055 pr. 19. August 1897. a. m. 1 Anl.

Söul, den 27. Mai 1897.

Kontrol № 34.

An Seine Durchlaucht
den Herrn Reichskanzler
Fürsten zu Hohenlohe - Schillingsfürst.

Euer Durchlaucht habe ich die Ehre in der Anlage die Abschrift einer von dem Staatssekretär zu Washington erlassenen und durch den hiesigen Amerikanischen Minister - Residenten allen Amerikanern in Korea einzeln zugestellten Verordnung, wodurch sie vor der Einmischung in die inneren Angelegenheiten Koreas ernstlich gewarnt werden, ganz gehorsamst zu überreichen.

Herr Sill machte mir mit Bezug darauf heute die folgenden vertraulichen Mittheilungen: Es sei keine Frage, daß die Verfügung auf eine Beschwerde der Japanischen Regierung in Washington ergangen sei. Schon vor Jahresfrist sei er angewiesen worden, eine ähnliche Bekanntmachung an seine in Korea wohnenden Landsleute zu richten, er habe sich aber wiederholt geweigert, eine solche Maßregel, die er für unnöthig und sogar schädlich hielte, auszuführen. Lieber habe er seine Entlassung nehmen wollen. Darauf sei ihm eine im Staatssekretariate zu Washington aufgesetzte Verordnung zur Uebermittlung an seine Landsleute zugesandt worden. Er habe sich indessen ebenfalls geweigert, dem Befehle Folge zu leisten. Daraufhin sei nun die gegenwärtige Verfügung erfolgt, die er, so wie er sie erhalten habe, mit allen ihr anhaftenden Mängeln des Stiles und der Logik allen Bürgern der Vereinigten Staaten in Korea zugestellt habe. Einige seiner Landleute seien ja allerdings etwas unvorsichtig gewesen, aber auf diese hätte er auch in anderer Weise einwirken können. Daß man in Washington trotz seiner gegentheiligen Berichte den

Japanischen Vorstellungen Gehör geschenkt habe, sei wohl einem anderen Umstande zu verdanken. Kurz vor Ausbruch des Japanisch - Chinesischen Krieges habe nämlich der dortige Staatssekretär Gresham in der irrthümlichen Annahme, daß Japan Korea habe mit Peking überziehen wollen, an die Japanische Regierung eine Note gerichtet, worin er die ernste Mißbilligung der Vereinigten Staaten über das angebliche Vorhaben Japans ausgedrückt habe. Um diese Uebereilung wieder gut zu machen, sei man in Washington bereit gewesen, Japan in irgend einer anderen Weise behülflich zu sein.

Ich darf hierzu ehrerbietigst bemerken, daß die hiesigen Amerikanischen Missionare sich in der That fortwährend in Koreanische innere Angelegenheiten und in die hiesige Politik einmischen, obwohl sie in er letzten Zeit einige Zurückhaltung beobachtet haben.

Im Sommer 1895 wies ein Methodisten - Bischof Ninde die ihm unterstellten Amerikanischen Missionare an, für den Erfolg der Japaner in Korea zu beten. Bald darauf, und besonders seit der Ermordung der Königin, wandelten sich jedoch die Gesinnungen der Amerikaner vollständig um. Die Japaner wurden von ihnen in Ostasiatischen und Amerikanischen Zeitungen auf das Heftigste angegriffen. Im Palaste selbst hatte sich zum Schutze des Königs vor neuen Gewaltthaten der Japaner und ihrer Freunde eine freiwillige Wache Amerikanischer Missionare gebildet. An dem Putsche vom 28. November 1895 waren zum Mindesten drei Missionare betheiligt. Seit der Flucht des Königs in die Russische Gesandtschaft waren sie im Russischen Interesse thätig und benutzten dabei jede Gelegenheit, um Amerikanischen Einrichtungen in Korea Eingang zu verschaffen.

Die Warnung ist daher nicht so unberechtigt, wie Herr Till sie darstellt.

Abschriften dieses ganz gehorsamen Berichtes habe ich an die Kaiserlichen Gesandtschaften zu Peking und Tokio gesandt.

Krien.

Inhalt: Die Amerikaner in Korea werden von dem Auswärtigen Amte zu Washington vor der Einmischung in innere Koreanische Angelegenheiten gewarnt. 1 Anlage.

Anlage zu Bericht № 34.
Abschrift.

To citizens of the United States resident in Korea.

The following circular letter has been forwarded by the Department of State to be copied, dated, signed, and communicated to every American citizen sojourning in Korea:

"Legation of the United States.

Seoul, Korea, May, 11, 1897.

Sir, -

By direction of the Secretary of State I am required to make publicly known to each and every citizen of the United States sojourning or being temporarily or permanently in Korea, the repeatedly expressed view of the government of the United States that it behooves loyal citizens of the United States in any foreign country whatsoever to observe the same scrupulous abstension from participating in the domestic concerns thereof which is internationally incumbent upon his government. They should strictly refrain from any expression of opinion or from giving advice concerning the internal management of the country, or from any intermeddling in its political questions. If they do so, it is at their own risk and peril. Neither the Representative of this government in the country of their sojourn, nor the government of the United States itself, can approve of any such action on their part, and should they disregard this advice, it may perhaps not be found practicable to adequately protect them from their own consequences.

Good American citizens, quitting their own land, and resorting to another, can best display their devotion to the country of their allegiance and best justify a claim to its continued and efficient protection while in foreign parts, by confining themselves to their legitimate avocations, whether missionary work, or teaching in schools, or attending the sick, or other calling or business for which they resort to a foreign country.

I am Sir,
Yours respectfully
signed John M. B. Sill.
Minister Resident and Consul General.

Berlin, den 21. August 1897.

zu A. 10054.

An
die Botschaft in
St. Petersburg № 768.

J. № 7136.

Euerer pp. übersende ich anbei ergebenst Abschrift eines Berichtes des K. Konsulats in Söul vom 26. Mai d. J., betreffend das Engagement Russischer Militär-Instrukteure zu Ihrer gefl. Information.

N. d. H. st.. St. S.

Berlin, den 21. August 1897.

Zu A. 10055.

An
die Botschaft in
Washington № A. 54.

J. № 7137.

Euerer pp. übersende ich anbei ergebenst Abschrift eines Berichtes des K. Konsulats in Söul vom 27. Mai d. J., betreffend die Amerikaner in Korea

zu Ihrer gefl. Information.

N. d. H. st. St. S.

Russisch - Koreanische Beziehungen.

PAAA_RZ201-018924_187 ff.			
Empfänger	Fürst zu Hohenlohe - Schillingsfürst	Absender	Treutler
A. 10521 pr. 1. September 1897. p. m.		Tokio, den 27. Juli 1897.	
Memo	mtg. 4. 9. London 1182, Petersburg 820, Peking A. 30.		

A. 10521 pr. 1. September 1897. p. m.

Tokio, den 27. Juli 1897.

A. 98.

An Seine Durchlaucht
den Herrn Reichskanzler
Fürsten zu Hohenlohe - Schillingsfürst.

Das interessante Thema der Russisch - Koreanischen Beziehungen war seit einiger Zeit völlig aus der öffentlichen Diskussion geschwunden, nachdem die Regierungsblätter den Augenblicks - Erfolg Graf Okuma's in der Angelegenheit des Engagements Russischer Soldaten durch Korea genugsam gepriesen hatten und die Oppositionsblätter müde geworden waren, diesen Erfolg als unbedeutend hinzustellen. Ich hatte geglaubt, daß erst die immer noch ausstehende, nunmehr für Mitte nächsten Monats erwartete Ankunft des neuen Russischen Gesandten, Baron Rosen, die Koreanische Frage wieder von Neuem anregen würde, aber seit einigen Tagen sind alle Zeitungen voll von dem Gerücht, daß Rußland auf Grund der Konvention von Söul vom Mai v. J. 800 Mann mit 30 Offizieren nach Korea zu entsenden im Begriff sei. Gleichzeitig wird versichert, die Verhandlungen zwischen Petersburg und Söul wegen Uebernahme des Herrn Waeber als Rathgeber in Koreanische Dienste seien einem günstigen Abschluß nahe.

Herr von Speyer behauptet auf das Entschiedenste, von dem ersten Gerücht amtlich nichts zu wissen: er hält es deshalb für absolut ausgeschlossen, daß eine solche Entsendung im Werke sei, da er nach den bisherigen Gepflogenheiten annehmen dürfe, ein solcher Schritt werde nicht gethan werden, ohne seine Meinung vorher darüber einzuholen. Zudem sei er überzeugt, daß Graf Murawiew ebenso gut wie er selbst wisse, daß die Ausführung der angeblichen Absicht im gegenwärtigen Momente vollkommen zwecklos sei. Warum sollten wir in Korea etwas thun, was alle Welt beunruhigen würde, so fuhr Herr von Speyer im weiteren Verlaufe des Gespräches fort: wir sind gewohnt, mit langen

Zeiträumen zu rechnen und es kann wohl kaum einem Zweifel unterliegen, welchen Ausgang die Dinge in Korea nehmen müssen, wenn wir nur ruhig zu warten verstehen, bis uns die Frucht entgegenreift. Die Vorsicht gebot es, uns in der Konvention die Möglichkeit auszubedingen, Truppen in gleicher Stärke als Japan in Korea zu halten, aber es wäre unweise im jetzigen Augenblick von unserem Rechte Gebrauch zu machen.

Was die Angelegenheit der Uebernahme Herrn Waeber's in Koreanische Dienste anbetrifft, so gab der Russische Geschäftsträger von den thatsächlichen Vorgängen folgende Darstellung: Als die betreffenden Gerüchte Ende April das erste Mal auftauchten, sei die Japanische Regierung außerordentlich erregt gewesen und habe ihren damaligen Vertreter in Petersburg, Herrn Notono, telegraphisch beauftragt, Graf Nurawiew zu fragen, ob etwas Wahres an dieser Behauptung sei. Graf Nurawiew habe damals mit der Gegenfrage geantwortet: „Was würde wohl Herr von Speyer dazu sagen; er würde dann wohl kaum seinen Posten in Söul anzutreten geneigt sein". Diese Antwort, die übrigens auf die bekannte zwischen den beiden Herrn vorhandene Eifersucht anspielt, habe aber hier nicht befriedigt und Herr Notono sei angewiesen worden, seine Frage zu wiederholen, worauf der Russische Minister erklärt habe, er habe nicht geglaubt, daß seine Antwort anders verstanden werden könne, als daß er das Arrangement für unthunlich halte. Herr von Speyer, der auf einem gemeinschaftlichen Ausfluge in die Berge gesprächiger als sonst war, ließ durchblicken, daß er dem Scheitern des ganzen Planes nicht fern stehe und gab als eigentlichen Grund seiner Abneigung dagegen an, daß auch hierdurch eine unnütze Beunruhigung der öffentlichen Meinung besonders Japans eintreten würde; der Russische Vertreter in Söul habe Einfluß genug, um auch ohne solche den stetigen Verdacht aller Gegner Rußlands wachhaltende Hilfe seine Aufgabe zu erfüllen.

Meines gehorsamsten Erachtens dürfte sich diese Anschauung mit der in Petersburg herrschenden decken und so wird wohl auch diesmal das Gerücht in der Folge durch die Thatsachen keine Bestätigung erfahren.

Die Quelle aller dieser koreanischen Beunruhigungsnachrichten ist vielleicht nicht sehr weit von der Dienstwohnung des Grafen Okuma zu suchen, denn das jetzige Kabinet, welches den Bestrebungen der Gegner, es zu stürzen, durch inneren Zwiespalt und nicht wegzuläugnende Korruption auf halbem Wege entgegenkommt, ergreift jedes Mittel, um sich über Wasser zu halten und so dürften sich die erwähnten Gerüchte als ein Versuch kennzeichnen, angebliche Schwierigkeiten zu schaffen, deren Ueberwindung der Regierung zu Gute geschrieben werden müßte.

Treutler.

Inhalt: Russisch - Koreanische Beziehungen.

Berlin, den 4. September 1897.

zu A. 10521.

An
die Botschaften in
1. London № 1182.
2. St. Petersburg № 820.
3. Peking № A. 30.

J. № 7580.

Euerer pp. übersende ich anbei ergebenst Abschrift eines Berichtes des K. Geschäftsträgers in Tokio vom 27. Juli d. J., betreffend Russisch-Koreanische Beziehungen

zu Ihrer gefl. Information.

N. S. E. d. H. St. St. S.

[ ]

PAAA_RZ201-018924_198			
Empfänger	[o. A.]	Absender	[o. A.]
A. 11095 pr. 17. September 1897.		[o. A.]	

A. 11095 pr. 17. September 1897.

The Standard
17. 9. 97

RUSSIA AND COREA.
(FROM OUR CORRESPONDENT.)

MOSCOW, Thursday Night.

The Russian Press recently made loud complaint of the predominance of Japanese influence in Corea. There appears, however, to be little ground for exaggerated apprehensions on the part of the Russians. The Corean Army will shortly be reorganised on Russian lines. Three officers, with ten non-commissioned officers, have arrived at Seoul to act as instructors. The Russo-Chinese Bank will open a branch in the same town next month, to further Russian commercial interests. Altogether it seems that Russia is pushing her advantages no less than Japan, whether with equal success remains to be seen.

Die „Noweje Wremja" über den englisch - japanischen Einfluß auf Korea.

PAAA_RZ201-018924_199 ff.			
Empfänger	Fürst zu Hohenlohe - Schillingsfürst	Absender	Radolin
A. 11104 pr. 18. September 1897. a. m.		St. Petersburg, den 15. Sept. 1897.	

A. 11104 pr. 18. September 1897. a. m.

St. Petersburg, den 15. Sept. 1897.

№ 352.

Seiner Durchlaucht
dem Herrn Reichskanzler
Fürsten zu Hohenlohe - Schillingsfürst.

Die „Noweje Wremja" veröffentlicht unter dem 8. d. Mts. Nachrichten aus Korea über den daselbst stark in Zunahme begriffenen englisch - japanischen Einfluß. Danach sei die Eröffnung der Häfen Ping - jang und Mokpho lediglich dem Drucke Englands zuzuschreiben, welches in der Person Sir Rob. Haris, des Chefs der Chinesischen Zollämter, beziehungsweise der von demselben ernannten Verwalter der Koreanischen Zollämter Macleavy und Brown geschickte Vertreter seiner Interessen besäße. Es sei jedoch zu hoffen, daß Rußland den Engländern und Japanern in Korea das Handwerk legen werde, denn bei unbehinderter Fortdauer jenes Einflusses würde Korea bald aufgehört haben zu existiren. Durch Errichtung unabhängiger Koreanischer Zollämter, Verhinderung des weiteren Andrangs der Japaner nach Korea und Entfernung der japanischen Truppen von dort sei Korea noch vor einer friedlichen Eroberung durch die Japaner zu retten.

Das genannte Blatt setzt diese Betrachtungen unter dem 12. d. M. in einer Korrespondenz aus Söul vom 10. Juli fort und schreibt: die Japaner strebten, nachdem sie die Halbinsel seewärts abgeschlossen, die Komission zum Bau der Bahnen Söul - Fusan und Tschemulpo-Söul - letztere durch Kauf von der amerikanischen Kompagnie Nars & Co. - und dadurch das Recht zur Ansiedelung im Innern des Landes zu erlangen. Die Beharrlichkeit Japans führe schließlich zu dem von ihm erstrebten Ziele. Dabei treffe man große Vorbereitungen gegen Rußland, auf dessen Widerspruch man gefaßt sei. Der Patriotismus der Japaner in dieser Beziehung sei so groß, daß in japanischen Frauenkreisen Geld zum Bau von drei Minenhütten gesammelt würde.

Den wachsenden Ansprüchen Japans müsse bald ein Ziel gesetzt werden, etwa in der Weise, wie es die Amerikaner auf den Sandwich - Inseln, die Spanier auf den Philippinen mit ihnen gemacht hätten. Man sollte in Rußland den Schmeicheleien der Japaner weniger trauen und sich für alle Eventualitäten energisch vorbereiten.

Radolin.

Inhalt: Die „Noweje Wremja" über den englisch - japanischen Einfluß auf Korea.

Ankunft des Chefs der Kreuzer - Division und S. M. Schiffe in Ostasien.

PAAA_RZ201-018924_203 ff.			
Empfänger	Fürst zu Hohenlohe - Schillingsfürst	Absender	Krien
A. 11339 pr. 24. September 1897. p. m.		Söul, den 26. Juli 1897.	
Memo	J. № 301.		

A. 11339 pr. 24. September 1897. p. m.

Söul, den 26. Juli 1897.

Kontrol № 41.

An Seine Durchlaucht
den Herrn Reichskanzler
Fürsten zu Hohenlohe - Schillingsfürst.

Euer Durchlaucht beehre ich mich ganz gehorsamst zu berichtigen, daß Seiner Majestät Schiffe „Kaiser" Kommandant Kapitän z. S. Zeye, „Prinzess Wilhelm", Kommandant Kapitän z. S. Thiele, „Arcona", Kommandant Kapitän z. S. Becker und „Cormoran", Korvetten - Kapitän Brussatis, von Chefoo kommend am 11. d. Mts., auf der Rhede von Chemulpo eintrafen. Der Chef der Kreuzerdivision, Kontre - Admiral v. Diederichs, langte auf Seiner Majestät Kreuzer „Irene", Kommandant Kapitän z. S. du Bois, von Juku am 16. d. Mts. in Chemulpo an. Am 18. d. Mts. kam der Admiral mit 20 Offizieren hier an und wurde am nächsten Tage von dem Könige in Audienz empfangen. Bei dem Empfange stellte ich den Admiral und dieser die mitanwesenden 16 Kommandanten und Offiziere vor. Die übrigen Herren hatten keine Uniform mitgebracht. Bei der Audienz waren die Minister des Königlichen Hauses und der Auswärtigen Angelegenheiten zugegen. Der König drückte wiederholt lebhafte Freude aus, eine so stattliche Anzahl Deutscher Marine - Offiziere kennen zu lernen.

An demselben Abende fand zu Ehren des Herrn Admirals und der vorgestellten Offiziere in einem der Königlichen Sommerhäuser ein Diner statt, bei dem sich der König, wie üblich, durch den Hausminister, Prinzen I Chä Sun, vertreten ließ.

Am 20. d. Mts. kehrten der Admiral und die Offiziere in meiner Begleitung nach Chemulpo zurück.

Sämmtliche Schiffe verließen am 23. Mittags die dortige Rhede, der Admiral begab sich mit den 4 Schiffen der Kreuzer - Devision nach Hakodate, während Seiner Majestät

Kreuzer „Cormoran“ den Befehl erhielt, den am 1. Oktober zu eröffnenden Hafen Mokpo in der südwestlichen Provinz Chöllado anzulaufen und dann nach China zurückzukehren.

Abschriften dieses ganz gehorsamen Berichtes sende ich an die Kaiserlichen Gesandtschaften zu Peking und Tokio.

Krien.

Inhalt: Ankunft des Chefs der Kreuzer - Division und S. M. Schiffe in Ostasien.

Eintreffen weiterer Russischer Militär-Instrukteure.

PAAA_RZ201-018924_207 ff.			
Empfänger	Fürst zu Hohenlohe - Schillingsfürst	Absender	Krien
A. 11341 pr. 24. September 1897. p. m.		Söul, den 29. Juli 1897.	
Memo	mtg. 10. 10. a. Petersburg 960. J. № 306.		

A. 11341 pr. 24. September 1897. p. m.

Söul, den 29. Juli 1897.

Kontrol № 44.

An Seine Durchlaucht
den Herrn Reichskanzler
Fürsten zu Hohenlohe - Schillingsfürst.

Euer Durchlaucht habe ich die Ehre im Verfolg meines Berichtes № 33 vom 26. Mai[43] d. J. ganz gehorsamst zu melden, daß gestern noch drei Russische Lieutenants der Infanterie und zehn Unteroffiziere zum Ausbilden der Koreanischen Truppen aus Ostsibirien hier eintrafen.

Da der Oberst Putiata sich noch immer in Söul befindet, so besteht jetzt die Russische Militär - Mission aus einem Obersten des großen Generalstabes, einem Oberarzte, sechs Lieutenants der Infanterie und zwanzig Unteroffizieren.

Abschriften dieses ganz gehorsamen Berichtes sende ich an die Kaiserlichen Gesandtschaften zu Peking und Tokio.

Krien.

Inhalt: Eintreffen weiterer Russischer Militär-Instrukteure.

43 A. 10054.

Absetzung des Koreanischen Gesandten für die Europäischen Vertragsmächte, Min Yong Huan.

PAAA_RZ201-018924_210 ff.			
Empfänger	Fürst zu Hohenlohe - Schillingsfürst	Absender	Krien
A. 11342 pr. 24. September 1897. p. m.		Söul, den 31. Juli 1897.	
Memo	J. № 309.		

A. 11342 pr. 24. September 1897. p. m.

Söul, den 31. Juli 1897.

Kontrol № 45.

An Seine Durchlaucht
den Herrn Reichskanzler
Fürsten zu Hohenlohe - Schillingsfürst.

Euer Durchlaucht habe ich die Ehre im Verfolg meines Berichtes № 19[44] vom 24. März d. J. betreffend den Koreanischen Gesandten für die Europäischen Vertragsstaaten, Min Yong Huan, ganz gehorsamst zu melden, daß der hiesige Minister der Auswärtigen Angelegenheiten mir heute das folgende mündlich mitgetheilt hat:

„Seine Regierung habe von Amerika ein Telegramm des Gesandten erhalten, worin dieser bitte, seinen Posten mit dem des Gesandten in Washington, I Pom Chin, tauschen zu dürfen. Herr Min sei gegen den Befehl des Königs von London nach Amerika gereist und müsse deshalb sofort abgesetzt werden. Die Gründe seiner Abreise von London habe der Gesandte nicht angegeben. Es heiße zwar, er sei von der Königin von England einen Tag später empfangen worden als die anderen zu ihrer Beglückwünschung in London eingetroffenen Botschafter und Gesandten, weil die Königin abgelehnt habe, ihn in seiner nach Europäischem Muster angefertigten Generals - Uniform zu empfangen, er habe in Folge dessen Koreanische Hoftracht anlegen müssen und sei über diese Behandlung verletzt gewesen; doch sei etwas Sicheres darüber bis jetzt nicht bekannt.“

Durch Königlichen Erlaß vom heutigen Tage ist der Gesandte Min seines Postens enthoben worden.

Von Russischer und Amerikanischer Seite erfahre ich, Herr Min habe auf Befehl des

44 I. 10441.

Königs an die Großbritanische Regierung das Ansuchen gerichtet, die Unabhängigkeit Koreas zu garantiren, sei aber abschlägig beschieden worden und habe aus Verdruß darüber London verlassen.

Euer Durchlaucht werde ich nicht verfehlen über die Angelegenheit ganz gehorsamst weiter zu berichten.

Abschriften dieses Berichtes sende ich an die Kaiserlichen Gesandtschaften zu Peking und Tokio.

Krien.

Inhalt: Absetzung des Koreanischen Gesandten für die Europäischen Vertragsmächte, Min Yong Huan.

Die neuen Russischen Militär-Instrukteure. Schritte des Japanischen Vertreters.

PAAA_RZ201-018924_214 ff.			
Empfänger	Fürst zu Hohenlohe - Schillingsfürst	Absender	Krien
A. 11855 pr. 8. Oktober 1897. a. m.		Söul, den 14. August 1897.	
Memo	mtg. 10. 10. a. Petersburg 960. J. № 337.		

A. 11855 pr. 8. Oktober 1897. a. m.

Söul, den 14. August 1897.

Kontrol № 49.

An Seine Durchlaucht
dem Herrn Reichskanzler
Fürsten zu Hohenlohe - Schillingsfürst.

Euer Durchlaucht beehre ich mich im Verfolg meines Berichtes № 44 vom 29. v. M. ganz gehorsamst zu melden, daß die neu angekommenen Russischen Militär-Instrukteure jetzt das erste und zweite Koreanische Infanterie - Regiment, im Ganzen etwa 1600 Mann, einexerzieren.

Herr Waeber theilte mir mit Bezug auf diese Instrukteure das Folgende mit: „Die 3 Offiziere und 10 Unteroffiziere seien auf das Gesuch der Koreanischen Regierung vom Mai d. J. (Bericht № 33. vom 26. Mai 1897) hierher gekommen. Die anderen acht Leute, (2 Offiziere, 1 Kapellmeister, 3 Handwerker und 2 Lazarethgehülfen,) würden wahrscheinlich später kommen. Es sei doch keine Frage, daß die Koreanische Regierung das Recht habe, ihre Instrukteure herzunehmen, von wo es ihr beliebte, trotz der falschen Uebersetzungen des Artikels II des Petersburger Russisch-Japanischen Abkommens in der „Japan Mail“ und anderen Japanischen Zeitungen. Denn während diese übersetzt hätten, „daß die beiden Regierungen es Korea überlassen würden, ohne Fremde Hülfe eine zur Aufrechterhaltung der Ruhe im Innern hinreichende Militär - und Polizeimacht zu schaffen“. müsse es in Wirklichkeit heißen, „daß die beiden Regierungen es Korea überlassen würden, eine Heeres - und Polizeimacht zu schaffen, die genügend wäre, um ohne Fremde Hülfe die Ruhe im Innern aufrecht zu erhalten“. Wie könnten wohl die Koreaner ohne fremde Hülfe ihr Heer organisiren! Da Herr Kato mittels Privatbriefes bei ihm abgefragt hätte, zu welchem Zweck die 13 Offiziere und Unteroffiziere in Söul eingetroffen seien, so habe er ebenso geantwortet, sie wären auf das Gesuch der Koreanischen Regierung hierhergekommen, um die Koreanischen Truppen auszubilden. Gleichzeitig habe er die Gelegenheit wahrgenommen, um die Aufmerksamkeit des Japanischen Vertreters auf die unrichtigen Uebersetzungen des gedachten Artikels in Japanischen Zeitungen und auf den Umstand zu lenken, daß Graf Okuma selbst im Februar d. J. im Japanischen Parlamente erklärt habe, die Anstellung von Militär-Instrukteuren sei völlig in das Belieben des Königs von Korea gestellt.

Die Japaner, die die Koreanische Unabhängigkeit stets im Munde führten, seien in Wirklichkeit immer darauf bedacht, die Freiheit der Entschließungen der Koreanischen Regierung anzutasten und zu beschränken, sowie diese etwas thäte, was ihnen nicht in den Kram paßte. Auch jetzt versuche Herr Kato sein Mögliches, um die Koreaner einzuschüchtern".

Am 3. d. M. sandte der Japanische Minister - Resident an den Minister der Koreanischen Auswärtigen Angelegenheiten, Herrn Min Chong Muk, ein amtliches Schreiben, worin er (nach der mir vorliegenden Englischen Uebersetzung des Britischen General - Konsuls Jordan) anfragte, welche Gründe die hiesige Regierung veranlaßt hätten, die Russischen Offiziere und Unteroffiziere hierher zu bitten (what reasons prompted the Corean Government to give this invitation). Am 6. d. M. erwiderte ihm Herr Min darauf, er habe sich bei dem Kriegsminister, zu dessen Ressort die Angelegenheit gehörte, erkundigt und die Antwort erhalten: „Korea als selbständiger Staat habe das Recht, nach Belieben Militär - Instrukteure von irgend einem Lande zu engagiren; dies wäre der Grund, der die Königliche Regierung bei ihrer Handlung geleitet hätte". Dieses Schreiben hat der Japanische Vertreter dem Minister Min wieder zurückgesandt.

Wie Herr Kato vorgestern zu mir äußerte, hat er den Minister des Auswärtigen nicht gefragt, aus welchem Grunde sondern in welcher Weise die Russischen Militär Instrukteure erbeten worden seien. Er wüßte privativ, daß dabei Unregelmäßigkeiten vorgefallen seien, indem der Kriegsminister unter Umgehung des damaligen Ministers der Auswärtigen Angelegenheiten, Herrn I Wan Yong, der gegen jede Vermehrung der Russischen Instrukteure gewesen sei, das Gesuch direkt an Herrn Waeber gerichtet habe, aber er wollte dies auch amtlich feststellen lassen. Er habe in Folge dessen die Note des Herrn Min, die seine Frage nicht beantwortet habe, diesem zurückgeschickt. (Jedenfalls hat sich der Japanische Vertreter in seinem Schreiben vom 3. August nicht genau ausgedrückt, da der von ihm gewählte Ausdruck auch „aus welchen Gründen" bedeuten kann.) Herr Kato wiederholte mir dann noch einmal seine Behauptung vom 26. Mai, daß die Russische Regierung sich verpflichtet hätte, das Koreanische Gesuch abzulehnen, solange über die Verwendung von Militär - Instrukteuren in Korea zwischen der Japanischen und der

Russischen Regierung nicht ein besonderes Abkommen abgeschlossen worden sei. Er wäre mit Recht erstaunt gewesen, daß die 13 Russischen Militärpersonen vor Abschluß einer solchen Vereinbarung hier angekommen seien.

Eine zweite Antwort auf sein Schreiben hat der Japanische Minister - Resident bisher nicht erhalten.

Der Oberst Putiata beabsichtigt, am 16. d. M. Söul zu verlassen, um nach Rußland zurückzukehren.

Abschriften dieses ganz gehorsamen Berichtes sende ich an die Kaiserlichen Gesandtschaften zu Peking und Tokio.

Krien.

Inhalt: Die neuen Russischen Militär-Instrukteure. Schritte des Japanischen Vertreters.

[ ]

PAAA_RZ201-018924_221			
Empfänger	Fürst zu Hohenlohe - Schillingsfürst	Absender	Treutler
A. 11861 pr. 8. Oktober 1897. a. m.		Tokio, den 1. September 1897.	

Abschrift

A. 11861 pr. 8. Oktober 1897. a. m.

Tokio, den 1. September 1897.

A. 111.

Seiner Durchlaucht
dem Herrn Reichskanzler
Fürsten zu Hohenlohe - Schillingsfürst.

Nach hiesigen Meldungen aus Korea hat die dortige Regierung am 20. v. Mts. einem Ersuchen Rußlands entsprechend, dieser Macht das Recht eingeräumt, auf der dicht vor Fusan liegenden Insel Tschöljong (Bear-Island) eine Kohlenstation einzurichten. Da auch Japan auf dieser Insel schon seit sieben Jahren eine Kohlenstation besitzt, so weiß die hiesige japanische Presse gegenüber diesem neuen Schritt russischen Vorgehens wenig zu sagen und tröstet sich damit, daß unter den obwaltenden Umständen Korea das Ansinnen unmöglich habe ablehnen können.

gez. Treutler.

orig. i. a. China 20 № 1.

Berlin, den 10. Oktober 1897.

zu A. 11855, 11341.

An
die Botschaft in
St. Petersburg № 960.

J. № 8682.

Euerer pp. übersende ich anbei ergebenst Abschrift eines Berichtes des K. Konsuls in Söul vom 29. Juli d. J., betreffend die Russischen Militär-Instrukteure in Korea

zu Ihrer gefl. Information.

N. S. E. d. H. St. St. S.

[ ]

PAAA_RZ201-018924_224			
Empfänger	Auswärtiges Amt	Absender	Krien
A. 12114 pr. 14. Oktober 1897. p. m.		Söul, den 14. Oktober 1897.	

A. 12114 pr. 14. Oktober 1897. p. m.

Telegramm.

Söul, den 14. Oktober 1897., 5 Uhr - Min. n. m.
Ankunft: 1 Uhr 25 Min. n. m.

Der K. Konsul an Auswärtiges Amt.

Entzifferung.

№ 3.

König verkündigte Vertretern Annahme des Kaisertitels.

Krien.

[ ]

PAAA_RZ201-018924_225			
Empfänger	Der Kaiserliche Botschafter an den Kaiser und König	Absender	Bülow
zu A. 12114.		Berlin, den 14. Oktober 1897.	

zu A. 12114.

Telegramm.

Berlin, den 14. Oktober 1897., ··· 5 Uhr 30 Min. p. m.
Ankunft 5 Uhr 57 Min. p. m.

Der Kaiserliche Botschafter an Seine Majestät den Kaiser und König.

Entzifferung.

№

Euerer Majestät Konsul in Soeul telegraphirt von heute Morgen:
„König verkündigte Vertretern Annahme des Kaisertitels."

Bülow.

Den König von Korea betr.

PAAA_RZ201-018924_227 ff.			
Empfänger	Fürst zu Hohenlohe - Schillingsfürst	Absender	Tschirschky
A. 12188 pr. 16. Oktober 1897. p. m.		St. Petersburg, den 14. Oktober 1897.	
Memo	I. mtg. 23. 10. a. London 1374. II. mtg. 23. 10. a. Peking A. 34, Tokio A. 13, Söul A. 2.		

A. 12188 pr. 16. Oktober 1897. p. m.

St. Petersburg, den 14. Oktober 1897.

№ 383.

Seiner Durchlaucht
dem Herrn Reichskanzler
Fürsten zu Hohenlohe - Schillingsfürst.

Anknüpfend an die Blättermeldungen, daß sich der König von Korea zum Kaiser proklämiren wolle, fragte ich den Grafen Lamsdorff, ob an dieser Nachricht etwas Wahres sei. Der Graf sagte, seinen Nachrichten zufolge habe allerdings der König diese Absicht, die er damit motivire, daß er kein anderes Mittel sehe als dieses, um den Intriguen seines Vaters gegen ihn ein Ende zu machen. Wenn er „Kaiser" wäre, würde sein Vater Respekt vor ihm bekommen und ihn in Ruhe lassen. Graf Lamsdorff fügte hinzu, diese kindische Motivirung zeige, daß der Gedanke dem eigenen Hirn des Königs entstamme. Übrigens scheine ihm die Sache ohne jede Tragweite zu sein, da sich schwerlich jemand finden dürfte, der diese Kaiser - Proklamation anerkennen werde.

Tschirschky

Inhalt: den König von Korea betr.

[ ]

PAAA_RZ201-018924_230 f.			
Empfänger	[o. A.]	Absender	[o. A.]
A. 12171 pr. 20. Oktober 1897. p. m.		[o. A.]	

A. 12171 pr. 20. Oktober 1897. p. m.

Tägliche Rundschau
13. 10. 97.

Das Werben um Korea.

Aus Peterburg wird uns geschrieben:

Vor einigen Wochen versicherte man in sonst gut unterrichteten Kreisen, daß die russische Regierung zur Sicherstellung ihrer berechtigten Interessen in Korea einen ernsten Schritt unternehmen wolle; voraussichtlich werde sie die ihr nahestehenden Mächte einladen, durch ein gemeinsames diplomatisches Vorgehen die Japaner aus mehreren von ihnen unberechtigterweise eingenommenen Stellungen herauszudrängen. Indessen scheint sich dieser Wunsch als schwer durchführbar erwiesen zu haben und zwar deshalb, weil Rußland sich durch seine wenig glückliche Haltung in der koreanischen Frage selbst die Hände gebunden hat. Es hat Ende vorigen Jahres mit Japan einen Sondervertrag bezüglich Koreas abgeschlossen, der im Februar dieses Jahres veröffentlicht wurde. Zu diesem Schritte sah sich Rußland genöthigt, da es nicht in der Lage war, die Japaner mit Waffengewalt aus Korea zu vertreiben und deshalb den freiwilligen Abzug derselben durch wesentliche Zugeständnisse erkaufen mußte.

In dem Vertrage nun wurde Japan neben Rußland als gleichberechtigte „Schutzmacht“ für die Unabhängigkeit Koreas anerkannt, und beide Mächte verpflichteten sich, künftig keinerlei Truppenkörper innerhalb des koreanischen Gebietes zu unterhalten. Erst daraufhin zogen die letzten japanischen Mannschaften aus Korea ab; doch suchte nun Rußland die eingegangene Verpflichtung dadurch zu umgehen, daß es sich den Auftrag erzwingen wollte, für die Ausbildung der koreanischen Armee russische Offiziere und Unteroffiziere zu stellen. Hiergegen bot Japan seinen ganzen Einfluß auf, und ein halbes Jahr lang blieb der russische Wunsch unerfüllt. Am 27. Juli jedoch landeten vier russische Offiziere und zehn Unteroffiziere in Tschimulpo, reisten geraden Weges nach Söul, der Hauptstadt

Koreas, und traten dort den Dienst als Heereslehrmeister an.

Hierin sieht nun Japan einen Bruch des mit Rußland abgeschlossenen Vertrages und es begann daraufhin in den koreanischen Vertragshäfen sogenannte „Handelsniederlassungen“ zu errichten, die russischerseits als kleine Kasernen und Waffenniederlagen für Japan bezeichnet werden. So lange jedoch jene obenerwähnte Verletzung des Vertrages seitens Rußlands vorliegt, wird man schwerlich auf diplomatischem Wege Japan wegen der noch nicht einmal nachgewiesenen Eingriffe an den Hafenplätzen zur Rede stellen können. Aber die Japaner haben mit Unterstützung der Engländer den Russen noch einen weit schwereren Schlag versetzt. Die Letzteren hatten dem Könige von Korea das Angebot gemacht, ihm den Hafen Mokpo (den besten Hafenplatz von ganz Korea) für eine russische Flottenstation abzukaufen. Der König hatte nicht den Muth, den russischen Vorschlag abzulehen, aber seine Minister kamen ihm zuvor und schlossen zu Anfang September mit dem englischen Gesandten einen Vertrag ab, wonach Mokpo zu einem den Europäern offenstehenden Freihafen erklärt wurde. In die gleiche Stellung wurde durch denselben Vertrag auch der Hafen Tschinanpo gebracht, sodaß nunmehr fünf Häfen Koreas dem internationalen Verkehr geöffnet sind. Für Rußland aber ist dies um deswillen ein großer Nachteil, weil der russische Handel kaum ein Zwölftel des englisch-japanischen Handles in Korea darstellt, und besonders die Japaner sofort zu Hunderten in die neueröffneten Häfen einzogen.

Das stärkste Hemmniß jedoch für das Erstarken des russischen Einflusses in Korea ist der Engländer Macleavy, welcher schon seit zwei Jahren das Amt des koreanischen Finanzministers bekleidet und in Wahrheit der eigentliche Leiter der Regierung ist. Nur der Einfluß dieses Mannes bietet die Erklärung dafür, daß der König trotz des ihm von russischer Seite gewährten Beistandes seiner Regierung gegenüber zumeist machtlos ist, wobei natürlich Macleavy auch geschickt die „Königin-Partei“ gegen den König auszuspielen weiß.

Da nun bisher Engländer und Japaner zumeist geschlossen allen russischen Bemühungen einen grundsätzlichen Widerstand entgegensetzen, so ist es begreiflich, daß in den leitenden russischen Kreisen immer mehr die Ueberzeugung von der Aussichtslosigkeit der bisher verfolgten Politik in Korea Platz greift und man eine Entscheidung bis dahin zu verschieben sucht, wo Rußland an der koreanischen Grenze die nöthigen Machtmittel zu einem entschlossenen militärischen Einschreiten vereinigt haben wird. Aber bis zu diesem Zeitpunkte wird auch Japan seine Vorkehrungen getroffen haben, so daß dann der Kampf ein für die ganze ostasiatische Frage entscheidender werden dürfte.

Berlin, den 23. Oktober 1897.

zu A. 12188.

An
die Botschaft in
London № 1374.

J. № 9044.

Euerer pp. übersende ich anbei ergebenst Abschrift eines Berichtes des K. Geschäftsträgers in St. Petersburg vom 14. v. Mts., betreffend den König von Korea

zu Ihrer gefl. Information.

N. S. E. d. H. St. St. S.

Berlin, den 23. Oktober 1897.

zu A. 12188. (II)

An
die Missionen in
1) Peking A. № 34.
2) Tokio A. № 13.

das Konsulat in
3) Söul A. № 2.

J. № 9050.

Postziffern.

zu Euerer pp gefl. Information
der Kais. Geschäftsträger in St. Petersburg berichtet unter dem 14. d. Mts.

„inscretur
ins Anlage“

N. S. E. d. H. St. St. S.

Neuere Politische Vorgänge in Söul.

PAAA_RZ201-018924_234 ff.			
Empfänger	Fürst zu Hohenlohe - Schillingsfürst	Absender	Krien
A. 12465 pr. 23. Oktober 1897. a. m.		Söul, den 31. August 1897.	
Memo	J. № 365.		

A. 12465 pr. 23. Oktober 1897. a. m.

Söul, den 31. August 1897.

Kontrol № 52.

An Seine Durchlaucht
den Herrn Reichskanzler
Fürsten zu Hohenlohe - Schillingsfürst.

Euer Durchlaucht beehre ich mich ganz gehorsamst zu berichten, daß die Minister des Unterrichtes, Min Chong Muk, und der Auswärtigen Angelegenheiten, I Wan Yong, ihre Plätze getauscht haben. Der letztere ist seitdem zum Gouverneur von Süd - Pyöngando ernannt worden. Er war der tüchtigste der fortschrittlich gesinnten Minister.

Einer der Premier - Minister des alten Regime's, Shim Son Tak, ist zum Premier-Minister ernannt worden. Er hat sofort vorgeschlagen, daß ihm nach der alten Chinesischen Sitte ein Minister zur Linken und ein Minister zur Rechten beigegeben werden. Doch ist dieser Vorschlag nicht durchgedrungen.

Der Finanz - Minister, der zugleich die Geschäfte des Kriegsministeriums wahrnimmt, hat um Enthebung von dem letzteren Posten gebeten, weil er aus Furcht, dafür von vielen Seiten angegriffen zu werden, sich weigert, die Engagements - Verträge mit den neuen Russischen Militär - Instrukteuren zu zeichnen. Der König hat indeß sein Gesuch abschlägig beschieden. Der Koreanische Gesandte für Japan, I HaYong, hat sich wieder auf seinen Posten begeben, um die Absicht des neuen Russischen Gesandten in Tokio, Baron Rosen, über die Koreanische Frage zu erforschen.

Heiterkeit hat es unter den hiesigen Ausländern erregt, daß die seit dem 1. Januar 1896 gebrauchte Jahres - Bezeichnung der neuen Reform - Aera durch Dekret des König vom 16. d. Mts. in „Kwang-Mu“ d. h. „Glanz und Militärmacht“ abgeändert worden ist.

Die Beerdigung der Königin ist wiederum, und zwar auf den 4. Oktober d. J. (den 9ten Tag des 9ten Chinesischen Monats) verschoben worden.

Abschriften dieses ganz gehorsamen Berichtes sende ich an die Kaiserlichen Gesandtschaften zu Peking und Tokio.

Krien.

Inhalt: Neuere Politische Vorgänge in Söul.

Norddeutsche Allgemeine Zeitung (238 S. Fraktur Artikel)
27. 10. 97.

Korea.

1. Söul, 31. August. Die Minister des Unterrichts, Min Chong Muk, und der Auswärtigen Angelegenheiten, I Wan Yong, haben ihre Plätze getauscht. Der Letztere ist seitdem zum Gouverneur von Süd-Pyöngando ernannt worden. Er war der tüchtigste der fortschrittlich gesinnten Minister.

Einer der Premierminister des alten Regimes, Shim Son Tak, ist zum Premierminister ernannt worden. Er hat sofort vorgeschlagen, daß ihm nach der alten chinesischen Sitte ein Minister zur Linken und ein Minister zur Rechten beigegeben werden. Doch ist dieser Vorschlag nicht durchgedrungen.

Der Finanzminister, der zugleich die Geschäfte des Kriegsministeriums wahrnimmt, hat um Enthebung von dem letzteren Posten gebeten, weil er aus Furcht, dafür von vielen Seiten angegriffen zu werden, sich weigert, die Engagementsverträge mit den neuen russischen Militairinstrukteuren zu zeichnen. Der König hat indeß sein Gesuch abschlägig beschieden.

Der koreanische Gesandte für Japan, I Ha Yong, hat sich wieder auf seinen Posten begeben, um die Ansicht des neuen russischen Gesandten in Tokio, Baron Rosen, über die koreanische Frage zu erforschen.

Heiterkeit hat es unter den hiesigen Ausländern erregt, daß die seit dem 1. Januar 1896 gebrauchte Jahresbezeichnung der neuen Reform-Aera durch Dekret des Königs vom 16. d. M. in „Kwang-mu" d. h. „Glanz und Militairmacht" abgeändert worden ist.

Die Beerdigung der Königin ist wiederum und zwar auf den 4. Oktober d. J. (den neunten Tag des neunten chinesischen Monats) verschoben worden.

연구 참여자

[연구책임자] **김재혁** : 출판위원장·독일어권문화연구소장·고려대학교 독어독문학과 교수

[공동연구원] **김용현** : 출판위원·고려대학교 독어독문학과 교수
Kneider, H.-A. : 출판위원·한국외국어대학교 독일어학과&통번역대학원 교수
이도길 : 출판위원·고려대학교 민족문화연구원 HK 교수
배항섭 : 출판위원·성균관대학교 동아시아학술원 교수
유진영 : 출판위원·고려대학교 독일어권문화연구소 연구교수

[전임연구원] **한승훈** : 고려대학교 독일어권문화연구소 연구교수
이정린 : 고려대학교 독일어권문화연구소 연구교수

[번역] **김인순** : 고려대학교 독일어권문화연구소 연구원(R18921, R18922, R18923)
강명순 : 고려대학교 독일어권문화연구소 연구원(R18924)

[보조연구원] **김형근** : 고려대학교 대학원 한국사학과 박사수료
박진홍 : 고려대학교 대학원 한국사학과 박사수료
박진우 : 고려대학교 대학원 독어독문학과 석사과정
서진세 : 고려대학교 대학원 독어독문학과 석사과정
이홍균 : 고려대학교 독어독문학과 학사과정
정지원 : 고려대학교 독어독문학과 학사과정
박지수 : 고려대학교 독어독문학과 학사과정
박성수 : 고려대학교 한국사학과 학사과정
이원준 : 고려대학교 한국사학과 학사과정

[탈초 · 교정] Seifener, Ch. : 고려대학교 독어독문학과 부교수
Wagenschütz, S. : 동덕여자대학교 독일어과 외국인 교수
Kelpin, M. : 고려대학교 독어독문학과 외국인 교수

1874~1910

독일외교문서 한국편 7

2020년 4월 29일 초판 1쇄 펴냄

옮긴이 고려대학교 독일어권문화연구소
발행인 김흥국
발행처 보고사

책임편집 황효은
표지디자인 손정자

등록 1990년 12월 13일 제6-0429호
주소 경기도 파주시 회동길 337-15 보고사 2층
전화 031-955-9797(대표), 02-922-5120~1(편집), 02-922-2246(영업)
팩스 02-922-6990
메일 kanapub3@naver.com / bogosabooks@naver.com
http://www.bogosabooks.co.kr

ISBN 979-11-5516-996-4 94340
979-11-5516-904-9 (세트)

정가 50,000원